I0597050

CAMÉES ET PIERRES GRAVÉES

DE LA BIBLIOTHÈQUE IMPÉRIALE

A Monsieur L. Delisle
hommage de l'auteur
Chabouillet

BIBLIOTHÈQUE IMPÉRIALE — IMPRIMÉS

CATALOGUE GÉNÉRAL

ET RAISONNÉ

DES CAMÉES

ET

PIERRES GRAVÉES

DE LA BIBLIOTHÈQUE IMPÉRIALE

SUIVI

DE LA DESCRIPTION DES AUTRES MONUMENTS

EXPOSÉS

DANS LE CABINET DES MÉDAILLES ET ANTIQUES

PUBLIÉ

SOUS LES AUSPICES DE S. EXC. LE MINISTRE
DE L'INSTRUCTION PUBLIQUE ET DES CULTES

PAR

M. CHABOUILLET

CONSERVATEUR ADJOINT DU CABINET DES MÉDAILLES ET ANTIQUES
MEMBRE DU COMITÉ DES TRAVAUX HISTORIQUES ET DES SOCIÉTÉS SAVANTES
AU MINISTÈRE DE L'INSTRUCTION PUBLIQUE ET DES CULTES
DE LA SOCIÉTÉ DES ANTIQUAIRES DE LONDRES, ETC

———— ❧ ————

PARIS

J. CLAYE, IMPRIMEUR-LIBRAIRE

RUE SAINT-BENOIT. 7

—

M.DCCC LVIII

Reproduction et traduction réservées

PREMIÈRE PARTIE

CATALOGUE GÉNÉRAL

DES

CAMÉES ET PIERRES GRAVÉES

EXPOSÉS DANS LE CABINET DES MÉDAILLES
ET ANTIQUES

ABRÉVIATIONS

———

A d. ou à dr. — *A droite*.

A g. — *A gauche*.

Buste. Quand on lit ce mot dans la description d'une pierre gravée
sans l'addition des mots : *de face*, ou *de trois quarts*, il remplace cette phrase : *Buste de profil*.

C. après les noms des pierres. — *Couche*. Ainsi : Sardonyx à 3 c.
— Sardonyx à 3 *couches*.

C. signifie *centimètres*, après les indications de dimensions.

Cent. — *Centimètre*.

Circonf. — *Circonférence*.

Décim. — *Décimètre*.

Diam. — *Diamètre*.

H. — *Hauteur*.

L. — *Largeur*.

Long. — *Longueur*.

Mill. — *Millimètre*.

La collection des Camées et des Pierres gravées, que l'on conserve à la Bibliothèque Impériale, dans le Cabinet des Médailles et Antiques, est une des plus célèbres de l'Europe. Plus riche en *pierres* de premier ordre que les Cabinets de Naples, de Florence, de Rome, de Dresde ou de Saint-Pétersbourg, la collection impériale de France ne reconnaît de rivale que celle de Vienne, dont les principaux Camées, gravés en 1788 dans l'ouvrage d'Eckhel, et en 1849 dans celui de M. Arneth, ont acquis une grande notoriété. Moins favorisée, la collection des Camées de Paris n'a pas encore été l'objet d'un ouvrage spécial ; elle n'est connue que par d'insuffisantes *notices* ou par des publications partielles, disséminées dans cent recueils. Le dernier ouvrage auquel elle ait donné lieu, la description sommaire des monuments exposés dans le Cabinet des Médailles par feu MARION DU MERSAN, est complétement épuisée depuis dix ans.

Les savants, les artistes et les connaisseurs qui fréquentent la Bibliothèque Impériale réclamaient une description nouvelle et complète du Cabinet des Médailles et Antiques. Je me suis chargé de cette tâche, avec l'ambition de contribuer à accroître la renommée d'un établissement auquel j'ai l'honneur d'être attaché depuis un quart de siècle, et dont les trésors sont l'objet constant de mes études. Je ne pouvais songer à suivre les errements anciens : obéissant aux légitimes exigences de l'opinion, qui, éclairée par l'initiative du gouvernement, demande les *Catalogues* des richesses scientifiques de la France, je me suis décidé à faire, non pas une notice, mais un *inventaire complet et raisonné* de tous les monuments exposés dans notre Cabinet. Il s'agissait de décrire plusieurs milliers de monuments; je devais donc suppléer à des développements qui auraient rempli de nombreux volumes, en imprimant aux descriptions le cachet d'une rigoureuse exactitude. J'ai recherché particulièrement cette qualité, principal mérite d'un Catalogue. Je me suis astreint à décrire les moindres *pierres*, les plus humbles fragments, avec le même soin scrupuleux que le *Grand Camée* ou les splendides *Vases de Bernay*. Aujourd'hui, après plusieurs années de labeur, j'ai la bonne fortune de publier le *premier catalogue complet* des Camées et des Pierres gravées du Cabinet de France.

Ce travail, avec la description des Vases de sar-

donyx et autres matières analogues, forme la première partie de ce volume; la seconde comprend
le *Catalogue* des Statuettes, Bustes, Bijoux, Vases
d'or, d'argent, de bronze, de terre cuite, en un
mot de tous les monuments exposés dans la même
salle que les Camées. Archéologues et artistes, amateurs et gens du monde, savent tous que cette collection qui renferme l'élite des cabinets Foucault et
Caylus, ainsi que les célèbres Vases d'argent de la
découverte de Bernay, forme un ensemble aussi
précieux au point de vue de l'érudition qu'à celui
de l'histoire de l'art.

Les publications de cette nature rencontrent ordinairement une difficulté sérieuse. Le nombre des
personnes auxquelles elles s'adressent est restreint,
les sacrifices qu'elles imposent sont considérables et
des ressources privées ne peuvent y faire face. Il faut
qu'un libéral concours vienne en alléger le poids;
ce concours, j'ai été assez heureux pour l'obtenir de
S. Exc. M. Rouland, ministre de l'Instruction publique et des Cultes; sous son généreux patronage,
j'ai pu mener mon livre à bonne fin et le rendre
digne d'être présenté au public sans trop en élever
le prix. Que M. le Ministre de l'Instruction publique,
auprès de qui tous les travaux consciencieux sont
assurés de trouver une protection si vigilante et si
efficace, veuille bien agréer ici l'hommage de ma
vive reconnaissance.

En terminant, je suis heureux d'exprimer ma

sincère gratitude à M. Ch. Lenormant, conservateur du Cabinet des Médailles et Antiques, qui m'a prêté l'appui de son érudition. Le savant académicien ne s'est pas contenté de me venir en aide par ses précieux avis, il a bien voulu encore se charger de la série des Cylindres et des Cônes de l'Asie. Mon ami, M. H. Lavoix, aujourd'hui mon collègue; M. Muret, l'habile dessinateur du Cabinet, ont aussi des droits à mes remerciements. Grâce à ces divers secours, je publie avec plus de sécurité ce livre, fruit d'une longue expérience et d'un travail persévérant.

CHABOUILLET.

Au Cabinet des Médailles et Antiques, janvier 1858.

CAMÉES ANTIQUES

MYTHOLOGIE

1. Cybèle voilée et couronnée de tours. Buste. Sardonyx à 3 c. H. 18 mill. L. 13 mill.

2. Atys coiffé du bonnet phrygien, vêtu de la chlamyde. Buste. Sardonyx à 3 c. H. 26 mill. L. 23 mill.

3. Jupiter. Buste. Agate-onyx à 2 c. H. 15 mill. L. 12 mill.

Travail fin ; jolie monture en or émaillé du xvie siècle.

4. Jupiter debout, couronné de laurier, barbu, le buste nu, l'épaule gauche et la partie inférieure du corps couverte par un large manteau; le père des dieux tient de la main gauche le foudre, et de la droite un long sceptre ; à ses pieds, l'aigle. Sardonyx à 3 c. H. 1 décim. L. 65 mill.

Une monture du plus grand intérêt double l'importance de ce camée, l'un des plus beaux de la collection de France. Cette monture se compose d'un double cercle d'or émaillé, chargé d'inscriptions : du côté principal, les inscriptions sont en partie cachées par des fleurs de lis d'or en relief au nombre de treize et par deux dauphins également d'or. Les dauphins sont placés en regard à la partie inférieure du camée. A ce double cercle d'or a été soudé un écusson émaillé aux anciennes armes de France, d'azur semé de fleurs de lis d'or sans nombre; cet écusson est surmonté d'une couronne royale ouverte sur le large bandeau de laquelle on lit l'inscription suivante, en caractères gothiques

CHARLES. ROY DE. FRANCE FILS. DU. ROI. JEHAN. DONNA CE. JOUYAU. L'AN M. CCC. LVII. LE. QUART. AN. DE. SON. REGNE.

C'est à la cathédrale de Chartres que le roi Charles V avait donné en 1367, ce précieux joyau, qui fut conservé dans le trésor de cette église jusqu'à l'époque de la révolution de 1789.

Sur la face du double cercle d'or dont nous venons de parler, on lit IEXVS. AVTEM. TRANSIENS. PER. MEDIVM. ILLORVM IBAT — ET DEDIT PACEM LIS — SI ERGO ME QVÆRITIS. SINITE HOS ABIRE. La première de ces phrases est tirée du 30e verset du chap. IV de l'Évangile selon saint Luc; la deuxième se rencontre en maints endroits des saintes Écritures; la troisième est la fin du 8e verset du chap. XVIII de l'Évangile selon saint Jean. Au revers, on lit en deux lignes : ✝ IN PRINCIPIO ERAT VERBVM. ET. VERBVM. ERAT. APVD. DEVM. ET DEVS ERAT. VERBVM. HOC. ERAT. IN. PRINCIPIO. APVD. DEVM. OMNIA. PER. IPSVM. FACTA. SVNT. ET. SINE. IPSO. FACTVM EST. NIHIL. QVOD. FACTVM. EST. IN. IPSO. Ce sont les trois premiers versets et les deux premiers mots du 4e verset de l'Évangile selon saint Jean.

Au moyen âge, on avait pris le Jupiter pour un saint Jean, à cause de l'aigle, symbole ordinaire du quatrième Évangéliste; c'est pour cela qu'on avait inscrit le commencement de son Évangile au revers de la monture de notre camée.

5. JUPITER ET JUNON, tous deux assis sur leurs trônes, ayant à leurs pieds l'aigle et le paon. MERCURE est debout auprès de Jupiter; le père des dieux semble charger MINERVE de l'exécution d'un ordre. La déesse s'éloigne pour obéir à son père. SARDONYX à 3 c. Corniche. H. 3 c. L. 31 mill.

Ce camée fait partie du legs fait à la Bibliothèque par M. J.-H. Beck en 1846. On a douté de l'authenticité de cette pierre; peut-être une main moderne, en le retouchant, lui a-t-elle fait perdre quelque chose de l'aspect antique.

6. JUPITER, sous la forme d'un SATYRE, s'avance guidé par l'AMOUR vers ANTIOPE qui répond par un geste d'encouragement aux supplications ardentes de son divin amant. Derrière le siége d'Antiope, une femme debout, peut-être PYTHO ou la PERSUASION. SARDONYX à 2 couches. H. 22 mill. L. 32.

Monture en or émaillé. La tête de Jupiter, malgré son extrême exiguité, est de la plus grande beauté. Le sujet est traité dans un style grave.

7. EUROPE sur le TAUREAU divin qui l'emporte à travers les mers. La nymphe tient une couronne de la main droite, et se tient de la gauche à l'une des cornes du taureau. AGATE-ONYX à 2 c. H. 30 mill. L. 31 mill.

8. Junon d'Argos, la tête ceinte de la *stephané* droite ou *polus*, les cheveux tombant sur les épaules et retenus par un nœud; un collier décore sa robe. Buste. Sardonyx à 3 c. Corniche. H. 66 mill. L. 50 mill.

Monture en or émaillé.

9. La même Junon, la tête ceinte du polus, les cheveux tombant sur les épaules. Buste. La robe est retenue par un cordon orné d'un joyau. Sardonyx à 3 c. Corniche. H. 7 c. L. 5 c.

Monture en or émaillé. Les nos 8 et 9 sont traités dans le style grec; on peut les comparer aux tétradrachmes d'Argos.

10. Junon diadémée, avec l'égide de Minerve. Buste. Sardonyx à 2 c. H. 26 mill. L. 20.

Monture en or émaillé.

11. Junon voilée et diadémée de face. Buste. Améthyste. H. 1 1/2 c. L. 1 1/2 c.

Fragment.

12. Junon voilée et diadémée de face. Buste de ronde bosse. Améthyste pâle. H. 19 mill. L. 14 mill.

Fragment.

13. Apollon et Marsyas. Apollon à demi nu tient sa lyre de la main droite; il refuse la grâce du silène Marsyas à l'élève de ce dernier, Olympus, qui la lui demande à genoux. L'imprudent satyre qui a osé lutter avec Apollon est déjà lié par les mains à un arbre mort, mais il n'est pas encore suspendu, comme dans beaucoup de monuments; il est assis sur une peau d'animal. A ses pieds, la *syrinx* ou flûte de Pan. Agate-onyx à 2 c. H. 25 mill. L. 21 mill.

14. Même sujet avec variantes. Au lieu de la syrinx, la double flûte. Derrière Apollon, l'outre du Silène. Sardonyx à 2 c. H. 42 mill. L. 35 mill.

15. Apollon, à demi nu, debout, tenant de la main gauche sa lyre; la main droite, posée sur une petite figure de Muse, soutient la lyre. Sardonyx à 2 couches. H. 30 mill. L. 24 mill.

16. Griffon, emblème d'Apollon, combattant un serpent. A l'exergue, on lit la fin d'un nom gravé en creux : ΜΙΔΙΟΥ. Agate-onyx brûlée. H. 25 mill. L. 30.

Fragment. L'inscription pourrait avoir été ajoutée par une main moderne.

17. Lyre. Agate-onyx à 2 c. H. 21 mill. L. 11 mill.

18. Muse conduisant un Vieillard revêtu du manteau des philosophes à une Jeune Femme assise sur un rocher; derrière cette jeune femme, un Hermès. Sardonyx à 2 c. H. et L. 20 mill.

La composition de ce joli camée est simple et éloignée de toute recherche; cependant il est difficile de donner une interprétation satisfaisante du sujet, parce que les personnages, qui étaient suffisamment caractérisés pour les yeux des anciens, ne le sont pas assez pour les nôtres.

Visconti, qui a le premier parlé de ce camée, a cru y voir Melpomène et Euripide. « En s'attachant à Euripide, la déesse, dit-il, a l'air de solliciter « le congé de son client auprès d'une autre femme assise sur un rocher qui « supporte un petit Hermès. Cette femme est la Palestre ou la Gymnastique « personnifiée..... Pour saisir toute la finesse de ce tableau allégorique, il « faut se rappeler que Mnésarque, père d'Euripide, voulait faire de son fils « un athlète. » Voyez *Iconographie grecque*, t. I, p. 82. M. Welcker admet que le personnage est bien Euripide, mais il propose une autre explication de ce petit tableau. Il y voit Melpomène conduisant Euripide à la nymphe d'une grotte où le poëte allait chercher des inspirations. Voyez *Die Giebelgruppen*, VII, p. 488. M. Ch. Lenormant, qui a plus récemment publié ce camée dans le *Trésor de numismatique*, voyez *Galerie mythologique*, p. 146, propose de voir dans ce *personnage à complexion silénique*, non pas Euripide qui était maigre et élancé, mais bien Socrate, son maître. Quant au sujet, M. Lenormant y reconnaît Socrate conduit par Polymnie, muse de la philosophie, vers la courtisane Diotime qui passait pour lui avoir souvent communiqué ses inspirations.

19. Diane ou Antiope, l'arc et le carquois sur l'épaule, vue à mi-corps, les cheveux relevés en nœud sur le sommet de la tête. Buste. Sardonyx à 2 c. H. 5 c. L. 3 c.

Belle monture en or émaillé.

20. DIANE, l'arc et le carquois sur l'épaule, les cheveux disposés comme au n° 19. Buste. SARDONYX à 3 c. H. 3 c. L. 2 c.

21. DIANE. Buste. SARDONYX à 2 c. H. 2 c. L. 15 mill.

Jolie monture en or émaillé.

22. DIANE diadémée. Buste. AGATE-ONYX à 2 c. H. 2 c. L. 15 mill.

23. DIANE le carquois sur l'épaule. Buste. SARDONYX à 2 c. H. 2 c. L. 1 1/2 c.

24. DIANE OU LA LUNE dans un char attelé de deux chevaux qu'elle dirige elle-même; la déesse a les cheveux serrés par un diadème et est revêtue d'une longue robe. SARDONYX à 2 c. H. 28 mill. L. 40 mill.

25. DIANE avec un croissant au front, le carquois sur l'épaule, posant sa main sur sa bouche comme Harpocrate. Buste. SARDONYX à 3 c. H. 33 mill. L. 11 mill.

On ne peut pas négliger de rapprocher cette divinité gréco-égyptienne d'une figurine de bronze publiée d'après l'*Harpocrate* de Cuper par M. le docteur Sichel (voyez *Revue archéologique*, t. III, pl. 51). Cette figure représente un Dieu-Enfant, le doigt sur la bouche, le croissant et le symbole d'Isis au front, le carquois sur l'épaule, un flambeau et des pavots à la main. La Diane qui paraît sur notre camée et à laquelle nous ne pouvons assigner de nom, est certainement une Diane orientale.

26. MINERVE, coiffée d'un casque orné d'une aigrette et sur lequel est ciselé un griffon; la déesse porte l'égide sur la poitrine. Buste. SARDONYX à 2 c. H. 7 c. L. 6 c.

Monture en or émaillé. Morceau capital et du plus beau style.

27. MINERVE coiffée d'un casque orné simplement d'une aigrette. Buste. SARDONYX à 2 c. Corniche. H. 3 c. L. 21 mill.

Jolie monture d'or émaillé avec bélière.

28. MINERVE coiffée d'un casque orné d'une aigrette;

sur ce casque, un griffon et un lion. La déesse porte
l'égide sur la poitrine. Buste. Sardonyx à 4 c. H. 3 c.
L. 24 mill.

La tête a été retouchée.

29. Minerve coiffée d'un casque sur lequel est sculpté
un Pégase. Buste. Sardonyx à 2 c. H. 14 mill. L. 12 mill.

30. Minerve casquée. Buste. Sardonyx à 3 couches. Corniche. H. 65 mill. L. 5 c.

31. Minerve coiffée d'un casque orné d'une aigrette et
chargé d'ornements parmi lesquels on distingue un
griffon et une roue, symbole de Némésis. La déesse
porte des pendants d'oreilles. Buste. Agate-sardonyx
à 3 c. H. 33 mill. L. 22 mill.

Fragmenté.

32. Minerve casquée, avec l'égide sur la poitrine. Buste.
Sardonyx à 3 c. Corniche. H. 1 décim. L. 70 mill.

Au revers de ce camée, sur la couche noire, un artiste moderne,
peut-être Coldoré, a gravé le portrait en pied du roi Henri IV, d'après
Porbus.

33. Minerve casquée avec l'égide. Buste. Sardonyx à 3 c.
H. 23 mill. L. 18 mill.

Monture en or émaillé.

34. Minerve la poitrine couverte de l'égide et coiffée
d'un casque ciselé de telle façon que, s'il n'avait pas
d'aigrette, on croirait voir la chevelure de la déesse.
Buste. Sardonyx à 3 c. H. 25 mill. L. 21 mill.

Il existe dans le cabinet du grand-duc de Toscane une pierre gravée
représentant une Minerve dont le casque offre la singularité que nous
venons de signaler (voyez *Trésor de numismatique et de glyptique. Nouvelle galerie mythologique*, pl. xx, n° 14, p. 109.) Voyez aussi le camée
n° 36.

35. Minerve casquée, avec l'égide, tenant sa lance de la

main droite, la main gauche sur la hanche. Agate-
sardonyx à 2 c. H. 12 c.

Fragment d'une figurine d'applique.

36. Minerve et Neptune. Le dieu de la mer, dans la
pose qui lui est donnée sur un grand nombre de monuments, c'est-à-dire, debout, le pied gauche placé
sur un rocher; vis-à-vis de ce dieu, Minerve avec
laquelle il semble contester. Dans la main gauche,
Neptune tient un objet rond; de la droite, il tient son
trident dont on ne voit plus qu'un très-mince vestige.
Entre Neptune et Minerve, un chêne autour duquel
s'enlace un cep de vigne, que vient brouter une chèvre;
sur les rameaux de la vigne deux oiseaux. Minerve,
vêtue d'une longue robe et d'un manteau qui ne
laissent que les bras nus, est debout comme Neptune
auquel elle indique du doigt le chêne; cette déesse
est coiffée d'un casque analogue à celui que nous
avons décrit n° 34, c'est-à-dire qu'il figure la chevelure de la fille de Jupiter. Aux pieds de Minerve un
serpent. Divers animaux occupent un étroit espace
réservé à l'exergue; on distingue deux chevaux dont
l'un paît, un lion, la tête d'un autre lion, puis celle
d'un taureau. Sur le rebord du camée, une inscription hébraïque gravée en creux et ajoutée dans le
moyen âge; c'est le commencement du 6° verset du
chapitre III de la Genèse: « La femme considéra que
« le fruit de cet arbre était bon à manger, qu'il était
« beau et agréable à la vue. » Sardonyx à 3 c. H.
182 mill. L. 6 1/2 c.

Monture en or émaillé.

On lit, au sujet de ce camée, l'un des plus importants de la collection
impériale, un curieux article dans l'*Histoire de l'Académie des Inscriptions
et Belles-Lettres* (V. T. I, p. 273, année 1717).

« M. Oudinet communiqua à l'Académie, en 1705, l'agate dont on voit
« ici le dessin [1]; elle est d'une beauté singulière et d'une grande antiquité.

1. Ce camée figure en effet dans le volume cité, p. 273.

« On y reconnaît Jupiter avec son manteau, la foudre en main, et Minerve
« ayant le casque en tête, placés l'un et l'autre aux deux côtes d'un arbre
« comme sur la cinquième médaille d'Athènes, p. 225..... M. Oudinet dit à
« la compagnie qu'il y avait environ vingt ans que cette agate avait été
« donnée au roi » (c'était donc en 1685) « après avoir été, pendant un temps
« immémorial, dans une des plus anciennes églises de France, où elle pas-
« sait pour la description du paradis terrestre et l'histoire du péché
« d'Adam. »

Neptune et Minerve se voient en effet debout auprès d'un arbre, sur une
médaille de bronze d'Athènes [1], dont Eckhel explique le type par la dispute
entre Minerve, *Athéné*, et Neptune, *Posidon*, sur la question de savoir de
laquelle de ces deux divinités la nouvelle ville prendrait le nom. Cette
opinion est de la dernière évidence; sur la médaille Neptune paraît irrité
et semble menacer Minerve; sur le camée, l'antagonisme existe, mais sous
des formes moins rudes.

37. ÉPISODE DE LA GUERRE DES DIEUX AVEC LES GÉANTS. Mars frappant de sa lance le géant anguipède MIMAS. SARDONYX à 3 c. H. 6 c. L. 5 c.

Monture en or émaillé.

Le même sujet a été traité sur une intaille qui a fait partie du cabinet
du baron Van Hoorn (voyez Millin, *Galerie mythologique*, t. I, pl. XXXVI,
n° 143).

38. VÉNUS se regardant dans un miroir. Cette déesse est représentée debout et nue, à l'exception d'une écharpe ou plutôt de sa célèbre ceinture; à ses pieds un vase sur les bords duquel sont posées deux colombes. Derrière Vénus, une petite colonne sur laquelle la déesse s'appuie. SARDONYX à 2 c. H. 9 c. L. 72 mill.

La matière dans ce camée est plus remarquable que le travail, qui n'est
pas de la belle époque de l'art. Le nez de la Vénus est mutilé, circonstance
fâcheuse parce qu'elle ajoute à la lourdeur de la composition l'aspect d'une
figure vulgaire. Une main moderne a enchâssé un rubis dans le miroir.

39. VÉNUS jouant avec les AMOURS en présence de SILÈNE; ou peut-être, HERMAPHRODITE cherchant à cacher le secret de sa double nature, secret que Silène cherche à pénétrer en contemplant attentivement ces jeux (v. le n° 42). Sur le camée qui nous occupe, il y a trois amours ou génies de l'Amour; l'un de ces génies est

<hr>

1. Mionnet. *Description des med. grecques*, T. 1, p. 135, n° 124.

assis sur un rocher et joue avec des crotales; l'autre assis au pied du rocher demande ce jouet; Silène chauve et entièrement nu s'appuie d'une main sur une branche d'arbre. A l'exergue, des crotales, une syrinx et un poisson. SARDONYX à 2 c. H. 30 mill. L. 35 mill.

Cette jolie pierre a été publiée en 1824 par Marion du Mersan, sous le titre de *Silène précepteur des Amours*.

40. VÉNUS se disposant à se laver les pieds à une fontaine; elle détache sa chaussure de la main droite et de la gauche s'appuie contre la fontaine. L'AMOUR ailé est en face de sa mère; il pose la main droite sur la tête de lion qui verse l'eau et la main gauche sur le *labrum*. SARDONYX à 2 c. H. 70 mill. L. 57 mill.

La baignoire dans laquelle Vénus parait se tenir debout, est de restauration moderne.

41. VÉNUS diadémée. Buste. CALCÉDOINE-ONYX à 2 c. H. 25 mill. L. 35 mill.

Fragment d'un camée de style grec.

42. VÉNUS couchée, la tête posée sous le bras gauche; les jambes sont seules cachées par son *ampechonium*; trois AMOURS entourent leur mère; l'un joue de la syrinx, l'autre tient un éventail, le troisième des tablettes ou un *diptyque*. SARDONYX à 2 c. H. 17 mill. L. 26 mill.

43. VÉNUS debout contemplant HERMAPHRODITE assis sur un rocher, qui cherche à dérober le secret de sa double nature à l'Amour-Enfant qu'il tient sur ses genoux (v. le nº 39). SARDONYX à 2 c. H. 25 mill. L. 31 mill.

L'énigme offerte par ce remarquable camée, est fort difficile à expliquer. On peut y voir VENUS, assise sur un rocher, jouant avec l'Amour auquel elle cache sa figure, en relevant l'*ampechonium* dont elle est vêtue par un mouvement gracieux qui découvre son corps aux yeux du spectateur; mais, dans cas, quelle serait cette femme entièrement enveloppée dans son *ampe-*

chonium, qui, debout et appuyée sur une colonne, regarde si attentivement cette scène? L'ingénieuse explication donnée dans la description. appartient à M. Ch. Lenormant.

44. HERMAPHRODITE assis à demi nu, ou IPHIS contemplant sa métamorphose. AGATE-ONYX à 2 c. H. 16 mill. L. 20 mill.

45. HERMAPHRODITE couché sur une peau de lion ; un génie ailé lui apporte une fleur ; un autre semble jouer-avec la peau de lion. Dans le fond, un arbre. SARDONYX à 2 c. H. 11 mill. L. 31 mill.

Monture en or émaillé.

46. LES TROIS GRACES debout. SARDONYX à 2 c. H. 20 mill. L. 22 mill.

47. EROS ou AMOUR assis sur une draperie et tenant un *lécythus*, vase à parfums, ce qui indique qu'il vient d'assister au bain de Vénus. SARDONYX à 2 couches. H. 13 mill. L. 11 mill.

48. AMOUR ailé, enfant, assis sur un hippocampe. AGATE-CALCÉDOINE à 2 c. H. 18 mill. L. 25 mill.

49. EPHÈBE nu, à l'exception d'une chlamyde posée sur les épaules, assis au bord d'un ruisseau auprès d'une jeune femme qui s'appuie sur son épaule. Cette femme est nue comme le jeune homme ; ses jambes seules sont couvertes par l'ampechonium. A gauche, au pied d'un arbre qui s'élève sur le tertre où sont assis ces deux personnages, un génie de l'Amour tenant un javelot. SARDONYX à 2 c. H. 30 mill. L. 34 mill.

Peut-être doit-on voir ici Vénus et Adonis se mirant dans une fontaine?

50. PSYCHÉ voilée tenant le papillon. Figure vue à mi-corps. SARDONYX à 2 c. H. 18 mill. L. 17 mill.

51. Mercure avec les ailerons à la tête et la chlamyde
sur les épaules. Buste. Sardoine à 2 c. H. 7 c. L.
56 mill.

> Beau travail grec.

52. Mercure. Buste. Calcédoine appliquée sur fond de
verre noir. H. 27 mill. L. 22 mill.

53. Mercure la tête nue de face. Haut relief. Sardoine.
H. 15 mill. L. 10 mill.

54. Mercure debout, s'appuyant sur un cippe. Agate-
onyx à 2 c. H. 12 mill. L. 8 mill.

> Monté en bague.

55. Cérès voilée et couronnée d'épis. Buste. Sardonyx à
2 c. H. 4 1/2 c. L. 3 1/2 c.

> Travail grec.

56. Cérès ou la Terre. Figure de femme couchée, à
demi nue, tenant de la main droite des épis, et de la
gauche un vase. A ses pieds, un serpent. Agate à 2 c.
H. 8 c. L. 11 c.

57. Cérès debout, tenant d'une main une couronne et
de l'autre un bouquet d'épis et de pavots. Sardoine
à 2 c. H. 22 mill. L. 15 mill.

58. Cérès et Proserpine. Bustes accolés. Cérès est voilée
et couronnée d'épis. Proserpine est laurée. Agate-
sardonyx à 3 c. H. 52 mill. L. 45 mill.

> Au revers, le célèbre groupe du Laocoon gravé en creux par une main
> moderne.

59. Naissance de Zagréus ou Bacchus mystique. Proserpine sa mère, assise sur un trône, remet l'enfant
mystique à Ilithyie qui le prend dans ses bras. Cérès
debout, voilée, reconnaissable à son bouquet d'épis

et de pavots, assiste à cette scène. Ilithyie est debout, à demi nue. Cérès et Proserpine, les deux grandes divinités d'Eleusis, sont entièrement vêtues. SARDONYX à 2 couches. H. 36 mill. L. 40 mill.

La tête d'Ilithyie manque. Belle monture en or émaillé.

60. BACCHUS à demi nu, debout, tenant son thyrse de la main gauche, et de l'autre versant avec un rhyton du vin sur la tête d'une panthère. SARDONYX à 5 c. H. 37 mill. L. 26 mill.

61. BACCHUS et ARIADNE dans un char traîné par deux Centaures dont l'un joue de la lyre. La marche est guidée par HYMEN, reconnaissable à son flambeau; EROS arrange une draperie qui couvre les deux époux. Dans la partie inférieure du camée, OCÉAN assis à côté de TÉTHYS. Une OCÉANIDE semble venir leur annoncer le mariage de Bacchus. SARDONYX à 2 c. H. 42 mill. L. 46 mill.

Un cercle de perles forme la monture.

62. BACCHUS et ARIADNE buvant ensemble sous un arbre. Le dieu, à demi nu, est assis; Ariadne est à demi couchée sur un lit. Un SATYRE debout au pied du lit joue de la double flûte. SARDONYX à 2 c. H. 17 mill. L. 25 mill.

63. BACCHUS attirant à lui ARIADNE. Calcédoine à 2 c. H. 2 c. L. 4 c.

Fragment remarquable par la beauté du travail.

64. ARIADNE diadémée, tenant un cep de vigne, représentée à mi-corps. SARDONYX à 2 couch. H. 20 mill. L. 18 mill.

65. FEMME assise les cheveux épars; peut-être ARIADNE. AGATE-ONYX à 2 c. H. 25 mill. L. 20 mill.

Camée retouché par une main moderne.

66. Génie bachique couronné de pampres, portant des fruits dans sa nébride. Buste de face. Sardonyx à 3 c. H. 3 c. L. 2 1/2 c.

67. Deux génies bachiques; l'un assis sur une pierre, a le pied posé sur l'extrémité d'une amphore qu'il vient de casser et dont il tient encore un débris à la main; l'autre s'avance vers lui un *scyphus* à la main, et portant sur l'épaule une amphore intacte. L'un de ces génies paraît avoir vidé son amphore et l'avoir brisée dans son ivresse, tandis que l'autre arrive pour lui offrir de partager avec lui le contenu de la sienne. Sardoine à 2 c. H. 20 mill. L. 22 mill.

Monture en or émaillé.

68. Bacchante couronnée de lierre. Buste. Sardonyx à 4 c. H. 34 mill. L. 26 mill.

Monture en or émaillé.

69. Bacchante couronnée de lierre. Buste. Sardonyx à 3 c. H. 34 mill. L. 26 mill.

70. Bacchante couronnée de lierre et de chêne avec un *peplus.* Buste. Sardonyx à 3 c. H. 3 c. L. 25 mill.

71. Silène monté sur un bouc. Sardonyx à 2 c. H. 2 c. L. 17 mill.

72. Silène couronné de pampres avec le manteau des philosophes. Buste de face. Sardoine à 2 c. H. 2 c. L. 12 mill.

Gravé en relief dans un creux.

73. Silène couronné de pampres, à mi-corps, la main droite levée, la gauche sur son ventre. Derrière, un thyrse. Calcédoine à 2 c. H. 15 mill. L. 12 mill.

74. Masque de Silène. Agate à 3 c. H. 15 mill. L. 10 mill.

75. MASQUE DE SILÈNE couronné de lierre.AGATE à 3 c. H. 18 mill. L. 10 mill.

Monture d'émail blanc.

76. MASQUE DE SILÈNE. AGATE à 2 c. H. 3 c. L. 25 mill.

77. FAUNE jouant du chalumeau et tenant un thyrse ; il est vêtu d'une nébride et est vu à mi-corps. SARDONYX à 2 c. H. 46 mill. L. 37 mill.

Monture en or émaillé.

78. FAUNE bacchant, revêtu de la nébride, tenant une lampe allumée, dansant en se soutenant sur un long bâton. AGATE-ONYX à 2 c. H. 3 1/2 c. L. 25 mill.

Pierre retouchée par un moderne.

79. JEUNE CENTAURE jouant de la double flûte ; on distingue sa nébride nouée sur la poitrine. Devant lui, deux GÉNIES ailés dont l'un joue de la syrinx. AGATE-ONYX à 2 c. H. 42 mill. L. 44 mill.

Fragment. La monture de ce camée, chef-d'œuvre d'orfévrerie du XVIIe siècle, représente un édifice à fronton brisé. Le milieu du fronton est occupé par un cartouche entouré d'une couronne de laurier, sur lequel on lit la devise du possesseur de ce curieux monument : RERVM TVTISSIMA VIRTVS. *De toutes choses, la vertu est ce qu'il y a de plus sûr.*

80. FAUNE couronné de pampres. Buste. SARDONYX à 3 c. H. 17 mill. L. 12 mill.

81. FAUNE couronné de pampres. Buste. SARDONYX à 3 c. H. 18 mill. L. 15 mill.

82. MASQUE DE SATYRE. GRENAT DE SYRIE. H. 25 mill. L. 15 mill.

83. TAUREAU DIONYSIAQUE marchant la tête baissée, prêt à combattre. SARDONYX à 3 c. H. 45 mill. L. 65 mill.

Magnifique matière ; travail exquis. Monture en or émaillé.

84. SACRIFICE RUSTIQUE A PRIAPE. Un SILÈNE assis joue de la double flûte, au pied d'un platane derrière lequel est placée une statue de Priape sur une colonne; une jeune fille apporte des offrandes, des fruits sur une patère, et du vin dans une œnochoé; une vieille femme voilée présente au dieu un objet incertain, peut-être une guirlande. Sardonyx à 2 c. H. 22 mill. L. 27 mill.

85. La Pudeur qui fuit le Vice. Génie ailé de la Pudeur, s'échappant des mains d'une femme agenouillée (Vénus) près d'un masque de Silène. Devant le génie ailé, un autel allumé. Derrière la femme agenouillée, Silène tenant le Van rempli de fruits, symbole de la fécondité. Vénus semble prête à découvrir un objet caché sous le masque. Sardonyx à 2 c. H. 15 mill. L. 25 mill.

Monture émaillée.

Winckelmann a publié, dans ses *Monumenti inediti*, un bas-relief représentant un sujet analogue à celui de notre camée. (V. t. I, pl. 26, et t. II, p. 32.) Certains attributs, trop reconnaissables dans le bas-relief, déterminent le sens de la composition que nous venons de décrire.

86. Amphitrite, déesse de la mer, à demi nue, portée sur les flots par un *taureau marin* et entourée de cinq génies ailés. Le taureau est dirigé à la fois par un génie ailé qui sert d'Automédon à la déesse et tient les rênes, et par Amphitrite elle-même qui en tient les extrémités de la main gauche. Dans les airs, plane un génie armé d'un fouet; dans la mer, un génie monté sur un dauphin; deux autres génies se jouent dans les replis tortueux de la croupe du monstre. A droite, une seiche; à gauche, dans le coin, on lit en deux lignes le nom du graveur Glycon, écrit en creux: ΓΛΥΚΩΝ. Sardonyx à 2 c. H. 42 mill. L. 60 mill.

Monture en or émaillé.

Ce camée est l'un des plus remarquables de la collection impériale.

87. NÉRÉIDE SUR UN HIPPOCAMPE. SARDONYX à 2 c. H. 26 mill. L. 36 mill.

> Monture en or émaillé.

88. PLUTON assis sur un trône à dossier, le modius sur la tête, l'aigle sur la main gauche; à ses pieds, CERBÈRE. SARDONYX à 3 c. H. 36 mill. L. 22 mill.

89. PLUTON ENLEVANT PROSERPINE. JASPE à 2 couches. H. 17 mill. L. 12 mill.

> Fragment d'un travail très-fin.

90. GÉNIE FUNÈBRE tenant un flambeau renversé et contemplant une tête de mort. SARDONYX à 2 c. H. 16 mill. L. 12 mill.

91. GÉNIE AILÉ luttant avec une oie. A ses pieds, un lecythus brisé. CALCÉDOINE à 2 c. H. 15 mill. L. 17 mill.

92. VICTOIRE AILÉE couronnée de laurier et de lierre, portant un flambeau. Buste. SARDONYX à 4 c. Corniche. H. 27 mill. L. 23 mill.

> Les traits de cette figure de la Victoire rappellent ceux d'Antonia, mère de Germanicus.

93. VICTOIRE AILÉE debout dans un bige. AGATE à 2 c. H. 14 mill. L. 21 mill.

> La tête de la Victoire est mutilée.

94. L'ESPÉRANCE. Figure debout, diadémée, relevant le pan de sa tunique de la main gauche et tenant de la main droite une fleur. SARDONYX à 3 c. Corniche. H. 37 mill. L. 23 mill.

> Ce beau camée de style archaïque, fait partie du legs fait au cabinet des médailles par M. J.-H. Beck en 1846.

95. HERCULE jeune, lauré, avec la peau de lion. Buste. SARDONYX à 2 c. H. 28 mill. L. 24 mill.

> Pierre altérée par l'action du feu.

96. Hercule barbu, avec la peau de lion. Buste. Agate à 2 c. H. 31 mill. L. 24 mill.

Remarquable monture en or émaillé du xviie siècle. La pierre a été retouchée. Au revers, une tête d'Omphale coiffée de la peau de lion, de travail moderne.

97. Hercule barbu, nu. Silex. H. 24 mill. L. 17 mill.

98. Hercule barbu. Buste de trois quarts. Grenat. H. 28 mill. L. 20 mill.

Monture en or émaillé La pierre a été retouchée.

99. Hercule barbu, lauré. Buste. Sardonyx à 3 c. Diam. 21 mill.

100. Médée, un poignard à la main, contemple ses deux enfants qui jouent au pied d'une colonne sur laquelle est placé un vase. Elle semble hésiter au moment de les égorger. Sardonyx à 2 c. H. 21 mill. L. 13 mill.

Camée d'un très beau style et d'un excellent travail. On peut voir une peinture de Pompei représentant le même sujet dans le *Museo Borbonico*, t. V, pl. xxxiii. Monture en or émaillé.

101. Diomède au moment où il vient d'enlever le Palladium. Le fils de Tydée, nu, est à demi assis sur un autel orné d'une guirlande ; il tient son épée d'une main et de l'autre le Palladium ; la main ensanglantée du héros est couverte par la chlamyde, afin de ne pas souiller l'image de la déesse. Sardonyx à 2 c. H. 29 mill. L. 22 mill.

102. Enlèvement du Palladium. Diomède dans la même attitude que sur le camée n° 101 ; en face de lui Ulysse nu, l'air irrité, semble lui reprocher le meurtre de la prêtresse gardienne du Palladium, dont on voit les pieds sur le sol. Ulysse tient de la main droite un sceptre ; sa chlamyde flotte sur son bras droit. Entre les deux héros, une colonne sur laquelle est une statue

vue de dos, peut-être Athéné-Ilias. Dans le haut, la toiture du temple. Sardonyx à 2 c. H. 28 mill. L 40 mill.

103. Paris et OEnone. Bustes conjugués coiffés de la tiare phrygienne. Sardonyx à 2 c. H. 2 c. L. 17 mill.

Monture en or émaillé.

104. Penthésilée, reine des Amazones, tenant son cheval par la bride, offre ses secours à Paris et à Hélène. Les deux époux sont assis sur le même siége; Hélène est revêtue d'une longue robe; de la main gauche elle relève son voile; sa main droite est posée sur l'épaule de Pâris qui est nu et dont la chlamyde est posée sur la cuisse; d'une main il tient le *pedum* des bergers ou des chasseurs, de l'autre il caresse un chien dont on ne voit que la tête. Une colonne surmontée d'un vase et un arbre indiquent l'entrée du palais. Calcédoine à 2 c. H. 35 mill. L. 42 mill.

105. Ganymède enfant, amené par son frère Assaracus, tend les bras à Tros, son père, qui, assis au pied d'un arbre, va le prendre sur ses genoux. Sur le sol, un porc, victime expiatoire offerte à la jalousie des dieux comme rançon des enfants. Agate à 3 c. H. 4 c. L. 37 mill.

106. Héros faisant boire les quatre chevaux de son quadrige; ce personnage est nu, car sa chlamyde est seulement posée sur sa cuisse; un esclave phrygien, presque agenouillé, boit dans une hydrie qu'il tient à deux mains et dont le pied pose sur l'auge dans laquelle un des quatre chevaux va boire. Cette auge est ornée de bucrânes et de guirlandes. Sardonyx à 3 c. H. 32 mill. L. 45 mill.

La base de la pierre est restaurée.

Millin a publié ce camée, l'un des plus précieux de la collection de

France, dans le tom. I de ses *Monuments inedits* (ϖ. p. 1). Dans la dissertation qu'il a consacrée a ce camée, Millin s'est efforcé de demontrer qu'il
fallait y voir *Pelops* vainqueur dans la course en char d'*OEnomaüs*, pere
d'*Hippodamie*, faisant boire lui-même les chevaux de Neptune auxquels il
doit son triomphe. Nous avouons ne pas trouver de raisons suffisantes pour
adopter l'attribution de Millin ; toutefois, comme nous ne croyons pas avoir
de droits a en proposer une autre, on laissera à cette belle pierre le nom
sous lequel on la connaît depuis Millin, *les chevaux de Pelops*.

107. Laodamie embrassant l'ombre de Protésilas, son
mari. Sardonyx à 3 c. H. 34 mill. L. 30 mill.

Protésilas, roi d'une peuplade de la Thessalie, s'élança le premier sur le
rivage de Troie et fut tué au moment même. Laodamie, sa femme, obtint
des dieux la faveur de revoir son mari pendant trois heures; cette entrevue
parait être le sujet du camée. On ne voit que le buste du heros dont les traits
expriment à la fois la tendresse et la douleur. C'est une manière de représenter l'ombre, εἴδωλον. La veuve paraît être dans la plus vive affliction;
sa tunique la dérobe très-imparfaitement aux regards. On a cru que cette
pierre etait un fragment; c'est une erreur; le camée est entier.

108. Dédale et Icare. Le père attache les ailes à son fils;
dans le coin, à droite, le taureau que Dédale fabriqua
pour Pasiphaé. Calcédoine à 2 c. H. 17 mill. L. 32 mill.

Fragment.

109. Méduse. Tête de profil. Sardonyx à 2 c. H. 22 mill.
L. 18 mill.

110. Méduse. Tête de 3/4. Agate à 2 c. H. 2 1/2 c. L. 3 c.

111. Méduse. Tête de 3/4. Agate à 2 c. H. 20 mill. L.
18 mill.

112. Méduse. Tête de 3/4. Agate 2 c. H. 14 mill. L.
15 mill.

Fragment.

113. Méduse. Tête de 3/4. Agate-onyx à 3 c. H. 16 mill.
L. 15 mill.

114. Méduse. Tête de face tirant la langue. Sardonyx à
2 c. Diam. 33 mill.

Imitation archaïque.

115. Méduse avec les ailes à la tête. Buste. Sardonyx à 3 c. H. 20 mill. L. 15 mill.

Monture en argent.

116. Méduse avec les ailes. Buste de profil. Sardonyx à 3 c. H. 23 mill. L. 17 mill.

117. Méduse avec les ailes. Buste de profil. Sardonyx à 3 c. H. 20 mill. L. 15 mill.

118. Méduse. Tête de face diadémée. Sardoine perforée en croix. Diam. 26 mill.

Ce camée, et les n⁰ˢ 119, 120, 121, sont exécutés sur des pierres épaisses, percées de quatre trous. On a supposé que ces sortes de médaillons en pierres précieuses ont pu servir dans l'antiquité de décorations militaires.

119. Méduse. Tête de face. Calcédoine. Diam. 35 mill. (V. n⁰ 118.)

120. Méduse. Tête de face. Calcédoine brune brouillée. Diam. 40 mill. (V. n⁰ 118.)

121. Méduse. Tête de face. Calcédoine bleuâtre. Diam. 32 mill. (V. n⁰ 118.)

122. Rome divinisée. Buste de Rome avec les attributs de Pallas, l'égide et le casque. Une branche de laurier est sculptée sur le casque. Agate saphirine à 2 c. H. 13 c. L. 8 c.

Ce camée, remarquable par sa dimension, a été trouvé à Bavay dans le siècle dernier. Il est dans le style des bons ouvrages du temps de Constantin.

123. L'Archi-Galle, ou le chef des Galles, prêtres de Cybèle, vu à mi-corps, voilé, assis sur un siége orné de griffons. Agate à 2 c. H. 9 c. L. 7 c.

124. Masque tragique de profil, tourné à droite. Agate à 2 c. H. 11 mill. L. 9 mill.

125. Masque tragique de profil, à gauche. Agate à 2 c. H. 11 mill. L. 9 mill.

126. Masque scénique de profil, à droite. Calcédoine à 2 c. H. 14 mill. L. 11 mill.

127. Masque de face, avec attributs bachiques. Agate à 2 c. H. 15 mill. L. 15 mill.

128. Masque scénique de profil, à droite. Sardonyx à 3 c. H. 10 mill. L. 8 mill.

129. Masque scénique de 3/4. Sardoine. H. 12 mill. L. 12 mill.

130. Masque scénique de face. Haut-relief. Agate-Sardoine à 2 c. H. 4 c. L. 32 mill.

Animaux.

131. Lion passant à gauche. Sardonyx à 3 c. H. 10 mill. L. 14 mill.

132. Lion passant à droite. Agate à 2 c. H. 20 mill. L. 25 mill.

133. Lionne. Agate-onyx à 2 c. H. 24 mill. L. 3 c.

134. Panthère. Agate-calcédoine à 2 c. H. 19 mill. L. 25 mill.

135. Lion dévorant un taureau. Agate à 3 c. H. 21 mill. L. 15 mill.

136. Lion en course. Corail. H. 9 mill. L. 15 mill.

137. Vache passant à droite. Sardonyx à 3 c. H. 20 mill. L. 30 mill.

138. Sphinx femelle accroupie. Sardonyx à 3 c. H. 18 mill. L. 22 mill.

139. Scarabée. Sur le plat, en relief, un sphinx femelle. Sardonyx à 3 c. Épaisseur 10 mill. H. 15 mill. L. 20 mill.

Travail grec d'ancien style.

140. Lièvre. Corail. H. 10 mill. L. 15 mill

141. Tête de chouette. Agate à 2 c.

142. Perdrix. Agate à 3 c. H. 10 mill. L. 16 mill.

143. Mouche. Améthyste. H. 23 mill. L. 15 mill.

144. Deux poissons en sens inverse; des perches. Améthyste. H. 13 mill. L. 20 mill.

145. Un mugile ou mulet et une scille. Agate. 2 c. H 14 mill. L. 22 mill.

Pierres sans gravure.

146. Sardonyx à 3 couches offrant naturellement la figure de l'*œil*. H. 24 mill. L. 26 mill.

Donné par M. Auguste Lhérie.

147. Sardonyx a 3 couches, préparée pour la gravure. H. 48 mill. L. 70 mill.

Belle monture émaillée du xviie siècle.

148. Sardonyx a 4 couches, préparée pour la gravure. H. 45 mill. L. 57 mill.

Belle monture émaillée du xviie siècle.

149. Sardoine a 3 couches, préparée pour la gravure. H. 40 mill. L. 55 mill.

Monture très-simple en or.

150. Sardonyx à 3 c. H. 12 mill. L. 10 mill.

151. Sardonyx à 3 c. H. 13 mill. L. 10 mill.

152. Agate rubanée. H. 15 mill. L. 8 mill.

153. Agate rouge avec incrustations blanches régulières. Diam. 12 mill.

ICONOGRAPHIE GRECQUE.

154. Alexandre III, dit le Grand. Buste du roi de Macédoine divinisé ; il a la tête ceinte du bandeau royal, et son front est orné de la corne de bélier qui le caractérise comme fils de Jupiter-Ammon. Sardonyx à 3 c. H. 33 mill. L. 31 mill.

Monture d'or émaillé.

155. Alexandre le Grand, avec le diadème et la corne de bélier. Corniche. Sardonyx à 2 c. Diam. 24 mill.

Monture d'or émaillé.

156. Alexandre le Grand, avec le diadème et la corne de bélier. Agate-onyx à 2 c. H. 10 mill. L. 9 mill.

157. Alexandre le Grand, avec le diadème et la corne de bélier. Agate-onyx. 2 c. H. 17 mill. L. 15 mill.

Brisure sur la face.

158. Alexandre le Grand, casqué, la chlamyde sur l'épaule ; la poitrine nue, sauf le baudrier. Agate. H. 9 c. L. 8 c.

La tête est de haut relief. Ce camée n'est peut-être pas exempt de retouches modernes. Magnifique monture d'or émaillé.

159. Persée, roi de Macédoine, prêt à lancer son javelot. Ce roi est représenté barbu, en grand buste, revêtu de l'égide, et coiffé de la *causia* macédonienne, sur laquelle est sculpté un épisode du combat des Lapithes

contre les Centaures ; le Centaure est vainqueur du Lapithe. CORNALINE ORIENTALE. H. 7 c. L. 5 c.

Monture en or émaillé.

Millin a donné à ce camée le nom d'Ulysse. (V. *Monum. inédits*, t. I, p. 201.) Cet antiquaire a été entraîné à faire cette attribution par la forme du casque de Persée qu'il a confondu avec le *pilos* ou bonnet de marin que porte Ulysse. Mais il ne s'agit pas ici d'un *pilos* qui était un bonnet de laine ou de feutre ; les sculptures indiquent un casque de métal, et ce casque est semblable à celui d'Antialcides, roi macédonien de la Bactriane. Les traits de Persée sur les médailles offrent une ressemblance frappante avec notre camée. Le sujet sculpté sur le casque, est un fait de la mythologie locale. Cette attribution que nous adoptons pleinement est de M. Ch. Lenormant. (V. *Bulletin archéol. de l'Athenœum français*. 1855.)

160. REINE d'Égypte, peut-être BÉRÉNICE, femme de Ptolémée III, Evergète Ier, roi d'Égypte, voilée, en Isis. Les cheveux liés par le diadème retombent sur les épaules en longues boucles calamistrées. SARDONYX à 2 couches. H. 26 mill. L. 18 mill.

161. BÉRÉNICE, femme de Ptolémée III, Evergète Ier, voilée, avec les attributs d'Isis. SARDONYX à 2 c. H. 16 mill. L. 10 mill.

162. REINE voilée et diadémée. Buste. SARDONYX 2 c. H. 26 mill. L. 20 mill.

Fragmenté.

Ce portrait pourrait être celui d'une reine de Sicile ; on peut comparer notre camée aux médailles de Philistis, reine de Syracuse ; cette reine nous est connue non-seulement par les médailles, mais encore par une inscription gravée sur les gradins du théâtre de cette ville. Une autre reine de Syracuse, Néréis, dont on ne possède pas de médailles, nous est connue par une inscription trouvée au même lieu que la précédente. Notre camée se rapporte à une reine du même pays et du même temps, vers 230 ans avant J.-C.

Au revers, une tête de roi diadémé, de travail moderne.

163. ROI GREC ; buste barbu, coiffé d'un casque sur lequel paraît une couronne de laurier et un lion. SARDONYX à 3 c. H. 3 1/2 c. L. 3 1/2 c.

Monture d'or émaillé.

Visconti, dans s   *Iconographie grecque*, a publié ce camée comme étant le portrait de Lysimaque, roi de Thrace (V. t. II, p. 104 et pl. XLI, n° 9). Mais l'argumentation du savant antiquaire se fondait sur la ressemblance qu'il croyait trouver entre ce camée et les têtes gravées sur les monnaies de Thrace frappées par Lysimaque ; or, aujourd'hui, tous les numismatistes conviennent que ces monnaies portent non pas la tête de Lysimaque, mais bien celle d'Alexandre Nous ne donnerons donc pas de nom à ce camée qui ne peut être attribué au vainqueur de Darius, parce que les traits sont ceux d'un homme trop âgé.

164. DEUX BUSTES casqués, conjugués. Le premier, de profil, qui porte l'égide, doit être celui de Minerve ; tous deux sont imberbes. Peut-être Alexandre, roi de Macédoine, avec Minerve, sa protectrice. SARDONYX à 3 c. H. 7 c. L. 6 c.

Fragment.

Une main moderne a retouché ce magnifique fragment, et nous a ainsi rendu moins évidente la pensée de l'artiste auquel nous le devons, tout en enlevant à la pierre une grande partie de son mérite.

165. BUSTE DE FEMME inconnue, de trois quarts ; l'épaule droite découverte. Haut relief. CALCÉDOINE. H. 7 mill. L. 6 mill.

Ce portrait semble être celui d'une impératrice romaine du Ve siècle.

166. BUSTE DE FEMME inconnue, de trois quarts ; l'épaule gauche découverte. Haut relief. CALCÉDOINE SAPHIRINE. H. 5 1/2 c. L. 4 c.

Ce buste, qui offre beaucoup d'analogie avec le précédent, est resté à l'état d'ébauche.

167. HÉRODE-ATTICUS. Buste d'homme barbu, avec le manteau des philosophes. SARDONYX à 2 c. H. 25 mill. L. 20 mill.

Voyez *Visconti : Iconographie romaine*, t IV, p. 163, et *Panofka : Antiques du cabinet du comte de Pourtalès-Gorgier*, pl. XXXVII.

168. TÊTE D'UN JEUNE HOMME, de profil, les cheveux frisés, peut-être Adonis. SARDONYX à 3 c. H. 25 mill. L. 20 mill.

Monture en or émaillé.

169. TÊTE D'UNE JEUNE FILLE, vue de trois quarts, vêtue d'une nébride. AGATE-ONYX à 2 c. H. 17 mill. L. 12 mill.

Monture en or émaillé.

170. BUSTE DE FEMME, de profil, sans attributs, peut-être Vénus. SARDONYX à 3 c. H. 21 mill. L. 17 mill.

171. TÊTE DE FEMME diadémée. Ronde bosse. CRISTAL DE ROCHE. H. 25 mill. L. 20 mill.

Fragmenté.

172. TÊTE DE FEMME, les cheveux noués sur la nuque. Ronde-bosse. CRISTAL DE ROCHE. H. 3 c. L. 26 mill.

Fragment.

173. TÊTE D'HOMME sans barbe, de face, les cheveux plats. CORNALINE. H. 16 mill. L. 12 mill.

174. TÊTE D'HOMME de face. Ronde-bosse. CORNALINE. H. 15 mill. L. 10 mill.

Travail barbare.

MYTHOLOGIE ÉGYPTIENNE

175. HATHÓR ou *Vénus égyptienne*, debout, enveloppée dans une grande draperie et coiffée du disque entre les deux plumes. SARDONYX à 3 c. H. 25 mill. L. 15 mill.

Beau travail du temps d'Hadrien.

176. HATHÓR; tête de face avec le *modius*, deux cornes de vache et deux tresses rapprochées sur chaque joue. SARDONYX à 2 c. H. 12 mill. L. 10 mill.

177. Harpocrate enfant, assis sur des fleurs, la main sur la bouche, tenant une corne d'abondance. Agate-onyx, 2 c. H. 15 mill. L. 10 mill.

178. Harpocrate, la main sur la bouche, coiffé du *schent*. Buste. Sardonyx à 3 c. H. 21 mill. L. 14 mill.

179. Harpocrate enfant, assis sur un lotus. Sardonyx à 3 c. H. 16 mill. L. 10 mill.

180. Dieu égyptien coiffé du *schent*. Buste. Sardonyx à 3 c. H. 35 mill. L. 25 mill.

   Monture en or émaillé. Sur le *schent* une inscription hébraïque.

181. Apis. Partie postérieure du taureau divin. Héma-tite. H. 20 mill. L. 22 mill.

   Fragment d'une figurine de ronde bosse d'Apis.

182. Épervier, symbole de l'âme chez les Égyptiens. Agate. H. 15 mill. L. 12 mill.

   Le travail de ce petit monument paraît être phénicien. Donné par M. de Saulcy.

183. Égyptien de face. Buste. Agate à 2 c. H. 15 mill. L. 12 mill.

   Travail du temps d'Hadrien.

ICONOGRAPHIE ROMAINE

Personnages illustres.

184. Sextus Pompée. Buste, la tête nue. Sardonyx à 2 c. H. 20 mill. L. 19 mill. (V. n° 208.)

   Attribution de feu du Mersan qui ne paraît pas définitivement établie.

185. Virgile. Tête jeune, sans barbe, couronnée de laurier. Fragment d'un entourage de perles. Calcé-doine-onyx à 2 c. H. 33 mill. L. 28 mill.

Monture en or.

On ne peut pas affirmer que ce beau camée représente Virgile; cependant il est certain que le travail de la pierre est du haut empire, et que les traits du personnage lauré ne sont ceux d'aucun des premiers Césars. C'est donc le laurier des poëtes et non celui des empereurs qu'il faut reconnaître ici. Le seul portrait de Virgile connu est malheureusement d'une époque bien éloignée du siècle d'Auguste; cependant toute tradition de l'antiquité n'était pas encore perdue au IVe siècle de notre ère, temps auquel Visconti croit pouvoir faire remonter la peinture représentant Virgile qu'il a publiée dans son *Iconographie romaine*, pl. XIII, n° 1, et t. I, p. 278. Or, ce portrait de Virgile offre une analogie véritable avec notre camée. Le chantre de l'Énéide est représenté sans barbe, avec des traits encore jeunes comme le personnage lauré du camée. Cette peinture se trouve dans un manuscrit sur vélin qui de l'abbaye de Saint-Denis a passé dans la bibliothèque du Vatican.

186. Corbulon. Buste, la tête nue. Sardoine à 2 c.

Monture en or émaillé.

Cneus Domitius Corbulo, l'illustre général, le beau-frère de Caligula et le père de Domitia Longina, femme de Domitien, est un personnage dont les portraits ont été fort multipliés. Notre camée offre une certaine analogie avec le buste attribué à Corbulon par Visconti (V. *Iconog. rom.*, t. I, p. 218, pl. 9, n° 1).

187. Herennia, *Vestale*. Buste d'une jeune femme, les cheveux liés par un bandeau. Au-dessous on lit : hervirv. (*Herennia, virgo Vestalis.*) *Herennia, vierge Vestale.* Agate-onyx à 2 c. H. 24 mill. L. 18 mill.

Ce camée a été publié par Buonarroti dans ses *Medaglioni Antichi.* (V. p. 406 et pl. xxxvi. 3.) L'antiquaire florentin a fort bien expliqué les abréviations de l'exergue VIR V, mais je ne suis pas sûr que la première lettre du nom de la Vestale soit un N, comme il l'a cru. Je vois un H et je suppose que cette Vestale était de la famille Herennia. Le travail annonce une époque basse.

Empereurs et membres des familles impériales.

188. Apothéose d'Auguste. La composition de cette célèbre pierre si connue sous le nom de *Camée de* *la Sainte-Chapelle*, se divise en trois parties distinctes :

1° PARTIE SUPÉRIEURE. *Apothéose d'Auguste.* AUGUSTE, couronné de laurier, dans le costume des héros, monté sur PÉGASE que l'AMOUR dirige par la bride, s'élance dans les cieux où il est reçu par un des ancêtres de la famille Julia, ÉNÉE ou son fils JULE, qui lui présente le globe, emblème de la souveraine puissance. Énée est reconnaissable à son costume phrygien. Au-dessus d'Énée est assis JULES CÉSAR, la tête ceinte d'une couronne radiée, voilé comme souverain pontife, et le sceptre à la main. César est vu de face; il semble attendre Auguste, son petit-neveu et son fils adoptif. A gauche, près de César, DRUSUS l'ancien, couronné de laurier, vêtu du *paludamentum*, s'avance vers Auguste, le bouclier au bras. Drusus et Énée paraissent voler dans les airs.

2° PARTIE DU MILIEU. *La famille des Césars, l'an de J.-C.* 19. TIBÈRE, couronné de laurier, nu jusqu'à la ceinture comme la plupart des figures de Jupiter, est assis sur un trône muni d'un *scabellum;* l'empereur tient de la main droite un long sceptre semblable à celui du maître des dieux, et de la gauche, le *lituus*, marque du souverain pontificat. Sur le même trône est LIVIE, couronnée d'épis, tenant de la main droite un bouquet de pavots et d'épis comme Cérès; sa main gauche pend négligemment sur le dossier du trône. Derrière Livie, DRUSUS le jeune, son fils, portant un trophée de la main droite et paraissant montrer de la main gauche, à sa femme LIVILLA, la scène de la réception d'Auguste par J. César. Livilla est assise sur un siége orné de figures de sphinx. Près de Tibère, et devant son trône, ANTONIA debout, tournée vers GERMANICUS son fils, qui se présente à l'empereur, son oncle et son père adoptif. Germanicus est revêtu du paludamentum; il a le bouclier au bras gauche, et de la main droite il saisit l'aigrette de son casque sur lequel sa mère porte la main, peut-être pour l'inviter à jouir du repos et de la paix; derrière Germanicus, à sa droite, AGRIPPINE l'ancienne, sa noble épouse, assise sur un monceau d'armes et tenant un rouleau; devant elle, son fils, le jeune CAIUS, la tête nue, mais revêtu de l'habit militaire, portant comme son père un bouclier, et chaussé des *caligæ*, d'où lui vint le surnom de *Caligula*. Au pied du trône de Tibère et de Livie, la figure allégorique de l'Arménie revêtue du costume oriental, la tête baissée dans l'attitude du désespoir.

3° PARTIE INFÉRIEURE. *Captifs germains et orientaux.* Guerriers, vieillards, femmes tenant leurs enfants et pleurant. Ces scènes rappellent les victoires de Germanicus et de Drusus le jeune. SARDONYX à 5 c. H. 30 c. L. 26 c.

Le camée que nous venons de décrire, doit être placé parmi les plus célèbres monuments de l'antiquité que l'on puisse voir dans les musées de l'Europe. Désigné dans les anciens inventaires de la Sainte-Chapelle de Paris, sous le nom de *Grand Camahieu*, plus tard sous le nom de *grand camée de la Sainte-Chapelle* ou *d'agate de Tibère*, le GRAND CAMÉE DE FRANCE surpasse de beaucoup, par sa dimension, celle des plus grandes pierres dures connues. Cette grandeur, qui en fait un morceau rare et remarquable aux yeux des minéralogistes, n'est pas le seul mérite de ce monument hors ligne. Le travail en est excellent, et l'ordonnance de la composition dans laquelle paraît toute la famille des Césars, les morts dans le ciel, les vivants groupés autour de Tibère, font du grand camée de France un véritable tableau d'histoire sur pierre précieuse. Les cassures que l'on y remarquera, existaient déjà au XVe siècle. Un inventaire de la Sainte-Chapelle, de l'an 1480, les mentionne. (V. *Revue archéologique*, t. V, p. 187. Art. de M. Douet d'Arcq.) Pendant tout le moyen âge, l'agate de la Sainte-Chapelle fut considérée comme une relique, et on lui donnait le nom de *Triomphe de Joseph en Egypte*. C'est Peiresc qui, en 1619, lui restitua le premier son nom véritable. Le Grand Camahieu est mentionné en ces termes dans l'inventaire latin de la Sainte-Chapelle de 1341 : *Item unum pulcherrimum camaut in cujus circuitu sunt plures reliquiæ.* On a tout lieu de croire que c'est Louis IX qui déposa ce précieux joyau dans le trésor de la Sainte-Chapelle; le saint roi l'avait sans doute acquis de l'empereur Baudouin II avec les riches reliquaires de la chapelle impériale de Constantinople. En 1343, Philippe VI envoya le grand Camahien au pape qui avait témoigné le désir de le voir ainsi que d'autres reliques de la Sainte-Chapelle ; mais en 1379, Charles V le réintégra dans le trésor de la Sainte-Chapelle ; c'est alors, ou plutôt quelque temps après la mort de ce prince, que la reconnaissance du chapitre, considérant cette restitution comme un don véritable, fit placer sur le *socle carré long*, *revêtu de plusieurs reliques* l'inscription suivante : *ce camaieu bailla à la Sainte-Chapelle du Palais, Charles cinquième de ce nom, roi de France, qui fut fils du roi Jean, l'an* MCCCLXXIX. Le grand camée était entouré d'une monture byzantine qui a malheureusement été fondue à l'époque du vol de 1804. Tristan de Saint-Amant parle en ces termes de cette monture : *Car les quatre evangélistes sont représentés de part et d'autre du châssis ou tableau d'or, dans lequel cette pierre est enchâssée.* (Voy. *Comment. hist*, t. I. p. 101.) Il existe un grand nombre de planches représentant le grand camée; la plus célèbre est celle qui a été gravée d'après les dessins de Rubens et qu'on peut voir dans le recueil de Jacques Le Roy, intitulé: *Achates Tiberianus*, et dans lequel se trouve une dissertation latine d'Albert Rubens, fils du peintre, sur l'agate de la Sainte-Chapelle. On peut voir la figure du grand camée dans une foule d'ouvrages, entre autres dans les *Commentaires historiques* de Tristan de Saint-Amant, t. 1, p. 100; dans le *Thes. antiq. rom.* de Grævius, t XI, p. 1336; dans Montfaucon, *Antiquité expliquée*, t V, p. 127 ; dans l'*Histoire de la Sainte-Chapelle* de S.-J. Morand, p. 59; dans la *Galerie mythologique* de Millin, pl. CLXXIX, nᵒ 677 ; dans l'*Iconographie romaine* de Mongez, pl. XXVI; dans la notice de Marion du Mersan, édition de 1835, pl. 6, p. 19 ; enfin dans le *Trésor de numismatique* de Ch. Lenormant. Voyez *Iconog. romaine*, pl. XII.

189. JULES CÉSAR, lauré, en regard d'AUGUSTE radié; TIBÈRE et GERMANICUS, laurés en regard. Bustes avec les noms en abrégé de chacun des quatre personnages : IVLI. AVGV. TIBE. GERM. SARDONYX à 3 c. H. 35 mill. L. 54 mill.

Une cassure sépare en deux la tête d'Auguste. Le travail de ce camée est sec; les cous sont d'une longueur exagérée ; les inscriptions ont été ajoutées par une main moderne. Cette fois le cadre vaut mieux que le tableau. La monture en or émaillé pourrait être de la main de Benvenuto Cellini; ce qui est certain, c'est que les figures sont traitées dans le goût de ce maitre. Le sujet de la monture est une *Renommée entre deux Captifs enchaînés.* Des lions et des trophées complètent la décoration.

190. AUGUSTE, la tête ceinte d'une couronne de chêne et d'olivier. SARDONYX à 2 c. H. 5 c. L. 4 c.

La monture de ce camée est un curieux spécimen de l'orfévrerie du moyen âge. Notre camée, qui vient de Saint-Denis, a fait partie de la décoration d'un reliquaire contenant le chef de saint Hilaire, qui représentait

le buste du saint prélat en habits épiscopaux. La mitre était toute couverte
de perles et de pierreries. Au milieu de l'*orfroi* (étoffe tissue d'or) qui
régnait autour du col de la chape était enchâssé notre camée. Ce reliquaire
avait été fait sous l'administration de Jérôme de Chambellan, grand prieur
de l'abbaye de Saint-Denis de 1583 à 1606 C'est sans doute de cette époque
que date le fond de la monture d'argent qui décore le camée ; mais les griffes
de cuivre qui l'encadrent et retiennent les pierreries, sont très-probablement
d'une époque beaucoup plus reculée Il y a trois saphirs et trois rubis faux
séparés par six bouquets composés chacun de trois perles fines. Il manque
une perle à trois des bouquets.

191. AUGUSTE, lauré. Buste de face. Dans le champ,
une inscription en caractères grecs byzantins, disposée
en deux colonnes : ΕΚ ΤΩΝ ΑΓΙΩΝ Μ. *des saints mar-
tyrs*. AGATE. H. 9 c. L. 82 mill.

> Dom Félibien a publié cette pierre dans son histoire de l'*Abbaye de Saint-
> Denis* (V. pl. IV, lettre O), il la désigne ainsi à la page 543 : *Un César Au-
> guste en agate très-bien travaillé*. L'inscription nous apprend que ce camée
> provient de l'ancien reliquaire de Saint-Denis et de ses compagnons.

192. AUGUSTE, lauré, avec la cuirasse et le paludamentum. Buste. SARDONYX à 3 c. H. 5 c. L. 4 c.

> Très-beau travail ; ce camée provient du legs fait à la Bibliothèque par
> M. J.-H. Beck en 1846.

193. AUGUSTE lauré, revêtu de sa cuirasse qui est ornée
d'un médaillon représentant la tête de Méduse. Ce
médaillon est suspendu par un cordon. Buste de face.
AGATE à 2 c. H. 53 mill. L. 35 mill.

> Une main moderne a gravé en creux, sur le fond, les lettres I. C, sans
> doute parce qu'on avait reconnu J. César sur cette pierre.

194. AUGUSTE, couronné de chêne, avec le paludamentum. Buste. SARDONYX à 3 c. H. 58 mill. L. 46 mill.

> La tête est idéalisée. Monture en or émaillé.

195. AUGUSTE avec la couronne radiée. Buste. ONYX à
2 c. H. 12 mill. L. 13 mill.

> Fragment.

196. AUGUSTE couronné de laurier et voilé comme sou-

verain pontife. Buste de face. Calcédoine bleuatre. H.
32 mill. L. 24 mill.

197. Auguste couronné de laurier. Buste. Sardonyx à 2 c.
H. 84 mill. L. 62 mill.

> Monture en or émaille. Travail barbare.

198. Auguste lauré. Buste. Sardoine à 2 c. H. 30 mill.
L. 22 mill.

> Monture en or émaillé.

199. Auguste et Agrippa. Bustes en regard de l'empereur
et de son illustre gendre. Auguste est lauré ; Agrippa
porte une couronne à la fois *murale* et *rostrale*, récompense de ses exploits de terre et de mer. Sardonyx
à 3 c. H. 3 c. L. 44 mill.

> Cette belle pierre, dont le travail est fin et délicat, provient du legs fait
> à la Bibliothèque par M. J.-H. Beck en 1846.

200. Agrippa. Buste avec la couronne murale.
Au revers : Julie, fille d'Auguste, femme d'Agrippa.
Buste. Agate à 4 c. H. 25 mill. L. 18 mill.

> Monture en émail blanc.
> On trouve rarement les camées antiques sculptés des deux côtés. La pré-
> sence sur ce monument du portrait d'Agrippa fait de la tête qui l'accom-
> pagne l'effigie la plus certaine de Julie.

201. Julie, fille d'Auguste, couronnée d'épis et de pavots, tenant de la main droite un pavot. Buste. Sardonyx à 3 c. H. 45 mill. L. 20 mill.

> Si cette pierre nous était parvenue en entier, ce serait, sous le rapport de
> l'art, la première de l'iconographie romaine ; malheureusement ce n'est
> qu'un fragment complété par une restauration en émail. (V. aux nos 200,
> 202 et 203.)

202. Julie, fille d'Auguste, couronnée d'épis et de pavots, portant un collier terminé par un joyau en forme
de bulle, et tenant de la main droite l'extrémité de son

peplus. Sur le *sinus* du peplus, des fleurs. Sardonyx
à 3 c. Corniche. H. 30 mill. L. 23 mill.

Monture en or.

L'attribution de ce camée et des nᵒˢ 201 et 203 à Julie, fille d'Auguste,
n'est pas très-certaine. Si c'est bien cette princesse, il ne faut pas oublier
que ses traits sont idéalisés et qu'elle est représentée en Proserpine. Le
sinus ou κόλπος du vêtement dans lequel Proserpine recueillait des fleurs
au moment où elle fut enlevée par Pluton, caractérise parfaitement la fille
de Cérès. Sur les médailles de Cyzique, Faustine la jeune se trouve idéalisée
avec la légende ΚΟΡΗ ΣΩΤΕΙΡΑ.

203. Julie, fille d'Auguste, couronnée d'épis et de pavots, tenant de la main droite l'extrémité de son
peplum ; dans le *sinus* du peplum, deux jeunes enfants. Sardonyx à 3 c. H. 56 mill. L. 45 mill.

Monture en or émaillé.

Les deux enfants qui remplacent ici les fleurs représentées au nᵒ 202 sont
Caius et Lucius Césars, (V. nᵒˢ 204, 205) si l'on admet que la tête idéalisée
est celle de Julie ; si au contraire on doit y reconnaître Faustine la jeune,
c'est *Annius Verus* et *Commode*.

204. Caius César, fils d'Agrippa et de Julie, petit-fils
d'Auguste. Buste de trois quarts. Sardonyx. H. 28 mill.
L. 21 mill.

Le modelé de cette tête est obtenu au moyen de la transparence de la
couche d'onyx.

205. Lucius César, fils d'Agrippa et de Julie, petit-fils
d'Auguste. Buste de face, de haut relief. Cornaline
orientale. H. 25 mill. L. 18 mill.

Monture en or émaillé.

206. Antonia, mère de Germanicus. Buste de face.
Agaté-onyx à 2 c. H. 37 mill. L. 26 mill.

Cassure.

207. Germanicus, fils de Drusus l'ancien. Buste, la tête
nue. Sardonyx à 2 c. H. 2 c. L. 15 mill.

Monture en or émaillé.

208. ATTRIBUÉ A GERMANICUS. Buste, la tête nue. SARDOINE à 2 c. H. 14 mill. L. 11 mill.

Monture en or émaillé. Nous n'admettons pas l'ancienne attribution de cette pierre.

209. APOTHÉOSE DE GERMANICUS. GERMANICUS, la tête nue, la poitrine couverte de l'égide, tenant d'une main le *lituus* ou bâton augural, et de l'autre une corne d'abondance remplie de fruits, est enlevé dans les cieux vers lesquels il est porté par un AIGLE qui tient une palme et une couronne dans ses serres. Une VICTOIRE ailée vient poser une couronne de laurier sur le front du prince. SARDONYX à 3 c. H. 105 mill. L. 109 mill.

Monture émaillée, enrichie de roses, de l'époque de Louis XIV.

Ce magnifique camée, l'un des plus importants de la collection de France, tant par la beauté du travail et par l'intérêt du sujet que par la dimension et la perfection de la pierre, a été longtemps conservé dans l'abbaye de Saint-Èvre de Toul. Dom Calmet, dans sa *Notice de Lorraine* (V. t II, pag. 611), nous apprend qu'on « tenait dans ce monastère, par une tradi-
« tion mal fondée, que le cardinal Humbert, qu'on croyait avoir été reli-
« gieux de Saint-Èvre, l'avait donné à cette abbaye au retour de son
« voyage à Constantinople, où il fut envoyé par le pape Léon IX. On ajou-
« tait que cette agate représentait saint Jean l'évangéliste enlevé par un
« aigle et couronné. La pierre dont nous parlons est toute profane et n'a
« aucun rapport à saint Jean l'évangéliste. » Cette dernière assertion est incontestable ; mais nous avouon ne pas trop comprendre sur quoi s'appuie Dom Calmet pour ne pas vouloir que ce beau camée ait été rapporté de Constantinople par le cardinal Humbert. La tradition, que le savant bénédictin repousse sans donner de bonnes raisons de sa défiance, nous paraît très-plausible ; c'est de Constantinople que nous viennent les plus beaux camées, et rien ne serait plus vraisemblable que la provenance assi- gnée par la tradition du monastère de Saint-Evre. Le cardinal Humbert fut en effet moine à Moyen-Moutier, et s'il est vrai qu'on ne dise pas qu'il ait été religieux à Saint-Èvre, comme le remarque Dom Calmet, il faut noter qu'il est qualifié de religieux de Toul, *monachus Tullensis* par Sigebert de Gemblours (V. *De illust. scriptor. eccles.* c. 150), il peut donc bien avoir appartenu à une autre époque à l'abbaye de Saint-Èvre de Toul ; et d'ail- urs ne pouvait-il pas gratifier cette abbaye de ce beau cadeau, sans avoir it partie de la communauté ? Nous sommes donc disposés à croire que ce camée vient de Constantinople, et que la France en doit la possession au savant et zélé cardinal Humbert qui se trouva dans la capitale de l'empire d'Orient en 1049. Il y avait plus de six siècles que l'abbaye de Saint-Èvre possédait ce joyau, lorsque, en 1684, Louis XIV le fit demander aux reli- gieux pour le réunir aux médailles et aux pierres gravées qu'on transportait

alors du Louvre à Versailles. Le roi donna pour cette *agate* à la sacristi de Saint-Èvre une somme de 7,000 écus (V. Dom Calmet, *Notice de la Lorraine*, t. II, p. 612). Oudinet publia ce camée en 1717, dans le t. I des *Mem. de l'Acad. des Inscrip. et B. L* (v. p. 276). Il donna au personnage qui y est représenté le nom de Germanicus; cette opinion a été suivie depuis par tout le monde, et récemment par M. Ch. Lenormant dans le *Trésor de numismatique et de glyptique*. Voyez *Iconographie romaine*. Pl. x, n⁰ 15, p. 20.

210. AGRIPPINE l'ancienne, femme de Germanicus, mère d'Agrippine la jeune. Buste, la tête nue, les cheveux noués sur la nuque. SARDONYX à 3 c. H. 43 mill. L. 26 mill.

211. TIBÈRE, la tête ceinte d'une couronne de chêne, avec l'égide sur la poitrine. Buste. SARDONYX à 3 c. H. 7 c. L. 5 c.

> Monture en or. Magnifique matière; travail exquis. Ce camée, qui a été dessiné par Rubens, nous offre les traits caractérisés de Tibère dans sa vieillesse.

212. TIBÈRE couronné de laurier. Buste. CALCÉDOINE-ONYX à 2 c. H. 18 mill. L. 15 mill.

213. DRUSUS L'ANCIEN. Buste, la tête nue, avec le paludamentum. AGATE-ONYX à 2 c. H. 48 mill. L. 36 mill.

> Belle monture en or émaillé.
> Magnifique portrait de *Nero Claudius Drusus*, frère de Tibère, père de Germanicus, dit *Drusus l'ancien*, pour le distinguer de son neveu *Nero Claudius Drusus*, fils de Tibère et de Vipsania Agrippina.

214. DRUSUS L'ANCIEN. Buste, la tête nue. SARDOINE à 2 c. H. 25 mill. L. 16 mill.

215. DRUSUS L'ANCIEN. Buste, la tête nue. SARDONYX à 2 c. H. 24 mill. L. 20 mill.

216. DRUSUS L'ANCIEN, avec la couronne radiée. AGATE-ONYX à 2 c. H. 14 mill. L. 10 mill.

217. DRUSUS LE JEUNE, fils de Tibère, lauré, avec la cuirasse et le paludamentum. Buste. SARDONYX à 3 c. H. 20 mill. L. 15 mill.

218. Caligula, lauré. Buste. A l'exergue, Drusille, Agrippine la jeune et Julie Liville ; les trois sœurs de Caligula sont représentées, comme on les voit ici, au revers d'une médaille de ce prince avec leurs noms : ici, on lit les lettres initiales A. D. I. Derrière la tête de l'Empereur on lit son nom populaire : caligvla. Sardonyx à 2 c. H. 11 mill. L. 13 mill.

L'emploi du surnom populaire de Caius César, qui ne paraît jamais sur la monnaie romaine, autoriserait à se défier de l'authenticité de ce camée ; on sait en effet que Caius Cesar Germanicus ne permit pas qu'on continuât à lui donner sur le trône le nom familier que les soldats lui avaient attribué dans son enfance. Sénèque nous apprend que, devenu empereur, il punit sévèrement un *primipile* qui lui avait donné ce surnom, et du reste, les historiens romains ne l'appellent jamais autrement que Caius César. On peut répondre à cette objection que les camées n'avaient pas un caractère officiel comme la monnaie.

219. Caligula et Drusilla, sa sœur. Bustes conjugués. L'Empereur est lauré et porte le *paludamentum*. Drusille a la tête ceinte du diadème. Sardonyx à 3 c. H. 35 mill. L. 30 mill.

Monture en or émaillé.

220. Claude, couronné de laurier, buste avec l'égide. Sardonyx à 3 c. Corniche. H. 76 mill. L. 55 mill.

221. Claude couronné de laurier, revêtu d'une armure et portant l'égide. Buste. Agate-onyx à 4 c. H. 6 c. L. 53 mill.

Monture en or émaillé.

222. Claude, couronné de laurier. Buste. Sardonyx à 2 c. H. 20 mill. L. 19 mill.

Monture en or émaillé.

223. Claude, couronné de laurier. Buste. Sardonyx à 4 c. H. 31 mill. L. 27 mill.

Monture en or émaillé.

224. CLAUDE. Buste lauré. CALCÉDOINE-ONYX à 2 c. H. 10 mill. L. 6 mill.

Fragment.

225. CLAUDE lauré, buste avec l'égide. SARDONYX à 3 c. Corniche. H. 51 mill. L. 41 mill.

Monture en or émaillé. Magnifique matière.

226. CLAUDE lauré. Buste. SARDONYX à 5 c. Corniche. H. 25 mill. L. 20 mill.

227. CLAUDE et MESSALINE. L'Empereur et sa femme, représentés comme Triptolème et Cérès, debout dans un char traîné par deux dragons. Claude, la tête nue, est revêtu de son armure; il semble tenir des grains qu'il destine aux mortels dans un pli de son *paludamentum*. Messaline, à droite de l'Empereur, s'incline en avant et tient d'une main un bouquet d'épis et de pavots, et de l'autre un *volume*, comme *Cérès Thesmophoros*. SARDONYX à 4 c. H. 85 mill. L. 80 mill.

Monture en or émaillé. Ce magnifique camée a souffert; le fond est restauré en quelques endroits.

228. MESSALINE, la tête ceinte d'une couronne de laurier attachée par un double rang de perles, avec les cheveux crépés, retombant en une tresse nouée sur l'épaule. Buste posé sur une corne d'abondance de laquelle sort un enfant vu à mi-corps, sans doute BRITANNICUS. Devant l'impératrice, une petite figure de Rome casquée. SARDONYX à 3 c. H. 68 mill. L. 54 mill.

Monture en or émaillé.

L'intérêt de ce camée, l'une des pièces capitales du cabinet, n'avait pas échappé à Rubens qui en fit un dessin qu'on peut voir gravé dans l'œuvre de ce grand maître.

229. AGRIPPINE LA JEUNE. Buste avec les cheveux liés en une grosse tresse qui flotte sur les épaules. CALCÉDOINE à 2 c. H. 18 mill. L. 12 mill.

230. Agrippine la jeune, en Diane, le carquois sur l'épaule, la tête ceinte d'une couronne de laurier attachée par un double rang de perles. Sardonyx à 3 c. Corniche. H. 52 mill. L. 34 mill.

Admirable matière; travail excellent.

231. Agrippine la jeune, la tête ceinte d'une couronne de laurier attachée par un double rang de perles; les cheveux crépés et bouclés sur le devant de la tête retombent serrés en une tresse nouée sur l'épaule. Une perle en pendant d'oreille. Sardonyx à 3 c. Corniche. H. 52 mill. L. 37 mill.

Jolie monture en or émaillé; ce camée ferait un digne pendant du nº 230.

232. Agrippine la jeune, ou peut-être Julie, fille d'Auguste, diadémée, tenant de la main droite l'extrémité de son peplus. Buste. Sardonyx à 3 c. Corniche. H. 24 mill. L. 19 mill.

233. Agrippine la jeune, couronnée de laurier, voilée, et tenant une corne d'abondance. Une perle en pendant d'oreille, comme au camée nº 231. Sardonyx à 3 c. Corniche. H. 38 mill. L. 32 mill.

234. Agrippine la jeune, couronnée de laurier, les cheveux disposés comme au nº 231. Une perle en pendant d'oreille comme aux nºs 231 et 233. Sardonyx à 3 c. H. 35 mill. L. 30 mill.

Monture en or.

235. Agrippine la jeune. Buste semblable au camée nº 232. Sardonyx à 4 c. H. 23 mill. L. 16 mill.

236. Agrippine la jeune. Buste lauré, avec les cheveux disposés comme au nº 230. Sardonyx à 3 c. H. 25 mill. L. 20 mill.

Riche monture émaillée. Au revers, saint Georges terrassant le dragon, en émail sur or.

237. AIGLE enlevant les bustes de NÉRON enfant et d'AGRIPPINE, tous deux laurés. SARDONYX à 3 c. H. 25 mill. L. 20 mill.

Monture en or émaillé.

238. NÉRON debout dans un quadrige, la tête ceinte d'une couronne radiée, tenant de la main droite la *mappa,circensis*, et de la gauche un *sceptre consulaire*. Les chevaux du quadrige tirent deux à droite et deux à gauche. On lit en grec ces mots : NEPON ΑΓΟΥCTE, *Néron Auguste!* CALCÉDOINE-ONYX à 2 c. DIAM. 32 mill.

Il est facile de s'apercevoir que ce camée a été exécuté longtemps après la mort de Néron. Le travail rappelle celui des moins bonnes médailles de la série connue sous le nom de *contorniates;* ces pièces représentent généralement des sujets relatifs aux jeux du cirque, et ont dû être fabriquées du Ve au VIe siècle de notre ère. Notre camée est tout à fait analogue à ces médailles. C'est un nouvel exemple de la persistance de popularité dont jouit la mémoire de Néron.

239. MARCUS ULPIUS TRAJANUS, père de l'empereur Trajan. Buste lauré. LAPIS LAZULI. H. 22 mill. L. 20 mill.

Fragment.
Nous ne donnons pas l'attribution de ce camée au père de Trajan comme certaine ; nous nous contentons de faire remarquer une certaine ressemblance entre les médailles de M. Ulpius Trajanus avec notre camée. La couronne de laurier n'est peut-être pas très-facile à justifier ; on peut cependant alléguer que la flatterie a pu la placer sur un camée qui n'était pas un monument public comme la monnaie.

240. TRAJAN lauré, revêtu du paludamentum. Buste. SARDONYX à 3 c. Corniche. H. 83 mill. L. 50 mill.

Magnifique camée avec une monture en or émaillé d'un goût sévère, dont deux rubis font le principal ornement.

241. DOMITIEN couronné de laurier. Buste. AGATE-ONYX à 2 c. H. 2 c. L. 15 mill.

Monté en bague.

242. HADRIEN lauré, représenté de trois quarts, à mi-corps ; le buste nu ; l'épaule gauche à peine couverte par un pli du manteau. Agate-onyx à 2 c. H. 62 mill. L. 40 mill.

Monture en or émaillé.

243. Hadrien à cheval combattant un lion qu'il va percer de son javelot ; le prince est représenté la tête nue et imberbe. Agate-onyx à 2 c. H. 24 mill. L. 30 mill.

Monture en or émaillé.
On a attribué ce camée à Hadrien ; mais cette attribution ne nous paraît pas certaine ; nous serions plutôt portés à voir ici l'empereur Caracalla.

244. Antinoüs, favori d'Hadrien, les cheveux frisés, noués par un bandeau et flottant sur les épaules ; sa chlamyde laisse voir l'épaule droite ; le favori d'Hadrien tient un volume à la main. Cornaline orientale. H. 35 mill. L. 25 mill.

C'est peut-être une figure d'Adonis traitée par un artiste grec dans le style oriental.

245. Marc-Aurèle et Lucius Verus. Les deux empereurs en regard, tous deux la tête nue, avec le paludamentum. Bustes. Agate-onyx à 2 c. H. 42 mill. L. 34 mill.

Monture en or émaillé.

246. Faustine jeune. Buste diadémé. Sardonyx à 3 c. Corniche. H. 33 mill. L. 26 mill.

Monture en or emaillé.

247 Annius Verus en Bacchus. Buste de haut-relief, la tête nue, le col orné d'une guirlande de pampre et de raisins, avec cette inscription gravée en creux, divisée sur les deux épaules : verinvs consvlis probat tempora. Calcédoine. H. 9 c. L. 7 c.

Ce portrait du fils de Marc-Aurèle, qui mourut à l'âge de sept ans, est traité avec la plus grande habileté. La ressemblance du camée avec les médailles est frappante; du reste, il ne faut pas omettre de rappeler qu'on trouve, sur des monnaies de Petit-Bronze, des portraits d'Annius Verus déifié en Bacchus à peu près comme on le voit ici. Le sens de l'inscription n'est intelligible qu'à la condition de se souvenir que les consuls, en entrant en charge, étaient dans l'usage d'envoyer des présents, souvent des diptyques d'ivoire, mais aussi des bijoux; or un consul, en faisant l'envoi de ce buste du petit Verus, *Verinus*, à quelque ami, a pu faire graver cette inscription qui signifie : *Le petit Verus te fera souvenir de l'époque de mon consulat* Dans l'histoire de l'abbaye de Saint-Denis, ce joli buste, qui faisait partie du trésor, est indiqué ainsi par Dom Félibien : *Tête d'un enfant faite d'une agate orientale.* V. p. 543 et pl. IV, lettre N.

248. ANNIUS VERUS, buste de face. JACYNTHE. H. 16 mill. L. 16 mill.

249. FAMILLE DE SEPTIME SÉVÈRE. A gauche, bustes conjugués de Septime Sévère et de JULIA DOMNA sa femme; à droite, leurs deux fils, CARACALLA et GÉTA. Septime Sévère a la tête ceinte de la couronne radiée, et est revêtu du paludamentum; Julia Domna est diadémée et voilée. Caracalla est couronné de laurier, et porte l'égide; on ne distingue de Géta que sa tête enfantine qui est représentée nue. SARDONYX à 3 c. H. 61 mill. L. 101 mill.

Monture en or émaillé.

Ce camée est remarquable à bien des titres; les portraits sont d'une ressemblance frappante; rien n'est plus rare que de trouver ainsi réunis les membres d'une famille impériale; la matière est d'une beauté et d'une dimension également fort rares, enfin l'exécution, sans être aussi parfaite que sous les premiers Césars, est encore digne de l'attention des connaisseurs. La présence de la couronne de laurier qui décore Caracalla, tandis que son frère est représenté la tête nue, nous apprend que ce camée a été exécuté avant l'élévation de Géta à la dignité d'Auguste, et depuis que son frère aîné portait ce titre, c'est-à-dire entre les années 198 et 209 de notre ère, mais plus près de l'année 198, à cause du caractère juvénile de la tête de GÉTA.

250. SEPTIME SÉVÈRE ET SES DEUX FILS, SACRIFIANT. L'empereur, debout, la tête nue, avec la cuirasse et le paludamentum, tenant de la main droite un long sceptre et de la gauche une patère dont il verse le contenu sur un autel allumé. A droite de Septime Sévère,

Caracalla, son fils aîné, les cheveux liés par un diadème, vêtu comme son père, et tenant dans la main
droite le globe du monde, s'avance pour sacrifier à
son tour. A gauche de l'empereur, son second fils,
Géta, vêtu comme son père et son frère et sacrifiant.
Deux victoires, posées chacune sur un globe, cou-
ronnent les deux fils de l'empereur. A l'exergue, on
lit une inscription grecque dont les premières lettres
ont été effacées : (ὑπὲρ τὴν) ΝΕΙΚΗΝ ΤΩΝ ΚΥΡΙΩΝ.....
Pour la victoire de nos seigneurs. Sardonyx à 3 c. H.
25 mill. L. 30 mill.

Il faut remarquer que Septime Sévère n'est pas lauré et qu'il n'est pas
couronné par la Victoire. Peut-être ne faut-il attribuer cette singularité
qu'au défaut d'espace, ou bien a-t-on voulu rappeler quelque cérémonie
dans laquelle l'empereur s'était en quelque sorte effacé devant ses enfants.
Le titre *dominus* ou χύριος ne paraît sur la monnaie romaine qu'à partir du
règne de Dioclétien ; mais il devient fréquent sur les inscriptions à partir
du règne de Septime Sévère et de ses frères. Ce curieux camée reproduit
sans doute le bas-relief d'un arc de triomphe.

251. Caracalla couronné de laurier et revêtu de l'égide.
Buste. Sardonyx à 3 c. H. 48 mill. L. 38 mill.

252. Elagabale couronné de laurier, nu, sauf le paludamentum. Buste. Sardonyx à 3 c. Corniche. H. 41
mill. L. 30 mill.

Cet empereur surnommé Elagabale ou Héliogabale, d'après la divinité
de l'Orient dont il avait introduit le culte dans Rome, est nommé sur les
médailles, Marcus Aurelius Antoninus.

253. Personnage nu, ithyphallique, debout dans un char
traîné par deux femmes nues marchant sur les mains
et sur les genoux, pour imiter les quadrupèdes.
L'homme tient les rênes et un long fouet. On lit sur ce
singulier monument : ΕΠΗΞΕΝΙ ΝΕΙΚΑΣ. *Vive Epixène!*
Jaspe blanc. H. 27 mill. L. 21 mill.

Ce monument a été publié dans la *Revue archéologique*, t. I, p. 20, par
M. de Longpérier qui reconnaît Elagabale dans le singulier Automédon que
nous venons de décrire, et suppose que ce camée a dû être fabriqué pour

orner le char de cet empereur. Une partie de la proposition de M. de Long-périer, sans être suffisamment prouvée, est cependant admissible; en effet, chacun se rappelle le passage où Lampride nous apprend qu'*Elagabale avait des attelages de deux et de quatre femmes qui nues le traînaient nu* (voyez *Antonini Heliogabali vita*, 29). Mais nous ne croyons pas que ce camée, exécuté sur une matière vulgaire, ait été fait par les ordres du prince; c'est plutôt un monument satyrique exécuté à l'époque d'Elagabale. Ce nom d'Epixène (ἐπιξένιος tiré de ἐπιξένος, *intrus*) pourrait bien être un sobriquet par lequel on reprochait à Elagabale d'avoir introduit à Rome les coutumes étrangères.

254. JULIA CORNELIA PAULA. Buste avec les cheveux disposés comme sur les médailles. AGATE à 2 c. H. 16 mill. L. 12 mill.

Mutilé. Julia Cornelia Paula fut la première femme d'Elagabale. Ses portraits sont d'une excessive rareté.

255. TRIOMPHE DE LICINIUS. LICINIUS debout, dans un quadrige triomphal, la tête nue, revêtu du paludamentum, tenant de la main droite un long javelot et de la gauche le globe, symbole de la souveraineté. Les chevaux du quadrige qui fait face au spectateur, foulent aux pieds des ennemis terrassés. Deux VICTOIRES ailées tiennent les rênes des chevaux; celle de droite porte un trophée, celle de gauche une enseigne sur laquelle paraissent les images de deux empereurs. Le SOLEIL et la LUNE personnifiés, placés l'un à la droite, l'autre à la gauche de l'empereur, lui présentent chacun un globe. SARDONYX à 3 c. H. 55 mill. L. 70 mill.

Montue en or émaillé du XVIe siècle.

Ce camée, acquis en 1854 par la Bibliothèque impériale, est un des plus importants de la série romaine. Les camées iconographiques du IVe siècle sont de la plus grande rareté; celui-ci réunit à ce mérite celui d'une belle matière et l'intérêt d'un sujet fort curieux. L'empereur qui paraît ici sur un char de triomphe, ne peut être qu'un prince dont le pouvoir fut partagé, puisque deux *images augustes* figurent associées sur l'enseigne militaire. Or Licinius, dont les traits connus par les médailles offrent une véritable analogie avec ceux du prince représenté sur notre camée, partagea le sceptre du monde romain avec Constantin le Grand, depuis l'an de J.-C. 314 jusqu'en 322. Les astres placés près de Licinius symbolisent *l'Eternité*. (Voyez un mémoire sur ce camée, par M. Chabouillet, *Revue archéologique,* année ixe.)

256. Constantin II, dit le Jeune, la tête nue, revêtu du paludamentum, monté sur un cheval qui s'enlève au galop, et prêt à frapper de son javelot deux ennemis terrassés. Sardonyx à 3 c. Corniche. H. 6 1/2 c. L. 52 mill.

Monture en or émaillé.

257. Valentinien Ier, couronné de laurier, revêtu du paludamentum. Buste. Sardonyx à 3 c. Corniche. H. 35 mill. L. 26 mill.

Camée extrêmement intéressant à cause de l'époque à laquelle on doit le classer. Les camées, surtout les beaux, deviennent de plus en plus rares à mesure qu'on approche du bas empire; celui-ci nous parait être de l'époque de Valentinien Ier; quant au portrait de l'empereur, on est forcé de reconnaître que, dans ce siècle, les caractères iconographiques deviennent de moins en moins distincts; ainsi on trouve quelque ressemblance entre ce camée et la tête de Julien l'Apostat jeune et sans barbe, mais ici l'empereur est sans barbe et déjà cependant âgé. Certains *aurei* de Valentinien Ier offrent quelque ressemblance avec notre camée.

CAMÉES BYZANTINS

Sujets religieux.

258. Le Christ debout, avec le nimbe crucigère, vêtu d'une longue robe, tenant le livre des Évangiles de la main gauche, et de la droite donnant la bénédiction. Dans le champ, en creux, les sigles ordinaires du nom de N. S. en grec: $\overline{\text{IC}}$. $\overline{\text{XC}}$ pour Ἰησοῦς Χριστός. Améthyste claire. H. 26 m. L. 15 mill.

259. Le Christ nimbé, tenant les Évangiles de la main

gauche, et de la droite donnant la bénédiction. Buste de face. JASPE SANGUIN. H. 30 mill. L. 25 mill.

Sur la monture en argent, on lit en caractères niellés du XIIIᵉ siècle : SORTILEGIS VIRES ET FLUXUM TOLLO CRUORIS: *J'ôte les forces aux sortiléges et j'arrête le flux du sang.*

260. MÊME SUJET. JASPE SANGUIN. H. 45 mill. L. 40 mill.

261. DEUX ARCHANGES tenant des sceptres et soutenant une grande croix surmontée d'un buste du Christ nimbé. SARDONYX à 3 c. H. 52 mill. L. 37 mill.

Ce camée a été brisé.

262. L'ANNONCIATION DE LÀ SAINTE VIERGE. L'ange GABRIEL annonce à la VIERGE qu'elle sera la mère de Dieu; l'ange et la Vierge sont debout; tous deux sont nimbés; derrière la Vierge, on distingue un siége de sparterie qu'elle vient de quitter. Entre ces deux personnages, un vase à parfums enflammé. Légende en creux : ✝ XAIPE KEXAPITOMENH O K̄C̄ META COY. *Je vous salue, pleine de grâce, le Seigneur est avec vous.* (K̄C̄ sont les sigles de κύριος.) SARDONYX à 3 c. H. 5 c. L. 36 mill.

263. MÊME SUJET. Légende semblable, sauf XEPE, au lieu de XAIPE qui est la véritable orthographe. SARDONYX à 3 c. H. L.

Le travail des camées nᵒˢ 262 et 263 est d'une analogie remarquable; tous deux paraissent avoir été exécutés dans le Vᵉ siècle de notre ère.

264. MÊME SUJET. La légende est moins complète; il n'y a que la moitié de la phrase : *Je vous salue, pleine de grâce.* ✝ XEPE KAIXAPITOMENH. L'A remplacé à tort dans le mot XAIPE par un E se trouve également à tort à la place d'un E dans la première syllabe du mot KEXAPITOMENH; on a écrit *ai* pour *e* à cause de la prononciation qui est la même pour la diphthongue AI que pour la voyelle E.

Au REVERS de ce camée, un sujet gravé en creux :
le Christ, entre la sainte Vierge et saint Jean représenté debout, tenant le livre des Évangiles et
donnant la bénédiction. Près de la tête du Christ, les
sigles IC XC. Près de la Vierge, M Θ, sigles ordinaires
de MHTHP ΘEOY, *Mère de Dieu*. Près de saint Jean,
l'abrégé de son nom en grec : IΩAN. L'A et l'Ω liés
ensemble. Légende : ┼ ΘKE BOHΘI THN ΔOYΛIN C' ANA.
Mère de Dieu protége ta servante Anne. SARDONYX à
3 c. H. 40 mill. L. 31 mill.

ΘKE est l'abréviation de ΘEOTOKE. Le mot BOHΘI est pour BΟHΘEI. On
lit ΔOYΛIN pour ΔOYΔIIN. Enfin C' pour ΣOY. La servante de la Vierge pourrait bien être la célèbre Anne Comnène, auteur de l'Alexiade. Le travail du
revers, bien postérieur à celui du camée, autorise cette supposition. Le
côté droit remonte au ve siècle de notre ère.

265. LA SAINTE VIERGE nimbée et voilée, vue à mi-corps,
tenant l'enfant Jésus dont la tête est entourée du
nimbe crucigère. Dans le champ les sigles ordinaires
des noms de *J.-C.* et de la *Mère de Dieu.* JASPE SAN-
GUIN. H. 40 mill. L. 34 mill.

266. SAINT JEAN l'évangéliste, nimbé, assis, tenant son
Évangile. Dans le champ O A (pour ὁ ἅγιος) IΩ O
ΘEOΛOΓOC. Saint Jean l'évangéliste. IΩ pour Ἰωάννης.
JASPE VEINÉ. H. 40 mill. L. 40 mill.

267. JÉSUS-CHRIST, SAINT GEORGES ET SAINT DÉMÉTRIUS.
En haut, le buste de Notre-Seigneur avec le nimbe
crucigère, les cheveux longs, les bras étendus et la
main droite dans l'action de bénir. Le Christ est vêtu
d'une tunique et d'un pallium ; les sigles ordinaires
de son nom sont gravés en creux de chaque côté de
sa tête : IC. XC pour Ἰησοῦς Χριστός. *Jésus-Christ.* Au-
dessus du buste du Christ, les deux saints protecteurs
de l'empire grec, représentés tous deux debout sous
les traits et dans le costume de jeunes guerriers cui-

rassés et revêtus du paludamentum. Saint Georges tient une épée nue ; saint Démétrius une lance ; tous deux s'appuient sur leurs boucliers. Les deux saints sont nimbés ; leurs noms sont écrits à côté de chacun d'eux, mais perpendiculairement. A gauche, un A dans un O surmonté d'un Γ, sigles ordinaires du mot ὁ ἅγιος, *saint*, puis ΓΕΩΡΓΙΟC. *Georges*. A droite, les sigles du mot saint, puis : ΔΙΜΗΤΡΙΟC (pour ΔΗΜΗΤΡΙΟC) *Démétrius*. Sardonyx à 3 c. H. 47 mill. L. 33 mill.

Belle monture en or émaillé du XVIIe siècle. M. Hase, qui a publié ce camée dans son édition *princeps* de Léon Diacre (V. p. 182 et p. XXII), a donné l'épithète de *nobilissima* à cette gemme.

CAMÉES ANTIQUES

Pierres avec inscriptions.

268. Inscription sans séparation entre les mots ; cassure à la première ligne :

ΟΥΦΙΔ.....
ΜΗΠΛΑΝΩ
ΝΟΩΔΕΚΑΙΓΕΛΩ
ΕΥΤΥΧΩC
ΟΦΟΡΩΝΖΠCΑΙC
ΠΟΛΛΟΙCΧΡΟΝΟΙC

Le texte doit être lu ainsi :

Οὐ φιλῶ σε, μὴ πλάνω, νοῶ δὲ καὶ γελῶ. Εὐτυχῶς ὁ φορῶν ζήσῃς πολλοῖς χρόνοις.

Je ne t'aime pas ; je ne me trompe pas ; je regarde et je ris. Porteur (de cet amulette) puisses-tu vivre heureusement pendant beaucoup d'années.

SARDOINE à 2 c. H. 12 mill. L. 30 mill.

L'inscription explique très-clairement l'usage de ces pierres destinées à conjurer les sortiléges et à préserver des effets funestes du *mauvais œil.*

269. VARIANTE abrégée de l'inscription précédente.

ΟΥΦΙΛΩΣΕ

ΝΗΠΛΑΝΩ

ΒΛΕΠΩΔΕ

ΚΑΙΓΕΛΩ

Je ne t'aime pas; je ne me trompe pas; je regarde et je ris.

SARDOINE à 2 c. H. 20 mill. L. 22 mill.

Monture en or émaillé.

Βλέπω remplace ici le mot νοῶ. La formule qui souhaite le bonheur au porteur de la pierre est supprimée.

270. INSCRIPTION sans séparation entre les mots :

ΛΕΓΟΥΣΙΝ

ΑΘΕΛΟΥΣΙΝ

ΛΕΓΕΤΩΣΑΝ

ΟΥΜΕΛΙΜΟΙ

ΣΥΦΙΛΙΜΕ

ΣΥΜΦΕΡΙΣΟΙ

Λέγουσιν ἃ θέλουσιν. λεγέτωσαν, οὐ μέλει μοι. οὐ φίλει με. συμφέρει σοι.

On dit ce qu'on veut; qu'on le dise, il ne m'importe. Aime-moi, c'est pour ton avantage.

SARDOINE à 2 c. H. 10 mill. L. 26 mill.

Monture en or émaillé.

271. VARIANTE abrégée de l'inscription précédente.

ΛΕΓΟΥΣΙΝ

ΑΘΕΛΟΥΣΙΝ

ΛΕΓΕΤΩΣΑΝ

ΟΥΜΕΛΕΙΜΟΙ

On dit ce qu'on veut ; qu'on le dise, il ne m'importe.

Sardoine à 2 c. H. 17 mill. L. 20 mill.

272. Inscription sans séparation entre les mots :

OΛYMΠI

ZHCAIC (pour ζήσῃς.)

Vœu de longue vie pour un personnage nommé Olympius : *Puisses-tu vivre, Olympius !* Sardoine à 2 c. H. 5 mill. L. 6 mill.

273. Tablette oblongue portant une devise amoureuse en deux mots, dont chacun occupe une des faces : EMANHN NYΓMATEI. *Je suis devenu fou par la piqûre.* Sardoine à 2 c. H. 3 mill. L. 9 mill.

274. Inscription en trois mots sans séparation :

ΧΑΡΙC ZOH YΓIΑ

Grâce, vie, santé.

Cornaline. H. 8 mill. L. 9 mill.

Zωή pour Zωή, et ὑγία pour ὑγίεια, sont des formes qui ne doivent pas étonner sur des monuments de basse époque, comme ceux dont nous nous occupons dans cette section.

275. Main pinçant une oreille. Légende : MNHMONEY pour MNHMONEYE. *Souviens-toi.* Sardoine à 2 c. H. 10 mill. L. 20.

Les anciens plaçaient dans l'oreille le siége de la mémoire. Apollon Cynthius, dans Virgile, voulant faire souvenir le berger Tityre qu'il est temps de chanter, lui tire l'oreille :

. . . . . Cynthius aurem

Vellit et admonuit. . . . .

(Voyez Églogue VI, v. 3). On connaît, dans les cabinets, de nombreuses variantes de pierres portant un sujet et des inscriptions analogues.

276. Pierre en forme d'œil avec le nom de son possesseur : Maximvs. Sardoine à 2 c. H. 3 mill. L. 10 mill.

BUSTES DE MATIÈRES PRÉCIEUSES

ANTIQUITÉ. MYTHOLOGIE.

277. Jupiter Sérapis. Buste avec le modius. Agate
brune. H. 5 1/2 c.

278. Autre semblable. Agate blanche. H. 6 c.

VASES DE MATIÈRES PRÉCIEUSES

ANTIQUITÉ.

279. Canthare bachique, dit Coupe des Ptolémées. Des
bas-reliefs, offrant des sujets bachiques, décorent les
deux côtés de ce canthare, dout les anses représentent
chacune un double cep de vigne. D'un côté, un *trapézophore* ou table sacrée, supportée par deux sphinx
femelles ; sur le trapézophore, une *pyxis* ou vase à
couvercle en forme de boîte ronde, ornée d'une guirlande ; trois canthares, dont deux semblables à celui
qui nous occupe ; un de ces deux canthares est renversé ; une *œnochoé*, vase à verser le vin, puis un trépied allumé devant une statue de Priape représenté

versant le vin d'un rhyton. A droite, au pied du trapézophore, *ciste mystique* d'où sort le serpent; auprès
de la ciste; une *panthère* buvant le vin resté au fond
d'une coupe renversée. Le trapézophore est placé entre
deux arbres, et abrité par un grand *velarium* attaché à
ces arbres, autour desquels s'enlace une vigne chargée
de raisins. Des oiseaux sont posés sur ces arbres, aux
branches desquels sont suspendus des *masques scé-
niques* ou *oscilla;* à l'arbre de droite sont suspendus
de plus une *syrinx* et un *sac de voyageur*. A gauche,
une corbeille sur laquelle est posée une peau de panthère et un *masque de bacchante;* au pied de l'arbre,
masques de Bacchus lauré et de Pan, puis un chevreau
accroupi; un peu plus loin, un *masque* vu de profil.
L'autre côté du canthare offre une composition analogue à celle que nous venons de décrire, mais avec
des variantes. Ainsi, sur le trapézophore, au lieu de
Priape, on voit une statue représentant Cérès tenant
deux flambeaux allumés. Le trapézophore porte sur
des pieds terminés en griffes de lion, et non sur des
sphinx; mais deux de ces animaux se retrouvent sur
une tablette placée sous ce meuble sacré; les deux
sphinx sont assis devant un canthare; un autre canthare se voit plus loin. On distingue, parmi les cinq
vases placés sur le trapézophore, un *rhyton* en forme
de *centaure marin*. Des guirlandes descendent du
velarium et décorent le trapézophore; à l'arbre de
gauche, contre lequel se dresse un bouc, sont suspendus des clochettes, un *cymbalum,* et quatre *masques,*
deux de Pan et deux de Bacchantes; l'un de ces
masques, représenté de profil, paraît reposer sur une
corbeille recouverte d'une peau de panthère. Sur le
sol, le *pedum*, bâton recourbé, avec le sac de voyageur; un masque scénique, puis un masque de Silène.
Au bas de chacune des anses, au milieu d'un disque,

un bouclier vu du côté concave avec une bordure formée d'oves, et l'*ochané* ou poignée nécessaire pour le porter.

Sᴀʀᴅᴏɴʏx orientale de premier ordre. H. 12 c. Dɪᴀᴍ. de l'orifice 13 c. Cɪʀᴄᴏɴꜰᴇ́ʀᴇɴᴄᴇ sans les anses : 38 c. avec les anses : 50 c.

On peut hardiment placer ce monument au premier rang parmi les plus célèbres de la très-circonscrite série des vases antiques de matières précieuses. La beauté de ce morceau d'agate, sa dimension, la conservation merveilleuse de ses anses délicates à travers tant de siècles, l'élégance de sa forme, le mérite des bas-reliefs qui le décorent, les traditions qui s'y rapportent, en font avec *le grand camée*, l'un des deux plus précieux joyaux de l'écrin archéologique de la France.

Ce vase, qui a sans doute été consacré dans un temple de Bacchus, doit son nom de *Coupe des Ptolémées* à ce qu'on a supposé, en raison des attributs bachiques qui y sont prodigués, qu'il avait appartenu à Ptolémée XI, frère et mari de Cléopâtre, lequel porta le surnom de *Dionysos* ou Bacchus. En outre, des vases du même genre semblent indiqués dans la pompe dionysiaque de Ptolémée Philadelphe, dont Athénée nous a conservé la description. On l'a souvent aussi nommé *Vase de Mithridate*, parce qu'on voulait qu'il vînt de la célèbre collection de vases de matières précieuses formée par le célèbre roi du Pont. Ce canthare n'aurait certes pas déparé la plus riche des collections de ce genre. Avant d'appartenir à la Bibliothèque impériale, la *Coupe des Ptolémées* était conservée dans le trésor de l'abbaye de Saint-Denis, à laquelle elle avait été donnée par un roi de France de la race carlovingienne. Il est singulier que ce vase dédié dans l'antiquité à Bacchus, *Dionysos*, ait été consacré dans les premiers âges du christianisme, dans une abbaye mise sous l'invocation d'un saint dont le nom *Dionysios* est un composé de celui de ce dieu. Félibien, l'historien de ce célèbre monastère (V. p. 545, pl. ᴠɪ), et Montfaucon (*Antiquité expliquée*, t. I, 2ᵉ partie, ch. 22, p. 256, pl. ᴄʟxᴠɪɪ), nous ont conservé la figure du pied d'or qu'on lui avait adapté pour lui *faire avoir en quelque façon la forme d'un calice*, comme s'exprime Tristan de Saint-Amant, auquel nous devons de savoir que *le grossier distique latin*, placé sur ce pied, *était profondément gravé sur l'or et la gravure remplie d'émail, de couleur d'acier braze.* (Voyez *Commentaires historiques de Tristan, sieur de Saint-Amant*, t. II, p. 604.) Le distique écrit en lettres capitales romaines, dont malheureusement il est impossible de déterminer la date, à cause de l'imperfection des planches de Félibien et de Montfaucon, était ainsi conçu :

ʜᴏᴄ ᴠᴀs ᴄʜʀɪsᴛᴇ ᴛɪʙɪ ᴍᴇɴᴛᴇ ᴅɪᴄᴀᴠɪᴛ ᴛᴇʀᴛɪᴠs ɪɴ ꜰʀᴀɴᴄᴏs ʀᴇɢᴍɪɴᴇ ᴋᴀʀɪᴠs.

O Christ, Charles, IIIᵉ de ce nom sur le trône des Francs, t'a consacré ce vase !

On a cru que c'était Charles III, dit le Simple, qui était désigné ici, et que, par conséquent, c'était ce prince qui avait placé ce noble monument dans le trésor de Saint-Denis; mais Félibien fait remarquer avec raison que Charles le Gros et même Charles le Chauve ont été aussi qualifiés *Charles III*.

Quoi qu'il en soit, un fait demeure avéré, c'est que ce vase était conservé dès le ıxe siècle à l'abbaye de Saint-Denis. En 1790, un décret de l'Assemblée nationale le fit placer au cabinet des médailles. Plusieurs années après, le 16 février 1804, ce vase fut volé avec le *grand camée* et d'autres objets précieux. Les voleurs ayant été arrêtés en Hollande, le *grand camée* et la *coupe des Ptolémées* furent restitués à la Bibliothèque ; mais la monture du grand camée et le pied d'or de la coupe avaient été enlevés et fondus.

D'après une tradition rapportée par Marion du Mersan (*Hist. du cab. des méd.*, p 57), les reines de France buvaient le vin consacré dans cette coupe le jour de leur couronnement. D'après une autre tradition, le roi Henri III, dans un besoin d'argent, aurait emprunté ce vase aux religieux pour le mettre en gage chez les juifs de Metz contre une somme de 1 million de livres tournois.

280. Nef ou gondole de sardonyx montée en or. La bordure est enrichie de pierres de diverses couleurs, d'émaux et de filigranes. H. avec la monture : 9 c. L. 21 c.

Cette magnifique coupe antique, dont la monture est certainement antérieure au xııe siècle, était conservée dans le tresor de l'abbaye de Saint-Denis. (Voyez Dom Felibien, p. 543, pl. ıv, lettres BB)

281. Nef ou Gondole de jade vert. H. 6 c. L. 23 c.

On peut voir la représentation de cette coupe oblongue dans l'*Hist. de l'abbaye de Saint-Denis*, par Dom Félibien (p. 543, pl. ıv, lettres CC) Elle avait été donnée au monastère en 1414 par Suger, qui l'avait rachetée moyennant 60 marcs d'argent des préteurs chez lesquels le roi Louis VI l'avait engagée dix ans auparavant. La monture d'or émaillé a été détruite à l'époque du vol de 1804.

282. Coupe de sardonyx. Les bords sont ornés en guise d'anses d'ornements échancrés. Diam. 18 c.

283. Coupe de sardonyx. L. 9 c. H. 9 c.

Fragment.

284. Fragment d'un vase de sardonyx. H. 68 mill. L. 28 mill.

285. Fragment d'un petit vase de Cornaline blonde. Larg. 5 c.

Donné par M. de Saulcy ; trouvé en Syrie par le savant académicien.

286. Tête et partie antérieure du corps d'un cheval. Cristal de roche. H. 7 c.

BUSTES DE MATIÈRES PRÉCIEUSES

ANTIQUITÉ. ICONOGRAPHIE.

287. Constantin le Grand, les yeux levés vers le ciel. Buste, la tête nue, portant le paludamentum; sur la cuirasse, la croix. Agate. H. 9 1/2 c. Avec la monture d'argent doré 17 c.

Ce précieux monument a été conservé à la Sainte-Chapelle du Palais jusqu'à l'époque de la Révolution; il ornait l'extrémité du bâton de chœur du chantre, l'un des principaux dignitaires de ce célèbre chapitre. On peut voir la figure de ce buste tel qu'il était disposé avant la révolution dans l'*Histoire de la Sainte-Chapelle du Palais*, par Morand, chanoine de cette église, v. p. 56. On conserve au cabinet des médailles la partie du bâton cantoral sur laquelle reposait le buste d'agate; c'est un précieux monument de l'orfévrerie du xve siecle; la draperie de vermeil, ainsi que les bras d'argent qui ont été adaptés au buste et qui y sont encore fixés, remontent également à cette époque. La main droite porte la *couronne d'épines* de N. S , la gauche tenait *une croix grecque de vermeil, le tout*, dit Morand, *sans doute pour rappeler Saint Louis;* on sait que la couronne d'épines faisait partie des reliques données à la Sainte-Chapelle par le saint roi. Morand nous apprend que ce bâton cantoral ainsi surmonté d'une figure que l'on supposait être celle de saint Louis. était porté par le chantre les jours de grandes fêtes. Plus tard on crut y voir Titus, puis enfin Valentinien III; aujourd'hui on s'accorde à y reconnaitre l'empereur Constantin le Grand. Ce qui est certain, c'est que le travail de ce rare monument convient parfaitement au ive siècle de notre ère.

288. Constantin le Grand. Buste lauré, avec le paludamentum. Agate. H. 9 c.

Ce monument mutilé provient du collége des jésuites de Tournon. Le nez est brisé; le buste a également souffert et a été restauré en argent doré.

VASES DE MATIÈRES PRÉCIEUSES

RENAISSANCE.

289. CIBOIRE D'AGATE en deux parties, monté en vermeil. Sur le couvercle, un roi assis sur un trône porté par trois dauphins. La partie qui lie le pied à la coupe est également ornée de trois dauphins. Le pied est orné de perles et de grenats en cabochon. H. 17 c. Larg. du calice 6 c.

Travail français du XVIᵉ siècle.

290. CIBOIRE D'AGATE monté en vermeil, surmonté d'une croix. H. 16 c.

Travail du XVIIᵉ siècle.

291. COUPE DE JASPE SANGUIN, avec une jolie monture d'or émaillée. Sur le bord de la coupe, une petite figure de vermeil représentant un jeune homme couché qui semble se mirer dans l'eau; ce personnage est nu, sauf une légère draperie en émail. H. 11 c.

Travail du XVIᵉ siècle.

292. PIED DE VASE D'AGATE, avec une monture en or ornée de sujets mythologiques en bas relief, de pierreries et d'émaux. H. 15 mill. L. 8 c.

Les sujets qui décorent la monture de ce vase représentent des divinit de la mer. Travail du XVIᵉ siècle.

293. AUTRE PIED DE VASE DE JASPE, avec une monture en or émaillé. H. 10 mill. Diam. 7 c.

Travail du XVIᵉ siècle.

CAMÉES DU MOYEN AGE

ET DE LA RENAISSANCE

SUJETS RELIGIEUX

294. Jésus-Christ enseignant sa doctrine à trois disciples; l'un d'eux est sur le même plan que le Sauveur; c'est peut-être saint Jean, l'apôtre bien-aimé de Jésus-Christ; les deux autres, placés en face du divin maître, n'ont point d'attributs qui puissent servir à les caractériser. Derrière le Christ, deux ANGES. Le Christ est représenté avec de la barbe; les disciples sont imberbes. AGATE BLANCHE orientale à 2 c. H. 20 mill. L. 30 mill.

Le travail de ce camée, récemment acquis pour la Bibliothèque impériale, annonce les premiers siècles du christianisme. C'est à l'Italie que j'ai cru pouvoir l'attribuer. (*Voyez Revue archéologique,* x1e année.)

295. LE SERPENT D'AIRAIN. Moïse, sa verge à la main, montrant à son peuple le serpent d'AIRAIN qu'il vient d'élever. L'artiste a représenté le serpent sous une forme chimérique; c'est plutôt un dragon, car il est ailé et a des pieds. Sur le sol on distingue trois des *Serpents de feu* envoyés par le Seigneur, et dont les blessures devait être guéries par la vue du serpent d'airain. La légende en langue hébraïque rappelle le verset 8 du ch. XXI des Nombres : *Qui percussus aspexerit eum, vivet. - Celui qui étant frappé, le regardera, vivra.* SARDONYX à 2 c. H. 22 mill. L. 27 mill.

Orlandi a consacré une dissertation tout entière à ce camée; mais cet érudit n'avait pas une grande pratique des monuments de l'archéologie, aussi n'a-t-il pas reconnu que ce monument ne pouvait pas être plus ancien que le xvie siècle, époque à laquelle nous l'attribuons. Loin de là, l'antiquaire romain conclut en disant que *celle pierre est de beaucoup antérieure aux temps des Masorets*[1]. Or, l'*école masorétique* ou de Tibériade ayant commencé vers le IIIe siècle de notre ère, il faudrait, si l'on suivait Orlandi, fixer l'époque de notre camée avant la naissance de N. S; cette opinion n'est pas soutenable. Le camée du serpent d'airain, qui a appartenu au pape Clément XIV, n'est pas antique; il date de la fin du moyen âge, ou si l'on veut, du commencement de la renaissance.

296. ADAM ET ÈVE unis par DIEU le père. A droite, sur un second plan, Ève cueillant le fruit de l'arbre de vie. AGATE-ONYX. H. 32 mill. L. 26 mill.

Joli travail du XVIe siècle. Monture en or émaillé.

297. MOÏSE debout, les tables de la loi à la main. A gauche, en haut, en caractères hébraïques gravés en creux, le nom de *Jehovah*. Grenat. H. 55 mill. L. 28 mill.

Le *serpent d'airain*, s'enroulant autour de la croix, forme la monture de ce beau camée. Le bras supérieur de la croix a été brisé. Le serpent est en émail vert; des roses enchâssées dans de l'or imitent les taches du serpent. Ce camée est d'un excellent travail du XVIe siècle.

298. MOÏSE vu à mi-corps, tenant de la main droite les tables de la loi, et de la gauche sa verge. AGATE-ONYX à 2 c. H. 35 mill. L. 30 mill.

Monture en argent. Travail du XVIe siècle.

299. JOSEPH vendu par ses frères. CALCÉDOINE. H. 12 mill. L. 15 mill.

Travail du XVIe siècle.

300. LE JUGEMENT DE SALOMON. AGATE-ONYX à 2 c. H. 17 mill. L. 22 mill.

Travail du XVIe siècle.

301. JUDITH debout, nue, sauf une étroite draperie, tenant d'une main une épée nue, et de l'autre la tête d'Holopherne. AGATE-ONYX à 2 c. H. 30 mill. L. 23 mill.

Monture en or émaillé. Travail inégal; on serait tenté de croire que l'épée et la tête ont été ajoutées après coup à cette figure, dont la tête est assez fine et peut être attribuée à un artiste du XVIe siècle.

1. Voyez *Osservazioni di varia erudizione sopra un sacro cameo antico rappresentante il serpente di bronzo, esposte da O. Orlandi. Roma.* MDCCLXXIII

302. Hérodiade. Buste de profil. On lit en creux :
Herodia. Agate à 3 c. H. 30 mill. L. 20 mill.

Mutilé. Travail du xvɪe siècle.

303. L'Adoration des Mages. La sainte Vierge, assise à
l'entrée de son humble demeure, tient dans ses bras
l'Enfant-Dieu ; l'un des rois mages agenouillé présente
au Sauveur une coupe d'or ; les deux autres debout
tiennent dans leurs mains les vases précieux qu'ils
vont lui offrir à leur tour. L'étoile miraculeuse se voit
dans le ciel au-dessus de la cabane ; on distingue les
têtes de l'âne et de la vache, que la tradition place
à côté de la crèche. Sardonyx à 3 c. H. 35 mill. L. 45.

Monture en or émaillé. Travail du xve siècle exécuté dans le goût des
maîtres flamands de cette époque. Ce remarquable camée a été publié par
M. Chabouillet dans la *Revue archeologique*, xɪe année.

304. L'Adoration des Mages. Les trois rois agenouillés
devant l'Enfant-Dieu à l'entrée de la crèche ; la sainte
Vierge est à genoux en prières ; derrière elle, saint
Joseph debout, posant la main sur son cœur. Dans le
ciel, deux anges se rencontrant des deux extrémités
de l'horizon. Agate à 3 c. H. 35 mill. L. 25 mill.

Travail du xvɪe siècle.

305. La sainte Vierge assise tenant l'Enfant Jésus sur
ses genoux ; derrière ce groupe, les saintes femmes.
Agate rayée. H. 40 mill. L. 36 mill.

Travail du xvɪe siècle.

306. La sainte Vierge assise tenant l'Enfant Jésus. Agate-
onyx à 2 c. H. 38 mill. L. 30 mill.

Monture en or émaillé. Travail du xvɪe siècle.

307. Même sujet. Agate rayée. H. 60 mill. L. 42 mill.

308. La sainte Vierge vue à mi-corps tenant l'Enfant
Jésus. Agate à 4 c. H. 6 c. L. 45 mill.

309. LA SAINTE VIERGE. Buste de profil. JASPE SANGUIN. H. 6 c. L. 45 mill.

Monture en or émaillé. Travail du xvie siècle. Pendant du no 312.

310. LA SAINTE VIERGE. Buste de profil. JASPE VERT. H. 64 mill. L. 45 mill.

311. LA SAINTE VIERGE. Buste de profil. CALCÉDOINE à 2 c. H. 65 mill. L. 35 mill.

312. JÉSUS-CHRIST. Buste de profil. JASPE SANGUIN. H. 6 c. L. 45 mill.

Même travail et même monture qu'au no 303. Pendant du no 309.

313. JÉSUS-CHRIST. Buste de profil avec la couronne d'épines. JASPE SANGUIN. H. 31 mill. L. 21 mill.

Monture en or émaillé.

314. JÉSUS-CHRIST. Buste de profil. SARDONYX à 3 c. appliquée sur une sardonyx plus grande. H. 35 mill. L. 30 mill.

Travail du xvie siècle.

315. JÉSUS-CHRIST. Buste de profil. SARDONYX à 3 c. H. 23 mill. L. 16 mill.

Travail du xvie siècle.

316. JÉSUS-CHRIST. Buste de face avec de longs cheveux. SARDOINE à 2 c. H. 20 mill. L. 17 mill.

Travail du xvie siècle.

317. LA RÉSURRECTION DE NOTRE-SEIGNEUR. Le Christ est représenté au milieu d'un nuage, tenant sa croix et montrant le ciel. La pierre du tombeau est soulevée; des quatre soldats chargés de la garde du tombeau, deux sont endormis et deux s'enfuient effrayés. AGATE à 3 c. H. 32 mill. L. 55 mill.

Travail de la fin du xvie siècle.

318. PARALLÈLE DE L'ANCIEN ET DU NOUVEAU TESTAMENT. Un arbre desséché du côté de l'ancien Testament, et verdoyant du côté du nouveau, sépare en deux la composition; en haut, Moïse reçoit les tables de la loi; en face, le SAINT-ESPRIT sous la forme de la colombe, descendant sur la sainte Vierge. Au milieu, ÈVE donnant à l'homme la science avec la pomme; en pendant, l'agneau pascal ou sans tache. Sur le même plan, le SERPENT D'AIRAIN, en face du CHRIST en croix dont le serpent d'airain est considéré comme la figure. Près de la croix, un ANGE annonçant la naissance du Sauveur aux bergers. En bas, un tombeau laissant voir un squelette ou la MORT; en face, JÉSUS-CHRIST sortant du tombeau et foulant aux pieds la mort et le globe, symbole de la puissance terrestre. Enfin, sur une pierre carrée, l'HOMME assis; un prophète juif veut lui donner l'espérance du Messie, mais il détourne la tête et regarde saint Jean-Baptiste, le précurseur, qui lui montre l'agneau pascal. SARDONYX à 3 c. H. 72 mill. L. 57 mill.

Monture en or émaillé.

Ce camée, l'un des plus importants de la série moderne, tant par la beauté de la matière que par la composition et l'exécution, date du commencement du XVIe siècle. La partie verdoyante de l'arbre est restée inachevée. Voyez, sur ce camée, le supplément à la fin de ce volume.

319. SAINT PIERRE. Buste de profil. AGATE. H. 25 mill. L. 20 mill.

320. SAINT PIERRE. Buste de profil. GRENAT. H. 28 mill. L. 24 mill.

321. SAINTE MADELEINE au désert, couchée sur la terre, enveloppée d'une draperie qui la laisse presque entièrement nue; sa main gauche est posée sur un sablier; sa droite, sur une tête de mort. AGATE à 3 c. H. 25 mill. L. 35 mill.

322. SAINT JÉRÔME agenouillé, embrassant la croix. SARDONYX à 3 c. H. 3 c. L. 22 mill.

Belle matière; travail distingué du XVIe siècle.

ICONOGRAPHIE.

323. LOUIS II, marquis de SALUCES. Buste de profil d'un personnage vêtu dans le costume du temps de Louis XII, roi de France. AGATE-ONYX à 2 c. H. 32 mill. L. 11 mill.

On éprouve un vif désappointement, lorsqu'à la vue d'œuvres remarquables comme les camées nos 322 et 323, on est obligé d'avouer son ignorance et de ne donner que des conjectures. Ces camées, chefs-d'œuvre de l'art renaissant de la gravure sur pierres dures, sont évidemment de la fin du XVe siècle ou du commencement du XVIe siècle. Sans parler du costume des personnages, le faire a cette simplicité et cette absence de recherche qui caractérise les grandes époques de rénovation dans l'art. On a longtemps attribué le no 322 à Louis le More, duc de Milan; mais une comparaison attentive de ce camée avec les portraits authentiques de ce prince, nous permet d'affirmer que ce n'est pas lui qu'il faut voir ici. Les monnaies de Louis II, marquis de Saluces, nous offrent des traits qui ont bien plus d'analogie avec ceux de l'anonyme dont nous voudrions retrouver le nom; mais nous ne croyons pas pouvoir lui attribuer ce camée sans faire nos réserves. Nous aurons plus de hardiesse pour rechercher le nom de l'auteur de ces deux belles pierres, qui sortent évidemment de la même main. Vasari, dans la vie de Valerio Vicentino, célèbre graveur de pierres dures, parle avec éloges d'un artiste milanais qu'il nomme Domenico de' Cammei; ce surnom qui indique si clairement l'excellence des ouvrages de Domenico de Milan, nous paraît bien mérité s'il faut lui attribuer les deux camées en question; il fut un des premiers qui relevèrent ce bel art de la décadence dans laquelle il était tombé, et Vasari cite de lui un portrait de Louis le More gravé en creux sur un rubis balais qui n'était, dit-il, guères plus grand qu'un Jules [1] : c'était, ajoute-t-il, une chose rare et une des meilleures intailles qui aient été faites par les maîtres modernes. Vasari ne citant que le seul *Dominique des Camées* comme s'étant signalé à l'époque dont sont très-certainement les monuments qui nous occupent, il n'est pas téméraire de l'en supposer l'auteur. Il ne faut pas confondre, comme on l'a fait souvent, ce graveur de la fin du XVe siècle, avec un autre Domenico, Domenico di Polo, lequel était Florentin, et vécut un peu plus tard, non plus qu'avec Domenico Compagni qui florissait dans la deuxième moitié du XVIe siècle. Domenico di Polo fut élève de Giovanni délle Corniole, Jean des Cornalines, tandis que Domenico de' Cammei est appelé par Vasari, quelques

---

1. Monnaie pontificale de 15 mill. de diamètre.

pages plus haut, le rival du maître de Domenico di Polo. Quant à Domenico Compagni, qui a été également confondu avec Domenico de' Cammei, il existe de lui, dans les *Lettere Pittoriche* [1], trois lettres dans lesquelles il parle de son art; mais ces lettres sont de 1574, ce qui supprime toute hésitation sur l'identité des trois Dominique.

324. CHARLES D'AMBOISE, SEIGNEUR DE CHAUMONT. Buste de trois quarts d'un personnage revêtu du costume de la fin du XVe siècle, avec une médaille à son bonnet. AGATE-ONYX à 2 c. H. 25 mill. L. 20 mill.

Notre embarras est aussi grand pour déterminer le nom du personnage représenté sur ce camée que pour celui qui précède. Les anciens inventaires de la Bibliothèque lui donnaient le nom de Louis XII ; mais le costume seul avait pu dicter cette attribution ; peut-être aussi avait-on été entraîné à cette supposition par le fait que ce camée venait du Milanais. Nous trouvons plus de ressemblance entre ce personnage et le portrait longtemps nommé Charles VIII, et attribué à Léonard de Vinci, jusqu'à la rédaction de la nouvelle notice des tableaux du Louvre de M. Frédéric Villot. Ce portrait est reconnu pour être celui de Charles d'Amboise, seigneur de Chaumont-sur-Loire, neveu du cardinal d'Amboise, maréchal de France et lieutenant général au duché de Milan en 1501, qui mourut à Correggio en Lombardie, en 1511, à l'âge de trente-huit ans. Cette rectification est due à M. Ch. Leblanc, ancien employé du cabinet des estampes de la Bibliothèque impériale, qui reconnut l'original du prétendu Charles VIII dans le maréchal de Chaumont, en feuilletant les portraits des vies des hommes illustres de Thevet (voyez l'*Iconographe* du 15 décembre 1847, no 13, p. 213). M. Frédéric Villot a adopté pleinement cette nouvelle attribution, mais il a retiré à l'auteur de ce portrait, le nom trop glorieux de Léonard de Vinci pour l'attribuer à Andrea di Solario, artiste milanais qui fut envoyé à Gaillon par le maréchal de Chaumont, et qui est qualifié dans des comptes du château *peintre de monseigneur*. Notre camée offre-t-il les traits de ce gouverneur du Milanais; nous n'oserions l'affirmer, et cependant nous devons dire qu'il y a une véritable analogie entre ces deux têtes; seulement le personnage paraîtra peut-être un peu âgé pour représenter un homme qui mourut à trente-huit ans. On peut repondre que les personnages représentés sur les médailles ou les camées, paraissent souvent plus vieux que leur âge réel; c'est une remarque qui a été faite par tous les numismatistes. Nous soumettons nos doutes au public; peut-être quelqu'un plus heureux que nous viendra-t-il les résoudre. Nous sommes prêts à l'applaudir. Ce camée doit être de la main de Domenico de' Cammei. (V. au nᵒ précédent.)

1. Voyez *Raccolta di lettere sulla pittura*, etc. T. III, lettres 153, 4, 5.

CAMÉES DE LA RENAISSANCE

ET DES TEMPS MODERNES.

Iconographie et sujets divers. France.

325. FRANÇOIS Ier, la tête nue, avec une cuirasse richement ornée. Buste de profil. A l'exergue, une couronne royale ouverte. Légende en creux : F. I. GRA. DEI. FRAN. R. *François, par la grâce de Dieu, roi des Français.* SARDONYX à 2 c. DIAM. 9 c.

> Monture en or émaillé.
>
> Nous attribuons ce magnifique camée à Matteo del Nassaro de Vérone. Cet artiste cité avec éloge par Vasari (V. *Vita di Valerio Vicentino ed altri*, T. X, p. 164, éd. de Milan), par Cellini dans plusieurs endroits de ses *Memoires*, et par Mariette, dans son *Traité des pierres gravées* (V. t. I, p. 120 et 151, et t. II, p. CVII), a beaucoup travaillé en France. François Ier, qui aimait son talent, le nomma graveur général de ses monnaies Le camée n'est point signé, mais il est évident qu'il ne peut être que de la main de cet artiste qui était en possession méritée de la faveur royale.

326. HENRI IV lauré, avec son armure. Buste de profil. SARDONYX à 3 couches. Corniche. H. 34 mill. L. 25 mill.

> Monture en or émaillé. Cette belle pierre ne peut être attribuée qu'à Julien de Fontenay, dit Coldoré, graveur et valet de chambre du roi Henri IV.

327. IDEM. SARDONYX à 3 couches. Corniche. H. 2 1/2. L. 2 c.

> Monture en or émaillé.

328. IDEM. SARDONYX à 3 couches. Corniche. H. 25 mill. L. 20.

329. IDEM. SARDONYX à 3 couches. Corniche. H. 22 mill. L. 17.

> Monture en or émaillé.

330. IDEM. AGATE-ONYX à 2 c. H. 32 mill. L. 25 mill.

331. HENRI IV EN HERCULE. Buste avec la peau de lion.
AGATE-ONYX à 2 c. H. 6 c. L. 45 mill. avec la bélière,
8 c.

> Monture émaillée, exécutée sous le règne de Henri IV ainsi que le camée,
> qui est sans doute de la main de Coldoré. Des attributs guerriers et des lacs
> d'amour font le sujet de cette monture ; la couronne royale la domine.

332. HENRI IV lauré. Buste. Légende en creux : HENRI-
CVS. IV. DEI. GRATIA. FRANCORVM. ET. NAV. REX. *Henri IV,
par la grâce de Dieu, roi des Français et de Navarre.*
NACRE. H. 11 mill. L. 18.

> Monture en or émaillé.

**333. HENRI IV couronné de laurier, revêtu de son ar-
mure.** Buste. SARDONYX à 3 c. Corniche. H. 3 c. L.
22 mill.

> La monture, composée d'émeraudes et de roses, est le fermoir d'un bra-
> celet de madame de Pompadour. Le camée qui ornait l'autre bracelet offre
> le portrait de Louis XV. (V. no 350.)

334. HENRI IV ET MARIE DE MÉDICIS. Bustes conjugués.
Sous le bras du roi, on lit la date 160. Le dernier
chiffre est un 2 ou un 7. COQUILLE appliquée sur une
SARDOINE. H. 5 1/2 c. L. 3 1/2 c.

> Monture en or émaillé. Ce camée, d'un travail exquis, a souffert ; il y a des
> cassures.

335. MARIE DE MÉDICIS, reine de France. Buste. SAR-
DONYX à 2 c. H. 4 c. L. 27 mill.

> Jolie monture en or avec bélière.

336. Louis XIII enfant, avec le cordon du Saint-Esprit.
Buste de face, inclinant à gauche. OPALE. H. 38 mill.
L. 22 mill.

> Jolie monture en or émaillé à jour.

337. Louis XIII, buste de face, lauré et vêtu à l'antique.
GRENAT ORIENTAL enchâssé dans des émaux. H. 3 c.
L. 2 c.

> La monture de cette belle tête de Louis XIII est un monument fort inté-

ressant de l'art du xviie siècle. Tout en formant un cadre au portrait, elle
le complète; ainsi la couronne de laurier, l'armure à l'antique et le manteau
sont en émaux de diverses couleurs. Les attributs gravés au revers nous
apprennent que les lauriers qui décorent la tête du roi ont été conquis sur
les Huguenots. On y voit sur une plaque d'or, un écusson ovale, au chiffre
du roi couronné, supporté par deux anges; au-dessous, la Justice assise
tenant ses balances et son épée, la main droite posée sur une tablette portant l'inscription : PIETATE ET IVSTITIA. Aux pieds de la Justice, la couronne royale, le sceptre et la main de justice. Derrière le siége de cette
figure, la tête du dragon de l'hérésie. La devise, *Par la piété et la justice*,
avait été celle de Charles IX; on l'attribue ici à Louis XIII, parce que ce
camée a été fait et monté à l'époque de la prise de La Rochelle. H. avec la
monture 7 1/2 c. L. 62 mill.

338. Louis XIII, la tête nue. Buste de profil, avec armure. Au REVERS, la croix de l'ordre du Saint-Esprit.
CORNALINE en forme de cœur. H. 4 c. L. 38 m.

La monture en or est brisée dans le haut.

339. Louis XIII lauré; buste de profil, avec armure.
SARDONYX claire de forme octogone à 2 c. Corniche. H.
38. m. L. 32 m.

340. Louis XIII, la tête nue. Buste avec armure. SAR-
DONYX à 3 c. Corniche. H. 17 mill. L. 15 mill.

341. ANNE D'AUTRICHE, reine de France. Buste. SARDONYX
à 2 c. H. 5 c. L. 3 1/2.

Monture en or émaillé.

342. ANNE D'AUTRICHE. Buste. JACINTHE. H. 24 mill. L.
20 mill.

343. ANNE D'AUTRICHE. Buste. SARDONYX à 3 c. H. 3 c. L.
19 mill.

Monture en or émaillé.
On a gravé le portrait de la mère de Louis XIV au revers d'un buste
lauré exécuté au xvie siècle.

344. ANNE D'AUTRICHE. Buste. AGATE à 3 c. H. 11 mill.
L. 9 mill.

Monture en or.

345. LE CARDINAL DE RICHELIEU. Buste. AGATE-ONYX à 2 c. Corniche. H. 3 1/2. L. 29 m.

> Monture en or émaillé.

346. LOUIS XIV, roi de France. Buste avec les cheveux flottants, vêtu à l'antique. SARDONYX à 3 c. Corniche. H. 7 c. L. 6 c.

> Le roi est représenté jeune, avec la petite moustache. Ce beau camée doit être de l'époque du mariage de Louis XIV, 1660, ainsi que le suivant.

347. LOUIS XIV, couronné de laurier. SARDONYX à 3 c. Corniche. H. 36 mill. L. 32 mill.

> Monture en or émaillé. (V. nº 346.)

348. LOUIS XIV. Buste. A l'exergue une palme. SARDONYX à 3 c. Corniche. H. 5 1/2. L. 4.

> Monture en or du temps de Louis XIV.
> Louis XIV est représenté ici plus âgé que sur les deux précédents camées. La moustache a déjà disparu.

349. LE CARDINAL MAZARIN. Buste. Légende en creux : QUI POSVIT FINES SUOS PACEM. PSAL. 147. *Celui qui s'est donné la paix pour frontières. Psaume* 147. SARDONYX à 2 c. H. 4 c. L. 4 c.

> La monture d'or émaillé représente un serpent qui se mord la queue. Ce camée a été exécuté à l'occasion de la paix des Pyrénées.

350. LOUIS XV lauré, vêtu à l'antique. Buste. Sous le bras, en creux : GUAY. F. 1753. SARDONYX à 3 c. Corniche. H. 7 c. L. 58 mill.

> Monture en or émaillé.
> Ce magnifique portrait de Louis XV est le chef-d'œuvre du célèbre Jacques Guay, graveur du roi, et maître de madame de Pompadour dans l'art de graver sur pierres dures. Voyez à ce sujet le commentaire des nᵒˢ 357 et 358. Guay, né à Marseille vers 1715, mourut vers 1787.

351. LOUIS XV lauré. Buste. Exergue : GUAY. F. SARDONYX à 3 c. H. 25 mill. L. 20 mill.

> Fermoir d'un bracelet de la marquise de Pompadour. (V. au nº 353.)

352. LOUIS XV lauré, avec la cuirasse. Exergue : GUAY. GRENAT d'Allemagne. H. 2 1/2. L. 22 mill.

353. Louis XV lauré. Buste. Exergue : GUAY. SARDONYX à 3 c. H. 22 mill. L. 16 mill.

> Ce joli camée, entouré de brillants, a été remonté en bague de cuivre.

354. Louis XV lauré. Buste. Sous le cou , un G, initiale de J. GUAY. SARDONYX à 2 c. H. 11 mill. L. 8 mill.

> Bague enrichie de brillants.

355. Louis XV lauré. Buste. Légende en creux : *Ludovicus XV. rex. christianissimus. Louis XV, roi très-chrétien.* Sous le buste, la signature : *Lud. Chapat F. Œuvre de Louis Chapat.* SILEX à 3 c. H. 47 mill. L. 35 mill.

356. Louis, dauphin de France, père de Louis XVI, et sa femme MARIE JOSEPHE DE SAXE. Bustes posés sur un dauphin. En creux, la signature et la date : GUAY 1758. SARDONYX à 3 c. H. 41 mill. L. 30 m.

> Excellent travail. Jolie monture en or.

357. NAISSANCE DU DUC DE BOURGOGNE. MINERVE couvrant de son bouclier un enfant nouveau-né, auquel la FRANCE ouvre ses bras. Sur le sol, GUAY F. A l'exergue : MDCCLI. SARDONYX à 2 c. H. 33 mill. L. 22 mill.

> Il existe un recueil de pièces gravées à l'eau-forte et retouchées au burin, portant ce titre : *Suite d'estampes gravées par madame la marquise de Pompadour, d'après les pierres gravées de Guay, graveur du roi.* La célèbre marquise cultivait en effet les arts, non sans quelque succès. On connaît encore plusieurs estampes signées de son nom, et de plus, dans ce recueil de planches gravées par elle-même d'après Guay, on rencontre plusieurs reproductions de camées exécutés et signés par elle-même. (Voyez les nos 38-40 et 42 de ce recueil, et le no 358 de la présente notice.) Dans la *Suite d'estampes gravées d'après Guay,* la pierre qui nous occupe porte le no 53. On lit au bas : *Naissance de monseigneur le duc de Bourgogne.* Ce prince mourut en 1761 à l'âge de dix ans. Le peintre Boucher avait donné les dessins de cette pierre, ainsi que ceux de notre no 359; ces deux camées ont été portés en bracelets par madame de Pompadour. La matière est appelée *cornaline-onyx* dans le recueil cité.

358. GÉNIE DE LA MUSIQUE ailé, tenant une flûte et prêt à saisir une couronne suspendue à un arbre.

Devant lui, une lyre. A l'exergue en creux : POM-
PADOUR. F. 1752. Agate-onyx à 2 c. H. 17 mill. L.
15 mill.

Ce camée, exécuté par la marquise de Pompadour, dont il porte la signature, a été reproduit à l'eau-forte par elle-même sous le n° 40 dans la *Suite
d'estampes* citée au commentaire de notre n° 357. On lit au bas de l'estampe : *Boucher del.*, et ce titre : *Génie de la musique en bas-relief.*

359. La France et l'Autriche se donnant la main ; entre
ces deux figures, un autel. Exergue : 1756. Au pied
de l'écusson de la France, la signature guay. Sardonix
à 2 c. H. 32 m. L. 27 m.

Dans la *Suite d'estampes* citée au n° 357, cette pierre porte le n° 54. On
lit au bas de l'estampe : *Alliance de l'Autriche et de la France.* Le dessin
de cette pierre, qui fut portée en bracelet par madame de Pompadour, est
de Boucher. (V. n° 356.)

360. La France s'inclinant au pied de la statue équestre
de Louis XV. Exergue : 1763. Agate-onyx à 2 c. H.
17 m. L. 13 m.

Jolie monture dans le goût de l'époque de Louis XV. On ne trouve pas
cette pierre parmi celles de la *Suite d'estampes gravées d'après Guay*
par la marquise de Pompadour, laquelle mourut un an après la date de ce
camée, le 14 avril 1764. Ce camée a été fait à l'occasion de l'inauguration de
la statue équestre de Louis XV, à Paris, sur la place de ce nom. La cérémonie eut lieu le 20 juin 1763.

361. Génie cultivant un laurier. Sur la caisse qui contient l'arbuste, une des tours du blason de la marquise
de Pompadour. A l'exergue guay. F. Agate-onyx à 2 c.
H. 9 m. L. 6 m.

C'est le n° 58 de la *Suite d'estampes* gravées d'après Guay, par madame
de Pompadour. On lit au bas de l'estampe : *Culture des lauriers. Boucher
del. Pompadour sculp.*

362. La fidèle amitié. Génie jouant avec un chien.
Exergue : guay. F. Agate-onyx à 2 c. H. 15 m. L. 12 m.

Dans la *Suite d'estampes gravées d'après Guay*, par madame de Pompadour, on trouve sous le n° 42, non pas ce camée, mais une variante du
même sujet. Une femme tenant une guirlande joue avec un chien. Ce camée
est signé *Pompadour fecit.* Le titre est LA FIDLLLE (*sic*) AMITIÉ.

363. LA MARQUISE DE POMPADOUR. Buste sur une AGATE-ONYX à 2 couches, avec la signature de Guay, placé dans le manche d'un cachet en or émaillé. Le sujet du cachet gravé en creux sur une cornaline, signée également par Guay, est l'*Amour tenant un lis et une rose*, avec cette devise : L'AMOUR LES ASSEMBLE.

H. du camée : 15 mill. L. 12.

H. de la cornaline : 15 m. L. 14.

Le sujet du cachet est une allusion transparente aux amours du roi pour la célèbre marquise.

364. MONTESQUIEU. Buste. IVOIRE appliqué sur un silex. H. 33 m. L. 25 m.

Ce portrait de Montesquieu est une imitation de camée, mais non un véritable camée.

365. NAPOLÉON BONAPARTE, avec l'habit de consul de la république française. Buste, la tête nue. Légende en creux : BONAPARTE. Sous le bras : JEUFFOY 1801. AGATE-ONYX à 2 c. H. 42 m. L. 36 m.

366. NAPOLÉON Ier, EMPEREUR DES FRANÇAIS. Buste, la tête nue. Signature en creux : A. MASTINI. SARDONYX à 2 c. H. 3. c. L. 2 c.

367. FOURCROY. Buste. AGATE à 2 couches avec la signature JEUFFOY F. Au revers on lit en creux : AF. FOURCROY (Antoine–François). H. 24 mill. L. 20 mill.

Ce camée monté en or sert de fermoir à un bracelet de cheveux du célèbre chimiste A.-F. comte de Fourcroy ; il a été légué au cabinet des médailles par sa veuve, la comtesse de Fourcroy.

Iconographie. Étrangers.

368. PAUL III, souverain pontife. Buste, la tête nue avec la chape. AGATE-ONYX à 2 c. H. 3 c. L. 26 mill.

Monture en or émaillé.

369. CHARLES-QUINT lauré, avec une armure. Buste. AGATE-ONYX à 2 c. H. 33 mill. L. 24 mill.

370. PHILIPPE II, roi d'Espagne, la tête nue, avec une armure et la toison d'or. Buste. ONYX à 2 c. H. 36 mill. L. 25.

371. ÉLISABETH, reine d'Angleterre. Buste. SARDONYX à 3 c. Corniche. H. 55 mill. L. 40 mill.

> Monture en or.
> Nous attribuons ce beau camée à Julien de Fontenay, dit Coldoré, graveur sur pierres fines et valet de chambre de Henri IV. Mariette, dans son *Traité des pierres gravées* (V. t. I, p. 136), dit qu'on tient pour constant que la réputation de Coldoré le fit appeler en Angleterre par la reine Elisabeth ; nous sommes fort disposés à adopter cette tradition ; car, à cette époque, personne n'aurait pu rivaliser avec Coldoré dans la gravure des portraits en camée.

372. ÉLISABETH, reine d'Angleterre. Buste. SARDONYX à 3 c. Corniche. H. 30 mill. L. 23 mill.

> Monture en or émaillé, ornée de rubis.

373. ÉLISABETH, reine d'Angleterre. Buste. SARDONYX à 3 c. Corniche. H. 3 c. L. 23 mill.

374. OLIVIER CROMWELL lauré. Buste à l'antique. JASPE SANGUIN. H. 25 mill. L. 20 mill.

> Monture en or émaillé. Au REVERS, en creux, un buste offrant les traits de Henri IV en caricature, ou peut-être bien Don Quichotte, l'illustre héros de Cervantès.

375. CROMWELL, comme au n° 374. Buste sur le chaton d'une BAGUE DE JASPE SANGUIN. H. du portrait : 21 mill. L. 16 mill.

376. CHARLES II, roi d'Angleterre, coiffé d'une peau de lion comme Hercule. Buste. AGATE à 3 c. H. 65 mill. L. 53 mill.

377. CHARLES II, roi d'Angleterre. Buste de trois quarts, avec armure. SARDONYX à 2 c. H. 25. L. 20 mill.

378. CHRISTINE, reine de Suède, laurée. Buste. SARDONYX à 3 c. Corniche. H. 27 mill. L. 22 mill.

379. ANNE, PRINCESSE D'ORANGE. Buste de face, à l'antique. Légende en lettres d'or, gravées en creux : ANNA. ARAVS. ET. NASS. PRINCEPS. *Anne, princesse d'Orange et de Nassau.* A l'exergue : 1748. Sous le buste : L. NATTER. FEC. AGATE à 2 c. H. 65 mill. L. 48 mill.

> Cette princesse est Anne de Brunswick-Hanovre, fille de Georges II, roi d'Angleterre, femme du prince Guillaume Ch. H. Frison de Nassau-Orange-Dietz, Stathouder de Hollande.

380. ANDRÉ DORIA, vêtu à l'antique. Buste. LAPIS-LAZULI. H. 45 mill. L. 35 mill.

> Monture en or émaillé.

381. ANDRÉ DORIA, vêtu à l'antique, assis sur un monceau d'armes. SARDONYX à 2 c. Corniche. H. 35 mill. L. 33.

382. VICTOIRE COLONNA, MARQUISE DE PESCAIRE. Buste avec une couronne de lierre. La célèbre poétesse est vêtue à l'antique ; elle a un sein découvert. AGATE à 2 c. H. 4 c. L. 24 mill.

> Nous n'osons pas affirmer que ce beau camée, ouvrage du XVIe siècle, représente la célèbre Victoria Colonna ; mais cependant il y a une grande analogie entre les traits et le costume de la femme représentée sur notre camée et la médaille où l'illustre marquise parait au revers du portrait de Ferdinand d'Avalos, son mari.

383. BARBEROUSSE, le célèbre corsaire d'Alger. Buste gravé sur le chaton d'une bague d'AGATE. On lit sur l'anneau les initiales B. R. H. du portrait : 16 mill. L. 10 mill.

384. DON LOUIS DE REQUESENS DE ZUNIGA. Buste, la tête nue avec une armure. AGATE rayée à 3 c. H. 5 c. L. 4 c.

> Don Louis de Requesens fut gouverneur général des Pays-Bas, de 1573 à 1576.

385. Une princesse italienne. Buste de profil tourné à droite. Agate onyx à 2 c. H. 3 c. L. 20 c.

Ce joli camée a été attribué à Marie Stuart. (Du Mersan. Notice. n° 467.) Le costume a en effet beaucoup d'analogie avec celui de la célèbre et infortunée reine d'Écosse; mais la comparaison de son portrait authentique publié par M. Niel, d'après le crayon de la bibl. Sainte-Geneviève, ne nous permet pas d'adopter l'ancienne attribution. (V. Portraits des Français illustres du xvie siècle, par Niel, n° 11.)

386. Idem. Buste tourné à gauche. Agate onyx à 2 c. H. 28 mill. L. 19 mill. (V. n° 384.)

Monture en or émaillé à laquelle est suspendue une perle. Attribuée jadis à Marie Stuart. (Du Mersan. Notice. No 468.) Voir le commentaire du n° 385.

387. Buste de femme, de profil à droite. Agate onyx à 2 c. H. 34 mill. L. 21 mill.

Une guirlande de fleurs en or émaillé forme une charmante monture à ce beau camée.

388. Alphonse II, duc de Ferrare et Lucrèce de Médicis sa femme, Bustes conjugués, à mi-corps, tous deux revêtus d'une peau de lion. Agate à 2 c. H. 127 mill. L. 9 c. -

On sait que deux princes de la maison d'Este, souverains de Ferrare, ont porté le nom d'Hercule. Or il existe une certaine ressemblance entre les médailles d'Alphonse II, duc de Ferrare, fils d'*Hercule I*er, et les traits du prince représenté sur le camée n° 388. Les traits de la princesse offrent également une véritable analogie avec ceux de la femme du duc Alphonse II, Lucrèce de Médicis. Je crois donc pouvoir attribuer ce camée à ces époux couronnés. Je ne donne d'ailleurs cette attribution que sous toute réserve. (V. nos 389, 390, 391, 392, 393, 394 et 400. Tous ces camées paraissent représenter les mêmes personnages.)

389. Idem. Bustes conjugués à mi-corps, d'un prince et de sa femme. Agate à 3 c. H. 45 mill. L. 30 mill.

Monture en or émaillé.

V. le commentaire du n° 388.

390. Idem. Bustes conjugués, à mi-corps, d'un prince,

lauré et barbu et de sa femme. Tous deux vêtus à l'antique. AGATE à 3 c. H. 45 mill. L. 33 mill.

V. le commentaire du n° 388.

391. MÊMES PERSONNAGES qu'au n° 388. AGATE à 2 c. H. 35 mill. L. 30 mill.

V. le commentaire du n° 388.

392. MÊMES PERSONNAGES qu'au n° 388. AGATE à 3 c. H. 15 mill. L. 10 mill.

V. le commentaire du n° 388.

393. ALPHONSE II, duc de Ferrare; buste de profil à gauche, coiffé de la peau de lion, en Hercule. SARDOINE rayée. H. 44 mill. L. 35 mill.

V. le commentaire du n° 388. Ce camée est le pendant du n° 394.

394. LUCRÈCE DE MÉDICIS, duchesse de Ferrare; buste de profil. SARDOINE rayée. H. 44 mill. L. 35 mill.

V. le commentaire du n° 388. Ce camée est le pendant du n° 393.

395. FRÉDÉRIC III, empereur d'Allemagne ou son fils MAXIMILIEN Ier. Tête de profil coiffée d'un bonnet. AGATE à 3 c. H. 20 mill. L. 15 mill.

Très-bon travail du commencement du XVIe siècle.

396. GUERRIER avec une longue barbe; buste armé à l'antique. AGATE ONYX à 3 c. H. 45 mill. L. 34 mill.

397. MÊME SUJET qu'au n° 396. AGATE ONYX à 2 c. H. 40 mill. L. 25 mill.

398. PRINCE OU SEIGNEUR, la tête nue, avec le costume du commencement du XVIIe siècle. Buste de 3/4. SARDONYX à 3 c. corniche. H. 21 mill. L. 18 mill.

La sévérité du costume, le col plat et rabattu me feraient incliner à voir ici un des chefs du parti protestant soit en France, soit dans les Pays-Bas.

399. **Femme en Diane**, les seins nus; buste d'Agate onyx de trois quarts, de haut-relief. La draperie, le carquois et le croissant sont en argent doré avec brillants. Ce buste se détache sur un champ d'or placé sur une belle et grande Sardonyx à 3 couches, au revers de laquelle est pratiquée une petite boîte d'or dont le couvercle est revêtu d'un émail bleu avec d'élégants fleurons noir et blanc. H. du camée : 25 mill. L. 15. H. de la boîte : 65 mill. L. 50 mill.

On a donné le nom de Diane de Poitiers à la figure de femme représentée ici; mais il n'y a réellement aucune ressemblance entre la célèbre duchesse de Valentinois et les traits de la femme représentée ici en Diane.

400. **Princesse italienne**. Buste de profil à droite. Sardonyx à 3 c. H. 25 mill. L. 18 mill.

Monture en or émaillé.
Cette jolie pierre nous paraît offrir quelque ressemblance avec les médailles de Lucrèce de Médicis, femme d'Alphonse II, duc de Ferrare.
V. au commentaire du n° 388.

Mythologie.

401. **Janus**. Buste. Entre les deux têtes, Saturne debout, Sardonyx à 3 c. H. 50 mill. L. 35 mill.

Monture en or.

402. **Cybèle**, debout, dans un char traîné par deux lions. Sardoine à 2 c. H. 25 mill. L. 28 mill.

403. **Jupiter**. Buste de profil, à droite. Sardonyx à 3 c. H. 25 mill. L. 20 mill.

Monture en or émaillé.

404. **Jupiter**. Buste de face. Agate. H. 36 mill. L. 30 mill.

Monture en argent.

405. **Aigle de Jupiter**. Agate à 2 c. Diam. 2. mill.

Monture en or émaillé.

406. JUNON. Buste de profil, à gauche. SARDONYX à 3 c. H. 40 mill. L. 30 mill.

Monture en or émaillé.

407. IDEM. AGATE à 3 c. H. 20 mill. L. 13 mill.

Monture en or à laquelle est suspendue une perle.

408. IDEM. Buste de profil, à gauche, voilée. SARDONYX à 3 c. Corniche. H. 25 mill. L. 20 mill.

409. APOLLON lauré. Buste de profil, à droite. SARDONYX à 2 c. H. 32 mill. L. 25 mill.

Monture en or.

410. APOLLON. Buste de profil, à droite. AGATÉ à 3 c. H. 27 mill. L. 22 mill.

411. DIANE d'Éphèse, debout. AGATE à 2 c. H. 12 mill. L. 6 mill.

412. DIANE, les cheveux flottant sur les épaules. Buste de profil, à droite. AGATE à 2 c. H. 56 mill. L. 36 mill.

Belle monture en or; le revers est émaillé et offre l'*impresa* d'un possesseur : un olivier dont sortent plusieurs rameaux verdoyants avec ce mot grec : ΑΕΙΘΑΛΕΣ, *toujours vert*. Cette monture a été exécutée au XVIᵉ siècle en Italie.

413. DIANE. Buste de profil, à droite. SARDONYX à 3 c. H. 35 mill. L. 25 mill.

Monture en or émaillé, enrichie de pierreries.

414. LUNUS. Buste de face, avec un croissant sur la tête. JASPE SANGUIN. H. 42 mill. L. 30 mill.

415. MINERVE. Buste de profil, à gauche, avec la chouette sculptée sur le casque. AGATE à 3 c. H. 55 mill. L. 40 mill.

Monture en or émaillé.

416. MINERVE. Buste de profil, à droite, avec le casque et l'égide. CALCÉDOINE à 2 c. H. 55 mill. L. 35 mill.

417. IDEM. Buste de face, incliné à gauche, avec casque et égide. LAPIS-LAZULI. H. 45 mill. L. 35 mill.

Élégante monture en or émaillé.

418. IDEM. Buste de profil, à droite, avec casque et égide. LAPIS-LAZULI. H. 30 mill. L. 26 mill.

Au revers, en creux, on a représenté une OFFRANDE A L'AMOUR. Cupidon est debout sur son autel; un homme et une femme viennent s'unir aux pieds du dieu.

419. IDEM. Buste de profil, à droite, casquée et les cheveux flottant sur l'épaule. SARDONYX à 3 c. H. 35 mill. L. 23 mill.

Monture en or émaillé.

420. IDEM. Buste à gauche. SARDONYX à 3 c. H. 30 mill. L. 21 mill.

Monture en or.

421. IDEM. Buste à droite. AGATE à 2 c. H. 28 mill. L. 16 mill.

Monture en or.

422. IDEM. AGATE à 2 c. H. 18 mill. L. 20 mill.

Monture en argent.

423. MINERVE, debout, la tête nue, tenant son bouclier de la main droite. SARDONYX à 3 c. H. 30 mill. L. 15 mill.

Monture en or émaillé.

424. MINERVE, le casque en tête, s'appuyant sur sa lance, debout sur un globe. AGATE à 2 c. H. 25 mill. L. 12 mill.

Monture en or émaillé.

425. MINERVE et NEPTUNE. CALCÉDOINE à 2 c. H. 45 mill. L. 37 mill.

Imitation grossière d'un camée antique décrit plus haut, sous le n° 36.

7.

426. BELLONE, debout dans un bige, portant au bras un bouclier sur lequel paraît un soleil. SARDONYX à 3 c. H. 35 mill. L. 42 mill.

Monture en or émaillé.

427. VICTOIRE ailée. Buste de profil, à gauche. SARDONYX à 3 c. Diam. 31 mill.

Monture en or émaillé.

428. IDEM. SARDONYX à 3 c. H. 26 mill. L. 22 mill.

Monture en or émaillé.

429. VÉNUS. Buste de profil, à g. avec diadème. SARDONYX à 3 c. H. 27 mill. L. 24 mill.

Monture en or.

430. IDEM. VÉNUS. Buste de profil, à g. SARDONYX à 3 c. Corniche. H. 21 mill. L. 18 mill.

Monture en or émaillé.

431. IDEM. Buste de profil, à d. avec collier de perles. SARDONYX à 3 c. H. 25 mill. L. 20 mill.

Monture en or.

432. IDEM. Buste de profil, à d. SARDONYX à 3 c. Corniche. H. 25 mill. L. 21 mill.

Monture en or émaillé.

433. IDEM. Buste de profil, à g. avec collier de perles. SARDONYX à 3 c. H. 21 mill. L. 18 mill.

434. IDEM. Buste de profil, à d. AGATE à 3 c. H. 21 mill. L. 15 mill.

Monture en or émaillé.

435. VÉNUS debout, à demi-nue. AGATE à 2 c. H. 35 mill. L. 30 mill.

Une monture en or émaillé, enrichie de pierreries, forme un encadrement autour de la figure et dissimule une grande partie de la pierre.

436. MARS et VÉNUS assis. SARDONYX à 3 c. H. 20 mill. L. 17 mill.

Monture en or émaillé.

437. VÉNUS et ADONIS. La déesse est assise au pied d'un arbre sur lequel s'appuie le jeune chasseur. CALCÉDOINE à 2 c. H. 30 mill. L. 20 mill.

438. VÉNUS couchée, nue, retenant l'AMOUR auprès d'elle. AGATE à 2 c. H. 35 mill. L. 45 mill.

Monture en or émaillé.

439. VÉNUS désarmant l'AMOUR. La déesse, debout, tient une des flèches de son fils qui cherche à la ressaisir. AGATE à 3 c. H. 33 mill. L. 21 mill.

440. VÉNUS, assise, retient auprès d'elle l'AMOUR qui porte son flambeau. AGATE à 2 c. H. 30 mill. L. 21 mill.

Monture en or.

441. VÉNUS fixant l'AMOUR. La déesse, assise, vient d'arracher les ailes au petit dieu debout devant elle. AGATE à 2 c. H. 26 mill. L. 21 mill.

Monture en or.

442. VÉNUS assise, endormie; l'AMOUR, debout, paraît attendre son réveil. CALCÉDOINE à 2 c. H. 15 mill. L. 13 mill.

443. VÉNUS couchée, entourée des AMOURS. AGATE à 2 c. H. 22 mill. L. 33 mill.

Monture en or avec bordure en émail bleu. C'est une copie agrandie du camée no 42.

444. VÉNUS couchée, à demi-nue, entourée de trois AMOURS; le plus grand saisit le bras de la déesse. H. 22 mill. L. 26 mill.

Monture en or émaillé. Variante du sujet précédent.

445. LE JUGEMENT DE PARIS. Les trois déesses, JUNON, MINERVE et VÉNUS debout devant Pâris, qui remet la pomme à cette dernière. Pâris est lui-même debout auprès d'un arbre sur lequel est perché un aigle; il tient un *pedum* de la main gauche; à ses pieds, un chien. SARDONYX à 3 c. H. 75 mill. L. 90 mill.

Ce camée, exécuté sur une matière remarquable et par sa beauté et par sa dimension, provient de la collection du prince d'Isembourg qui, selon une tradition, l'aurait engagé moyennant une somme de 50,000 francs. Plus tard, il fut acquis par M. Henri Beck, au prix de 16,000 francs. C'est ce connaisseur distingué qui a enrichi la Bibliothèque impériale de cette belle pierre. Elle fait partie du legs important de camées et de pierres gravées fait par lui au Cabinet des Médailles, en 1846.

Les opinions ont été fort partagées au sujet de ce camée; on l'a cru entièrement antique; mais, aujourd'hui, les connaisseurs les plus accrédités s'accordent à le tenir pour exécuté originairement par un artiste de l'antiquité, puis refait par une main de la Renaissance. L'*aigle* et le *sol* foulé par les déesses sont les seules parties de travail antique qui aient été respectées.

446. L'AMOUR CAPTIF. Le petit dieu est attaché à une colonne par les deux mains; PSYCHÉ, sous la forme d'un papillon, semble resserrer ses liens. CALCÉDOINE à 2 c. H. 25 mill. L. 16 mill.

447. AMOURS sacrifiant à VÉNUS, dont la statue est placée devant un temple. CALCÉDOINE. H. 18 mill. L. 16 mill.

448. CÉRÈS. Buste de profil, à gauche, couronné d'épis et de pavots. SARDONYX à 3 c. H. 22 mill. L. 15 mill.

449. NYMPHE. Buste de profil, à droite. CALCÉDOINE à 2 c. H. 19 mill. L. 15 mill.

Monture en or.

450. IDEM. AGATE à 3 c. H. 21 mill. L. 14 mill.

451. IDEM. AGATE à 2 c. H. 20 mill. L. 10 mill.

452. IDEM. Buste de face, incliné à gauche. CALCÉDOINE à 2 c. H. 16 mill. L. 11 mill.

453. NYMPHE. Buste de profil, à gauche. CALCÉDOINE à gauche. H. 25 mill. L. 20 mill.

454. BACCHUS jeune. Buste de face couronné de lierre, tourné à droite. AGATE à 2 c. H. 22 mill. L. 16 mill.

Monture en or enrichie de pierreries et de perles.

455. BACCHUS. Buste de profil, à droite, couronné de lierre. SARDONYX à 3 c. H. 50 mill. L. 40 mill.

Monture en or émaillé. On a attribué cette pierre à Bacchus à cause de la couronne de lierre ; cependant les traits ont un caractère individuel et humain qui feraient penser qu'on a peut-être voulu représenter un empereur en Bacchus.

456. BACCHUS barbu. Buste de profil, à gauche. AGATE à 2 c. H. 22 mill. L. 15 mill.

457. BACCHANTE. Buste de profil, à droite, avec couronne de lierre. SARDONYX à 3 c. H. 34 mill. L. 31 mill.

Monture en or émaillé.

458. IDEM. H. 32 mill. L. 26 mill.

Monture en or émaillé.

459. IDEM. AGATE à 3 c. H. 36 mill. L. 30 mill.

Monture en or émaillé.

460. IDEM. SARDONYX à 3 c. Corniche. H. 32 mill. L. 26 mill.

Monture en or.

461. IDEM. SARDONYX à 3 c. H. 30 mill. L. 23 mill.

462. IDEM. AGATE à 3 c. Diam. 28 mill.

463. IDEM. Buste de profil, à gauche, avec couronne de lierre. H. 21 mill. L. 15 mill.

Chaton d'une bague en or.

464. Bacchante. Buste de profil, à g., avec couronne de lierre. Agate à 2 c. H. 31 mill. L. 27 mill.

Monture en or.

465. Idem. Calcédoine à 2 c. H. 15 mill. L. 11 mill.

Monture en or.

466. Bacchant. Buste de face. Calcédoine à 2 c. H. 18 mill. L. 15 mill.

Chaton d'une bague en or.

467. Triomphe de Bacchus. Une Victoire couronne le dieu assis dans son char et précédé de deux bacchants. Calcédoine à 2 c. H. 12 mill. L. 14 mill.

Monture en or.

468. Même sujet. Bacchus assis dans son char, précédé par un satyre. Agate à 2 c. H. 20 mill. L. 27 mill.

Ébauche. Jolie monture en or émaillé.

469. Idem. Bacchus dans son char, précédé par une bacchante. Calcédoine à 2 c. H. 13 mill. L. 19 mill.

Monture en or.

470. Bacchus enfant, assis dans un char traîné par deux boucs; un satyre lui verse à boire. Deux jeunes bacchants entourent le char. Calcédoine à 2 c. H. 11 mill. L. 16 mill.

471. Bacchus enfant, debout, le thyrse à la main, avec trois suivants assis. Calcédoine à 2 c. H. 16 mill. L. 21 mill.

Monture en argent doré.

472. Bacchanale ou scène de Vendanges. Cinq personnages. Calcédoine à 2 c. H. 14 mill. L. 19 mill.

Monture en or émaillé.

473. Satyre couronné de lierre. Buste de face. Agate. H. 30 mill. L. 23 mill.

474. Masque bachique de face. Grenat. H. 16 mill. L. 11 mill.

Monture en or.

475. Idem. Calcédoine à 2 c. H. 13 mill. L. 12 mill.

Monture en or.

476. Idem. Lapis-Lazuli. H. 15 mill. L. 11 mill.

477. Idem. Calcédoine à 2 c. H. 20 mill. L. 15 mill.

Monture en or.

478. Idem. Buste de profil, à gauche. Agate à 2 c. H. 15 mill. L. 16 mill.

479. Neptune, debout sur une coquille traînée par deux chevaux marins. Coquille. H. 20 mill. L. 23 mill.

480. Triton combattant un monstre marin. Coquille. H. 10 mill. L. 15 mill.

481. L'Océan assis, s'appuyant sur son urne et recevant les ondes des fleuves, représentés par une Nymphe et un Génie. Calcédoine à 2 c. H. 30 mill. L. 42 mill.

Monture en or émaillé.

482. Dieu et Nymphe d'un fleuve, assis près de leur urne. Calcédoine à 2 c. Diam. 15 mill.

Monture en or.

483. Le Temps et une Parque assis filant; entre cês deux personnages, génie ailé tenant le livre du destin ouvert. Agate à 2 c. Diam. 20 mill.

Monture en or émaillé.

484. Cerbère accroupi. Coquille. H. 7 mill. L. 10 mill.

485. Hercule. Buste de profil, à droite, couronné de lierre. **Sardonyx** à 3 c. H. 25 mill. L. 24 mill.

Monture en or émaillé.

486. Hercule enchaînant **Cerbère. Calcédoine** à 2 c. H. 36 mill. L. 30 mill.

Monture en or émaillé.

487. Hercule sur le bûcher. **Agate** à 3 c. H. 20 mill. L. 8 mill.

La monture, en or émaillé, représente des flammes et complète le camée.

488. Hercule et **Omphale.** Bustes conjugués, à gauche. **Agate** à 3 c. H. 30 mill. L. 20 mill.

489. Omphale. Buste de profil, à gauche, coiffée de la peau de lion. **Agate** à 2 c. Corniche. H. 43 mill. L. 34 mill.

Monture en or émaillé.

490. Même sujet. Buste de profil, à droite. **Agate** à 3 c. Corniche. H. 38 mill. L. 25 mill.

491. Idem. Silex. H. 31 mill. L. 23 mill.

492. Idem. Agate à 3 c. H. 30 mill. L. 23 mill.

493. Idem. Agate à 2 c. H. 30 mill. L. 25 mill.

494. Idem. Calcédoine à 2 c. H. 23 mill. L. 18 mill.

Monture en or.

495. Idem. Calcédoine à 2 c. H. 25 mill. L. 18 mill.

Monture en or émaillé.

496. Omphale, à demi-nue, assise sur la peau de lion, et tenant la massue d'**Hercule.** Devant elle, vase à deux anses sur une colonne. SARDONYX à 2 c. H. 30 mill. L. 22 mill.

Monture en or.

497. PERSÉE, la tête de MÉDUSE à la main, monté sur PÉGASE. CALCÉDOINE à 2 c. H. 25 mill. L. 22 mill.

498. TÊTE DE MÉDUSE, de face. JACINTHE. H. 20 mill. L. 16 mill.

499. IDEM. AGATE à 2 c. H. 19 mill. L. 16 mill.

500. IDEM. Buste de profil, à gauche. H. 20 mill. L. 14 mill.

Monture en or.

501. LE DIEU DE LA PEUR. Buste de profil, à gauche, les cheveux hérissés, de *Pallor* ou *Pavor*. AGATE à 3 c. H. 25 mill. L. 20 mill.

502. L'ABONDANCE. Femme vue à mi-corps, la tête de 3/4, tenant une corne d'abondance. AGATE à 2 c. H. 24 mill. L. 20 mill.

Monture en or émaillé.

503. MÊME SUJET. La tête de profil. AGATE à 2 c. Corniche. H. 20 mill. L. 15 mill.

504. LA SIBYLLE. Buste de profil, à droite. CALCÉDOINE à 2 c. H. 30 mill. L. 20 mill.

505. UN SACRIFICE. Une jeune fille est agenouillée sur un autel entouré de sacrificateurs, la massue sur l'épaule. COQUILLE. H. 30 mill. L. 35 mill.

La présence d'une jeune fille sur l'autel ferait penser au sacrifice d'Iphigénie, si l'on ne voyait un des sacrificateurs tenir un porc et non la biche. Il ne faut voir ici qu'une composition due à la fantaisie d'un artiste.

506. SACRIFICE. Quatre femmes debout autour d'un au-

tel ; l'une d'elles apporte un gâteau sacré. Calcédoine
à 2 c. enchâssée dans un silex. H. 13 mill. L. 33 mill.

507. Sacrifice. Six personnages ; on va immoler un
taureau devant l'autel. Agate à 2 c. H. 25 mill. L.
21 mill.

Monture en or émaillé.

508. Sacrifice. Quatre personnages vont sacrifier un
bélier. La statue du dieu est placée près de l'autel
sur une colonne. Calcédoine à 2 c. H. 17 mill. L.
25 mill.

Monture en or émaillé.

509. Sacrifice. Deux enfants et une femme qui tient
une corne d'abondance sacrifient un bélier devant la
statue d'un dieu. Calcédoine à 2 c. H. 15 mill. L.
15 mill.

Monture en or.

510. Enfant debout, sacrifiant devant un autel. Agate
à 2 c. H. 7 mill. L. 10 mill.

511. Enfant assis, sacrifiant devant un autel. Calcédoine
à 2 c. H. 8 mill. L. 10 mill.

512. L'Afrique. Buste de femme, de profil, à droite,
coiffée de la dépouille d'un éléphant. Sardonyx à 3 c.
H. 30 mill. L. 12 mill.

Monture en or.

513. Deux lions debout, s'appuyant sur un pyrée. Calcédoine à 2 c. H. 12 mill. L. 14 mill.

Cette pierre forme le chaton d'une bague en or, avec encadrement
d'émaux rouge et vert, qui a appartenu à feu Petit-Radel, membre de
l'Académie des inscriptions et belles-lettres, qui l'a léguée à la Bibliothèque Impériale. Ce savant, plus versé dans la connaissance des textes de
l'érudition que dans la pratique des monuments de la glyptique et de la
numismatique, croyait à l'antiquité de cette pierre. En conséquence, il

avait fait graver à l'intérieur l'inscription suivante : MONUMENT RELATIF
A CELUI DE MYCÈNES.

Iconographie grecque.

514. MILON DE CROTONE. Buste de haut relief, tourné à
gauche. Les traits du célèbre athlète expriment la
douleur; on a voulu le représenter au moment où,
pris dans un chêne qu'il a voulu briser, il est dévoré
par un lion. MARBRE BLANC. H. 30 mill. L. 22 mill.

515. ALEXANDRE LE GRAND. Buste casqué, de profil, à
droite. CALCÉDOINE à 2 c. H. 22 mill. L. 17 mill.

Monture en or émaillé.

516. IDEM. Buste casqué, de profil, à droite, avec cuirasse. On lit en creux, dans le champ, le nom du roi
de Macédoine, en grec : ΑΛΕΞΑΝΔΡΟΣ. LAPIS-LAZULI.
H. 42 mill. L. 32 mill.

Belle monture en or émaillé.

517. IDEM. Buste casqué, de profil, avec cornes comme
fils de *Jupiter Ammon.* SARDONYX à 3 c. H. 20 mill.
L. 13 mill.

Monture en or.

518. BÉRÉNICE. Buste de profil, à gauche. SARDONYX à
3 c. H. 48 mill. L. 38 mill.

Monture en or émaillé.

On lit le nom de Bérénice, d'une ancienne écriture, au revers de cette
pierre. Il s'agit sans doute de la Bérénice, fille d'Agrippa Ier, roi de Judée,
que Titus aima, et cette attribution, de pure fantaisie, doit remonter à
l'époque de la représentation de la *Bérénice* de Racine.

519. ANTIOCHUS. Buste de profil, à gauche, la tête nue.
AGATE à 2 c. H. 28 mill. L. 25 mill.

Attribution faite à la même époque que celle citée au numéro précédent.

520. Roi GREC, avec bandeau royal. Buste de profil, à gauche. CALCÉDOINE à 2 c. H. 35 mill. L. 25 mill.

521. CLÉOPATRE. Buste de profil, à droite, voilée. SARDONYX à 3 c. Corniche. H. 32 mill. L. 30 mill.

Monture en or émaillé.

522. CLÉOPATRE. Buste de face, à mi-corps, les seins nus, tenant l'aspic. CALCÉDOINE à 2 c. H. 53 mill. L. 35 mill.

523. CLÉOPATRE. Buste de face. CALCÉDOINE à 2 c. H. 35 mill. L. 25 mill.

Cassure.

Histoire et Iconographie romaines.

Cette série de portraits, sans avoir l'importance des monuments contemporains ou au moins antiques, n'est cependant pas toujours dépourvue d'intérêt. Exécutés depuis la Renaissance, quelques-uns de ces camées offrent un véritable intérêt sous le rapport de l'art. On ne s'attendra pas à trouver ici des attributions certaines; nous avons souvent suivi les attributions traditionnelles, et n'en avons introduit de nouvelles que lorsque nous avons reconnu l'impossibilité de ne pas les admettre. Un certain nombre de ces camées, nos 604 à 612, n'a pas paru pouvoir recevoir de noms. J'appelle l'attention sur l'élégance de la plupart des montures de ces pierres.

524. HORATIUS COCLÈS, à cheval, défendant le passage du pont Sublicius. Derrière lui on coupe le pont. AGATE à 2 c. H. 28 mill. L. 37 mill.

Monture en or émaillé. Le travail de ce camée est du milieu du XVIe siècle.

525. QUINTUS ARRIUS SECUNDUS. Buste la tête nue, de profil, à droite. AGATE ONYX à 2 c. H. 21 mill. L. 14 mill.

Monture en or émaillé.

Ce camée doit être une copie du denier d'argent de la famille Arria, sur laquelle paraît le portrait du préteur, *Quintus Arrius Secundus*, qui défit Crixus, l'un des compagnons de Spartacus. On suppose que c'est Marcus Arrius Secundus, fils de Quintus, triumvir monétaire, vers l'an 708 de R., 46 av. J.-C., qui fit frapper cette monnaie.

526. Jules César, lauré. Buste de profil. Au revers, on a gravé en relief un TAUREAU. AGATE à 2 c. H. 30 mill. L. 24 mill.

> Très-belle monture en or émaillé enrichie de pierreries.

527. IDEM. Buste de profil, à droite, SARDONYX à 3 c. Corniche. Diam. 31 mill.

> Jolie monture en or émaillé enrichie de pierreries.

528. IDEM. Buste de profil, à gauche. Derrière, le *lituus*. SARDONYX à 3 c. Corniche. H. 30 mill. L. 22 mill.

529. LES TRIUMVIRS, OCTAVE, M. ANTOINE et LÉPIDE. Ces trois bustes sont placés ainsi : le premier seul en haut ; derrière est une couronne ; Marc Antoine est à droite, Lépide à gauche ; derrière ce dernier, un *simpulum*. SARDONYX à 3 c. H. 38 mill. L. 30 mill.

> Monture en or.

530. AUGUSTE. Buste lauré, de profil, à droite, avec le paludamentum. SARDONYX à 3 c. Corniche. H. 65 mill. L. 52 mill.

> Belle monture en or émaillé.

531. IDEM. Buste lauré, de profil, à gauche. SARDONYX à 3 c. H. 33 mill. L. 24 mill.

> Riche monture en or émaillé.

532. IDEM. Buste de profil, à gauche, la tête nue. JASPE noir. H. 40 mill. L. 25 mill.

> Monture en or.

533. IDEM. Buste lauré, de profil, à droite, avec le paludamentum. SARDONYX à 3 c. Corniche. H. 42 mill. L. 30 mill.

> Monture en or émaillé.
> Au revers de ce camée, en relief, la *Sainte Vierge tenant l'Enfant Jésus*. La Vierge est vue à mi-corps elle est posée sur un croissant.

534. Auguste. Buste lauré, de profil, à g., avec le paludamentum. Calcédoine à 2 c. H. 35 mill. L. 26 mill.

Monture en or.

535. Idem. Buste lauré, de profil, à gauche, avec le paludamentum. Calcédoine à 2 c. H. 30 mill. L. 20 mill.

536. Idem. Buste lauré, de profil, à gauche, avec le paludamentum. Calcédoine à gauche. H. 25 mill. L. 17 mill.

Monture en or.

537. Idem. Buste la tête nue, de profil, à gauche. Agate à 2 c. H. 15 mill. L. 10 mill.

Monture en or.

538. Idem. Buste lauré, de profil, à gauche. Calcédoine à 2 c. H. 10 mill. L. 8 mill.

Monture en or.

539. Auguste et Livie. Bustes laurés et conjugués, à gauche. Sardonyx à 3 c. H. 27 mill. L. 21 mill.

Monture en or.

540. Idem. Agate à 2 c. H. 30 mill. L. 22 mill.

Monture en or émaillé.

541. Idem. Sardonyx à 3 c. H. 22 mill. L. 15 mill.

Monture en or émaillé.

542. Idem. Livie est voilée. Sardonyx à 3 c. H. 32 mill. L. 21 mill.

Monture en or émaillé.

543. Livie. Buste lauré, de profil, à droite. Sardonyx à 3 c. Corniche. H. 40 mill. L. 32 mill.

Monture en or émaillé.

544. CAIUS ET LUCIUS, fils de JULIE et d'AGRIPPA, petits-fils D'AUGUSTE. Bustes sortant chacun d'une corne d'abondance. En haut, caducée. SARDONYX à 2 c. H. 35 mill. L. 23 mill.

545. TIBÈRE. Buste lauré, de profil, à droite. CALCÉDOINE appliquée sur un fond de SARDOINE. H. 38 mill. L. 24 mill.

546. CALIGULA. Buste lauré, de profil, à droite. SARDONYX à 3 c. Corniche. H. 35 mill. L. 24 mill.

Monture en or émaillé.

547. AGRIPPINE LA JEUNE. Buste de profil, à droite. SARDONYX à 3 c. Corniche. H. 22 mill. L. 20 mill.

Ce camée, imitation de celui que nous avons décrit plus haut, sous le n° 236, a été gravé au revers. On y voit en creux, la Sainte Vierge assise tenant l'Enfant Jésus sur ses genoux; autour on lit : O. M. D. MTO. MEI. *Mère de Dieu, souviens-toi de moi.*
Monture et bélière en or pâle.

548. IDEM. Buste lauré, de profil, à gauche. SARDONYX à 3 c. Corniche. H. 31 mill. L. 25 mill.

Monture en or.

549. NÉRON. Buste lauré, de profil, à droite. SARDONYX à 3 c. H. 35 mill. L. 23 mill.

Monture en or émaillé enrichie de pierreries.

550. IDEM. Buste lauré, de profil, à droite. SARDONYX à 2 c. H. 37 mill. L. 28 mill.

Monture en or émaillé.

551. IDEM. CALCÉDOINE à 2 c. H. 20 mill. L. 13 mill.

Monture en or.

552. GALBA. Buste lauré, de profil, à droite. SARDONYX à 3 c. Corniche. H. 35 mill. L. 27 mill.

Monture en or émaillé.

553. GALBA. CALCÉDOINE à 2 c. H. 28 mill. L. 21 mill.

554. IDEM. CALCÉDOINE à 2 c. H. 26 mill. L. 19 mill.

Monture en or.

555. IDEM. AGATE d'Allemagne à 2 c. H. 28 mill. L. 20 mill.

556. OTHON Buste lauré, de profil, à droite. JASPE sanguin. H. 38 mill. L. 28 mill.

Au revers, en creux, un dragon.

557. VITELLIUS. Buste lauré, de profil, à gauche. SARDONYX à 3 c. H. 30 mill. L. 22 mill.

Monture en or émaillé.

558. IDEM. Buste lauré, de profil, à droite. CALCÉDOINE à 2 c. H. 16 mill. L. 13 mill.

Monture en or.

559. IDEM. CALCÉDOINE à 2. c. H. 30 mill. L. 23 mill.

Monture en or.

560. VESPASIEN ET TITUS. Bustes laurés, de profil, à droite, superposés. CALCÉDOINE à 2 c. H. 26 mill. L. 21 mill.

Cassure.

561. TITUS. Buste lauré, de profil, à droite. AGATE d'Allemagne à 2 c. H. 25 mill. L. 20 mill.

Monture en or.

562. IDEM. CALCÉDOINE à 2 c. H. 17 mill. L. 14 mill.

563. DOMITIEN. Buste lauré, de profil, à droite, avec son armure. SARDONYX à 3 c. H. 37 mill. L. 25 mill.

Jolie monture en or émaillé.

564. Domitien. Buste lauré, de profil, à g. Agate à 2 c. H. 32 mill. L. 23 mill.

565 à 576. Les douze Césars. Camées sur coquille montés en or sur émail bleu. H. 15 mill. L. 10 mill.

Ces douze camées passent pour avoir servi de boutons de pourpoint. On sait qu'on entend par cette expression, *les douze Césars*, les douze premiers empereurs romains, y compris Jules César. Domitien est le dernier des douze Césars.

565. J. César. Buste lauré, de profil. — 566. Auguste, *id*. — 567. Tibère. Buste de profil, à gauche, la tête nue. — 568. Caligula. Buste de profil, lauré, à gauche. — 569. Claude. Buste de profil, lauré, à droite. — 570. Néron. Buste de profil, à gauche, lauré. — 571. Galba. Buste de profil, lauré, à droite. — 572. Othon. Buste de profil, la tête nue, à droite. — 573. Vitellius. Buste de profil, lauré, à droite. — 574. Vespasien Buste de profil, lauré, à droite. — 575. Titus. Buste lauré de profil, à droite. — 576. Domitien. Buste lauré, de profil, à gauche.

577. Trajan. Buste lauré de profil, à droite. Sardonyx à 2 c. Corniche. H. 27 mill. L. 18 mill.

Monture en or émaillé.

578. Idem. Sardonyx à 3 c. Corniche. H. 19 mill. L. 17 mill.

Monture en or.

579. Idem. Buste lauré de profil, à droite. Calcédoine à 2 c. H. 16 mill. L. 12 mill.

Monture en or émaillé.

580. Trajan et Plotine, sa femme. Bustes en regard. L'empereur est lauré et porte le paludamentum. Sardonyx à 3 c. H. 48 mill. L. 60 mill.

581. Hadrien. Buste à mi-corps, de profil, lauré, avec le paludamentum. Sardonyx à 2 c. H. 77 mill. L. 52 mill.

Monture en or émaillé.

582. Hadrien. Buste de profil, lauré, à droite. Agate à 2 c. H. 27 mill. L. 19 mill.

Très-jolie monture en or émaillé, enrichie de pierreries.

583. Idem. Buste de profil, lauré, à droite, avec l'armure. Sardonyx à 3 c. H. 40 mill. L. 32 mill.

Legs de M. H. Beck. 1846.

584. Idem. Buste de profil, à droite, la tête nue. Calcédoine blanche appliquée par une Sardoine. H. 22 mill. L. 19 mill.

Monture en or émaillé.

585. Sabine, femme de l'empereur Hadrien. Buste diadémé de profil, à droite. Agate à 2 c. Corniche. H. 40 mill. L. 30 mill.

Monture en or émaillé figurant une guirlande de fleurs.

586. Antinous, favori d'Hadrien. Buste la tête nue, de profil, à droite. On lit à l'exergue : ΑΝΤΙΝΟΟΣ ΗΡΟΣ. *Le Héros Antinoüs.* Agate à 2 c. Corniche. H. 45 mill. L. 36 mill.

587. Antonin le Pieux. Buste lauré, de profil, à droite, avec le paludamentum. Agate à 2 c. H. 23 mill. L. 20 mill.

Monture en or.

588. Faustine l'ancienne, femme d'Antonin. Buste de profil, à d., avec collier et pendants d'oreilles. Agate à 2 c. H. 30 mill. L. 18 mill.

Monture en or.

589. Marc-Aurèle. Buste, la tête nue, de profil, à droite. Calcédoine à 2 c. H. 34 mill. L. 21 mill.

Monture en or.

590. Faustine la jeune, femme de Marc-Aurèle. Buste

de profil, à droite. Sardonyx à 3 c. H. 50 mill. L. 37 mill.

Monture en or émaillé.

591. Faustine. Calcédoine à 2 c. H. 23 mill. L. 15 mill.

Chaton d'une bague d'or.

592. Idem. Jaspe noir. H. 40 mill. L. 26 mill.

Monture en or.

593. Lucius Vérus. Buste lauré de profil, à gauche. Calcédoine opalisée. H. 30 mill. L. 20 mill. (v. n° 594).

594. Lucille, femme de Lucius Vérus. Buste de profil, à droite. Calcédoine opalisée. H. 30 mill. L. 20 mill.

Les camées n°ˢ 593 et 594 sont des pendants. Tous deux sont montés en or de bas titre, avec bélière.

595. Commode jeune. Buste lauré, imberbe, de profil, à droite, avec le paludamentum. Agate à 2 c. H. 28 mill. L. 20 mill.

Monture en or.

596. Idem. Buste lauré, barbu, de profil, à droite. Calcédoine à 2 c. H. 22 mill. L. 15 mill.

597. Commode et Marcia. Bustes conjugués, à gauche. L'empereur porte le paludamentum. Sardonyx à 3 c. H. 30 mill. L. 24 mill.

Monture en or émaillé.

598. Pertinax. Buste lauré, de profil, à gauche. Nicolo. Corniche. H. 42 mill. L. 33 mill.

Monture en or, avec bélière. Legs de M. H. Beck. 1846.

599. Géta. Buste, la tête nue, de profil, à gauche, avec le paludamentum. Sardonyx à 3 c. Corniche. H. 57 mill. L. 41 mill.

Belle matière; monture en or émaillé.

600. **Caracalla.** Buste lauré, de profil, à droite, avec le paludamentum. **Sardonyx** à 3 c. H. 86 mill. L. 56 mill.

Monture en or émaillé.

601. **Elagabale.** Buste lauré, de profil, à gauche, avec le manteau impérial. **Sardonyx** à 3 c. H. 52 mill. L. 35 mill.

Belle monture en or émaillé.

602. **Julia Cornélia Paula**, première femme d'Elagabale. Buste de profil, à droite, avec l'épaule nue. **Calcédoine** à 2 c. H. 40 mill. L. 27 mill.

603. **Alexandre Sévère.** Buste lauré, de profil, à gauche, avec le paludamentum. **Sardonyx** à 3 c. Corniche. H. 30 mill. L. 25 mill.

Monture en or.

604. **Empereur** inconnu. Buste lauré, de profil, à gauche. **Sardonyx** à 3 c. Corniche. H. 47 mill. L. 37 mill.

Monture en or.

605. **Empereur** inconnu. Buste lauré, de profil, à droite. Au revers, en relief, une **tête de nègre**, de profil, à gauche. **Agate** à 2 c. H. 18 mill. L. 14 mill.

Monture en or.

606. **Impératrice** inconnue. Buste de profil, à droite, voilée, et avec des tresses de cheveux flottant sur le cou. **Sardonyx** à 3 c. H. 33 mill. L. 20 mill.

Monture en or émaillé, enrichie de six émeraudes et de deux rubis.

607. **Idem.** Buste lauré de profil, à gauche, avec paludamentum. Au revers, en relief, **tête de nègre**, de profil, à gauche. **Sardonyx** à 3 c. Corniche. H. 22 mill. L. 19 mill.

Jolie monture en or émaillé.

608. IMPÉRATRICE inconnue. Buste, la tête nue, de profil, à droite, avec le paludamentum. CALCÉDOINE à 2 c. H. 16 mill. L. 12 mill.

Monture en or.

609. IDEM. Buste lauré, barbu, de profil, à droite, avec le paludamentum. SARDONYX à 3 c. H. 15 mill. L. 13 mill.

610. IDEM. Buste lauré, de profil, avec le paludamentum. SARDONYX à 3 c. Corniche. H. 20 mill. L. 15 mill.

Monture en or émaillé.

611. EMPEREUR jeune, imberbe. Buste de profil, à droite. CALCÉDOINE à 2 c. H. 25 mill. L. 19 mill.

612. IDEM. CALCÉDOINE à 2 c. H. 19 mill. L. 15 mill.

Monture en or émaillé.

Camée satirique.

613. LION debout, arrachant la barbe et les cheveux à un homme nu, sauf une draperie flottante, qui est agenouillé devant lui. Sur une banderole on lit : SUB-INTELLIGITUR. *C'est sous-entendu !*

Le revers de ce camée, qui est gravé et très-probablement de la même main, représente le symbole de l'ordre de la Jarretière, saint Georges terrassant le Dragon, avec la célèbre devise de l'ordre : HONI. SOIT. QVI. MAL. Y. PENSE. SARDONYX a 3 c. CORNICHE. H. 55 mill. L. 38 mill.

L'auteur de ce camée a trop présumé de l'intelligence de la postérité; aujourd'hui, le sens de ce camée allégorique et satirique nous échappe, et le *sous-entendu* n'est pour nous qu'un thème à conjectures. Millin a publié cette pierre dans le *Magasin encyclopédique*, en 1808 (V. t. I, p. 346). Le zélé conservateur du Cabinet des Médailles, après avoir proposé plusieurs explications qui ne le satisfaisaient pas lui-même, émettait, en finissant, ce vœu, que nous répéterions volontiers après avoir donné notre supposition :

« Je donne cette explication pour ce qu'elle vaut ; j'en verrai avec plai-
« sir proposer une plus probable, et je m'empresserai de la faire con-
« naître. »

On pourrait peut-être voir ici une allusion à la révolution de 1688. Le
travail du camée se rapporte bien à cette époque ; si nous étions dans le
vrai, le sujet serait *Guillaume d'Orange*, ou le *Lion batave rasant le roi
Jacques II*. Dans cette hypothèse, la devise de l'ordre de la Jarretière
placée au revers serait une manière ironique de justifier la conduite de
Guillaume III à l'égard de son beau-père.

Portraits inconnus. Têtes et sujets de fantaisie.

614. BUSTE DE FEMME, de trois quarts, le sein nu, avec un
riche collier. LAPIS-LAZULI. H. 50 mill. L. 34 mill.

Excellent travail du XVIᵉ siècle. Jolie monture en or émaillé.

615. COURTISANE, représentée à mi-corps, faisant un
geste significatif. SARDONYX à 3 c. H. 40 mill. L. 30
mill.

Très-bon travail italien du XVIᵉ siècle. Monture en or.

616. BUSTE DE FEMME, de profil, à droite. AGATE à 3 c.
H. 17 mill. L. 12 mill.

617. BUSTE DE FEMME, de profil, à droite AGATE à 3 c.
H. 30 mill. L. 25 mill.

Jolie monture en or émaillé.

618. BUSTE DE FEMME, de profil, à gauche. AGATE à 3 c.
H. 35 mill. L. 22 mill.

Monture en or émaillé.

619. BUSTE DE FEMME, de profil, à droite. SARDONYX à 3 c.
Corniche. H. 30 mill. L. 28 mill.

Monture en or.

620. BUSTE DE FEMME, de profil, à gauche. AGATE à 2 c.
H. 28 mill. L. 22 mill.

Monture en or émaillé, avec bélière. Une perle est suspendue à la monture.

621. Buste de jeune femme, presque entièrement de face. **Agate onyx** à 2 c. H. 25 mill. L. 15 mill.

Jolie monture en or émaillé enrichie d'émeraudes.

622. Buste de femme, de profil, à gauche. **Agate** à 3 c. H. 32 mill. L. 30 mill.

Jolie monture en or émaillé. Sa coiffure est ornée de réseaux en or émaillé.

623. Buste de femme, de profil, à gauche, avec un diadème de pierreries. **Agate** à 2 c. H. 40 mill. L. 31 mill.

624. Buste de femme voilée, de face. **Calcédoine. Haut-relief.** H. 40 mill. L. 25 mill.

On a sans doute voulu représenter une Vestale.

625. Jeune femme, vue à mi-corps, presque entièrement de face, voilée et tenant une corne d'abondance. **Sardonyx** à 3 c. H. 28 mill. L. 21 mill.

Monture en or émaillé. Figure allégorique de l'abondance.

626. Tête de femme, diadémée, de profil, à gauche. **Sardonyx** à 3 c. H. 20 mill. L. 22 mill.

On a ajouté à cette tête le cou et le commencement du buste en or émaillé. Diam. du joyau : 35 mill.

627. Bustes conjugués, de profil, à gauche, d'un homme jeune, imberbe, et d'une femme. **Agate** à 3 c. H. 28 mill. L. 20 mill.

Monture en or émaillé.

628. Buste de femme, de profil, à gauche. **Agate** à 2 c. H. 33 mill. L. 30 mill.

Monture en argent doré.

629. Buste d'homme barbu, diadémé, de 3/4, à gauche. **Calcédoine.** H. 35 mill. L. 25 mill.

630. Buste d'homme barbu, de profil, à droite. Calcédoine à 2 c. H. 19 mill. L. 14 mill.

Monture en or émaillé.

631. Jeune fille, à mi-corps, un sein découvert, la tête vue de 3/4. Grenat. H. 22 mill. L. 14 mill.

Monture en or émaillé.

632. Buste d'homme, de profil, à gauche. Agate à 2 c. H. 15 mill. L. 10 mill.

Chaton d'une bague en or émaillé.

633. Buste de jeune femme, de profil, à gauche. Agate à 3 c. H. 31 mill. L. 20 mill.

634. Idem. Agate à 3 c. H. 25 mill. L. 20 mill.

635. Buste de jeune femme, de profil, à droite, avec de longs cheveux. Agate à 3 c. H. 32 mill. L. 20 mill.

636. Buste de femme, de profil, à droite. Nicolo. H. 14 mill. L. 11 mill.

Monture en or émaillé.

637. Buste d'homme, de profil, à gauche. Calcédoine. H. 20 mill. L. 15 mill.

Monture en or émaillé.

638. Buste de jeune fille, de 3/4, tournée à gauche, vêtue à l'antique. Calcédoine à 2 c. H. 20 mill. L. 12 mill.

Monture en or.

639. La Fontaine des Sciences. Vieillards, hommes faits, jeunes gens et enfants s'empressent de boire à la fontaine des sciences, dont l'urne est placée sur la tête d'une Muse. Calcédoine à 2 c. H. 39 mill. L. 42 mill.

Monture en or émaillé.

Sujet souvent traité au XVIe siècle ; il en existe une répétition dans le riche cabinet de M. le baron Octave Roger, à Paris. Voyez nos 640 et 641.

640. Même sujet et matière. H. 27 mill. L. 30 mill.

Monture en or émaillé.

641. Idem. H. 9 mill. L. 11 mill.

Monture en or très-simple.

642. Six bustes virils, superposés. Agate veiné. H. 15 mill. L. 22 mill.

Monture en or avec bélière.

643. Trois bustes virils, superposés. Calcédoine à 2 c. Diam. 15 mill.

644. Trois bustes, superposés. Un homme barbu et deux femmes. Agate à 3 c. H. 11 mill. L. 9 mill.

Monture en or.

645. Deux jeunes filles, bustes superposés, regardant à gauche ; on croit distinguer une tête de Méduse de profil en regard de ces bustes. Sardonyx à 3 c. H. 18 mill. L. 20 mill.

Monture en or émaillé.

646. Buste de femme, de profil, à gauche, coiffée d'une sorte de turban, avec pendants d'oreilles. Agate veinée. H. 19 mill. L. 18 mill.

Monture en or, avec bélière.

647. Buste de jeune femme, de profil, à droite, le sein gauche nu. Calcédoine à 2 c. H. 15 mill. L. 12 mill.

648. Buste de jeune femme, de profil, à gauche. Agate à 3 c. H. 25 mill. L. 19 mill.

Monture en or émaillé.

649. Buste de jeune homme, les cheveux courts. Agate à 3 c. H. 30 mill. L. 20 mill.

650. Roi nègre ou maure couronné de laurier. Buste de profil, à droite, avec une cotte de mailles. Sardonyx à 3 c. Corniche. H. 43 mill. L. 28 mill.

Monture en or émaillé, avec bélière.

On sait combien les peintres du XVIe siècle se plaisaient à placer des figures de nègres dans leurs tableaux; ce goût se retrouve chez les graveurs de camées de la même époque. Lorsqu'ils rencontraient des pierres à couche noire se détachant d'une manière tranchée des couches claires, ils en profitaient pour faire des figures de fantaisie représentant des nègres et des négresses. Ici, comme sur les camées nos 651 et 652, on a peut-être voulu représenter un des rois mages.

651. Roi nègre ou maure, la couronne en tête, avec le manteau royal et des pendants d'oreilles. Buste de profil, à gauche. H. 7 c. L. 45 mill.

Monture en or émaillé. (V. le Commentaire du no 650.)

652. Roi nègre ou maure, couronné de laurier. Buste de profil, à droite, avec armure et manteau royal, tenant un arc de la main droite avec le carquois sur l'épaule. Agate à 2 c. Diam. 30 mill.

. Jolie monture en or émaillé, enrichie de brillants et de rubis. Une couronne royale radiée domine cette miniature. (V. le commentaire du no 650.)

653. Nègre ou Maure. Buste de profil, à gauche, la tête nue, vêtu à l'antique, avec pendants d'oreilles. Légende en creux : e per tal variar natura e bella. *Dans toutes ses variétés la nature est belle.* Agate à 2 c. Diam. 25 mill.

Jolie monture en or émaillé. (V. au no 650.)

654. Idem, moins les pendants d'oreilles. Sardonyx à 2 c. H. 23 mill. L. 18 mill.

Monture en or, avec bélière. (V. no 650.)

655. Camée gravé à deux reprises. Sur un camée, sur lequel existait une jolie tête de femme de profil, aux traits romains, on a superposé une tête de Nègre aussi

de profil, à droite. Sardonyx à 2 c. H. 30 mill. L. 25 mill.

Voyez nᵒ 650.

656. Tête de nègre, de 3/4. Agate à 2 c. Diam. 8 mill.

657. Négresse. Buste de 3/4, tourné à droite. Sardonyx à 2 c. Corniche. H. 28 mill. L. 25 mill.

Voyez nᵒ 650.

658. Nègre et femme blanche. Bustes conjugués, de profil, à droite. Sardonyx à 2 c. H. 40 mill. L. 25 mill.

Monture en or. (V. au nᵒ 650.)

659. Idem. Le nègre est vu de 3/4; la femme est de profil, à droite. Sardonyx à 3 c. Corniche. H. 42 mill. L. 32 mill.

Monture en or émaillé, avec bélière.(V. nᵒ 650.)

660. Négresse. Buste à mi-corps, de profil, à gauche, avec pendants d'oreilles et voile. Sardonyx à 3 c. H. 47 mill. L. 40 mill.

Monture en or avec bélière. (V. nᵒ 650.)

661. Nègre. Buste de 3/4, tourné à gauche. Agate à 3 c. Corniche. H. 26 mill. L. 21 mill.

Monture en or. (V. nᵒ 650.)

662. Négresse. Buste de face, avec un voile. Sardonyx à 3 c. Corniche. H. 17 mill. L. 15 mill.

Monture en or. (V. nᵒ 650.)

663. Idem. Buste de profil, à gauche, avec voile. Agate à 3 c.

Monture en or. (V. nᵒ 650.)

664. Deux animaux chimériques, à corps de cheval et cornes. Calcédoine à 2 c. H. 10 mill. L. 12 mill.

Monture en or.

665. Perroquet perché sur un tronc d'arbre ; devant, arbustes dans le feuillage desquels on voit un oiseau. Agate à 2 c. H. 58 mill. L. 50 mill.

666. Hippopotame marchant, à droite. Agate à 2 c. H. 15 mill. L. 21 mill.

667. Deux éléphants marchant, à gauche. Calcédoine à 2 c. H. 10 mill. L. 11 mill.

668. Vache marchant, à droite. Coquille. H. 10 mill. L. 13 mill.

669. Œil. Agate œillée à 6 c., représentant presque naturellement l'œil humain. H. 13 mill. L. 17 mill.

Chaton d'une jolie bague d'or émaillé. Pierre remarquable au point de vue de la rareté de la matière.

670. Une bataille. Les combattants sont vêtus à l'antique. Coquille. H. 30 mill. L. 25 mill.

Monture en argent. Bon travail du xvie siècle. On peut comparer ce camée à l'Intaille no 2482.

671. Même sujet. Coquille. H. 30 mill. L. 55 mill.

Monture en or guilloché. (V. no 670.)

672. Idem. Coquille. H. 38 mill. L. 50 mill.

Monture en or guilloché. (V. no 670.)

673-674. Bracelets de Diane de Poitiers. Chacun de ces bracelets est composé de sept camées gravés sur coquille, unis l'un à l'autre par des chaînons en or émaillé. Le camée du milieu est plus grand que les six autres ; tous sont encadrés par une bordure en or émaillé, bleu rehaussé d'ornements en or. Les fermoirs sont placés sous le camée du milieu ; sur la plaque de chacun de ces fermoirs on voit le chiffre du possesseur gravé en creux : deux C entrelacés placés au milieu d'une couronne formée par une palme et une branche de laurier, et cantonnée par quatre S barrés par un trait. Les S sont revêtus d'un émail bleu, la couronne d'un émail vert. Il manque un chaînon à chacun de ces bracelets.

Bracelet n° 673 :

Camée du milieu : trois chevaux sauvages, dont un est renversé. 1er camée à droite : un cerf; 2e, un chien; 3e, un lion. 1er camée à gauche : taureau frappant la tête de ses cornes; 2e, autre taureau dans la même attitude et paraissant prêt à combattre le premier; 3e, un loup.

Bracelet n° 674 :

Camée du milieu : cheval et cavale ruant. 1er camée à droite : griffon; 2e, sanglier; 3e, ours. 1er camée à gauche : sphinx femelle; 2e, cavale ruant; 3e cheval galopant.

Longueur des bracelets : 155 mill.

Camées du milieu : H. 15 mill. L. 20 mill.

Les autres camées : H. 9 mill. L. 11 mill.

Une tradition, dont l'origine est inconnue, nomme Diane de Poitiers comme ayant possédé ces bracelets. Les deux C gravés sur les deux fermoirs, et qu'on a pu prendre pour des croissants, ont contribué à accréditer cette tradition, si même ils ne l'ont pas fait naître. Du reste le travail exquis des quatorze camées qui forment ces bracelets n'est certainement pas indigne de l'époque de la Renaissance. On les a attribués à Mathieu del Nassaro, le graveur des monnaies de François Ier. Cette assertion n'est pas prouvée, mais il est permis de dire qu'ils ne dépareraient pas l'œuvre du célèbre artiste. La monture elle-même pourrait dater du xvie siècle. Ce que dit la tradition n'est donc pas impossible; mais si ces bracelets ont véritablement appartenu à la duchesse de Valentinois, on ne peut expliquer les deux C qu'en supposant que Catherine de Médicis fit graver son chiffre sur ces précieux bijoux, lorsqu'à la mort de Henri II elle dépouilla sa rivale d'une partie des domaines et même des joyaux qu'elle tenait de la libéralité du roi.

Quant aux S barrés qui cantonnent le chiffre, nous devons avouer que nous en ignorons la signification. Nous les avons vus accompagner des devises françaises et même des *imprese* italiennes; on les voit à côté des noms ou des signatures de personnages de pays et de conditions tellement diverses, que les explications qu'on en a données resteront sans doute encore long-temps dans le domaine des hypothèses.

Compositions sur coquille provenant de la décoration de coffrets ou autres meubles. (675 à 695.)

675. Troupe de cerfs. Fragment sur coquille. H. 13 mill. L. 24 mill.

676. Femme montée sur un cheval au galop. Fragment sur coquille. H. 10 mill. L. 12 mill.

677. Deux hommes vus à mi-corps, tenant chacun un flambeau. Le plus âgé fait à l'autre un geste indica-teur. On lit : LE FEV AV CV DE LA DAME DE VIRGILE. Fragment d'une encoignure de coffret sur coquille. H. 45 mill. L. 62 mill.

Ce singulier sujet est emprunté à une légende bien connue du moyen âge; la dame en question est la fille de l'empereur Auguste, et Virgile joue dans cette légende le rôle de magicien que lui avait assigné l'imagina-tion de nos bons ancêtres.

678. Adam et Ève dans le paradis terrestre. Adam est assis et tient déjà la pomme; Ève prend une seconde pomme à l'arbre fatal. On lit : ADAN EVE. Fragment d'une encoignure de coffret sur coquille.

679. Deux bustes de jeunes femmes. L'une est vue de 3/4, à droite; l'autre de profil, à gauche. Toutes deux ont de riches diadèmes. Fragment sur coquille. H. 30 mill. L. 20 mill.

680. ARABESQUES. FRAGMENT sur COQUILLE d'un travail très-délicat. H. 30 mill. L. 19 mill.

Donné en 1849 par M. Ch. Sauvageot, aujourd'hui conservateur honoraire du Musée impérial du Louvre.

681 à 686. SIX FRAGMENTS sur COQUILLE provenant de la décoration d'un même meuble.

1° ENFANT assis sur une guirlande, faisant des bulles de savon. H. 17 mill. L. 32 mill.

2° ENFANT ailé à cheval sur une guirlande; la tête vue de profil, à droite. H. 17 mill. L. 31 mill.

3° ENFANT ailé à cheval sur une guirlande; la tête vue de 3/4, tournée à droite. H. 17 mill. L. 32 mill.

4° IDEM. L'enfant est tourné vers la gauche. H. 17 mill. L. 32 mill.

5° ENFANT ailé, tourné à gauche, à cheval sur une guirlande, jouant de la trompette (brisé à moitié). H. 17 mill. L. 20 mill.

6°. IDEM. L'enfant est tourné à droite. H. 17 mill. L. 32 mill.

687. FRAGMENT sur COQUILLE d'un arbre de Jessé ou de la généalogie de la sainte Vierge, qui devait décorer un coffret. Le roi JOSAPHAT en prières, vu à mi-corps, de face. On lit : IOSAPHAT. H. 54 mill. L. 32 mill.

688. PYRAME ET THISBÉ. Thisbé assise se perçant de l'épée de Pyrame, dont le corps gît à ses pieds. On lit : PARAMIDA PERIAMVS. Fragment sur COQUILLE. H. 45 mill. L. 30 mill.

689. LUCRÈCE assise, se poignardant. On lit : LVCRE... Fragment sur COQUILLE. H. 42 mill. L. 30 mill.

690. LA VÉRITÉ, son miroir à la main, sortant d'un puits. On lit ces lettres, vestiges d'une inscription : BARS... Fragment sur COQUILLE. H. 45 mill. L. 29 mill.

691. ANGE vu à mi-corps, jouant d'une sorte de violon. Fragment sur COQUILLE. **H.** 37 mill. **L.** 30 mill.

692. ANGE vu à mi-corps, jouant du triangle. Fragment sur COQUILLE. **H.** 42 mill. **L.** 40 mill.

693. DIEU LE PÈRE, vu à mi-corps, la couronne impériale en tête, donnant la bénédiction. Fragment sur COQUILLE. **H.** 30 mill. **L.** 45 mill.

694. THÉSÉE et HERCULE s'embrassant. On lit : THESEVS ARCVLES. Fragment sur COQUILLE. H. 30 mill. L. 30 mill.

695. ÉGLISE GOTHIQUE. Sous le portail, un ANGE debout. Fragment sur COQUILLE. **H.** 35 mill. **L.** 32 mil.

Joyaux imitant les camées.

Sous les n°⁵ 696 à 701 on a décrit des joyaux et autres objets jadis rangés parmi les camées et qui ne rentrent rigoureusement dans aucune des séries de cet ouvrage.

696. NACRE DE-PERLES figurant grossièrement une tête de profil en *Camée.* Le buste est orné de brillants et d'émeraudes. H. 30 mill. L. 25 mill.

Monture en or émaillé. (V. au n° 697.)

697. NACRE DE PERLES figurant encore plus grossièrement qu'au numéro précédent une tête de profil. Celle-ci est tournée à gauche ; la précédente regarde à droite. H. 23 mill. L. 16 mill.

Monture en or.
Les objets décrits sous les n°⁵ 696 et 697 sont des produits de la nature. Le n° 696 a été légèrement retouché ; le n° 697 a été laissé dans sa rudesse native.

698. Tête de femme, les seins nus, de face et presque de ronde bosse. Jacinthe. H. 25 mill. L. 18 mill.

> Monture en argent, avec bélière.

699. Hercule marchant, la massue sur l'épaule. Figurine en or de bas-relief, appliquée sur Jaspe sanguin. H. 17 mill. L. 12 mill.

> Chaton d'une bague d'or.

ANTIQUITÉS AMÉRICAINES

700. Divinité péruvienne ou mexicaine. Tête de face. Jade. H. 35 mill. L. 30 mill.

701. Divinité péruvienne ou mexicaine assise. Figurine de silex tendre vert. H. 35 mill.

MONUMENT BABYLONIEN

DIT LE

CAILLOU MICHAUX

702. Caillou Michaux. Pierre ovoïde dont la partie supérieure est ornée de symboles chaldéens, et dont le bas sur les deux faces porte de longues inscriptions cunéiformes du système babylonien ancien, non primitif. Serpentine noire. H. 45 c. Circonf. 62 c.

> Ce monument dont les immenses accroissements de l'archéologie asiatique ont plutôt accru que diminué l'importance, a été rapporté des bords du Tigre par M. Michaux, botaniste et voyageur célèbre, et c'est pourquoi on le connaît généralement sous le nom de *caillou Michaux*. A l'endroit

auquel il a été trouvé sont les ruines d'un palais que l'on nomme les *Jardins de Sémiramis*, et qui, selon Silvestre de Sacy, est le *Tak Kesra*, ou *Voûte de Chosroès*. Il est entré en 1801 au cabinet des médailles. On avait d'abord conclu de l'irrégularité de sa forme que cette forme était naturelle et que ce devait être un *caillou* roulé dans les eaux du fleuve. Le fragment d'un autre monument du même genre conservé au Musée Britannique, prouve au moins qu'on a profité plusieurs fois de semblables accidents.

Les savants qui se sont voués à l'interprétation des textes chaldéens conçus en écriture cunéiforme, n'ayant encore rien publié de positif sur le caillou Michaux, nous nous abstiendrons de donner même une idée de la signification des légendes qui l'accompagnent. Cependant, en l'absence de lectures qui ourraient nous éclairer sur la destination de ce monument, il est permis, en suivant les traces du savant Münter (*Religion der Babylonier*, p. 102 et pl. III.) de comprendre l'intention dans laquelle sont disposés les symboles que nous avons sous les yeux. Deux tiers environ de la hauteur de la face principale sont occupés par les inscriptions, l'autre tiers est divisé en deux registres dont le plus élevé figure *le ciel*, et l'autre représente *la terre*. Les astres du ciel et les eaux de la terre sont indiquées à la place qui leur convient réciproquement. Les Orientaux ayant attribué une forme conique à la voûte du ciel, et le caillou tout entier représentant un œuf, on peut y voir une image du monde, en se figurant que les parties couvertes de légendes répondent dans cette image aux profondeurs de la terre; du côté opposé, il n'existe que le registre supérieur qui complète la représentation de la voûte du ciel. Du côté principal, on remarque la *chèvre céleste* ailée entre quatre autels, figurant la façade d'un temple à trois portes et supportant chacun un symbole; à droite, une feuille de palmier mâle et une feuille de palmier femelle; à gauche, une pousse de plante en forme de phallus et deux tresses de cheveux disposées de manière à donner une image du κτείς. Au-dessus trois globes, le premier sans rayons, c'est celui de la lune, le second orné d'une étoile cruciforme et lançant des torrents de flamme, c'est le soleil, le troisième avec une étoile à huit rayons, c'est la planète de Vénus. Un grand serpent (la voie lactée) divise par le sommet les deux parties du ciel. De l'autre côté, une série de constellations s'élèvent au-dessus de l'horizon; en commençant par la gauche, le *Scorpion*, un épervier posé sur un pyrée (*Orion?*), un gypaete (*l'aigle?*) surmonté du *navire*, une tête de griffon et une tête de lion cornu ou chimère, portés l'un et l'autre sur un col de serpent; et un loup accroupi (*Sirius.*) En revenant vers le côté principal, on voit successivement à la surface de la terre, la *flèche* avec la pointe en bas, le *caducée* dirigé dans le sens opposé, un autel semblable à ceux qu'on a déjà remarqués dans le ciel, sauf que la façade du temple n'a que deux portes, et supportant le *clou*, principe de l'Écriture, une *chimère* couchée dont la gueule lance la flamme, un sixième autel semblable aux précédents et supportant l'*étincelle* de la foudre, allumée, à ce qu'il semble, par le feu de la chimère voisine, et enfin une seconde chimère lançant la flamme, semblable à la précédente.

De cette description, il semble résulter que le *caillou Michaux* offre la réunion des principaux symboles religieux et cosmogoniques des Chaldéens.

Avant Munter, ce précieux monument avait été publié par Millin, *Mon. inéd.*, t. I, pl. VIII et IX.

CYLINDRES

DE LA CHALDÉE, DE L'ASSYRIE, DE LA MÉDIE, DE LA PERSE,
DE LA CHARACÈNE ET DE LA PHÉNICIE. [1]

703. PRÊTRE chaldéen, jeune, imberbe, entre deux divinités, BÉLUS, barbu, avec la tiare droite, accompagnée de cornes de taureau et surmontée d'un globe, monté sur le taureau, armé, tenant la hache, et PARSONDAS, imberbe, coiffé de la tiare droite surmontée d'une étoile, tenant une couronne ; à ses pieds le *Hom*, arbre sacré ; au-dessus de Bélus, le croissant ; au-dessus du prêtre, le *férouer* ailé du Dieu suprême, et sept globes. Inscriptions du système cunéiforme babylonien. CALCÉDOINE. H. 54 mill.

704. PERSONNAGE barbu, la tête nue entre deux mages dont la tête est ornée de cornes, adorant Bélus monté sur la chèvre et tenant à la main le trident. Croissant au-dessus du premier personnage. HÉMATITE. H. 15 mill.

1. Comme on ne connaît qu'un petit nombre des noms attribués aux dieux et aux choses divines par les Chaldéens et les Assyriens, il a fallu, dans la description des monuments, suppléer à ces lacunes du vocabulaire sacré en empruntant, suivant les analogies de caractère et d'attributs, des dénominations à la religion des Achéménides (telles que *Ormuz*, *Mîr*, *Hom*,) et à celle des Grecs (comme *Mars*, *Vénus*, *Mercure*, *Hercule*, *Minotaure*). *Anaïtis*, *Nanaea*, sont de la Perse et de la Susiane, plutôt que de la Chaldée. *Parsondas*, qui n'est connu que par un extrait de Ctésias (ap. Prod. II, 33.) nous a paru propre à désigner un dieu à la fois guerrier ou chasseur et efféminé jusqu'à paraître hermaphrodite : nous n'avons jamais indiqué que par le nom de *Mylitta*, la déesse compagne de Belus. Nous la confondons ainsi avec la *Rhea* dont parle Diodore. Quelques attributs nous ont embarrassé, et nous ne les désignons qu'en hésitant : ainsi l'emblème auquel nous donnons le nom de *hachette*, se présente clairement comme un sceptre garni d'un anneau, sur le beau cylindre no 822. On nous pardonnera ces tâtonnements dans un sujet entièrement neuf à beaucoup d'égards.

705. Prêtre debout, adorant Mylitta assise sur un trône, tenant une couronne, les pieds posés sur une chèvre dont le corps se termine en poisson, et Parsondas tenant la couronne, debout sur la chimère. Derrière la chèvre marine le κτείς. Derrière Parsondas, groupe de caractères cunéiformes. Serpentine. H. 28 mill.

Mutilé dans la partie supérieure.

706. Bélus barbu, assis; devant lui, une vache couchée, sur le dos de laquelle semble posé un trépied ailé. Le Dieu a un astre au-dessus de lui et tient la vache par une de ses cornes; de l'autre côté, un personnage barbu, nu ou couvert d'un vêtement serré, coiffé de la tiare à godrons des Mélophores Perses, est à genoux derrière la vache, sur la croupe de laquelle il pose un de ses pieds, tandis qu'en détournant la tête, il semble tordre des deux mains une tresse qui s'étend depuis l'épaule de Bélus jusqu'au genou de ce ministre. Serpentine. H. 30 mill.

Fabrique de la Characène.

707. Bélus assis, vêtu d'une tunique longue, barbu, les cheveux relevés par derrière comme ceux de Crésus sur le vase peint du Louvre (V. J. de Witte. Catalogue Durand, n° 424.) avec des cornes et un bonnet conique orné de pointes. Le dieu tient une coupe à la main et deux ruisseaux s'échappent de son corps. Debout devant lui, est un personnage tenant un sceptre court et dont la tête munie de cornes a deux faces barbues comme celles de Janus. Derrière Bélus, un dieu, debout, vêtu et coiffé comme lui, placé au milieu de flammes, remet une espèce de massue ou de casse-tête à un autre personnage barbu, nu ou revêtu d'un costume serré, agenouillé et dont la coiffure rappelle celle du dieu principal. Entre les

deux personnages, une deuxième massue. SERPENTINE.
H. 33 mill.

708. DIEU debout sur le taureau, tenant des armes à la
main, précédé d'une déesse de face, tenant le caducée
dont il est séparé par une tresse. Un homme et une
femme en adoration s'approchent de ce groupe divin ;
dans le champ, le groupe des sept planètes, le disque
de la lune et divers globes. Devant la femme le *clou*,
et derrière la *lance*. HÉMATITE. H. 21 mill.

709. BÉLUS debout sur le taureau, tenant d'une main
la foudre et de l'autre le caducée ; devant lui, ANAÏTIS,
de face, nue, posée sur le symbole égyptien de *l'or* ;
ensuite la lutte des deux principes représentée par deux
divinités barbues et cornues, dont l'une a la queue et les
jambe de taureau. Entre elles, masque imberbe de
profil. Entre Bélus et Anaïtis, une paire de *ciseaux*.
HÉMATITE. H. 20 mill.

710. FEMME adorant Bélus debout sur le taureau tenant
le caducée auquel est suspendue une corde qui descend jusqu'au cou de l'animal. Devant le dieu, le disque
de la planète de Vénus et le croissant de la lune.
Trois colonnes de caractères cunéiformés du système
chaldéen. HÉMATITE. H. 28 mill.

711. BÉLUS debout sur le taureau accroupi, avec les
mêmes attributs qu'au numéro précédent, adoré par
deux hommes barbus. Derrière, le dieu combattant le
lion ; entre les deux figures, la hache et le trident.
HÉMATITE. H. 20 mill.

712. HOMME barbu, apportant un chevreau en offrande,
suivi d'une femme en adoration devant Bélus debout,
le pied posé sur une chèvre. Derrière la femme, autre
figure de Bélus, debout, tenant le caducée avec la

corde d'une main et la *harpé* de l'autre. Dans le champ cynocéphale accroupi, *Patèque,* croissant de la lune, disque de Vénus, masque imberbe, de profil, tête de déesse de face, accompagnée des deux tresses, trois globes et Anaïtis, debout, de face. Jaspe brun. H. 23 mill.

713. Bélus debout, tenant un couteau, adoré par un personnage debout, suivi de sa femme ; derrière, lutte des deux principes représentée par deux personnages dont l'un a la queue et les jambes de taureau. On voit dans le champ de ce cylindre mutilé, la *hachette* et divers groupes de caractères cunéiformes. Hématite. H. 25 mill.

714. Divinité debout, tenant à la main un double arc et tirant une flèche de son carquois, suivie d'une déesse, coiffée du *modius* et tenant une fleur à la main. Devant, est un autre *dieu* ailé, tenant la lance. Dans le champ, deux scorpions et le symbole égyptien connu sous le nom de *croix ansée ;* ces personnages sont portés sur une ligne de flots. Jaspe brun. H. 20 mill.

Fabrique phénicienne.

715. Deux divinités combattant, toutes deux imberbes, cuirassées et avec une tunique courte, l'une coiffée du *schent* égyptien, portant la lance et une épée ; l'autre coiffée de la tiare phrygienne, armée de la massue et de la harpé ; entre elles, une chouette : derrière le premier combattant, une autre chouette posée sur la croix ansée ; derrière le second guerrier, Patèque de profil. Une femme en adoration contemple la scène du combat. Hématite. H. 21 mill.

Ce cylindre a été exécuté sous l'influence égypto-phénicienne.

716. Personnage imberbe, coiffé du bonnet conique

adorant Mylitta drapée, coiffée de la tiare droite avec
cornes de vache, tenant une fleur. Derrière le premier personnage, un Chaldéen, la tête nue, tenant un
groupe de clous formant un caractère. Dans le champ,
deux croix ansées; au-dessus, deux croissants et deux
globes. Derrière, la tige du lis fleuri surmontée du
vautour égyptien, les ailes éployées, entre deux
lignes de caractères du système assyrien. Hématite.
H. 25 mill.

717. Femme tutulée, en adoration entre deux divinités.
Devant elle le Dieu-Ministre, barbu, tunique et manteau courts, tenant l'épée et le couteau : derrière,
Nébo, le Mercure chaldéen, barbu, tunique longue,
le genou droit découvert, tenant le caducée, le pied
posé sur un lion. Dans le champ, disque et croissant,
croix ansée, tête de profil, tête de face et scorpion.
Trois colonnes de caractères du système babylonien.
Les noms du possesseur ont été laissés en blanc. Hématite. H. 25 mill.

718. Personnage barbu, debout, offrant l'encens sur un
autel devant Oannès, barbu, la tête nue et accroupi
sur les replis de sa queue de serpent marin. Au-dessus de lui, l'astre de Vénus et le croissant de la lune.
Un Prêtre, barbu, placé en dehors du temple, semble
prêt à en ouvrir les portes. Jaspe noir. H. 37 mill.

Fabrique de la Characène.

719. Cylindre à deux registres. Registre supérieur,
Trépied ailé entre deux personnages assis ; Registre
inférieur, quatre mouflons accroupis. Serpentine.
H. 38 mill.

720. Bélus assis, auprès duquel un Prêtre vêtu comme
le dieu, introduit un personnage en costume de mi-

nistre ou de guerrier tenant un chevreau dans ses bras. Derrière, un dieu barbu semble transpercer, à l'aide d'un poignard, un autre dieu barbu assis sur un rocher. Derrière le meurtrier est une femme debout. Serpentine. H. 40 mill.

721. Bélus barbu, à cornes de taureau, ailé, assis, avec une longue tunique de femme, tenant la pousse de palmier. Devant lui, debout, six personnages, barbus, vêtus et coiffés de la même manière, le premier seul tenant à la main un instrument semblable au *pal*, sorte de sceptre égyptien. Devant Bélus, dans le champ, deux poissons; derrière ce dieu, un nain semblable pour la coiffure et l'habillement aux figures précédentes. Serpentine. H. 38 mill.

Style de la Characène.

722. Bélus barbu, avec cornes de taureau et robe de femme, assis; deux fleuves semblent sortir de ses épaules. Au-dessus de lui, le croissant de la lune. Deux ministres barbus et dont le costume ressemble au sien, lui amènent, avec l'expression de la contrainte, Nergal, barbu, la tête nue, avec les jambes de coq, et la partie inférieure du corps se terminant comme celle de cet animal. Derrière ce groupe, un pin. Courte inscription en caractères du système primitif. Serpentine. H. 38 mill.

Style de la Characène.

723. Bélus assis, auquel deux prêtres amènent une espèce d'*Ægipan* à pennes et queue d'autruche. Derrière le second prêtre, armé d'un casse-tête, est un personnage nu, portant sur la tête un fardeau au bout d'un bâton. Composition de résine et de soufre. H. 30 mill.

724. Procession de quatre personnages s'avançant vers Bélus assis sur un trône tenant la coupe. Serpentine. H. 27 mill.

725. Deux personnages assis, tenant chacun une palme plantée dans le vase sans anses qui les sépare. Au-dessus, le croissant de la lune. Serpentine. H. 20 mill.

726. Personnage barbu, debout, entre deux divinités barbues, assises ; derrière la première de ces divinités, autre personnage debout. Dans le champ, croissant, couronne et sceptre. Serpentine. H. 36 mill.

727. Deux adorants entre deux divinités assises et barbues. Au-dessous, quatre griffons ailés. Jaspe vert. H. 22 mill.

728. Bélus assis, tenant le *clou ;* au-dessous de lui, taureau accroupi ; un homme, suivi de sa femme et d'un prêtre, lui offre un chevreau. Derrière le dieu, l'Hercule assyrien, nu, tenant un vase à la main. Serpentine. H. 25 mill.

729. Bélus assis, tenant la coupe, suivi d'un personnage debout, à tunique courte, tenant également la coupe ; devant le dieu, un homme debout les mains croisées et une femme en adoration. Dans le champ, disque de Vénus, croissant, Patèque et cynocéphale, deux hachettes et une colonne de caractères cunéiformes. Serpentine. H. 21 mill.

730. Bélus assis, tenant la coupe ; devant lui, homme imberbe les mains croisées et une femme en adoration. Disque de Vénus, croissant, et deux colonnes de caractères cunéiformes assyriens. Hématite. H. 25 mill.

731. Presque semblable au précédent. Dans le champ,

vase et hachette. Le nom du possesseur est resté en blanc dans la deuxième ligne des caractères. Hématite. H. 27 mill.

732. Bélus assis ; un mage lui amène par le bras un personnage vêtu comme lui et suivi de deux autres personnages la tête nue. Dans le champ, astre de Vénus et hachette. Serpentine. H. 36 mill.

Fabrique de la Characène.

733. Presque semblable au n° 730. Le nom du possesseur est resté en blanc. Lapis=lazuli de Perse. H. 25 mill.

734. Bélus, assis sur un trône ou *thalamus* que supporte une pyramide à degrés. Une femme en adoration semble lui amener une jeune fille la tête et le sein nus, à laquelle il offre une fleur. Au-dessus de Bélus, le disque de Vénus et le croissant de la lune. Trois lignes de caractères du système primitif ; les noms des possesseurs ont été laissés en blanc. Lapis-lazuli. H. 27 mill.

On reconnait ici l'épouse offerte toutes les nuits à Bélus, dans son temple de Babylone, suivant le témoignage d'Hérodote.

735. Bélus assis, auquel un mage amène un personnage. Quatre colonnes de caractères. Le nom du possesseur en blanc. Hématite. H. 30 mill.

736. Bélus assis, adoré par un homme et une femme. Derrière Bélus, homme debout, à cornes, queue et jambe de taureau. Dans le champ, croissant, disque de Vénus, masque de profil, hachette et deux vases. Deux lignes de caractères cunéiformes chaldéens. Hématite. H. 20 mill.

737. Bélus assis, tenant le clou, adoré par un homme

et une femme. Derrière, lion debout déchirant un bubale ; dans le champ, disque de Vénus, croissant et trois globes. HÉMATITE. H. 24 mill.

738. BÉLUS assis, adoré par un homme et une femme. Dans le champ, deux Patèques et deux lignes de caractères cunéiformes du système chaldéen. CRISTAL DE ROCHE. H. 25 mill.

739. UN PERSONNAGE la tête nue, s'avançant entre deux mages vers Bélus assis, qui semble tenir le disque de Vénus et le croissant de la lune ; dans le champ, ·devant le dieu, trois globes. Derrière, une espèce de table sacrée et deux lions se croisant en sens inverse. HÉMATITE. 20 mill.

740. MÊME sujet qu'au nº 734. Bélus tient la fleur et est placé entre deux cercopithèques. De plus, on voit dans le champ, derrière le dieu, la tête de profil et la mouche (*zebub*). Deux lignes de caractères du système chaldéen. HÉMATITE. H. 24 mill.

741. BÉLUS assis ; un personnage debout lui fait une offrande. Derrière ce dieu, un trépied. Dans le champ, astre de Vénus, croissant de la lune, et des clous qui devaient former une inscription. SERPENTINE ROUGEATRE. H. 30 mill.

Fabrique d'Ecbatane.

742. BÉLUS assis, suivi d'un ministre à vêtement court ; devant lui, un Chaldéen, la tête nue, les bras croisés, accompagné de sa femme, en adoration. Dans le champ, croissant, astre de Vénus, la *mandragore*, un fruit ou pain sacré, et la hachette. HÉMATITE. H. 22 mill.

743. ANAÏTIS assise, tenant une couronne, suivie de deux

personnages en adoration, l'un barbu, l'autre imberbe. Dans le champ, sur une ligne supérieure, croissant et astre de Vénus séparés par quelques *clous* formant un mot. Derrière la déesse, le *mír*, la moitié du *Hom* et le κτείς. Devant ce dieu, l'*omphalos*, un *thymiaterium* et le symbole du *clou*. JASPE ROUGE. H. 26 mill.

Fabrique médique ou d'Ecbatanes.

744. CHALDÉEN imberbe, la tête nue, avec sa femme, s'avançant vers Bélus, assis, qui tient la coupe. Dans le champ, au-dessus, croissant, disque de Vénus; derrière le dieu, lion et deux colonnes de caractères. SERPENTINE. H. 20 mill.

745. MAGE amenant un Chaldéen, la tête nue et rasée, vers BÉLUS assis. Dans le champ, croissant et disque de Vénus. Derrière, des caractères cunéiformes et un lion. HÉMATITE. H. 25 mill.

746. BÉLUS assis, tenant la coupe, surmonté du croissant; devant lui, un Chaldéen imberbe, suivi de sa femme, en adoration. Dans le champ, second croissant, hachette et vase. Derrière, le dieu, deux lignes de caratères cunéiformes. JASPE BRUN. H. 22 mill.

747. MÊME SCÈNE qu'au numéro précédent. Dans le champ, croissant. Deux lignes de caractères cunéiformes. Noms du possesseur en blanc. CRISTAL DE ROCHE. H. 30 mill.

748. BÉLUS assis, tenant la coupe, surmonté du croissant. Deux personnages, la tête nue, s'approchent du dieu : l'un a les bras croisés, l'autre tient un chevreau. Derrière le dieu, le grand sceptre bifurqué orné de deux têtes de lions. HÉMATITE. H. 19 mill.

749. Bélus assis, tenant la coupe, ayant derrière son trône un lion accroupi ; deux personnages, la tête nue, s'avancent vers le dieu. Deux colonnes de caractères cunéiformes. Hématite. H. 20 mill.

750. Même sujet que le précédent. Marbre. H. 25 mill.
Travail grossier et effacé.

751. Deux personnages barbus en adoration devant Bélus assis ; au-dessus du dieu, le croissant ; devant lui, le *clou ;* derrière, l'arbre mort. Hématite. H. 13 mill.

752. Bélus assis, suivi de son ministre, adoré par deux personnages debout. Devant lui, croissant et scorpion. Hématite 15 mill.

753. Personnage amené par deux mages qui le tiennent par la main devant Bélus assis. Dans le champ, croissant, astre de Vénus, et *acinace* ou poignard persan, et une colonne de caractères cunéiformes. Serpentine verte. H. 25 mill.

754. Personnage imberbe amené devant Bélus assis, par un mage ; devant le dieu, croissant et cercopithèque. Derrière lui, chimère debout et sceptre à deux branches. Entre les deux personnages, coupe et hachette. Serpentine. H. 27 mill.

755. Variante des scènes nos 734 et 740. La jeune fille tient un petit quadrupède en manière d'offrande. Entre elle et le dieu, Patèque de face. Devant la femme en adoration, vase en forme d'*ampulla* et un instrument difficile à déterminer, peut-être un fuseau. Deux lignes de caractères du système de transition. Hématite. 22 mill.

756. Personnage amené par un mage devant Bélus assis. Lapis-lazuli. H. 20 mill.

757. Bélus assis, tenant le *clou*; dans le champ, chenille, papillon et hachette. Hématite. 17 mill.

758. Bélus assis; devant lui, homme imberbe tenant un petit quadrupède, et femme en adoration; dans le champ, croissant du disque de Vénus; Patèque, vase et hachette. Deux colonnes de caractères cunéiformes. H. 22 mill.

    Travail chaldéen; très-fin d'exécution.

759. Homme et femme debout devant Bélus assis tenant la coupe. Dans le champ, deux colonnes de caractères cunéiformes. Hématite. H. 20 mill.

760. Même sujet. Hématite. H. 20 mill.

761. Même sujet, avec un personnage à cornes, queue et jambes de taureau, ceignant l'épée et tenant une lance à la main, à la suite de la femme. Dans le champ, disque et croissant; Patèque, tête de profil, et figure nue debout. Hématite. H. 20 mill.

762. Mylitta assise, tenant la fleur; au-dessus d'elle, le disque de Vénus et le croissant de la lune; une prêtresse lui amène un étranger la tête nue; derrière la scène principale, autruche, *ampulla* et fuseau. Jaspe brun. 20 mill.

763. Même sujet que les nos 760 et 761. H. 17 mill.

764. Personnage debout adorant Bélus assis. Sept colonnes de caractères cunéiformes. Agate jaspée. H. 33 mill.

765. Même sujet que le précédent. Quatre colonnes de caractères cunéiformes. Les noms du possesseur en blanc. Hématite. H. 30 mill.

766. Même sujet que le précédent. Trois colonnes de caractères cunéiformes. Serpentine. H. 30 mill.

767. Personnage debout, adorant Bélus assis dans une espèce d'enceinte que semblent garder deux lions. Serpentine claire. H. 22 mill.

768. Deux personnages affrontés tenant des coupes ; derrière eux, divinité assise, la coupe à la main. Dans le rang inférieur, trois animaux, chèvre, onagre, et peut-être girafe. Serpentine. H. 28 mill.

769. Procession de quatre personnages s'avançant vers une divinité assise, devant laquelle est un pyrée ; au-dessous, une longue tresse. Hématite. H. 15 mill.
Mutilé.

770. Cylindre à deux registres. Registre supérieur : Parsondas amené prisonnier par trois *caupones* à Bélus assis, tenant la branche de pin, avec deux fleuves qui s'en échappent. Entre Bélus et le premier *caupo* est une déesse à deux visages opposés comme ceux de Janus. Derrière la scène principale, femme en adoration. Registre inférieur : Parsondas libre au milieu d'animaux qui se livrent au plaisir de la chasse, un grand singe agenouillé tenant un palmier déraciné, un lion ailé et deux bubales debout, le second ailé, tenant chacun un lièvre. Le lion porte de plus une flèche et une fleur. Les deux registres sont séparés par une natte. Hématite. H. 22 mill.

771. Déesse assise, et personnage debout lui offrant un sacrifice ; devant lui, une table chargée d'offrandes, ainsi qu'un vase posé sur son pied d'où semble s'élever un jet de flammes. Dans le champ ; vase, palme et hachette. Serpentine. H. 23 mill.

772. Personnage offrant un chevreau à Bélus assis;
entre eux, une table chargée d'offrandes. Au-dessus,
croissant. Serpentine. H. 16 mill.

773. Deux personnages debout, à vêtements courts,
adorant chacun une divinité assise, devant laquelle
est un pyrée. Aragonite. H. 23 mill.

774. Cinq personnages debout, marchant en procession; au-dessus, symboles astronomiques. Dans le
champ, diverses mouches et coléoptères. Serpentine.
H. 15 mill.

775. Deux lions adossés, entre lesquels est une tête
cornue et barbue; trois personnages en adoration
s'avancent vers ces symboles. Dans le champ, chenille et croissant. Hématite. H. 17 mill.

776. Divinité debout, barbue, tenant la harpé abaissée,
entre deux personnages qui l'adorent. Cinq colonnes
de caractères cunéiformes. Agate veinée. H. 36 mill.

777. Adoration par une femme au dieu à tunique et
manteau court, portant l'épée et le seau à anse relevée. Entre ces personnages, le disque de Vénus, asso-
cié au croissant de la lune et une figure à genoux.
Derrière le dieu, personnage à tunique longue et tête
nue. Deux lignes de caractères du système de transition. Jaspe rouge. H. 26 mill.

778. Divinité debout, armée et portant un vêtement
court, entre un homme et une femme qui l'adorent.
Dans le champ, Patèque et caducée. Trois colonnes
de caractères cunéiformes. Hématite. H. 22 mill.

779. Divinité barbue, debout, posée sur un rocher, et
versant de sa main un courant d'eau qui aboutit à un

récipient. De chaque côté est un homme accroupi; l'un d'eux semble s'apprêter à boire à cette source; par devant s'avancent deux personnages barbus en vêtements courts. L'un semble brandir une courte massue et tient de l'autre main un bouquet de six têtes d'asphodèles; l'autre tient la même massue et un seau à libations. Derrière le dieu, six globules disposés en forme de croix latine. HÉMATITE. H. 20 mill.

780. MYLITTA debout, adorée ou servie par deux hommes en vêtements courts. Dans le champ, pyrée, cercopithèque et poisson. HÉMATITE. H. 20 mill.

Mutilé.

781. DIANE PERSIQUE armée, avec un double carquois, tenant l'épée, la couronne et le sceptre terminé par un disque accompagné de deux volutes. Devant elle, le dieu-ministre avec l'épée et le seau à anse relevée. Entre ces deux personnages, Anaïtis et Patèque de face. Trois lignes de caractères du système babylonien. HÉMATITE. H. 25 mill.

782. BÉLUS assis, vers lequel s'avancent un homme et une femme en adoration. Devant le dieu, croissant de la lune; derrière, Patèque. SERPENTINE. H. 18 mill.

783. TROIS PERSONNAGES debout; Bélus barbu; devant lui, guerrier l'épée à la main; derrière, homme en habits courts en adoration. Dans le champ, astre et croissant. HÉMATITE. H. 17 mill.

784. DEUX PERSONNAGES affrontés, l'un en habits longs, l'autre en habits courts; derrière le second personnage, figure de femme vue de face. Deux colonnes de caractères cunéiformes. HÉMATITE. H. 7 mill.

785. Homme en habits courts, tenant la harpé, et femme adorant le dieu guerrier qui tient l'épée à la main. Dans le champ, vase, hachette, astre, croissant et cercopithèque. Deux colonnes de caractères cunéiformes babyloniens. Noms propres laissés en blanc. Hématite. H. 24 mill.

786. Homme en habits courts et femme affrontés. Astre et croissant. Deux colonnes de caractères cunéiformes. Hématite. H. 20 mill.

787. Deux hommes en habits courts devant une déesse debout. Dans le champ, vase, hachette, croissant, mouche et caducée. Hématite. H. 17 mill.

788. Homme en habits courts adorant une vache sur le dos de laquelle s'élève un caducée. Deux colonnes de caractères cunéiformes. Serpentine. H. 19 mill.

789. Les deux *Dioscures*, coiffés du bonnet conique, affrontés, tenant les *altères*. Entre eux, globe ailé, figure du dieu enfant debout, et épervier avec divers attributs sur la tête. Derrière l'un des Dioscures, femme tenant une palme à la main; devant elle, le fuseau. Au côté opposé de la scène principale, vautour égyptien éployé, et bœuf bossu, séparés par la natte. Hématite. H. 25 mill.

790. Homme en adoration devant un dieu barbu, assis, suivi d'une femme debout. Dans le champ, aigle et lion. Hématite. H. 15 mill.

791. Mage debout, entretenant un pyrée allumé devant une divinité debout, le sceptre court à la main; derrière cette divinité, une espèce d'*Atlas* agenouillé portant au-dessus de sa tête un objet qui a la forme du caractère *ciel* chez les Égyptiens ; par-dessus, disque ailé. Hématite. H. 30 mill.

Travail assyrien.

792. Figure debout ; pyrée et autres symboles indistincts. Serpentine. H. 17 mill.

Très-mauvaise conservation.

793. Deux personnages affrontés, faisant un sacrifice devant un trépied qui supporte un vase. Dans le champ, croissant, astre, et deux arbres. Serpentine. H. 25 mill.

Mutilé.

794. Mage adorant Ormuzd placé dans un cercle radié ; entre eux, le Hom et deux clous superposés. Dans le champ, cyprès et croissant. Serpentine. H. 26 mill.

795. Trépied portant un vase, entre un mage adorant et une divinité debout tenant un arc. Derrière, astre et cyprès. Serpentine. H. 23 mill.

Travail médique.

796. Femme adorant le dieu-guerrier tenant l'épée ; derrière la femme, et lui tournant le dos, personnage en habits courts tenant la harpé et le seau des sacrifices. Dans le champ, hachette, vase, escargot, mouche et fer de flèche. Deux colonnes de caractères cunéiformes ; les noms du possesseur en blanc. Hématite. H. 20 mill.

797. Deux hommes debout, en habits courts, affrontés ; entre eux, un sceptre bifurqué ; derrière, un autre personnage en habits longs. Dans-le champ, tortue, et deux colonnes de caractères cunéiformes. Hématite. H. 20 mill.

798. Femme adorant le dieu-guerrier tenant l'épée ; entre

eux, cercopithèque. Trois colonnes de caractères cunéiformes. SERPENTINE. H. 33 mill.

Mutilé.

799. LE DIEU-GUERRIER debout, tenant l'épée. Trois colonnes de caractères cunéiformes. HÉMATITE. H. 20 mill.

800. DIVINITÉ debout, devant laquelle s'avancent trois personnages en adoration. Dans le champ, hachette, astre et plusieurs globes. SERPENTINE. H. 20 mill.

801. FEMME debout, adorant le dieu tenant l'épée. Une colonne de caractères effacés. SERPENTINE. H. 30 mill.

802. MÊME SUJET. Trois colonnes de caractères cunéiformes. HÉMATITE. H. 26 mill.

803. MÊME SUJET. Dans le champ', caducée. Trois colonnes de caractères cunéiformes. Les noms du possesseur en blanc. SERPENTINE. H. 26 mill.

804. MÊME SUJET. Deux colonnes de caractères cunéiformes. HÉMATITE. H. 20 mill.

Cylindre mutilé.

805. FEMME debout, adorant le dieu-guerrier suivi d'un mage imberbe. Dans le champ, croissant, trompette, vase et hachette. Deux colonnes de caractères cunéiformes. Les noms du possesseur en blanc. HÉMATITE. H. 20 mill.

806. FEMME adorant le dieu-guerrier et Vénus-Anaïtis nue, vue de face (la déesse Koun des Égyptiens). HÉMATITE. H. 23 mill.

807. SCÈNE SEMBLABLE. L'adorante tient une palme : derrière elle est un guerrier portant la harpé. HÉMATITE. H. 19 mill.

808. Personnage en adoration devant une divinité debout, suivie de la Vénus assyrienne. Dans le champ, hachette. Hématite. H. 20 mill.

Mutilé.

809. Femme adorant Mylitta, nue, de face, la tête de profil, tenant de chaque main les chaînes qui entourent son corps ; à ses pieds, et de chaque côté, une colombe. Derrière la femme, deux griffons séparés par la *natte de cheveux*. Serpentine noire. H. 18 mill.

810. Le dieu-guerrier adoré par un personnage debout ; derrière, sceptre bifurqué. Hématite. H. 19 mill.

811. Homme et Femme adorant le dieu-guerrier qui tient l'épée. Hématite. H. 16 mill.

Mutilé.

812. Mylitta et Anaïtis ou Nanaea dos à dos. Entre elles, neuf globes disposés trois par trois. Devant Anaïtis, un prêtre, le couteau à la main, sacrifiant sur un autel surmonté du caducée. Au-dessus, bouquetin les pieds liés. Derrière le prêtre, Hercule nu et barbu. Devant Mylitta, la figure nue de la déesse Koun des Égyptiens vue de face ; Mylitta tient le sceptre surmonté d'une fleur et de deux Uræus. Devant elle, une prêtresse vue de face. De chaque côté d'Hercule, dans le champ, croissant, cercopithèque, tête de profil, et lion se terminant en poisson. Hématite. H. 25 mill.

813. Divinité debout, adorée par une femme, et un homme tenant la harpé. Dans le champ, poisson, serpent, chenille et chimère accroupie. Hématite. H. 18 mill.

814. GUÈRRIER en adoration devant Parsondas tenant l'épée, et une autre divinité tenant la harpé. Dans le champ, chèvre accroupie et homme de petite taille tenant l'épée. SERPENTINE. H. 19 mill.

815. PARSONDAS debout, le pied posé sur un escabeau, tenant à la main le couteau ; devant lui, un homme barbu tenant une chèvre, et une femme en adoration ; derrière la femme, ministre du sacrifice tenant le rhyton et le seau à libations. Dans le champ, cercopithèque, trois globes et divers groupes de caractères cunéiformes. HÉMATITE. H. 18 mill.

816. HOMME les bras croisés, et femme en adoration devant une divinité debout. Deux colonnes de caractères cunéiformes et plusieurs groupes des mêmes caractères. HÉMATITE. H. 20 mill.

817. PERSONNAGE tenant une chèvre qu'il offre à Parsondas debout, tenant une pomme de pin, le pied sur l'escabeau. Derrière lui, MINOTAURE debout tenant un long sceptre surmonté du croissant et du disque de Vénus. HÉMATITE. H. 20 mill.

818. PARSONDAS debout, tenant la pomme de pin, le pied posé sur l'escabeau, adoré par un homme et une femme. HÉMATITE. H. 20 mill.

819. MÊME SUJET. Deux colonnes de caractères cunéiformes. Les noms du possesseur en blanc. HÉMATITE. H. 20 mill.

820. BÉLUS debout, tenant la coupe, adoré par un mage imberbe et une femme. Deux colonnes de caractères cunéiformes. Les noms du possesseur en blanc. Dans le champ, cercopithèque, vase et hachette. HÉMATITE. H. 20 mill.

821. Homme debout, barbu, offrant un chevreau à Pársondas debout, tenant la branche de pin. Croissant dans le champ. Hématite. H. 15 mill.

Mutilé.

822. Parsondas debout, la tête vue de face, barbu, avec des mamelles de femme très-prononcées, le pied posé sur une grenouille surmontant une corbeille. Le dieu tient dans sa main un sceptre muni d'un anneau dans le milieu, auquel se rattache une corde qui descend jusqu'à la grenouille. Devant lui, le dieu-guerrier tenant l'épée. Hématite. H. 20 mill.

823. Parsondas debout, le pied posé sur une éminence, tenant la branche de pin ; vers lui s'avance une procession de divers personnages : un homme tenant un chevreau, un ministre des sacrifices tenant le rhyton et le seau, une femme les bras croisés, un homme debout, tenant à la main un objet indistinct. Sardoine. H. 26 mill.

Ébauche.

824. Parsondas debout, le pied sur un escabeau, tenant à la main la branche de pin. Devant lui, ministre du sacrifice tenant le rhyton et le seau. Derrière ce groupe, femme en adoration devant le dieu-guerrier tenant l'épée. Hématite. H. 21 mill.

Les figures portent des traces de dorure.

825. Parsondas debout, le pied sur l'escabeau, tenant une couronne à la main ; au-dessus de lui, disque et croissant ; un Chaldéen barbu, suivi de sa femme en adoration, lui offre une chèvre. Derrière le dieu, le ministre du sacrifice tenant le rhyton et le seau. Hématite. H. 20 mill.

826. Parsondas debout, le pied sur l'escabeau, tenant à la main la branche de pin; devant lui, un Chaldéen barbu, les bras croisés, et une femme en adoration. Derrière le dieu, glaive et trompette. Hématite. H. 20 mill.

827. Parsondas, le pied posé sur une chèvre, tenant à la main la harpé, adoré par deux femmes. Dans le champ, disque de Vénus et croissant, vase et hachette. Hématite. H. 23 mill.

828. Personnage debout, presque entièrement effacé, devant lequel un homme barbu semble exécuter une danse. Derrière lui, un Chaldéen debout, les bras croisés, suivi de sa femme en adoration. Dans le champ, une mouche. Hématite. H. 21 mill.

829. Parsondas debout, imberbe, la tête tournée de face, le carquois sur l'épaule, tenant d'une main la harpé et de l'autre la massue, le pied posé sur la grenouille. Devant lui, le dieu-ministre tenant l'épée. Dans le champ, trompette. Deux colonnes de caractères cunéiformes. Hématite. H. 23 mill.

830. Parsondas debout, le pied posé sur une coquille en spirale d'où sort l'animal; il tient la harpé et le clou; devant lui, un Chaldéen en adoration. Dans le champ, tresses de femme, trompette, et chèvre accroupie. Trois colonnes de caractères cunéiformes. Hématite. H. 26 mill.

831. Parsondas debout, le pied sur l'escabeau, tenant la pomme de pin; devant lui, guerrier tenant l'épée, suivi de sa femme en adoration. Deux colonnes de caractères cunéiformes. Agate veinée. H. 26 mill.

832. Même sujet. Serpentine. H. 20 mill.

833. Parsondas debout, le pied sur l'escabeau, tenant la branche de pin; au-dessus de lui, disque de Vénus et croissant. Devant lui, Chaldéen en adoration. Derrière ce groupe, le dieü-guerrier tenant l'épée devant une femme qui l'adore. Hématite. H. 20 mill.

834. Parsondas vu de face, avec un double carquois, tenant la harpé, monté sur deux lions, le disque et le croissant au-dessus de lui. Un guerrier assyrien lui offre un bélier. Derrière, ministre du sacrifice tenant le seau à anse relevée, monté sur une base pyramidale à deux degrés, femme en adoration et chasseur tenant un arc. Deux lignes de caractères du système de transition, et au-dessous, une petite figure drapée. Hématite. H. 23 mill.

835. Parsondas debout, le pied sur l'escabeau, tenant d'une main un fouet et de l'autre le caducée. Chaldéen imberbe en adoration devant lui. Derrière, une combinaison de clous dont la disposition diffère de l'écriture ordinaire. Hématite. H. 20 mill.

836. Parsondas debout, le pied sur l'escabeau, tenant la branche de pin, suivi d'une chimère ailée debout; un Chaldéen et sa femme l'adorent. Dans le champ, trompette. Hématite. H. 18 mill.

837. Bélus debout, tenant la trompette; devant lui, le dieu-guerrier tenant l'épée. Entre eux, chèvre accroupie. Trois colonnes de caractères cunéiformes. Les noms du possesseur en blanc. Hématite. H. 20 mill.

838. Parsondas, le pied posé sur un lion, tenant la palme surmontée du disque entre deux cornes, adoré par une femme que suit une autre femme amenant un homme sans armes, en costume de guerrier assyrien;

ce dernier est séparé par un palmier-doum du dieu-ministre, portant l'épée. Derrière lui, deux emblèmes incertains, peut-être deux orchis et un Patèque. Hématite. H. 21 mill.

839. Parsondas debout, tenant le clou, le pied posé sur un animal incertain, suivi d'une femme et adoré par un Chaldéen barbu ; derrière ce groupe, autre Chaldéen imberbe adorant le dieu-guerrier, tenant d'une main la harpé et de l'autre la massue, et foulant sous ses pieds un ennemi terrassé. Hématite. H. 18 mill.

840. Parsondas debout, le pied posé sur l'escabeau, tenant la branche de pin ; au-dessus de lui, le disque de Vénus et le croissant ; derrière lui, le ministre des sacrifices tenant le rhyton et le seau. Devant le dieu, un personnage barbu s'avance portant un chevreau. Derrière lui, le dieu-guerrier tenant l'épée, posé sur une éminence. Sardoine. H. 25 mill.

841. Parsondas debout, tenant le clou, le pied posé sur une éminence convexe ; devant lui, un Chaldéen, les bras croisés, suivi de sa femme en adoration. Dans le champ, poisson, astre et épée. Une colonne de caractères cunéiformes. Hématite. H. 20 mill.

842. Le dieu de la guerre, debout, tenant la harpé ; devant lui, le ministre du sacrifice, monté sur une éminence à deux degrés, tenant le rhyton et le seau ; entre eux, un astre. Derrière ce groupe, Chaldéen barbu adorant Parsondas debout, le pied posé sur la grenouille, tenant d'une main la harpé et de l'autre le sceptre bifurqué. Dans le champ, mouche et poisson. Hématite. H. 20 mill.

843. Parsondas debout, tenant la branche de pin, le

pied sur l'escabeau ; devant lui, le dieu-guerrier tenant l'épée, suivi d'une femme en adoration. Hématite. H. 23 mill.

844. Le dieu-ministre adoré par un Chaldéen, les bras croisés, suivi de sa femme. Dans le champ, deux croissants. Deux colonnes de caractères cunéiformes. Serpentine. H. 30 mill.

845. Parsondas debout, le pied sur la grenouille, la tête de face, le sceptre à la main : devant lui, guerrier tenant l'épée et femme en adoration. Dans le champ, croissant et tête de profil. Trois colonnes de caractères cunéiformes. Hématite. H. 25 mill.

846. Femme adorant le dieu-guerrier. Trois colonnes de caractères cunéiformes. Hématite. H. 25 mill.

847. Le dieu-guerrier tenant l'épée, suivi du ministre des sacrifices tenant le rhyton et le seau, adoré par une femme qu'accompagne un personnage nu, appuyé sur un long sceptre bifurqué. Dans le champ, trompette. Hématite. H. 23 mill.

848. Femme adorant le dieu-guerrier. Trois colonnes de caractères cunéiformes. Cristal de roche. H. 20 mill.

849. Chaldéen barbu, adorant un dieu debout, appuyé sur un long sceptre bifurqué, suivi d'une divinité à tête de lion, tenant le glaive et brandissant la massue, et d'une chimère accroupie portant une longue corne droite. Dans le champ, dix globules. Hématite. H. 15 mill.

850. Chaldéen debout, en adoration devant Mylitta assise, une fleur à la main. Dans le champ, croissant, vase et sceptre. Derrière, groupe d'un dieu armé de

la harpé et transperçant avec le glaive une chimère ailée debout. Entre les deux personnages, aigle éployé debout. Derrière le dieu, lion accroupi portant sur la tête une longue corne d'antilope. SERPENTINE. H. 22 mill.

851. FEMME adorant une divinité debout, le pied posé sur l'escabeau, le sceptre à la main. Entre les deux personnages, pyrée. Derrière, lion debout s'élançant sur une chèvre également debout. Dans le champ, mouche, poisson et étoile. HÉMATITE. H. 15 mill.

852. CHALDÉEN debout, adorant un dieu guerrier tenant la harpé suivi d'une déesse une fleur à la main. Dans le champ, croissant et caducée. Derrière la déesse, groupe de caractères cunéiformes et un lion accroupi. HÉMATITE. H. 18 mill.

853. PARSONDAS debout, le pied sur la chimère; devant lui, une divinité debout tenant le sceptre. Derrière lui, groupe d'un homme agenouillé semblant offrir un sceptre ou un pyrée à une divinité debout. Dans le champ, deux symboles en forme d'X. HÉMATITE. H. 15 mill.

854. PARSONDAS debout, le pied sur l'escabeau, tenant la pomme de pin, adoré par un Chaldéen et sa femme. HÉMATITE. 15 mill.

855. MAGE debout, en adoration devant un dieu debout, tenant la harpé et la massue. Entre eux, pyrée surmonté d'un disque. Derrière, arbre contre lequel se dressent deux chèvres qui semblent en brouter les feuilles, tandis que deux oiseaux en becquètent le bouquet supérieur. Derrière le dieu, et en sens inverse, un personnage accroupi à tête de coq surmontée d'un scorpion (*Nergal*). HÉMATITE. H. 18 mill.

856. Chaldéen, adorant le groupe d'un lion debout se
précipitant sur une chèvre accroupie. Dans le champ,
mouche et poisson. Hématite. H. 15 mill.

857. Mage et Guerrier, adorant un grand sceptre se bi-
furquant en deux têtes de griffons et surmonté d'un
vase. Dans le champ, lion accroupi à cornes d'antilope et hachette. Deux colonnes de caractères cunéiformes, préparées pour recevoir des noms de possesseur. Hématite. H. 16 mill.

858. Singe à genoux, suivi d'un personnage debout, tenant le caducée, et d'un autre personnage à genoux,
appuyé sur un glaive. Dans le champ, mouche et serpent. Hématite. H. 15 mill.

859. Mage adorant une divinité debout; entre eux, un
poisson. Derrière, autre groupe à demi effacé. Lapis-
lazuli. H. 13 mill.

860. Femme debout, en adoration, devant un sceptre à
tête de griffon dont elle est séparée par trois colonnes
de caractères cunéiformes. Hématite. H. 20 mill.

861. Divinité debout dans un édicule, adorée par deux
personnages placés de chaque côté. Derrière, chimère
et chèvre accroupies détournant la tête. Hématite. H.
17 mill.
Mutilé.

862. Personnage en adoration devant un sceptre surmonté d'un astre à huit rayons, dont il est séparé par
trois colonnes de caractères cunéiformes. Cristal de
roche. H. 26 mill.

863. Deux figures en adoration séparées par trois colonnes de caractères cunéiformes. Hématite. H. 30 m.

864. Mage barbu, en adoration devant un personnage qui a disparu, et dont il est séparé par trois colonnes de caractères cunéiformes. Hématite. H. 25 mill.

865. Femme adorant le Dieu guerrier tenant l'épée. Dans le champ, disque et croissant, et cercopithèque. Trois lignes de caractères cunéiformes. Hématite. H. 25 m.

866. Sept colonnes de caractères cunéiformes du système chaldéen. Jaspe rouge veiné. H. 25 mill.

Pas de figures.

867. Femme adorant le croissant. Dans le champ, devant elle, trompette. Trois colonnes de caractères cunéiformes. Hématite. H. 25 mill.

868. Déesse ailée, vue de face, tenant à la main la harpé, et de l'autre un sceptre ; devant elle, un personnage debout, barbu, l'une des mains cachée sous sa chlamyde. Entre eux, bubale debout ; derrière ces personnages, trois groupes superposés : 1° bubale entre deux lions affrontés ; 2° homme entre deux griffons ; 3° Patèque entre deux sphinx. Hématite. H. 10 mill.

869. Dix colonnes de caractères cunéiformes du système chaldéen. Jaspe brun veiné. H. 20 mill.

870. Personnage barbu en adoration devant un symbole en forme de croix grecque. Neuf colonnes de caractères cunéiformes. Sardonyx à 2 c. H. 20 mill.

Fragment.

871. Les sept cabires, sous la figure de sept jeunes gens portant le *sabou* à l'égyptienne ; deux affrontés et séparés par une étoile posée sur un croissant ; un troisième diadémé et frappant de la lance un objet qui a disparu par la mutilation du monument; puis un nouveau groupe de deux personnages affrontés et tenant ensemble un sceptre; enfin deux personnages marchant à la suite l'un de l'autre et dont l'un tient la croix ansée. Calcédoine saphirine. H. 27 mill.

872. Personnage en adoration devant une divinité debout, barbue et brandissant un marteau. Entre eux, disque, croissant et astre. Derrière eux, personnage à genoux devant une divinité assise sur un trône ; au-dessus, une tresse ; au-dessous encore lion et chimère affrontés. Dans le champ, à gauche, autruche. Hématite. H. 15 mill.

873. Deux personnages debout, imberbes, ailés, à jambe et queue de lion, affrontés, adorant le disque de Vénus accompagné du croissant posé sur une colonne à volutes. De chaque côté de la colonne, deux têtes d'antilopes et deux lièvres affrontés. Derrière cet ensemble, un mouflon accroupi et un lion couché, séparés par une tresse. Derrière la chèvre, un astre. Hématite. H. 14 mill.

874. Génie ailé, à tête de coq, à genoux devant trois divinités debout portant sur la tête la coiffure de l'*Osiris* égyptien et tenant chacune un sceptre de formes différentes ; le premier de ces sceptres ressemble à la trompette, le deuxième au pyrée et le troisième à un serpent. Dans le champ, devant le génie, tête d'antilope; au-dessous, deux lions couchés affrontés et lièvre en sens inverse. Derrière cet ensemble, bœuf tombant à terre, et au-dessous, groupe de deux femmes se tenant par la main. Hématite. H. 17 mill.

875. Deux divinités semblables et affrontées, debout, tenant d'une main un glaive et de l'autre saisissant par

les cornes une chimère également debout. Chacune de ces divinités a les pieds posés sur les têtes de deux sphinx affrontés, couchés, barbus et coiffés de la tiare. JASPE ROUGE VEINÉ. H. 20 mill.

876. DIVINITÉ debout, barbue, à vêtements courts, brandissant un arc dont la moitié a disparu et tenant de l'autre une chèvre renversée. Devant cette divinité, lion dressé et levant la patte. Entre eux, pyrée ; dans le champ, auprès du lion, tête de profil. Derrière ce groupe, quatre registres : 1° quatre têtes de profil et trois lièvres couchés entremêlés ; 2° homme renversé, lion couché et bubale retournant la tête vers un pyrée ; 3° une longue tresse ; 4° un homme nu, à genoux, portant une génisse sur les épaules, une divinité assise portant la coupe, et un lion ailé, dressé et levant la patte. HÉMATITE. H. 23 mill.

877. DIEU ou ROI en costume égyptien, tenant le sceptre égyptien des Panégyries entre deux déesses ailées affrontées, tenant chacune le sceptre à tête de *fennec.* Derrière, deux vautours éployés, séparés par une tresse. HÉMATITE. H. 17 mill.

Fabrique phénicienne.

878. HERCULE nu, frappant à la gorge le taureau debout qu'il a saisi par une patte. Entre le dieu et sa victime, cercopithèque. Derrière le taureau, personnage debout, tourné en sens inverse et tenant une offrande. Derrière, deux guerriers assyriens adorant Bélus assis ; au-dessous, deux griffons ailés accroupis et affrontés. HÉMATITE. H. 16 mill.

879. DEUX SUJETS : 1° guerrier brandissant le glaive et tenant par une de ses pattes le bubale qui se dresse ; 2° autre guerrier tenant renversé le lion qu'il a saisi

par la queue et par une de ses pattes, le pied droit appuyé sur la nuque de l'animal ; entre ses jambes une enseigne militaire. Ces deux scènes sont séparées, d'un côté par un pin et de l'autre par une ligne de caractères chaldéens du système de transition. SERPENTINE NOIRE. 28 mill.

880. BÉLUS assis, tenant le rhyton, adoré par deux personnages debout et barbus. Dans le champ, disque de Vénus, croissant, cercopithèque, vase et hachette. Derrière cette première scène, Hercule barbu et tenant par la queue et la patte de derrière un lion renversé ; il est suivi d'un taureau à face et bras humains, debout, tenant un long sceptre surmonté du croissant et du disque. HÉMATITE. H. 20 mill.

881. BÉLUS assis, tenant le rhyton, adoré par deux personnages debout ; au-dessus du dieu, disque de Vénus et croissant. Derrière Bélus, HERCULE tenant par la patte de derrière et la queue le lion renversé. HÉMATITE. H. 14 mill.

882. GROUPE d'un lion et d'un taureau croisés ; le lion est attaqué par un homme debout et le taureau par un autre lion dressé, suivi d'une divinité tenant un long sceptre. La scène se termine par un pin qui sépare les deux figures humaines. JASPE BLANC. H. 25 mill.

883. DIEU transperçant un taureau à face humaine qu'il a saisi par une des pattes de devant. Entre ces deux figures, autruche. Derrière, lion dévorant un taureau. HÉMATITE. H. 19 mill.

884. DIVINITÉ debout, entre deux groupes affrontés du lion dévorant le bubale. SERPENTINE. H. 20 mill.

885. DEUX LIONS croisés, dévorant chacun une antilope ;

celle de gauche est attaquée en même temps par un personnage humain, barbu, qui la saisit par le cou et la croupe. Serpentine. H. 28 mill.

886. Deux lions croisés dévorant chacun un bubale; un troisième lion se dresse contre le bubale de droite. Derrière lui, scorpion. Marbre blanc. H. 30 mill.

887. Deux lions dressés et croisés, dont chacun saisit un ægagre; à droite un guerrier nu, armé du glaive attaque également l'animal. A l'endroit où se croisent les deux lions, flèche, la pointe en bas. Dans le champ, branche de pin et hachette. Derrière, le théorbe égyp. tien surmonté d'une étoile à six rais, Serpentine noire. H. 30 mill.

Les lions croisés se retrouvent dans la décoration d'un vase d'argent sassanide de la collection. (V. plus loin, section des Monuments d'argent.)

888. Deux lions croisés, dévorant chacun un animal de plus petite dimension; bubale debout attaqué par un lion et une panthère. Ce dernier lion est croisé par un bubale. Marbre blanc. H. 35 mill.

889. Deux divinités barbues, combattant chacune un taureau à face humaine; entre les deux taureaux un lézard; entre les deux divinités, deux flèches verticales se réunissant par la pointe. Serpentine. H. 36 mill.

890. Trois groupes; minotaure combattant un lion; personnage humain combattant un bubale; dieu barbu combattant un minotaure. Serpentine. H. 28 mill.

891. Parsondas debout, le pied sur l'escabeau, adoré par un personnage barbu; entre eux, sceptre bifurqué surmonté d'un disque. Dans le champ, symbole

incertain. Derrière, deux lions qui se croisent entre deux sceptres. SERPENTINE. H. 20 mill.

892. PARSONDAS debout, le pied sur l'escabeau et tenant à la main le rhyton, adoré par un personnage debout. Derrière, lion attaquant un ægagre. Entre eux, oiseau qui semble palmipède. SERPENTINE. H. 12 mill.

893. GROUPES du lion et du bubale combattant et se croisant en divers sens. MARBRE. H. 30 mill.

> Ce cylindre est d'une si mauvaise conservation qu'on ne peut en préciser les détails.

894. MINOTAURE debout, saisissant un lion par les pattes de devant, tandis qu'un homme le prend par la crinière et lui enfonce l'*acinace* dans le dos. Second groupe d'un Hercule domptant un ægagre; les deux groupes sont séparés par deux colonnes de caractères cunéiformes en partie effacés. Sous ces deux colonnes, chèvre couchée. SERPENTINE. H. 30 mill.

895. DEUX groupes d'un griffon tenant un lion ou un taureau renversé; entre eux, figure d'*Atlas* ou de *Télamon* assyrien agenouillé portant sur ses bras élevés un objet qu'on ne distingue plus. Au-dessus de cet objet est un arc tendu. HÉMATITE. H. 25 mill.

896. DEUX groupes d'un dieu barbu, tenant par les pattes de derrière un ægagre renversé. Au-dessus des cornes de ces animaux, deux colonnes de caractères cunéiformes de l'ancien système. MARBRE BLANC. H. 25 m.

897. TROIS GROUPES : 1° un roi barbu tenant par les deux jambes un homme nu renversé; 2° le même roi offrant le sceptre à un homme vêtu comme lui et paraissant le bénir avec la main étendue; 3° les deux mêmes personnages les mains levées et unies en signe d'alliance;

l'un tient la harpé et l'autre un sceptre fourchu. Deux colonnes de caractères cunéiformes de l'ancien système. PRISME D'ÉMERAUDE.

898. GUERRIER barbu, armé de la harpé et femme adorant l'arbre sacré (Hom ou palmier surmonté du disque ailé, fleuronné). Derrière, Hercule nu, accompagné d'un jeune homme qui correspond à l'Iolas des Grecs, appuyant le pied sur la nuque du taureau renversé, qu'il tient par la queue et par une des pattes de derrière. Au-dessous, la tresse. Derrière Hercule, et dans le haut, lion accroupi. HÉMATITE OVALE, le fond des figures teinté en rouge. H. 24 mill.

899. ORMUZD, tourné à gauche, armé de la harpé, saisissant le bubale par une de ses cornes. Derrière le Hom, surmonté du *mír*, avec la figure du chien céleste accroupi. CALCÉDOINE transparente. H. 24 mill.

Style voisin du persépolitain.

900. MÊME SUJET tourné à droite. Derrière le groupe principal, *mír* et gypaëte, symbole de victoire chez les Assyriens. AGATE-ONYX. H. 26 mill.

Style assyrien.

901. HERCULE transperçant le MINOTAURE debout, qui semble attaquer de l'autre côté un lion dressé. Derrière le lion s'avance un guerrier la main levée. Le MINOTAURE, représenté une deuxième fois, lutte avec un cerf ou élan debout. HÉMATITE. H. 21 mill.

902. DEUX GROUPES : 1º HERCULE debout entre deux MINOTAURES qui se croisent; 2º BUBALE debout entre un LION et un MINOTAURE. LAPIS-LAZULI. H. 20 mill.

903. DEUX SUJETS : 1º MINOTAURE saisissant un lion par une patte et par la gorge; entre les deux figures, vau-

tour éployé ; 2° HERCULE nu saisissant un bubale par
la gorge et par une patte ; entre les deux figures, scorpion. Les deux scènes sont séparées d'un côté par un
serpent, de l'autre par une ligne de caractères du système primitif. SERPENTINE BRUNE. H. 26 mill.

904. DEUX GROUPES : 1° Combat du LION et du MINOTAURE,
suivis d'un homme debout ; 2° Combat d'Ormuzd
contre le Minotaure. SERPENTINE. H. 20 mill.

905. DEUX GROUPES : 1° LION dévorant un bubale :
2° Homme transperçant un bubale qu'un lion attaque
de l'autre côté ; entre les deux lions, flèche. SERPEN-
TINE. H. 25 mill.

906. DEUX GROUPES : 1° Combat du lion et du minotaure ;
2° Lion dévorant un bubale. Dans le champ, hachette,
croissant, cercopithèque et deux groupes de caractères cunéiformes avec un vase au-dessous. HÉMATITE.
H. 15 mill.

907. ORMUZD, coiffé de la cidaris crénelée, tenant de
chaque main une CHIMÈRE par une de ses cornes. CAL-
CÉDOINE SAPHIRINE. H. 26 mill.

Ouvrage persépolitain, remarquable par la beauté et la délicatesse du
travail.

908. PALMIER surmonté du vautour, aux ailes éployées
entre deux sphinx accroupis, à tête de roi barbu,
coiffé de la *cidaris*. AGATE RUBANÉE. H. 30 mill.

Travail persépolitain.
Cylindre en forme de baril.

909. DEUX SPHINX, à queue de scorpion et têtes barbues
diadémées, debout et affrontés ; entre eux et au-dessus, croissant. SARDOINE TRANSPARENTE. H. 30 mill.

Beau travail persépolitain.

910. Mobed adorant un grand vautour aux ailes éployées, placé transversalement. Derrière le mobed, sphinx ailé barbu, à queue de scorpion. Agate - calcédoine brouillée. H. 32 mill.

Travail persépolitain grossier.

911. Guerrier assyrien barbu, ailé, armé de la harpé, saisissant une Autruche par le cou; devant le groupe, mage imberbe en adoration. Calcédoine saphirine lactée. H. 31 mill.

Beau travail assyrien.

912. Deux hommes barbus en adoration devant Bélus assis tenant le *rhyton;* au-dessus du dieu, disque de Vénus et croissant. Entre les deux adorants, vase. Derrière cette scène, Hercule saisissant par la queue et la patte de derrière le lion qu'il tient renversé sous ses pieds. Hématite. H. 20 mill.

913. Lion attaqué d'un côté par le minotaure et de l'autre par Hercule, qui lui plonge son poignard dans le dos. Deux colonnes de caractères cunéiformes. Serpentine. H. 25 mill.

914. Dieu barbu en costume assyrien, à quatre ailes, tenant de chaque main, par la patte, un griffon. Derrière, le *Hom* et le *Mír*. Sardoine claire transparente. H. 22 mill.

Beau travail.

915. Même sujet que le numéro précédent. Agate-calcédoine brouillée. H. 30 mill.

916. Ormuzd à quatre ailes debout, tenant de chaque main par la patte un bubale debout; derrière, le *Hom* surmonté du croissant. Calcédoine brouillée. H. 34 mill.

917. Dɪvɪɴɪᴛᴇ́ imberbe à quatre ailes entre un bubale et un mouflon. Derrière, une tige de lis. Hᴇ́ᴍᴀᴛɪᴛᴇ. H. 20 mill.

918. Hᴇʀᴄᴜʟᴇ nu, à genoux, tenant d'une main, par la patte, un sphinx ailé, et de l'autre un moufflon renversé. Dans le champ, astre, croissant et κτείς. Sᴇʀᴘᴇɴᴛɪɴᴇ. H. 30 mill.

919. Dɪᴇᴜ barbu, en costume assyrien, armé de la harpé, saisissant par une patte un sphinx ailé à tête de femme. Aɢᴀᴛᴇ ʀᴜʙᴀɴᴇ́ᴇ. H. 23 mill.

Bon travail.

920. Fᴇᴍᴍᴇ adorant le dieu-guerrier tenant l'épée, avec le disque de Vénus et le croissant au-dessus de sa tête. Derrière, lutte de deux personnages debout et barbus. Celui de droite semble attaqué par une Chimère ailée qui se dresse. Hᴇ́ᴍᴀᴛɪᴛᴇ. H. 22 mill.

921. Hᴇʀᴄᴜʟᴇ à genoux tenant la *harpé* d'une main et de l'autre saisissant par la patte un sphinx ailé imberbe. Derrière, palmier avec deux rejetons, surmonté du *mír*. Sᴇʀᴘᴇɴᴛɪɴᴇ. H. 15 mill.

922. Cʜɪᴍᴇ̀ʀᴇ ailée debout; derrière, une divinité imberbe, à vêtements courts, élevant dans la main gauche le fouet égyptien. Derrière le dieu, personnage en adoration. Dans le champ, cercopithèque, patère et mouflon. Sᴇʀᴘᴇɴᴛɪɴᴇ. H. 20 mill.

923. Dᴇᴜx sᴜᴊᴇᴛs : 1° Deux ᴍɪɴᴏᴛᴀᴜʀᴇs, en costume assyrien, tenant ensemble un sceptre terminé en grenade. Dans le champ, cercopithèque et étoile ; 2° Roɪ armé de la *harpé* et tenant de l'autre main un groupe de *clous* disposés en rayons, avec un ennemi renversé à ses pieds, en présence de Bᴇ́ʟᴜs, debout, des flancs

duquel sortent deux fleuves ; un vase en forme de *guttus* reçoit celui de gauche. Dans le champ, groupes cunéiformes. Hématite. H. 15 mill.

Travail babylonien.
Donné en 1850 à la Bibliothèque, avec d'autres antiquités, par M. Fonfride, voyageur dans la Perse et autres régions de l'Asie.
V. nᵒˢ 924 et 962

924. Groupe de deux divinités barbues, (avec cornes, croissant et disque sur la tête,) dont l'une, accompagnée d'une panthère, saisit l'autre par sa coiffure et la tient renversée à ses pieds. Cette scène se passe en présence de deux autres divinités barbues, coiffées de la même manière, mais qui portent des tuniques de demi-longueur ; celle de gauche tient un sceptre mélophore à la main. A ses pieds, dans le champ, un second sceptre du même genre. Cornaline. H. 20 mill.

Donné en 1850 par M. Fonfride (V. nᵒ 923).

925. Guerrier combattant un sphinx ailé, barbu. Cette scène est encadrée entre deux zones parallèles. Serpentine. H. 35 mill.

926. Dieu combattant un sphinx ailé. Serpentine. H. 15 mill.

Fragment.

927. Divinité debout luttant contre un Minotaure. Homme et femme en adoration devant une divinité debout, brandissant la *harpé* et tenant de l'autre main un groupe de *clous* disposés en rayons ; dans le champ, lion couché et un autre symbole indistinct. Hématite. H. 18 mill.

928. Roi accompagné de son aurige tenant le fouet dans un char traîné par deux chevaux ; devant le char, le *Hom*. Serpentine. H. 30 mill.

929. GUERRIER, l'arc à la main, dans un bige, dirigeant
sa flèche contre un bubale qui se dresse. CALCÉDOINE
teintée de rose. H. 22 mill.

930. DEUX personnages barbus, en adoration devant
deux chèvres et plusieurs symboles difficiles à reconnaître. HÉMATITE. H. 14 mill.

931. LABOUREUR appuyé sur la charrue traînée par quatre
bœufs et défrichant la terre, en présence de trois personnages, dont l'un tient un arc, le second un aiguil-
lon, et le troisième un sceptre renversé; tous trois
marchant dans le sens de l'attelage. Dans le champ,
au-dessus des figures, pomme de pin, croissant, astre
de Vénus et soleil rayonnant. SERPENTINE NOIRE. H. 34
mill.

932. DIEU en costume assyrien, dans un char, auprès
duquel est un bubale femelle ailé, décochant une
flèche contre une Chimère debout qui se retourne
avec fureur. Derrière l'archer, dieu imberbe en costume assyrien, brandissant d'une main le foudre, et
de l'autre élevant un objet indéterminé, peut-être un
rhyton. SERPENTINE NOIRE. H. 17 mill.

933. GUERRIER barbu en costume assyrien, ayant devant
lui un pyrée non allumé et faisant libation (*yescht*) à
BÉLUS armé de la foudre et debout sur un taureau.
Derrière Bélus, un sphinx barbu, grimpant. Dans le
champ, le croissant, les sept globes sidéraux, un astre
rayonnant et un globe posé sur un sceptre. AGATE-
CALCÉDOINE brouillée. H. 20 mill.

934. CHALDÉEN barbu, adorant le *Hom* surmonté du *mír*.
De l'autre côté du *Hom*, le dieu OANNÈS, à queue de
poisson, tenant le seau à anses relevées (cette figure
a été à demi effacée à dessein). Dans le champ, à gau-

che du *Hom*, le κτείς. Derrière, d'un travail plus négligé et plus récent (de même que le κτείς), croissant
et pousse du *Hom*. CALCÉDOINE SAPHIRINE. H. 26 mill.

935. MOBED en adoration devant un autel surmonté d'un
sceptre bifurqué, portant d'un côté le κτείς et de l'autre
un poisson. A gauche, un astre, et les sept globes sidéraux. Au delà, chèvre couchée. CORNALINE. H. 22
mill.

936. MOBED faisant une offrande sur un autel placé devant une divinité assise; derrière cette divinité, astre,
mír, poisson, κτείς et chèvre couchée. AGATE à 2 couleurs. H. 20 mill.

937. DEUX MOBEDS affrontés, en adoration devant une
colonne posée sur deux degrés, entourée d'une double
bandelette et surmontée d'un croissant. A côté de
l'autel, pyrée posé sur une base carrée et entouré
d'une bandelette. Au-dessus, un astre. Entre les
deux MOBEDS, croissant et cyprès. SERPENTINE. H. 26
mill.

938. DEUX DIVINITÉS assyriennes, barbues et ailées, affrontées, placées de chaque côté d'une colonne surmontée
du *mír*, et contre laquelle s'élève le *Hom*. L'une de
ces divinités tient le seau à libations. Entre elles,
croissant, astre et κτείς. CALCÉDOINE. H. 17 mill.

939. CHALDÉEN barbu, précédé d'un singe jouant de la
flûte, adorant le *mír* et un astre. Dans le champ, au-
dessous du *mír*, un poisson. Trois lignes de caractères du système babylonien. CALCÉDOINE LACTÉE. H.
31 mill.

940. BÉLUS armé, adoré par un Chaldéen imberbe, ayant
devant lui un pyrée ; derrière celui-ci le dieu armé

imberbe du n° 703, tenant d'une main un collier de perles. Dans le champ, croissant, astre radié et les sept globes sidéraux. Plus ' bas, gypaëte, κτείς, grenouille et poisson. JASPE ROSE. H. 33 mill.

941. HOMME barbu, vêtu d'une longue robe, élevant une coupe, et femme-diadémée tenant une bandelette d'une main et de l'autre une banderole ou *flabellum* placés de chaque côté d'un vase sans anses porté sur un trépied. Derrière, astre et palmier. SERPENTINE BRUNE. H. 36 mill.

942. MÊME SUJET. Entre les deux personnages, astre et pyrée. SERPENTINE. H. 25 mill.

943. MÊME SUJET. Entre les deux personnages, astre et trois tiges de palmier. SERPENTINE. H. 26 mill.

Les trois derniers numéros sont de fabrique médique.

944. DEUX PERSONNAGES vêtus à l'égyptienne et tenant chacun un sceptre, dans l'attitude de l'adoration, placés de chaque côté de la figure du *Hom* surmonté du *mîr*, avec un mouflon accroupi de chaque côté. Derrière, trois symboles superposés, l'oiseau à tête humaine (l'âme, selon les Egyptiens), le κτείς et la mandragore. HÉMATITE. H. 20 mill.

945. MAGE en adoration devant ORMUZD le corps entouré de rayons, et tenant la coupe. Entre eux, pyrée surmonté de la flamme et un trépied sur lequel est posé un vase sans anses. SERPENTINE RUBANÉE. H. 22 mill.

946. DEUX CHALDÉENS barbus, tenant chacun une chèvre, s'approchant dans l'attitude de l'adoration de BÉLUS assis, tenant une palme; devant le dieu, se dresse un mouflon avec un astre derrière la tête, et des pousses

de palmier qui sortent de terre à ses pieds. Serpentine noire. H. 30 mill.

Fabrique de la Characène ou de la Suziane.

947. Le Hom entre deux mouflons debout. Derrière les animaux, les sept globes sidéraux et un astre. Jaspe rose pale. H. 20 mill.

948. Mage en adoration devant une colonne entourée d'une bannière carrée, garnie au sommet d'une double bandelette et surmontée du croissant. Derrière, κτεις, poisson et chèvre couchée entre deux enseignes surmontées chacune d'un astre. Agate-calcédoine. H. 18 mill.

949. Deux génisses couchées et affrontées. Derrière elles, le *mir*; au-dessous, deux mouflons couchés à la suite l'un de l'autre et un scorpion. Hématite. H. 14 mill.

950. Roi dans son char, dirigeant sa flèche sur un lion debout; sous les chevaux, autre lion renversé. Dans le champ, astre radié. Calcédoine lactée. H. 25 mill.

951. Roi à cheval, poursuivant un élan à coups de flèche. Calcédoine, H. 20 mill.

Époque comparativement récente.

952. Roi debout, l'arc tendu, lançant la flèche sur deux guerriers imberbes, l'arc et le carquois sur l'épaule, paraissant fuir en donnant des marques de désespoir. Trois inscriptions cunéiformes entre les personnages. Agate rubanée. H. 30 mill.

Style assyrien.

953. Guerrier tenant l'arc et dirigeant sa flèche contre

un bubale debout. Entre eux, palmier ; derrière astre, ϰτεὶς et poisson. SERPENTINE VERTE. H. 30 mill.

La gravure est presque entièrement effacée.

954. CHASSEUR dans une forêt, s'agenouillant pour tirer ses flèches contre un oiseau volant qui ressemble à un vautour. Sous l'oiseau, biche couchée. Dans le ciel, croissant et astre. JASPE ROUGE. H. 25 mill.

955. TAUREAU cornupète devant un pin. Dans le champ, au-dessus, astre, croissant et mandragore. AGATE-CALCÉDOINE BROUILLÉE. H. 30 mill.

956. BUBALE surmonté du croissant et dé l'astre devant un chêne. Dans le champ, fer de lance. SERPENTINE VERTE. H. 30 mill.

957. SIX FIGURES divisées en deux groupes : 1º offrande d'un chevreau à une divinité tenant le glaive ; derrière, femme en adoration et figure nue, tenant le clou ; 2º colloque de deux figures d'homme et de femme, deux colonnes de caractères cunéiformes ; dans le champ divers symboles, disque de Vénus et croissant de la lune, six globes disposés en une étoile à cinq rayons, pomme de pin, hachette et abeille. HÉMATITE. H. 22 mill.

958. CYLINDRE taillé à huit pans, chargés chacun d'une inscription syriaque très-ancienne. RÉSINE BITUMINEUSE. H. 25 mill.

959. FIGURE virile de face, vêtue à l'égyptienne, dans une arcade à plein cintre décorée d'hiéroglyphes qui ne semblent pas présenter un sens régulier. De l'autre côté, homme vêtu à la grecque, avec une tête de cerf comme Actéon : cette seconde figure est entourée

d'hiéroglyphes du même genre. ÉMERAUDE D'ÉGYPTE. H. 40 mill.

Amulète exécuté dans les temps romains.

960. DEUX GROUPES d'un lion prêt à s'élancer sur une chèvre sauvage accroupie. Un disque au-dessus de chaque lion. TERRE ÉMAILLÉE bleu clair. H. 20 mill.

Cylindre en forme de baril.

961. DEUX MOUFLONS marchant dans le même sens; entre eux, deux cœurs avec les oreillettes. SERPENTINE. H. 13 mill.

962. DEUX MOUFLONS courant dans le même sens; au-dessus, croix ansée et vautour aux ailes éployées; derrière, bouquet de papyrus. HÉMATITE. H. 14 mill.

Style phénicien.
Donné en 1850 avec d'autres antiquités par M. Foufride. (V. nos 923 et 924.)

963. TROIS MOUFLONS courant dans le même sens. SER-PENTINE. H. 19 mill.

964. SÉRIE DE VASES séparés par divers symboles, entre lesquels on remarque celui du *paquet noué* des Égyptiens. JASPE ROUGE POURPRÉ. H. 15 mill.

965. DIFFÉRENTS symboles grossièrement gravés parmi lesquels on distingue plusieurs DISQUES et une TRESSE. SERPENTINE. H. 32 mill.

966. FIGURE assise devant un autel; homme tenant par les pattes de derrière un bubale renversé et fleur à huit pétales. MARBRE BLANC. H. 17 mill.

967. FIGURE assise devant un autel; oiseau retournant la tête et divers signes d'écriture hiéroglyphique. SER-PENTINE. H. 20 mill.

968. DEUX FIGURES assises ayant chacune devant elle un

objet incertain et enseigne égyptienne portant une figure de chacal. Serpentine. H. 13 mill.

969. Figure assise devant un autel et divers signes d'écriture hiéroglyphique. Serpentine. H. 15 mill.

970. Monument du même genre que le précédent, avec des symboles encore plus difficiles à distinguer. Serpentine. H. 16 mill.

971. Symboles incertains. Serpentine. H. 9 mill.

972. Poids de collier, avec belière en or. Cet amulète figure une pyramide à trois degrés, portée sur un cube allongé et lui-même légèrement pyramidal. Sujets représentés sur les quatre faces : 1º guerrier transperçant un lion; 2º deux chèvres sauvages adossées et affrontées; 3º sphinx barbu et assis; 4º dieu à tête d'épervier devant le *Hom*. Serpentine. H. 50 mill. sans la belière; 70 mill. avec la belière d'or.

Acquis en 1842 à la vente du baron Rouen, ministre de France à Athènes. Cet objet de travail oriental passe pour avoir été découvert sur le champ de bataille de Marathon.

973. Deux lions détournant la tête et se tenant par les pattes. Ivoire. H. 25 mill.

Monument dont l'authenticité est très-douteuse.

CYLINDRE CHRÉTIEN.

974. Douze sujets de l'histoire de Notre-Seigneur, sculptés en relief et divisés en deux registres. Premier registre : 1º l'Annonciation ; 2º la Visitation, avec l'inscription : M-P ΘY (mère de Dieu); 3º la crèche, 4ª sujet effacé, avec l'inscription M-P $\overline{\Theta Y}$; 5º le baptême avec les sigles, $\overline{IC}$. $\overline{XC}$.; 6º la Transfiguration. Deuxième re-

gistre : 1° entrée à Jérusalem ; 2° la flagellation ; 3° le crucifiement ; 4° la mise au tombeau ; 5° la Résurrection ; 6° l'ange apparaissant à la Madeleine. PATE DE VERRE. H. 32 mill.

Ce monument offre un exemple peut-être unique, mais au moins très-rare de l'application aux usages chrétiens de la forme du cylindre si longtemps employé pour les amulètes des religions orientales. Dans l'état de conservation très-imparfaite de ce cylindre, il est difficile de lui assigner une date ; cependant nous serions tentés de le croire antérieur au VIII° siècle, et originaire de la Mésopotamie, c'est-à-dire des contrées où on fabriquait de toute antiquité des monuments analogues.

CONES

SCARABÉOÏDES, ELLIPSOÏDES ET AUTRES PIERRES ORIENTALES.

(Intailles.)

975. CÔNE. Sur le plat, deux divinités mâles, barbues, à queue de poisson, (*Bel-Ilan et Dagon*), se tenant par la main. Derrière le dieu de droite, symboles incertains. Entre les deux divinités, palme. Au-dessus, le *mîr*. Sur un des côtés, le dieu BÉLUS sur la Chimère et la moitié du *Hom*. Sur l'autre côté, NERGAL, à tête de coq ailé et tenant la pomme de pin et le seau à libations. CALCÉDOINE BLONDE. H. 22 mill.

N. B. Cette désignation indique la hauteur du monument ; quand on trouvera les doubles indications de H. et de L., il faudra les entendre du sujet représenté sur le plat du cône, du sceau, etc.

976. OANNÈS barbu, coiffé de la *cidaris* crénelée, à jambe humaine et queue de poisson, debout, tenant le seau à anse relevée, instruisant BÉLUS, barbu, avec quatre ailes, agenouillé. Au-dessus et entre les personnages, un astre. CÔNE. CALCÉDOINE LAITEUSE. H. 18 mill.

Fragment.

977. Cône. Sur un des côtés, Oannès, comme sur le n° 976, mais seul. Sur le plat, prêtre chaldéen devant un pyrée élancé ou *thymiaterium* surmonté d'un globe ; entre le pyrée et le prêtre, autel supportant un vase sans anses ; au-dessus, croissant ; derrière, sceptre *mélophore*. Calcédoine grise. H. 28 mill.

978. Hom très-orné, terminé en bas par des rinceaux ; un sphinx ailé, imberbe, et un taureau ailé à tête humaine cornue, tous deux debout, s'appuyant sur le *Hom* et détournant la tête. Au-dessus, croissant. Cône. Calcédoine saphirine. H. 24 mill.

979. Croissant accompagné de deux globes, *mír* et κτείς. Agate brûlée. H. 21 mill.

Amulète en forme de barque.

980. Croissant et astre radié. Cône. Calcédoine blonde. H. 18 mill.

981. Croissant accompagné de deux globes. Astre radié ; les sept globes sidéraux et sceptre *mélophore*. Scarabéoïde. Agate. H. 25 mill. L. 17 mill.

982. Cerf couché sur une base à stries perpendiculaires ; pyrée et deux enseignes. Au-dessus, croissant. Cône. Calcédoine enfumée. H. 25 mill.

983. Divinité ailée, debout, la tête surmontée du croissant, tenant le seau à libations. Cône. Calcédoine blanche opaque. H. 20 mill.

984. Divinité debout, à quatre ailes. Scarabéoïde. Calcédoine blanche. H. 17 mill. L. 14 mill.

985. Même sujet. Cône tronqué. Calcédoine saphirine opaque. H. 15 mill.

986. Prêtre chaldéen adorant devant un pyrée sur lequel sont, la chèvre couchée, l'étincelle au bout d'un sceptre et le trépied. Au-dessus, les disques du soleil, de Vénus et le croissant de la lune. Cône. Agate-calcédoine brune et gris-bleu. H. 30 mill.

987. Même sujet que le précédent, Cône. Agate calcinée. H. 26 mill.

988. Idem. Cône. Calcédoine saphirine. H. 26 mill.

989. Idem. Scarabéoïde. Agate grise. H. 17 mill.

990. Prêtre chaldéen en adoration devant un autel, au-dessus duquel s'élèvent le trépied et le pyrée. Cône. Calcédoine brouillée. H. 22 mill.

991. Même sujet. Au-dessus du prêtre, croissant. Cône. Calcédoine saphirine diaprée de bleu, de rouge et de vert. H. 25 mill.

992. Idem. On voit de plus, sur l'autel, un sceptre mélophore. Cône à huit pans. Calcédoine. H. 25 mill.

993. Idem. Le sceptre est devant le pyrée, le croissant au-dessus du prêtre. Cône à huit pans. Calcédoine saphirine cendrée. H. 34 mill.

994. Idem. Au-dessus de l'autel, astre. Cône à huit pans. Agate-Calcédoine enfumée. H. 28 mill.

995. Idem. Dans le champ, au-dessus de l'autel, croissant et symbole en forme de croix. Cône à huit pans. Calcédoine. H. 22 mill.

996. Prêtre chaldéen en adoration devant un cône surmonté de deux cornes. Cône à huit pans. Calcédoine opaque lactée. H. 26 mill.

997. Prêtre chaldéen en adoration devant un autel sur lequel paraît le croissant. Calcédoine brûlée. H. 25 mill.

998. Prêtre chaldéen en adoration devant un autel surmonté du pyrée et d'un sceptre mélophore pointu; au-dessus, croissant. Cône à huit pans. Calcédoine à veine d'agate. H. 25 mill.

999. Prêtre chaldéen adorant l'étoile de Vénus, le croissant et les sept globes sidéraux. Dans le champ, deux fois le κτείς et le glaive. Ellipsoïde. Calcédoine brune. H. 20 mill. L. 17 mill.

1000. Prêtre chaldéen en adoration devant le pyrée et le trépied. Cône à huit pans. Calcédoine légèrement lactée. H. 23 mill.

1001. Prêtre chaldéen en adoration devant un autel surmonté du pyrée et du trépied. Cône à huit pans. Calcédoine blonde. H. 21 mill.

1002. Idem. Cône à huit pans. Calcédoine brouillée. H 21 mill.

1003. Même sujet. Cône à huit pans. Calcédoine. H. 21 mill.

1004. Prêtre chaldéen accompagné d'un enfant, en adoration comme lui devant l'astre de Vénus et le croissant de la lune. Scarabéoïde. Jaspe noir avec veine blanche. H. 14 mill. L. 12 mill.

1005. Mage adorant deux symboles pyramidaux posés sur un autel. Au-dessus, disque de Vénus et croissant. Cône à huit pans. Jaspe rouge. H. 22 mill.

1006. Mage adorant; devant lui, un pyrée. Cône à huit pans. Agate. H. 18 mill.

1007. Deux mages affrontés, adorant; entre eux, trépied et sceptre fichés en terre. Au-dessus, croissant. Cône à huit pans. Sardoine. H. 30 mill.

1008. Mylitta assise sur un trône, adorée par un mage debout. Entre les deux personnages, un pyrée. Dans le champ, croissant et les sept globes sidéraux. Ellipsoïde. Calcédoine saphirine. H. 25 mill. L. 20 mill.

1009. Mage en adoration devant un pyrée. Cône. Calcédoine saphirine. H. 16 mill.

1010. Mage en adoration devant le *Hom* surmonté du *mír*. Dans le champ, croissant. Cône. Calcédoine saphirine. H. 20 mill.

1011. Deux Mages affrontés, en adoration. Entre eux, pyrée. Cône. Calcédoine saphirine. H. 21 mill.

Ébauche.

1012. Même sujet. Dans le champ, croissant. Cône à huit pans. Agate cendrée. H. 21 mill.

1013. Ormuzd ou *Férouer* d'un roi Achéménide, coiffé de la *cidaris* radiée, avec ailes et queue de colombe, tenant un sceptre surmonté d'une pomme. Derrière, astre radieux et croissant. Cône. Agate rubanée. H. 20 mill.

1014. Deux Mages affrontés, en adoration devant un pyrée surmonté d'un réchaud en forme de croissant. Scarabéoïde. Silex. H. 15 mill. L. 18 mill.

1015. Férouer tourné à gauche; au-dessous, sphinx barbu tourné à droite; entre les deux, astre et croissant. Ellipsoïde. Calcédoine laiteuse. H. 20 mill. L. 13 mill.

1016. Deux sphinx barbus, accroupis et affrontés. Entre eux, pyrée surmonté d'un globe; au-dessus, le *mîr*. Cône. Calcédoine saphirine foncée. H. 24 mill.

1017. Mage adorant une divinité posée sur un croissant. Dans le champ, au-dessus, astre. Cône à huit pans. Calcédoine saphirine. H. 15 mill.

> Tronqué.

1018. Prêtre chaldéen adorant le *Hom*, surmonté du *mîr*. Cône. Calcédoine laiteuse. H. 20 mill.

> Tronqué.

1019. Mage adorant *Ormuzd* ou le *Férouer* du roi, coiffé de la *cidaris*, porté sur un croissant au-dessus du *Hom*. Dans le champ, astre radié. Cône. Sardoine. H. 21 mill.

1020. Cône octogone aplati. Sur le côté, prêtre chaldéen adorant le *mîr* et le croissant. Sur le plat, dieu s'apprêtant à frapper de la *harpé* un taureau qu'il tient par les cornes. Au-dessus, croissant. Calcédoine brune brouillée. H. 28 mil.

1021. Mage adorant *Ormuzd* ou le *Férouer* du roi, porté sur un croissant. Cône à huit pans. Jaspe rouge-brun. H. 15 mill.

1022. Cône. Sur le plat, deux divinités mâles, barbues, à queue de poisson, les bras croisés sur la poitrine, affrontées (*Bel-Itan* et *Dagon*), accompagnées de deux serpents qui se croisent et forment un nœud dans l'espace intermédiaire. Au-dessous, un globe; au-dessus, croissant. Sur le côté, divinité a tête de lion surmontée d'une corne, la gueule ouverte, ténant d'une main un court poignard et de l'autre un sceptre mélophore. Calcédoine saphirine foncée. H. 25 mill.

Cette divinité ressemble à celle dont on a trouvé des figures en terre cuite sous le seuil des entrées du palais de Khorsabad.

1023. CÔNE. Sur le côté, Coq posé sur un autel. Sur le plat, DIEU posant le pied sur le col d'un taureau qu'il tient renversé par la queue. JASPE rougeâtre. H. 25 mill.

1024. DIEU tenant à la main la *harpé* et luttant avec une chèvre sauvage. CÔNE. CALCÉDOINE brouillée. H. 20 mill.

1025. ROI achéménide. Probablement DARIUS, fils d'HYSTASPE, coiffé de la *cidaris*, saisissant à la gorge un lion debout, et s'apprêtant à le tuer avec l'*acinace*, poignard des Perses. Entre le roi et le lion, les deux tresses de cheveux réunies par un anneau. CÔNE octogone. AGATE-CALCÉDOINE brune. H. 25 mill.

1026. MÊME SUJET qu'au n° 1025 ; le roi n'a pas la *cidaris*. SCARABÉOÏDE. JASPE vert. H. 22 mill. L. 18 mill.

1027. ROI achéménide, peut-être XERXÈS, fils de DARIUS, coiffé de la *cidaris* crénelée, saisissant un taureau debout par une corne et s'apprêtant à le transpercer avec l'*acinace*. ELLIPSOÏDE hexagone. AGATE veinée. H. 22 mill. L. 13 mill.

1028. ROI achéménide (*Xerxès*) tenant d'une main l'*acinace* et de l'autre un lion suspendu par la queue. CÔNE. CALCÉDOINE saphirine. H. 20 mill.

1029. ROI coiffé de la tiare phrygienne, vêtu d'une tunique courte, frappant avec l'*acinace* un lion debout qu'il tient serré par la gorge. CÔNE aplati. CORNALINE de vieille roche. H. 19 mill.

1030. ROI achéménide (*Xerxès*) coiffé de la *cidaris*,

tenant de chaque main, par la queue, un lion renversé.
Cône à huit pans. CALCÉDOINE. H. 25 mill.

1031. DIEU barbu, en costume assyrien, coiffé de la
cidaris crénelée, tenant de chaque main, par la corne,
une Chimère debout. Au-dessous, la corbeille, symbole de domination chez les Égyptiens [1]. SCARABÉOÏDE.
JASPE vert. H. 20 mill. L. 15 mill.

   Pierre de style phénicien.

1032. DIANE PERSIQUE tenant de chaque main, par la
queue, un lion renversé. CÔNE OCTOGONE. CALCÉDOINE
SAPHIRINE. H. 25 mill.

1033. DIANE PERSIQUE debout, entre deux lions. ELLIP-
SOÏDE APLATIE. BITUME. H. 32 mill. L. 25 mill.

1034. DIVINITÉ debout, tenant par la patte un lion debout de chaque main. Un astre de chaque côté de sa
tête. SCARABÉOÏDE. AGATE VEINÉE. H. 16 mill. L. 11 mill.
   Pierre de style phénicien.

1035. LION passant à droite, levant la patte de devant.
CÔNE OCTOGONE APLATI. CALCÉDOINE SAPHIRINE. H. 15 mill.

1036. LION ailé, cornu, debout, à gauche, combattant.
CORNALINE. ELLIPSOÏDE. H. 17 mill. L. 11 mill.

1037. LION ailé passant à droite, la patte levée. CÔNE
OCTOGONE. CALCÉDOINE SAPHIRINE. H. 16 mill.

1038. LION ailé accroupi, levant la patte. CALCÉDOINE.
ELLIPSOÏDE OCTOGONE. H. 9 mill. L. 10 mill.

1039. DEUX GRIFFONS debout, affrontés. CALCÉDOINE SAPHI-
RINE. CÔNE OCTOGONE. H. 23 mill.

---

1. Cette corbeille désigne peut-être simplement le terrain sur lequel les
figures sont placées.

1040. DEUX LIONS debout, la patte en l'air, les têtes opposées ; entre les lions, arbre. CÔNE OCTOGONE. CALCÉDOINE SAPHIRINE. H. 14 mill.

Tronqué.

1041. LION dévorant un taureau. CÔNE OCTOGONE. CALCÉDOINE LAITEUSE. H. 17 mill.

1042. LION dévorant un taureau. CÔNE APLATI. CALCÉDOINE BRUNE BROUILLÉE. H. 20 mill.

1043. CINQ BOUCS disposés de manière à ce qu'une seule tête serve à tous ces animaux. CÔNE. CRISTAL DE ROCHE BRUN. H. 25 mill.

1044. LION ET DAUPHIN. SILEX BRUN, en forme de vessie de poisson. H. 16 mill. L. 20 mill.

1045. POISSON semblable au grondin, et trois mollusques. JADE VERDATRE en forme de vessie de poisson. H. 17 mill. L. 21 mill.

1046. CERF paissant. SCARABÉOÏDE. CALCÉDOINE. H. 15 mill. L. 20 mill.

1047. ANTILOPE accroupie. SCARABÉOÏDE. CALCÉDOINE LAITEUSE. H. 25 mill. L. 18 mill.

1048. DEUX COLOMBES en face l'une de l'autre, les têtes en sens contraire. CALCÉDOINE SAPHIRINE. CÔNE A PANS COUPÉS. H. 20 mill.

1049. ROI ACHÉMÉNIDE (Xerxès, fils de Darius) coiffé de la cidaris crénelée, tirant de l'arc. SCARABÉOÏDE. CALCÉDOINE SAPHIRINE. H. 25 mill. L. 15 mill.

Mutilé.

Scarabéoïdes et autres intailles phéniciennes [1].

1050. Le mîr, disque avec deux bras humains, les ailes, la queue et les deux pattes d'une colombe. Au-dessous, l'inscription phénicienne : *à Sasraël*, indiquant le nom du propriétaire de la pierre. Agate-Onyx. Rhomboïde. Diam. 20 mill.

Cette pierre a été trouvée à Hamah.

1051. Ellipsoïde à deux faces. Première face : cheval courant à droite ; palme, trois globes et autres symboles incertains. Deuxième face : *Ferouer* ou dieu barbu, coiffé de la cidaris, s'élevant au-dessus d'un corps de colombe. Dans le champ, deux sphères, le κτείς environné de six globes, et une inscription phénicienne qui paraît indiquer le nom du dieu *Thot* (Θωούτ, dans *Sanchoniathon*). Calcédoine brune. H. 15 mill. L. 18.

1052. Trois rangs de symboles : en haut, deux éperviers affrontés, et entre ces oiseaux, une tige de lotus ; au milieu, deux sphinx femelles affrontés ; en bas, vautour les ailes éployées. Scarabéoïde. Calcédoine. H. 20 mill. L. 15 mill.

1053. Sphinx mâle, coiffé d'un casque, accroupi devant une palme. Scarabéoïde. Pate de verre. H. 14 mill. L. 16 mill.

1054. Astre radié, globe et croissant. Au-dessous, deux têtes de moufion affrontées. Au milieu, l'inscription phénicienne qu'on peut traduire : Au grand Baal. Rhomboïde. Sardonyx à trois couches. H. 18 mill. L. 15.

1055. Astarté à tête de vache, assise sur un trône ac-

1. V. les nos 1031 et 1034.

compagné de deux sphinx barbus, tenant un sceptre terminé en pointe, devant un pyrée allongé ; le tout est porté sur la corbeille égyptienne. Scarabée. Cornaline. H. 16 mill. L. 11 mill.

1056. Dieu barbu, vêtu à l'égyptienne, tenant un sceptre mélophore, assis devant un pyrée allongé. Dans le champ, le globe sur le croissant et le χτείς. La corbeille sert de support. Scarabée. Jaspe vert. H. 15 mill. L. 10 mill.

1057. Dieu barbu, coiffé de la *mitra,* avec une tunique qui laisse découvertes la cuisse et la jambe droite, tenant un sceptre. Devant, une inscription cypriote. Scarabéoïde aplati. Cornaline. H. 17 mill. L. 14 mill.

1058. Deux sujets : 1º Figure de femme vêtue de la tunique serrée phénicienne, dans l'attitude de l'adoration, entourée de divers symboles, l'épervier détournant la tête, le serpent *Uræus,* la fleur de lotus, et par-dessous la corbeille, symbole de domination. 2º Lion passant à droite ; branche de lotus et le seau annulaire égyptien. Scarabéoïde aplati. Serpentine. H. 24 mill. L. 15 mill.

1059. Silène couché, tenant le canthare. Devant lui, inscription phénicienne. Scarabée. Cristal de roche. H. 12 mill. L. 16 mill.

1060. Patèque ou *Hercule Gigon,* coiffé de plumes ou de tiges de plantes, tenant de chaque main, par la queue, un lion renversé. Cône octogone. Jaspe gris. H. 20 mill.

1061. Même sujet que le précédent. Dans le champ, deux astres. Scarabée. Jaspe vert. H. 17 mill. L. 13.

1062. Patèque à quatre ailes luttant avec un lion en

présence d'un homme debout, élevant le bras. Scarabée scié. Sardoine. H. 11 mill. L. 8 mill.

1063. Patèque de profil, tenant de chaque main, par la
queue, une gazelle renversée. Au-dessus, globe ailé;
au-dessous, la corbeille. Scarabée. Calcédoine saphirine. H. 16 mill. L. 12 mill.

1064. Dieu tenant de chaque main, par la queue, un
lion renversé. Au-dessus, inscription phénicienne mutilée, qui semble devoir se lire d'*Anza*, indication du
nom du propriétaire de la pierre. Au-dessous, la
corbeille. Ellipsoïde. Calcédoine blonde. H. 20 mill.
L. 15 mill.

1065. Baal barbu, monté sur un lion, coiffé de la partie
inférieure du *schent*, vêtu d'une tunique, tenant de
chaque main, par la patte, un lion renversé. Scarabée.
Onyx. H. 26 mill. L. 13 mill.

1066. Lion passant à droite. Scarabéoïde. Agate verte
mousseuse. H. 11 mill. L. 15 mill.

1067. Lion passant à droite. Scarabéoïde. Sardoine. H.
9 mill. L. 12 mill.

1068. Lion passant à gauche; au-dessus, oiseau volant.
Scarabée. Agate. H. 10 mill. L. 6 mill.

1069. Lion accroupi. Ellipsoïde. Cornaline. H. 10 mill.
L. 15 mill.

1070. Lionne avec ses deux lionceaux. Scarabée. Sardoine. H. 12 mill. L. 17 mill.

1071. Lion ailé, cornu, accroupi, levant la patte. Devant, le signe de la planète de Vénus. Scarabée. Sardoine. H. 9 mill. L. 12 mill.

1072. LION ailé, accroupi, levant la patte, détournant la tête. SCARABÉE. CORNALINE. H. 14 mill. L. 10 mill.

1073. SPHINX femelle, les ailes éployées, passant à droite. SCARABÉOIDE. PATE DE VERRE. H. 12 mill. L. 15 mill.

1074. GRIFFON accroupi, à gauche; dans le champ, croissant et plante. ELLIPSOÏDE aplati. SERPENTINE. H. 12 mill. L. 14 mill.

1075. MONSTRE à tête et pattes de chèvre, ailes et queue de coq. SCARABÉE. CALCÉDOINE. H. 12 mill. L. 10 mill.

1076. GRIFFON à gauche. AGATE RUBANÉE. SCARABÉE. H. 9 mill. L. 7 mill.

1077. LION dévorant un taureau. Inscription cypriote. SCARABÉE. JASPE BLANC. H. 18 mill. L. 20 mill.

1078. LION attaquant un taureau par derrière. SCARABÉE. AGATE. H. 11 mill. L. 15 mill.

1079. DATTIER chargé de fruits, posé sur la corbeille, symbole hiéroglyphique de la domination; deux mouflons sont dressés le long du tronc de l'arbre. CÔNE TRONQUÉ. JASPE VERT. H. du sujet : 15 mill. L. 14 mill.

V. nº 1081.

1080. MÊME SUJET qu'au numéro précédent. SCARABÉOIDE. JASPE VERT. H. 17 mill. L. 13 mill.

V. n 1081.

1081. DIEU coiffé du *schent*, vêtu du *sabou*, tenant le sceptre à tête de *fennec*, entre deux femmes en tuniques serrées. Au-dessous, la corbeille; symbole de domination. SCARABÉOIDE. CORNALINE. H 21 mill. L. 15.

Pierre phénicienne exécutée sous l'influence des idées de l'Égypte ainsi que les deux précédentes. Excellent travail.

1082. DEUX PERSONNAGES debout, vêtus à l'égyptienne

devant un pyrée ; la corbeille égyptienne servant de support. Scarabée. Jaspe vert. H. 15 mill. L. 10 mill.

1083. Amulète carré; figurant une petite écritoire à trois trous. Sur une des faces, l'*ouoti* (œil, symbole de vie et d'activité) avec une aile de plus que dans le symbole égyptien ; sur l'autre, vache entre deux divinités ailées ; au-dessus, la représentation grossière du *mír*. Bronze. H. 14 mill. L. 9 mill.

1084. Amulète carré ; sur l'une des faces, trois figures, l'une coiffée du *schent*, l'autre tenant une palme, la troisième armée d'un sceptre à corymbe de papyrus, adorant le cartouche d'un roi nommé *Rémai* ou *Mairé;* sur l'autre face, deux personnages debout tenant ensemble un sceptre à corymbe de papyrus, et derrière eux, un troisième personnage à cheval, coiffé du *schent*, tenant un sceptre ou un thyrse ; au-dessus de lui, un cygne ; sur les côtés, divinité à tête de chimère, autre tenant un sceptre, et quatre *ouoti*, (œil, symbole de vie et d'activité.) Serpentine. H. 15 mill. L. 10.

1085. Lion ailé, couché à gauche; inscription phénicienne. Rhomboïde. Agate. Diam. 20 mill.

Cónes, scarabéoïdes et autres pierres de l'Asie Mineure.

(Intailles)

1086. Lion ailé, cornu, levant la patte devant un pyrée à cornes, surmonté d'un globe et d'une flamme disposée en palmette. Devant le lion, inscription de sept lettres du système alphabétique qu'on trouve sur les tombeaux des rois de Phrygie. Cône octogone avec cannelure au sommet. Calcédoine saphirine. H. 27 m.

1087. Lion ailé, cornu, passant à droite. Scarabéoïde. Calcédoine blonde. H. 18 mill. L. 25 mill.

1088. Taureau ailé, passant à droite. Scarabéoïde. Calcédoine laiteuse. H. 25 mill. L. 33 mill.

1089. Taureau ailé, galopant à droite. Scarabéoïde. Calcédoine. H. 16 mill. L. 21 mill.

Mutilé.

1090. Griffon passant à droite. Dans le champ, les lettres grecques A A. Ellipsoïde. Agate à 2 c. H. 17 mill. L. 20 mill.

1091. Chimère passant à gauche. Ellipsoïde. Cornaline. H. 15 mill. L. 18 mill.

1092. Chèvre tombant en avant. Scarabée scié. Sardoine rubanée. H. 11 mill. L. 15 mill.

1093. La constellation du *serpent* entre la *grande* et la *petite Ourse*. Scarabéoïde. Calcédoine saphirine. H. 20 mill. L. 28 mill.

1094. Héros nu, imberbe, un genou en terre, tenant de chaque main par la patte un sphinx imberbe accroupi. Scarabée. Sardoine. H. 15 mill. L. 24 mill.

Mutilé.

Cônes, scarabéoïdes et autres pierres orientales.

(Intailles.)

Époque intermédiaire.

N. B. Les pierres rangées dans cette section paraissent avoir été gravées dans l'espace compris entre la mort d'Alexandre le Grand et l'avénement d'Ardeschir ou Artaxerxe Ier, chef de la dynastie des Sassanides, c'est-à-dire, environ entre l'an 223 avant J.-C., et l'an 222 depuis J.-C.

1095. Guerrier perse avec la tiare de guerre, tuant d'un épieu un sanglier attaqué en même temps par un chien. Scarabéoide. Calcédoine saphirine. H. 20 mill. L. 25 mill.

1096 et 1097. Même sujet, moins le chien. Scarabéoïdes. Calcédoine saphirine. H. 13 mill. L. 17. Calcédoine jaunâtre. H. 12 mill. L. 14 mill.

1098. Guerrier perse à cheval. ℞. Lion. Dans le champ, fleuron. Ellipsoïde. Serpentine. H. 25 mill. L. 18 mill.
    Travail barbare.

1099. Hercule combattant un Centaure ailé. Parallélogramme pyramidal. Calcédoine. H. 8 mill. L. 13 mill.

1100. Hercule nu, debout. ℞. Mouflon. Parallélogramme percé. Serpentine. H. 9 mill. L. 13 mill.

1101. Lion s'apprêtant à dévorer un homme qu'il tient terrassé. Cône tronqué. Hématite. H. 8 mill. L. 10 mill.

1102. Quadrige vu de face, conduit par un aurige imberbe. Scarabéoïde. Calcédoine. H. 18 mill. L. 13 mill.

1103. Vénus accroupie lavant sa chevelure dans un *labre*. Rhomboïde. Calcédoine saphirine. H. 17 mill. L. 15 mill.

1104. Symplegma obscène, gravé sur la base carrée d'une Pierre en forme de pyramide tronquée; sur les cinq faces de la pyramide, un chien domestique, deux loups, un cerf, et un mouflon. Calcédoine saphirine. Base carrée. H. 15 mill. L. 15 mill.

1105. Sardoine à l'état brut sur laquelle on distingue des caractères cunéiformes. H. 15 mill. L. 17 mill.

Pierre attribuée à l'Afrique antique (Libye).

(Intaille.)

1106. Cavalier l'épée haute, suivi de trois femmes; vis-à-vis de ce cavalier, une femme. En haut, le soleil et la lune. Revers : Inscription libyenne en trois lignes. Ellipsoïde. Jaspe vert. H. 16 mill. L. 25 mill.

> On peut voir ici la fable de Persée, mais traitée selon les idées qui avaient cours dans la Libye.
> Le travail de ce singulier monument n'est pas sans analogies avec celui des monuments gothiques.

Pierres gravées à l'époque de la dynastie des Sassanides.

(Intailles.)

1107. Signes indistincts. On croit apercevoir un monogramme grec. Amulète carré. Cornaline blonde. H. 8 mill. L. 12 mill.

1108. Personnage debout, en adoration devant un pyrée; dans le champ, astre et croissant. Inscription circulaire en caractères pehlvis. Sceau annulaire. Agate noire. H. 12 mill. L. 10 mill.

1109. Figure dans la pose d'une ménade. Dans le champ, cyprès et autre symbole indistinct. Ellipsoïde. Jaspe vert pâle. H. 15 mill. L. 14 mill.

1110. Homme et femme debout, tenant ensemble une tresse qui se termine par un anneau. Sceau annulaire. Calcédoine brune. H. 16 mill. L. 12 mill.

1111. Deux cercopes dansant. Le champ est semé d'étoiles. Amulète carré; côtes taillées en bizeau. Cornaline. H. 16 mill. L. 10 mill,

1112. Même sujet. Ellipsoïde. Hématite. H. 12 mill. L. 9 mill.

1113. Même sujet, gravé sur la partie convexe d'un ellipsoïde. Calcédoine saphirine. H. 8 mill. L. 6 mill.

1114. Deux personnages debout, affrontés. Un corbeau semble posé sur la tête de l'un d'eux. Derrière, arbre. Ellipsoïde. Lapis-lazuli. H. 13 mill. L. 15 mill.

1115. Hercule tenant d'une main la massue et de l'autre un quadrupède qu'il suspend la tête en bas. Dans le champ, disque de Vénus. Cachet carré. Serpentine. H. 30 mill. L. 25 mill.

1116. Même sujet, mais sans le disque de Vénus. Cachet circulaire. Serpentine. H. 18 mill. L. 17 mill.

1117. Anaïtis vêtue d'une tunique transparente et adhérente au corps, coiffée du globe et du croissant, debout, tenant une fleur ouverte à la main. Devant elle, astre et croissant. Légende pehlvie. Sardonyx à 2 c. H. 20 mill. L. 12 mill.

1118. Anaïtis à demi nue, tenant d'une main un sceptre et de l'autre un objet de toilette. Inscription pehlvie. Ellipsoïde. Grenat. H. 17 mill. L. 14 mill.

1119. Personnage ailé, agenouillé, dans l'attitude de la prière. Sceau annulaire. Sardoine rubanée. H. 21 mill. L. 13 mill.

Cette pierre pourrait bien être chrétienne; cependant, nous ne croyons pas devoir la classer dans cette intéressante série, parce que nous n'y voyons pas d'attributs suffisamment caractérisés.

1120. Personnage debout, en adoration. Sceau annulaire. Calcédoine blonde. H. 15 mill. L. 12 mill.

1121. Même sujet. Ellipsoïde. Cornaline. H. 12 mill. L. 9 mill.

1122. Personnage agenouillé, en adoration, dans un temple tétrastyle. Sceau annulaire. Calcédoine. H. 21 mill. L. 20 mill.

1123. Personnage debout, en adoration, dans un temple tétrastyle. Sceau annulaire. Agate rubanée. H. 18 mill. L. 12 mill.

1124. Même sujet que le n° 1120. Sceau annulaire. Sardoine. H. 15 mill. L. 11 mill.

1125. Eros debout, tenant une bandelette, peut-être le *kosti*. (V. *commentaire* du n° 2538.) Fragment d'un sceau annulaire. Calcédoine laiteuse. H. 20 mill. L. 10 mill.

1126. Même sujet. Sceau annulaire. Sardoine claire. H. 15 mill. L. 10 mill.

1127. Même sujet. Sceau annulaire. Jaspe vert. Diam. 10 mill.

1128. Idem. Sceau annulaire. Cornaline. Diam. 10 mill.

1129. Figure obèse et imberbe (Eunuque?), nue par le haut du corps, mais avec des anaxyrides étroites, tenant un trident ou un sceptre fleuronné. Cornaline. H. 20 mill. L. 10 mill.

Fragment d'un sceau annulaire.

1130. Figure debout, les bras ouverts, dans un temple tétrastyle. Sceau annulaire. Sardoine rubanée. H. 20 mill. L. 17 mill.

1131. Personnage debout, tenant un sceptre. Derrière, objet indistinct. Sceau annulaire guilloché. Hématite. Diam. 11 mill.

Le travail de cette pierre, ainsi que celui des n°s 1132, 1133, 1134 et 1135 est des plus grossiers.

1132. Figure barbare, les bras et les jambes étendues, et tenant un sceptre de chaque main. Sceau annulaire. Sardoine. Diam. 17 mill.

1133. Même sujet. Sceau annulaire. Calcédoine blonde. Diam. 17 mill.

1134. Idem. Sceau annulaire. Sardoine. Diam. 20 mill.

1135. Idem. Sceau annulaire. Silex noir. Diam. 20 mill.

1136. Buste imberbe, à gauche, porté sur une tête de taureau vue de face. Sceau annulaire. Agate rubanée. H. 11 mill. L. 8 mill.

1137. Triton avec les jambes antérieures d'un cheval, portant une couronne; à cheval sur son dos, un éphèbe nu qui couronne le triton. Devant, une hydrie sans anses; derrière, au dessus de la queue du triton, tête de taureau. Au-dessous, palme. Sceau annulaire. Agate rubanée. H. 17 mill. L. 25 mill.

1138. Trois figures armées passant à g.; à l'entour, lièvre à longues oreilles, gypaète, scorpion et une tige de plante. Sur la partie supérieure, inscription pehlvie. Sceau annulaire. Sardoine à 2 c. H. 14 mill. L. 17 mill.

1139. Aigle éployée dont le corps et les ailes sont formées par trois têtes humaines barbues. Débris d'une légende pehlvie circulaire. Cône. Agate lactée à 2 c. H. 10 mill.

1140. Main ouverte, portée sur deux ailes; au-dessus de chaque doigt, un oiseau. A g., étoile. Légende pehlvie. Sceau annulaire. Calcédoine. H. 20 mill. L. 15 mill.

1141. Main ouverte, portée sur deux ailes. Au-dessus, couronne. Dans le champ, plusieurs étoiles. Jaspe fleuri. H. 16 mill. L. 11 mill.

1142. Lion passant à g. Sceau annulaire. Cornaline rubanée. H. 9 mill. L. 13 mill.

1143. Idem. Cône perforé. Hématite. H. 10 mill. L. 13 mill.

1144. Idem. Cône perforé. Sardonyx à 3 c. Diam. 11 mill

1145. Idem. Cône scié. Cornaline. H. 10 mill. L. 9 mill.

1146. Idem. Au-dessus du lion, inscription pehlvie. Sceau annulaire. Cornaline. H. 8 mill. L. 15 mill.

1147. Idem. Au-dessus du lion, inscription pehlvie. Cône perforé. Cornaline. H. 9 mill. L. 8 mill,

1148. Idem. Inscription pehlvie. Grenat cabochon. Diam. 10 mill.

1149. Idem. Inscription pehlvie. Grenat cabochon. H. 10 mill. L. 11 mill.

1150. Lion couché, tourné à g., dévorant une proie. Cornaline. H. 9 mill. L. 12 mill.

1151. Lion passant à g. Inscription pehlvie et croissant. Jaspe rosé. H. 10 mill. L. 12 mill.

1152. Lion passant à g. Grenat cabochon. H. 10 mill. L. 11 mill.

1153. Idem. Inscription pehlvie. Cornaline. H. 10 mill. L. 11 mill.

1154. Lion tourné à g. La partie postérieure de son corps forme, en sens inverse, la partie antérieure d'un taureau vu de face. Cornaline brûlée en cabochon. H. 10 mill. L. 12 mill.

1155. Lion à gauche, retournant la tête. Amulète carré. Argent. H. 6 mill. L. 10 mill.

1156. Idem. Cornaline. Diam. 9 mill.

1157. Idem. Inscription pehlvie. Cône perforé. Sardoine à 2 c. Diam. 10 mill.

1158. Idem. Inscription pehlvie. Pyramide tronquée. Nicolo. H. 5 mill. L. 8 mill.

1159. Idem. Cornaline. H. 10 mill. L. 9 mill.

1160. Lion tourné à gauche, la tête vue de face. Dans le champ, astre. Cône perforé. Sardoine claire. Diam. 13 mill.

1161. Lion passant à droite dans une forêt. Dans le champ, tête de mouflon. Scarabéoïde. Agate rubanée et lactée. H. 16 mill. L. 20 mill.

1162. Léopard passant à droite. Amulète carré. Cornaline calcinée et craquelée. H. 16 mill. L. 17 mill.

1163. Griffon sans ailes ou *martichoras*, tourné à droite. Dans le champ, objet recourbé comme le *lituus*. Agate blanche rubanée. H. 12 mill. L. 15 mill.

1164. Ours passant à gauche. Sceau annulaire. Calcédoine brouillée et lactée. H. 12 mill. L. 15 mill.

1165. Ours passant à g. Sceau annulaire guilloché. Calcédoine blonde. H. 15 mill. L. 20.

1166. Idem. Inscription pehlvie. Cornaline. Diam. 10 mill.

1167. Idem. Sans inscription. Cornaline. H. 9 mill. L. 10 mill.

1168. Idem. Inscription pehlvie. Sceau annulaire. Jaspe fleuri. H. 12 mill. L. 15 mill.

1169. Chameau entre un astre et une inscription pehlvie. Cône perforé. Calcédoine blonde. Diam. 11 mill.

1170. Cerf devant un buisson, dont il semble brouter les bourgeons. Sceau annulaire guilloché. Calcédoine. Diam. 20 mill.

1171. Cerf entre un buisson et un astre. Sceau annulaire. Sardoine blonde lactée. H. 18 mill. L. 20 mill.

1172. Cerf tombant en avant. Sceau annulaire. Sardoine à 2 c. Diam. 16 mill.

1173. Idem. Sceau annulaire. Cornaline. H. 15 mill. L. 20 mill.

1174. Cerf accroupi. Devant lui, les deux bouts du *kosti*. Sceau annulaire. Sardoine grisâtre. H. 13 mill. L. 15 mill.

1175. Cerf passant à g., devant lui, astre. Sceau annulaire brisé. Agate-cornaline. H. 13 mill. L. 10 mill.

1176. Cerf accroupi, tourné à g. Cône perforé. Sardoine rubanée. Diam. 9 mill.

1177. Cerf accroupi, à g., entre les bouts du *kosti* et un astre. Cône perforé. Hématite. Diam. 10 mill.

1178. Cerf accroupi. Cône perforé. Hématite. Diam 10 mill.

1179. Cerf accroupi, tourné à g. Cornaline. Diam. 6 mill.

1180. Mouflon courant à droite. Devant lui, fruit de la mandragore. On remarque sous l'animal les traces d'un faon qui devait teter sa mère, et dans le champ les débris d'une inscription. Scarabéoïde. Jaspe noir. H. 12 mill. L. 15 mill.

1181. Mouflon accroupi, tourné à g. Sceau annulaire brisé. Agate. H. 10 mill. L. 12 mill.

1182. Mouflon accroupi. Cône tronqué et perforé. Calcédoine lactée. Diam. 14 mill.

1183. Idem. Grenat en cabochon. H. 15 mill. L. 18 mill.

1184. Idem broutant une plante. Sceau annulaire. Calcédoine rubanée. H. 14 mill. L. 15 mill.

1185. Mouflon accroupi entre une plante et un symbole en forme de croix. Légende pehlvie. Scarabéoïde. Agate. H. 15 mill. L. 20 mill.

1186. Mouflon accroupi entre une plante et un croissant. Sceau annulaire. Agate lactée. H. 11 mill. L. 18 mill.

1187. Mouflon accroupi. Légende en caractères pehlvis. Cône perforé. Agate rubanée. Diam. 14 mill.

1188. Mouflon accroupi, avec un bout du *kosti* flottant. Cône perforé. Hématite. Diam. 12 mill.

1189. Même sujet. Deux bouts du *kosti* et étoile. Grenat. Diam. 10 mill.

1190. Mouflon debout, entre un globe et le croissant. Cône perforé. Jaspe vert. Diam. 11 mill.

1191. Mouflon accroupi entre un astre et le croissant. Cône perforé. Calcédoine blanche. Diam. 14 mill.

1192. Mouflon accroupi. Sceau annulaire. Calcédoine. Diam. 13 mill.

1193. Idem. Sceau annulaire. Calcédoine brune. H. 10 mill. L. 15 mill.

1194. Idem. Sceau annulaire. Sardoine. H. 12 mill. L. 15 mill.

1195. Biche couchée. Cône aplati et perforé. H. 22 mill.

1196. Chèvre couchée. Sceau annulaire. Calcédoine. H. 10 mill. L. 12 mill.

1197. Bouquetin debout. Girasol en cabochon. Diam. 8 mill.

1198. Onagre. Sceau annulaire. Cornaline. H. 8 mill. L. 10 mill.

1199. Onagre tourné à gauche. Au revers, une main moderne a ajouté sur cette pierre une inscription persane. Cornaline blonde. H. 9 mill. L. 11 mill.

1200. Génisse debout, broutant une plante. Cône aplati à huit pans. Agate grise. H. 21 mill.

1201. Zébu debout. Inscription pehlvie. Sceau annulaire. Agate rubanée. Diam. 19 mill.

1202. Zébu debout. Inscription pehlvie. Sceau annulaire. Agate-calcédoine. H. 15 mill. L. 18 mill.

1203. Zébu passant à g. Cône perforé. Hématite. H. 14 mill. L. 12 mill.

1204. Zébu accroupi. Sceau annulaire. Cornaline veinée. H. 10 mill. L. 16 mill.

1205. Idem. Sceau annulaire. Cornaline. H. 12 mill. L. 15 mill.

1206. Idem. Sceau annulaire guilloché. Calcédoine blonde. H. 10 mill. L. 15 mill.

1207. Idem. Sceau annulaire. Calcédoine laiteuse. H. 14 mill. L. 17 mill.

1208. Idem. Inscription pehlvie. Sceau annulaire. Cornaline brûlée. H. 8 mill. L. 12 mill.

1209. Zébu debout. Sceau annulaire. Sardonyx rubanée. H. 10 mill. L. 13 mill.

1210. Zébu accroupi. Grenat. H. 7 mill. L. 10 mill.

1211. Zébu passant à g. Cône perforé. Sardoine claire. Diam. 10 mill.

1212. Idem. Sceau annulaire. Cornaline. Diam. 10 mill.

1213. Idem. Cornaline. H. 10 mill. L. 11 mill.

1214. Idem. Lapis-lazuli. Diam. 9 mill.

1215. Idem. Cornaline. Diam. 9 mill.

1216. Rhinocéros passant à g. Sceau annulaire. Agate foncée rubanée. H. 10 mill. L. 15 mill.

1217. Hippopotame. Cône perforé. Jaspe vert. Diam. 9 mill.

1218. Vache accroupie. Au-dessus, mandragore. Rhomboïde. Serpentine. Diam. 18 mill.

Travail de l'Inde.

1219. Taureau passant à droite et retournant la tête. Au-dessous, une plante. Rhomboïde. Jaspe rouge. Diam. 20 mill.

Travail de l'Inde.

1220. Chien. Nicolo brûlé. Diam. 6 mill.

1221. Idem. Pyramide allongée. Serpentine. H. 26 mill.

1222. Perroquet. Sceau annulaire. Sardoine claire. H. 12 mill. L. 15 mill.

1223. Idem. Sceau annulaire. Agate calcédoine rubanée. H. 10 mill. L. 12 mill.

1224. Idem. Cône perforé. Jaspe vert. Diam. 8 mill.

1225. Coq entre une plante et une étoile. Inscription pehlvie. Grenat chevé. Diam. 10 mill.

1226. Coq tenant dans son bec un bijou garni de perles. Légende pehlvie en caractères liés. Rhomboïde. Sardoine. Diam. 15 mill.

1227. Même sujet. Jaspe calciné. Cône perforé. Diam. 9 mill.

1228. Coq. Sceau annulaire fragmenté. Cornaline. H. 8 mill. L. 10 mill.

1229. Autruche courant à droite, les ailes déployées, entre un astre et plusieurs symboles dont est l'étoile pommetée qui se voit sur les *abraxas*. Rhomboïde. Serpentine. Diam. 17 mill.

1230. Faisan. Girasol en cabochon. H. 12 mill. L. 17 mill.

1231. Canard. Cône perforé. Hématite. Diam. 10 mill.

1232. Oie. Cornaline en cabochon. H. 8 mill. L. 10 mill.

1233. Idem. Grenat chevé. Diam. 8 mill.

1234. Scorpion dans un cercle. Sceau annulaire. Sardoine brune. H. 15 mill. L. 12 mill.

1235. Scorpion. Sceau annulaire. Calcédoine. H. 14 mill. L. 11 mill.

1236. Scorpion. Jaspe vert taillé à facettes dans les temps modernes. H. 9 mill. L. 7 mill.

1237. Scorpion. Scarabée de cornaline. H. 10 mill. L. 12 mill.

1238. Scorpion. Rhomboïde. Jaspe sanguin. Diam. 10 mill.

1239. Scorpion. Jaspe sanguin. H. 12 mill. L. 10 mill.

1240. Scorpion saisissant par les pattes un autre scorpion plus petit. Symbole en forme de croix et légende pehlvie. Sardonyx à 2 c. taillée en cabochon aplati. H. 10 mill. L. 11 mill.

1241. Deux lions affrontés. Dans le champ, deux astres et croissant. Nicolo octogone. H. 9 mill. L. 14 mill.

1242. Lion se jetant sur un bœuf bossu. Sceau annulaire. Sardoine. Diam. 21 mill.

1243. Même sujet. Sceau annulaire guilloché. Calcédoine. Diam. 22 mill.

1244. Même sujet. Sceau annulaire. Cornaline. H. 20 mill. L. 25 mill.

1245. Idem. Sceau annulaire guilloché. Cornaline. Diam. 15 mill.

1246. Idem. Sceau annulaire. Sardonyx rubanée. H. 14 mill. L. 11 mill.

1247. Idem. Sceau annulaire. Cornaline. H. 10 mill. L. 15 mill.

1248. Idem. Sceau annulaire. Cornaline brûlée. Diam. 19 mill.

1249. Idem. Cornaline. Diam. 11 mill.

1250. Idem. Sardonyx à 3 c., brûlée. Diam. 7 mill.

1251. Idem. Au-dessus du lion, croissant. Sceau annulaire. Sardoine. H. 20 mill. L. 22 mill.

1252. Idem. Au-dessus du lion, astre. Sceau annulaire. Cornaline. H. 10 mill. L. 14 mill.

1253. Deux lions opposés. Cône perforé. Hématite. Diam. 17 mill.

1254. Lion dévorant un cerf. Cône tronqué allongé. Sardoine. H. 11 mill. L. 20 mill.

1255. Bubale entre une plante, un astre et un croissant. Au revers, ornement en forme de fleur radiée. Rhomboïde. Serpentine. Diam. 20 mill.

1256. Lionceau allaité par sa mère. Inscription pehlvie. Grenat chevé. H. 16 mill L. 11 mill.

1257. Deux bubales affrontés. Ellipsoïde. Calcédoine. H. 20 mill. L. 22 mill.

1258. Mouflon et cerf passant à g. Sceau annulaire. Calcédoine. H. 16 mill. L. 25 mill.

1259. Arbre entre deux mouflons affrontés. Sceau annulaire. Sardoine. H. 15 mill. L. 20 mill.

1260. Chèvre au-dessus d'un bélier. Ellipsoïde. Cornaline. H. 11 mill. L. 14 mill.

1261. Cheval la tête haute, en face d'un cheval paissant. Inscription pehlvie. Cône perforé. Jaspe vert. Diam. 10 mill.

1262. Idem. Cône perforé. Cornaline. Diam. 12 mill.

1263. Trois chèvres occupant chacune les angles d'un cachet triangulaire se terminant en pommeau. Serpentine. H. 20 mill. L. 20 mill.

1264. Corbeau au-dessus d'un mouflon. Sceau annulaire. Agate brune. H. 25 mill. L. 19 mill.

1265. Plante posée sur un monticule entre un coq et un renard qui le guette. Cornaline chevée. H. 10 mill. L. 11 mill.

1266. Corbeau posé sur un mouflon. Cornaline. H. 15 mill. L. 11 mill.

1267. Corbeau posé sur une chèvre. Cornaline. H. 10 mill. L. 9 mill.

1268. Corbeau posé sur un coq qui tient une branche dans son bec. Sceau annulaire. Cornaline calcinée. H. 17 mill. L. 18 mill.

1269. Espèce de grylle composé d'un quadrupède dont le corps se termine par une queue de serpent, d'une poule et d'une gazelle. Sardonyx à 3 c. H. 20 mill. L. 24 mill.

Voyez plus loin la section des *Grylles.*

1270. Dans un cercle formé par quatre animaux cornus (chèvres, bélier et mouflon), suivis par un lion, on distingue deux vautours, un chat, un lièvre et un objet deux fois reproduit, lequel semble impossible à caractériser. Cachet en marbre blanc. Diam. 16 mill.

1271. Corbeau et vautour opposés. Sceau annulaire. Agate à 3 c. H. 21 mill. L. 17 mill.

1272. Griffon. Sceau annulaire. Cornaline. H. 7 mill. L. 12 mill.

1273. Idem. Cône perforé. Cornaline. Diam. 11 mill.

1274. Idem. Cornaline. Diam. 9 mill.

1275. Idem dans un cercle de perles. Cône perforé. Diam. 8 mill.

1276. Idem. Cône perforé. Cornaline. Diam. 9 mill.

1277. Idem. Cône perforé. Jaspe vert. Diam. 10 mill.

1278. Idem. Traces d'une légende pehlvie. Ellipsoïde. Cornaline. H. 10 mill. L. 11 mill.

1279. Idem. Sceau annulaire. Cornaline. Diam. 9 mill.

1280. Idem. Cône perforé. Jaspe vert. Diam. 8 mill.

1281. Idem. Cachet de bronze. Diam. 14 mill.

1282. Cheval ailé, les ailes éployées, passant à g. A l'entour. légende pehlvie liée. Cône circulaire. Calcédoine. Diam. 21 mill.

1283. **Idem.** Légende en pehlvi lié. **Cône** perforé. **Agate** rubanée. Diam. 16 mill.

1284. **Idem.** Inscription pehlvie. **Cornaline.** Diam. 9 mill.

1285. **Idem. Cornaline** en cabochon. Diam. 11 mill.

1286. **Idem. Ellipsoïde. Agate. H.** 11 mill. **L.** 13 mill.

1287. **Cheval** ailé dans un cercle de perles. **Cône** perforé. **Calcédoine** blonde. Diam. 10 mill.

1288. **Cheval** ailé. **Sceau** annulaire. **Cornaline. H.** 10 mill. **L.** 12 mill.

1289. **Idem. Cône** perforé. **Agate.** Diam. 10 mill.

1290. **Quadrupède** ailé. **Cône** perforé. **Calcédoine.** Diam. 13 mill.

1291. **Cheval** passant à g. Astre et croissant. Inscription pehlvie. **Cône** perforé. **Jaspe** vert. Diam. 11 mill.

1292. **Cheval** passant à g. Sur sa croupe, un croissant. **Girasol** en cabochon. **H.** 10 mill. **L.** 11 mill.

1293. **Taureau** ailé à face humaine, coiffé du modius, tourné à g. Devant, croissant. Au-dessus, scorpion. **Sceau** annulaire. **Agate** rubanée **H.** 12 mill. **L.** 16 mill.

1294. **Sphinx** ailé à tête humaine, accroupi devant un arbre. **Sceau** annulaire. **Cornaline. H.** 7 mill. **L.** 15 mill.

1295. **Sphinx** ailé à tête humaine barbue. **Cornaline** en cabochon. Diam. 10 mill.

1296. **Lion** accroupi détournant la tête. Au-dessous,

symboles divers parmi lesquels le κτείς. AGATE en
forme ,de BARILLET aplati sur une de ses faces. H. 19
mill. L. 8 mill.

1297. PARTIE antérieure d'un lion. SCEAU annulaire. CAL-
cédoine blonde. H. 9 mill. L. 7 mill.

1298. TÊTE DE BÉLIER posée sur deux ailes. SCEAU annulaire. CORNALINE lactée. H. 14 mill. L. 12 mill.

1299. IDEM. SCEAU annulaire. CALCÉDOINE laiteuse. H. 19
mill. L. 15 mill.

1300. IDEM. SCEAU annulaire guilloché. CORNALINE. H. 14
mill. L. 10 mill.

1301. IDEM. CÔNE perforé. AGATE à 2 c. Diam. 12 mill.

1302. IDEM. SCEAU annulaire guilloché. HÉMATITE. Diam.
14 mill.

1303. IDEM. CÔNE perforé. AGATE rose. Diam. 10 mill.

1304. TÊTE de face, barbue, à cornes de taureau. SCEAU
annulaire. AGATE calcédoine. H. 11 mill. L. 10 mill.

1305. QUATRE TÊTES, deux de cerf et deux de bélier, disposées en croix et réunies par le cou. AGATE rubanée.
H. 17 mill. L. 12 mill.

1306. PARTIE antérieure d'un cheval ailé, entre un croissant et un astre. CÔNE perforé scié. CALCÉDOINE blonde.
Diam. 13 mill.

1307. SANGLIER. CÔNE perforé. AGATE rubanée. Diam. 10
mill.

1308. LION ailé ; partie antérieure. Légende pehlvie circulaire. Calcédoine saphirine. Cône circulaire. H. 11 mill.

1309. Disque de Vénus et croissant. Cône perforé. Hématite. Diam. 9 mill.

1310. Nœud disposé comme la croix ansée égyptienne. Sceau annulaire. Agate rubanée. Diam. 12 mill.

1311. Pyrée au-dessus duquel s'élève un objet en forme de pomme de pin, indiquant peut-être la flamme. Sceau annulaire. Cornaline. H. 12 mill. L. 6 mill.

1312. Inscription pehlvie liée, en deux lignes. Au-dessus, astre; au-dessous, astre et croissant. Cône perforé. Agate. Diam. 15 mill.

1313. Triskèle formée par trois enroulements. Dans les angles, croissant, astre et étoile à quatre rais. Cône perforé. Agate. Diam. 10 mill.

1314. Mandragore; au-dessus, inscription pehlvie liée. Sceau annulaire. Jaspe fleuri. H. 13 mill. L. 11 mill.

1315. Le Hom. Sceau annulaire. Agate rubanée. H. 11 mill. L. 8 mill.

1316. Croissant posé sur le *Hom*, entouré d'une couronne. Sardonyx à 3 c. H. 9 mill. L. 8 mill.

1317. Croissant posé sur une enseigne. Amulète en forme de cygne retournant la tête. Calcédoine saphirine. H. 17 mill. L. 7 mill.

1318. Symbole planétaire entouré d'une inscription pehlvie. Sceau annulaire Agate. H. 19 mill L. 14 mill.

1319. Ancre surmontée d'un croissant et terminée en deux épis. Cône perforé. Sardoine. Diam. 13 mill.

1320. IDEM. Cône perforé. CALCÉDOINE. Diam. 13 mill.

1321. ANCRE entre une inscription pehlvie liée et un croissant surmonté d'un astre. Cône perforé. Diam. 12 mill.

1322. MÊME SYMBOLE accompagné des deux bouts du *kosti* qui retombent. Cône perforé. SERPENTINE. Diam. 11 mill.

1323. SYMBOLE en forme de fleur de lis surmonté du croissant dans un cercle. Cône perforé guilloché. HÉMATITE. Diam. 10 mill.

1324. IDEM. Cône perforé. CORNALINE. Diam. 12 mill.

1325. IDEM. Cône perforé. JASPE vert et blanc. Diam. 11 mill.

1326. MÊME symbole posé sur deux ailes. Cône perforé. JASPE vert. Diam. 13 mill.

1327. LIGNES cabalistiques tracées sur le plat d'un CÔNE perforé en AGATE-CALCÉDOINE. Diam. 31 mill.

1328. IDEM sur un RHOMBOÏDE perforé. SARDOINE rubanée. Diam. 25 mill.

1329. DIVERSES figures presque entièrement effacées et mal dessinées sur un ELLIPSOÏDE d'OBSIDIENNE. H. 20 mill. L. 13 mill.

PIERRES CHRÉTIENNES DE L'ASIE.

(*Intailles*)

C'est la première fois qu'on signale à l'attention du monde savant des pierres de travail et de style oriental, offrant des sujets chrétiens. Nous les considérons comme des monuments antérieurs à la persécution de Sapor II, l'an 340 de notre ère. Voyez aussi aux n⁰ˢ 2165, 2166, 2167 les pierres chrétiennes de l'Occident.

1330. Sacrifice d'Abraham. Le patriarche est représenté le couteau à la main et s'apprêtant à immoler son fils couché sur un autel en forme de pyrée. Abraham se retourne et aperçoit l'ange qui lui montre le bélier qu'il retient par une de ses cornes. Sardonyx rubanée. Diam. 19 mill.

1331. La Vierge assise, tenant l'Enfant Jésus. Légende pehlvie. Grenat. H. 11 mill. L. 10 mill.

1332. La Visitation. Sainte Élisabeth et la Vierge debout, se tenant les mains; entre elles, une étoile et un croissant. Inscription pehlvie liée. Cornaline. H. 16 mill. L. 12 mill.

1333. Le poisson, symbole du nom de *Jésus—Christ* placé au milieu du chrisme ou monogramme du Sauveur, formé des lettres ɪ et x, (pour Ἰησοῦς Χριστός). Sceau annulaire. Cornaline. Diam. 12 mill.

> Le mot ἰχθύς *poisson* fournit en grec les initiales de cette phrase *Jésus-Christ fils de Dieu Sauveur.* V. n⁰ˢ 1334 et 2165.

1334. Le Christ. Buste imberbe tourné de profil. Au-dessous, le poisson symbolique. Légende en caractères grecs : XPICTOY, (*Image*) *du Christ.* Cône tronqué. Calcédoine blanche. Diam. 20 mill.

> Cette dernière pierre offre la combinaison de la forme orientale et de la décoration grecque dans un même monument.

PIERRE GNOSTIQUE ORIENTALE.

1335. Figure coiffée de la tiare radiée, à deux visages, mâle et femelle comme la tête des médailles de Ténédos, vêtue d'une tunique, debout. De chaque côté, un serpent qui se dresse, l'un surmonté du croissant, l'autre radié ; au-dessus trois astres. Dans le champ, à gauche, symbole à six rais et corbeau croassant ; à droite, mandragore et κτείς. En bas, à gauche, coupe ; à droite, amphore. Rhomboïde. Sardoine. Diam. 30 mill.

Cette magnifique intaille d'excellent travail est peut-être le plus ancien amulète portant l'empreinte des idées gnostiques. (V. les pierres gnostiques, nos 2168 à 2256.)

MYTHOLOGIE DES PERSES

sous

LA DYNASTIE DES SASSANIDES.

(*Intailles*)

1336. Ormuzd, buste entouré de flammes, posé sur la pyrée. Longue inscription pehlvie, en deux lignes circulaires l'une dans l'autre. Sceau annulaire. Agate veinée. Diam. 36 mill.

1337. Ormuzd. Buste de profil avec une coiffure formée d'une tête de griffon en cimier et d'une hure de sanglier par derrière. Légende pehlvie en caractères liés.

SCEAU annulaire. AGATE-CALCÉDOINE. H. 23 mill. L. 15 mill.

1338. ORMUZD. OISEAU fantastique dont le corps est formé par une tête humaine barbue de profil, la partie supérieure par une tête de griffon et la queue par une hure de sanglier. Devant, une palme. SCEAU annulaire guilloché. SARDOINE. H. 21 mill. L. 15 mill.

ICONOGRAPHIE

DES ROIS PERSES

DE LA DYNASTIE SASSANIDE.

Années de J.-C. 223 à 632.

(*Intailles*)

1339. ARTAXERXE Ier. Buste de profil, avec la tiare ronde ornée du symbole en forme de caducée appelé MAHROU. Légende pehlvie développée, contenant le nom de ce prince. CORNALINE taillée en cabochon. H. 35 mill. L. 25 mill.

> Cette intaille remarquable par la beauté du travail ainsi que par la matière est une des plus intéressantes de la série orientale.

1340. ARTAXERXE Ier. Buste de profil, avec la tiare ronde, les épaules couvertes d'un manteau constellé. Légende pēhlvie. CÔNE perforé. JASPE vert. Diam. 15 mill.

1341. IDEM. CÔNE perforé. JASPE vert. Diam. 11 mill.

1342. IDEM. CÔNE perforé. CALCÉDOINE lactée. H. 14 mill. L. 10 mill.

1343. IDEM. Buste dans un cercle de perles. CORNALINE. H. 10 mill. L. 9 mill.

1344. SAPOR Ier. Buste de profil, diadémé, la tête nue. Légende pehlvie. SARDONYX à 3 c. H. 23 mill. L. 20 mill.

1345. IDEM. Buste de profil, la tête nue. Légende pehlvie. SCEAU annulaire. CALCÉDOINE. H. 16 mill. L. 13 mill.

1346. IDEM. SCEAU annulaire guilloché. CORNALINE. H. 18 mill. L. 14 mill.

1347. IDEM. Buste de profil, diadémé, posé sur une tête de lion entre deux ailes. SCEAU annulaire guilloché. SARDOINE. H. 20 mill. L. 18 mill.

1348. IDEM. Buste de profil entouré d'une légende pehlvie. SCEAU annulaire. CORNALINE. H. 18 mill. L. 10 mill.

1349. IDEM. SCEAU annulaire. CORNALINE. H. 14 mill. L. 8 mill.

1350. IDEM. Buste de profil, la tête nue. Courte légende pehlvie. CORNALINE. H. 16 mill. L. 11 mill.

1351. IDEM. Buste de profil, diadémé. Légende pehlvie. AGATE rubanée. H. 14 mill. L. 11 mill.

1352. IDEM. Buste diadémé, de profil ; au-dessous deux ailes. Légende pehlvie. CORNALINE. H. 14 mill. L. 12 mill.

1353. IDEM. Buste de profil, la tête nue. Légende pehlvie. CORNALINE. Diam. 10 mill.

1354. Idem. Buste diadémé, de profil, la tête nue; au-dessous deux ailes. Cornaline. H. 10 mill. L. 7 mill.

1355. Idem. Buste de profil, diadémé. Légende pehlvie. Grenat. H. 10 mill. L. 8 mill.

1356. Idem. Buste de profil, la tête nue, avec le manteau constellé. Légende pehlvie. Sceau annulaire. Hématite rougeâtre. H. 14 mill. L. 11 mill.

1357. Varahran II. Buste de profil, la tête nue. Sardoine. H. 15 mill. L. 11 mill.

1358. Idem. Buste de profil, la tête nue. Légende pehlvie. Cornaline. H. 9 mill. L. 7 mill.

1359. Idem. Buste de profil, la tête nue, entre le soleil et le croissant. ℞. Lion passant surmonté d'un scorpion. Le tout dans un cercle. Pate de verre bleu. H. 8 mill. L. 10 mill.

1360. Artaxerxe II. Buste de profil, avec la tiare ronde. Cornaline. H. 15 mill. L. 13 mill.

1361. Sapor III. Buste de profil, avec le manteau constellé. Légende pehlvie. Sceau annulaire. Jaspe fleuri. H. 15 mill. L. 12 mill.

1362. Chosroes Ier. Buste de profil, la tête nue. Légende pehlvie. Cornaline, vieille roche. H. 23 mill. L. 16 mill.

Admirable spécimen de l'art sous les rois Sassanides. La matière est des plus belles. (V. nº 2538 la coupe attribuée à ce prince.)

1363. Idem. Buste de profil à gauche, diadémé. Cornaline. H. 15 mill. L. 12 mill.

1364. Idem. Buste de profil, la tête nue, avec le manteau constellé. Inscription pehlvie. Cône perforé. Agate cendrée. Diam. 23 mill.

1365. Idem. Inscription pehlvie. Derrière la tête, astre et croissant. Cornaline. H. 12 mill. L. 10 mill.

1366. Idem. Buste de profil, coiffé de la tiare ronde, portant un collier et des pendants d'oreille, tenant à la main le *barsom*. Légende pehlvie développée, mais mutilée. Cône perforé. Sardoine. Diam. 26 mill.

1367. Idem. Le Roi, la tête nue, monté sur un cheval richement caparaçonné, passant à gauche. Inscription pehlvie. Améthyste en cabochon. H. 17 mill. L. 25 mill.

1368. Idem. Buste de profil, la tête nue. Légende pehlvie développée en caractères déjà à peu près liés. Rhomboïde. Calcédoine blonde veinée. Diam. 20 mill.

1369. Idem. Buste de profil. Améthyste pâle. H. 16 mill. L. 11 mill.

1370. Roi sassanide incertain. Buste à gauche; derrière, fleur. Sceau annulaire. Calcédoine. H. 13 mill. L. 10 mill.

1371. Idem. Buste de face. Cône perforé. Cornaline. H. 7 mill. L. 6 mill.

1372. Idem. Buste de profil. Légende pehlvie. Agate rubanée. H. 16 mill. L. 10 mill.

Fragment.

1373. Idem. Buste de profil, porté sur deux ailes. Grenat cabochon. H. 10 mill. L. 9 mill.

1374. Idem. Buste de face, avec les deux bouts du *kosti*. Légende pehlvie. Cornaline. H. 13 mill. L. 11 mill.

C'est peut-être Chosroes Ier. (V. au no 2538.)

Intailles de style sassanide.

1375. FIGURE debout, vue de face, entre une étoile et un croissant. Légende pehlvie. CÔNE hémispheroïde perforé. SARDOINE rubanée. H. 15 mill. L. 16 mill.

Mutilé.

1376. CAVALIER en marche. CÔNE perforé. CORNALINE. Diam. 9 mill.

1377. SEMBLABLE au n° précédent. CÔNE perforé. CORNALINE. Diam. 10 mill.

1378. CAVALIER perçant de sa lance un lion terrassé. PATE de verre bleu. H. 13 mill. L. 11 mill.

Travail barbare.

1379. CAVALIER perçant de son épée un lion debout. SCEAU annulaire. SARDOINE. H. 20 mill. L. 25 mill.

Travail barbare.

1380. PERSONNAGE debout, de face, tenant un sceptre. CÔNE allongé. SARDOINE. H. 20 mill.

Travail barbare.

Mythologie. Style oriental.
(Intailles.)

1381. DOUBLE TÊTE barbare, comme celle de Janus. Légende pehlvie. NICOLO. H. 19 mill. L. 12 mill.

Travail de l'époque des Sassanides.

1382. PERSÉE coiffé de la tiare militaire des Achéménides, avec un cheval marin et une étoile sur la poitrine. Buste de profil. CORNALINE. H. 20 mill. L. 12 mill.

1383. Buste viril, à gauche, dans une couronne. Sceau annulaire. Sardoine. H. 20 mill. L. 15 mill.

On n'ose pas attribuer cette pierre au christianisme, et cependant le travail et le style font penser aux plus anciens monuments de notre religion.

Iconographie orientale.

(Intailles.)

1384. Mousa ou Musa, femme de Phraate IV, roi des Parthes. Buste de profil, coiffée de la tiare droite constellée et diadémée, avec un pendant d'oreille. Grenat chevé. H. 13 mill. L. 10 mill.

On pourrait attribuer ce portrait de la reine Musa, à un artiste grec. Au rapport de Josèphe, cette femme dont le nom est écrit dans son texte *Ther-musa* Θερμοῦσα, mais que nous écrivons *Musa* parce que c'est ainsi qu'on lit ce nom sur les médailles, était une esclave de race italienne qu'Auguste avait envoyée en présent à Phraate IV. (Voyez. Fl. Josephi. *Antiq. Jud.* XVIII, 2, 4.) *Mousa,* nom de femme, se trouve sur une inscription de la Carie, dans le *Corpus Inscriptionum Græcarum* de Bôckh, n° 2731.

1385. Ousas ou plutôt Achoucha, *Prince* ou *Ptiachkh* des *Ibères Carchédiens*, ou *Ibères-Koukarkhs* ou enfin *Karkèdes*. Buste de profil du prince, avec de longs cheveux disposés en tresses, une barbe épaisse, et pendant d'oreille. Un vêtement serré couvre le corps. Légende en caractères grecs en creux : ΟΥCΑC ΠΙΤΙΑ-ΞΗC ΙΒΗΡΩΝ ΚΑΡΧΗΔΩΝ. *Ousas* ou *Achoucha Ptiachkh des Ibères-Karkèdes.* Sardonyx à 3 c. H. 40 mill. L. 32 mill.

Visconti a consacré un paragraphe de son *Iconographie grecque* au personnage dont l'effigie se trouve sur cette belle et curieuse pierre. Voyez t. II, p. 269 et pl. XLV, n° 10. Avec sa sagacité ordinaire, Visconti avait parfaitement reconnu que le mot ΠΙΤΙΑΞΗC devait être la forme grecque d'un terme local signifiant *Prince*; il avait en conséquence attribué cette sardonyx à un dynaste de l'Ibérie, province limitrophe du nord de l'Arménie. Aujourd'hui, en consultant les écrivains orientaux, on peut compléter l'explication de Visconti. M. V. Langlois a publié une seconde fois la belle sardonyx d'Ousas. (Voy. *Revue archéologique*, t. VIII, p. 530.) Il restitue à ce personnage le nom d'*Achoucha*, déguisé par le graveur grec sous la forme *Ousas*. Dans le mot ΠΙΤΙΑΞΗC, M Langlois voit un titre arménien et georgien qu'il écrit *Ptiachkh*. On donnait ce titre à des chefs militaires héréditaires ou amovibles; c'étaient de véritables satrapes ou, si l'on veut, des pachas. M. Langlois cite un *Ptiachkh* du nom d'Achoucha qui vécut au v⁵ siecle. Il est possible que celui dont nous voyons les traits sur la belle sardonyx du cabinet impérial soit celui que mentionne Moïse de Khorène, c'té par M. Langlois; cependant le travail pourrait dater d'une époque antérieure. Nous aurions alors ici le portrait d'un ancêtre inconnu et homonyme du Ptiachkh Achoucha.

Voir nº 1386.

1386. Ousas ou *Achoucha, Ptiachkh* des *Ibères-Karkèdes*. Buste semblable à celui décrit nº 1385, mais sans légende. Sardoine. H. 20 mill. L. 15 mill. Chaton d'une bague d'argent.

La ressemblance des traits du personnage représenté ici avec ceux de celui qui paraît sur la sardonyx décrite sous le numéro précédent, est tellement frappante qu'on ne peut hésiter à y reconnaître le même prince. Cette pierre n'a pas encore été signalée. (Voir nº 1385.)

1387. Roi de l'Inde, sectateur de Zoroastre. Buste de profil portant pour coiffure un globe entre deux ailes. Grenat chevé. H. 15 mill. L. 10 mill.

Voyez, dans l'*Ariana Antiqua* de H. H. Wilson, les monnaies indo-sassanides, pl XVII, nᵒˢ 5, 8, 10, 11.

1388. Idem. Grenat chevé. H. 13 mill. L. 8 mill.

1389. Zénobie, reine de Palmyre. Buste de profil, coiffée d'une tiare droite crénelée. Cornaline. H. 12 mill. L. 10 mill.

Cette pierre et les suivantes jusqu'au nº 1394 inclusivement paraissent représenter la célèbre Zenobie. Le travail de ces pierres est de la plus grande barbarie.

1390. Idem. Sceau annulaire. Sardoine blonde. H. 15 mill. L. 12 mill.

V. nº 1389.

1391. Idem. Bague de cornaline. H. 11 mill. L. 6 mill.

V. nº 1389.

1392. IDEM. SCEAU annulaire. HÉMATITE. H. 16 mill. L. 11 mill.

> V. n° 1389.

1393. IDEM. Buste de profil avec un diadème et la tiare phrygienne. Devant, un rameau *d'asclépiade*. JASPE vert. H. 20 mill. L. 17 mill.

> V. n° 1389.

1394. IDEM. JASPE vert. Haut. 15 mill. L. 14 mill.

> V. n° 1389.

1395. JEUNE PRINCE lauré, levant la main en signe de commandement. Buste de profil. JASPE jaune. H. 24 mill. L. 20 mill.

> Peut-être un des fils de Zénobie.

1396. FEMME diadémée et voilée. Buste de profil. JASPE sanguin en forme de cœur. H. 32 mill. L. 22 mill.

> Travail barbare peut-être du temps de Zénobie.

Incertaines de l'Orient

1397. BOULE D'AGATE sur le milieu de laquelle des têtes de divinités et de héros gravées en creux décrivent un cercle horizontal : 1° Jupiter et Junon affrontés ; 2° Vulcain et Minerve (avec le casque phrygien) affrontés ; 3° Tenès et Hémithéa, réunis et opposés comme sur les médailles de Ténédos ; 4° Midas diadémé et Omphale coiffée de la peau de lion, affrontés ; 5° les têtes du triple Géryon barbu, sous un même casque. Circonférence 12 cent.

> Ce singulier monument provient de la Lycie. (V n° 1398.)

1398. BOULE D'AGATE dans le genre du numéro précédent. On n'y voit que cinq têtes : 1° Jupiter et Junon

affrontés ; 2° tête de Méduse de face ; 3° Vulcain et
Minerve affrontés. Circonférence 10 cent.

Ce monument provient de la Lycie. (V. n° 1397.)

1399. TÊTE VIRILE tournée à gauche, gravée en creux
sur la convexité de la pierre. Elle a les cheveux bouclés, et une branche de laurier devant elle. Au revers,
trois caractères syriaques. SARDOINE rubanée en cabochon. H. 15 mill. L. 13 mill.

C'est peut-être Odénat, le mari de Zénobie.

1400. TÊTE gravée de même que celle du numéro précédent sur la convexité de la pierre. Elle est coiffée
d'un riche diadème oriental, et a de même une branche de laurier devant elle. AGATE-CORNALINE rubanée.
H. 17 mill. L. 14 mill.

CAMÉES ORIENTAUX.

1401. LION couché, vu à vol d'oiseau. SARDONYX à 3 c.
H. 30 mill. L. 40 mill.

Travail et matière de premier ordre.

1402. LION dévorant un taureau. AGATE SARDONYX à 3 c.
H. 10 mill. L. 30 mill.

Travail de l'époque sassanide.

1403. LION accroupi. SCARABÉOÏDE. CORNALINE de vieille
roche. Sur le plat, en creux, LION passant à gauche.
H. 10 mill. L. 20 mill.

1404. SPHINX à tête de femme tourné à droite, les pattes

levées en avant, comme s'il s'apprêtait à dévorer sa victime. SARDONYX à 3 c. H. 15 mill. L. 20 mill.

Il est difficile de décider si cette pierre est de travail oriental ou d'ancien style grec.

1405. LE ROI PÉROSE, de la dynastie sassanide, avec la coiffure symbolique qui distingue ce prince sur ses médailles. Buste tourné à gauche. CORNALINE. H. 30 mill. L. 27 mill.

1406. ROI de l'Orient incertain. Buste, la tête nue. AGATE à 2 c. H. 17 mill. L. 15 mill.

INTAILLES ANTIQUES.

MYTHOLOGIE.

1407. SATURNE, debout, le haut du corps nu, tenant de la main droite la *harpé*, ou faux à courte poignée. CORNALINE. H. 10 mill. L. 9 mill.

1408. CYBÈLE couronnée de tours, ou plutôt une *ville*. Buste entre deux astres. NICOLO. H. 10 mill. L. 8 mill.

1409. CYBÈLE tourellée, assise sur un lion en course, tenant d'une main un sceptre et de l'autre le foudre. NICOLO. H. 15 mill. L. 20 mill.

Mariette a publié inexactement cette curieuse pierre. (V. *Traité des pierres gravées*, t. II, p. 4.) Cybèle représentée sur un lion en course, se retrouve avec les mêmes attributs que sur notre pierre au revers des médailles d'or, d'argent et de bronze, de Septime Sévère et de Caracalla son fils. Il existe deux variétés de ce type dans le médaillier du cabinet de France; sur l'une au lieu du foudre, Cybèle tient le *tympanum*.

1410. Jupiter, portant une statuette de la Victoire ou Nicéphore, assis, entre Minerve et Junon debout. Calcédoine. H. 13 mill. L. 19 mill.

1411. Jupiter, avec le *modius* comme Sérapis, assis entre les Dioscures Castor et Pollux, debout. Cornaline. H. 13 mill. L. 20 mill.

1412. Jupiter assis ; devant lui, le simulacre de Diane d'Éphèse. Dans le champ, les lettres *C C IS X*. Cornaline. H. 10 mill. L. 15 mill.

Cette pierre d'une basse époque a pu servir d'amulète. Mariette. T. II, pl. VII.

1413. Jupiter et Junon debout, se donnant la main. Aux pieds de Jupiter, l'aigle. Calcédoine claire. H. 12 mill. L. 16 mill.

1414. Jupiter et Junon. Bustes conjugués. Cornaline. H. 12 mill. L. 11 mill.

Fragment.

1415. Même sujet. Jaspe jaune. H. 16 mill. L. 13 mill.

1416. Jupiter. Buste lauré. Cornaline. H. 10 mill. L. 9 mill.

1417. Jupiter. Buste lauré. Jaspe vert. H. 15 mill. L. 13 mill.

1418. Jupiter. Buste lauré. Agate blanche à 2 c. H. 15 mill. L. 12 mill.

Travail grossier.

1419. Jupiter, assis sur son trône, tenant le sceptre ; à ses pieds, l'aigle. Cornaline. H. 12 mill. L. 10 mill.

1420. Jupiter, assis sur son trône, tenant le sceptre et

le foudre. A ses pieds, l'aigle. CALCÉDOINE. H. 13 mill. L. 10 mill.

Jolie pierre décrite inexactement par Mariette. T. II, pl. v.

1421. JUPITER-NICÉPHORE assis, couronné par la Victoire. L'aigle est à ses pieds. CORNALINE. H. 17 mill. L. 13 mill.

1422. JUPITER-NICÉPHORE assis. L'aigle est à ses pieds. CALCÉDOINE jaunâtre. H. 15 mill. L. 11 mill.

1423. JUPITER assis, tenant une patère à la main. CALCÉDOINE saphirine. H. 12 mill. L. 10 mill.

1424. MÊMES SUJETS ET MATIÈRE. H. 11 mill. L. 8 mill.

1425. MÊMES SUJETS ET MATIÈRE. H. 14 mill. L. 11 mill.

1426. JUPITER, assis sur son trône, tenant d'une main le sceptre et de l'autre des épis. CALCÉDOINE blanche. H. 12 mill. L. 10 mill.

Cette pierre récemment acquise par la Bibliothèque Impériale a été rapportée d'Orient par M. St. Bellanger. Les épis que tient Jupiter l'assimilent au Baal ou Jupiter de Tarse.

1427. JUPITER assis, tenant la foudre et le sceptre. CALCÉDOINE blanche. H. 13 mill. L. 11 mill.

1428. JUPITER debout, nu, tenant le sceptre et la foudre. AGATE à 3 c. H. 15 mill. L. 10 mill.

1429. MÊME SUJET. PRASE. H. 11 mill. L. 7 mill.

1430. GANYMÈDE assis, présentant une coupe à JUPITER, représenté sous la forme d'un aigle, posé sur un autel. Derrière Ganymède, un arbre. CORNALINE. H. 16 mill. L. 21 mill.

MARIETTE, t II, pl. LVI.

1431. MÊME SUJET. L'aigle posé sur un gland de chêne,

arbre consacré à Jupiter, boit dans un vase. On ne voit pas d'arbre comme dans la pierre nº 1430. Améthyste. H. 18 mill. L. 26 mill.

Mutilé.

Le travail de cette pierre est d'une époque plus ancienne et d'une main plus habile que celui de la pierre nº 1430, publiée par Mariette.

1432. Ganymède, jouant avec le τροχὸς (cerceau). Cornaline. H. 16 mill. L. 9 mill.

Winckelmann, décrit un sujet analogue. (*Pierres gravées* de Stosch, p. 452, no 1) Voyez aussi ses *Monumenti antichi inediti*, t. II, nos 195-196, et t. I, p. 257.

1433. Jupiter-Ammon. Buste de profil, barbu avec les cornes de bélier. Cornaline. H. 15 mill. L. 11 mill.

1434. Junon. Buste de profil ,avec les cheveux liés par une bandelette. Cornaline. H. 16 mill. L. 13 mill.

La jeunesse est le seul caractère de cette jolie tête que M. Lenormant propose de nommer *Junon-Vierge*, "Ηρα παρθένος.

1435. Mars. Buste barbu, casqué. Cornaline. H. 10 mill. L. 9 mill.

1436. Mars nu, le casque en tête, le bouclier au bras, s'appuyant sur sa lance. Cornaline. H. 14 mill. L. 9 mill.

1437. Mars, casqué et revêtu d'une armure, s'appuyant sur sa lance, et posant la main sur son bouclier. Cornaline. H. 16 mill. L. 11 mill.

1438. Idem. Prase. H. 9 mill. L. 8 mill.

1439. Idem. Cornaline. H. 15 mill. L. 10 mill.

Travail grossier.

1440. Mars combattant, la lance en arrêt et le bouclier au bras. Agate à 2 c. H. 10 mill. L. 7 mill.

1441. Mars, portant un trophée. Améthyste. H. 15 mill. L. 11 mill.

Travail remarquable.

1442. Même sujet. Cornaline. H. 11 mill. L. 9 mill.

1443. Même sujet. Prase. H. 10 mill. L. 8 mill.

1444. Même sujet. Nicolo. H. 12 mill. L. 10 mill.

1445. Même sujet. Cornaline. H. 14 mill. L. 10 mill.

1446. Génie ailé de Mars, portant un casque. Cornaline. Diam. 11 mill.

1447. Génie de Mars, sans ailes, tenant un javelot et un bouclier sur lequel paraît une tête de Méduse. Agate à 2 c. H. 12 mill. L. 10 mill.

1448. Deux génies ailés de Mars érigeant un trophée. Cornaline. H. 10 mill. L. 12 mill.

1449. Deux génies ailés de Mars, essayant de soulever le bouclier du dieu. L'un d'eux s'efforce de le placer sur les épaules de l'autre. A droite, un arbre et un cippe. Cornaline. H. 7 mill. L. 9 mill.

1450. Apollon-Lycien. Buste avec les cheveux liés par une bandelette, retombant en tresses sur les épaules. Cornaline. H. 15 mill. L. 13 mill.

Belle pierre rapportée de Syrie par M. Guys, ancien consul de France à Beyrout.

1451. Apollon. Buste. Cornaline. H. 15 mill. L. 13 mill.

1452. Apollon. Buste lauré. Cornaline H. 12 mill. L. 11 mill.

Pierre rapportée de Syrie et donnée à la Bibliothèque Impériale, par M. W. H. Waddington. V. no 1477.

1453. Même sujet. Branche de laurier. Prase. H. 14 mill. L. 11 mill.

1454. Même sujet. Nicolo. H. 10 mill. L. 6 mill.

1455. Même sujet. Améthyste. H. 20 mill. L. 18 mill.
Belle matière; travail excellent.

1456. Mêmes sujet et matière. H. 21 mill. L. 16 mill.

1457. Même sujet. Cornaline. H. 30 mill. L. 20 mill.
Fracturé

1458. Apollon, vu à mi-corps, avec l'arc et le carquois. Cornaline. H. 15 mill. L. 11 mill.

1459. Même sujet. Sardoine. H. 42 mill. L. 30 mill.
Matière remarquable. Bon travail.

1460. Apollon nu, debout, s'appuyant sur une demi-colonne et tenant son arc à la main. Sardonyx à 3 c. H. 17 mill. L. 13 mill.
Charmante pierre. Mariette. T. II, pl. cxxv.

1461. Apollon nu, s'appuyant sur une demi-colonne, et tenant à la main une branche de laurier. Jaspe rouge. H. 16 mill. L. 12 mill.

1462. Apollon nu, sauf une chlamyde jetée sur les épaules, jouant de la lyre. L'instrument divin pose sur le bord d'un autel orné de guirlandes, sur lequel est placé un vase. Cornaline. H. 33 mill. L. 24 mill.
Mutilé.

1463. Apollon-Actiaque lauré, revêtu d'une longue robe et d'un manteau, debout, jouant de la lyre. Calcédoine. H. 21 mill. L. 15 mill.

1464. Apollon à demi nu, debout, tenant la lyre. Agate. H. 25 mill. L. 12 mill.

1465. Apollon nu, tenant la lyre. A droite, un trépied. Grenat. H. 12 mill. H. 10 mill.

1466. Apollon nu, assis; devant, un trépied. Cornaline. H. 10 mill. L. 11 mill.

1467. Génie ailé d'Apollon debout, tenant la lyre posée sur un trépied. Aux pieds du génie, Griffon. Améthyste. H. 22 mill. L. 16 mill.

Cette pierre remarquable par la beauté du travail a été gravée dans l'ouvrage de Mariette. T. II, pl. xvii.

1468. Griffon, symbole d'Apollon. Châton d'une bague antique de bronze. Cornaline. H. de la pierre : 10 mill. L. 12 mill.

1469. Lyre. Cornaline. H. 12 mill. L. 10 mill.

1470. Trépied. Jaspe rouge. H. 9 mill. L. 7 mill.

1471. Melpomène, muse de la tragédie, debout, tenant une lyre. A ses pieds, un masque tragique. Derrière elle, une colonne sur laquelle est placée une statue de Priape. Prase. H. 12 mill. L. 9 mill.

1472. Melpomène assise, tenant un masque tragique. Cornaline. H. 14 mill. L. 10 mill.

1473. Polymnie. La muse est assise dans l'attitude de la méditation; sa tête, sans être penchée, repose sur sa main droite qui tient une feuille de lierre ; elle fixe avec attention une statue d'enfant assis, placée sur une colonne. Derrière le siége de la muse, un casque. Grenat. H. 22 mill. L. 15 mill.

Mariette, T. II, pl. civ, a publié cette pierre. Il lui a donné ce nom : *Calpurnie inquiète sur le sort de César.*

1474. Euterpe. La muse de la poésie lyrique est repré-

sentée debout, appuyée sur une demi-colonne, et tenant la double flûte. Cornaline. H. 32 mill. L. 18 mill.

Cette pierre remarquable, bien qu'elle soit mutilée, a été rapportée d'O-
rient par M. Guys, ancien consul de France.

1475. Apollon radié, ou le *Soleil*. Buste. Jacinthe jaunâtre. H. 16 mill. L. 15 mill.

1476. Apollon-soleil et Diane-lune. Bustes en regard.
Dans le champ, c ɣ m. (Initiales grecques d'un possesseur.) Cornaline. H. 12 mill. L. 14 mill.

1477. Apollon-sérapis. Buste d'Apollon radié, le soleil,
avec le modius de Sérapis. Jaspe rouge. H. 15 mill.
L. 10 mill.

Cette petite pierre intéressante au point de vue mythologique, fait partie
d'un don de médailles et d'antiquités fait au Cabinet des Médailles en 1853,
par M. W. H. Waddington.

1478. Apollon-soleil, debout, radié, le fouet à la main.
Agate à 3 c. H. 10 mill. L. 5 mill.

1479. Apollon ou le soleil, dans son char attelé de
quatre chevaux. Sardonyx à 3 c. H. 10 mill. L. 11
mill.

1480, 1481, 1482, 1483. Le soleil dans son char, attelé
de deux chevaux. Scarabée. Cornaline. H. 15 mill. L.
10 mill.

Les trois derniers numéros sont tout à fait barbares.

1484. Tête du soleil, de face, gravé dans le coin d'une
pierre de forme ovoïde, sur laquelle on lit : I Π Π A P X O Υ.
Agate rubanée. H. 21 mill. L. 27 mill.

1485. Tête du soleil, de face. Opale. Diam. 9 mill.

1486. Le capricorne, dixième signe du zodiaque des
Romains (décembre.) Prase. H. 8 mill. L. 10 mill.

On voit le Capricorne au revers des médailles d'Auguste, parce que c^e

prince était né sous ce signe. Quelquefois, comme sur la pierre nᵒ 1487, le Capricorne est accompagné d'une corne d'abondance et du globe du monde; ces attributs et le gouvernail qui y est réuni quelquefois ont tous rapport à l'horoscope d'Auguste, dont la destinée était de gouverner heureusement le monde. On peut donc supposer que cette pierre et les deux suivantes ont été faites du temps d'Auguste, ou en souvenir de son heureux règne.

1487. Le capricorne, une corne d'abondance et le globe du monde. Agate à 2 c. H. 8 mill. L. 10 mill.

     V. le commentaire du nᵒ 1486.

1488. Le capricorne tenant une couronne dans les dents. Dans le champ, cop, peut être *copia*, abondance. Cornaline. H. 10 mill. L. 12 mill.

     V. le commentaire du nᵒ 1486.

1489. Esculape. Buste lauré, avec le bâton. Cornaline. H. 12 mill. L. 11 mill.

1490. Esculape debout, à demi nu, lauré, s'appuyant sur le bâton autour duquel s'enroule le serpent. Cornaline. H. 32 mill. L. 15 mill.

1491. Même sujet. Cornaline. H. 23 mill. L. 10 mill.

1492. Idem. Hématite. H. 14 mill. L. 10 mill.

1493. Idem. Agate à 3 c. H. 10 mill. L. 7 mill.

1494. Simulacre de la Diane d'Éphèse. Nicolo. H. 21 mill. L. 15 mill.

1495. Simulacre de Diane d'Éphèse, entre les deux cerfs. En haut, têtes du soleil et de la lune. Cornaline. H. 15 mill. L. 10 mill.

1496. Simulacre de Diane d'Éphèse, entre le soleil et le croissant. Cornaline. H. 10 mill. L. 8 mill.

1497. Simulacre de Diane d'Éphèse entre les deux cerfs. Sardonyx à 3 c. H. 15 mill. L. 10 mill.

1498. Diane chasseresse, le carquois sur l'épaule. Buste. Cornaline. H. 15 mill. L. 12 mill.

1499. Diane, l'arc à la main, assise sur un rocher. Grenat. H. 15 mill. L. 13 mill.

1500. Actéon dévoré par ses chiens. Scarabée. Cornaline. H. 13 mill. L. 10 mill.

Ancien style.

1501. Diane assise sur un taureau. (Diane taurique ou tauropole). Calcédoine. H. 13 mill. L. 10 mill.

1502. Minerve-Tritonia. Buste de profil. Sur le casque qui est orné d'une aigrette, est sculpté non pas le griffon qui paraît le plus ordinairement sur le casque de cette déesse, mais un lion marin ailé, dont le corps se termine en serpent. Améthyste. H. 35 mill. L. 31 mill.

Magnifique intaille, rapportée d'Orient en 1848, par M. Guys, ancien consul de France en Syrie.

1503. Minerve casquée. Buste de trois quarts. Cornaline. H. 20 mill. L. 15 mill.

1504. Minerve avec le casque et l'égide. Buste. Nicolo. H. 11 mill. L. 10 mill.

1505. Même sujet. Jaspe rouge. H. 11 mill. L. 9 mill.

1506. Même sujet. Cornaline. H. 25 mill. L. 18 mill.

Monture en or émaillé.

1507. Même sujet. Cornaline. H. 9 mill. L. 6 mill.

Cette pierre fait partie d'un don de médailles et d'antiquités fait en 1853, par M. W. H. Waddington.

1508. Même sujet. Une légende barbare a été gravée autour de cette tête à une époque postérieure. On lit :

ΟΥΡΤ ΣΟΥΟ ΗΩΟ ΛΠΙΤΟΥΚΛΠ. Jaspe sanguin. H. 32 mill. L. 26 mill.

Mariette, t. II. Têtes no 4.

1509. Minerve. Tête casquée. Prase. H. 8 mill. L. 6 mill.

1510. Même sujet. Cornaline. H. 12 mill. L. 11 mill.

1511. Même sujet. Agate. H. 11 mill. L. 9 mill.

1512. Même sujet. Agate à 2 c. H. 9 mill. L. 8 mill.

1513. Minerve marchant, le casque en tête, le bouclier au bras, la lance sur l'épaule. A ses pieds, le serpent Erichtronius. Améthyste. H. 20 mill. L. 13 mill.

1514. Même sujet. Calcédoine. H. 13 mill. L. 9 mill.

1515. Même sujet, mais sans le serpent. Cornaline. H. 14 mill. L. 10 mill.

1516. Minerve-nicéphore debout; elle tient de la main droite sa lance et de la gauche, la statuette de *Niké* ou la Victoire. Calcédoine. H. 12 mill. L. 10 mill.

1517. Même sujet. Agate à 2 c. H. 11 mill. L. 8 mill.

1518. Même sujet. Jaspe rouge. H. 10 mill. L. 6 mill.

1519. Même sujet; mais la déesse est assise. Prase. H. 8 mill. L. 5 mill.

1520. Minerve casquée, debout, s'appuyant sur sa lance. A ses pieds, son bouclier. Cornaline. H. 10 mill. L. 8 mill.

1521. Minerve casquée, debout, prenant son bouclier sur un autel. Prase. H. 15 mill. L. 10 mill.

Monture en or.

1522. Minerve casquée debout, tenant sa lance et son bouclier de la main gauche, et portant sur la droite un *hermès* surmonté d'une tête d'aigle. Aux pieds de Minerve, un aigle tenant une couronne dans son bec. A droite, dans le champ, un autre *hermès*, surmonté d'une tête de divinité barbue. Calcédoine. H. 12 mill. L. 10 mill.

1523. Minerve debout, tenant sa lance. A ses pieds, son bouclier. Cornaline ébauchée. H. 12 mill. L. 7 mill.

1524. Minerve casquée, debout, déposant son vote en faveur d'Oreste, dans une urne placée devant elle. Silex. H. 24 mill. L. 17 mill.

Mutilé.

On trouvera le même sujet décorant une bulle d'or, dans la *Section des bijoux d'or*.

1525. Méduse. Buste de profil. Cornaline. H. 18 mill. L. 15 mill.

1526. Méduse. Buste de profil. Cornaline. H. 15 mill. L. 13 mill.

1527. Méduse. Tête de face. Cornaline. H. 12 mill. L. 10 mill.

1528. Même sujet. Agate à 2 c. Diam. 10 mill.

1529. La louve allaitant Romulus et Rémus. Nicolo clair. H. 10 mill. L. 13 mill.

1530. Même sujet. Prase. H. 7 mill. L. 10 mill.

1531. Faustulus trouvant la louve allaitant Romulus et Rémus sous le figuier ruminal; le pivert est posé dans les branches de l'arbre. Dans le champ, buste de Rome casquée. Calcédoine grise. H. 9 mill. L. 10 mill.

Rapporté d'Orient par M. Guys.

1532. Victoire ailée. Buste de profil. Sardoine. H. 8 mill. L. 6 mill.

1533. Mêmes sujets et matière. H. 9 mill. L. 8 mill.

1534. Victoire ailée, debout, tenant une palme et une couronne. Corindon jaune taillé en cabochon. H. 16 mill. L. 11 mill.

Rapporté de Syrie par M. Guys.

1535. Victoire-fortune ailée, debout, le casque en tête, tenant des épis. A ses pieds, un gouvernail. Prase. H. 12 mill. L. 9 mill.

1536. Victoire-fortune ailée, debout, tenant un gouvernail. Cornaline. H. 12 mill. L. 9 mill.

1537. Victoire ailée portant un trophée. Dans le champ, les lettres A. B. N. disposées perpendiculairement. Cornaline. H. 9 mill. L. 6 mill.

1538. Victoire ailée, tenant une couronne. Nicolo. H. 8 mill. L. 6 mill.

1539. Même sujet. Cornaline. H. 9 mill. L. 6 mill.

1540. Victoire ailée, tenant une palme et une couronne, posée sur le globe du monde. On lit en grec : POThI. Cornaline. H. 13 mill. L. 8 mill.

1541. Victoire ailée, debout, tenant palme et couronne. Nicolo. H. 20 mill. L. 11 mill.

Mariette, t. II, pl. cxviii.

1542. Victoire ailée, écrivant sur un bouclier. Cornaline. H. 20 mill. L. 15 mill.

Mariette, t. II, pl. cxvii.

1543. Victoire ailée, conduisant un bige. Cornaline. H. 20 mill. L. 24 mill.

Mariette, t. II, pl. caix.

1544. Même sujet. Cornaline. H. 11 mill. L. 15 mill.

1545. Victoire ailée, couronnant un guerrier précédé d'un autre guerrier. Cornaline. H. 15 mill. L. 20 mill.

1546. Victoire ailée, couronnant un guerrier debout devant elle. Agate à 2 c. H. 9 mill. L. 14 mill.

1547. Vénus, diadémée. Buste. Nicolo. H. 9 mill. L. 7 mill.

1548. Vénus, à demi nue, représentée à mi-corps, arrangeant ses cheveux. Calcédoine. H. 15 mill. L. 10 mill.

1549. Vénus-Anadyomène, ou sortant de l'eau, entièrement nue, debout, faisant égoutter ses cheveux. Améthyste. H. 12 mill. L. 10 mill.

1550. Vénus-Énalia ou marine, entièrement nue, debout, s'appuyant de la main gauche sur un gouvernail, et de la droite tenant son pied. Calcédoine. H. 10 mill. L. 8 mill.

1551. Même sujet. Ébauche. Prase. H. 7 mill. L. 5 mill.

1552. Vénus armée, ou Victrix. La déesse, à demi-nue, s'appuie sur un arbre et tient d'une main un javelot et de l'autre un casque. Sardonyx à 3 c. H. 24 mill. L. 20 mill.

1553. Même sujet. Au lieu de l'arbre, une colonne, au pied de laquelle est un bouclier. Cornaline. H. 13 mill. L. 10 mill.

1554. MÊME SUJET. CORNALINE. H. 12 mill. L. 10 mill.

1555. IDEM. AMÉTHYSTE. H. 11 mill. L. 8 mill.

1556. IDEM. JASPE vert. H. 10 mill. L. 8 mill.

1557. IDEM. GRENAT. H. 9 mill. L. 7 mill.

1558. IDEM. AMÉTHYSTE. H. 8 mill. L. 5 mill.

1559 et 1560. IDEM. PRASE. H. 12 mill. L. 10 mill.

1561. MÊME SUJET. PRASE. H. 11 mill. L. 8 mill.

1562 et 1563. IDEM. PRASE. H. 10 mill. L. 8 mill. et H. 11 mill. L. 9 mill.

1564. IDEM. PRASE. H. 12 mill. L. 9 mill.

1565. IDEM. PRASE. H. 10 mill. L. 8 mill.

1566. IDEM. PRASE. H. 8 mill. L. 6 mill.

1567. IDEM. PRASE. H. 7 mill. L. 5 mill.

1568. IDEM. PRASE. H. 8 mill. L. 5 mill.

1569. IDEM. NICOLO. H. 8 mill. L. 5 mill.

1570. IDEM. NICOLO. H. 8 mill. L. 6 mill.

1571. IDEM. SARDONYX à 3 c. H. 7 mill. L. 6 mill.

1572. IDEM. PRASE. H. 9 mill. L. 8 mill.

1573. MÊME SUJET, mais la déesse est assise. PRASE. H. 12 mill. L. 8 mill.

1574. MÊME SUJET, mais devant la déesse qui est debout,

on voit l'Amour enfant tenant un miroir. Prase. H. 15 mill. L. 11 mill.

Très-jolie composition.

1575. Vénus nue, debout, donnant la main à l'Amour enfant. La déesse tient un miroir de la main gauche. Sur sa tête, une colombe. Sardonyx à 3 c. H. 12 mill. L. 10 mill.

1576. Vénus, à demi nue, debout, se coiffant. Elle tient un miroir de la main droite. Sardonyx à 3 c. H. 11 mill. L. 10 mill.

1577. Vénus nue, debout. Sardonyx à 2 c. H. 11 mill. L. 8 mill.

1578. Idèm. Améthyste. H. 6 mill. L. 5 mill.

1579. Vénus accroupie. La déesse est nue et tient à la main un objet que l'état d'imperfection et l'exiguïté de la pierre ne permet pas de reconnaître. Prase. H. 9 mill. L. 6 mill.

1580. Vénus, à demi nue, assise, tenant un bouclier sur lequel paraît la tête de Méduse. Cornaline. H. 30 mill. L. 25 mill.

Cette pierre grecque d'un bon travail, a été retravaillée à l'époque du règne des idées gnostiques En haut, on lit : IDEOS ; à gauche, est un mot en lettres arabes cufiques: sur un cippe placé devant la figure de Vénus et à l'exergue on voit encore des inscriptions cabalistiques. Mariette a publié cette pierre, t. II, pl. LXVII.

1581. Vénus ou une Nymphé surprise au bain par Pan. On lit dans le champ, ΠΑΝΑΙΟΥ, et à l'exergue ΑΦΡΟΔΙΤΗ. Sardoine. H. 15 mill. L. 13 mill.

Le comte de Caylus a publié cette jolie pierre dans son *Recueil d'anti-quites*, V. t. VI, pl XLI, no 3, p 137; il déclare qu'il croit l'inscription ΑΦΡΟΔΙΤΗ, ajoutée par une main moderne, mais il voit dans ΠΑΝΑΙΟΥ la si-gnature authentique d'un graveur grec. Le comte de Clarac acceptant cette opinion de son devancier a inscrit le nom de *Pancos* ou *Panœus*, dans son

Catalogue des artistes de l'antiquité, v. IIIe partie, p. 163. Du Mersan, *Histoire du cabinet-des medailles. Description,* p. 79, no 156, mentionne en paraissant l'adopter l'opinion de Caylus; Raoul-Rochette, *Lettre a M. Schorn, Supplément au catalogue des artistes de l'antiquité,* p. 147, no 61, penche pour une opinion toute contraire. Il reproche à M. Sillig d'avoir enregistré dans son *Catalogus Artificum,* etc., le nom de *Panœus* sur la seule autorité de M. de Clarac. Raoul-Rochette ajoute « qu'on peut « douter encore si l'inscription, ΠΑΝΑΙΟΥ ΑΦΡΟΔΙΤΗ, n'est pas plutôt relative « au sujet, qui est un *satyre assaillant une nymphe,* qu'à un nom d'artiste. « En tous cas, ni cette inscription, ni la pierre qui la porte, et qui se « trouve dans notre cabinet des Antiques, ne sont sujettes au moindre « doute, quant à leur antiquité. » Je suis très-disposé à penser comme Raoul-Rochette, que pierres et legendes sont bonnes et authentiques; mais ΠΑΝΑΙΟΥ est-il le nom d'un graveur au génitif, ou un composé du nom de *Pan,* c'est ce que je ne déciderai pas ici, où l'espace manquerait pour motiver une opinion sérieuse.

1582. TEMPLE DE VÉNUS. Au milieu, le simulacre de la déesse, une pierre conique. A droite et à gauche, sur une colonne, une colombe. Au-dessus du simulacre, le croissant et le soleil. JASPE rouge. H. 29 mill. L. 13 mill.

Cette pierre est une copie exacte du type des médailles de l'île de Cypre. MIONNET, t. III, p. 670 et suiv.

1583. MÊME SUJET. PRASE. H. 10 mill. L. 6 mill.

1584. EROS ou AMOUR ailé, armé d'un épieu, debout au pied d'un arbre sur lequel est posée une colombe. PRASE. H. 8 mill. L. 5 mill.

1585. AMOUR ailé sur une amphore, voguant au moyen d'une voile dont il tient les cordages. JASPE rouge. H. 9 mill. L. 11 mill.

On pourrait voir ici le génie d'Hercule qui traversa les mers sur une amphore.

1586. AMOUR brisant ses flèches. CORNALINE. H. 12 mill. L. 10 mill.

1587. AMOUR captif; il est assis au pied d'une colonne surmontée d'un sphinx à laquelle il est enchaîné. On lit à droite : ΔΙΚΑΙΩΣ. *Avec justice.* Jaspe rouge. H. 15 mill. L. 10 mill.

1588. Amour captif; il est ailé, agenouillé, et les mains liées derrière le dos. Cornaline. H. 9 mill. L. 7 mill.

1589. Amour ailé sur un lion en course. Sardonyx à 2 c. H. 9 mill. L. 12 mill.

1590. Amours ailés, luttant. Jaspe rouge. H. 11 mill. L. 9 mill.

1591. Amour ailé, s'emparant d'un cygne. Cornaline. Diam. 10 mill.

1592. Amour ailé, étranglant un coq. A droite, un papillon s'envolant. Cornaline. H. 14 mill. L. 20 mill.

Le papillon, emblème de l'âme ou *Psyche,* figure la vie qui abandonne le coq tué par l'Amour. Acquisition de l'année 1853.

1593. Mercure. Buste avec le caducée et les ailerons. Cornaline. H. 15 mill. L. 11 mill.

1594. Idem. Un nom de possesseur est écrit autour du buste; ce nom doit être barbare ou a été mal écrit : IAIYSSYC. Cornaline. H. 11 mill. L. 8 mill.

1595. Idem. Dans le champ, Κ Φ. Jaspe rouge. H. 14 mill. L. 10 mill.

Mariette. T. II Têtes, no 114.

1596. Mercure. Buste coiffé du pétase, posé sur deux mains jointes, entre une tête de bélier et le caducée. Nicolo. H. 11 mill. L. 9 mill.

Mariette. T. II, pl xxx.

1597. Mercure la barbe en pointe, debout, avec les *talonnières*, nu, sauf la chlamyde flottant sur l'épaule, s'appuyant sur un long caducée. On lit : AETION. *Aétion.* CORNALINE. H. 18 mill. L. 10 mill.

Acquise en Égypte par le chevalier Pétrée, cette pierre passa depuis dans la collection Beugnot d'où en 1840, elle est venue dans le Cabinet des Médailles. Voyez *Description de la collection d'antiquités* de M. le vicomte Beugnot, par M. J. de Witte, p. 134, n° 400. Millin avait publié cette pierre en 1811. Voyez *Galerie mythologique.* pl. L, n° 205, t. I, p. 47. On connaît une autre pierre, signée du même nom au génitif. Voyez, *Catalogue des artistes*, du comte de Clarac, IIIᵉ partie, p. 8. C'est une tête de Priam, qui a été souvent publiée. BRACCI, pl. IV, p. 18, dans son livre cité plus haut dit qu'on peut attribuer cette pierre au peintre Aétion, lequel est cité avec les plus grands éloges par Lucien, dans trois de ses traités, *Sur ceux qui sont aux gages des grands*, § 42 ; *Hérodote ou Aétion*, § 5 et 6 ; et les *Portraits*, § 7. Visconti, *Opere Varie*, t. II, p. 169, conteste cette opinion hardie, mais qu'on pourrait soutenir. Raoul-Rochette a enregistré le nom de ce graveur après Sillig. (V. Lettre à Schorn, p. 105, n° 4.) Le travail de cette pierre me parait affecter l'archaïsme et n'est pas d'ancien style comme on pourrait le croire à première vue ; cette observation viendrait à l'appui de l'attribution de Bracci, ou tout au moins donnerait peut-être le droit de penser que cette pierre nous offre la copie d'un type créé par le peintre Aétion qui fut contemporain de Lucien et non un artiste des époques primitives.

V. le commentaire du n° 1817.

1598. MERCURE nu, debout, coiffé du pétase avec la chlamyde sur l'épaule, le caducée et la bourse à la main. CORNALINE. H. 10 mill. L. 8 mill.

Monté sur une bague du XVIᵉ siècle.

1599. IDEM, mais la tête nue. CORNALINE. H. 15 mill. L. 11 mill.

Travail grossier.

1600. IDEM. CORNALINE. H. 16 mill. L. 12 mill.

1601. MERCURE revêtu de la chlamyde, coiffé du pétase ailé, debout devant un autel sur lequel est placé un *pedum*, bâton de voyage. A côté de l'autel, une colonne surmontée d'un globe à laquelle est attachée une branche d'arbre. PRASE. H. 17 mill. L. 11 mill.

Jolie pierre romaine, publiée par Mariette, t. II, pl. XXVIII Cet auteur y voit. Mercure, dieu des voyageurs. La colonne serait une borne milliaire

1602. Mercure debout; à ses pieds, un coq. Jaspe sanguin. H. 15 mill. L. 12 mill.

1603. Idem. Cornaline. H. 12 mill. L. 9 mill.

1604. Mercure debout, nu, sauf la chlamyde sur l'épaule, coiffé du pétase ailé, tenant la bourse et le caducée. A ses pieds, un bélier; dans le champ, coq et tortue; tous animaux consacrés à Mercure. Nicolo. H. 15 mill. L. 10 mill.

Mariette. T. II, pl. XXIX.

1605. Mercure debout, appuyé sur un cippe, tenant une tête de bélier. Améthyste. H. 10 mill. L. 9 mill.

1606. Mercure debout, s'appuyant sur un cippe. Ébauche. Jaspe sanguin. H. 10 mill. L. 7 mill.

1607. Mercure nu, les talonnières aux pieds, courant, une corbeille sur l'épaule. Sardoine cabochon. H. 21 mill. L. 15 mill.

Raspe, *Catalogue de Tassie*, nᵒ 2382, pl. XXX.

1608. Mercure, le caducée à la main, s'apprêtant à conduire un mortel aux régions inférieures. Agate. H. 25 mill. L. 18 mill.

1609. Mercure assis. Scarabée de cornaline. H. 14 mill. L. 10 mill.

1610. Mercure, le caducée à la main, assis sur un rocher. On lit les noms du possesseur au génitif : L. OCTAVI. LAETI. Cornaline. H. 11 mill. L. 10 mill.

1611. Même sujet, sans inscription. Prase. H. 9 mill. L. 8 mill.

1612. Idem. Améthyste. H. 10 mill. L. 8 mill.

1613. Idem. Sardonyx à 3 c. taillée en cabochon. H. 10 mill. L. 8 mill.

1614. Idem. Jaspe-rouge. H. 8 mill. L. 6 mill.

1615. Pied de Mercure, reconnaissable aux talonnières, caducée, et le papillon, emblème de Psyché, ou l'âme. On lit les lettres grecques : HY AC. Cornaline. H. 8 mill. L. 10 mill.

Mariette, t. II, pl. LXII.

1616. Cérès, ou plutôt *Xoanon*, ou simulacre de Cérès, sur une base. La déesse est représentée debout, avec le modius; elle tient d'une main un fouet et de l'autre des épis et des pavots. Cornaline brûlée. H. 17 mill. L. 15 mill.

Rapporté de Syrie par M. Guys, ancien consul de France.

1617. Même sujet. Cornaline. H. 10 mill. L. 8 mill.

1618. Cérès assise, tenant des épis. A ses pieds, un lion. Sardoine. H. 12 mill. L. 11 mill.

1619. Cérès assise, tenant des épis. Devant elle, un boisseau rempli d'épis. Au-dessus, une abeille. Jaspe sanguin. H. 13 mill. L. 10 mill.

1620. Même sujet, moins le boisseau. On lit : IAM. Jaspe vert. H. 10 mill. L. 8 mill.

1621. Bacchus. Tête de face, coiffée du *crédemnon*. Améthyste. H. 18 mill. L. 14 mill.

Mariette, t. II, têtes nº 115.

1622. Idem. Tête de profil couronnée de lierre. Prase. H. 16 mill. L. 11 mill.

Travail grec d'une bonne époque.

1623. Bacchus-Pogon ou barbu. Tête de face sur une gaîne. Nicolo. H. 20 mill. L. 13 mill.

1624. Idem. Grenat. H. 19 mill. L. 7 mill.

1625. Bacchus. Tête de face, couronnée de pampres, avec des ailes de mouche qui figurent une barbe. Nicolo. H. 14 mill. L. 8 mill.

> Cette jolie pierre a été longtemps nommée à tort *Jupiter Muscarius;* Du Mersan, *Hist. du Cab. des Médailles. Description*, p. 75, n° 25. On s'appuyait sur une intaille de la collection du baron de Stosch, publiée par Winckelmann, dans ses *Monum. antichi inediti*, pl. XIII et p. 13; mais le caractère de la tête de la pierre de Stosch appartient bien à Jupiter, tandis qu'ici les traits et les pampres désignent très-clairement Bacchus.
>
> Un sujet analogue, gravé sur cornaline, se trouve dans le *Recueil des pierres gravées* du duc d'Orléans, t. I, p. 59. Les auteurs désignent ainsi ce sujet : *Masque comique de vieillard.*

1626. Bacchus, barbu, revêtu d'une longue robe, debout, tenant d'une main le thyrse et de l'autre un canthare; derrière le dieu, autel orné d'une guirlande sur lequel est placé un masque. Quartz jaune, ou topaze. H. 42 mill. L. 20 mill.

> Buonarroti a publié cette remarquable pierre dans ses *Osservazioni isto- riche sopra alcuni medaglioni antichi. Roma.* 1698. V, p. 440.

1627. Bacchus à demi nu, debout, tenant un thyrse et un canthare. Cornaline. H. 16 mill. L. 9 mill.

> Pierre d'excellent travail grec.

1628. Bacchus nu, debout, tenant une grappe de raisin qu'un jeune bacchant s'efforce d'atteindre. Cornaline. H. 14 mill. L. 9 mill.

1629. Bacchus nu, debout, s'appuyant sur son thyrse, et tenant un canthare. A ses pieds, une panthère. Jaspe sanguin. H. 11 mill. L. 9 mill.

1630. Bacchus à demi nu, debout, s'appuyant sur son thyrse et tenant le canthare. A ses pieds, une panthère. Améthyste. H. 10 mill. L. 7 mill.

1631. Bacchus nu, s'appuyant sur le thyrse et tenant le canthare. Sardonyx brûlée. H. 10 mill. L. 9 mill.

1732. IDEM. PRASE. H. 7 mill. L. 5 mill.

1633. BACCHUS nu, debout, au milieu de ceps de vigne ; à ses pieds, la panthère. CORNALINE. H. 13 mill. L. 10 mill.

1634. BACCHANT en course, nu, sauf une chlamyde jetée sur l'épaule ; il tient un javelot. CORNALINE. H. 20 mill. L. 15 mill.

> Mutilé.

1635. BACCHANT nu, debout, tenant un thyrse. NICOLO. H. 9 mill. L. 5 mill.

1636. GÉNIE ailé de BACCHUS sur une panthère en course. GRENAT. H. 7 mill. L. 10 mill.

1637. TAUREAU DIONYSIAQUE, le corps ceint d'une guirlande de lierre, marchant la tête baissée. Sous ses pieds, un thyrse. Dans le champ, en haut, la signature du graveur Hyllus : ΥΛΛΟΥ. AGATE calcédoine mamelonnée. H. 22 mill. L. 41 mill.

> Monument de premier ordre, célèbre par la beauté du travail, et qui a été publié plusieurs fois On le trouve dans STOSCH, *Gemmæ antiquæ cœlatæ, scalptorum nominibus insignitæ,* p 56, pl. XL ; dans BRACCI, *Commentaria de antiquis scalptoribus,* t. II, p. 128, pl. LXXX ; dans MARIETTE. t. II, pl. XLII ; dans le *Trésor de Num. et de Glypt. Nouv. Gal. Myth.* pl. LI, nº 6. Stosch et Bracci donnent à cette pierre le nom de cornaline ; Mariette ajoute à ce mot l'épithète *blanche* ; je crois, avec des connaisseurs distingués, qu'el'on doit lui donner le nom d'agate-calcédoine mamelonnée.

1638. SILÈNE. Buste. PRASE. H. 13 mill. L. 10 mill.

1639. SILÈNE couronné de lierre. Buste. Au-dessous, le *pedum*. NICOLO. H. 11 mill. L. 8 mill.

1640. IDEM. GRENAT. H. 10 mill. L. 7 mill.

> Rapporté de Syrie par M. Guys.

1641. SILÈNE à demi nu, debout, jouant de la double flûte. CORNALINE. H. 18 mill. L. 14 mill.

1642. Silène vêtu d'une robe courte à manches, marchant, un vase à la main droite et le thyrse sur l'épaule gauche. Cornaline. H. 15 mill. L. 13 mill.

Rapporté de Syrie par M. Peretié. Acquisition de l'année 1855.

1643. Silène et Pan. Têtes accolées ; dans le champ, le pedum de Silène et la syrinx de Pan. On lit : MCESI, peut-être les initiales d'un possesseur nommé *Marcus Cesius*. Améthyste. H. 11 mill. L. 13 mill.

1644. Silène et Bacchus barbu. Têtes en regard. Agate. H. 12 mill. L. 18 mill.

Pierre d'un excellent travail grec, mais sur une matière vulgaire, rapportée de Syrie par M. Guys, ancien consul de France. Acquisition de l'année 1848.

1645. Bacchante couronnée de lierre, tenant le thyrse. Buste de face. Grenat foncé. Diam. 10 mill.

1646. Idem sans le thyrse. Buste de profil. Agate à 3 c. H. 10 mill. L. 9 mill.

1647. Faune avec la nébride. Buste de face. Calcédoine saphirine. H. 13 mill. L. 10 mill.

1648. Faune bacchant ivre, dansant, le thyrse à la main droite, un canthare de la main gauche ; sur le bras, une peau de panthère. — A ses pieds, un vase renversé. Sardonyx à 2 c. H. 36 c. L. 28 c.

Magnifique pierre d'un excellent travail. Mariette. T. II, pl. XL. Ce type est fréquent dans les monuments antiques.

1649. Faune en marche, tenant le pedum d'une main et une grappe de raisin de l'autre. Calcédoine à 2 c. H. 11 mill. L. 10 mill.

1650. Faune entièrement nu, marchant les bras levés. Agate à 2 c. brûlée. H. 15 mill. L. 11 mill.

1651. Faune marchant à grands pas, portant la main g.

à ses cheveux et de la droite tenant le *lagobolon*, (bâton pour chasser le lièvre). A ses pieds, un autel duquel se dresse un serpent. CORNALINE. H. 15 mill. L. 10 mill.

1652. FAUNE marchant à grands pas, le thyrse à la main et la nébride sur l'épaule; à ses pieds, un chien. JASPE rouge. H. 9 mill. L. 5 mill.

1653. FAUNE monté sur un âne. SCARABÉE D'AGATE. H. 11 mill. L. 9 mill.

1654. FAUNE marchant, tenant d'une main un canthare et de l'autre un lièvre. AGATE rayée. H. 9 mill. L. 6 mill.

> Pierre d'ancien style.

1655. FAUNE marchant à grands pas, portant des épis et un canthare. NICOLO. H. 10 mill. L. 9 mill.

1656. DEUX FAUNES debout devant un grand cratère; l'un d'eux joue de la double flûte. CORNALINE. H. 11 mill. L. 14 mill.

1657. FAUNE portant une FAUNESSE sur son dos, et s'inclinant pour ramasser une pomme. CORNALINE mamelonnée de SILEX. H. 20 mill. L. 16 mill.

1658. FAUNE assis, la double flûte entre les jambes, dans une attitude méditative, devant un autel surmonté d'une statue de Minerve. CORNALINE. H. 13 mill. L. 15 mill.

> Excellent travail grec.
> Un sujet presque semblable a été publié par Stosch, pl. XLIV, avec une signature qui nous paraît apocryphe, NICOMAC, dont il fait l'abregé du nom grec Nicomachos, qu'apparemment il suppose latinisé.
> Il existe un joli camée dont le type est une répétition antique du sujet de l'intaille de la Bibl. Imp., dans le cabinet de M. Louis Fould, à Paris.

1659. FAUNE assis, se versant à boire. En face de lui,

sur un cippe, abrité par un arbre, un cratère. CORNA-
LINE. H. 9 mill. L. 10 mill.

1660. FAUNE accroupi, buvant dans un rhyton et tenant
le thyrse. H. 11 mill. L. 10 mill.

1661. FAUNE assis, jouant de la double flûte. NICOLO. H.
7 mill. L. 5 mill.

1662. FAUNE agenouillé, faisant un geste d'effroi. SAR-
DOINE. H. 10 mill. L. 9 mill.

1663. FAUNE, SATYRE ou BACCHANT assis sur une outre,
arrachant une plante, peut-être le *satyrion*. AGATE.
H. 12 mill. L. 8 mill.

1664. FAUNE ou SATYRE s'appuyant sur un bâton ou
fichant un arbuste en terre. SCARABÉE de CORNALINE.
H. 10 mill. L. 7 mill.

Travail grossier, ainsi que les scarabées portant les n°s 1665 à 1671.

1665. FAUNE, SATYRE ou BACCHANT tenant une outre. SCA-
RABÉE de CORNALINE. H. 13 mill. L. 9 mill.

1666. FAUNE ou SATYRE tenant un vase. SCARABÉE de
CORNALINE. H. 11 mill. L. 10 mill.

1667. FAUNE ou BACCHANT assis sur une outre, et tenant
un vase. SCARABÉE de CORNALINE. H. 10 mill. L. 8
mill.

1668. FAUNE, SATYRE ou BACCHANT dansant. SCARABÉE de
CORNALINE. H. 12 mill. L. 8 mill.

1669. IDEM. SCARABÉE de CORNALINE. H. 14 mill. L. 10
mill.

1670. IDEM. SCARABÉE de CORNALINE. H. 12 mill. L. 8
mill.

1671. Idem. Scarabée de cornaline. H. 11 mill. L. 8 mill.

1672. Sacrifice. Un homme debout devant un autel, tenant d'une main un glaive et de l'autre saisissant un arbre; près de l'autel, un quadrupède, peut-être un sanglier. Jaspe sanguin. H. 9 mill. L. 11 mill.

1673. Sacrifice. Au pied d'un rocher, deux personnages sacrifiant un quadrupède devant un autel. Un *velum*, attaché aux branches de deux arbres, abrite cette scène. Cornaline. H. 10 mill. L. 12 mill.

1674. Olympus assis, jouant de la *syrinx* en présence de Pan ou Marsyas, qui l'écoute appuyé sur un bâton. Un arbre abrite le dieu. Cornaline. H. 11 mill. L. 10 mill.

1675. Pan ou Satyre combattant un bouc avec le pedum. Jaspe rouge, H. 9 mill. L. 12 mill.

1676. Même sujet. Entre les deux adversaires, une corbeille pleine de fruits. Cornaline. H. 10 mill. L. 12 mill.

1677. Faune assis, dans une attitude méditative, devant un Hermès de Priape. Sardoine. Diam. 12 mill.

Excellent travail grec.

1678. Sacrifice a Priape. Une femme, à demi nue, apporte des gâteaux sur l'autel, placé devant l'Hermès de Priape; elle est suivie d'un personnage silénique qui joue de la double flûte. Derrière la colonne qui supporte l'Hermès, une femme debout, revêtue d'une longue robe. Un arbre abrite la femme qui sacrifie. Cornaline. H. 12 mill. L. 13 mill.

1679. Même sujet. Femme revêtue d'une longue robe, déposant son offrande sur l'autel de Priape, placé au pied de l'Hermès du dieu. Derrière l'Hermès, un cratère et un arbre. CORNALINE. H. 8 mill. L. 10 mill.

1680. CENTAURE ailé, jouant de la double flûte. Dans le champ, lettres inexpliquées : ΠΑΒΣΝΙ. CORNALINE. H. 10 mill. L. 8 mill.

1681. CENTAURE armé d'une branche d'arbre. SCARABÉE de CORNALINE. H. 14 mill. L. 10 mill.

Ce scarabée et les suivants, jusqu'au numéro 1688, sont de travail très-grossier.

1682. IDEM. SCARABÉE de CORNALINE. H. 9 mill. L. 13 mill.

1683. CENTAURE. SCARABÉE de SARDOINE. H. 10 mill. L. 12 mill.

1684. IDEM. SCARABÉE de SARDOINE brûlée. H. 10 mill. L. 13 mill.

1685. IDEM. SCARABÉE de 'SARDOINE. H. 11 mill. L. 8 mill.

1686. IDEM. SCARABÉE de SARDOINE. H. 13 mill. L. 11 mill.

1687. IDEM. SCARABÉE de SARDOINE. H. 10 mill. L. 8 mill.

1688. IDEM. SCARABÉE de SARDOINE. H. 12 mill. L. 8 mill.

Voyez au commentaire du no 1681 pour les nos 1682, 1683, 1684, 1685, 1686, 1687 et 1688.

1689. HIPPA, centauresse, l'une des nourrices de Bacchus, buvant dans un rhyton en forme de Pégase. Elle a non-seulement le buste féminin, mais encore les jambes de devant. Cristal de roche irisé. H. 27 mill. L. 29 mill.

Donné au Cabinet des Médailles par feu Dubois, conservateur adjoint du Musée du Louvre.

1690. Jeune Psylle à demi nu, debout, un pied posé sur une base, tenant deux serpents. Cornaline. H. 21 mill. L. 15 mill.

Monture en or émaillé du xviie siècle.

Mariette, t. II, pl. LVII, donne à cette pierre le nom de la déesse Salus.

1691. Psylle jouant avec un serpent. Scarabée. Cornaline. H. 11 mill. L. 8 mill.

1692. Même sujet. Scarabée. Cornaline. H. 14 mill. L. 9 mill.

1693. Neptune nu, debout, le trident à la main, le pied posé sur une proue de navire. Cornaline brûlée. H. 12 mill. L. 10 mill.

1694 Neptune nu, debout, tenant d'une main un dauphin et de l'autre un aviron, le pied posé sur un rocher. Cristal de roche. H. 10 mill. L. 8 mill.

1695. Lion marin. trident, globe et dauphin. Cornaline. H. 8 mill. L. 10 mill.

1696. Dauphin sur une Galère dont la proue figure un col de cygne, tandis que la poupe figure une tête de dauphin. On lit : FEL. TEM. REP. (*Felix temporum reparatio*). *Rétablissement de la felicité.* Jaspe noir. H. 10 mill. L. 13 mill.

Légende commune sur les Médailles impériales des bas temps. Voyez Eckhel. *Doct. Num. Vet.*, t. VIII, p. 111.

1697. Leucothée, déesse de la mer. Buste, les cheveux

flottants sur les épaules, dans l'action de nager. Cor-
NALINE. H. 18 mill. L. 15 mill.

Mutilé.

On doit la véritable dénomination de cette jolie pierre, attribuée jadis à
Léandre, à M. Ch. Lenormant, qui l'a comparée avec un denier de la
famille Crepereia, sur lequel paraît Leucothée au revers de Neptune.
Voyez COHEN. *Médailles consulaires*, pl. XVI, n° 1.

1698. MÊME SUJET. AMÉTHYSTE. H. 17 mill. L. 11 mil.

1699. THÉTIS, à demi nue, portée sur les flots par un
cheval marin; la mère d'Achille tient de la main
gauche un bouclier rond destiné à son fils, sur lequel on voit la tête de Méduse. BÉRIL OU AIGUE-MARINE.
H. 18 mill. L. 28 mill.

BUONARROTI (*Medaglioni antichi*, p. 113) a publié cette jolie pierre. Le
Béril (βήρυλλος) a été choisi par l'artiste pour représenter une déesse de la
mer, à cause de la couleur *vert de mer* de cette gemme.

1700. MÊME SUJET. La tête de Méduse ne paraît pas
sur le bouclier d'Achille. CORNALINE. H. 10 mill. L.
15 mill.

1701. NÉRÉIDE sur un centaure marin. CORNALINE. H.
10 mill. L. 12 mill.

Ébauche.

1702. GÉNIE ailé, monté sur un cheval marin. NICOLO.
H. 7 mill. L. 11 mill.

1703. MÊME SUJET. CALCÉDOINE. H. 11 mill. L. 16 mill.

1704. MÊME SUJET. NICOLO. H. 12 mill. L. 15 mill.

1705. GÉNIE ailé, armé d'un fouet, sur un homard. JASPE
rouge. H. 10 mill. L. 12 mill.

1706. TRITON. SCARABÉE. CORNALINE. H. 12 mill. L.
10 mill.

1707. MÊME SUJET, également sur le plat d'un SCARABÉE
de CORNALINE. H. 11 mill. L. 9 mill.

1708. VULCAIN, assis, forgeant un bouclier en présence de MINERVE. Sur une colonne, derrière le dieu, un casque. CORNALINE. H. 13 mill. L. 10 mill.

Acquisition de l'année 1849. FICORONI, *Gemmæ*, etc., pl. V, nº 5, p 83

1709. PROMÉTHÉE, à demi nu, s'inclinant pour dérober le feu sur l'autel de Jupiter. Au-desssus de l'autel, un papillon, symbole de l'âme. CORNALINE. H. 13 mill. L. 10 mill.

1710. PROMÉTHÉE façonnant l'homme; il est à demi nu, et tient suspendu à un bâton la maquette de la tête de l'homme. SCARABÉE scié. CORNALINE blonde. H. 13 mill. L. 11 mill.

Rapporté d'Orient, par M. Lottin de Laval, en 1847.

1711. GÉNIE funèbre, ailé, debout, tenant un flambeau renversé. NICOLO. H. 11 mill. L. 9 mill.

1712. MÊME SUJET. AMÉTHYSTE. H. 9 mill. L. 6 mill.

1713. ASCALAPHE assis, tenant de la main gauche une grenade, et levant la droite au ciel comme pour faire serment. Devant lui, un masque funèbre. CORNALINE. H. 11 mill. L. 14 mill.

Cette jolie pierre, acquise par la Bibliothèque impériale en 1854, se rapporte au mythe de l'enlèvement de Proserpine.

1714. CLOTHO, l'une des Parques, assise, filant la quenouille fatale. CORNALINE. H. 10 mill. L. 9 mill.

1715. MÊME SUJET. JASPE vert. H. 13 mill. L. 10 mill.

1716. CERBÈRE. CALCÉDOINE. H. 12 mill. L. 15 mill.

1717-1718. SCARABÉES de cornaline. MÊME SUJET. H. 7 mill. L. 12 mill., et H. 7 mill. L. 8 mill.

1719. Couronne de laurier au-dessus d'une lyre; deux flûtes au-dessus d'un vase à une anse; papillon volant au-dessus d'une tête de mort. Cornaline. H. 6 mill. L. 8 mill.

1720. Némésis-Panthée, debout, avec les ailes de la Victoire, la coiffure d'Isis, le serpent et la patère d'Hygie, et, à ses pieds, la roue, attribut de Némésis. Cornaline. H. 40 mill. L. 16 mill.

Magnifique intaille gravée sur le plat d'un double scarabée et publiée dans les *Medaglioni antichi* de Buonarroti. V. p. 225.

1721. Némésis debout, voilée, vêtue d'une longue robe, tenant d'une main un sceptre et de l'autre retenant les plis de sa robe. A ses pieds, la roue. On lit cette légende barbare dont plusieurs lettres sont retournées. HNENKENA (cassure) MAETIΓ. Cornaline. H. 12 mill. L. 10 mill.

Rapporté récemment d'Orient, par M. Guys, ancien consul de France.

1722. Hygie, avec les ailes de la Victoire, debout, tenant le serpent qu'elle fait boire. Cornaline. H. 23 mill. L. 15 mill.

Rapporté de Syrie par M. Guys, ancien consul de France. On ne peut méconnaître l'analogie frappante de style et de pose entre la figure représentée sur cette pierre et celle du n° 1720.

1723. Fortune assise, tenant une corne d'abondance et le gouvernail. Agate à 2 c. Diam. 11 mill.

1724. Fortune debout, s'appuyant sur une colonne, et tenant d'une main deux cornes d'abondance et de l'autre un sceptre orné de bandelettes. Cornaline. H. 40 mill. L. 26 mill.

Cette belle pierre a été montée en fibule en Orient, probablement à l'époque byzantine. La fibule d'or fin est chargée de filigranes et d'imitations de pierres fines en verre. Acquisition de l'année 1852.

1725. Fortune debout, tenant d'une main une corne d'abondance, et de l'autre un gouvernail. Cornaline. H. 13 mill. L. 10 mill.

Donné à la Bibliothèque, en 1847, par M. d'Estrées, chancelier du consulat de France à Sous, régence de Tunis.

1726. Même sujet. Jaspe sanguin. H. 17 mill. L. 12 mill.

1727. Idem. Agate à 2 c. H. 13 mill. L. 8 mill.

1728. Idem. Nicolo. H. 12 mill. L. 9 mill.

1729. Idem. Prase. H. 9 mill. L. 6 mill.

1730. Idem. Agate rubanée. H. 8 mill. L. 5 mill.

1731. Idem. Jaspe rouge. H. 6 mill. L. 4 mill.

1732. Idem. Agate à 3 c., en cabochon. H. 8 mill. L. 7 mill.

1733. L'Abondance, assise, tenant la corne. Nicolo. H. 11 mill. L. 8 mill.

1734. Double corne d'Abondance. Sardoine trouble. H. 15 mill. L. 13 mill.

1735. Idem. Sardoine. Diam. 13 mill.

1736. Corne d'Abondance. Sardonix à 3 c. en cabochon. H. 10 mill. L. 7 mill.

1737. L'Espérance marchant, une fleur à la main, tenant sa robe de la main gauche. Prase. H. 13 mill. L. 9 mill.

1738. Bonus-Eventus, nu, sauf une chlamyde, marchant, tenant d'une main des épis, et de l'autre des fruits sur une patère. Nicolo. H. 20 mill. L. 17 mill.

1739. **Même sujet**. La patère n'est pas chargée de fruits. CORNALINE. H. 11 mill. L. 8 mill.

> Mutilé.

1740. **Bonus-Eventus**; statue dans un temple tétrastyle. Sur un autel, devant le dieu, un cheval. AGATE à 2 c. H. 12 mill. L. 10 mill.

1741. **Tête de Bonus-Eventus** placée au-dessus de deux mains jointes, et entre des épis et des pavots. JASPE veiné. H. 11 mill. L. 9 mill.

1742. **Deux mains** jointes et deux épis; emblème de *Bonus-Eventus*. PRASE. H. 16 mill. L. 13 mill.

> Au revers, une main moderne a gravé une tête d'empereur romain.

1743. **Même sujet**. AGATE à 3 c. en cabochon. H. 8 mill. L. 11 mill.

1744. **Idem**. NICOLO. H. 7 mill. L. 10 mill.

1745. **Deux mains** jointes. NICOLO. H. 6 mill. L. 10 mill.

1746. **Idem**. CORNALINE. H. 9 mill. L. 10 mill.

1747. **Une main**. AGATE à 3 c. H. 5 mill. H. 6 mill.

1748. **L'Afrique** personnifiée. Buste de femme, coiffée d'une peau d'éléphant. CORNALINE. H. 10 mill. L. 8 mill.

1749. **La ville d'Antioche**, personnifiée, assise; à ses pieds, le fleuve Oronte, personnifié, nageant; à droite, un guerrier revêtu du paludamentum, peut-être l'empereur Alexandre-Sévère, couronnant la ville; à gauche, la Fortune debout. CORNALINE. H. 14 mill. L. 11 mill.

> Le type de cette pierre gravée se trouve au revers de monnaies de bronze

frappées à *Antioche sur l'Oronte*, sous le règne d'Alexandre Sévère. Voyez MIONNLT, t. V, p. 207. Je crois reconnaître l'empereur lui-même dans le guerrier qui couronne la ville ; peut-être ce type rapelle-t-il le don d'une couronne d'or fait à la ville par le prince.

1750. LA VILLE D'ANTIOCHE personnifiée, assise ; à ses pieds, le fleuve Oronte nageant. JASPE rouge. H. 15 mill. L. 10 mill.

1751. MÊME SUJET. CORNALINE. H. 11 mill. L. 13 mill.

1752. HERCULE imberbe, lauré, avec la peau de lion. Buste. CORNALINE. H. 23 mill. L. 17 mill.

Excellent travail grec.

1753. HERCULE imberbe, lauré. Buste. CORNALINE. H. 18 mill. L. 17 mill.

1754. HERCULE imberbe, avec la peau de lion. Buste. JASPE vert. H. 15 mill. L. 11 mill.

1755. HERCULE imberbe, avec la peau de lion. Buste. JASPE rouge. H. 15 mill. L. 11 mill.

1756. HERCULE imberbe, avec la peau de lion. CORNALINE. H. 16 mill. L. 15 mill.

1757. HERCULE imberbe, avec la peau de lion. Buste de 3/4. CORNALINE. H. 9 mill. L. 7 mill.

1758. HERCULE lauré, barbu. Buste. CORNALINE. H. 16 mill. L. 13 mill.

1759. HERCULE coiffé de la peau du lion de Némée. CORNALINE. H. 18 mill. L. 15 mill.

1760. LA DISPUTE DU TRÉPIED. APOLLON s'efforce de retenir le trépied qu'HERCULE a déjà chargé sur ses épaules. SCARABÉE de Sardoine. H. 18 mill. L. 13 mill.

Ce scarabée, quoique mutilé, est un des plus remarquables de la collec-

tion ; le mythe de la dispute du trépied est un des plus célèbres de la mythologie ; il est intéressant de le voir reproduit sur une pierre d'ancien
style et d'un aussi bon travail que celle qui nous occupe. Voyez MILLIN,
Gal Mythol. pl. XVI. no 55, t. I, p 12. On peut voir aussi le bas-relief du
Louvre qui représente le même sujet. (Comte de Clarac, *Musée de sculpture ancienne et moderne*, t. II, pl 250, p. CXIX.) Voyez aussi J. de
WITTE, *Catalogue Durand*, nos 316 et 317, etc., etc.

1761. HERCULE, à demi couché sur un lion en marche,
tenant d'une main sa massue, et de l'autre un rameau.
Dans le champ, deux étoiles. CORNALINE. H. 16 mill.
L. 20 mill.

1762. HERCULE étouffant le lion de Némée. Dans le
champ, à droite, la massue. ℞. Quatre K gravés en
creux à l'époque des gnostiques. JASPE rouge. H. 15
mill. L. 10 mill.

1763. HERCULE vainqueur d'ORTHROS, chien de Géryon
et frère de Cerbère. Le dieu est représenté l'arc et la
massue à la main, debout sur ce chien à deux têtes,
qu'il vient de tuer. SCARABÉE d'ancien style. AGATE.
H. 15 mill. L. 10 mill.

1764. HERCULE tuant les oiseaux de Stymphale à coups
de flèches ; il est agenouillé et a rejeté la peau de
lion. CORNALINE. H. 13 mill. L. 17 mill.

1765. HERCULE combattant un des oiseaux de Stymphale.
SCARABÉE. Cornaline. H. 12 mill. L. 9 mill.
Mutilé.

1766. HERCULE vainqueur de l'hydre de Lerne. Il est représenté debout, nu, sauf une chlamyde, et tenant
l'épée dont il vient de trancher les têtes du monstre.
SCARABÉE. CORNALINE. H. 17 mill. L. 12 mill.

Mariette a publié ce précieux scarabée, qu'il céda lui-même au Roi. V. t. II,
pl. CXXII. Il nous apprend que cette pierre était déjà fragmentée lorsqu'il
la fit graver ; cependant il l'a fait représenter entière ; peut-être a-t-elle
souffert depuis cette époque, car Mariette y lit deux lettres étrusques : je
n'en vois qu'une seule un E.

1767. Hercule combattant l'hydre de Lerne. Cornaline. H. 12 mill. L. 7 mill.

1768. Hercule, la peau du lion sur les épaules, la massue à la main gauche, et dans la droite tenant une pomme du jardin des Hespérides. Jaspe sanguin. H. 20 mill. L. 13 mill.

Travail médiocre. Mariette a cependant publié cette pierre, t. II, pl. lxxix.

1769. Hercule, agenouillé, portant sur ses épaules le globe céleste. Prase. H. 15 mill. L. 13 mill.

Mariette, t. II, pl. lxxviii.

1770. Hercule combattant un Centaure, qu'il frappe de sa massue, tandis qu'un autre héros saisit la tête du monstre et va le percer d'un glaive. Le compagnon d'Hercule pourrait être Iolas. Cornaline blonde. H. 11 mill. L. 12 mill.

1771. Hercule tuant à coups de massue Diomède, roi des Bistoniens de Thrace. Hercule a la tête nue et porte la peau de lion; Diomède, déjà terrassé, est casqué et muni d'un bouclier. Cornaline. H. 19 mill. L. 15 mill.

Mariette, t. II, pl. LXXVII.

1772. Hercule-Musagetes, jouant de la lyre; il est assis sur un siége recouvert de la peau de lion. Cornaline brûlée. H. 14 mill. L. 11 mill.

Mariette, t. II, pl LXXXII.

1773. Hercule debout, la massue et l'arc à la main. Scarabée d'ancien style. Cornaline. H. 14 mill. L. 10 mill.

1774. Hercule debout, l'arc et la massue à la main. Agate rubanée. H. 15 mill. L. 8 mill.

Travail barbare

1775. HERCULE debout auprès d'un arbre, tenant la massue et la dépouille du lion de Némée. CORNALINE. H. 15 mill. L. 12 mill.

1776. HERCULE traversant la mer sur des outres liées ; il est à demi couché et tient sa massue. La peau de lion sert de voile. SCARABÉE d'ancien style. Le dos est taillé en forme de tête de femme. PIERRE DE TOUCHE. H. 10 mill. L. 12 mill.

Pierre remarquable par la rareté du sujet représenté.

1777. HERCULE assis, la tête appuyée sur sa main. Devant, la massue. SCARABÉE. SARDOINE. H. 12 mill. L. 10 mill.

Travail barbare.

1778. HERCULE couronné par une VICTOIRE-APTÈRE. Le dieu tient sa massue ; la Victoire est revêtue d'une longue robe. Dans le champ, deux astres. SCARABÉE de style étrusque. SARDOINE. H. 15 mill. L. 13 mill.

Donné en 1848 par M. le baron J. de Witte, membre de l'Académie royale de Belgique et correspondant de l'Institut de France.

1779. OMPHALE coiffée de la peau de lion. Buste. SARDONIX à 3 c. H. 23 mill. L. 18 mill.

1780. IDEM. CORNALINE. H. 15 mill. L. 12 mill.

MARIETTE, t. II. Têtes. No 33.

1781. IDEM. CORNALINE. H. 15 mill. L. 12 mill.

1782. IDEM. AGATE rubanée. H. 12 mill. L. 10 mill.

MARIETTE, t. II. Têtes. No 34.

1783. IDEM. CORNALINE. H. 10 mill. L. 9 mill.

1784. OMPHALE à demi nue, sauf la peau de lion, mar–

chant la massue d'Hercule sur l'épaule. SARDOINE. H. 20 mill. L. 15 mill.

Monture en or émaillé.

1785. MÊME SUJET. CORNALINE. H. 13 mill. L. 7 mill.

1786. LES DIOSCURES Castor et Pollux debout. SCARABÉE d'ancien style. CORNALINE. H. 11 mill. L. 10 mill.

1787. MÊME SUJET. CORNALINE. H. 11 mill. L. 10 mill.

Travail romain.

1788. IDEM. PRASE. H. 11 mill. L. 9 mill.

1789. CASTOR dressant un cheval. CORNALINE. H. 13 mill. L. 16 mill.

1790. PÉLOPS dans un char traîné par les chevaux ailés de Neptune. SCARABÉE de CORNALINE. H. 11 mill. L. 13 mill.

1791. NARCISSE agenouillé pour se mirer dans la fontaine. Il est caractérisé par la fleur qu'il tient de la main droite. CORNALINE. H. 13 mill. L. 10 mill.

1792. CADMUS, le casque en tête, la chlamyde sur l'épaule, le bouclier au bras, consultant l'oracle de Delphes ; il est debout et fait un geste interrogatif. Devant lui s'élève une colonne autour de laquelle s'enroule un serpent ; sur cette colonne est posé un corbeau. Au pied de la colonne, un bélier. CORNALINE. H. 12 mill. L. 9 mill.

1793. HÉROS, le casque en tête et le bouclier au bras, agenouillé, tenant un serpent qu'il semble interroger. Peut-être est-ce encore ici Cadmus consultant l'oracle de Delphes. (V. n° 1792.) CORNALINE Diam. 10 mill.

1794. CADMUS consultant l'oracle de Delphes. Il a le

casque en tête, le bouclier et la lance au bras, et fait un geste interrogatif; devant lui est un autel duquel s'enroule un serpent. Jaspe noir. H. 12 mill. L. 10 mill.

1795. Thésée au moment où il vient de soulever la pierre qui cachait l'épée de son père Égée. Scarabée. Sardoine. H. 14 mill. L. 10 mill.

Travail grossier.

1796. Thésée nu, le pied droit posé sur un rocher, tenant sous son bras l'épée d'Égée, son père. Agate à 2 c. en cabochon. H. 11 mill. L. 10 mill.

1797. Bellérophon monté sur Pégase. En bas, on lit : EΠI. Cornaline. H. 12 mill. L. 16 mill.

Cette remarquable pierre a été récemment acquise pour le Cabinet des Medailles (1854); mais on la connaissait depuis longtemps, grâce à la publication qui en a été faite en 1819 par M Hase, dans son excellente edition de *Leon Diacre*. (V. p. xvii et 271.) Elle a appartenu au chevalier d'Azara. Visconti, *Opere varie*, t. II, p 122 et 252, attribue notre pierre à Epitynchanus, à cause des lettres EΠI qui s'y lisent. Cette opinion n'a été adoptée ni par R Rochette, ni par Kœhler; le comte de Clarac, tout en la citant, *Catal. des Artistes de l'antiquité*. t. III, p. 105, ne croit pas devoir la soutenir. Nous imiterons la réserve de ces trois savants, tout en ajoutant que le travail de cette pierre n'est pas inférieur aux pierres connues de ce célèbre graveur, qui parait avoir vécu au siècle d'Auguste. Voyez: Stosch, p. 43 et Bracci, p 79. Ces deux auteurs ont publié, le premier une pierre de Germanicus, le second une de Marcellus portant la signature d'Epitynchanus. Le cabinet de M Louis Fould, à Paris, renferme une tête de Pan sur amethyste, d'un admirable travail, avec cette même signature.

1798. Pégase. Cornaline. H. 8 mill. L. 10 mill.

1799. Idem. Sardoine. H. 9 mill. L. 11 mill.

1800. Idem. Sardoine. Diam. 10 mill.

1801. Idem. Agate rubanée. H. 8 mill. L. 11 mill.

1802. Idem. Sardonyx à 3 c. H. 9 mill. L. 12 mill.

1803. Idem. Sur le plat d'un Scarabee de Sardoine. H. 8 mill. L. 11 mill.

1804. Héros casqué, un genou en terre, et paraissant nouer une sandale, tandis que son autre pied est nu. On lit dans le champ, en lettres étrusques, le nom de ce héros. Cornaline. H. 11 mill. L. 8 mill.

> Acquis en 1854.
> On sait que Jason se montra déchaussé à Pélias, auquel l'oracle avait prédit de se défier de celui qui viendrait à lui un pied déchaussé. Serait-ce donc Jason qu'il faut voir ici? on n'oserait l'affirmer; cependant, les lettres étrusques, assez mal formées, qu'on distingue sur la pierre, pourraient donner le nom de Jason sous sa forme étrusque.

1805. Tydée blessé, succombant. Il est représenté nu, agenouillé, se couvrant de son bouclier et levant les yeux au ciel. On lit le nom du héros en lettres étrusques, TVTE. Scarabée scié. Agate-Calcédoine rubanée. H. 19 mill. L. 15 mill.

> Le sujet de *Tydée expirant* a été souvent publié. Millin, *Galerie My-thol.* pl. cxxxix, 508, t. II, p. 55, a reproduit une variante de ce type. On le trouve dans plusieurs collections publiques ou particulières. Le cabinet de M. Louis Fould, à Paris, en possède une autre variante.

1806. Progné et Philomèle apportant à Térée la tête d'Itys, son fils. Térée est assis devant un trépied, au pied d'un arbre, sur lequel sont perchés une hirondelle, Progné, un rossignol, Philomèle, une huppe, Térée, et un chardonneret, Itys. Grenat d'Orient. H. 20 mill. L. 13 mi.

1807. OEdipe, interrogé par le Sphinx. Le monstre est accroupi sur un rocher. OEdipe est représenté debout et portant la main à son front. Améthyste. Ébauche. H. 21 mill. L. 15 mill.

1808. Idem. Cornaline. H. 12 mill. L. 10 mill.

1809. Idem. Cornaline. H. 11 mill. L. 9 mill.

1810. Sphinx. Scarabée. Cornaline. H. 8 mill. L. 11 mill.

1811. Idem. Scarabée. Calcédoine. H. 10 mill. L. 14 mill.

1812. Sphinx; devant, une Tête humaine. Nicolo. H. 8 mill. L. 11 mill.

1813. Sphinx tenant un caducée. Cornaline. H. 9 mill. L. 11 mill.

1814. Sphinx. Cornaline. H. 9 mill. L. 7 mill.

1815. Achille-Citharède. Le héros chante les grandes actions des héros en s'accompagnant sur la lyre. Le fils de Pélée est représenté nu, assis sur un rocher sur lequel est placée sa chlamyde. Derrière lui, son casque; devant, son épée et son bouclier. Sur le bouclier sont sculptées une tête de Méduse et des courses de chars. Dans le champ, en caractères grecs très-fins, le nom du graveur au génitif: ΠΑΜΦΙΛΟΥ. *Œuvre de Pamphile*. Améthyste. H. 17 mill. L. 14 mill.

L'*Achille Citharède* de Pamphile est peut-être la plus parfaite intaille de la collection impériale; cette magnifique améthyste a été donnée à Louis XIV par M. Fesch, de Bâle, professeur de droit, qui paraît être l'un des ancêtres de l'illustre cardinal de ce nom. V. du Mersan, *Hist. du Cab des Méd.*, p. 87 et Dubos, *Reflexions critiques sur la poésie et la peinture*, t. II, p. 224.

Comme on doit s'y attendre, une pierre aussi célèbre a été publiée plusieurs fois. On la trouvera gravée : 1º dans l'ouvrage de Stosch, *Gemmæ antiquæ cælatæ scalptorum nominibus insignita*, p 66 ; 2º dans celui de Bracci, *Memorie degli antichi incisori*, t II, pl. XC ; 3º dans le *Traité des pierres gravées*, de Mariette, t. II, pl XCII.

Stosch veut que le Pamphile, auteur de notre pierre, soit le même qu'un sculpteur de ce nom, élève de Praxitèle, nommé par Pline, XXXVI, IV. 10.

Ne pourrait-on pas voir ici une copie sur pierre d'une composition du peintre Pamphile, le maître d'Apelles. (*Pline.* XXXV, 86. § 7.) Une circonstance singulière autoriserait presque cette supposition. On admire dans le cabinet de M. le duc de Blacas, à Paris, une cornaline tout à fait identique, avec la même indication : ΠΑΜΦΙΛΟΥ. Cette pierre est incontestablement antique et d'un très-bon travail, quoique peut être d'un faire moins fin que l'*améthyste* du cabinet de France ; de plus, elle porte un témoignage irrécusable d'antiquité; on lit au revers, en creux, le mot ΙΑΩ. (Voyez plus loin, *Section des pierres gnostiques.* Cette preuve de l'existence de la cornaline de M. de Blacas dès les premiers siècles de notre ère, ne pourrait-elle faire penser que les deux pierres sont deux copies antiques d'un original célèbre, dû au peintre Pamphile, comme la pierre signée Aétion serait une copie d'un tableau de cet autre illustre peintre ? (V. n° 1597.)

1816. Ménélas relevant le corps de Patrocle. Le fils d'Atrée est représenté casqué, avec une légère chlamyde sur l'épaule ; Patrocle est imberbe et entièrement nu. Nicolo. H. 30 mill. L. 28 mill.

> Monture en or émaillé du temps de Louis XIV.
> Cette belle pierre a été publiée par Mariette, t. II, pl. CXIV, mais c'est Millin qui a donné l'explication du sujet. (V. *Peint. de vases*, pl. LXXI, n° 3, et *Galerie mythol.*, t. II, p. 70, n° 582.)

1817. Combat autour du corps de Patrocle. Quatre guerriers combattent pour enlever du champ de bataille le corps de Patrocle, qui vient de succomber. Cornaline. H. 15 mill. L. 25 mill.

1818. Ajax, fils de Télamon roi de Salamine, relevant le corps d'Achille. Améthyste. H. 15 mill. L. 12 mill.

> Acquis en 1854.

1819. Le désespoir d'Ajax, fils de Télamon. Le héros est assis sur un rocher ; son casque est à ses pieds ; il soutient sa tête de la main droite, et de la gauche tient l'épée dont il va se percer. Jaspe blanc. H. 13 mill. L. 11 mill.

1820. Ajax, fils de Télamon, assis, dans une attitude désespérée, tenant à la main le poignard dont il va se percer. Scarabée. Cornaline. H. 12 mill. L. 9 mill.

> Acquis à la vente Durand, n° 2213 du catalogue.

1821. Héros nu, assis sur une cuirasse, dans une attitude qui exprime la douleur. A ses pieds, son casque. Peut-être est-ce encore Ajax ; cette pierre serait alors une variante du sujet décrit sous le n° précédent. Cornaline. H. 18 mill. L. 15 mill.

1822. Aurore, représentée avec de grandes ailes et revêtue d'une longue robe, enlève dans ses bras le corps de Memnon, son fils, qui est nu, mais porte encore son bouclier au bras gauche. Scarabée. Sardoine. H. 15 mill. L. 12 mill.

> Ce sujet existe sur un vase peint publié par Millingen, V. *Ancient unedited monuments*, pl. V. Sur ce vase, les noms de l'Aurore et de Memnon sont inscrits. Notre scarabée a été décrit par M. de Witte dans le *Catalogue Durand*, sous le nº 2202.

1823. Philoctète assis sur un siége de la même forme que les chaises curules romaines; il a le casque en tête et est à demi nu; son carquois est devant lui; il s'appuie sur la main droite. Agate rubanée. H. 18 mill. L. 13 mill.

1824. Cassandra laurée. Buste avec les cheveux flottants sur les épaules. Cornaline jaune. H. 15 mill. L. 13 mill.

1825. Cassandra se réfugiant au pied du palladium. Cornaline. H. 17 mill. L. 15 mill.

1826. Antiloque debout, vêtu de la chlœna, dit adieu à son père Nestor, représenté assis et nu jusqu'à la ceinture. Scarabée. Sardoine. H. 15 mill. L. 10 mill.

> Voyez de Witte, Cat. Durand, nº 2201.

1827. Ulysse assis sur un rocher, tenant son épée à la main. Dans le champ, APICTΩNOK (*ouvrage d'Ariston*). Jaspe rouge. H. 16 mill. L. 15 mill.

1828. Pélée, vêtu d'une *chlœna*, s'appuyant sur un bâton. Des gouttes d'eau tombent à terre. Scarabée. Cornaline. H. 14 mill. L. 11 mill.

> J. de Witte. Catal. Durand, nº 2197.

1829. Même sujet. Scarabée. Cornaline. H. 11 mill. L. 8 mill.

> Travail grossier.

1830. Diomède au moment d'enlever le *Palladium*. Le héros a déposé ses armes au pied de la colonne qui porte le simulacre; lui-même pose le pied sur son casque. Cornaline. H. 13 mill. L. 10 mill.

1831. Diomède nu, debout, tenant d'une main son épée et de l'autre le *Palladium* qu'il vient d'enlever. Cornaline blonde. H. 11 mill. L. 7 mill.

1832. Ulysse et Diomède agenouillés en face l'un de l'autre; tous deux ont le casque en tête et portent leur bouclier au bras gauche. Scarabée de sardoine. H. 9 mill. L. 11 mill.

R. Rochette a publié dans l'*Odysséide*, pl. LVI, un vase sur lequel sont représentés Ulysse et Diomède au moment où les deux héros vont se saisir du Palladium; malgré l'absence du Palladium, il est permis de reconnaître ces deux héros sur ce monument. Qu'on compare le scarabée avec la peinture que nous venons de citer, et l'on nous accordera que les gestes et les poses sont identiques. C'était un sujet célèbre dont nous avons ici l'abrégé.

1833. Pygmée vainqueur d'une Grue qu'il emporte sur ses épaules. Scarabée. Cornaline. H. 13 mill. L. 8 mill.

1834. Héros blessé, se couvrant de son bouclier et combattant agenouillé. Cornaline. H. 11 mill. L. 9 mill.

1835. Héros aidant un guerrier blessé à se relever. Scarabée. Sardoine. H. 17 mill. L. 12 mill.

1836. Héros à demi nu, assis, tenant son épée de la main droite. Sa lance est placée derrière son siége. Nicolo. H. 11 mill. L. 10 mill.

1837. Héros nu, brisant avec le pied une branche d'arbre, dont il tient l'extrémité de la main droite. Scarabée-Sardoine. H. 13 mill. L. 9 mill.

1838. Héros blessé. Scarabée de sardoine. H. 15 mill. L. 10 mill.

1839. Héros combattant l'épée à la main. H. 13 mill.
L. 10 mill.

    Mutilé.

    Les n⁰ˢ 1839 à 1849 sont des Scarabées de sardoine de travail grossier.

1840. Idem. H. 14 mill. L. 9 mill.

1841. Idem. H. 12 mill. L. 8 mill.

1842. Héros debout, s'appuyant sur sa lance et tenant
son bouclier. H. 11 mill. L. 9 mill.

1843. Même sujet ; mais on ne voit pas le bouclier. H.
12 mill. L. 8 mill.

1844. Héros debout, qui paraît tendre un arc. H. 13
mill. L. 8 mill.

1845. Héros debout, qui paraît tenir une fronde. H. 11
mill. L. 7 mill.

1846. Idem. H. 12 mill. L. 7 mill.

1847. Héros combattant un genou en terre. H. 12 mill.
L. 9 mill.

1848. Idem. Jaspe rosé. H. 12 mill. L. 9 mill.

1849. Idem. H. 11 mill. L. 8 mill.

    Pour les n⁰ˢ 1840 à 1859. V. le commentaire du n⁰ 1839.

1850. Héros à cheval, frappant de sa lance. Cornaline.
Diam. 10 mill.

1851. Casque orné d'une aigrette ; sur la calotte est représenté Pégase. Cornaline. H. 9 mill. L. 6 mill.

    C'est peut-être le casque de Bellérophon.

Scènes de jeux, mœurs et usages, etc.

1852. Athlète vainqueur, prenant dans un vase la palme qu'il vient de conquérir. Il est revêtu d'une sorte de caleçon, et porte une chlamyde. En haut, à gauche, un petit trépied. Scarabée de sardonyx à 3 c. H. 15 mill. L. 10 mill.

1853. Athlète vainqueur, debout, tenant une palme. Scarabée. Cornaline. H. 11 mill. L. 9 mill.

1854. Athlète nu, debout. Près de lui une palme ; derrière, un terme de Priape. Prase. H. 12 mill. L. 10 mill.

1855. Athlète vainqueur, debout, une couronne et une palme à la main. Améthyste. H. 9 mill. L. 6 mill.

1856. Éphèbe nu, debout, tenant un strigile. Nicolo. H. 8 mill. L. 6 mill.

1857. Deux enfants luttant au pied d'un palmier en présence de deux pédagogues. Cornaline. H. 9 mill. L. 10 mill.

1858. Homme nu, domptant un taureau. Cornaline. H. 11 mill. L. 15 mill.

1859. Homme nu, domptant un cheval. Scarabée de cornaline. H. 10 mill. L. 14 mill.

Rapporté de Syrie par M. Peretié. Acquisition de l'année 1854.

1860. Homme debout près d'un cheval. Cornaline. H. 12 mill. L. 13 mill.

Ébauche.

2861. Cavalier nu. Scarabée de cornaline. H. 13 mill. L. 9 mill.

1862. Mêmes sujet et matière. Scarabée. H. 14 mill. L. 10 mill.

1863. CAVALIER nu, mais coiffé du casque macédonien. CORNALINE. H. 10 mill. L. 11 mill.

1864. CAVALIER menant deux chevaux. CORNALINE. H. 10 mill. L. 11 mill.

1865. AURIGE debout dans un bige, excitant du fouet ses chevaux. SCARABÉE de CORNALINE. H. 11 mill. L. 13 mill.

1866. AURIGE dirigeant un quadrige. CALCÉDOINE bleuâtre. H. 17 mill. L. 26 mill.

> Excellent travail grec.

1867. MÊME SUJET. JASPE rouge. H. 11 mill. L. 16 mill.

> Travail médiocre.

1868. MÊME SUJET. CORNALINE. H. 9 mill. L. 10 mill.

1869. MÊME SUJET. *L'aurige* tient une palme, récompense du vainqueur dans les jeux. CORNALINE. H. 10 mill. L. 12 mill.

1870. ATHLÈTE vainqueur dans la course des chars, debout dans son quadrige, tenant d'une main une couronne et de l'autre une palme; son casque est porté par un homme à cheval qui le précède. Dans le champ, on lit : CN. F. M. CORNALINE. H. 11 mill. L. 14 mill.

> Les lettres CN. F. M. doivent être les initiales du vainqueur, ou celles d'un possesseur. Mariette, qui a publié cette pierre, t. II, pl. ciii, a vu un I au lieu de l'F. Aussi suppose-t-il qu'il s'agit ici du *Triomphe de Pompée*, CN. IM (*Cnœus Imperator*) Je crois pouvoir assurer que Mariette a mal lu ; je vois comme Du Mersan (*Description*, p. 93) CN. FM. Mariette a aussi cru voir une corne-d'abondance dans la main du triomphateur, mais à l'œil nu on distingue parfaitement la palme. Il est inutile d'insister sur les autres erreurs de Mariette dans sa description de cette pierre.

1871. ATHLÈTE vainqueur, la palme à la main, conduisant un char attelé de vingt chevaux. Calcédoine taillée en cabochon. H. 17 mill. L. 24 mill.

Voyez Caylus, *Recueil*, t. I, pl. lx. no 4. Le célèbre antiquaire nous apprend que cette pierre trouvée vers 1750 dans la Cyrénaïque avait été envoyée à Pellerin (le célèbre numismatiste) qui lui en avait fait présent.

1872. Homme sur un cheval lancé au galop, traînant un dauphin au moyen d'une longue corde. Cornaline. H. 9 mill. L. 11 mill.

Il s'agit ici d'une circonstance particulière des jeux.

1873. Deux chevaux de course au repos. Prase. H. 6 mill. L. 8 mill.

1874. Génie des jeux, ailé, monté sur un cheval. Prase. H. 5 mill. 1/2. L. 5 mill.

1875. Tête de cheval tenant une couronne dans ses dents. Au-dessous, aigle dévorant un lièvre. A gauche, trois lettres grecques disposées perpendiculairement, A C Γ. Cornaline. H. 12 mill. L. 10 mill.

Le type des médailles d'Agrigente pourrait indiquer que le cheval dont le portrait est représenté ici avait gagné le prix de la course à des jeux célébrés dans cette ville.

1876. Gladiateur (mirmillon), armé de toutes pièces, l'épée à la main, le bouclier au bras. Jaspe rouge. H. 15 mill. L. 12 mill.

Rare représentation sur les intailles. Cette pierre est montée dans un anneau de bronze antique.

1877. Masque tragique, de face. Agate rubanée. Diam. 10 mill.

1878. Idem., de profil. Grenat. H. 10 mill. L. 8 mill.

1879. Idem., de trois quarts. Cornaline. H. 8 mill. L. 6 mill.

1880. Même sujet. Sardoine. H. 11 mill. L. 10 mill.

1881. Masque tragique, de profil. Calcédoine. H. 8 mill. L. 7 mill.

1882. Idem. Jaspe rouge. H. 12 mill. L. 9 mill.

1883. Idem. Cornaline. H. 11 mill. L. 9 mill.

1884. Masque barbu, de face. Cornaline. H. 14 mill. L. 11 mill.

1885. Masque comique, de face. Cornaline. Diam. 8 mill.

1886. Masque comique, de face. Jaspe rouge. H. 8 mill. L. 6 mill.

1887. Masque comique, de face. Cornaline. H. 11 mill. L. 9 mill.

1888. Masque comique, de profil. Nicolo. H. 6 mill. L. 5 mill.

1889. Deux masques tragique et comique, réunis comme les figures des *Grylles*. H. 9 mill. L. 11 mill.

1890. Deux masques, de face; celui de droite est silénique; l'autre est comique. Cornaline. H. 7 mill. L. 9 mill.

1891. Trois masques comiques posés sur une table. Agate à 2 c. H. 7 mill. L. 11 mill.

1892. Acteur tragique, se frappant d'un poignard. Cornaline. H. 10 mill. L. 8 mill.

1893. Acteur comique, dans un rôle d'esclave, portant un vase. Cornaline. H. 10 mill. L. 8 mill.

1894. Acteur comique dans un rôle de mendiant, le bâton à la main et la besace sur l'épaule. Jaspe noir. H. 11 mill. L. 10 mill.

1895. Esclave tenant un volatile qu'il va égorger. Dans le champ, LI CI. Jaspe noir. H. 10 mill. L. 8 mill.

1896. Enfant avec un masque de Silène, s'appuyant sur un bâton. A ses pieds, un quadrupède mal formé, peut-être la panthère bachique. Cornaline. H. 9 mill. L. 7 mill.

1897. Enfant avec un masque comique, marchant à grands pas, un bâton à la main. Cornaline en cabochon. H. 8 mill. L. 7 mill.

1898. Homme jeune, sans barbe, à demi nu, les reins couverts d'une légère draperie, assis devant un trépied, tenant de la main gauche une tablette qu'il étudie attentivement. On distingue sur cette tablette quatre caractères semblables à l'O des Osques, deux qui se rapprochent de l'X des Romains, et deux A d'ancien style. La légende, en caractères très - fins, paraît être : ΑΓΕCΑΡ. Cornaline. H. 13 mill. L. 9 mill.

M. B. Hase a publié cette pierre en vignette (p. iii) dans son édition de *Léon Diacre* déjà citée plus haut, p, 241, nº 1797. Le savant académicien la déclare avec raison un ouvrage excellent, *absolutissimi operis* (V. p. xxi) On serait tenté de voir dans la légende ΑΓΕCΑΡ le commencement du nom d'*Agesarque* de Métaponte, ce philosophe pythagoricien nommé par Jamblique à la fin de la vie de Pythagore; mais je crois comme M. Hase que cette interprétation serait témeraire Ces lettres peuvent indiquer tout autre nom, peut-être un artiste, soit même le possesseur de la pierre. Quant au sujet lui-même, faut-il y voir un jeune homme etudiant la philosophie, les sciences, ou les lettres ? Le trépied indiquerait-il le sanctuaire d'Apollon, ou n'est-il qu'une modeste table de travail portée sur trois pieds, c'est ce qu'il est difficile de décider. (V. nº 1899.)

1899. Jeune homme, imberbe, assis sur un siége décoré d'un griffon en relief, dessinant ou écrivant sur une tablette. A ses pieds, une patère, ou du moins, un petit plat rond. Devant lui, une colonne surmontée d'un vase; sur la base de la colonne, une tête jeune sculptée en relief. Cornaline. H. 11 mill. L. 8 mill.

Ficoroni a publié cette curieuse intaille d'ancien style dans ses *Gemme antiquæ litteratæ*, etc., pl. v, fig. 4, p. 84. Le docte italien y voit un jeune homme peignant; la patère lui paraît être une palette, ou un godet, et la tête en relief sur le piédestal, le modèle que le jeune artiste cherche à reproduire. Cette explication est plausible; mais le griffon, emblème d'Apollon qui paraît sur le siége, pourrait faire penser qu'il s'agit d'une cérémonie du culte de ce Dieu, d'autant plus que la tête sculptée sur la base de la colonne paraît être celle d'Apollon lui-même. Ces circonstances nous laissent dans l'incertitude sur la véritable interprétation à donner de cette intéressante pierre, qui offre une analogie remarquable, tant sous le rapport du sujet que sous celui du travail, avec celle dont nous venons de parler. Ici l'on pourrait peut-être voir un desservant du Temple de Delphes enregistrant un oracle. (V. nᵒ 1898.)

1900. SCULPTEUR ciselant un vase de marbre; il est représenté à demi nu, assis sur le sol devant le vase qu'il cisèle et tenant son marteau de la main gauche, tandis que de la droite, il creuse au ciseau les cannelures du *Diota*. Un arbre ombrage la scène. CORNALINE. H. 13 mill. L. 16 mill.

1901. MÊME SUJET. Ici, le sculpteur est assis sur une base carrée et le vase est placé sur un cippe. Ébauche sur NICOLO. H. 10 mill. L. 6 mill.

1902. CHASSEUR portant un lièvre sur son épaule; le chien saute devant son maître. NICOLO monté dans un anneau antique de bronze. H. 10 mill. L. 8 mill.

1903. CHASSEUR le *lagobolon* sur l'épaule tenant à la main un lièvre qu'il vient de tuer au moyen de cet engin. PRASE. H. 7 mill. L. 6 mill.

1904. CHASSEUR avec ses chiens, portant son gibier sur l'épaule. NICOLO. H. 10 mill. L. 8 mill.

1905. ÉPHÈBE en course, tenant une fronde ou un arc. CORNALINE. H. 11 mill. L. 9 mill.
Ébauche.

1906. CHEVRIER nu, à l'exception du *cucullus*, un bâton à la main; près de lui, une chèvre s'avançant pour manger les feuilles d'un arbrisseau. JASPE jaune. H. 12 mill. L. 10 mill.

1907 et 1908. IDEM. PRASE. H. 9 mill. L. 7 mill. et H. 6 mill. L. 5 mill.

1909. CHEVRIER agenouillé, trayant une chèvre. Deux arbustes ombragent cette scène rustique. CORNALINE. H. 7 mill. L. 9 mill.

1910. IDEM. Ici on voit de plus, un chien aux pieds du chevrier. NICOLO. H. 7 mill. L. 9 mill.

Animaux et plantes.

1911. ÉLÉPHANT portant trois combattants et enlevant un ennemi avec sa trompe. SARDONYX à 3 c. H. 14 mill. L. 20 mill.

1912. TÊTE D'ÉLÉPHANT. Légende : AVRE. (peut-être pour AVRELIANVS.) JASPE noir. H. 6 mill. L. 10 mill.

1913. CHIEN. PRASE. H. 5 mill. L. 6 mill.

1914 et 1915. IDEM. NICOLO. H. 9 mill. L. 10 mill. JASPE noir. H. 7 mill. L. 9 mill.

1916. CHIEN-LOUP. Au-dessus, une colombe. CORNALINE. H. 8 mill. L. 11 mill.
Mutilé.

1917. CHIEN dévorant une antilope. CORNALINE. H. 11 mill. L. 15 mill.

1918. CHIEN dévorant un daim. SCARABÉE de CALCÉDOINE. H. 10 mill. L. 13 mill.

1919. Deux chiens chassant une antilope. Cornaline. H. 10 mill. L. 14 mill.

1920. Deux lions s'élançant l'un contre l'autre ; plus bas, un cerf qui semble la proie que se disputent les lions. Au revers, un scorpion. Jaspe sanguin. H. 18 mill. L. 28 mill. -

On serait tenté de classer cette pierre parmi les monuments Gnostiques. V. p. 282.

1921. Lion s'emparant d'un mouton. Prase. H. 12 mill. L. 10 mill.

1922. Idem. Nicolo. H. 10 mill. L. 12 mill.

1923. Lion dévorant un cerf. Cornaline. H. 14 mill. L. 16 mill.

1924. Idem. Cornaline. H. 12 mill. L. 14 mill.

1925. Idem. Agate rubanée. H. 7 mill. L. 10 mill.

1926. Idem. Cornaline. H. 9 mill. L. 11 mill.

1927. Lion en course. Scarabée de cornaline. H. 9 mill. L. 13 mill.

1928. Lion en course. Sardonyx à 4 c. taillée en cabochon, avec son anneau d'or antique.

1929. Idem. Cornaline. Diam. 8 mill.

1930. Lion dévorant une hure de sanglier. Jaspe sanguin. H. 8 mill. L. 9 mill.

1931. Idem. Cornaline. H. 6 mill. L. 8 mill.

1932. Idem. Derrière le lion, arbrisseau. Jaspe sanguin. Diam. 8 mill.

1933. Lion buvant dans un vase. Légende : ΕΥΠΟϹΙΑ. Jaspe jaune. H. 6 mill. L. 8 mill.

Le mot εὐποσία, littéralement *bonne boisson*, ne se trouve pas dans les meilleurs lexiques du grec ancien et on le chercherait vainement même dans le *Glossarium ad scriptores mediæ ac infimæ Græcitatis* de Ducange. Il n'existe pas non plus dans le dictionnaire grec moderne de Schmidt. C'est donc un terme nouveau à enregistrer. Cette petite pierre, malgré la médiocrité du travail, qui trahit l'époque de l'empire romain, est intéressante ; le lion buvant et la légende εὐποσία doivent être rapprochés des monuments nombreux où des têtes de lion figurent comme déversoirs des fontaines. Voyez entre autres, les médailles d'argent de Térina. Cf. *Numismata Num. Italiæ Vet.* par Carelli, Cavedoni et Avellino, Pl. CLXXVIII. Nos 26 et 27.

1934. Tête de lion, de face. Améthyste. H. 9 mill. L. 7 mill.

1935. Cerf accroupi. Scarabée de sardoine. H. 9 mill. L. 13 mill.

1936. Cerf prêt à s'élancer. A gauche, deux globules. Scarabée de sardoine. H. 8 mill. L. 10 mill.

1937. Cerf en course ; sous le ventre de l'animal, trois globules. Scarabée de sardoine. H. 8 mill. L. 11 mill.

1938. Idem. Pas de globules. Scarabée de sardoine. H. 8 mill. L. 10 mill.

1939. Cerf debout, au repos. Scarabée de sardoine. H. 12 mill. L. 8 mill.

Mutilé.

1940. Biche accroupie au pied d'un autel sur lequel brille la flamme du sacrifice. Agate à 2 c. H. 9 mill. L. 11 mill.

Chaton d'un anneau d'argent doré mutilé, des bas temps.

1941. Lapin. Agate à 3 c. H. 7 mill. L. 9 mill.

1942. Deux sangliers en course. Cornaline. H. 5 mill. L. 6 mill.

1943. Sanglier en course. Agate à 2 c. H. 8 mill. L. 11 mill.

1944. Laie. Cornaline. H. 7 mill. L. 9 mill.

1945. Cheval s'échappant avec sa longe aux dents. Cornaline. H. 9 mill. L. 11 mill.

1946. Cheval bridé, galopant; sur son dos, un globe? Scarabée de sardoine. H. 6 mill. L. 9 mill.

1947. Cheval paissant. Scarabée de jaspe blanc teinté de rose. H. 8 mill. L. 11 mill.

1948. Cheval en liberté. Cornaline. H. 7 mill. L. 10 mill.

1949. Idem. Nicolo. H. 8 mill. L. 9 mill.

1950. Chèvre. Cornaline. H. 8 mill. L. 7 mill.

1951. Vache, truie et deux chèvres. Arbrisseau. Cornaline. H. 10 mill. L. 12 mill.

1952. Deux boucs combattant. Jaspe rouge. H. 9 mill. L. 11 mill.

1953. Animaux destinés à un sacrifice à Apollon et à Diane. Ces divinités sont représentées par un croissant et par une tête radiée. Les animaux sont un cygne et deux béliers. L'autel est placé entre les deux béliers. Plus bas, les instruments du sacrifice. Jaspe rouge. H. 11 mill. L. 9 mill.

1954. Bouc s'élançant pour s'emparer d'une palme fichée dans un monticule. Jaspe rouge. H. 10 mill. L. 8 mill.

1955. Bouc accroupi. Prase. H. 4 mill. L. 6 mill.

1956. Bouc accroupi. Scarabée de sardoine. H. 8 mill. L. 10 mill.

1957. Bouc paissant. Cornaline. H. 8 mill. L. 10 mill.

1958. Bouc accroupi au pied d'un vase dans lequel est planté un arbuste, aux branches duquel est suspendu un masque. Cornaline. H. 11 mill. L. 10 mill.

1959. Taureau frappant de ses cornes. Nicolo. H. 19 mill. L. 25 mill.

Belle matière, excellent travail. Acquisition de l'année 1852.

1960. Idem. Cornaline blonde. H. 10 mill. L. 14 mill.

1961. Taureau piétinant la terre, au pied d'un rocher sur lequel s'élève un petit temple. Cornaline. H. 15 mill. L. 20 mill.

1962. Taureau frappant la terre de ses cornes. Scarabée de cornaline. H. 8 mill. L. 10 mill.

1963. Taureau marchant. Agate rubanée. H. 9 mill. L. 11 mill.

Rapporté de Syrie par M. Guys, consul de France. Cette pierre est fendue et est enchâssée dans un fragment de cachet de silex. Acquisition de l'année 1848.

1964. Idem. Agate rubanée. H. 10 mill. L. 14 mill.

1965. Idem. Sardoine. H. 9 mill. L. 13 mill.

1966. Idem. Jaspe rouge. H. 9 mill. L. 10 mill.

1967. Idem. Cornaline. H. 5 mill. L. 9 mill.

1968. Vache allaitant son veau. Épi. Cornaline. H. 10 mill. L. 12 mill.

1969. Idem; mais pas d'épi. Cornaline. H. 7 mill. L. 6 mill.

1970. Deux vaches, l'une debout, l'autre couchée. Cornaline. Diam. 10 mill.

1971. Rhinocéros. Sous le ventre, symbole qui ressemble à l'extrémité d'un caducée. Cornaline. H. 7 mill. L. 8 mill.

1972. Tête d'aigle. Cornaline. H. 12 mill. L. 9 mill.

1973. Idem. Nicolo. H. 8 mill. L. 10 mill.

1974. Idem. Grenat. H. 5 mill. L. 8 mill.

1975. Aigle. Cornaline. H. 14 mill. L. 11 mill.

1976. Idem. Cornaline. H. 10 mill. L. 8 mill. .
Monté en bague d'argent. Ébauche.

1977. Aigle enlevant un lièvre, et portant une couronne dans son bec. Dans le champ, N F V. Cornaline. H. 15 mill. L. 10 mill.

1978. Aigle tenant une couronne dans son bec. Agate à 2 c. H. 12 mill. L. 10 mill.

1979. Idem; il tient en outre deux palmes dans ses serres. Prase. H. 10 mill. L. 9 mill.

1980. Aigle, posé sur le foudre, tenant une couronne dans son bec. Jaspe rouge. H. 13 mill. L. 9 mill.

1981. Idem. Calcédoine saphirine. H. 12 mill. L. 9 mill.

1982. Corbeau. Sardonyx à 3 c. H. 9 mill. L. 11 mill.

1983. Cigogne. Nicolo. H. 11 mill. L. 9 mill.

1984. Moineau. Sardonyx à 3 c. H. 9 mill. L. 11 mill.

1985. Perroquet tenant deux cerises dans le bec. Une libellule est posée sur l'oiseau. H. 10 mill. L. 14 mill.

1986. Perroquet tenant une cerise dans le bec. Sardonyx à 3 c. H. 10 mill. L. 14. mill.

1987. PERROQUET tenant deux cerises dans le bec. JASPE rouge. H. 8 mill. L. 9 mill.

1988. PERROQUET posé sur un épi et mangeant un grain de blé. PRASE. H. 7 mill. L. 9 mill.

1989. PERROQUET mangeant deux cerises. PRASE. H. 5 mill. L. 7 mill.

1990. PERROQUET posé sur une branche. AGATE rubanée. H. 6 mill. L. 12 mill.

1991. DEUX CORBEAUX. CRISTAL DE ROCHE. H. 26 mill. L. 26 mill.

Monture en argent qui paraît avoir été exécutée au XVIe siècle.

1992. DEUX CORBEAUX. SCARABÉE de SARDOINE. H. 9 mill. L. 12 mill.

Travail grossier.

1993. OISEAU sur un épi. SARDOINE. H. 9 mill. L. 10 mill.

1994. COQ ET POULE. JASPE rouge. H. 5 mill. L. 6 mill.

1995. COQ. JASPE sanguin. H. 9 mill. L. 6 mill.

1996. IDEM. CORNALINE. H. 6 mill. L. 4 mill.

1997. IDEM. Dans le champ, D M. JASPE noir. H. 15 mill. L. 12 mill.

1998. IDEM. PRASE. H. 4 mill. L. 5 mill.

1999. POULE avec ses poussins. CALCÉDOINE. H. 8 mill. L. 10 mill.

2000. CYGNE. AGATE à 3 c. H. 7 mill. L. 9 mill.

2001. DEUX OISEAUX posés en face l'un de l'autre, chacun

sur une corne d'abondance. Entre ces oiseaux, une corbeille avec des épis. Jaspe noir. H. 8 mill. L. 11 mill.

2002. Lézard. Nicolo. H. 9 mill. L. 10 mill.

2003. Crocodile et le serpent *Agatho-Démon*. Cornaline. H. 10 mill. L. 12 mill.

2004. Dauphin. Sardonyx à 3 c. H. 6 mill. L. 10 mill.

2005 et 2006. Crabe. Cornaline. Diam. 6 mill. et H. 7 mill. L. 6 mill.

2007. Langouste. Sardonyx à 3 c. en cabochon. H. 9 mill. L. 10 mill.

2008. Idem. Prase. H. 5 mill. L. 7 mill.

2009. Trois épis et trois fourmis; celle du milieu est plus grosse que les autres et est pourvue d'ailes. Les deux moindres portent chacune un grain de blé. Nicolo. H. 12 mill. L. 9 mill.

2010 et 2011. Fourmi. Sardoine. H. 7 mill. L. 5 mill. et Sardonyx à 3 c. en cabochon. H. 7 mill. L. 6 mill.

2012. Épi. Sardonyx à 3 c. H. 7 mill. L. 5 mill.

2013. Grappe de raisin. Améthyste. H. 9 mill. L. 7 mill.

2014. Grenade. Cornaline. Diam. 5 mill.

2015. Feuille d'ache. Sardonyx à 3 c. Diam. 12 mill.

Mythologie égyptienne.

2016. Sérapis et Isis. Bustes conjugués. Cornaline. H. 20 mill. L. 15 mill.

Acquis en 1851. Rapporté de Syrie.

2017. Sérapis. Buste de profil. Cornaline. H. 15 mill. L. 12 mill.

2018. Idem. Nicolo. H. 15 mill. L. 10 mill.

2019. Idem. Améthyste. H. 9 mill. L. 6 mill.

2020. Idem. Sardonyx à trois c. H. 9 mill. L. 6 mill.

2021. Sérapis-Ammon, c'est-à-dire avec le *modius* et les cornes de bélier. Silex à 2 c. H. 17 mill. L. 12 mill.

2022. Sérapis–Ammon radié. Grenat. H. 11 mill. L. 9 mill.

2023. Sérapis ou Pluton dans son temple, assis sur son trône ; à ses pieds, Cerbère. Sur le fronton du temple, deux génies portant un globe. Prase. H. 17 mill. L. 13 mill.

2024. Sérapis assis sur son trône, s'appuyant sur son sceptre ; à ses pieds, Cerbère. Cornaline. H. 13 mill. L. 10 mill.

2025. Sérapis debout, tenant une couronne. Aigue marine. H. 12 mill. L. 10 mill.

2026. Sérapis debout, s'appuyant sur son sceptre. Nicolo. H. 10 mill. L. 8 mill.

2027. Tête de Sérapis sur un pied humain. Cornaline. H. 12 mill. L. 9 mill.

Ce type se trouve au revers de médailles d'Antonin, de Marc-Aurèle et de Commode, frappées à Alexandrie. Zoéga, qui décrit ces médailles dans ses *Numi Ægyptii* (voyez p. 167, 224 et 238), pense qu'il faut voir dans ce type un *ex voto*. Il s'agirait ici de la goutte ou de toute autre maladie du pied dont ces empereurs auraient été guéris par Sérapis. Zoéga cite, à l'appui de son opinion, une inscription, publiée par Fabretti, dans laquelle un certain Onésime remercie Sérapis ; cette inscription porte la représentation d'un pied entouré du bienfaisant serpent ; il cite encore deux pieds de marbre du musée Médicis dont l'un soutient la tête de Sérapis tandis que l'autre est entouré d'un serpent. Passeri a publié une pierre qui offre un sujet semblable à celui que nous venons de décrire. (V. *Gemmæ Astriferæ*, t. I, pl. XVIII, et t. II, p. 62.) Mariette a publié notre pierre. V. t. II, pl. VIII.

2028. Isis debout, tenant le sistre de la main droite et portant un oiseau dans la gauche. JASPE NOIR. H. 16 mill. L. 12 mill.

Au revers de cette pierre on lit, en grec, les noms de trois Éons des Gnostiques : ΙΑΩ COΛOMON CΛBΛΩ. Jaô, Salomon, Sabaoth. Cette inscription, qui émane des Gnostiques, pourrait être postérieure à la gravure de l'image d'Isis. V. p. 282 et suivantes.

2029. HARPOCRATE assis sur une fleur de lotus. HÉMATITE. H. 8 mill. L. 5 mill.

2030. CANOPE. Le dieu *Canope*, ou *Chnouphis*, avec la barbe à l'égyptienne et le corps en forme de vase. SARDONYX à 2 c. H. 15 mill. L. 9 mill.

Mythologie orientale.

2031. MITHRA sacrifiant le taureau dans la grotte. Le dieu, coiffé de la tiare ou bonnet phrygien, vêtu de la candys ou manteau flottant, d'une courte tunique et des *anaxyrides* ou pantalons, saisit d'une main le mufle d'un taureau qu'il a terrassé et qu'il presse du genou, et de la main gauche lui plonge un couteau dans le cou. Derrière le taureau est debout un prêtre, ou Phosphoros, vêtu comme le dieu, sauf la *candys*, tenant deux flambeaux renversés. Un scorpion et un serpent rampent au-dessous de la victime. Au-dessus de Mithra, buste radié du soleil, le croissant de la lune et un corbeau. CALCÉDOINE. H. 16 mill. L. 20 mill.

Cette remarquable pierre a été acquise par la Bibliothèque Impériale, en 1806, de James Millingen, le célèbre antiquaire. Voyez les grands bas-reliefs de marbre représentant *Mithra égorgeant le Taureau*, au musée du Louvre. Ces bas-reliefs sont gravés pl. 203 et 204 du *Musée de sculpture* du comte de Clarac.

2032. Même sujet traité avec moins de détails. La grotte n'est pas indiquée; on ne voit ni le dieu porte-flambeaux, ni le corbeau, ni le soleil, ni la lune; mais Mithra est représenté avec la tête radiée et non avec la tiare, et la *candys* est constellée. Les animaux qui sont ici, un scorpion, un serpent et un chien, ne rampent pas au-dessous du taureau, ils l'attaquent avec fureur. CRISTAL DE ROCHE. H. 21 mill. L. 26 mill.

Mithra se confond ici avec Apollon dont il emprunte les rayons. Cette belle pierre est remarquable par cette particularité qui confirme ce que l'on sait d'ailleurs de la popularité du culte de Mithra. Le travail annonce l'époque romaine.

2033. Lunus. Ce dieu asiatique est représenté sous les traits d'un jeune homme, revêtu du même costume que Mithra, avec lequel il se confondrait s'il n'avait un croissant derrière la tête; Lunus est debout, il tient de la main gauche, non pas le flambeau, mais une pomme de pin, ce qui a le même sens; de la main droite, il s'appuie sur un sceptre ou lance. GRENAT. H. 17 mill. L. 14 mill.

2034. Même sujet. Ici le dieu se rapproche encore plus de Mithra, car il pose le pied sur la tête d'un taureau mithriaque. La lance est mieux caractérisée ici que sur la pierre n° 2033. CALCÉDOINE à 2 c. H. 20 mill. L. 15 mill.

On peut comparer le sujet représenté ici avec une figure de Lunus qui se trouve réuni à Jupiter sur un bas-relief vu à Koula, par M. Ch. Texier, et publié par le savant académicien dans sa *Description de l'Asie-Mineure*, t. I, pl. LII, page 136. M. Texier fait dater ce bas-relief du second siècle de notre ère.

Iconographie grecque.

2035. Eschyle. Buste de profil, la tête nue. JACINTHE. H. 16 mill. L. 13 mill.

2036. IDEM. AGATE ONYX. H. 11 mill. L. 9 mill.

MARIETTE, t. II, no 99, a attribué cette pierre à Socrate.

2037. IDEM. JASPE ROUGE. H. 10 mill. L. 8 mill.

2038. SOCRATE. Buste de profil, la tête nue. CORNALINE. H. 13 mill. L. 10 mill.

MARIETTE, t. II, no 98.

2039. LYCURGUE. Buste de profil, la tête nue. AMÉTHYSTE. H. 15 mill. L. 10 mill.

On peut comparer cette pierre avec les médailles de Lacédémone offrant le portrait de Lycurgne et la legende : ΛΥΚΟΥΡΓΟΣ. (Voyez Visconti, *Iconog. grecque*, pl. 8, nos 5 et 6.) La Bibliothèque a acquis cette pierre remarquable en 1847 ; elle provient de la collection d'un ministre de France à Athènes.

2040. LYCURGUE ET CLÉOMÈNE III, roi de Lacédémone. Bustes conjugués. SARDONYX à 3 c. H. 16 mill. L. 15 mill.

Voyez VISCONTI. *Iconog. grecque*, pl. XLI, no 1.

2041. ÉSOPE. Buste de profil. PRASE. H. 8 mill. L. 6 mill.

2042. PHILOSOPHE grec inconnu. Buste de profil. NICOLO. H. 13 mill. L. 10 mill.

2043. SAPHO. Buste de profil. SARDONYX à 3 c. H. 10 mill. L. 9 mill.

2044. POÉTESSE inconnue. CORNALINE. H. 12 mill. L. 9 mill.

2045. EUCHARIS. Buste de profil, les seins découverts. PRASE. H. 10 mill. L. 8 mill.

La ressemblance de la jeune femme représentée sur cette *prase* est frappante avec le buste d'Eucharis, jeune affranchie grecque, dont l'épitaphe en vers latins, publiée pour la première fois par Fulvius Ursinus, a été reproduite si souvent. Visconti a donné le buste d'Eucharis dans l'*Iconog. grecque*, pl. 37, no 5, et t. I, p. 318. On sait, par l'épitaphe d'Eucharis, que cette jeune grecque, affranchie d'une dame romaine de la famille Licinia,

mourut à l'âge de quatorze ans, après avoir brillé à Rome sur la scène grecque. Visconti n'a pu découvrir ce qu'est devenu le marbre original représentant Eucharis.

2046. INCONNUE. Buste de profil. **PRASE.** H. 28 mill.
L. 18 mill.

2047. IDEM. CORNALINE. H. 12 mill. L. 9 mill.
Cassure.

2048. ALEXANDRE LE GRAND. Buste de profil, avec le
diadème et les cheveux flottants. **SARDOINE.** H. 27 mill.
L. 22 mill.

> MARIETTE, t. II, n⁰ 84, a publié cette pierre, qu'il croit à tort représenter
> Mithridate.
> Jolie monture en or émaillé.

2049. ALEXANDRE LE GRAND, à cheval, la tête nue avec
une chlamyde flottant sur les épaules. **JASPE VERT.** H.
19 mill. L. 14 mill.

> Travail médiocre de l'époque romaine.

2050. ALEXANDRE II, roi d'Épire. Buste de profil à gauche, coiffé de la dépouille d'une tête d'éléphant. On
lit en bas : **ΑΛΕ ΕΠ Β. AGATE** commune rayée. H. 21
mill. L. 20 mill.

> Caylus a publié cette pierre dans son *Recueil d'Antiquités* (voyez t. V,
> p. 149, pl. LIII, n⁰ IV). D'après le conseil de Pellerin, le noble antiquaire
> donne cette pierre comme le portrait de Ptolémée IX, Alexandre Ier, roi
> d'Égypte, et propose, en conséquence, de lire la légende : ΑΛΕΞΑΝΔΡΟΣ
> ΕΠΙΦΑΝΗΣ ΒΑΣΙΛΕΥΣ. (*Alexandre Epiphane, roi*) Nous ne partageons pas
> cette opinion ; nous croyons devoir lire : ΑΛΕΞΑΝΔΡΟΣ ΕΠΕΙΡΩΤΩΝ (pour
> ΗΠΕΙΡΩΤΩΝ) ΒΑΣΙΛΕΥΣ. *Alexandre, roi des Épirotes.*

2051. AMASTRIS, reine de Paphlagonie. Buste de profil
à droite avec la tiare orientale et collier de perles.
CORNALINE. H. 20 mill. L. 15 mill.

> Cette belle pierre, acquise en 1855 pour la Bibliothèque Impériale, par
> les soins de M. Lenormant, a été attribuée par le savant académicien, a la
> reine Amastris, dont on trouve l'image avec la légende ΑΜΑΣΤΡΙΟΣ ΒΑΣΙ-
> ΛΙΣΣΗΣ sur les médailles de la ville du même nom. La ressemblance est en
> effet frappante.

2052. Séleucus III, roi de Syrie. Buste de profil, diadémé, avec la chlamyde. Prase. H. 31 mill. L. 27 mill.

Caylus a publié cette pierre dans son *Recueil* (voyez t. VI, p. 138, pl. xlii, n° 1).

2053. Antiochus III, dit *Grypus*, roi de Syrie. Buste diadémé à droite, avec la chlamyde et la cuirasse. Cornaline. H. 31 mill. L. 24 mill.

2054. Roi d'Asie; peut-être un des rois de la *Commagène*. Buste de profil, diadémé. Derrière la tête, personnage s'appuyant sur un bâton; devant, une panthère; en bas, on lit : ΑΥΑΟΥ. Sardoine. H. 35 mill. L. 25 mill.

Mariette a donné le nom de Ptolémée Philopator au portrait qui figure sur cette singulière sardoine (voyez t. II, n° 87). La signature du graveur Aulus paraît avoir été ajoutée.

2055. Ptolémée II Philadelphe, roi d'Égypte. Buste de profil, diadémé, avec l'armure. Sardoine. H. 16 mill. L. 15 mill.

2056. Idem. Sardoine. H. 23 mill. L. 18 mill.

2057. Ptolémée VI, Philométor, roi d'Égypte. Buste diadémé de profil, avec la chlamyde. Cornaline. H. 20 mill. L. 17 mill.

2058. Idem. Cornaline. H. 19 mill. L. 17 mill.

2059. Ptolémée XI, Dionysos, roi d'Égypte. Buste de profil. Cornaline. H. 14 mill. L. 12 mill.

2060. Idem. Buste de profil, couronné de lierre, comme Bacchus. Sardoine. H. 36 mill. L. 28 mill.

Mariette, t. II, n° 89.

2061. Femme égyptienne, inconnue. Buste de 3/4. Grenat. H. 13 mill. L. 10 mill.

2062. Juba Ier, roi de Mauritanie. Buste de profil, avec le bandeau royal et un sceptre. Lapis-lazuli. H. 16 mill. L. 12 mill.

2063. Juba II, roi de Mauritanie. Buste de profil, avec le bandeau royal. Cornaline. H. 15 mill. L. 11 mill.

2064. Roi ou Prince numide inconnu. Agate marbrée. H. 17 mill. L. 15 mill.

2065. Roi d'Afrique inconnu, avec la corne d'Ammon. Sardonyx à 2 c. H. 13 mill. L. 15 mill.

2066. Personnage inconnu. Cornaline. H. 13 mill. L. 10 mill.

2067. Idem. Sardonyx à 3 c. H. 7 mill. L. 6 mill.

2068. Idem. Prase. H. 10 mill. L. 8 mill.

2069. Idem. Agate à 2 c. H. 10 mill. L. 9 mill.

2070. Idem. Cornaline. H. 6 mill. L. 5 mill.

Iconographie romaine.

2071. Rome assise, tenant, de la main gauche, un globe sur lequel est une statue de la Victoire stéphanophore, et s'appuyant de la main droite sur une lance. Nicolo. H. 61 mill. L. 43 mill.

2072. Marcus Junius Brutus. Buste de profil, à droite, la tête nue. Cornaline. H. 14 mill. L. 11 mill.

2073. Auguste. Buste de profil, la tête nue. On distingue les lettres T. R. qui doivent être dès initiales d'un possesseur romain. Agate à 2 c. H. 13 mill. L. 11 mill.

2074. Auguste et Livie. Bustes conjugués. L'empereur est lauré. Cornaline. H. 10 mill. L. 13 mill.

2075. Idem. Prase. H. 14 mill. L. 11 mill.

2076. Idem. Cornaline. H. 10 mill. L. 9 mill.

2077. Mécène. Buste de profil; il est représenté à un âge assez avancé et presque entièrement chauve. Derrière la tête, on lit : ΔΙΟCΚΟΥΡΙΔΟΥ (ouvrage de Dioscoride). Améthyste. H. 20 mill. L. 15 mill.

On a cru voir le portrait de Solon, le législateur de l'Attique, dans le personnage dont le célèbre Dioscoride a gravé le portrait sur la précieuse améthyste du Cabinet de France qui nous occupe. Cette opinion était fondée sur le nom du graveur *Solon*, qu'on lit sur une cornaline de la collection Farnèse, et représentant évidemment le même personnage. C'est le duc d'Orléans, régent, qui fit remarquer que le nom de Solon était celui du graveur et non du personnage représenté. C'est ce prince également qui fit admettre l'opinion aujourd'hui reçue qu'il faut voir Mécène sur la cornaline de Solon, comme sur l'améthyste de Dioscoride. Malheureusement, i nous faut dire que cette opinion, qui est citée favorablement par Visconti dans son *Iconog. Rom.* (voyez t. I, p. 287), n'est fondée que sur des conjectures et non sur un seul monument iconographique portant le nom de Mécène. Quoi qu'il en soit, cette pierre est un des plus beaux fleurons de la collection de France. Le travail en est exquis, comme il convient à l'œuvre d'un des quatre grands graveurs de pierres fines cités par Pline (XXXVII, c. 4). Dioscoride, ou Dioscouride, si nous traduisons rigoureusement son nom inscrit en grec par lui-même sur ses œuvres, florissait à l'époque d'Auguste. Suétone dans la *Vie d'Auguste,* nous apprend que ce prince, à la fin de sa vie, scellait ses lettres de sa propre image gravée par Dioscoride. (Voyez ch. 50).

2078. Mécène. Jaspe rouge. H. 12 mill. L. 10 mill.

Voyez ce qui a été dit au numéro précédent. Cette jolie pierre est une répétition antique de l'*améthyste* no 2077.

2079. Drusus l'ancien. Buste lauré de profil, avec l'égide, et un javelot à la main. Cornaline. H. 19 mill. L. 15 mill.

2080. Antonia, femme de Drusus l'ancien, en Cérès. Elle est représentée de 3/4, à mi-corps, laurée, voilée et tenant une corne d'abondance. Elle a un collier semblable à celui que l'on voit à plusieurs représentations de divinités. Améthyste. H. 30 mill. L. 20 mill.

Cette magnifique pierre nous offre le portrait d'une femme qui, comme l'a remarqué M. Ch. Lenormant, semble établir un lien commun entre tous les événements du premier siècle de l'empire En effet, Antonia était fille de Marc-Antoine et d'Octavie, nièce d'Auguste, arrière-petite-nièce de J. César, belle-sœur de Tibère, belle-fille de Livie, femme de Drusus l'ancien, mère de Germanicus, de Livilla et de l'empereur Claude, belle-mère d'Agrippine l'ancienne et aïeule de Caligula. Cette princesse, ajoute M. Lenormant, aussi distinguée par sa beauté que par ses vertus, résuma en elle-même toute la gloire et toutes les douleurs de son temps. (V. *Trésor de Numismatique et de Glyptique. Iconog. Rom.* pl. x, n° 14, p. 20.)

2081. Britannicus. Buste de face. Améthyste. H. 15 mill. L. 11 mill.

V. au n° 2082. (Commentaire.)

2082. Néron enfant. Buste de profil, la tête nue. Nicolo. H. 11 mill. L. 8 mill.

Nous ne donnons les attributions des pierres n⁰ˢ 2081 et 2082 que comme de simples conjectures.

2083. Néron de profil à gauche. Buste lauré. Cornaline. H. 17 mill. L. 13 mill.

2084. Néron lauré. Buste de profil à gauche. Onyx rubané. H. 10 mill. L. 8 mill.

2085. Bustes en regard d'un homme et d'une femme. L'homme est représenté la tête nue ; la femme a les cheveux disposés comme Poppée et les femmes de cette époque. Émeraude. H. 10 mill. L. 11 mill.

2086. Galba lauré. Buste de profil. Sardonyx à 3 c. H. 29 mill. L. 22.

2087. Idem. Sardonyx à 3 c. H. 15 mill. L. 13 mill.

2088. Idem. Cornaline. H. 12 mill. L. 9 mill.

2089. Julie, fille de Titus. Buste de profil, à gauche. On

lit derrière la tête la signature du graveur Evodus :
ΕΥΟΔΟϹ ΕΠΟΙΕΙ. Aigue-marine bleue orientale. H. 50
mill. L. 35 mill.

Tout concourt pour faire de cette magnifique pierre un monument de premier ordre. C'est le portrait authentique de la fille de Titus, de cette Julie
qui mariée à son cousin Flavius Sabinus, fut aimée par Domitien son oncle
paternel. De plus, cette pierre porte une signature, celle d'Evodus, artiste
grec, dont on connait encore deux pierres signées ; une sardoine, représentant une tête de cheval, qui a passé du cabinet du baron de Schellersheim,
dans celui du baron Roger, et une cornaline, représentant une muse, rapportée par Raspe. T. I, n° 3418. (Voyez Clarac, *Manuel de l'histoire de
l'Art*, t. III, p 113.) Enfin cette pierre qui a conservé sa monture du moyen
âge, est du nombre de celles dont l'authenticité est incontestable, attendu
qu'elles sont connues depuis plusieurs siècles, et qu'il est donc impossible
de les attribuer aux artistes des temps modernes. L'aigue-marine d'Evodus
faisait partie de la décoration d'un reliquaire conservé dans le trésor de
l'abbaye de Saint-Denis. Ce reliquaire est nommé dans les anciens inventaires,
escrain ou *oratoire* de Charlemagne. Dom Félibien en parle dans ces termes :
« Ce reliquaire n'est qu'or, perles et pierreries. Sur le haut est représentée
« une princesse que quelques uns estiment être ou Cléopâtre, ou Julie, fille
« de l'empereur Tite. » (V. Dom Félibien, *Hist. de l'abbaye royale de Saint-
Denys*, p. 542 et planche IV, lettre C.) La comparaison avec les médailles de
Julie, fille de Titus, ne permet pas de conserver de doute sur le nom à donner
à la femme représentée par Evodus ; la ressemblance est frappante. La monture en or de bas titre remonte à une époque très reculée. Neuf saphirs
surmontés dans l'origine chacun d'une perle fine forment une sorte de couronne autour de la pierre. Il ne reste plus que six perles. L'un des saphirs
taillé en cabochon est une intaille antique représentant d'un côté un *dauphin* ; et de l'autre un monogramme surmonté d'une croix qui doit dater
des ve ou vie siècles. On trouve dans ce monogramme les lettres M A Θ Υ
qui sont peut-être les initiales d'un possesseur, mais qui peuvent aussi désigner la Vierge, ΜΑΡΙΑ ΜΗΤΗΡ ΘΕΟΥ (*Marie, mère de Dieu*).

2090. Julie, fille de Titus. Jaspe cendré. H. 12 mill.
L. 10 mill.

Répétition de l'aigue-marine que nous venons de décrire. Le travail de
cette jolie pierre est très-fin et digne du modèle. Rapportée de Syrie par
M. Guys, ancien consul de France. Acquisition de l'année 1848. Voyez à la
fin de cet ouvrage le *supplément*.

2091. Sabine, femme d'Hadrien. Buste de profil. Cornaline. H. 12 mill. L. 9 mill.

2092. Antinoüs. Buste de profil. Nicolo. H. 14 mill.
L. 11 mill.

2093. ANTONIN LE PIEUX. Buste lauré de profil, avec le paludamentum. NICOLO. H. 62 mill. L. 44 mill.

Une main moderne a gravé sur cette magnifique intaille les lettres A V, aussi a-t-on longtemps attribué cette pierre à l'empereur Auguste, mais la ressemblance de l'empereur ici représenté avec les médailles d'Antonin est tellement frappante, qu'il n'est pas permis d'hésiter à y reconnaître ce prince. Cette intaille est de premier ordre pour le travail comme pour la beauté de la matière. La monture est du XVIᵉ siècle. Au revers, l'orfévre a placé une figurine d'or en relief, représentant un *génie tenant une couronne.*

2094. FAUSTINE, la mère, femme d'Antonin le Pieux. Buste de profil. LAPIS-LAZULI. H. 21 mill. L. 17 mill.

2095. FAUSTINE la jeune. femme de Marc-Aurèle, et fille d'Antonin et de Faustine l'ancienne. CORNALINE. H. 12 mill. L. 10 mill.

2096. COMMODE à cheval, frappant une tigresse de son javelot. L'empereur est représenté la tête nue, avec un manteau flottant sur les épaules. NICOLO. H. 45 mill. L. 55 mill.

Cette magnifique intaille aussi remarquable par la beauté de la matière que par l'excellence du travail a été acquise en 1846 pour la Bibliothèque. Au revers, une main moderne a gravé, en relief, deux têtes de profil, un nègre et une négresse en regard.

2097. COMMODE lauré, avec sa cuirasse sur laquelle paraît une tête de Méduse. Buste de profil. AMÉTHYSTE. H. 30 mill. L. 23 mill.

Magnifique matière; travail excellent.
Monture en or émaillé.

2098. COMMODE lauré, avec le paludamentum. Buste de profil. AIGUE-MARINE verte. H. 31 mill. L. 25 mill.

2099. PESCENNIUS NIGER. Buste lauré de profil, placé dans la partie inférieure de la pierre; en haut, autel allumé; au milieu des flammes, le serpent d'Esculape. On lit dans le champ, A I CAB OΩN EΘH Y. Au-dessus du buste, A K Γ ΠE N Δ. On peut interpréter ainsi ces deux inscriptions dont la première est seule hypothétique; la seconde offrant évidemment les noms de l'empereur.

Ἀσκληπιῳ Ιουλιος ΣΑΒινος ΟιΏΝιστης ΕΘΗκε Υγιεια

Αυτοκρατωρος Καισαρος Γαιου Πεσκεννιου Νιγρου Δικαιου.

Nous traduirons donc comme l'a fait précédemment M. Ch. Lenormant, dans le *Trésor de Numismatique. Icon. Rom.*, pl. XLI, p. 75 : *A Esculape, Julius Sabinus, devin, a consacré (cette pierre) pour la santé de l'Empereur César Caius Pescennius Niger, le Juste.* JASPE ROUGE. H. 31 mill. L. 22 mill.

La traduction des inscriptions de cet *ex voto* est un commentaire suffisant. (Voyez *Mém. de l'Acad. des Inscriptions et Belles Lettres*, année 1705.)

2100. SEPTIME SÉVÈRE et CARACALLA. Bustes en regard; le père et le fils sont tous deux laurés et portent le paludamentum. SARDONYX à 3 c. H. 27 mill. L. 40 mill.

Magnifique intaille qui par la beauté de la matière ainsi que par l'excellence du travail, peut être placée à côté du camée représentant la famille de Septime Sévère (V. n° 249). Monture en or émaillé enrichie de rubis et de brillants.

2101. CARACALLA. Buste de profil, la tête nue, avec le paludamentum. La main d'un artiste du moyen âge a ajouté une croix que le personnage paraît porter sur l'épaule et l'inscription : O ΠΕΤΡΟC. *Pierre.* AMÉTHYSTE. H. 40 mill. L. 29 mill.

La piété naïve du moyen âge voyait partout les personnages de l'Ancien Testament ou ceux de l'Évangile. On a cité déjà des exemples de ces erreurs dans les premières pages du présent catalogue. Ici, le portrait de Caracalla a été pris pour celui de saint Pierre dont en conséquence on a gravé le nom sur cette magnifique améthyste, ouvrage d'un habile artiste de l'antiquité. Les traits de Caracalla ne sont pas en effet sans une certaine analogie avec ceux que la tradition prête à saint Pierre. Ce joyau faisait partie de la décoration de la reliure d'un évangéliaire manuscrit, conservé à la Sainte-Chapelle du Palais à Paris, avant la révolution (Voyez, MORAND, *Histoire de la Sainte-Chapelle*, p. 56).

Cet évangéliaire qui fait maintenant partie du département des Manuscrits de la Bibliothèque Impériale y porte le n° 663, *supplément latin*. La reliure en vermeil représente sur le *recto*, le *Christ en croix entre la sainte Vierge et saint Jean*. Notre améthyste était placée au pied de la croix ; en 1834 on l'a remplacée par une imitation en verre, afin de réunir le précieux original aux intailles antiques du Cabinet des Médailles. Le *verso* représente le *Christ sur son trône* ; aux pieds du Christ, devait se trouver une autre intaille antique, mais on n'y voit plus qu'une simple imitation d'émeraude en verre, qui a dû être placée là dans l'ancien régime. Notre pierre qui a subi une cassure dans la partie inférieure, a été gravée dans l'ouvrage de Morand, cité plus haut. Cette gravure ne reproduit pas la croix qui paraît sur l'améthyste sans doute par une omission de l'artiste, car cet attribut paraît avoir été ajouté en même temps que l'inscription.

2102. CARACALLA. Buste de profil, lauré, avec le paludamentum. AMÉTHYSTE. H. 12 mill. L. 9 mill.

2103. CARACALLA, assis, à demi nu comme Jupiter, tenant de la main gauche une corne d'abondance, présente de la droite une figure de la Victoire à une statue de *Mars Victor* placée devant lui sur un piédestal orné de bandelettes. On lit à l'exergue : MARti VICtori. *A Mars Victorieux*. AGATE rubanée. H. 20 mill. L. 27 mill.

Monture en or émaillé.
MARIETTE. t. II, pl. XCIX.

2104. PLAUTILLE, femme de Caracalla. Buste de profil. PRASE. H. 18 mill. L. 13 mill.

Très-bonne gravure.

2105. MARIUS, empereur dans les Gaules. Buste lauré, de profil, avec le paludamentum. NICOLO. H. 20 mill. L. 17 mill.

MARCUS AURÉLIUS MARIUS fut proclamé empereur par les légions des Gaules après la mort de Victorin, l'an de Rome 1020, de J.-C. 267. Son règne fut tellement éphémère que les seuls historiens qui nous aient transmis quelques notions sur ce *tyran*, comme on appelle ces princes non reconnus à Rome, Trebellius Pollio et Aurélius Victor, prétendent qu'il fut assassiné trois jours après son avénement. Eckhel n'a pas cru devoir admettre cette excessive brièveté du règne d'un personnage dont on possède un assez grand nombre de médailles en divers métaux, et avec des revers variés. (V. *Doct. Num. Vet.* t. vii, p. 454.) L'opinion du savant viennois-nous paraît parfaitement fondée; l'existence de notre pierre que n'a pas connue Eckhel vient corroborer son dire. En effet, cette intaille est d'un bon travail, et quelle qu'ait pu être l'impatience du forgeron parvenu de voir son image ornée du laurier impérial gravée sur les monnaies ainsi que sur les gemmes, et si grand qu'on veuille supposer l'empressement des artistes à complaire au nouveau maître, il faut se résigner à croire que les deux annalistes cités plus haut, ont écrit, comme on disait jadis, sur de mauvais mémoires. La ressemblance du personnage représenté sur le *nicolo* du Cabinet de France avec les médailles de Marius est frappante. C'est M. Ch. Lenormant qui a reconnu le premier cette identité qui donne une grande valeur à une pierre jusque-là peu remarquée.

2106. Carus. Buste lauré, de profil. Nicolo. H. 14 mill. L. 12 mill.

Une pierre gravée d'aussi bon travail que ce *nicolo* de Carus qui régna à la fin du iiie siècle, est d'un grand intérêt pour l'histoire de l'art. Carus fut tué par la foudre l'an de J.-C. 282.

2107. Valentinien Ier. Buste de profil, la tête nue, avec le paludamentum. Cristal de roche. H. 25 mill. L. 20 mill.

Monture en or émaillé sur laquelle on lit cette inscription malencontreuse: CN. POMPEIUS. MAGNUS.

Nous renverrons à ce que nous disions au sujet de la pierre n° 2106, en ajoutant que l'intaille de Valentinien Ier est d'une ressemblance évidente avec les médaillons d'or de ce prince qui mourut l'an de J.-C. 375. V. Bauduri, *Num. Imp. Rom.*, t. ii, p. 455.

2108. Empereur radié. Buste de profil à droite. Cornaline. H. 10 mill. L. 9 mill.

Il est difficile de donner un nom à l'Empereur représenté sur cette pierre, qui est de travail barbare.

2109. Empereur lauré. Buste de profil à gauche. Dans le champ, OAII. Lapis-lazuli grossier. H. 17 mill. L. 15 mill.

Les traits de l'empereur représenté sur cette pierre de travail barbare ppellent ceux d'Auguste.

2110. Empereur lauré, revêtu du paludamentum, tenant le caducée comme *Mercure*. Buste de profil, à gauche. Prase. H. 9 mill. L. 6 mill.

2111. BRUTUS l'ancien. Buste de profil, à gauche, la tête nue, barbu. AMÉTHYSTE. H. 15 mill. L. 12 mill.

Cette admirable intaille a été rapportée de Syrie en 1848, par M. Guys, ancien consul de France à Beirout. Il existe quelque ressemblance entre les traits du personnage représenté ici et ceux du buste attribué a *Lucius Junius Brutus* dans l'*Iconographie Romaine* de Visconti, v. t. I, p. 130 et pl. VI ; mais nous sommes loin de considérer notre améthyste comme un portrait certain de l'illustre chef de la famille Junia. Le travail rappelle le faire de Dioscoride, et en tous cas, la pierre date du siècle d'Auguste.

2112. ROMAIN inconnu. Buste de profil, à droite, la tête nue, barbu. JACINTHE. H. 8 mil. L. 7 mill.

Ce portrait n'est pas sans quelque analogie avec le n° 2111.

2113. ROMAIN inconnu, la tête nue. Buste de profil, à droite. AMÉTHYSTE. H. 15 mill. L. 12 mill.

2114. AUTRE. SARDOINE. H. 14 mill. L. 11 mill.

2115. JEUNE ROMAIN. Buste de face. PRASE. H. 10 mill. L. 8 mill.

2116. PERSONNAGE ROMAIN et sa femme. Bustes en regard. L'homme est représenté la tête nue et barbu. NICOLO. H. 12 mill. L. 15 mill.

2117. JEUNE ROMAIN, la tête nue. Buste de 3/4. CORNALINE. H. 20 mill. L. 17 mill.

Monture en or émaillé.

2118. DAME ROMAINE. Buste de profil, à gauche. JASPE ROUGE. H. 13 mill. L. 10 mill.

2119. AUTRE. Buste de profil, à droite. JASPE ROUGE. H. 21 mill. L. 13 mill.

2120. AUTRE. Buste de profil, à gauche. NICOLO. H. 13 mill. L. 9 mill.

2121. DAME ROMAINE voilée, peut-être une VESTALE. Buste de profil, à gauche. AGATE à 2 c. H. 13 mill. L. 10 mill.

2122. Prisonnier assis au pied d'une colonne, les mains liées derrière le dos. Grenat. H. 11 mill. L. 10 mill.

2123. Palme entre deux *modii* (boisseaux) remplis d'épis; le tout au milieu d'une couronne de laurier. Prase. H. 9 mill. L. 12 mill.

Faut-il voir ici une commémoration d'une récompense en blé donnée à des vainqueurs dans les jeux, ou une allusion à une distribution de blé faite au peuple à l'occasion d'une victoire?

2124. Modius dans lequel sont deux épis et un pavot, et Balances. Nicolo. H. 12 mill. L. 10 mill.

2125. Aigle entre deux boisseaux (*modii*) remplis d'épis. Jaspe noir. H. 10 mill. L. 15 mill.

2126. Aigle tenant une couronne dans son bec, posé sur une base, entre deux *aigles légionnaires*. Cornaline. H. 10 mill. L. 12 mill.

2127. Aigle entre deux Enseignes. Cornaline. H. 11 mill. L. 15 mill.

2128. Aigle dévorant un lièvre. Ce groupe est placé sur une base. Prase. H. 8 mill. L. 5 mill.

Cette pierre rappelle le type des médailles d'Agrigente.

2129. Aigle tenant une couronne dans son bec et une palme dans ses serres, posé sur un autel décoré d'une guirlande et de deux têtes de bélier. Cornaline. H. 10 mill. L. 6 mill.

2130. Aigle posé sur un autel, décoré à droite d'une tête de bouc, à gauche, d'une tête de taureau. Nicolo. H. 10 mill. L. 11 mill.

2131. Aigle entre deux Enseignes. Dans le champ, deux étoiles croissant et les lettres Γ P A, initiales d'un nom de possesseur ou peut-être de celui d'une légion ou cohorte. Calcédoine. Diam. 11 mill.

2132. AIGLE posé sur une base tenant une ENSEIGNE. AGATE à 2 c. H. 15 mill. L. 12 mill.

2133. DEUX AIGLES tenant ensemble une couronne. NICOLO. H. 8 mill. L. 10 mill.

2134. CADUCÉE et PALME, avec cette inscription :. TEMPorvm FELIcitas. *Bonheur du temps*. CORNALINE. H. 12 mill. L. 10 mill.

2135. MAIN tenant un caducée et des épis, avec le nom du possesseur du cachet : SARAPIO. *Sarapion*. CORNALINE. H. 12 mill. L. 10 mill.

2136. PALME et le nom de BALBvs. AGATE à 2 c. H. 8 mill. L. 10 mill.

    Cachet d'un personnage nommé Balbus, qui peut-être aura été vainqueur dans les jeux.

2137. INSCRIPTION en deux lignes : L. LIGVSI RESTVTI (sic). NICOLO. H. 15 mill. L. 20 mill.

    Cachet d'un personnage nommé *Lucius Ligusius Restitutus.*

Pierres avec inscriptions grecques.

2138. ΑΡΙΣ. AMÉTHYSTE de forme oblongue. H. 9 mill. L. 20 mill.

    Aris est un nom propre qui se rencontre sur les médailles de diverses villes grecques.
    Monture en argent. Cachet ; le nom est gravé à rebours.

2139. ΕΥΤΥΧΙΑC. En deux lignes, sur NICOLO. H. 9 mill. L. 10 mill.

    Cachet d'une femme nommée *Eutychia*, nom de bon augure. Le nom est écrit à rebours.

2140. ΝΙΚωΝΟC. En trois lignes, dans une couronne de laurier. SARDONYX à 3 c. H. 14 mill. L. 12 mill.

    Le nom de *Nicon* possesseur de cette pierre n'est pas écrit à rebours comme sur les cachets. On connaît un poëte, un peintre et un archonte d'Athènes du nom de Nicon.

2141. ΑΓΑΘΗΜΕΡΙΣ. En deux lignes; gravé à rebours. Jaspe rouge. H. 9 mill. L. 14 mill.

Cachet d'une femme nommée Agathémèris.

2142. ΠΑΡΟΕΝΟΠΑΙΟC. En deux lignes. Jaspe vert. H. 9 mill. L. 11 mill.

Le nom de *Parthénopee* possesseur de cette pierre n'est pas écrit à rebours comme sur les cachets.

Grylles.

Pline l'ancien (*Hist. Nat.* XXXV. 37.) nous apprend qu'on donnait le nom de *grylli* aux peintures représentant des sujets plaisants, ridicules ou baroques. On peut donc par analogie donner ce nom aux pierres de la présente série, lesquelles représentent des assemblages monstrueux de têtes, de membres et de corps d'hommes et d'animaux disposés avec la plus grande bizarrerie.

2143. Tête virile imberbe, coiffée d'un casque décoré d'une tête silénique, se terminant par une tête socratique. On lit en creux : ΠΕΡΓΑΜ. Abrégé de *Pergamus*. Nicolo clair. H. 16 mill. L. 9 mill.

2144. Tête de Minerve, avec un casque décoré de deux têtes siléniques. Cornaline. H. 13 mill. L. 13 mill.

Monté en bague d'or émaillé.

2145. Têtes de Pan et de Silène réunies. Cornaline. H. 11 mill. L. 9 mill.

2146. Tête d'éléphant, la trompe levée, sortant d'un coquillage. Jaspe rouge. H. 5 mill. L. 7 mill.

2147. Cheval sortant au galop d'un coquillage. Jaspe rouge. H. 5 mill. L. 7 mill.

2148. Têtes de Mercure et d'un lion réunies à un masque satyrique. Auprès de chacune de ces têtes, un attribut; le caducée qui caractérise Mercure; la massue d'Hercule près de la tête de lion et le *pedum* de Pan près du masque. Jaspe noir. H. 11 mill. L. 9 mill.

2149. Têtes de Pan et de Silène réunies. Cornaline. H. 10 mill. L. 7 mill.

2150. ΦΑΛΛΟΪ *tres, ita consignati ut currum, equum et aurigam conficiant*. Jaspe rouge. H. 6 mill. L. 9 mill.

2151. Deux têtes siléniques adossées, surmontant sept têtes disposées trois, trois et une. Cette figure singulière est placée au centre d'attributs bachiques, masques, flûtes, pedum, qui forment une sorte de couronne. Jaspe rouge. H. 13 mill. L. 9 mill.
Cassures.

2152. Tête de Femme coiffée d'un dauphin. Cornaline. H. 11 mill. L. 10 mill.

2153. Tête silénique réunie à un serpent. Dans le champ, les lettres I M. Jaspe rouge. H. 4 mill. L. 6 mill.

2154. Deux têtes juvéniles réunies. Cornaline. H. 10 mill. L. 7 mill.
Mutilé.

2155. Tête et Col de Cheval bridé posée sur une tête silénique avec ailes et pattes de coq. Cornaline. H. 10 mill. L. 7 mill.

2156. Têtes d'Ane et de Lion et Crabe sur des pattes de lion. Cet animal fantastique a aussi la queue du lion. Lapis-lazuli. H. 11 mill. L. 7 mill.

2157. Tête de singe avec deux trompes et ailes d'insecte, posée sur le corselet et les pattes d'un insecte. Sardoine. H. 10 mill. L. 9 mill.

2158. Lapin armé d'un fouet, posé sur une tête humaine juchée sur des pattes de coq ; une sorte de trompe partant du cou dépasse la tête et est munie de rênes que tient le lapin cocher de ce fantastique attelage. Cornaline. H. 11 mill. L. 7 mill.

2159. Même sujet. Cornaline. H. 7 mill. L. 5 mill.

2160. Lapin posé sur un bouclier et une massue. Cornaline. H. 9 mill. L. 11 mill.

2161. Têtes de Bouc et de Cheval adossées ; entre ces têtes, une épée ; au-dessous, un bouclier. Nicolo. H. 8 mill. L. 9 mill.

2162. Dromadaire conduit par un chien au moyen d'un licou ; un second chien est juché sur la croupe du dromadaire. Cornaline. H. 15 mill. L. 24 mill.

2163. Masque d'une longueur démesurée. Agate rubanée. H. 25 mill. L. 11 mill.

2164. Trois têtes viriles, imberbes, réunies en une seule. Jaspe rouge. H. 15 mill. L. 11 mill.

> Ces trois têtes rappellent la *Trimourti* de l'Inde.

PIERRES CHRÉTIENNES

Les intailles chrétiennes, malheureusement en petit nombre dans la collection impériale, sont d'une grande rareté. L'ardeur nouvelle que bien des antiquaires montrent depuis peu à rechercher et à expliquer ces monuments de l'antiquité chrétienne peut faire espérer qu'on en connaîtra bientôt un plus grand nombre. Celles que nous donnons ici datent des premiers siècles du christianisme et ont été fabriquées dans l'Occident, sans doute en Italie. On peut voir plus haut, sous les nos 1330, 1331, 1332, 1333 et 1334 des pierres gravées chrétiennes originaires de l'Asie.

2165. POISSON. CRISTAL DE ROCHE. H. 50 mill. L. 95 mill.

Fragment d'un vase, avec traces de dorure. Le poisson sur les monuments des premiers siècles de l'Église est comme on sait le symbole du nom du Christ. (Voyez, n⁰ˢ 1333 et 1334; voyez aussi l'explication d'une cornaline du *Musée Kircher*, par le père Raph. Garrucci, insérée dans la *Civiltà Cattolica*. Rome 1857.)

2166. LE BON PASTEUR. Jésus-Christ portant une brebis sur les épaules ; deux autres brebis à ses pieds. NICOLO. H. 10 mill. L. 7 mill.

Cette pierre est le chaton d'une bague d'argent oxydé. V. le *Mémoire* cité au n⁰ précédent.

2167. COLOMBE, palme et couronne, avec un monogramme dans lequel M. Ch. Lenormant voit le nom de *Veranus*. CORNALINE. H. 7 mill. L. 18 mill.

Le style de cette précieuse pierre la classe dans les monuments du VIᵉ siècle. Le monogramme offre la plus grande analogie avec ceux de Théodoric, d'Athalaric et autres rois goths de l'Italie. (Voyez les planches de la savante dissertation de M. le marquis de Lagoy, intitulée : *Explication de quelques médailles à monogramme des rois goths d'Italie* etc. Aix. 1843.)

PIERRES GNOSTIQUES.

Amulètes, Talismans dits Abraxas, etc.

(Intailles)

On désigne sous le nom générique de *Gnostiques* diverses sectes nées dans l'Orient presque en même temps que le christianisme La *Gnose*, en grec Γνῶσις, littéralement *connaissance*, est la science des choses divines. Les idées religieuses et philosophiques des Gnostiques avaient leurs sources dans les doctrines de l'Assyrie, de la Perse, de l'Inde et de l'Égypte. Comme l'a très-bien dit, le père Cahier, « c'est l'esprit de l'Antiquité asiatique cherchant à « s'emparer de l'Europe en pénétrant dans l'Église. » (V *Mélanges d'Archéologie*, t. I, p. 137.) L'unité et la sainteté du christianisme triomphèrent facilement du gnosticisme, qui s'éteignit vers le VIᵉ siècle de notre ère, mais non sans laisser des traces profondes que l'on retrouverait dans les écrits des magiciens, des astrologues et des chercheurs du grand œuvre. Simon le Magicien, contemporain des apôtres, et Cérinthe, son disciple, sont considérés par les Pères de l'Église comme les fondateurs du gnosticisme. Ménandre fut le successeur de Simon; Bardesane, Basilide, Valentin furent les chefs des principales sectes gnostiques. La croyance fondamentale généralement répandue parmi les partisans de la gnose, c'était que la création du monde n'était pas l'œuvre de Dieu, mais bien d'une puissance inférieure, le *Démiurge*, simple *émanation* du Dieu suprême. A ce dernier, au *Père inconnu*, comme ils l'appellent, ils accordaient la création du monde intellectuel, des *Intelligences*, des *Eons* ou *anges*, au *Démiurge* ils n'accordaient que la création du monde matériel. On ne connaît que très-imparfaitement les idées des diverses sectes des Gnostiques, et on sait encore moins les rites de leur culte; aussi l'explication des monuments qu'ils nous ont laissés est-elle hérissée de difficultés insurmontables. C'est aux écrits des Pères de l'Eglise, leurs intrépides adversaires, que l'on doit le peu de lumières qui éclairent aujourd'hui les ténèbres du gnosticisme. Des citations de ces écrits, savamment commentées et traduites, ouvrent le livre III de l'*Antiquité expliquée* du Père Montfaucon (voyez, t. II, 2e partie, p. 353). Sans doute, pour se conformer à un usage que je n'ai pas voulu suivre, et parce que le mot *Abraxas* se trouve sur un grand nombre de pierres gnostiques, le savant bénédictin a intitulé *Les Abraxas* son livre III qui traite des pierres gnostiques. Cette dénomination, conservée jusqu'à nos jours, n'est pas justifiable; *Abraxas* ou *Abrasax*, car on trouve ce mot mystique écrit soit ABPAΣAC, soit ABPACAΞ, sont des termes qui ne conviennent pas mieux pour désigner les pierres gnostiques que les noms propres de *Jupiter* ou de *Venus* ne conviendraient pour désigner un ensemble de monuments du paganisme. *Abraxas* n'est pas le nom d'une sorte de talisman, c'est, selon les Pères de l'Église cités par Montfaucon, le Dieu suprême des Gnostiques. C'est dans les influences des nombres qu'on trouve la raison de ce nom, auquel on a vainement cherché une étymologie raisonnable. Les lettres de ce mot, qu'on l'écrive *Abraxas* ou *Abrasax*, additionnées selon leur valeur numérale en grec, donnent en effet pour total 365; c'est le nombre des jours de l'année solaire dans sa plénitude; c'est le nombre des 365 *Eons* créateurs, c'est le nombre dont la *plénitude* forme le Dieu suprême, le *Plérôme gnostique*.

Ecoutons saint Jérôme dans son *Commentaire sur le prophète Amos*: « Basilide, dit le saint docteur, appelle le Dieu tout-puissant du nom monstrueux d'Abraxas, et il prétend que selon la valeur des lettres grecques et le nombre des jours du cours du soleil, *Abraxas* se trouve renfermé dans son cercle, le même (Dieu tout puissant) selon la même valeur d'autres lettres, est appelé *Mithras* par les Gentils. »

Selon Tertullien, Basilide l'Hérétique disait que le Dieu suprême était *Abraxas*, créateur de l'Intelligence. De l'Intelligence, selon lui, vient le Verbe, du Verbe la Providence, de la Providence la Vertu et la Sagesse; de celles-ci les Principautés, les Puissances et les Anges; par les Anges, 365 cieux ont été institués. Il compte, au nombre de ces anges qui ont créé le monde, le Dieu des Juifs, c'est-à-dire le Dieu de la loi et des prophètes qu'il met le dernier de tous, et qu'il dit n'être pas dieu, mais ange.

Saint Irénée a écrit que, selon les Gnostiques, Abraxas est le principal des Dieux, et que c'est pour cela qu'il contient en soi le nombre 365.

Saint Augustin a dit de Basilide qu'il prétendait qu'il y avait 365 cieux;

or, le même nombre de jours renferme toute l'année, et c'est pour cela que cet hérétique regardait le nom d'*Abraxas* comme saint et vénérable. Les lettres de ce nom, selon la manière de supputer des Grecs, font ce nombre : il y a sept lettres, A. B. P. A. Σ. A. Σ, qui représentent 1, 2, 100, 1, 60, 1 et 200 ce qui fait en tout 365.

On a vu plus haut que le nom de Mithras, décomposé de la même manière, donnait aussi le nombre 365. En effet, dans le mot ΜΕΙΘΡΑΣ, on trouve 40, 5, 10, 9, 100, 1, 200 ; total, 365. C'est encore une combinaison de sept lettres, toujours le nombre mystique 7, qui forme 365. On ne trouvera pas le mot *Mithras* sur les pierres décrites ici, mais nous avons voulu démontrer que le nom d'Abraxas est celui d'un dieu solaire comme celui plus célèbre encore de Mithras ou Mithra.

Les pierres décrites dans cette série sont pour la plupart des talismans; il ne faut pas chercher dans leurs légendes les doctrines de la gnose; on n'y trouvera guères que des formules magiques ; presque toutes doivent être attribuées à à l'une ou à l'autre des deux plus célèbres sectes du *Gnosticisme*, les *Ophites*, qui tirent leur nom de l'adoration du serpent, en grec *ophis*, οφις, ou *agatho-démon*, et les Basilidiens, d'où vient le nom de *pierres basilidiennes* sous lequel on a souvent désigné les *pierres gnostiques*. Les Basilidiens donnaient au Démiurge le nom d'*Ialdabaoth ;* ce nom n'est pas écrit sur les pierres dont on va lire la description, mais on y trouvera ceux de plusieurs des six génies émanés d'*Ialdabaoth ;* savoir : *Iaô (Jéhovah), Sabaoth, Adonaï, Eloi, Oraios, Astaphaios.* Le serpent des Ophites se trouvera sous diverses formes sur un grand nombre de ces pierres, ce qui peut les leur faire attribuer; mais cependant, il ne faut pas oublier que ces sectaires n'avaient pas le monopole de ce type.

Les influences planétaires jouaient un grand rôle dans les idées gnostiques, aussi trouvera-t-on souvent, inscrites sur les monuments que nous allons décrire, les sept voyelles A E H I O Y Ω qui correspondent aux sept planètes; c'est toujours le nombre sept comme dans le mot *Abraxas*. On verra ces lettres répétées deux fois, trois fois, *sept* fois, et toujours disposées selon des modes cabalistiques. Les signes du zodiaque, ceux des planètes se retrouveront aussi sur des pierres de cette section; à la vérité, il faut prévenir le lecteur que, parmi ces pierres, il en est plusieurs qui n'appartiennent au gnosticisme que par un rapport très-éloigné. J'ai rangé ces pierres à la fin de cette série; elles sont plus récentes que l'extinction définitive du gnosticisme, mais se rattachent cependant à ses superstitions par la croyance aux influences des astres qu'elle révèle chez leurs auteurs et aussi par ce fait que ce sont de véritables talismans, ou, si l'on veut, des amulètes. Des inscriptions, gravées sur des pierres qui sont certainement gnostiques, prouvent en effet qu'on les portait comme des amulètes destinés à protéger contre les génies du mal ou même contre les maladies (voyez no 2180).

J'ai cru devoir donner *in extenso* toutes les inscriptions que j'ai pu déchiffrer sur les pierres gnostiques; je ne me suis laissé rebuter ni par les difficultés de la lecture de ce véritable grimoire, ni par l'insignifiance probable du résultat; et quoique je doute fort qu'on tire jamais un véritable profit pour la science de la lecture de ces vaines formules, j'ai voulu au moins les inventorier dans l'intérêt des curieux de l'archéologie gnostique qui, empêchés par leur éloignement de Paris, ne peuvent étudier ces monuments eux-mêmes. Ce sujet ingrat tenté bien des esprits entreprenants; nous nommerons ici les principaux. Parmi les premiers qui aient osé l'aborder, et non sans y avoir répandu, de vives lumières, il est juste de nommer d'abord Jean l'Heureux (*Janus Macarius*), dont le mémoire intitulé : *Abraxas seu Apistopistus*, sera toujours utile à consulter. J. Chifflet, en donnant, en 1657, une édition de ce livre, y a joint une savante dissertation avec de nombreuses planches, sous ce titre : *Abraxas-Proteus*. Dans le cabinet de la bibliothèque de Sainte-Geneviève, publié en 1692, le Père Claude du Molinet a publié un grand nombre de pierres gnostiques et de talismans. Dans sa candeur, le révérend Père, parlant des talismans, s'exprime ainsi : « Quant à « leurs effets, c'est une chose fort problématique, les uns les rejettent absolu-« ment comme des superstitions condamnées par l'Eglise, ou des illusions « chimériques; les autres y donnent toute créance, comme à des effets naturels « des influences célestes. J'estime qu'il y faut garder un milieu; car après « qu'Albert le Grand, saint Thomas, et plusieurs sçavans hommes avec eux, « les ont approuvés, il y aurait, ce semble, de la témérité de les condamner « tout à fait, etc., etc. »

Avons-nous le droit de sourire en lisant ces lignes dictées, par une touchante modestie, à ce pieux et savant homme lorsque, de nos jours, au milieu de ce xixe siècle, si fier à bon droit de ses progrès, on entend encore parler tous les jours de merveilles dues aux puissances occultes? Je ne le crois pas; il vaut mieux ne voir dans ce curieux passage qu'une preuve, après tant d'autres, de la persistance de l'esprit humain à croire et à aimer le merveilleux.

Je l'ai dit plus haut, tout un livre de l'*Antiquité expliquee*, du Père Montfaucon, est consacré à l'étude des pierres gnostiques. Ce livre est intitulé *Les Abraxas*. De nombreuses planches ajoutent un grand intérêt au savant texte de l'illustre archéologue. Le comte de Caylus, dans le t. VI de son *Recueil d'antiquités*, a publié quelques pierres gnostiques, mais le texte n'est malheureusement pas digne de la réputation du noble écrivain. De nos jours, M. J. Matter, l'auteur justement célèbre de l'*Histoire critique du gnosticisme*, a publié dans un volume supplémentaire plusieurs planches contenant des pierres gnostiques; le savant professeur a joint à cet atlas de lumineuses explications qui m'ont été d'un grand secours; enfin, M. Alfred Maury, dans l'*Encyclopédie moderne* publiée sous la direction de M. Léon Rénier, a donné aux mots *Abraxas* et *Gnosticisme* deux excellents résumés de la question. Au moment où je mets sous presse je trouve dans le *Catalogue des Antiquités Egyptiennes de M. d'Anastasi*, par M. F. Lenormant, sous le n° 1073, l'indication d'un traité d'Astrologie Gnostique en copte et en grec (manuscrit sur papyrus) contenant, dit le jeune ecrivain, une série de prescriptions et de recettes sur la manière de faire les amulètes et les pierres magiques. On trouvera peut-être dans ce curieux ouvrage, qui vient d'être acquis pour la Bibliothèque Impériale, la clef de la plupart des mystères du gnosticisme.

Les considerations qui précèdent, malgré leur brièveté, dispenseront le lecteur de longs commentaires pour chacune des pierres de cette série; j'espère qu'il voudra bien recourir à cette introduction toutes les fois que les descriptions lui paraîtront insuffisantes.

2168. Iaô figuré par un personnage à corps humain, court vêtu, à tête de lion radiée, debout, tenant d'une main le signe égyptien de la vie, qu'on appelle la *croix ansée* et de l'autre un sceptre autour duquel s'enroule un serpent dont la tête se tourne vers les rayons solaires. On lit à côté de cette figure son nom en caractères grecs : ιαΩ. Au revers de la pierre on lit : ABPACAΞ. *Abrasax*. Jaspe sanguin. H. 25 mill. L. 20 mill.

On peut voir la figure de cette pierre dans l'ouvrage de M. Matter cité plus haut. Pl. 1. F. no 3, p. 27.

2169. Iaô représenté comme au no précédent, debout, tenant de la main droite une tête humaine coupée et de l'autre une épée. Sur deux cartouches placés l'un à la gauche de Iaô, l'autre sous ses pieds, on lit cette même inscription répétée : ΛΑΧΑΜΙ ΜΑΛΙΑΛΙ. Après ces deux mots, le signe planétaire du *soleil*, un symbole en forme de x, un autre représentant un x dans un o, les lettres ικο, enfin à la dernière ligne les lettres : ΖΥΕΖΚ. Au revers, on lit : ΙΟΥΛΑC. *Judas*. Jaspe vert. H. 19 mill. L. 16 mill.

On a donné diverses explications de cette curieuse pierre. Montfaucon a cru que la tête coupée était celle du traître Judas dont on lit le nom au revers; (V. *Ant. Expliq.* t. ii. 2e partie p. 361. pl. clix.) M. Matter trouve l'explication de cette pierre dans la doctrine des Caïnites ou Judaïtes qui regardaient Judas comme le seul disciple du Sauveur qui ait su contribuer à l'accomplissement de sa mission en le livrant à ses ennemis. Selon ces sectaires Judas, était le pneumatique le plus pur. (V. Matter, *Hist. crit. du gnosticisme.* Pl. iv. 3. p. 61.)

2170. Dieu ou Génie, à buste et bras humains, à deux têtes, l'une de bélier, l'autre de lion, à jambes et pieds de bête. Les têtes sont coiffées de deux cornes et du signe égyptien des *eaux*. Le dieu tient des deux mains une croix ansée mal figurée; le serpent arrondi en cercle lui sert de base; dans le cercle formé par le serpent, chien contemplant une scène symbolique où figurent une femme et Anubis, mais que l'on ne veut pas caractériser. Au-dessous du serpent, une momie couchée. On lit en haut : CEPΦOYΘ MOYIΓP.

℞. Les sept voyelles planétaires : A E H I O Ω Y disposées en sept lignes de sept manières différentes. A la 8ᵉ ligne, TITOYH. C'est sans doute, *Titouel*, un des innombrables *Éons* des gnostiques. LAPIS-LAZULI, H. 25 mill. L. 20 mill.

Cette pierre est figurée dans l'ouvrage de M. Matter. Pl. 1. F. no. 1. *Explication*, p. 22.

2171. GÉNIE ou ÉON sous les traits d'un homme à tête de lion radiée de *sept* rais, vêtu d'une longue robe, debout, tenant d'une main le *fouet* et de l'autre le *globe*.
℞. Inscription circulaire : ZE ΦAΦOB ET ΩPΘPOΨ MEMMIΘPOPOK ΦAΩXI. GIRASOL en cabochon. H. 18 mill. L. 15 mill.

2172. TROIS ASTRES et le nom de Iaô en grec : IAΩ. JASPE fleuri. H. 20 mill. L. 25 mill.

2173. GRIFFON sans ailes, accroupi. Au-dessus, quadrupède chimérique ailé.
℞. ABPAΘAI HNHΦIBAΩ MHMEΩ. QUARTZ neigeux. H. 15 mill. L. 16 mill.

Voyez plus loin, une inscription dans laquelle se trouve le mot ABPAΘAÏ ou ABPAΘEI.

2174. IAÔ, représenté par un homme à tête de coq, avec des serpents pour jambes comme les géants, armé du fouet divin et tenant un bouclier. On lit en bas : IAΩ. JASPE vert. H. 12 mill. L. 10 mill.

2175. IAÔ tenant d'une main un cœur et de l'autre un animal indistinct, debout sur deux biches opposées. Dans le champ, les signes des planètes Mars et Vénus, du signe zodiacal de la Vierge, et le nombre IIIIXX. Il reste de la légende ces mots : CON. DIV.

AVGV. LIVI. DRVSI. Jaspe rouge. H. 19 mill. L. 19 mill.

Mutilé. Ce qui reste de la légende doit être traduit : *Livie Drusille epouse du divin Auguste* : Les noms des personnages illustres de l'antiquité se retrouvent fréquemment sur les talismans. V. plus loin.

2176. Abraxas, sous la forme d'un *Dieu-Panthée* à quatre ailes, debout sur un cercle formé par le serpent qui se mord la queue et tenant quatre sceptres à tête de Koukoupha et un fouet. Dans l'intérieur du cercle des animaux que l'exiguïté de leurs proportions ne permet pas de distinguer. Légende : ABPAΞAC.
℞. TΩ BAPPABAY. Lapis-lazuli. H. 13 mill. L. 10 mill.

On trouve le nom de Judas au revers du n° 2169 ; aurions-nous ici celui du Barrabas de l'Évangile ?

2177. Sujet analogue au précédent. Le dieu est représenté avec une longue barbe ; au lieu de sceptre, il tient deux palmes ; dans le cercle formé par le serpent qui lui sert de base, on distingue plusieurs animaux que l'exiguïté de leurs proportions ne permet pas de reconnaître distinctement.
℞. Inscription en deux lignes défigurée par une cassure . Peut-être :

ΨOEΨ
Z..NE.

Jaspe noir. H. 18 mill. L. 15 mill.

2178. Même sujet. Le dieu ne tient que deux sceptres. On ne distingue de la légende que les lettres OTI?
℞. *Chrisme* au milieu du cercle formé par le serpent qui se mord la queue. Hématite. H. 12 mill. L. 9 mill.

2179. Figure d'Ananael, *Onoël* ou *Athoniel*, un des sept génies inférieurs ; il est représenté avec une tête d'âne, des ailes et un corps de momie, et tenant des deux mains un sceptre ou trident crucigère. Les noms de six de ses compagnons se lisent en légende : *Ouriel, Gabriel, Raphael, Mikael, Isigaèl.* A la fin de la légende, on lit ιαΩ et dans le champ sont éparpillées des lettres qui rassemblées, forment suivant M. Matter le nom d'*Onoël.* A l'exergue, la formule si fréquente sur les pierres gnostiques : ΑΒΛΑΝΑΘΑΝΑΛΒΑ. Cette formule se lit dans les deux sens.

℞. En légende, les noms de trois génies stellaires d'Iʟᴅᴀʙᴀᴏᴛʜ, *Iaô, Sabaoth* et *Adonaï,* puis celui d'*Abraxas.* Dans le champ, symboles relatifs aux voyages du *Plérôme* : caducée d'Hermès - Psychopompe, le *vase des péchés,* le serpent *Chnouphis,* la clef des mystères et une fleur de lotus. Hᴇ́ᴍᴀᴛɪᴛᴇ. H. 24 mill. L. 11 mill.

Cette pierre est figurée et expliquée dans l'ouvrage de M. Matter, pl. ⅥI n° 6. page 75.

2180. Aɴᴜʙɪs debout, tenant d'une main la croix ansée et de l'autre un sceptre, placé au milieu du cercle formé par le serpent qui se mord la queue. On lit autour des noms de génies : *Ouriel, Souriel, Gabriel,* et ιΩ peut-être pour ιᴀΩ. Au ʀᴇᴠᴇʀs, le nom de *Mikael* au-dessous de deux étoiles. Jᴀᴅᴇ. H. 23 mill. L. 17 mill.

2181. Gᴇ́ɴɪᴇ ou Eᴏɴ portant comme Mercure des ailes à la tête, nu, debout, tenant d'une main le cou d'un serpent à tête de chacal qui se dresse et sur la queue duquel il pose les pieds et de l'autre une couronne au milieu de laquelle on lit : ΑΜΑΡΩΜΑ. Des inscriptions que leur exiguité et une cassure ne permettent pas de lire en entier sont gravées sur le corps et sur les membres de ce personnage ainsi que sur le serpent. Nous distinguons sur le corps : ιᴀΩ ᴄᴀʙᴀΩΘ ᴀʙʀᴀΘᴇıᴀ ᴀʟᴏʏΘᴀᴛ ᴏʏᴘʜᴄᴍᴀᴘᴄᴀ... Sur le bras gauche : ᴀʙᴘᴀᴍ ᴋıxᴀᴍᴀᴘı...

Sur le bras droit : ιΨιβηλ?... Sur la jambe droite : ιαϲοϒηλ. Sur la jambe gauche : ραφαηλ. Sur le corps du serpent : ϲεϹὲϒ Γενβαρφαρανthϲ. Sur la queue : λαμνα μενεϒε.

℞. Sept lignes contenant les sept voyelles planétaires, A E H I O Ω Υ répétées dans sept ordres différents. Améthyste en cabochon. H. 28 mill. L. 20 mill.

> Spon a essayé de traduire les inscriptions écrites en caractères grecs sur le corps de cette figure par la langue hébraïque. Montfaucon qui cite la traduction de Spon, (V. *Antiq. Expl.* t. ii, 2e partie, p. 373) émet un doute judicieux sur la valeur de cette interprétation hasardée. Nous nous contenterons ici de faire remarquer que nous retrouvons sur cette améthyste outre le nom d'Abraham, ceux de *Jaô*, de *Sabaòth*, de *Raphael* et d'autres Éons ou génies des gnostiques, que nous voyons sur diverses pierres de cette section. V. sur les Voyelles planétaires, no 2203.

2182. Athernoph, génie à double tête, mais à une seule jambe, debout, tenant de la main droite un flambeau et de la gauche un sceptre. En haut, le nom du génie : ΑΘΕΡΝΩΦ. Agate jaune. H. 30 mill. L. 22 mill.

2183. Génie portant un épervier sur la tête, vêtu d'une robe, les bras étendus et tenant à deux mains un serpent, debout sur une base carrée sur laquelle on lit :

ΙΔΙΗΧΩϒΟΙΗ
ΙΤΘΕΣΑΙ
ΧΧΧΣΕΘϑΦ.

Calcédoine saphirine. H. 20 mill. L. 16 mill.

2184. Figure virile nue, debout, tenant un serpent des deux mains, posée sur un objet détruit. Dans le champ, le soleil et la lune. Hématite. H. 20 mill. L. 18 mill.

> Mutilé.

2185. Chnouphis, le serpent divin à tête de lion radiée ou *Agatho-Démon*, se dressant entre le soleil et le crois-

sant de la lune. Au revers, XNOYBIC. PRASE. H. 18 mill.
L. 10 mill.

2186. CHNOUPHIS. Sept rais symbolisant les sept planètes
forment une auréole autour de la tête du serpent à
tête de lion qui se dresse.

℟. Inscription circulaire : APBAPMAΦCOP OO ΠMEPΦEP-
ΓAΓIOYHPIΓE. A la fin, on distingue le nom de *Chnouphis* écrit ainsi : XNOYBIC. Dans le champ, trois S,
trois serpents ou trois Z traversés par une barre. PRASE.
H. 20 mill. L. 12 mill.

Le signe figuré au revers de la pierre que nous venons de décrire avait
un sens mystique dans les idées d'une des nombreuses sectes gnostiques;
mais il paraît que ce signe révéré a fini par descendre au rang de moyen
curatif. On lit en effet ces mots dans l'ouvrage de Marcellus Empiricus, médecin du ive siècle de notre ère : « Gravez sur une pierre de jaspe imitant
« l'air, (*jaspide aerizusa*) le signe indiqué plus bas, (c'est le signe de notre
« pierre) et suspendez-la au cou d'un malade souffrant du côté, vous ob-
« tiendrez des effets merveilleux. » Pline parle du *jaspis aerizusa* dans le
XXXVIIe liv. de son *Hist. Nat.* § 37; je ne sais s'il est possible de reconnaître le *jaspe imitant l'air* dans la pierre verte que nous nommons aujour-
d'hui *Prase, Plasma* ou *prime d'émeraude*; mais si l'on admet la possibilité
de cette hypothèse, on aurait ici un des talismans ou pierres à vertus salu-
taires signalés par *Marcellus Empiricus.* A la vérité, ce signe se trouve sur
des pierres très-différentes de la prase; mais alors sans doute il avait d'autres vertus qui resteront inconnues à notre siècle sceptique. On trouvera
plus loin une *obsidienne* qui était un talisman contre les maladies de l'estomac. (Voyez no 2189.)

2187. CHNOUPHIS se dressant entre sept étoiles figurant
les sept planètes.

℟. TΩXNOYΦI. *A Chnouphis.* Le *vase des péchés*, figuré
comme au no 2202 et le symbole décrit au no 2186.
PRASE. H. 15 mill. L. 11 mill.

2188. CHNOUPHIS se dressant. Dans le champ, croissant.

℟. Le signe des trois SSS. MIX XNOYΦIC. (*Mikael,
Chnouphis.*) PRASE en cabochon. H. 12 mill. L. 10
mill.

V. no 2186.

2189. CHNOUPHIS se dressant. Une cassure a emporté l'inscription dont il ne reste plus que l'X et le C, initiale et finale du nom du serpent divin.

℞. ΦΙΛΑΞΟΝ ΥΓΕΙΗ ϹΤΟΜΑΧΟΝ ΠΡΟΚΛΟΥ. *Garde en santé l'estomac de Proclus.* OBSIDIENNE. H. 25 mill. L. 16 mill.

V. au n° 2186.

2190. CHNOUPHIS se dressant sur un autel rond. Dans le champ, deux groupes de trois SSS sans barre. Légende : ΧΝΟΥΒΙϹ ΧΝΟΥΦΦΕΗΙΜΟΥΡΑΙ ΜΟΥΡΙΡΑΙ.

℞. ΟΡΧΑΝΘΩΧΡΑ
ΑΒΡΑΜΑΩ
ΡΑΙΑΛΧΜΗ

CALCÉDOINE en cabochon. H. 25 mill. L. 20 mill.

Les trois S ou Z ne sont pas formés ici tout à fait comme aux n°s 2186 et suivants.

2191. INSCRIPTION. La monture de la pierre empêche de lire la première ligne de l'inscription :

ΘΟCSPI
ΖΙΑ.

Ici les trois S comme au n° 2190, puis, ΑΒΡΑ, commencement du nom d'ABPAΞAΣ, ou peut-être de cette inscription gravée au Revers :

CΤΟΧ
ΒΑΘΛΗΜ
ΛΛΑΧΙϹΘ
ΟΜΜΑΚΟΧ
ΨΟΧΑΒΡΑΜ
ΜΑΩΘΗΛ
ΒΡΑΜΜ
ΗΛ.

CALCÉDOINE. H. 13 mill. L. 10 mill.

2192. Les trois S, comme au n° 2190. Et au-dessous PEAARMH.

℞. Serpent rampant et le nom de l'Eon *Iaô*, ΙΑΩ. Calcédoine saphirine. H. 11 mill. L. 15 mill.

2193. Salamandre. Au-desssus, ϹΑΛΑΜΑΖΑ.

℞. Les trois S comme au n° 2186. Girasol. H. 14 mill. L. 10 mill.

V. n° 2186.

2194. Le signe des trois S comme au n° 2186, dans un cercle formé par le serpent qui se mord la queue.

℞. ΧΝΟΥΦΕΙϹ. *Chnouphis*. Calcédoine blonde en cabochon. H. 17 mill. L. 10 mill.

2195. Harpocrate nu, debout, portant la main à sa bouche. On distingue dans la légende les noms d'*Abraxas* et de *Chnouphis*.

℞. Anubis monté sur un lion passant. Légende confuse dans laquelle on distingue ΑΒΡΑϹΑΞ, *Abraxas*. Jaspe fleuri. H. 13 mill. L. 11 mill.

2196. Horus assis entre le soleil et la lune. Un globe est placé au-dessus de sa tête. Le dieu est au milieu d'un cercle formé par le serpent qui se mord la queue, et de cinq groupes d'animaux disposés trois par trois; au-dessus de sa tête, trois scarabées; à droite, trois gazelles; à gauche, trois éperviers; en bas, trois crocodiles; à droite, trois serpents. La légende est en partie détruite; on distingue des traces de la formule ΑΒΛΑΝΑΘΑΛΝΑ.

℞. Sept lignes formées par les sept voyelles planétaires, (V. n° 2203.) rangées de sept manières différentes. Il ne reste de la légende que ces lettres : ΑΗΙΟΥΙΧΑΒΡΑΧΦΝΕϹΧ ΚΡΟΦΝΥΡ. Hématite. H. 25 mill. L. 20 m.

On a reproduit sur cette pierre et sur les suivantes plusieurs des symboles que l'on rencontre sur les cippes d'Horus. (V. plus loin, n° 2758).

2197. Même sujet qu'au n° précédent. Les animaux ne
sont pas disposés tout à fait de la même manière; on
ne voit ni le soleil ni le croissant de la lune, mais en
revanche *le lotus* sur lequel est assis Horus est clairement exprimé.

℞. Les sept voyelles planétaires disposées en onze
lignes et encadrées de quelques autres lettres. La première ligne est : ΔΑΛΕΟΥ. Les deux-dernières : ΚΑΜϹΘΟ
ϹΛΗ. Sur la tranche : ΙΔΕΥΕΔΙΕΟΜΝΙΑ ΗΛΙ...... Jaspe
vert. H. 22 mill. L. 18 mil.

   Pour les voyelles planétaires, voyez n° 203.

2198. Même sujet qu'au n° précédent. Ici, Horus tient
le fouet et n'est pas assis sur le lotus, mais sur un
objet indistinct. Hématite. H. 15 mill. L. 10 mill.

2199. Horus assis entre deux divinités debout, dont
l'une est Anubis. La deuxième n'est pas suffisamment
distincte pour qu'on puisse la caractériser. Entre ces
divinités, le vase décrit aux n°ˢ 2200 et 2202. Le tout
est renfermé dans le cercle formé par le serpent qui
se mord la queue.

℞. Le Phénix et vestiges d'une inscription. Hématite.
H. 16 mill. L. 13 mill.

   Monument de très-mauvaise conservation.

2200. Chnouphis se dressant entre deux divinités. Au-
dessous, un vase dont s'échappent des serpents.

℞. ΟΡΩΡΙΟΥΘ ΟΡΩΡΙΟΥΘ. Hématite. H. 15 mill. L. 10
mill.

   Un sujet semblable se voit sur une pierre gravée dans l'*Ant. Expl. de
Montfaucon*, t. II, deuxième partie, pl. CLXVIII, p. 372; mais si le type est
identique, les légendes sont différentes. Au lieu de l'invocation à *Horus*
deux fois répétée, ΟΡΩΡΙΟΥΘ, on lit une formule médicale astrologique. Selon
M. Matter, cette scène serait une *psychostasie*, ou *pesée des âmes*. (V. *Hist.
crit. du Gnostic.* Expl. des planches, p. 51.) Selon le même auteur le *vase*
erait le *vase des péchés*. (V. Expl. des planches, p. 75.)

2201. Scène analogue à celle du n° précédent, renfermée dans un cercle formé par le serpent qui se mord la queue. Quatre personnages debout au-dessus du vase. L'exiguïté du dessin et l'état de conservation du monument ne permettent pas de caractériser ces divinités, parmi lesquelles on croit pourtant reconnaître Anubis.

℞. ΟΡΩΡΙΟΥΘ. Hématite. H. 16 mill. L. 13 mill.

V. au n° 2200.

2202. Vase d'ou s'échappent deux serpents.

℞. Dans le cercle formé par le serpent qui se mord la queue, on lit :

ΟΡΩΡΙΩΟΥΘΙΑ
ΗΩΙΑΩCΑΒΑΩ
Θ...ΙΑΗΩ
ΙΑΩΑΙ.

Hématite. H. 13 mill. L. 5 mill.

On distingue dans cette inscription que l'exiguïté de ses proportions ainsi qu'une cassure rendent presque illisible une variante de la formule ΟΡΩΡΙΟΥΘ que l'on vient de voir plus haut, ainsi qué les noms mystiques SABAOTH et IAO. Ce vase pourrait être celui que M. Matter nomme le *vase des péchés*. (V. Expl. des planches, p. 75.) Cependant la forme de celui-ci diffère beaucoup de celle du vase représenté sur la pierre n° 2179.

2203. Hermès-Sérapis barbu, assis, tenant un caducée à l'extrémité duquel sont perchés un ibis et un coq. Au-dessus de sa tête, un scarabée. Sous ses pieds, un crocodile ; devant, un scorpion. A droite, les sept voyelles des planètes : A Mercure, E Vénus, H Soleil, I Saturne, O Mars, Y Lune, Ω Jupiter. L'A est répété sept fois, l'E six fois, l'H cinq fois, l'I quatre fois, l'O trois fois, l'Y deux fois, l'Ω une seule fois. Le tout est renfermé dans un serpent qui se mord la queue.

℞. Sept lignes correspondant aux sept planètes : 1° trois colombes ; 2° trois scarabées ; 3° trois gazelles ; 4° trois crocodiles ; 5° trois serpents ; 6° le mot : ΟΡΩΟ-

POAΠI; 7° AXEΛO. La dernière lettre du dernier mot est détruite. JASPE sanguin. H. 27 mill. L. 20 mill.

Le véritable nom de l'*Hermès* représenté sur notre pierre est écrit à la sixième ligne du revers, c'est *Ousoroapis;* c'est une variante de Osor-Hapis (Osiris-Apis,) dont les Grecs ont fait *Sérapis*. Les voyelles planétaires ne sont pas rangées dans l'ordre de la préséance ordinaire; la lettre de Mercure est en tête parce que la pierre est consacrée à ce dieu. Nous ignorons le sens de la dernière ligne.

2204. SERPÉNT qui se mord la queue. Au centre, le nom de IAΩ *Iaô*, entre une tête humaine de profil, deux symboles en forme d'X et d'une S barrée.

℞.   NYXEYAB
OABAXOIOAN
OYEYEΛHOYΛΛ
HIBAKAΞIXYX
OKEPATAΓPAC.

CORNALINE blonde. H. 11 mill. L. 15 mill.

Belière d'argent.

2205. SERPENT qui se mord la queue; au centre, divers signes cabalistiques.

℞. Voyelles planétaires en trois lignes. V. n° 2203.
AGATE blonde. H. 8 mill. L. 11 mill.

2206. SERPÉNT se mordant la queue; au centre, monogramme formé des lettres Π et T, un I placé au-dessus d'un O puis un Π. Dans un autre sens, AN.

℞.   AIANAXΦA
AMΘPAXOI
CAΛAMAZA
BAMAIAZA.

CORNALINE de vieille roche. H. 18 mill. L. 22 mill.

On a déjà lu le mot *Salamaza* sur la pierre n° 2193.

2207. ANUBIS sous la figure d'un homme à tête de chien,

debout, tenant d'une main un seau et de l'autre un quadrupède. Légende : ΦΡΗΘΗ.

℞. Lettres formant deux lignes. Un A renversé. un E?, un Ψ, une S barrée, un K, un S à rebours. JASPE jaune. H. 15 mill. L. 11 mill.

La légende dans laquelle on retrouve le nom égyptien du soleil RE, précédé de l'article PH mérite d'être remarquée.

2208. AMMON-GÉNÉRATEUR-PANTHÉE, debout sur une barque de papyrus au-dessus du disque ailé. De la main gauche, il devait tenir le fouet; une cassure a rendu ce mouvement indistinct. De la main droite, il fait un geste inutile à caractériser. Un disque entre deux plumes droites forme sa coiffure. Le dieu est placé entre deux obélisques chargés de caractères; l'un de ces obélisques est surmonté d'un épervier. L'extrémité de l'autre est comprise dans la cassure. HÉMATITE. H. 22 mill. L. 16 mill.

Parmi les lettres grecques microscopiques gravées sur les obélisques, on distingue une croix ansée et Horus assis.

2209. Isis debout avec une coiffure qui rappelle le diadème *atef* des Égyptiens; deux fleurs de lotus partent de ses épaules. Le corps et les jambes sont serrées dans des bandelettes comme les membres d'une momie.

℞. BAIN
ΩΩ
NX

HÉMATITE. H. 15 mil. L. 12 mill.

2210. Osiris coiffé d'un disque entre deux cornes, debout, vêtu d'une longue robe et s'appuyant des deux mains sur un long sceptre. Le nom Osiris est écrit deux fois autour de cette figure.

℞. Isis avec la même coiffure qu'Osiris, debout, vêtue

d'une longue robe, tenant d'une main un vase et de l'autre un bâton autour duquel s'enroule un serpent. Légende : ABΛANAΘANA, puis peut-être ICIO pour *Isis*. Sur la tranche, on lit encore l'invocation habituelle ainsi variée : ABΛANAΘANO. Jaspe sanguin. H. 22 mill. L. 15 mill.

Bien que la coiffure du personnage que je nomme *Osiris* ne convienne qu'à une divinité femelle du Panthéon égyptien, comme *Isis* ou *Athor*, je n'hésite pas à suivre l'indication de la légende. Les auteurs de ces pierres ne faisaient pas de l'archéologie ; ils se servaient des symboles déjà accrédités et les pliaient à leurs idées ou à leurs caprices.

2211. Isis assise tenant *Horus* sur ses genoux. Légende : BAΘAΘAΘΘΛ.

℞. *Typhon* ou *Bès*. Légende : BEPBEPETEΓAC. Serpentine. H. 23 mill. L. 20 mill.

2212. Anubis et un Dieu-Soleil de forme humaine vêtu d'une longue robe et coiffé d'un disque, debout, affrontés, tenant ensemble un sceptre à tête de *koukoupha*. Jaspe vert. H. 18 mill. L. 12 mill.

2213. Anubis-ithyphallique, debout, tenant de la main droite un vase à deux anses.

℞. HNNAM
APΩCAMIO
YHPNAME
PΩC.

Jaspe jaune. H. 19 mill. L. 14 mill.

2214. Anubis debout, tenant une palme de la main droite. Hématite. H. 12 mill. L. 9 mill.

2215. Anubis-ithyphallique debout.
℞. AMΩPΩ. Jaspe jaune. H. 10 mill. L. 7 mill.

Les caractères de cette légende sont grecs ; cependant c'est peut-être dans le latin qu'il faut en chercher la signification.

2216. Anubis debout, les mains étendues, donne ses soins à la momie d'*Osiris* couché sur un lion, figure du lit funèbre à *tête et pieds de lion*.

℞. H XAPIC. *La grâce*. Jaspe noir. H. 20 mill. L. 24 mill.

Imitation d'une scène d'origine égyptienne que l'on retrouve dans le *Rituel funéraire*.

2217. Même scène avec variantes. La momie est dessous le lion. Un personnage paraît en adoration devant les divinités. Le soleil et la lune sont figurés au-dessus du lion. Hématite. H. 8 mill. L. 23 mill.

2218. Salomon à cheval, vêtu à l'antique, perçant de sa lance un ennemi terrassé. Étoile devant la tête de Salomon. Légende : COΛOMΩN.

℞. CΦPAΓIC ΘЄOY. *Sceau de Dieu*. Hématite. H. 38 mill. L. 17 mill.

Allusion au cavalier de l'Apocalypse. Voyez : ch. IX, v. 4.

2219. Mêmes sujet et légende renfermés dans un cercle. En dehors du cercle, traces d'une légende détruite; on distingue : AΠE... AΠEN...

℞. CΦPAΓIC ΘЄOY et les trois S du nº 2186. Hématite. H. 34 mill. L. 19 mill.

V. nº 2218.

2220. Iaô sous la forme d'une momie à quatre ailes et à trois têtes de chakal ou de chien, de vautour et d'épervier. Les pieds et les têtes de la momie sont tournés à gauche. On distingue dans le champ, trois astres et des lettres à demi effacées. En bas, dans un cartouche IAΩ.

℞. Trophée entre deux monogrammes; l'un formé d'un N et d'un I, peut-être *Jésus de Nazareth*; l'autre est le *chrisme* ou monogramme de Jésus-Christ. Au

bas du trophée, on voit encore un chrisme. Serpentine. H. 30 mill. L. 22 mill.

Cette pierre doit appartenir à l'une des sectes gnostiques qui vénéraient
plus particulièrement le Sauveur; le trophée me paraît être ici une figure de
la *croix triomphante*.

2221. Guerrier vêtu à la romaine, debout, portant sur
la tête un trophée et tenant de chaque main un serpent qui se dresse et tourne la tête vers le trophée. On
lit dans le champ :

ΡΩΖΟΜΑΛΗΑΥΧΗ

ΗΧΩΔΟΜΑΡΥΝΟ

ΝΕΥΟΝΔΗ.

ΜΕΡΜΟΝΟΧΩΑΗΟ

ΥΗΠΕΡΕΜΩΡΓΟΜΑ

ΔΗΝΝΥϹϹΩΡ.

℞.   ΑΙΕΗΩΥ

ΩΙΕΗΑΙ

ΟΕΩΥ

ΑΟΕΩ

Jaspe sanguin. H. 34 mill. L. 25 mill.

On retrouve au revers de cette pierre les voyelles planétaires dont quelques-unes sont répétées trois fois, tandis que d'autres ne le sont que deux
fois. V. n⁰ 2203.

2222. Trophée sur un foudre. Au sommet le X, lettre
initiale du nom du Christ.

℞.   ΝΕΙΧΑΡΟ

ΠΛΗΞ.

Hématite. H. 16 mill. L. 8 mill.

Voici encore une pierre qui porte l'empreinte d'idées chrétiennes. Le *trophée* avec le X est évidemment une figure de la croix du Sauveur.

Le sens de l'inscription du revers quoique déguisé par l'arrangement peut-
être calculé des lettres grecques doit être *la plénitude de la grâce*. On retrouvera malgré les cassures de la pierre, la même légende au revers du
n⁰ 2223.

2223. Ange debout tenant des deux mains un objet in-

distinct, palme ou couronne. Légende : ΠΛΗΞΟΝΧΑ...
℞. ...ΑΡΟΠΛΗΞ. On lit sur la tranche : ..ΠΛΗΞΟΥΚΤΑ-
ΛΦΧΑΡΙ... Jaspe noir. H. 10 mill. L. 8 mill.

Voyez au n° précédent.

2224. Inscriptions des deux côtés :

1°   ΑΡΒΑΘΕΠΑΩΚΡΕ..

ΑΙΟΥΒΑΡΒΑΡΚΕΟ..

ΑΧΜΑΡΕΙΩΥΕΒΑΡΒ

ΒΑΘΕΙΩΛΗΜΨΧΕΔΟΜ

ΒΡΑΜΒΑΡΟΥΧΑΒΡΑΜ

ϹΕϹΕΝΓΕΝΒΑΡΦΑΡΑΝ

ΓΗϹΙΑΩΙΑΕΜΒΑΦΡΕ

ΜΟΥΝΟΘΕΜΑΡΕΙΚΡΕΙ

ΦΙΛΕΙΦΙΡΚΕΙΡΜϹΙΟ

ΟΝΥΠΜΕΩϹΡΦΑ

ΒΩΑΙ.

℞.   ΕΑΝΑΧΑΒΑΡΑΧΟϹ

ΙϹΒΑΔΕΖΑϹΑΜΙΑΖΛ

ΖΩΘΑΞϹΑΒΑΩΘΑ

ΔΑΜΑΖΑϹΑΔΑΜ

ΞΑΒΑΜΙΑΖΑΛΘΩΞ

Les deux dernières lignes contiennent des signes cabalistiques entremêlés de lettres. Cornaline. H..17 mill.
L. 23 mill.

On remarque dans cette inscription des mots ou des noms qui reviennent
fréquemment sur ces pierres ; ΑΒΡΑΘΕΙ par exemple que Spon, cité par Montfaucon traduisait par *majesté* ; les noms de Iaô, Sabaoth, Adam, s'y retrouvent également. V. aux n°ˢ 2173, 2181 et 2228.

2225. Inscriptions des deux côtés : les lettres sont extrêmement barbares ; la pierre est cassée de manière à
empêcher de lire le commencement et la fin de la
plupart des lignes. De plus les lettres sont très-mal
formées. Je distingue cependant quelques vestiges de
la légende :

1°   ΙΑΩΘ...

ΚΕΤΑΙΟΥ..

BAPΥEIXNA..
. . . .
. . . .
CEΓENΓENBΔPM
ΦAPANΓHCIABPA
. . . .

℞. ABON
NAXMAMION
. . . .

CORNALINE. H. 20 mill. L. 20 mill.

Fragment.

2226. CERCLE dans lequel on lit :

LNΞ
BVΙAM
VΘΚΔKE
Π☥ΞΩAN
IΣVNVL
IVΔKΝE
LVΣΘ.

AGATE chevée. H. 30 mill. L. 25 mill.

Belière d'argent.

2227. CERCLE dans lequel on lit ces mots cabalistiques au-dessous d'une étoile :

IΔEN
HΔ☥PEN
ANHΥNHCI
ΛΛPI☥KIIΛ
EΥEΔI☥PI
KIPΛΛIDO
NΩΥDNEN
EP☥ΔBN
EΛI.

AGATE chevée. H. 28 mill. L. 20 mill.

2228. Inscriptions des deux côtés :

1° ΑΒΡΑΘΙΑΩΙΕΟΥΑΩΝ
  ΜΑΡΜΑΡΑΘΑΜ
  ΧΕΛΩΜΕΡΑ
  ΑΡΤΑΜΑΧΑΜΒΡΑΩ
  ΗΑΩΗΑΩΗΘ

℞. ...ΗΟΡΙΖΩ
  ΒΕΒΖΕΤ.

Silex. H. 15 mill. L. 20 mill.

Cassure.

2229. Inscription :

  ΦϹΗΡΑΩΡ
  ΥΙΛΦΤΝΗ.

Cornaline. H. 10 mill. L. 17 mill.

2230. Inscriptions des deux côtés :

1° ΑΝΩΒΡΗΦΧ
  VVV
  VΑΗΝΙV
   ννων
  ΔΞΗΙΟ

℞. ΜΩΦΑΧ...
  ΜϹΑΒΙΡΑΥΓΕΤΑ.
  ϹΝΒΩΝΡΥΘΕΡΜΒ
  ΨΙϹΑΧΝΩΔΑΑ
  ΛΑΛΛΑΔ. . .

Hématite. H. 9 mill. L. 11 mill.

Fragment.

2231. Les sept voyelles planétaires, A E H I O Ω Y, disposées de manière à former une sorte de carré long irrégulier. Jaspe noir. H. 14 mill. L. 11 mill.

V. n° 2203.

2232. Tétragone perforé. Sur le sommet, une sorte de
Ψ. Sur la base on lit : IΛΧΙΛ. Silex jaune. H. du sujet
gravé sur la base. 15 mill. L. 17 mill.

2233 Lettres et signes cabalistiques formant trois lignes.
Lapis-lazuli. H. 15 mill. L. 22 mill.

Bélière d'argent.

2234. Fragment qui a retenu la figure du vase cordi-
forme égyptien sur lequel sont gravés des signes cabalistiques. Cornaline. H. 19 mill. L. 25 mill.

2235. Signès cabalistiques.

℞. Inscription cabalistique dans laquelle on distingue
les noms d'IAO et d'ADONAI. Au centre de la pierre
une cavité. Prasé. H. 13 mill. L. 19 mill.

2236. Inscriptions cabalistiques. On croit lire le nom de
IAΩ, puis ΛEΛHΥHIΛ.

℞.   IΒNΔΛΩΥΧΛΟΥΗΙ

Jaspe vert. H. 8 mill. L. 14 mill.

2237. La Lune, personnifiée par un buste de femme de
profil, coiffée du croissant; devant, le *Cancer*. A
droite, on lit une inscription en partie détruite par une
cassure :

NS
AC
NE
IAT
NN.

℞   ΛCKΛΒEPKΛKIPKΛE
ΚΛCIΓNΩΠΡΛICIΓNΩ
ΚΛMMΛPΛMΛMIΛΛΛNH
ΟΥΒIΛΓMHΤΟΒΟΡMHΤΟΒΟ
ΒΟΥΚΟΥMΥΛΟNMHΨΛΠΟΥ

ΠΑΚΕΡΘΙϹΙΔΕΠΡΟΠΟ
CIT   E

Jᴀsᴘᴇ sanguin. H. 25 mill. L. 35 mill.

Je n'essaye pas plus de traduire cette inscription que la plupart de celles que nous rencontrons dans cette série; on ne peut pourtant se dispenser de faire remarquer que le nom arabe de la *lune, kamar,* s'y lit à la troisième ligne et que cette pierre est consacrée à *la lune* puisque la représentation de cet astre se trouve au droit.

2238. Lᴜɴᴜs. Buste de profil d'un homme jeune, imberbe, coiffé d'un casque qui affecte la forme de la coiffure phrygienne du dieu Lunus. Devant, une colombe et une coupe. Derrière, six étoiles. Hᴇ́ᴍᴀᴛɪᴛᴇ. H. 20 mill. L. 16 mill.

Les étoiles représentent six des sept planètes. Le buste de Lunus représente sans doute la septième planète.

2239. Vᴇ́ɴᴜs debout, nue; la tête est enlevée par une cassure. A gauche, Aᴍᴏᴜʀ ailé volant vers la déesse; à droite, colombe. On lit dans le champ :

ϹΤΕΡΚΟΥϹ
ΙΛΑΡΑ

A l'exergue : ᴍᴇᴍΦɪ.

℟·   ΙΑΩ ϹΑΒΑΩΘ Α
ΔΟΝΗΙΗ ΚΑΙ
ΘΑΛΑϹϹΑ Κ
ΑΙΤΟΥ ΤΑΡΤ
ΑΡΟΥ ϹΚΟΤΙΝ.

Hᴇ́ᴍᴀᴛɪᴛᴇ. H. 26 mill. L. 18 mill.

Faut-il voir dans les inscriptions du droit une allusion aux *joies infames de Vénus* et le nom d'un sanctuaire de Memphis ? Je n'oserais l'affirmer ; il faudrait supposer que le mot latin *stercus* aurait été hellénisé par l'auteur de cette singulière inscription. Quant au revers, il mentionne *Iaô, Sabaoth* et *Adonai,* puis la *mer* et les *tenèbres du Tartare.* dans une phrase sans verbe et dépourvue de sens au moins pour nous profanes.

2240. Lᴇs sɪɢɴᴇs zodiacaux des *Gémeaux* et du *bélier,* au-dessus du mot : FAVANT.

℞. Les signes des six planètes, Saturne, Jupiter, Mars, Soleil, Vénus et Mercure, disposées en cercle autour d'un astre à six rais qui doit être la lune, c'est-à-dire la septième planète. Deux étoiles placées l'une à droite, l'autre à gauche de la Lune, séparent à droite, le signe de Saturne de čelui de Jupiter, à gauche, celui de Mercure de celui du Soleil. Calcédoine. H. 10 mill. L. 14 mill.

Belière d'argent.
Le mot FAVANT peut être l'abrégé du nom d'un personnage auquel était destiné ce talisman. Ce pourrait être aussi l'abrégé du mot mal orthographié FAVENTIBVS. Les astres et les signes du zodiaque gravés sur la pierre compléteraient la phrase : FAVENTIBVS ASTRIS, *sous des astres favorables !*

2241. Le signe de la planète *Mars* au milieu de sept étoiles. On lit : MAR ILI.

℞. SAL*vs* GEN*eris* HVMANI. Cornaline. H. 11 mill. L. 7 mill.

Le *salut du genre humain* est ici en rapport avec la planète de Mars dans la constellation appelée vulgairement la *grande Ourse*, en latin *Septem-Triones* d'où nous avons fait *Septentrion.* Nous ignorons le sens des abréviations MAR et ILI. *Mar* est peut-être le nom de la planète de Mars, mai reste à expliquer ILI. Le père Du Molinet a publié cette pierre dans le *Cabinet de Sainte-Geneviève.* V. pl. 28, nos XIII et XIV, p. 122.

2242. Scorpion. Autour : ΙΤΘΔΠΓΛ. Cornaline. H. 11 mill. L. 9 mill.

Belière d'argent.
Le scorpion est le huitième signe du zodiaque. Les sept lettres au milieu desquelles ce signe est placé correspondent sans doute aux sept planètes.

2243. Le signe de la planète *Lune,* un poignard, les signes de *Vénus* et de *Mars* séparés par une étoile, divisent en deux l'inscription suivante : LVCR*etia* COL*latini* VX *or* FELI*x. Lucrèce, heureuse épouse de Collatin.* Jaspe veiné. H. 15 mill. L. 11 mill.

Le père Du Molinet a publié cette pierre dans le *Cabinet de Sainte-Geneviève.* V. pl. 28, no XIX, p. 123.

2244. Côné aplati. Sur la face convexe on lit : ALEXAN-
DER CLEOPATRA. Entre ces deux noms, le soleil, le
croissant de la lune, trois étoiles et le signe des Gémeaux. Agate blonde. H. 23 mill. L. 12 mill.

Les noms illustres de l'antiquité se trouvent fréquemment employés sur
les talismans. Celui d'Alexandre le Grand était particulièrement prodigué.

2245. Lézard. Au-dessus, le croissant signe de la planète *Lune* et deux globes. Légende : ΙΑΩ ΣΑΒΑΩΘ
ΑΔΩΝΕ ΕΛΕΟΥΕ. *Iaô, Sabaoth, Adonaï, Elohim.*

℞. ΟΥΡΙΗΛ
ΟΥΡΙΗΛ
ϹΟΥΡΙΗΛ
ΚΑΝΘΕ
ϹΟΥΛΕ
. . . .
. . . .

Jaspe fleuri. H. 16 mill. L. 12 mill.

On lit au revers le nom de l'Éon ou du génie Ouriel deux fois répété,
ainsi que celui de Souriel. Les dernières lignes sont confuses. Au droit le
mot *Eleove* nous paraît être pour *Elohim*, pluriel hébreu de *Dieu.*

2246. Cylindre hexagone perforé : 1re face, REPVB ;
2e deux étoiles ; 3e FELIX ; 4e deux astres ; 5e FIN
NERO ; 6e le signe de la planète *Jupiter* et une étoile.
Agate. H. 15 mill. Circonf. 3 cent. 1/2.

Le sens semble être celui-ci : *La république heureuse par la chute de Néron.* C'est sans doute un talisman fait pour obtenir la mort d'un prince. Du
Molinet a publié cette pierre : *Cabinet de Sainte-Geneviève,* pl. 28, no XXI,
p. 123.

2247. Signe planétaire de *Mars* entre deux étoiles ; Au-
dessous : ΛΑΜΠΕΔΩ ΒΑΣΙΛΙΣΣΑ ΑΜΑ. *Lampédo, reine
des Amazones.* En bas, le signe du *scorpion.* Mala-
chite en cabochon. H. 11 mill. L. 15 mill.

Du Molinet, *Cabinet de Sainte-Geneviève,* pl. 28, no VI, p. 121.

2248. Côné à trois faces. Sur la base, Serpent qui se

mord la queue; au centre, en trois lignes : ABΩ XΩN IΩX. Sur les faces du cône, 1° un trait de la foudre; 2° H XAPIC, *la grâce*; 3° AΓPIΠINA, *Agrippine*. AGATE blonde. H. 12 mill. L. 15 mill.

On trouve souvent les noms illustres de l'antiquité sur les talismans; mais il ne faut pas en conclure, comme le père Du Molinet, que ces pierres aient été gravées par l'ordre des personnages dont ils portent le nom. Ainsi le talisman qui nous occupe est certainement postérieur de plusieurs siècles au règne de Néron.

Cette pierre a été gravée dans le *Cabinet de Sainte-Geneviève* du père Du Molinet, pl. 28, n° XXII, p. 123.

2249. UN ASTRE et le nom de SAKIEA, *Sakiel*. AGATE rubanée. H. 35 mill. L. 16 mill.

Sakiel est le nom d'un des mille Eons des Gnostiques ou des fabricants de talismans leurs successeurs.

2250. SCARABÉE dans le cercle formé par le serpent qui se mord la queue.

℞. Inscription qui commence par deux K à rebours :

KKHEΩB
ΨAMΨAMMA
ΘΩΥABPACAΞΔ
AMNAMENEΥ
ΓIAΩIXEΥ.

Dans cette inscription nous reconnaissons les noms d'*Iaô* et d'*Abraxas* qualifié de *dieu*. (ΘΩΥ ABPACAΞ).

JASPE sanguin. H. 8 mill. L. 6 mill.

2251. MÉDUSE. Tête de face.

℞.   AVE
TEPΩC
KAI PAΩΠ..
ΞIAΥΠOTA
ΞDICΣ...
ACTIN
W.

SERPENTINE. H. 15 mill. L. 10 mill.

2252. Divinité ou Génie debout sur un *scabellum*, adoré par un personnage incliné. Derrière le génie, personnage qui semble le couronner. Lettres barbares. Lapis-Lazuli. H. 10 mill. L. 16 mill.

2253. Femme assise tenant des deux mains un vase rond. On lit : enhx. Jaspe vert. H. 13 mill. L. 10 mill.

2254. Deux femmes debout; l'une, levant la main, semble indiquer le globe céleste à sa compagne qui place la main droite sur son cœur.

℞. Deux femmes debout, affrontées; toutes deux baissent leur main gauche vers la terre et entrelacent leurs bras droits. Des lettres et des signes cabalistiques entourent ces figures des deux côtés de la pierre. Serpentine. H. 47 mill. L. 26 mill.

Voyez plus loin, dans la *Section des monuments de bronze*, une plaque portant des symboles gnostiques et plus haut, sous les nos 1335, 1920 et 2028 des monuments également relatifs au gnosticisme. Voyez aussi au no 2372, ainsi que dans la *Section des objets en verre*.

MONUMENT BAPHOMÉTIQUE.

2255. Moule de serpentine. Deux personnages , un homme et une femme, debout l'un à côté de l'autre. L'homme est coiffé d'une sorte de casque pointu; sa barbe, longue et large, est disposée à la mode assyrienne; il est revêtu d'une sorte de robe courte qui laisse la poitrine nue et s'arrête à mi-cuisses. Cette robe est disposée comme une cotte de mailles; sur le bras gauche, une épaulière paraissant également de mailles. Ce personnage a les deux mains placées sur la poitrine, dans un geste qui doit avoir une signification mystique, car les mains de sa compagne sont placées de la même manière. Celle-ci est coiffée d'un disque sur lequel sont tracées des figures géométriques;

sa robe, qui laisse comme celle de l'homme la poitrine
entièrement nue, descend beaucoup plus bas; ses
cheveux pendent en grosses boucles le long des
joues. La moitié d'une croix de saint André, ou au
moins une figure que nous ne saurions désigner autrement, paraît derrière la partie inférieure du corps
de cette femme. H. 44 mill. L. 42 mill.

Dans le procès fait aux Templiers, qui aboutit à la destruction de cet
ordre célèbre, on accusa les chevaliers d'adorer une idole en *forme de Bafo-
met, in figuram Baphometi.* Ce terme, selon quelques auteurs, est une variante
du nom de Mahomet et, selon d'autres, un composé des mots grecs Βαφή et
Μῆτις, *baptême de sagesse.* Ce n'est pas ici le lieu d'examiner le plus ou
moins de fondement des accusations portées contre les Templiers; il suffit
de rappeler qu'il exista jusqu'au XIVᵉ siècle des croyants au Baphomet. C'est
à ces sectaires que l'on attribue le curieux monument que je viens de
décrire. On peut le faire remonter au XIIᵉ siècle. Ce moule a dû servir à
reproduire des *figures baphométiques.* Voyez dans le grand recueil intitulé
les *Mines de l'Orient,* un mémoire de M. de Hammer, intitulé : *Mysterium
baphometis revelatum,* t. VI, p. 1 et suiv. Le savant allemand regarde
les superstitions baphométiques comme nées du gnosticisme. Voyez aussi
la réponse au mémoire de M. de Hammer, par Raynouard, dans le *Journal
des Savants,* année 1819, p. 151 et 221.

TALISMANS ET CACHETS ARABES

TURCS ET ARMÉNIENS.

(Intailles.)

2256. TALISMAN sur lequel sont inscrites trois légendes
concentriques en arabe : légende du centre, en relief:
Dieu, Mahomet, Ali notre ressource. La légende intérieure gravée en creux, mais dans le véritable sens,
se compose de deux versets du Coran, *Sourate* LXVIII,
verset 51, et *Sourate* LXI, *verset* 13. La légende mar-
ginale, également en creux et dans le sens véritable,
comprend le célèbre *verset du Trône, Sourate* II, *ver-*

set 256. Agate blonde en forme de cœur. H. 30 mill. L. 50 mill.

Cette belle pierre a été décrite dans l'excellent ouvrage de M. Reinaud, intitulé : *Description des monuments musulmans du cabinet de M. le duc de Blacas*, t. II, p. 161. On sait que le savant académicien a expliqué dans ce livre un certain nombre de pierres qui n'appartenaient pas à la collection de M. de Blacas; le talisman que nous venons de décrire d'après lui était encore en 1828 dans le cabinet de M. Lajard.

2257. Talisman sur lequel sont gravés un carré inscrit dans un cercle et deux parallélogrammes inscrits dans le carré contenant les 99 épithètes que les musulmans appellent les attributs de Dieu, et dont Mahomet est, dit-on, lui-même l'auteur. Agate blonde. Diam. 30 mill.

Reinaud. *Monum. musulmans du duc de Blacas*, t. II, p. 17.

2258. Sceau sur lequel sont inscrits les noms des sept dormans et de leur chien; au milieu du sceau, on lit : *A la volonté de Dieu*. Sardoine brune. H. 20 mill. L. 31 mill.

2259. Sceau arabe sur lequel est gravé en deux lignes le nom du propriétaire : *Barnas ben Ramid*. Sardonyx à 3 c. H. 22 mill. L. 31 mill.

2260. Sceau sur lequel sont gravées en quatre lignes les lettres nommées par les musulmans *les lettres abrégées*, et qui sont les initiales des mots exprimant soit les attributs de Dieu, soit les mérites de Mahomet. Sardonyx à 3 c. H. 25 mill. L. 35 mill.

Reinaud, *Monum. musulm. du duc de Blacas*, t. II, p. 236.

2261. Talisman. Dans quatre zones parallèles on lit les cinq versets de la *Sourate* cxiii du Coran. Sardoine blonde. H. 19 mill. L. 21 mill.

2262. Talisman sur lequel est représenté le roi Salomon,

la couronne en tête et assis sur son trône, à la mode orientale; au-dessus de sa tête, les démons et les génies; à ses pieds, les hommes et les animaux qui lui sont soumis; à droite, vole vers lui la huppe qui lui sert de messager dans ses entretiens avec Balkis, reine de Saba; à gauche, on lit : *Soliman*; à droite, *fils de David;* autour, on lit, dans une bordure servant de cadre à cette composition, le *verset du Trône* (256 de la *Sourate* II du Coran). Cornaline. H. 38 mill. L. 40 mill.

Mutilé.

2263. Cachet sur lequel sont gravés deux vers arabes formant quatre lignes de caractères coufiques. Une couronne entoure cette inscription. Jaspe vert. Diam. 20 mill.

2264. Cachet arabe sur lequel on lit en deux lignes : *Dieu est notre meilleur soutien ; il est le plus clément des miséricordieux.* Cornaline de vieille roche. H. 15 mill. L. 24 mill.

2265. Talisman sur lequel est gravée en creux une légende pieuse arabe qui forme trois lignes. Scarabéoïde. Cristal de roche. H. 26 mill. L. 33 mill.

2266. Amulète. Sur la partie convexe, légende pieuse arabe en trois lignes. Au revers, autre légende pieuse, également en trois lignes. Scarabéoïde. Cristal de roche. H. 18 mill. L. 27 mill.

2267. Amulète. Six lignes de caractères arabes qui paraissent ne donner aucun sens. Rhomboïde. Cristal de roche. H. 21 mill. L. 22 mill.

2268. Talisman. Personnage debout, la tête nue, armé d'une lance, entre deux lignes arabes dont le sens est;

Que son possesseur frappe de la lance ! SCARABÉOÏDE. CRISTAL de roche. H. 25 mill. L. 20 mill.

2269. CACHET d'un musulman du nom de *Youssef.* CORNALINE octogone montée en bague d'argent. H. 12 mill. L. 15 mill.

2270. CACHET d'un musulman du nom de *Mohammed.* CORNALINE octogone. H. 13 mill. L. 17 mill.

Gravé à Fez en 1181 de l'hégire.

2271. CACHET d'un musulman nommé *Mustapha.* Au milieu, on lit : *Son serviteur Mustapha.* Autour, un quatrain du célèbre poëte persan *Gelal-eddin-al-Roumi.* CORNALINE octogone calcinée. H. 11 mill. L. 14 mill.

2272. CACHET sur lequel on lit en arabe : *Abd-Allah, fils de Mohammed, met sa confiance en Dieu.* CORNALINE. H. 8 mill. L. 11 mill.

2273. CACHET portant une inscription religieuse en trois lignes. JASPE vert. Diam. 13 mill.

2274. CACHET turc. PATE de verre imitant la cornaline. H. 11 mill. L. 13 mill.

2275. AMULÈTE sur lequel on lit : *Allah, Mohammed, Ali, Fathma, Hassan, Hossein.* CORNALINE. H. 13 mil. L. 14 mill.

L'inscription est émaillée en blanc sur la pierre.

2276. TALISMAN en forme de cœur. Dans un carré, sont inscrits sur quatre lignes des chiffres arabes. Au revers, dans un parallélogramme, seize groupes de chiffres arabes disposés deux par deux. Des deux côtés des guirlandes de feuillage entourent ces réunions de chiffres. JADE. H. 55 mill. L. 64 mill.

2277. Talisman. Cinq lignes de chiffres. et de lettres arabes entremêlés. Cornaline. H. 14 mill. L. 16 mill.

2278. Cachet sur lequel est gravée en lettres entremêlées la profession de foi religieuse des Arabes ainsi que la mission de Mahomet. Pate de verre imitant le cristal de roche. H. 18 mill.. L. 10 mill.

2279. Cachet arménien, avec la date de l'hégire 1193. Cornaline octogone. H. 11 mill. L. 13 mill.

2280. Cachet arménien. Cornaline octogone. H. 12 mill. L. 13 mill.

2281. Cachet portant une inscription qui paraît être *pehlvie*. Cornaline octogone. H. 12 mill. L. 15 mill.

2282. Cachet avec inscription rabbinique. Cornaline. Diam. 16 mill.

2283. Cachet avec inscription en trois lignes de caractères arabes incertains. Jaspe noir. H. 13 mill. L. 16 mill.

2284. Cachet avec trois lignes de caractères indéchiffrables. Hématite. H. 7 mill. L. 8 mill.

INTAILLES MODERNES

Mythologie.

(Imitation de l'antique.)

Les intailles modernes forment naturellement deux grandes catégories : 1o les pierres représentant des sujets de la *Mythologie* ou de l'*Histoire ancienne*; 2o les pierres représentant des sujets de l'*Histoire moderne*. De ces

deux catégories, l'une la moins nombreuse, est bien plus intéressante que l'autre, c'est la seconde; dans la première, on trouvera à la vérité quelques pierres intéressantes sous le rapport de l'art, mais on y remarquera surtout des copies, dépourvues de style, des chefs-d'œuvre de l'antiquité. Cependant un grand nombre des pierres de cette catégorie, ont été longtemps considérées comme antiques; il en est même qui ont été publiées et commentées comme telles, par de savants hommes dans des ouvrages d'érudition (V. le n° 2338). La plupart ont été reproduites dans le *Traité des pierres gravées* de Mariette, auquel je renvoie fréquemment;. il les croyait antiques lui-même; il a fallu arriver jusqu'à notre temps pour que la critique sût arracher à ces pâles imitations l'auréole d'antiquité qui les couronnait. C'est que le goût et le sens critique en matière d'art, sont choses bien distinctes de l'érudition. Il faut une éducation toute particulière, au véritable connaisseur en antiquités, à l'*antiquaire ;* or cette éducation était bien rare avant la vulgarisation des grands principes proclamés par Winckelmann. Les antiquaires d'aujourd'hui ne sont pas plus infaillibles que leurs prédécesseurs, mais ceux qui sont dignes de ce nom ne commettraient pas les méprises qui étonnent dans les anciens ouvrages, et en particulier dans celui de Mariette, où cependant personne ne les soupçonnait alors. (V. n° 2337. Commentaire.) Il faut étudier les planches du *Traité des pierres gravées* pour apprécier les progrès qu'a faits la critique des monuments depuis le siècle dernier, et pour comprendre toute la perversion du goût au siècle de Mme de Pompadour. Si je prends ainsi à partie Mariette, ce n'est pas que je méconnaisse les services que ce laborieux écrivain a rendus à la science ; son *Traité des pierres gravées*, son *Histoire des graveurs en pierres fines*, et les diverses dissertations qui forment le t. Ier de son ouvrage sont pleins de renseignements utiles, précieux même, et fort bien présentés ; mais la critique des monuments lui manquait absolument ; en un mot, Mariette peut-être bon connaisseur en estampes, n'était pas antiquaire, et dans les planches qui forment son t. II, il a étouffé quelques pierres antiques sous un amas de pierres modernes. N'est-ce pas Mariette, qui dans la préface de son t. II, dit de Bouchardon : « L'amour qu'il a pour ces belles productions de
« l'antiquité, l'amitié dont il m'honore, et sa déférence pour une personne
« de considération qui a donné la naissance à cet ouvrage (Mme de Pom-
« padour très-probablement), l'ont engagé à dessiner avec tout le soin et
« toute la précision dont il est capable, les *sujets* et une partie des *Têtes*
« (de la série des *Têtes*,) et c'est sur ces beaux dessins que les planches
« ont été exécutées. Quand je n'en avertirais pas, on s'en apercevrait aisé-
« ment. Il a trop bien fait sentir les beautés piquantes de l'ancienne
« Grèce, il s'en est rempli, et il est arrivé que quelques gravures d'une
« bonne invention, mais faibles pour l'exécution, ont quelquefois, j'ose
« le dire, gagné entre ses mains, etc. »

Quand je n'en avertirais pas, on s'en apercevrait aisément! Eh! oui malheureusement on s'en aperçoit, et Bouchardon qui ne voyait que des *beautés piquantes* dans les monuments de l'ancienne Grèce, qui corrigeait ces beautés, n'est que trop présent dans tout le recueil; pour dire la vérité, il n'y a dans ce livre ni pierres antiques, ni pierres modernes, il n'y a que du Bouchardon, et c'était un terrible et singulier interprète de l'antiquité que Bouchardon! Plusieurs de ses dessins originaux existent dans la riche collection du Louvre, entre autres celui de la pierre dite le *cachet de Michel-Ange* (V. plus loin, n° 2337); qu'on l'examine, et on verra qu'Antiquité ou Renaissance, tout sous son crayon, devenait du Pompadour. Et cependant, je n'en ai pas moins cru devoir citer les planches de Mariette, parce que ces gravures, pour infidèles qu'elles soient, nous donnent après tout, la représentation matérielle des originaux, et peuvent par conséquent faciliter, dans certains cas, des constatations d'identité.

2285. Saturne debout. Agate. H. 37 mill. L. 28 mill.

Mariette, t. II, pl. II.

2286. Laboureur sacrifiant à Saturne. Jaspe veiné. H. 33 cent. L. 27 cent.

Mariette, t, II, pl. III.

2287. Jupiter. Buste de profil. Cornaline. H. 24 mill. L. 20 mill.

2288. Idem. Sardoine. H. 20 mill. L. 18 mill.

2289. Ganymède jouant au cerceau. Cornaline blonde. Diam. 15 mill.

V. n° 1432.

2290. Hébé et l'aigle de Jupiter. On lit à l'exergue : Amicitia. *L'amitié.* Jaspe sanguin. H. 30 mill. L. 25 mill.

2291. Temple. Au milieu, divinité debout sur l'autel et quatre figures. Cornaline. H. 25 mill. L. 20 mill.

Mariette qui a cru cette pierre de travail antique l'a reproduite, t. II, pl. LIII, sous ce titre, *Temple de la jeunesse.* Toutefois, il avoue que les deux palmes de l'exergue pourraient faire douter de son antiquité. Le travail de cette pierre est des plus médiocres.

2292. Mars. Buste de 3/4. Cornaline. H. 24 mill. L. 20 mill.

Mariette, t. II, *Têtes,* n° 7.

2293. Idem. Cornaline. H. 20 mill. L. 27 mill.

2294. Mars debout. Cornaline. H. 20 mill. L. 10 mill.

2295. Mars et Vénus. Bustes conjugués. Cornaline. H. 20 mill. L. 15 mill.

2296. Mars, Vénus et l'Amour. Prase. H. 18 mill. L. 12 mill.

Mariette, t. II, pl. xx.

2297. Apollon. Buste de profil. Sardoine. H. 18 mill. L. 14 mill.

Mariette, t. II, *Têtes*, no 14.

2298. Apollon assis. Lapis-lazuli. H. 31 mill. L. 23 mill.

2299. Apollon et Marsyas. Dans le champ, on lit : LAVRentivs MEDicævs. *Laurent de Médicis.* Cornaline. H. 40 mill. L. 30 mill.

Imitation de la composition que l'on a déjà vue sur les camées antiques nos 13 et 14. La présente cornaline a dû faire partie de la collection de Laurent de Médicis, dans laquelle sans doute elle passait pour antique. C'est un bon ouvrage du xvie siècle. (Mariette, t. II, pl. xiii.)

2300. Même sujet. Cornaline. H. 31 mill. L. 25 mill.

2301. Idem. Jaspe sanguin. H. 20 mill. L. 16 mill.

Jolie monture en or émaillé.

2302. Apollon et une Muse devant un Terme de Pan. Cornaline. H. 20 mill. L. 16 mill.

Mariette, t. II, pl. xv.

2303. Même sujet, avec variantes. Jaspe sanguin. H. 18 mill. L. 13 mill.

2304. Apollon et l'Amour enfant, debout. Cornaline. H. 21 mill. L. 15 mill.

Mariette, t. II, pl. xiv.

2305. Une Muse et un Génie, debout. Cornaline. H. 15 mill. L. 11 mill.

Mariette. T. II, pl. xvi.

2306. Une Muse assise et Hygie debout. Cristal de roche posé sur un paillon rouge. H. 45 mill. L. 35 mill.

2307. Diane en marche avec un chien. Jaspe sanguin. H. 17 mill. L. 13 mill.

2308. Diane avec l'arc et le carquois. Buste de profil. Cornaline. H. 9 mill. L. 7 mill.

2309. Endymion couché. Cornaline H. 25 mill. L. 30 mill.

2310. Hygie. Buste de profil. Prase. H. 15 mill. L. 13 mill.

2311. Hygie en marche. Agate. H. 20 mill. L. 15 mill.

2312, 2313, 2314, 2315. Minerve. Buste de profil. Calcédoine. H. 40 mill. L. 30 mill. Cornaline. H. 20 mill. L. 15 mill. H. 16 mill. L. 12 mill. Prase. H. 18 mill. L. 15 mill.

2316. Victoire écrivant sur un bouclier. Sardonyx à 3 c. H. 20 mill. L. 13 mill.

2317. Victoire ailée écrivant sur un bouclier. Sardoine. H. 20 mill. L. 15 mill.

Legs de M. J. Henri Beck, 1846. Cette pierre est montée en cachet.

2318. Femme la tête ceinte d'une couronne radiée et Victoire dans un quadrige. Sous le char, un papillon. Sardonyx à 3 c. H. 21 mill. L. 26 mill.

Legs de M. J. Henri Beck, 1846. Cette pierre est montée en cachet.

2319. Vénus. Buste de profil. Cornaline blonde. H. 21 mill. L. 19 mill.

2320. Vénus. Buste de profil. Cornaline. H. 28 mill. L. 21 mill.

2321. Vénus Victrix debout, tenant une épée ; l'Amour enfant lui présente un casque. Cornaline. H. 25 mill. L. 15 mill.

Mariette, t. II, pl. xxv.

2322. Allégorie. L'Amour debout sur un autel, devant lequel se tient debout la Fidélité. Cornaline. H. 25 mill. L. 23 mill.

Mariette, t., II, pl. xci.

2323. L'Amour précédant Vénus. Sardoine claire. H. 40 mill. L. 22 mill.

2324. Vénus désarmant l'Amour. Cornaline. H. 16 mill. L. 11 mill.

2325. Vénus montée sur un bouc et traversant les flots. L'Amour la poursuit. Cornaline. H. 24 mill. L. 30 mill.

Mariette, t. II, pl. xxiii.

2326. Hermaphrodite couché, entouré de trois amours. Cornaline. H. 17 mill. L. 19 mill.

Imitation des camées antiques décrits plus haut sous les nos 42 et 45. On a vu le même sujet dans la section des camées modernes, sous les nos 443 et 444. V. au no suivant.

2327. Même sujet. Jaspe sanguin. H. 21 mill. L. 24 mill.

V. au no précédent. Mariette, t. II, pl. xxvi.

2328. Satyre découvrant Vénus ou une nymphe. Cornaline. H. 12 mill. L. 15 mill.

2329. Cérès. Buste de profil. Cornaline avec paillon. H. 12 mill. L. 9 mill.

2330. Cérès le flambeau à la main, courant à la recherche

de Proserpine. A l'exergue, on lit : CERES, JASPE sanguin. H. 30 mill. L. 24 mill.

MARIETTE, t. II, pl. XXXI.

2331. CÉRÈS ou ARÉTHUSE. JASPE noir. H. 29 mill. L. 28
mill.

Imitation des médailles de Syracuse.

2332. MÊME SUJET, avec un poisson dans le champ. COR-
NALINE. H. 22 mill. L. 20 mill.

V. no 2330.

2333. BACCHUS barbu. Buste de profil. CORNALINE. H. 34
mill. L. 29 mill.

MARIETTE, t. II, no 21.

2334. IDEM. SARDOINE. H. 32 mill. L. 25 mill.

Cette pierre a fait partie du cabinet de Madame, duchesse d'Orléans,
mère du Régent, comme on l'apprend par l'inscription d'une estampe dessinée et gravée en 1712 par Marie Ursule de la Croix. Voyez au Cabinet
des Estampes de la Bibliothèque Impériale.

2335 et 2336. ARIADNE. Buste de profil. CORNALINE. H. 17
mill. L. 13 mill. H. 15 mill. L. 11 mill.

2337. BACCHANALE. Satyres, bacchants et bacchantes cé-
lébrant le dieu du vin ; les uns boivent, les autres
versent le vin ; d'autres portent des corbeilles remplies
de raisins. Deux génies ailés tendent un *velum* qu'ils
attachent à des ceps de vigne. Vers le milieu de la
composition, on distingue la tête d'un cheval. A droite,
on remarque un groupe de deux femmes, dont l'une
charge une corbeille sur la tête de l'autre. A l'exergue,
un paysage représentant une rivière encaissée entre
deux collines ; un homme assis au bord de cette rivière, pêche à la ligne. CORNALINE. H. 11 mill. L. 15
mill.

Il s'agit ici de la pierre trop célèbre sous le nom usurpé de *Cachet de*

Michel-Ange. Mariette n'a pas craint de la qualifier ainsi : *le plus beau morceau du Cabinet du Roi et peut-être du monde* [1]. Le père Tournemine, cité par Mariette [2], prétendit que cette antique était un ouvrage de Pyrgotèles, que le sujet était une Vendange, et qu'Alexandre qui s'en servait comme cachet, l'avait fait graver, lorsque vainqueur des Perses, et méditant la conquête des Indes, il affectait de prendre le nom et les ornements de Bacchus. Le savant Jésuite, on ne sait à quel propos, ajoute que le fameux Raphaël d'Urbin l'estimait infiniment, et qu'il en avait même transporté deux figures dans un de ses tableaux représentant Judith sortant de la tente d'Holopherne. Mariette qui savait mieux l'histoire de la Peinture que le téméraire rédacteur des Mémoires de Trévoux, n'a pu laisser passer cette dernière assertion; aussi fait-il suivre l'abrégé que je viens de lui emprunter de la dissertation du père Tournemine par cette réflexion très-sensée. « C'est mettre sur le compte de Raphaël ce qui appartient à Michel-Ange ; « et lorsqu'on se trompe sur un fait récent et aussi public que celui-ci, il « me paraît qu'on est fort exposé à se méprendre sur des événements an- « ciens, et principalement lorsqu'on en veut établir qui n'ont pour fonde- « ment que de simples conjectures. » Malheureusement dans son enthousiasme pour la pierre qui nous occupe et dans la ferme persuasion où il était avec tout son siècle qu'elle était antique, Mariette n'a pas vu qu'il ne suffisait pas de nommer Michel-Ange au lieu de Raphaël, mais qu'il fallait aussi renverser la proposition émise par le père Tournemine, et que loin d'écrire cette phrase : « sensible à des beautés si touchantes, le « grand Michel-Ange n'a pas fait difficulté d'introduire ces deux figures « dans un de ses meilleurs tableaux » il aurait fallu faire voir que le graveur de cette cornaline s'était approprié la composition du groupe de *Judith remettant la tête d'Holopherne à sa suivante* que le grand Florentin a peint *à fresque*, au Vatican, et non pas dans un *de ses tableaux*, mais à la voûte de la chapelle Sixtine. En effet, il est visible que le groupe des deux vendangeuses de notre cornaline, dont l'une remplit la corbeille de l'autre, est imitée de la composition de Michel-Ange que l'on connaît très-imparfaitement par les gravures infidèles qu'en ont données Æneas Vicus et Buonasone. Ce groupe est du reste une bien pâle copie de la vigoureuse conception de Michel-Ange; je puis le dire, bien que je n'aie pas encore vu Rome, car j'ai pu comparer notre cornaline avec un remarquable dessin de ce groupe, exécuté au Vatican par mon collègue, M. Henri Delaborde, conservateur adjoint du Cabinet des Estampes. Si je ne me trompe, notre Cornaline qui n'a de remarquable que le nombre des figures que l'artiste a su assez adroitement grouper dans un étroit espace, n'a dû le nom de cachet de Michel-Ange et la célébrité qui en est résultée qu'à ces deux figures copiées de la fresque de Michel-Ange. La pierre était antique, donc c'était Michel-Ange qui était le plagiaire, donc il avait connu la pierre, donc il l'avait possédée, donc c'était son cachet; la tradition n'a pas d'autre fondement que cette admirable chaîne de raisonnements!

Maintenant, disons ce que l'on sait de positif sur cette pierre. Rascas de

1. *Traité des Pierres Gravées*, t. I, p. 60.

2. Ibid. p. 313. La dissertation du P. Tournemine se trouve à la page 291, des *Mémoires de Trévoux*. 1er février 1710.

Bagarris, dans un très-rare opuscule écrit de 1608 à 1611, mentionne notre *Bacchanale* à la page 9 [1], comme faisant partie de son cabinet; plus tard, en 1680 un certain Lauthier d'Aix la vendit au Roi en 1680 avec d'autres pierres qui provenaient de Bagarris; c'est alors sans doute que pour mieux vendre cet objet on insista sur une tradition suivant laquelle Michel-Ange l'aurait possédé. C'est alors qu'on fit toute la généalogie de la pierre, mais sans *preuves*. Ainsi des mains de Michel-Ange, qui, suivant Baudelot de Dairval, l'aurait payée 800 écus [2], Mariette nous dit, toujours d'après la tradition dont on ne cite jamais l'origine [3], qu'un orfèvre de Bologne, Auguste Tassi, l'eut après la mort de Michel-Ange, et la vendit à la femme d'un intendant de la maison de Médicis. Bagarris l'aurait eue des héritiers de cette dame, moyennant 800 écus, (nous retrouvons ici la somme payée par Michel-Ange suivant Baudelot de Dairval). Des mains de Bagarris elle passa à la famille Lauthier d'Aix, et c'est en effet d'un certain Lauthier d'Aix que le Roi acquit cette pierre. *Habent sua fata... gemmæ!* Il était écrit que cette Bacchanale jouirait d'une réputation européenne; en 1717, dans le tome 1er de l'*Histoire de l'Académie Royale des Inscriptions et Belles-Lettres*, à la page 270, il parut un mémoire anonyme, accompagné d'une planche gravée par F. Chereau, *Sur une Cornaline du Cabinet du Roi qu'on appelle le cachet de Michel-Ange;* ce mémoire, qui est un résumé des opinions divergentes de Baudelot et de Moreau de Mautour, débute ainsi: *Parmi les chefs-d'œuvre de graveure antique qui sont au cabinet du Roy, on compte principalement une petite Cornaline transparente, gravée en creux, etc.* Après un tel certificat, le cachet de Michel-Ange ne pouvait manquer d'être reconnu pour antique par tout le monde. Une célébrité si bien constatée valut à cette pierre l'honneur d'être gravée plusieurs fois et de fournir le sujet de controverses interminables. Il serait fastidieux d'en rendre compte ici; on pourra en trouver le résumé en lisant Mariette, qui en a donné aussi une gravure, pl. XLVII du t. II de son *Traité des Pierres Gravées,* et qui aux pages 60, 79, 312 et suivantes du t. I, a donné un très-bon historique de la querelle suscitée par la publication de l'estampe du *Cachet de Michel-Ange,* exécutée par B. Picart en 1709, d'après le dessin de Mme Le Hay, (Elisabeth Chéron). Ch. Th. de Murr a reproduit sans aucune critique les passages de Mariette, et les a fait suivre d'une *Bibliographie* des Estampes et des brochures nées de cette ardente polémique. Mme Le Hay, en faisant graver d'après son dessin, le cachet de Michel-Ange, avait cru naivement raviver le goût de l'antique, et il n'est pas hors de propos de remarquer en passant que son zèle ne se borna pas au cachet de Michel-Ange : elle dessina, fit graver, et grava elle-même un assez grand nombre de pierres gravées, qui forment un recueil de 44 planches, publié à Paris, en 1709. (V. Bibl. Dactyliographique, de Ch. Th. de Murr,

---

1. L'opuscule de P. A. Rascas de Bagarris, est intitulé : *La nécessité de l'usage des médailles dans les monnaies.* Paris, 1611 ; après l'avertisssment au lecteur, on retrouve un titre plus circonstancié et cette date: *A Fontainebleau,* 1608.

2. Baudelot de Dairval. *De l'utilité des Voyages,* t. I, p. 389. Ed. de Rouen 1727.

3. *Traité des Pierres Gravées,* t. I, p. 60, note B.

p. 140.) Malheureusement Mme Le Hay était de son temps, et son choix, comme celui d'Ursule de la Croix qui coopéra à cette entreprise, tomba souvent sur des pierres modernes. La critique des monuments antiques n'était pas encore née; ne soyons pas trop sévères pour les tentatives de nos prédécesseurs, et surtout ne nous glorifions pas de notre sagacité collective. Ce n'est pas tel ou tel qui est plus habile, c'est notre époque qui a reçu en partage le sens critique qui fut presque toujours refusé aux artistes ainsi qu'aux écrivains des xviie et xviiie siècles.

L'histoire du cachet de Michel-Ange serait incomplète si nous passions sous silence l'anecdote suivante qu'on lit dans les *Lettres sur l'Italie* du Président de Brosses. Si le savant et très-spirituel académicien a accusé un innocent, je laisse le péché sur sa conscience et me contente de citer textuellement ses paroles : Voici ce qu'on lit page 27, du t. II, de l'édition de l'an vii. des *Lettres sur l'Italie* du Président de Brosses : Après avoir dit que le baron de Stosch avait été chassé de Rome, comme espion du roi d'Angleterre, le Président ajoute : « Voici une pe- « tite histoire assez comique que j'ai ouï conter de lui, en France. Hardion, « notre confrère, (à l'Académie des Inscriptions et Belles-Lettres) montrait « le Cabinet du Roi à Versailles à plusieurs personnes, du nombre des- « quelles était ce galant homme (le baron de Stosch). Tout à coup, cer- « taine pierre, fort connue de vous, sous le nom de cachet de Michel-Ange, « se trouve éclipsée. On cherche avec la dernière exactitude : on se fouille « jusqu'à se mettre nu, le tout sans succès. Hardion lui dit : Monsieur, je « connais toute la compagnie, vous seul excepté, d'ailleurs je suis en peine de « votre santé, vous paraissez avoir un teint fort jaune qui dénote de la pléni_ « tude. Je crois qu'une petite dose d'émétique, prise sans déplacer, vous se- « rait absolument nécessaire. Le remède pris sur-le-champ fit un effet mer- « veilleux, et guérit ce pauvre homme de la maladie de la pierre qu'il avait « avalée ». Le Président de Brosses brode probablement, mais des exemples plus modernes ont appris aux successeurs de Jacques Hardion à se méfier de certaines admirations trop passionnées.

Le *pécheur* qu'on voit à l'exergue de notre pierre paraît désigner en *rebus* l'auteur de cette composition, Pierre Marie da *Pescia*. C'est du moins une opinion déjà assez ancienne et qui a été mentionnée par Du Mersan dans l'*Hist. du Cab. des Medailles*. (V. p. 100, n° 773.) Vasari dans la vie de *Valerio Vicentino* et d'autres *Intagliatori*, dit que l'art de la gravure en pierres dures grandit beaucoup sous le pontificat de Léon X, *par le talent et les ouvrages de Pier Maria da Pescia, qui fut très-grand imitateur des choses antiques*. Ces mots caractériseraient parfaitement bien l'auteur de cette célèbre *Bacchanale* qui est au total un bon ouvrage du xvie siècle. Il existe d'excellentes répétitions en cornaline de cette intaille. Le musée du Louvre en possède un dessin à la sanguine par Ed. Bouchardon; c'est celui qui a servi pour la planche de Mariette.

2338. S^{ILÈNE} ivre porté triomphalement par deux satyres; un faune conduit la marche en jouant du tam-
bourin; à la droite de Silène, un jeune faune jouant

de la double flûte. Jaspe sanguin. H. 32 mill. L. 25 mill.

Monture en or émaillé.

Cette pierre jouit comme le cachet de Michel-Ange d'une célébrité usurpée. (V. n° précédent et l'*introduction* de la présente section.) On l'a publiée fort souvent. On la trouve en vignette sur le titre de l'opuscule d Rascas de Bagarris cité au n° 2337. Le *Ciméliarque* du Roi qui posséda cette pierre, la mentionne à la page 9 en ces termes : » Un tableau d'une Bacchanale à huict personnages et dix figures d'autres choses, dans un bel Eliotrope. » Déjà en 1605, plusieurs années avant l'impression du livre de Bagarris, Casaubon l'avait fait connaitre dans son ouvrage intitulé : « De *Satyrica græcorum poesi, et romanorum satira.* » La même planche servit pour ces deux publications. Casaubon persuadé de l'antiquité de cette pierre par la confiance qu'il avait en l'expérience de son ami Bagarris « le *Ciméliarque du Roi,* » en tira parti dans sa dissertation. (V. p. 67 et suiv.) Cette pierre a été gravée en grand par Simonneau en 1713, d'après les dessins d'Élisabeth Cheron. On la trouvera aussi à la pl. xxxvi du t. II du *Traité des pierres gravées* de Mariette.

2339. Bacchus et Cérès dans un char traîné par deux lions. Agate veinée. H. 21 mill. L. 26 mill.

Mariette, t. II, pl. xxxii.

2340. Bacchus un flambeau à la main, soutenu par un Satyre et précédé par un Faune. Sardoine. H. 36 mill. L. 29 mill.

Mariette, t. II, pl. xxxvii.

2341. Bacchante debout. Cornaline. H. 24 mill. L. 10 mill.

2342. Héros, couronnant Bacchus et Silène. Cornaline. H. 20 mill. L. 21 mill.

Mariette, t. II, pl. xxxviii.

2343. Bacchanale. Composition qui rappelle en abrégé celle de la pierre décrite n° 2337. Cornaline. H. 15 mill. L. 11 mill.

J. Audran a gravé en grand d'après-Élisabeth Chéron, cette pierre qui faisait alors partie du cabinet d'un monsieur Bourdaloue.

2344. Bacchus sacrifiant, accompagné par Silène. Cornaline. H. 18 mill. L. 15 mill.

MARIETTE, t. II, pl. XXXIII.

2345. Sacrifice à Bacchus. Cornaline. H. 17 mill. L. 21 mill.

MARIETTE, t. II, pl. LXVI.

2346. Sacrifice à Bacchus. Jaspe sanguin. H. 27 mill. L. 24 mill.

MARIETTE, t. II, pl. LXV, donne à ce sujet le nom de *Fête de Lanuvium.* Il est peu intéressant de rechercher s'il a réellement deviné le sujet qu'a voulu retracer l'auteur de cette pierre, puisqu'il est aujourd'hui évident pour tout archéologue que c'est l'œuvre d'un artiste moderne.

2347. Sacrifice a Bacchus. Cornaline. Diam. 20 mill.

MARIETTE, t. II, pl. XLIII.

2348. Même sujet. Cornaline. H. 12 mill. L. 10 mill.

MARIETTE, t. II, pl. LXIV.

2349. Id. Cornaline. H. 16 mill. L. 15 mill.

2350. Homme à demi nu, agenouillé sacrifiant à Bacchus. Jaspe noir. H. 18 mill. L. 15 mill.

MARIETTE, t. II, pl. XLIV.

2351. Scène bachique. Agate grise. H. 22 mill. L. 25 mill.

2352. Id. Cornaline. H. 12 mill. L. 19 mill.

MARIETTE, t. II, pl. L.

2353. Bacchante. Buste. Cornalinne. H. 16 mill. L. 14 mill.

2354. Bacchante agenouillée sur une ciste, devant un terme de Priape, dans le délire de l'ivresse. Derrière, un jeune faune assis dans une sorte de cuve, buvant dans un vase. CORNALINE. H. 22 mill. L. 16 mill.

MARIETTE, t. II, pl. XLI.
Bon travail du XVIe siècle. Il existe beaucoup de copies de cette pierre.

2355. BACCHANTE dans la même pose que sur la pierre précédente, mais sans le Terme et le faune. CORNALINE. H. 20 mill. L. 18 mill.

2356. BACCHANT debout, tenant un *pedum* dont il semble qu'il va frapper un vase. CALCÉDOINE. H. 15 mill. L. 12 mill.

2357. PAN. Buste de profil. CORNALINE. H. 17 mill. L. 14 mill.

MARIETTE, t. II, nº 27.

2358. VULCAIN forgeant des armes, en présence de VÉNUS et de l'AMOUR. JASPE rouge. H. 25 mill. L. 20 mill.

MARIETTE, t. II, pl. XXI.

2359. VULCAIN jeune, forgeant un casque. CORNALINE. H. 17 mill. L. 14 mill.

MARIETTE, t. II, pl. CXXVII.

2360. HERCULE. Buste de 3/4. JASPE rouge. H. 28 mill. L. 20 mill.

2361, 2362, 2363, 2364, 2365, 2366. Idem. Buste de profil. CORNALINE. H. 18 mill. L. 14 mill. H. 16. L. 14. H. 15. L. 11. H. 14. L. 10. H. 13. L. 10. AGATE à 2 c. H. 15. L. 12.

2367. HERCULE étouffant le lion de Némée. Légende barbare. Dans le champ, la massue. JASPE rouge. H. 17 mill. L. 13 mill.

On pourrait voir dans la légende le nom d'Hercule écrit par une main barbare. Cette pierre me paraît dater des deuxième ou troisième siècle de notre ère.

2368. Hercule se reposant ; près de lui, on voit le sphinx. Cornaline. H. 22 mill. L. 20 mill.

Mariette, t. II, pl. lxxxiv. Cette pierre et la suivante doivent être comparées à des peintures du palais Farnèse à Rome, que l'on doit à Annibal Carrache. Il existe encore une troisième variété de ce sujet dont on peut voir la reproduction au trait dans le *Recueil des pierres gravées antiques*, dessinées et gravées par M. Levesque de Gravelles, conseiller au Parlement. *Paris, de l'imprimerie de P.-J. Mariette. 2 vol. in-4o, 1732, 1737. Voyez* t. I, pl. xl. Sur la pierre gravée par M. de Gravelles, on lit une inscription grecque qui se lisait aussi sur une pierre qui, après avoir appartenu à Fulvius Ursinus, faisait partie du cabinet de M. Crozat du temps de Mariette. (V. Traité des pierres gravées, t. I, p. 35.)

2369. Pierre gravée des deux côtés. 1° Même sujet qu'au n° précédent, traité avec variantes.

Revers : Devant une porte de ville, un personnage debout sur un cippe orné de guirlandes, reçoit les hommages du peuple, personnifié par une figure de femme agenouillée devant lui. Un amour ailé lui apporte une couronne ; deux autres figures de femme apportent, l'une une corbeille de fruits, l'autre du vin. Cornaline. H. 32 mill. L. 30 mill.

Monture en or émaillé. Mariette, t. II, pl. lxxxiv-v.

2370. Hercule et Œdipe. Le fils de Jupiter debout s'appuye sur sa massue, autour de laquelle s'enroule l'hydre de Lerne. Œdipe est assis au pied d'une colonne surmontée du sphinx. Cornaline. H. 12 mill. L. 18 mill.

Mariette, t. II, pl. lxxxvii.

2371. Hercule brûlant l'hydre de Lerne sur un autel. Cornaline. H. 17 mill. L. 13 mill.

2372. Hercule enchaînant Cerbère ; sujet gravé au revers d'une *pierre gnostique*, sur laquelle est représenté un Scorpion. Jaspe vert. H. 25 mill. L. 20 mill.

Mariette, t. II, pl. lxxx. Travail du xvie siècle.

2373. HERCULE vaincu par l'Amour. JASPE rouge. H. 25 mill. L. 20 mill.

MARIETTE, t. II, pl. LXXXI.

2374. IDEM. AGATE rayée. H. 25 mill. L. 18 mill.

2375. HERCULE debout, tenant son arc et sa massue. CORNALINE blonde. H. 23 mill. L. 17 mill.

MARIETTE, t. II, pl. LXXXII.

2376. HERCULE s'entretenant avec un héros. SARDOINE de Sibérie. H. 24 mill. L. 18 mill.

2377. OMPHALE coiffée de la peau de lion. CHRYSOPRASE. H. 15 mill. L. 11 mill.

2378. IDEM. AGATE mamelonnée. H. 21 mill. L. 16 mill.

2379. CACUS volant un taureau. LAPIS-LAZULI. H. 25 mill. L. 34 mill.

MARIETTE, t. II, pl. LXXXIX.

2380. PERSÉE, la tête de Méduse à la main, debout devant Minerve assise. CORNALINE. H. 12 mill. L. 10 mill.

2381. MÉDUSE. Buste de profil.

MARIETTE, t. II. Têtes, no 36.

2382. MÉDUSE. Tête de face au milieu des douze signes du zodiaque. PRASE. Diam. 20 mill.

MARIETTE, t. II. Têtes, no 35.

2383. LA NUIT qui répand ses pavots. JASPE sanguin. H. 25 mill. L. 30 mill.

MARIETTE, t. II, pl. LX. Cette pierre a également été dessinée et gravée par Mme Le Hay (Elisabeth Chéron).

2384. ATHLÈTE demandant le prix de sa victoire. CORNALINE. H. 20 mill. L. 18 mill.

Je donne à cette pierre le nom que Mariette lui a assigné, t. II, pl. cxxii; il serait oiseux de rechercher s'il a bien deviné l'intention de l'artiste médiocre auquel on la doit.

2385. Scarabée. Sur le plat, le sphinx. Cornaline blonde. H. 15 mill. L. 10 mill.

2386. Sphinx assis. Cornaline. H. 15 mill. L. 10 mill.

Mauvaise imitation des scarabées égyptiens.

2387. Diomède venant d'enlever le Palladium. Cornaline. H. 16 mill. L. 20 mill.

Mariette, t. II, pl. xciv. V. le camée antique nᵒ 101.

2388. Héros victorieux, assis sur un autel. Cornaline. H. 22 mill. L. 20 mill.

Mariette, t. II, pl. cxi.

2389. Le groupe du Laocoon. Cornaline. H. 26 mill. L. 16 mill.

2390. Laocoon. Buste de face. Cornaline. H. 20 mill. L. 14 mill.

2391. Jupiter assis sur son trône, entre Minerve et Mercure. Aux pieds de Jupiter, Neptune. Autour de cette composition, les douze signes du zodiaque. Cornaline. Diam. 55 mill.

2392. Apollon-Soleil dans son char au milieu des douze signes du zodiaque. Jaspe sanguin. Diam. 15 mill.

2393. Satyre jouant de la double flûte, devant un autel. Autour, les douzes signes du zodiaque. Sardonyx à deux couches. H. 25 mill. L. 22 mill.

2394. Buste du Soleil au milieu des douze signes du zodiaque. Jaspe vert. H. 12 mill. L. 10 mill.

2395. Temple au milieu des douze signes du zodiaque. Agate à 2 c. Diam. 30 mill.

2396. L'Abondance et la Paix couronnées par deux génies ailés. Sardonyx à 3 c. H. 52 mill. L. 40 mill.

> Monture en or émaillé, enrichie de pierreries. Le cadre est ici incomparablement plus beau que le tableau, car le travail de cette Sardonyx est des plus médiocres. Mariette, t. II, pl. cxv.

2397. Le Phénix se consumant sur un autel sur lequel on lit AEI, *toujours*. Deux génies ailés sont debout près de l'autel. Sardonyx à 2 c. H. 25 mill. L. 21 mill.

> Monture en or émaillé.

2398. Génie avec une aile à la tête, comme Mercure. Buste de profil. Agate rayée. H. 31 mill. L. 21 mill.

> Mariette, t. II. Têtes, nº 105.

Histoire romaine.

Imitation de l'antique.

2399. La déesse Rome. Buste de profil, avec un bouclier sur lequel est sculpté un cheval libre galopant. Sur le casque, la louve allaitant Romulus et Rémus. Calcédoine. H. 35 mill. L. 26 mill.

2400. Génie du sénat romain. Buste de profil. Calcédoine. H. 24 mill. L. 17 mill.

2401. Mutius Scevola se brûlant la main gauche devant Porsenna. A l'exergue : costacior pour *Constancior*. Cornaline. H. 40 mill. L. 30 mill.

> Mariette, t. II, pl. c.

2402. La continence de Scipion. Sardoine rubanée. H. 40 mill. L. 36 mill.

> Mariette, t. II, pl. ci.

2403. Caton le censeur. Buste de profil. On lit : cat. cen. Cornaline. H. 19 mill. L. 14 mill.

2404. JUGURTHA livré à Sylla qui est assis sur son tribunal. CORNALINE. H. 35 mill. L. 30 mill.

MARIETTE, t. II, pl. CII. Monture en or émaillé.

2405. JULES CÉSAR. Buste de profil, couronné de laurier, avec le paludamentum. Sur l'épaule, on lit les lettres consacrées : S. P. Q. R. Devant le buste, l'étoile qu'on voit sur des deniers d'argent au nom de César ; derrière la tête, le *lituus*. AGATE à 3 c. H. 50 mill. L. 35 mill.

2406. IDEM. On ne lit pas ici les initiales du sénat et du peuple romain comme sur le n° 2405. CORNALINE. H. 16 mill. L. 13 mill.

2407. IDEM. JASPE sanguin. H. 28 mill. L. 20 mill.

Monture en or émaillée, à laquelle est suspendue une perle.

2408. IDEM, avec le lituus, mais sans l'étoile. NICOLO. H. 22 mill. L. 18 mill.

2409. IDEM, mais sans attributs. CORNALINE. H. 18 mill. L. 11 mill.

2410. JULES CÉSAR, debout, couronné de laurier, tenant le globe du monde, se tournant vers un personnage qui le suit. L'étoile est placée entre ces deux figures. LAPIS-LAZULI. H. 19 mill. L. 15 mill.

2411. MARIUS-JUNIUS BRUTUS. Buste de profil ; devant la tête, un poignard. NICOLO. H. 15 mill. L. 13 mill.

Donné à la Convention nationale en 1792, par le citoyen Du Devant.

2412. MARC-ANTOINE, LÉPIDE et OCTAVE, *triumviri*. Bustes accolés. JASPE fleuri. H. 24 mill. L. 20 mill.

MARIETTE, t. II. *Têtes*, n° 48.

2413. Lépide, le triumvir (Marcus Æmilius Lepidus).
Buste de profil. Nicolo. H. 20 mill. L. 13 mill.

> Monture en or émaillé.

2414. Auguste avec la couronne radiée. Buste de profil.
Cornaline. H. 13 mill. L. 10 mill.

2415. Auguste. Buste de profil. Agate rubanée. H. 42
mill. L. 33 mill.

> Monture en or émaillé. Mariette, t. II. *Têtes*, no 50.

2416. Idem. Cornaline. H. 20 mill. L. 17 mill.

2417. Idem. Cornaline. H. 18 mill. L. 14 mill.

2418. Auguste et Livie. Bustes conjugués de profil. Sardoine. H. 21 mill. L. 17 mill.

> Monture en or émaillé. Mariette, t. II. Têtes, no 52.

2419. Mécène. Buste de profil, avec la signature de
Dioscoride écrite ΔΙΟCΚΩΡΙΔΟΥ. Cornaline. H. 19 mill.
L. 15 mill.

> On peut comparer l'*améthiste* de Dioscoride avec cette grossière imitation d'un chef-d'œuvre. Voyez plus haut, n° 2077.

2420. Claude couronné de laurier. Buste de profil. Sardoine. H. 27 mill. L. 20 mill.

> Monture en or émaillé.

2421. Idem. Saphir. H. 11 mill. L. 10 mill.

> Chaton octogone d'une bague d'or émaillé.

2422. Néron couronné de laurier. Buste de profil. Cornaline. H. 22 mill. L. 20 mill.

2423. Idem, avec le nom nero. Sardoine. H. 20 mill.
L. 17 mill.

2424. GALBA, couronné de laurier. Buste de profil. SARDOINE. H. 23 mill. L. 17 mill.

2425. IDEM. CORNALINE. H. 19 mill. L. 15 mill.

2426. OTHON, couronné de laurier. Buste de profil. CORNALINE. H. 18 mill. L. 13 mill.

2427. VITELLIUS, couronné de laurier. Buste de profil. CORNALINE. H. 17 mill. L. 14 mill.

2428. IDEM. SARDOINE. H. 26 mill. L. 21 mill.

2429. VESPASIEN, couronné de laurier. Buste de profil. CORNALINE. H. 17 mill. L. 13 mill.

2430. IDEM. Au revers, le type des médailles de Vespasien frappées à l'occasion de la prise de Jérusalem, avec la légende : *Judæa capta*. JASPE fleuri. H. 34 mill. L. 29 mill.

MARIETTE, t. II, pl. CV, a donné la gravure du revers de cette pierre, e n° 60, *Têtes*, le portrait de l'empereur.

2431. DOMITIEN, couronné de laurier. Buste de profil. CORNALINE. H. 15 mill. L. 10 mill.

2432. MASQUE à dix faces, autour duquel sont les médaillons des XII CÉSARS. NICOLO. H. 33 mill. L. 27 mill.

Monture en or émaillé.

2433. TRAJAN à cheval, combattant un lion. Dans le champ, on lit : C. RANIANI. CORNALINE. H. 25 mill. L. 40 mill.

Monture en or émaillé. MARIETTE, t. II, pl. CVI.

2434. HADRIEN, couronné de laurier. Buste de profil. CALCÉDOINE. H. 37 mill. L. 32 mill.

2435. IDEM. AGATE rubanée. H. 38 mill. L. 30 mill.

2436. IDEM. AGATE rubanée. H. 50 mill..L. 37 mill.

MARIETTE, t. II, no 64.

2437. IDEM. CORNALINE. H. 21 mill. L. 15 mill.

2438. IDEM. CORNALINE. H. 19 mill. L. 16 mill.

2439. IDEM. PRASE. H. 15 mill. L. 11 mill.

2440. SABINE. Buste de profil. LAPIS LAZULI. H. 25 mill. L. 16 mill.

2441. ANTINOÜS. Buste de profil. AGATE. H. 46 mill. L. 34 mill.

2442. FAUSTINE mère. Buste de profil. JASPE vert. H. 24 mill. L. 16 mill.

2443. IDEM. AGATE rubanée. H. 20 mill. L. 15 mill.

2444. FAUSTINE jeune. Buste de profil. AMÉTHYSTE blanche. H. 15 mill. L. 10 mill.

2445. IDEM. AGATE rubanée. H. 14 mill. L. 12 mill.

2446. LUCIUS VÉRUS. Buste de profil. CORNALINE. H. 15 mill. L. 12 mill.

MARIETTE, t. II. Têtes, no 72.

2447. COMMODE jeune. Buste de profil. CORNALINE. H. 15 mill. L. 10 mill.

2448. COMMODE, avec la couronne de laurier, imberbe. Buste de profil. CORNALINE. H. 20 mill. L. 13 mill.

2449. COMMODE, lauré et barbu. Buste de profil. H. 17 mill. L. 14 mill.

2450. PERTINAX. Buste de profil. SAPHIR. H. 20 mill. L. 15 mill.

Monté en bague.

2451. Albin. Buste de profil. Prase. H. 19 mill. L. 15 mill.

2452. Septime Sévère sur son tribunal, ordonnant qu'on sépare la tête du corps d'Albin, que lui apportent ses soldats. On lit : *S T G M* sur un billot qu'un bourreau dispose pour cette exécution. Calcédoine. H. 40 mill. L. 50 mill.

Les lettres S T G M doivent être les initiales de l'auteur de cette belle pierre que nous croyons dater de la Renaissance. Il en existe une estampe gravée par Cochin d'après le dessin de Mme Le Hay (Élisabeth Chéron). A cette époque, cette pierre faisait partie du cabinet de MM. Masson ; elle a été léguée à la Bibliothèque impériale en 1846, par M. J. Henri Beck.

Portraits inconnus.

Les pierres de cette série offrent peu d'intérêt ; ce sont des têtes de fantaisie auxquelles des connaisseurs superficiels ont donné des noms auxquels elles n'ont pas de droits. Dans la série qui précède, les portraits sont plus ou moins bien copiés sur les monuments de l'antiquité ; ici, on ne trouvera que des têtes de fantaisie, aussi n'a-t-on pas séparé les pierres qui ont la prétention de représenter des personnages héroïques ou historiques de la Grèce, de celles qui pourraient se rattacher à l'histoire romaine.

2453. Tête barbue diadémée de profil, à g. Jaspe rouge veiné. H. 36 mill. L. 30 mill.

Pergamus selon Mariette. V. t. II. *Têtes*, no 83.

2454. Buste barbu de profil. On lit en grec le nom de Sparte. ΣΠΑΡΤΗ. Cornaline. H. 14 mill. L. 11 mill.

Mariette, t. II. Têtes, no 95.

2455. Miltiade. Buste barbu de profil. Cornaline. H. 21 mill. L. 17 mill.

Monture en or émaillé. On lit au revers sur le cercle d'or : palma mihi marathon. Attribution de Mariette, v. t. II. *Têtes* no 93.
Cette pierre a été gravée par Simonneau en 1714 d'après le dessin de Marie Ursule de la Croix.

2456. PLATON. BUSTE barbu, couronné de laurier. COR-
NALINE. H. 20 mill. L. 13 mill.

Attribution de Mariette, v. t. II. *Têtes*, n⁰ 101.

2457. SOCRATE. Buste de profil. CORNALINE. H. 18 mill.
L. 15 mill.

Le type du masque socratique se retrouve véritablement sur cette pierre
à laquelle Mariette a donné le nom de Socrate (V. t. II. *Têtes* n⁰ 99),
mais l'expression qui fait oublier la laideur des traits du maître de Platon
a disparu.

2458. IDEM. CORNALINE. H. 20 mill. L. 15 mill.

2459. HÉROS revêtu d'une armure et coiffé d'un casque
sur lequel sont sculptés un sphinx et un lion. SARDOINE.
H. 50 mill. L. 42 mill.

PYRRHUS, roi d'Épire, selon Mariette, t. II. *Têtes*, n⁰ 85.

2460. FLAMINIA. Buste de profil d'une dame romaine
avec le nom écrit en grandes lettres, en creux, et dans
le vrai sens. AGATE à 2 c. H. 35 mill. L. 23 mill.

2461. BUSTE de profil d'un personnage presque entièrement chauve. CORNALINE. H. 34 mill. L. 24 mill.

SÉNÈQUE selon Mariette, t. II. *Têtes*, n⁰ 103.

2462. BUSTE de profil d'un homme d'âge mûr, sans
barbe. CORNALINE. H. 15 mill. L. 12 mill.

TITE-LIVE selon Mariette, t. II. *Têtes*, n⁰ 46.

2463. JEUNE FILLE. Buste de profil, les seins nus. SAR-
DONYX à 3 c. Diam. 25 mill.

Pierre léguée à la Bibliothèque par M. J. H. Beck, en 1846.

2464. JEUNE FILLE les cheveux flottant sur les épaules.
Buste de profil, à g. CORNALINE. H. 27 mill. L. 22 mill.

MARIETTE, t. II. *Têtes*, n⁰ 113.

2465. Buste de profil d'une jeune femme, à g. Nicolo clair. H. 28 mill. L. 17 mill.

Julie fille d'Auguste, selon Mariette, t. II. *Têtes*, nº 46. Cette pierre a été gravée en 1713 par Simonneau, d'après le dessin de Marie-Ursule de la Croix.

2466. Empereur romain avec la couronne radiée. Buste de profil, à d. Cornaline. H. 14 mill. L. 12 mill.

2467. Roi grec. Buste de profil à d. Cornaline. H. 13 mill. L. 12 mill.

2468. Buste de profil à dr. d'un personnage barbu. Agate rubanée. H. 15 mill. L. 11 mill.

Cette pierre forme le chaton d'une bague de bronze ; à l'intérieur de l'anneau, on lit : GOTTVS. F.

2469. Buste de profil à g. d'un jeune homme. On lit les vestiges d'une légende... costans per. Cornaline. H. 15 mill. L. 14 mill.

Cassure.

2470. Femme voilée. Buste de profil à d. Cornaline. H. 15 mill. L. 14 mill.

Vesta selon Mariette, t. II. *Têtes*, nº 29.

2471. Idem. Buste de profil à g. Cristal de roche. H. 14 mill. L. 13 mill.

2472. Vieille Femme. Buste de profil à d. Agate rubanée. H. 19 mill. L. 15 mill.

Sibylle selon Mariette, t. II. *Têtes*, nº 106.
Monture en or émaillé.

2473. Idem. Buste de profil à g. Hyacinthe. H. 15 mill. L. 12 mill.

Sibylle selon Mariette, t. II. *Têtes*, nº 107.

2474. Jeune Femme. Buste de profil à d. Cornaline. H. 15 mill. L. 10 mill.

2475. IDEM. Buste de profil à g. NICOLO. H. 12 mill. L. 9 mill.

INTAILLES DE LA RENAISSANCE.

Sujets de Fantaisie.

2476. ALEXANDRE LE GRAND fait placer les œuvres d'Homère dans le tombeau d'Achille. CALCÉDOINE. H. 28 mill. L. 35 mill.

Monture en or émaillé.

L'auteur de cette pierre a copié une composition de Raphael, gravée par Marc-Antoine. Voyez, Bartsch, *Le peintre graveur*, t. XIV, p. 168. Article *Raimondi*, nº 207. Selon lui, c'est *Alexandre le Grand faisant serrer les livres d'Homère dans un coffre de Darius*. On lit dans le savant ouvrage de J. D. Passavant, intitulé *Rafael von Urbino*, que cette composition a été peinte en grisaille dans la salle *della segnatura* au Vatican. (V. t. II, p. 114.) Mariette connaissait trop bien l'histoire des arts pour ne pas reconnaître sur notre pierre une composition de Raphael, mais comme le livre très-visible dans la gravure de Marc-Antoine, n'a pas été exprimé sur la calcédoine, il voulut y voir un autre sujet, *Ulysse cherchant Astyanax*, que *l'intagliatore* aurait traité en s'inspirant de Raphael. (V. t. II, pl. xcvi. *Traité des Pierres gravées.*) En Italie, cette composition de Raphael a longtemps passé pour être la *découverte des livres sibyllins dans le tombeau de Numa;* mais l'opinion qui nous paraît préférable est celle adoptée par Passavant, d'après Ernest Platner (1). Selon ces savants, l'admiration d'Alexandre le Grand pour Homère a fait naître l'idée de cette légende pour laquelle nous ne connaissons pas d'autorité. On sait seulement qu'Alexandre avait réservé une précieuse cassette pour renfermer les œuvres d'Homère, mais Raphael a représenté un tombeau, qu'il a copié d'après un sarcophage romain, et non une cassette. Ces faits et le souvenir des vers où Petrarque dit qu'Alexandre, près de la tombe d'Achille, s'écria en soupirant: Heureux, toi qui as trouvé une tombe si illustre, et un homme qui a écrit si noblement sur toi!

> Guinto Alessandro à la famosa tomba
> Del fero Achille, sospirando disse
> O fortunato, che si chiara tromba
> Trovasti, e chi di te si alto scrisse.

1. *Beschreibung der Stadt Rom*, von E. Platner, C. Bunsen, Ed. Gerhard und W. Rostell. 1832. V. t. II, p. 348. Chapitre rédigé par E. Platner.

ont pu donner naissance à la légende adoptée par Raphaël et copiée par le graveur inconnu auquel on doit notre pierre. Ce qui est certain, c'est qu'on ne peut reconnaître une cassette dans le grand sarcophage romain au fond duquel un esclave place le volume.

2477. OVATION. Le Triomphateur est à cheval, précédé d'un captif et accompagné de guerriers dont l'un porte un trophée. CORNALINE. H. 22 mill. L. 21. mill.

MARIETTE. t. II pl. CIX.

2478. IDEM. CORNALINE. H. 15 mill. L. 18 mill.

Répétition de la pierre no 2477, avec variantes.

2479. COMBAT DE CAVALIERS. Un seul n'est pas encore démonté. CORNALINE. H. 20 mill. L. 27 mill.

2480. DEUX CAVALIERS ET DEUX AMAZONES combattent des animaux féroces qui se dévorent entre eux. Un dieu porté sur les nues, tenant d'une main une couronne et de l'autre une torche, assiste à cette scène de carnage. CORNALINE. H. 35 mill. L. 42 mill.

Monture en or émaillé.
MARIETTE, t. II, pl. CXXIII.

2481. DEUX CAVALIERS, une AMAZONE et un homme à pied, coiffé du bonnet phrygien combattent des animaux féroces qui se déchirent. CORNALINE. H. 35 mill. L. 43 mill.

MARIETTE, t. II, pl. CXXIV.

2482. UNE BATAILLE. Au milieu des cavaliers et des fantassins, on remarque l'Empereur ou le général qui monté sur un cheval qui se cabre, brandit son javelot. On lit sur une des enseignes, les lettres sacramentelles, S. P. Q. R. Sur une autre, on lit : O P N S. SARDOINE. H. 42 mill. L. 46 mill.

Mariette a reproduit cette pierre, pl. CVII, t. II. Il l'attribue non sans quelque fondement à *Matteo del Nassaro* de Vérone, excellent graveur de pierres fines qui travailla longtemps en France et dont il croit voir la signature dans les lettres O P N S, qu'il lit : OPUS NASSARII SCULPTORIS. *Ouvrage de Nassaro, sculpteur.* Mariette dit aussi que la figure du général des Romains est imitée de celle de Constantin, dans la fameuse *bataille de Constantin*, peinte d'après le dessin de Raphael dans la salle de Constantin au Vatican. Je ne puis partager cette opinion ; Constantin dans la composition de Raphaël est représenté avec la couronne radiée et non avec un casque, et de plus, il ne tient pas son javelot comme le personnage que nous voyons sur l'ouvrage de Matteo del Nassaro. On peut s'assurer de ce fait en consultant la gravure de *J. B. de Cavalleriis*. (V. les Camées nᵒˢ 442, 3, 4.)

INTAILLES DE LA RENAISSANCE ET DES TEMPS MODERNES.

Sujets religieux.

2483. LA SAINTE-VIERGE, assise sur un trône, tenant l'enfant Jésus debout sur ses genoux. SARDONYX à 3 c. H. 55 mill. L. 37 mill.

> Monture en or émaillé.
> Ouvrage du XVIᵉ siècle. La matière est très-belle et digne de la gravure.

2484. L'ÉDUCATION DE LA VIERGE. SAINTE - ANNE, debout un livre à la main, tenant la sainte Vierge enfant, par la main. La Vierge est couronnée. SILEX brun. H. 35 mill. L. 25 mill.

> Ouvrage du commencement du XVIIᵉ siècle.

Iconographie et Histoire moderne.

2485. FRANÇOIS Iᵉʳ, roi de France. Buste de profil, la tête nue, avec une armure richement ciselée et un manteau. CALCÉDOINE. H. 25 mill. L. 22 mill.

> Jolie pierre attribuée avec beaucoup de vraisemblance à Matteo del Nassaro auquel on donne aussi le camée décrit plus haut sous le nᵒ 324.
> MARIETTE. t. II. *Têtes*, nᵒ 118.

2486. ALEXANDRE DE MÉDICIS, 1ᵉʳ duc de Florence. Buste

de profil, en habit civil, la tête nue. Cristal de roche, octogone. H. 22 mill. L. 18 mill.

Mariette, t. II. *Têtes*, nᵒ 120.

2487. Sixte-Quint. Buste de profil, la tête nue, avec la chape pontificale. Grenat. H. 20 mill. L. 15 mill.

Mariette. t. II. *Têtes*, nᵒ 121.

2488. Un docteur. Buste de profil, la tête nue et chauve, avec une robe fourrée. Cornaline. H. 17 mill. L. 12 mill.

Donné en 1849 par M. Félix Lajard, membre de l'Académie des Inscriptions et Belles-Lettres.

2489. Philippe II et Don Carlos, son fils. Bustes en regard, la tête nue, tous deux revêtus de leurs armures. Le Roi porte le collier de la Toison d'Or. Entre les deux portraits, la croix posée sur les trois montagnes. Sur l'encadrement en biseau, on lit en creux : Phi. rex. hisp. caro. phil. fili. 1566. *Philippe, roi des Espagnes, Charles, fils de Philippe* 1566. Topaze de Saxe octogone. H. 21 mill. L. 26 mill.

Monture en or émaillé, enrichie de grenats.
Admirable pierre, attribuée avec grande vraisemblance à Jacques de Trezzo, célèbre graveur milanais qui a beaucoup travaillé pour la cour d'Espagne.
Mariette, t. II. *Têtes*, nᵒ 119.

2490. Henri IV, roi de France. Buste de profil, avec couronne de laurier et armure placée au milieu d'une couronne d'olivier. Emeraude octogone. H. 12 mill. L. 10 mill.

Mariette, t. II, nᵒ 122, a publié cette pierre qu'il attribue à Julien de Fontenay, dit Coldoré, valet de chambre du Roi et célèbre graveur en pierres fines.

2491. Henri IV. Buste de profil, avec couronne de laurier et armure. Grenat. H. 10 mill. L. 9 mill.

2492. UNE FEMME DE FACE. Buste avec la grande collerette. GRENAT. H. 10 mill. L. 8 mill.

> MARIETTE, t. II, *Têtes*, nº 125, publie cette pierre qu'il donne pour une
> *femme inconnue.* Dans l'*Histoire du cabinet des Médailles*, de feu du Mer-
> san, cette pierre est attribuée à Catherine de Médicis (v. p. 105, nº 894),
> mais nous ne pouvons accepter cette opinion. La femme qui paraît ici ne
> porte pas le costume bien connu de Catherine de Médicis; la collerette et la
> coiffe plates sont plus simples que celles des Reines, et nous inclinons à voir
> ici le portrait d'une femme d'un rang beaucoup moins élevé, qui a dû
> vivre au commencement du XVIIe siècle.

2493. MARIE DE MÉDICIS, reine de France. Buste de
profil, avec la grande collerette. JASPE sanguin. H. 17
mill. L. 14 mill.

> Jolie pierre montée en bague d'or avec émail bleu. (V. nº 2494.)

2494. LOUIS XIII, roi de France. Buste de profil, avec
couronne de laurier, armure et l'ordre du Saint-Esprit. Légende : LVD. XIII. D. G. F. ET. N. R. *Louis XIII,
par la grâce de Dieu, roi de France et de Navarre.*
JASPE sanguin. H. 19 mill. L. 15 mill.

> Montée comme la précédente.

2495. FRÉDÉRIC HENRI, prince d'ORANGE, stathouder de
Hollande. Buste de trois quarts, la tête nue, avec armure et fraise. CORNALINE octogone. H. 14 mill. L. 13
mill.

> Bien que le nom de Frédéric Henri de Nassau ne soit pas inscrit sur la
> cornaline que nous venons de décrire, nous pouvons affirmer que l'on voit ici
> le portrait de ce prince. Comparez ses portraits en médailles et en estampes.
> Frédéric Henri, Stathouder de Hollande, mourut en 1647.

Règne de Louis XV.

2496. LOUIS XV, roi de France. Buste de profil avec la
couronne de laurier. ÉMERAUDE. H. 11 mill. L. 10 mill.

> Montée en bague d'or émaillé.

2497. FOUDRE ET CADUCÉE en sautoir au-dessous de ces

mots : STATUE DU ROI 1758. CORNALINE. H. 21 mill. L. 27 mill.

Monture en or avec belière du temps de Louis XV, qui indique que cette cornaline a été portée en breloque.

Cette pierre est une commémoration prématurée d'une statue qui dut être érigée à Louis XV sur la place d'un hôtel de ville projeté à Rouen. L'architecte auteur des projets, Mathieu Le Carpentier, les a fait connaître dans un recueil in-folio intitulé : *Recueil des plans, coupes et élévations du nouvel hôtel de ville de Rouen. Paris 1758.* On trouvera dans cet ouvrage le projet de statue que constate notre pierre gravée. Le roi y aurait été représenté porté sur le pavois par quatre guerriers. Sur le piédestal, on aurait lu cette inscription qui fait allusion au surnom de *Louis le Bien-Aimé: Si non jus eveheret amor.* Les travaux furent commencés, mais le manque d'argent les fit abandonner. La statue n'exista donc que sur le papier. (V. Licquet, *Itinéraire de l'étranger dans Rouen.*)

OEuvre de Jacques Guay,

Graveur du Roi, membre de l'Académie Royale de Peinture et de Sculpture.

J'ai parlé précédemment, à l'occasion des camées dus à Jacques Guay, du curieux recueil intitulé : *Suite d'Estampes gravées par madame la marquise de Pompadour, d'après les pierres gravées de Guay, graveur du Roy.* Le même recueil me donnera de précieuses indications pour la description des intailles dues à cet artiste distingué. Le Cabinet des Médailles ne possède malheureusement pas toutes les pierres dues à cet artiste et reproduites en grand par madame de Pompadour; cependant on en trouvera de fort importantes, et cela grâce à l'heureuse prévoyance de la marquise, qui les légua au Cabinet des Médailles et Pierres gravées du Roi. (Voyez *Histoire des plus célèbres amateurs français.* MARIETTE, par *M. J. Dumesnil,* page 166.) Les intentions de la marquise n'ont pas été exécutées complétement, car le Cabinet ne possède pas toutes les pierres que l'on sait avoir appartenu à cette célèbre artiste-amateur. En revanche on en trouvera deux (les nos 2505 et 2510) qui ne figurent pas dans l'exemplaire du Cabinet des Estampes que cependant l'on a des raisons de croire complet, car le catalogue de la collection d'estampes du marquis de Ménars et de Marigny, frère de madame de Pompadour, n'attribue que soixante-trois numéros à son exemplaire de la *Suite d'estampes*, et c'est également le nombre des planches du volume de la Bibliothèque impériale. Il ne faut pas oublier du reste que Guay survécut à sa bienfaitrice (J. Guay né à Marseille vers 1715, mourut à Paris, vers 1787) et que par conséquent on ne peut trouver toute l'œuvre de cet artiste dans la suite gravée par madame de Pompadour. M. J.-F. Leturcq, amateur et connaisseur très-éclairé de camées et de pierres gravées antiques et modernes, possède un exemplaire de cette *Suite d'estampes*, qui bien qu'incomplet, puisqu'il ne comprend que cinquante-deux numéros, est du plus grand intérêt pour les curieux de l'histoire de l'art sous Louis XV.

Dans ce volume, qui évidemment devait servir à l'impression d'un texte auquel on a renoncé, chaque planche est accompagnée d'une explication manuscrite. rédigée d'après des notes de la main de Jacques Guay lui-même par un inconnu. Ces notes autographes dont l'une, le n° 8, est signée tout au long : *«l'époque et des plus véritable, à Paris ce 14 avril 1758. J. Guay»*, sont écrites sur des carrés de papier collés sur les marges des explications en beau langage académique, dues à un écrivain désigné ainsi par Guay, au n° 6 : *l'oracteur faira le reste. Voilà la vérité.*

J'ai profité de l'autorisation de consulter ce précieux volume que je dois à la bienveillance de son possesseur pour compléter les descriptions des pierres de cet habile artiste possédées par la Bibliothèque impériale ; à la vérité, les titres gravés au bas des estampes donnent l'indication du sujet, ainsi que le nom de l'artiste auteur du dessin d'après lequel Mme de Pompadour gravait ses planches, mais les notes de Guay donnent des renseignements beaucoup plus explicites. Voici la *matière* de la *préface* du Recueil de la main de Guay :

« Les critique diron ce qu'il leurs pleira Une preface et (est) quelque « chosse. En voilà une. Les suges (sujets) qu'ils ne sont point de la compo-« sition de Guay, sont expliquait dans les notes de chaque estampe. Les des-« sins qui on servit pour graver cette collections sont fait d'après les pierres « ou les empreintes. Faute à coriger. Lortografe et le discour. »

Ces lignes curieuses annoncent chez Guay, sinon une grande familiarité avec la grammaire, au moins ce qui vaut mieux, beaucoup de bon sens, et de modestie et même de l'esprit Cependant l'incorrection de son langage pourrait laisser du doute sur un point intéressant. Comment faut-il entendre cette phrase : « Les sujets qu'ils ne sont point de la composition de Guay, « sont expliqués dans les notes de chaque estampe. » Si je ne me trompe, il faut lire ainsi : les sujets, qui ne sont point de la composition de Guay, sont expliqués dans les notes de chaque estampe. En effet, on lit dans une lettre à Mariette, du graveur en pierres, Laurent Natter, un passage curieux sur Jacques Guay : « Je regarde M. Guay comme très-heureux ; il est encou-« ragé par les récompenses de son roi, il est aidé, pour le dessin, des se-« cours du fameux Bouchardon- » M. J. Dumesnil, qui rapporte cette lettre dans l'intéressant ouvrage déjà cité, s'exprime ainsi au sujet des compositions des pierres de Guay : « Les peintres Boucher et Vien, le sculpteur « Bouchardon devaient composer les dessins. » Boucher a eu en effet, quelque part dans ce travail préliminaire, mais je crois pouvoir dire que ce fut presque toujours Bouchardon le sculpteur qui donna les compositions d'après lesquelles travaillait Guay; les peintres Boucher et Vien, dont on lit les noms avec l'abréviation consacrée *del* et non *invent*, sur les planches gravées par Mme de Pompadour firent seulement d'après les pierres les dessins *en grand*, qui servirent de modèle à la marquise Nous lisons en effet très-souvent dans les *notes manuscrites de Guay*, que les compositions sont de Bouchardon, mais jamais il ne parle de Boucher et de Vien, que comme ayant fait les dessins pour Mme de Pompadour. Ainsi

Bouchardon est nommé par Guay comme l'auteur des compositions des pierres, nos 2, 4, 14, 19, 37, de la *Suite d'estampes*, tandis qu'il ne nomme jamais Vien et Boucher, que comme ayant exécuté les dessins en grand d'après ses pierres. Il cite seulement Boucher comme ayant donné le dessin du *frontispice* du Recueil, ainsi que celui de la pierre no 25.

Douze des pierres de Guay ont été gravées une seconde fois d'après les estampes de Mme de Pompadour, pour illustrer les *Mémoires historiques et anecdotes de la cour de France, et de la marquise de Pompadour*, publiés en 1802 par Soulavie. Ces gravures très-inférieures aux estampes de la marquise, sont aussi d'une femme, Mme Lefranc, à laquelle on doit suivant Nagler (*Künstler-Lexicon*), la gravure d'une composition de Boucher : *Pensent-ils à ce mouton?* et de quelques planches pour les *Tableaux de la Suisse* de M. de Laborde.

2498. VICTOIRE DE LAWFELDT. La Victoire ailée, tenant d'une main une flèche et de l'autre une couronne de laurier, foule aux pieds des drapeaux et des canons, au milieu desquels on distingue des boucliers aux armes des puissances liguées contre la France, l'Autriche, l'Angleterre et le Hanovre, et les Provinces-Unies. A droite, on lit : GUAY. SARDOINE. H. 25 mill. L. 20 mill.

Voyez le No 14 de la *Suite d'estampes*, etc. La note manuscrite de Guay est conçue en ces termes: « Victoire de Lawfeld; gravée en creux d'après « la médaille, et du desein de M. Bouchardont (Bouchardon). Mme de « Pompadour a donné cette pierre au cabinet du Roy. » Exemplaire de M. Leturcq, cité plus haut.

Cette note que Guay a répétée dans les mêmes termes pour la pierre no 2499, *Les préliminaires de la paix*, confirme la tradition qui veut que ces deux pierres aient servi de fermoirs à des bracelets de Mme de Pompadour. Toutes deux sont effectivement ornées de montures semblables figurant une couronne de laurier formée par des brillants et des émeraudes. Ce sont donc les bracelets de Mme de Pompadour qui figurent sous les nos 2498 et 2499. Ces deux pierres ont été exécutées comme le dit Guay, d'après des médailles qui existent dans la suite de la Bibliothèque impériale, et ont été gravées dans le Recueil de Godonnesche-Fleurimont, intitulé, *Médailles du règne de Louis XV*, sous les nos 75 et 77. Vien a signé les dessins qui ont servi à Mme de Pompadour pour graver les planches IV et XIV de la *Suite d'estampes*, mais on a vu que la composition était due à Bouchardon. La bataille de Lawfeldt fut gagnée le 2 juillet 1747. La paix, fruit de cette victoire, fut signée à Aix-la-Chapelle, le 18 octobre 1748.

2499. PRÉLIMINAIRES DE LA PAIX DE 1748. Louis XV représenté en Hercule, la massue à la main, s'arrache des bras de la VICTOIRE pour prendre un rameau d'olivier

que lui présente la PAIX. Aux pieds de la Victoire, les couronnes murales des villes prises par les armes du Roi. A droite, la signature : GUAY F. A l'exergue : *Préliminaires de la paix*, 1748. SARDOINE. H. 25 mill. L. 20 mill.

Cette pierre est le n° 4 de la *Suite d'estampes* d'après Guay. Cette pierre comme la précédente a été portée en bracelet par Mme de Pompadour. Voyez au n° 2498.

2500. LE TAMBOUR-MAJOR JACQUOT. Buste de profil, en uniforme, le chapeau sur la tête. On lit en légende : JACQUOT, TAMBOUR-MAJOR DU RÉGIMENT DU ROY. 1751. G *uay* F*ecit*. SARDOINE. H. 18 mill. L. 15 mill.

J'ai vainement cherché ce qui a pu mériter à un simple tambour-major, l'honneur de voir ses traits reproduits sur sardoine, par un artiste éminent, membre de l'Académie royale de peinture et sculpture, et graveur du roi. L'*Histoire des régiments d'infanterie* de M. le commandant Suzane ne parle pas de Jacquot, et cependant le savant annaliste ne néglige pas plus les simples soldats que les officiers, dans le récit très-circonstancié qu'il fait des campagnes du régiment du roi. Dans la *Suite d'estampes*, d'après Guay, cette pierre porte le n° 34. On lit au bas de l'estampe la même légende que sur la pierre, et ces mots : *Guay del. Pompadour sculpsit.* Pourquoi tant de soins pour transmettre à la postérité les traits de Jacquot ?

Les *notes* manuscrites de l'exemplaire précieux appartenant à M. Letinoq, cité plus haut, semblaient devoir me donner la clef de ce mystère ; malheureusement Guay n'a écrit que ces mots bons à recueillir, mais peu explicites : « Jacquot tambour-major du régiment du Roy. Gravé en creux par les « ordres de madame de Pompadour. La dite (pierre) est au cabinet du Roy. » Ce n'est donc pas à une fantaisie d'artiste que nous devons l'image de Jacquot, c'est par les ordres de la favorite qu'il a gravé notre sardoine. Voyons maintenant le commentaire du rédacteur qui brodait sur le canevas fourni par Guay, et dont nous avons également déjà parlé plus haut : Il s'exprime ainsi : « Il est fait (le portrait) dans un goût singulier et militaire, et est « d'une naïveté qui frappe. Le dessein en est tiré d'une sardoine. » Une correction au crayon, d'une main qui paraît contemporaine de ces notes, a rayé ces sept derniers mots et a complété la phrase « d'une naïveté parfaite », en ajoutant : « par une ressemblance parfaite. » Si je n'ai pu trouver le motif de l'exécution de ce portrait, j'ai au moins trouvé l'état civil de Jacquot. Voici ce qu'on lit dans le *Registre matricule* des régiments du roi, à l'article de la *compagnie colonelle* : « Jacque Dubois, fils de François, « dit Saint-Jacque, tambour-major, natif de Tirlemont en Brabant, juridic- « tion du dit lieu, âgé de 51 ans, taille de 5 p. 7 p. 6 lignes Cheveux noirs, « yeux bruns, visage gros et basanné. Enrôlé le 1er juin 1716. Invalide le « 4 juin 1758. » Cette dernière mention a été ajoutée d'une autre écriture sur le registre qui est de l'année 1749. Jacquot ou Saint-Jacque, car ces deux noms de guerre désignent certainement le même individu, était donc né en 1698 ; enrôlé à dix-huit ans en 1716, il avait cinquante-trois ans et trente-cinq ans de service en 1751, lorsque Guay fit son portrait, et il entra aux Invalides à soixante ans en 1758, sept ans après qu'il eut reçu l'honneur insigne de poser devant le graveur du roi. Le portrait de Jacquot répond parfaitement au signalement tracé sur le registre matricule, dont je dois la communication à la bienveillance de M. de Forges, chef de bureau au ministère de la guerre.

J'ai trouvé la même obligeance à l'Hôtel impérial des Invalides. M. le colonel archiviste a bien voulu me transmettre des extraits de registres matricules desquels il résulte que : Jacques Dubois, dit Saint-Jacques (lequel ne peut être que le Jacquot de Guay), âgé à son entrée à l'hôtel en 1758, de soixante-huit ans (*sic* pour soixante ans), a servi quarante-deux ans dans le régiment du Roi, qu'il a été blessé de cinq coups de feu en différentes affaires, qu'il était marié et catholique, enfin qu'il est mort à l'hôtel le 19 avril 1759.

C'est peut-être tout simplement à la bonne mine, aux blessures et aux longs services de Jacquot que Mme de Pompadour a voulu rendre hommage en transmettant à la postérité les traits de cet obscur, mais brave et dévoué tambour-major.

2501. La France agenouillée devant la statue d'Hygie, au pied de laquelle est un autel allumé, sur lequel est sculpté un dauphin. A l'exergue, *guay*. 1752. Saphir. H. 12 mill. L. 9 mill.

Indiqué par erreur, *cornaline* dans la *Suite d'Estampes de Madame de Pompadour* qui reproduit cette pierre sous le no 12 avec ces mots : *Vœu de la France pour le rétablissement de la santé de monseigneur le Dauphin.* Vien del. Pompadour sc.

Note manuscrite de Guay dans l'exemplaire unique appartenant à M. Leturcq cité plus haut : « Dant le tant que toute la France ettée en « larmes, Guay sanfrema jour et nuit pour graver cette pierre en creux. « Il a presenta à madame de Pompadour, le jour que le Prince feu or de « Danjer, le 9 jours de la maladie. »

2502. La France debout devant la statue d'Hygie sacrifie sur l'autel placé au pied de la statue. On lit à l'exergue : 1752. Jacinthe. H. 13 mill. L. 10 mill.

On lit au bas de l'estampe no 10 de la *Suite d'estampes* : *Action de grâces pour le rétablissement de la santé de monsieur le Dauphin.* Vien del. Pompadour sc. La pierre est nommée *Vermeil*, sur la planche gravée. La note manuscrite de Guay (Exemplaire de M. Leturcq) constate que cette pierre fut gravée par les ordres de Mme de Pompadour. On croit que la marquise a eu la présomption de donner ses traits à la figure de la France.

2503. LA MARQUISE DE POMPADOUR, en *Minerve*, debout, posant une corne d'abondance sur un tour à graver les pierres dures. Un génie ailé soulève le voile qui cachait les trois tours du blason de Pompadour gravées sur le bouclier de la déesse. A l'exergue, on lit: GUAY 1752. CALCÉDOINE. H. 13 mill. L. 11 mill.

On lit au bas de la pl. VIII, de la *Suite d'estampes*, etc., ces mots : *Minerve bienfaitrice et protectrice de la gravure en pierres precieuses Vien. del. Pompadour sculp.* La pierre est nommée sur la planche : *girasolt orientale.*

La note manuscrite de Guay qui commente l'ingénieuse allégorie que nous venons de décrire, mérite d'être reproduite en entier; le *Génie qui soulève le voile* nous apprend que Guay a voulu faire connaître à tout le monde sa reconnaissance pour des bienfaits que Mme de Pompadour avait tenus secrets.

Voici cette note : « Guay a gravé cette pierre en creux pour transmetre « a la postérité, la proctretion que madame de Pompadour a daigné lui « corder, sa reconnesance et des plus respectueuse et des plus semsere. Si « la graveure en pierre est conservée, on le doit à la Minerve du siecle, elle « a protege ce ar, en 1 travaillan, et fesant vivre le graveur. L'époque et « (est) des plus véritable, à Paris, ce 14 avril 1758. J. Guay. » (Exemplaire de M. Leturcq cité plus haut.)

2504. CACHET de Mme de Pompadour. TOPAZE de l'Inde gravée sur ses trois faces. H. 14 mill. L. 10 mill.

Les trois sujets gravés sur ce cachet sont reproduits dans les planches de la *Suite d'estampes*, etc., sous les n°s 41, 43 et 44. Une note manuscrite de Guay, dans l'exemplaire de M. Leturcq, no 41, constate que ce cachet appartint à Mme de Pompadour. A l'aide des notes manuscrites de cet exemplaire, mes descriptions seront aussi complètes que possible.

FACE n° 41 dans la *Suite Pompadour*. L'AMOUR SACRIFIANT A L'AMITIÉ. La déesse est debout, foulant aux pieds un masque ; d'une main elle tient un arbrisseau autour duquel s'enlace un cep de vigne, de l'autre un cœur qu'elle offre à l'Amour qui, debout devant elle, fait une libation sur l'autel placé aux pieds de l'Amitié. Une guirlande de grenades, de lierre et de ceps de vigne, entoure cet autel. L'arc et le carquois sont suspendus à un arbre placé derrière l'Amour. Exergue: GUAY F.

Face n° 43 dans la *Suite Pompadour*. L'Amour et
l'Amitié. « La déesse debout, porte une main cares-
« sante sous le menton de l'Amour qui s'enchaîne avec
« vivacité d'une guirlande de fleurs à l'Amitié même. »
Exergue : Guay f.

Face n° 44 dans la *Suite Pompadour*. Temple de
l'Amitié. Ces mots sont gravés au-dessous du fronton
d'un temple à deux colonnes, d'ordre toscan. Une tour
du blason de Pompadour décore le tympan. Entre les
colonnes un médaillon portant les chiffres du Roi et de
la marquise, L. P. (*Louis, Pompadour.*) suspendu à
une guirlande de chêne entortillée aux deux colonnes.
« L'ordre d'architecture choisi pour ce temple est le
« plus solide, et l'arbre duquel on a formé la guirlande
« est le plus durable. Ils indiquent le caractère d'une
« véritable amitié qui, établie dans des cœurs faits pour
« la ressentir, ne s'y altère jamais. » Exergue : 1753.

Les dessins qui ont servi à Mme de Pompadour pour graver ces trois
planches, étaient de Boucher.

2505. La France éplorée, penchée sur un tombeau sur
lequel on lit : A.I. (*anno primo*). A l'exergue, 1754.
Calcédoine. H. 14 mill. L. 11 mill.

Cette pierre ne figure pas dans la *Suite d'estampes* de Mme de Pompadour ;
mais elle est certainement de la main de Guay. L'événement qu'elle rappelle est la mort du duc d'Aquitaine, fils du Dauphin, arrivée le 22 février
1754. Le jeune prince était né l'année précédente, le 8 septembre.

2506. Globe aux armes de France posé sur une colonne
sur le fût de laquelle se croisent deux palmes. A l'exergue : Le 10 octobre 1758. Cornaline. H. 13 mill. L. 11
mill.

On lit dans le Recueil de Mme de Pompadour, au n° 56 ; au-dessous de
la gravure de cette pierre : *Victoire de Luztelberg*. Boucher del. Pompadour sculp.

2507. L'Amour cherchant à saisir un papillon qui s'envole. Devant lui, autel allumé, au pied duquel on voit l'arc et le carquois. A l'exergue : GUAY Fecit. CORNALINE. H. 13 mill. L. 10 mill.

Cette pierre porte le n° 27 dans la *Suite d'estampes de Mme de Pompadour*. On lit au bas de l'estampe : *l'Amour et l'Ame*. BOUCHER, DEL. POMPADOUR, SCULP. Note manuscrite de Guay : « Le feu divein que l'amour « inspire doit ficser l'ame. Cette pierre appartient à Mme de Pompadou. »

2508. L'AMOUR CULTIVANT UN MYRTE. Le dieu est représenté arrosant l'arbuste planté dans une caisse. Exergue : GUAY. PÉRIDAUX ORIENTAL. H. 12 mill. L. 10 mill.

Dans la *Suite d'estampes*, gravée par Mme de Pompadour, cette pierre porte le n° 31. On lit au bas : BOUCHÉ DEL. (sic). POMPADOUR, SCULP. Note manuscrite de Guay « gravé par Mme de Pompadour. »

2509. AMOUR assis pressant une grappe de raisins dans une coupe, au pied d'une statue du dieu TERME. Exergue : GUAY FECIT. CORNALINE. H. 12 mill. L. 10 mill.

On lit : OFFRANDE AU DIEU TERME, au bas de l'estampe de cette pierre dans la *Suite d'estampes* de Mme de Pompadour (V. au n° 39), puis, les mots : BOUCHER DEL et POMPADOUR SCULP. Voici la note manuscrite de Guay sur cette jolie pierre : « *Offrande au dieu Terme.* Je crois que ce (c'est) l'amour recon- « naissant. Gravé en creux. Madame de Pompadour a cette pierre montée « en cachet. »

2510. ENFANT faisant une libation sur un autel placé aux pieds de FLORE. Derrière l'enfant, un cygne. A l'exergue : GUAY FECIT. SARDOINE. H. 16 mill. L. 13 mill.

Cette pierre ne se trouve pas dans la *Suite d'estampes* gravées d'après Guay, par Mme de Pompadour. D'après l'esprit qui inspirait ces petites compositions, on pourrait intituler celle-ci : OFFRANDE A FLORE.

— *OEuvre de Jeuffroy.*

2511. MÉDUSE. Tête de profil. On lit en caractères très-fins : JEUFFROY. 1777. AMÉTHYSTE. H. 20 mill. L. 17 mill.

L'auteur de cette belle intaille, Romain-Vincent Jeuffroy, naquit à Rouen en 1749. Cet artiste distingue a gravé des médailles, des camées et des pierres gravées ; il mourut en 1826, au Bas-Prunay, près Marly. (V. Nagler, Kunstler-Lexicon.) Jeuffroy se plaisait à traiter des sujets d'après l'antiqûê. Cette tête est une copie de la *Méduse* dé *Solon* que l'on peut voir dans les *Gemmæ antiquæ cœlatæ scalptorum nominibus insignitæ*, du *baron de Stosch*. V. pl. LXIII.

2512. ATHLÈTE vainqueur, buvant dans une coupe ; à ses pieds, un vase dáns lequel est placée une palme. On lit en creux, en caractères presque imperceptibles : JEUFFROY. 1777. SARDONYX à 3 c. H. 12 mill. L. 10 mill.

2513. GÉNIE bachique, le thyrse à la main, debout dans un char traîné par un bouc et un lion. A l'exergue, on lit : JEUFFROY 1779. CORNALINE. H. 11 mill. L. 16 mill.

Jeuffroy a copié ce sujet d'après une pierre antique ou de la Renaissance qui a été connue par Mariette qui l'a reproduite dans son Recueil, t. II, pl. XLVI.

2514. LOUIS, dauphin, fils aîné de Louis XVI. Buste de profil, la tête nue. Au-dessous, un dauphin au-dessus de la tête duquel plane la chouette de Minerve. Sur le corps du dauphin, on lit seulement à la loupe l'inscription suivante en lettres imperceptibles : LVD. LVD. XVI ET MAR. ANT. DELPH. AN. AE. IX M. II D. X. *Louis, fils de Louis XVI et de Marie-Antoinette, dauphin, âgé de neuf ans, deux mois ét dix jours.* Derrière la tête, on lit en caractères d'une excessive finesse : JEUFFROY SCULPSIT. I. IAN. 1788. *Jeuffroy a gravé le 1 janvier* 1788. CORNALINE. H. 23 mill. L. 20 mill.

Louis-Joseph-Xavier-François, dauphin de France, fils aîné de Louis XVI, était né à Versailles, le 22 octobre 1781. Il avait donc en effet neuf ans deux mois et dix jours le 1er janvier 1788, date de la pierre de Jeuffroy. Ce jeune prince mourut à Meudon le 4 juin 1789. Son frère Charles-Louis prit alors le nom de Dauphin.

2515. CHARLES DE WAILLY. Buste de profil. On lit devant la tête : C. DE WAILLY, ARCHITECTE, NÉ EN 1729, MORT EN 1799 Derrière le buste, òn lit : JEUFFROY 1807.

Légué au cabinet des médailles par Mme la comtesse de Fourcroy. V. n°s 366 et 2516.

Charles de Wailly, célèbre architecte, membre de l'Institut, mourut à Paris le 2 novembre 1798, et non en 1799, comme on le lit sur cette intaille. Une note, émanée des archives de l'Institut de France, et dont je dois la communication à la bienveillance de M. Natalis de Wailly, membre de l'Institut, fixe la date de la mort de son célèbre parent, au 12 brumaire an VII, 2 novembre 1798.

2516. FOURCROY. Buste de profil, la tête nue. On lit en caractères très-fins : A.-F. DE FOURCROY A A.-F. BELLEVILLE SA FEMME. En bas, JEUFFROY 1808. CORNALINE. H. 20 mill. L. 19 mill.

La comtesse de Fourcroy, née Adélaïde Flore Belleville, avait épousé en premières noces, Charles de Wailly, l'architecte. Le 28 novembre 1838, elle légua à la Bibliothèque le portrait *intaille* de son premier mari, décrit sous le n° 2515, ainsi que deux portraits de son second mari, le célèbre Fourcroy, le camée n° 316 et l'intaille que je viens de décrire. La Bibliothèque fut autorisée à accepter ce legs en 1840.

Graveurs modernes et contemporains.

2517. TÊTE DE FEMME diadémée, de profil. On lit : MARCHANT *Fecit*. CORNALINE. H. 24 mill. L. 17 mill.

2518. FLAMME dans une couronne de myrte et de laurier. SARDONYX à 3 c. H. 15 mill. L. 12 mill.

On ne connaît pas l'auteur de cette pierre, qui peut dater du règne de Louis XV ou de celui de Louis XVI.

OEuvre de M. Simon.

2519. CHARLES X, roi de France. Buste de profil, la tête nue. Exergue : SIMON FILS. CORNALINE. H. 45 mill. L. 37 mill.

M. Simon (Jean-Marie-Amable-Henri), auteur de cette série de portraits (n°s 2519 à 2536), est fils de Jean-Henri Simon, aussi graveur en pierres fines, mort en 1834, à l'âge de quatre-vingt-deux ans. M. Simon, qui exerce encore aujourd'hui son art à Paris, est né dans cette ville le 28 janvier 1788. Toutes les pierres de cet artiste possédées par la Bibliothèque impériale, ont été gravées en vertu de commandes ministérielles.

2520. LOUIS ANTOINE, duc d'ANGOULÊME, puis DAUPHIN de France. Buste de profil, la tête nue. Exergue : SIMON FILS. CORNALINE. H. 45 mill. L. 38 mill.

2521. Charles Ferdinand, duc de Berry, second fils du roi Charles X. Buste de profil, la tête nue, en uniforme de colonel-général des chasseurs. Exergue : Simon fils. Cornaline. H. 28 mill. L. 22 mill.

2522. Louis-Philippe Ier, roi des Français. Buste de profil, la tête nue. Exergue : Simon fils. Cornaline. H. 45 mill. L. 38 mill.

2523. Louis XIV et Louis-Philippe Ier. Bustes en regard, le premier avec la couronne de laurier, le second avec la couronne de chêne. Exergue : 1680 Versailles 1837. Derrière la tête du roi Louis-Philippe, Simon fils. Cornaline. H. 38 mill. L. 52 mill.

2524. Louis-Philippe Ier et la reine Marie-Amélie de Bourbon-Naples, sa femme. Bustes conjugués. Le roi avec la couronne de chêne; la reine avec le diadème. Exergue : Simon fils. Cornaline. H. 50 mill. L. 40 mill.

2525. Ferdinand d'Orléans, duc d'Orléans, et Hélène de Mecklembourg-Schwerin sa femme. Bustes conjugués, les têtes nues. Exergue : Simon fils 1839. Cornaline. H. 53 mill. L. 45 mill.

2526. Louis Philippe Ier et la Reine, sa femme, bustes conjugués en regard des bustes également conjugués du duc et de la duchesse d'Orléans. Exergue : Simon fils 1846. Cornaline. H. 48 mill. L. 60 mill.

2527. Hélène de Mecklembourg-Schwerin, duchesse d'Orléans. Buste de profil. Exergue : Simon fils. Cornaline. H. 40 mill. L. 35 mill.

2528. Louis Philippe d'Orléans, comte de Paris. Buste de profil. Exergue : Simon fils. Cornaline. H. 40 mill. L. 34 mill.

2529. Henri d'Orléans, duc d'Aumale. Buste de profil. Exergue : Simon fils. Cornaline. H. 40 mill. L. 30 mill.

2530. Antoine d'Orléans, duc de Montpensier. Buste de profil. Exergue : Simon fils. Cornaline. H. 40 mill. L. 30 mill.

2531. Victoire de Saxe-Cobourg-Gotha, duchesse de Nemours. Buste de profil. Exergue : Simon fils. Cornaline. H. 41 mill. L. 35 mill.

2532. Françoise de Bragance-Brésil, princesse de Joinville. Buste de profil. Exergue : Simon fils. Cornaline. H. 42 mill. L. 32 mill.

2533. Frédéric-Guillaume-Alexandre, duc de Wurtemberg. Buste de profil. Exergue : Simon fils. Cornaline. H. 37 mill. L. 32 mill.

Le duc F.-G.-A. de Wurtemberg est veuf depuis 1839, de Marie d'Orléans, fille de Louis-Philippe, roi des Français. V. n° 2534.

2534. Marie d'Orléans, duchesse de Wurtemberg. Buste de profil. Exergue : Simon fils. Cornaline. H. 37 mill. L. 32 mill.

V. n° 2533.

2535. Auguste-Louis-Victor, duc de Saxe-Cobourg-Gotha. Buste de profil. Exergue : Simon fils. Cornaline. H. 42 mill. L. 32 mill.

Le duc de Saxe-Cobourg-Gotha, épousa en 1843 Clémentine d'Orléans, fille de Louis-Philippe, roi des Français. V. n° 2536.

2536. Clémentine d'Orléans, duchesse de Saxe-Cobourg-Gotha. Buste de profil. Exergue : Simon fils. Cornaline. H. 41 mill. L. 35 mill.

V. n° 2535.

FIN DU CATALOGUE GÉNÉRAL DES CAMÉES
DES BUSTES ET VASES DE MATIÈRES PRÉCIEUSES
ET DES PIERRES GRAVÉES

DEUXIÈME PARTIE

CATALOGUE GÉNÉRAL

ET RAISONNÉ

DES

VASES, BUSTES, STATUETTES

ET AUTRES MONUMENTS

EXPOSÉS DANS LE CABINET DES MÉDAILLES
ET ANTIQUES

MONUMENTS D'OR

Antiquité.

PATÈRE DE RENNES

2537. COUPE d'or massif, fabriquée au marteau, décorée d'un *emblema* et d'une bordure de médailles romaines. Les anciens nommaient *emblema*, des bas-reliefs exécutés sur des plaques mobiles qui s'adaptaient au fond des coupes, et pouvaient s'en détacher à volonté. Généralement ces bas-reliefs étaient comme celui qui nous occupe, exécutés au repoussé, puis ciselés.

L'*emblema* de notre patère représente un défi entre BACCHUS et HERCULE, ou plutôt c'est une composition allégorique, dont le sens exprimé, très-clairement, est le triomphe du vin sur la force. BACCHUS, couronné de lierre et de pampres, entouré de Bacchants et de Bacchantes, parmi lesquels on remarque SILÈNE, PAN qui joue de la syrinx, et un Bacchant, jouant de la double flûte, est assis sur son trône, au pied duquel est une panthère; le dieu tient de la main gauche son thyrse, et de la droite un *rhyton* en forme de pavot qu'il lève fièrement pour montrer qu'il l'a vidé jusqu'à la dernière goutte, tandis qu'HERCULE, assis près de lui sur un rocher, déjà à demi vaincu par le vin, semble prêt à laisser échapper de ses mains son canthare. Tous deux sont nus, sauf une légère draperie ; on voit la peau du lion et la massue d'Hercule sur la pierre qui lui sert de siége.

Une frise, ou bordure encadre le sujet principal de l'*emblema*, et complète le sens de la composition : c'est *Bacchus triomphant d'Hercule*. BACCHUS représenté à demi couché dans son char, traîné par deux panthères, est précédé par HERCULE, complétement ivre, qui s'avance en chancelant, soutenu par deux bacchants, dont l'un porte la terrible massue devenue trop lourde pour le bras de ce demi-dieu qui a porté le monde et qui ne peut plus se soutenir. Entre le char de Bacchus et le groupe d'Hercule, PAN le pedum à la main ; autour du char, bacchants et bacchantes, dont l'un joue de la double flûte. On distingue encore dans cette frise, monté sur un chameau dirigé par un jeune bacchant, SILÈNE auquel une bacchante présente un canthare ; plus loin, une bacchante, dansant en jouant des cymbales ; des enfants foulant des raisins dans une corbeille ; d'autres conduisant un chariot en forme de corbeille, rempli de raisin, traîné par deux boucs ; un satyre luttant avec un bouc ; enfin des bacchants et des bacchantes dansant et jouant de divers instruments.

Dans le médaillon principal, on compte huit personnages et un animal, la panthère de Bacchus. Dans la bordure de ce médaillon, on compte vingt-neuf personnages et cinq figures d'animaux.

Une couronne de laurier entoure l'emblema ; cette couronne est ciselée en très-bas relief dans la masse de la coupe ; enfin, la décoration du bord intérieur de la coupe est complétée par seize médailles encastrées au milieu de couronnes ciselées en relief, et qui sont alternativement formées d'acanthe et de laurier.

Diam. de la coupe 25 cent. H. 4 cent. Diam. de l'Emblema 14 cent.

Poids, 1 kil. 315 gr. 50 centig. OR à 23 carats.

Description des seize aurei, ou monnaies d'or impériales qui décorent
la patère de Rennes.

Ces médailles ou plutôt ces monnaies sont des aurei d'empereurs ou d'impératrices de la famille des Antonins. La plus ancienne. est d'Hadrien, qui en adoptant Antonin le Pieux, donna l'empire à cette famille, et peut par conséquent, avoir été considéré comme son chef. La plus récente est celle de Géta, fils de Septime Sévère. Or comme Septime Sévère se prétendait fils adoptif de Marc-Aurèle, et qu'en conséquence, en donnant le titre de César à Caracalla son fils aîné, le frère de Géta, il lui donna les noms significatifs de Marcus Aurelius Antoninvs, on est autorisé à croire que le possesseur de cette patère, fut sinon l'un des fils de Septime Sévère, au moins un des partisans de cette famille, et que par conséquent on peut fixer la date de sa fabrication, vers l'an 210 de notre ère.

Ajoutons qu'on sait qu'Hercule et Bacchus étaient les dieux que vénéraient particulièrement Septime Sévère et ses fils; il existe en effet des médailles de ces princes sur lesquelles ces deux divinités sont réunies comme sur notre coupe, les unes avec l'inscription DIIS AVSPICIB, d'autres avec celle : DII PATRIJ, et enfin d'autres au même type, mais avec des légendes relatives à la célébration des jeux séculaires.

Au commencement du siècle, Millin, alors conservateur du Cabinet des Medailles, a fait dessertir ces seize médailles pour connaître leurs revers; cette opération a révélé que ces médailles avaient été placées à dessein dans l'ordre qu'elles occupent; car au fond du creux ou de la case où chacune d'elles est placée, Millin a pu lire des inscriptions au pointillé, donnant en abrégé les noms des empereurs ou des impératrices dont cette case devait renfermer la monnaie. Celui qui a présidé à cet arrangement, n'a pas suivi l'ordre chronologique ; mais on remarque que les têtes barbues alternent régulièment avec les têtes imberbes, et que les têtes barbues sont placées dans les cases ornées de couronnes de laurier, tandis que les têtes de femmes ou d'hommes imberbes sont dans les cases ornées de couronnes d'acanthe. Les portraits des mêmes princes reviennent plusieurs fois.

1º HADRIEN. Buste, la tête nue, à droite, HADRIANVS AVG COS III P P.

℞. L'Espagne couchée. HISPANIA.

Dans la case de ce denier d'or, en lettres au pointillé : HADRI.

2º CARACALLA. Buste lauré, à droite, avec le paludamentum. ANTONINVS AVGVSTVS.

℞. GETA. Buste à droite, la tête nue. P. SEPT. GETA CAES PONT.

Dans la case, en lettres au pointillé : ANTO IVN. On sait que ce nom *Caracalla* est un sobriquet donné par les soldats à *M. A. Antoninus*, fils aîné de Septime Sévère, et que, comme le sobriquet de *Caligula*, donné à l'empereur *Caius*, c'était le nom d'un vêtement. Les lettres ponctuées ajoutent l'épithète *le Jeune* au nom d'*Antonin le Jeune* pour distinguer ce nouvel Antonin d'Antonin le Pieux ; cette appellation répond presque à *Antonin II*.

Cette médaille est d'une grande rareté.

3° MARC-AURÈLE. Buste lauré à droite avec le paludamentum. M ANTONINVS AVG ARM PARTH MAX.

℞. Victoire debout. TRP XXI IMP IIII COS III.
En lettres au pointillé : ANTO AVG.
On peut s'étonner de ne pas voir le prénom *Marcvs* indiqué ici, car on verra plus loin (V. médailles n°⁸ 5, 11 et 13), Antonin le Pieux désigné par les mêmes abréviations.

4° FAUSTINE JEUNE. Buste à droite. FAVSTINAE AVG PII AVG FIL. ℞. L'Allégresse debout. LAETITIAE PVBLICAE.
En lettres au pointillé, FAV AVG.

Cette médaille est rare.

5° ANTONIN LE PIEUX. Buste lauré, à droite.
ANTONINVS AVG PIVS PP TPP XII. ℞. La Libéralité debout, tenant une corne d'abondance et des balances. COS. IIII.
Lettres au pointillé : ANTO AVG.

6°. GÉTA. Buste, la tête nue, à droite, avec le paludamentum. P SEPTIMIVS GETA CAES.

℞. SEPTIME SÉVÈRE et ses deux fils CARACALLA et GÉTA sur un trône. PONTIF COS II.
Lettres au pointillé : SIIP GETA (*Septimius Geta*).

Les deux II pour l'E se rencontrent souvent dans les inscriptions. Cette médaille est très-rare.

7°. COMMODE. Buste lauré et barbu, à droite, avec le paludamentum. M COMM.ANT. P FEL.AVG BRIT.

℞. La liberté. LIBERT. P.M. TR P XIII IMP VIII COS V P P.
En lettres au pointillé, COM SEN, abrégé de *Commodus Senior*. On trouvera plus loin sous une monnaie

de Commode sans barbe portant le n° 14, l'abréviation : COM. IV.

Cette médaille est très-rare.

8°. Faustine mère. Buste à droite. DIVA FAVSTINA.

℞. Cérès debout, tenant d'une main un sceptre et
de l'autre un flambeau. AVGVSTA.

· Lettres au pointillé : FAV DI (*Faustina diva*).

9°. Septime Sévère. Buste lauré, à droite, avec le
paludamentum. SEVERVS PIVS AVG P M TR P X.

℞. Bustes en regard de ses deux fils, Caracalla et
Géta. AETERNIT IMPERI.

Lettres au pointillé sous la médaille : SEVE.

Cette médaille est rare.

10°. Caracalla. Buste lauré, à droite, avec le paludamentum. ANTON P AVG PON TR P V COS.

℞. Bustes conjugués de Septime Sévère et de Julia Domna, sa femme. CONCORDIAE AETERNAE.

En lettres au pointillé : ANTO IVN.

V. la médaille n° 3. Cette médaille est rare.

11°. Antonin le Pieux. Buste lauré, à gauche.
ANTONINVS AVG PIVS PP TR P COS III.

℞. Jupiter assis. IMPERATOR II.

En lettres au pointillé : ANT AVG. (V. la médaille
n° 3.)

12°. Faustine mère. Buste de Faustine, à gauche,
voilée. DIVA FAVSTINA.

℞. Cérès debout avec deux flambeaux. AVGVSTA.

En lettres au pointillé : FAV DIVA.

Cette médaille est rare.

13°. Antonin le pieux. Buste lauré, à droite. ANTO-
NINVS AVG PIVS PP TR P X COS III.

℞. La Libéralité debout, tenant d'une main une corne d'abondance et de l'autre un *abacus* ou *table à compter*. En légende : COS IIII. Dans le champ : LIB V. (*Cinquième libéralité.*)

En lettres ponctuées, sous la médaille : AN AV. (V. les médailles n°s 3, 5 et 11.)

Cette médaille est rare.

14°. Commode. Buste à droite, la tête nue, imberbe, avec le paludamentum. COMMODO CAES AVG FIL GERM SARM.

℞. HILARITAS. L'hilarité personnifiée, debout.

En lettres au pointillé : COM. IV., pour *Commodvs Jvnior.* (V. la médaille n° 7.)

Cette médaille est très-rare.

15°. Septime Sévère. Buste lauré, à droite, avec le paludamentum. SEVER P AVG PM TR P X COS III.

℞. Buste de Julia Domna de face, entre ceux de ses deux fils, Caracalla et Géta en regard. FELICITAS SAECVLI. (*Félicité du siècle.*)

En lettres au pointillé : SE, pour Severus.

Cette médaille est rare.

16°. Julia Domna femme de Septime Sévère. Buste, à droite. IVLIA AVGVSTA.

℞. L'Allégresse debout. LAETITIA.

En lettres au pointillé : IVLI, pour Julia.

Cette médaille est rare.

La *patère de Rennes*, comme le *grand camée*, la *coupe des Ptolémées*, la *trouvaille de Bernay* et quelques autres monuments signalés dans ce catalogue, doit être classée parmi les reliques de l'antiquité dont l'importance est véritablement inappréciable. On chercherait vainement dans les musées de l'Europe parmi les monuments d'or, un pendant à cette merveilleuse coupe. L'excessive rareté des objets en métaux précieux, la composition du bas-relief qui décore l'*emblema* et de ceux qui ornent la frise, la beauté et la rareté des médailles choisies pour accompagner ces tableaux sculptés, la certitude que ces médailles nous donnent relativement à la date qu'on peut assigner à cette coupe, tout en un mot concourt à en aire un morceau de premier ordre. C'est en 1774, le 26 mars, que cette patère a été découverte à Rennes par des maçons qui travaillaient à démolir une maison du chapitre métropolitain de cette ville. La patère était enfouie à six pieds de profondeur, avec des médailles romaines depuis Néron jusqu'à Aurélien, une chaîne d'or, quatre médailles de Postume ornées d'encadrements découpés à jour et une fibule d'or, ainsi que des ossements humains qui tombèrent immédiatement en poussière. Le tout pesait huit marcs, cinq onces, quatre gros. Le chapitre de Rennes remit ces objets au duc de Penthièvre, avec prière de les présenter au Roi qui les fit placer dans le Cabinet des médailles. On a dit plus haut les raisons tirées du choix des monnaies impériales encastrées dans la bordure intérieure de là coupe, qui devaient faire attribuer sa fabrication aux premières années du IIIe siècle de l'ère chrétienne. Je dois ajouter que le style du travail ne dément pas les suppositions que suggèrent les circonstances que j'ai fait remarquer; ces bas-reliefs annoncent bien déjà l'époque où l'art romain entrait en décadence, où le dessin allait s'alourdissant et perdant de cette pureté de formes qu'il avait empruntée au génie grec; mais il y a encore de l'expression dans les figures, de la vérité et du mouvement dans les poses; les groupes sont parfaitement composés, en un mot, les grandes traditions de l'art ne sont pas oubliées, et c'est encore une œuvre digne de notre admiration, abstraction faite de l'intérêt que l'excessive rareté des monuments de ce genre doit attirer à cette coupe.

En 1831, la *Patère de Rennes* fut volée et déposée par les voleurs avec des médailles et d'autres objets d'or dans la Seine, sous une des arches du pont Marie. C'est là que la justice après avoir saisi les coupables a retrouvé la plus grande partie des objets volés et entre autres la *Patère de Rennes* qui fort heureusement n'avait nullement souffert de cet enfouissement On trouvera plus loin, la mention de la fibule d'or, de la chaîne d'or et des pendants de collier ornés de médailles trouvés avec la patère de Rennes. (V. nos 2561, 2562, 2563, 2564 et 2687.) La figure de ce monument, ainsi que celles du collier et des quatre médailles de Postume se trouvent dans l'ouvrage de Millin intitulé , *Monuments inédits*. V. t. I, p. 225 et suivantes, pl. XXIV, XXV, XXVI et XXVII. On trouvera aussi une reproduction de la *Patère de Rennes*, dans un ouvrage plus accessible, le *Magasin Pittoresque*. V. année 1851, p. 199.

COUPE DE CHOSROÈS 1er

Roi de Perse de la dynastie des Sassanides (531-579 de J.-C.).

2538. Cette coupe transparente se compose d'une sorte d'armature en or massif et de trois rangées circulaires de dix-huit médaillons en cristal de roche et en verre de deux couleurs, servant d'encadrement au sujet principal qui est un médaillon de cristal de roche rond, occupant le *fond* ou *l'ombilic*. Sculpté en relief au revers, et paraissant plane dans le bon sens de la coupe, ce médaillon représente Chosroès Ier, assis sur un trône dont les pieds sont des chevaux ailés. Le dossier du trône se voit à la droite du monarque par une faute de perspective qui n'étonnera pas sur un monument de cette époque. La couronne est formée d'une mitre ronde sur laquelle paraît un croissant et de pointes en forme de créneaux ; la mitre est surmontée d'un second croissant portant le globe du soleil dont s'échappent deux bandelettes flottantes. Le Roi est de face ; ses cheveux sont partagés en deux grosses touffes frisées tombant sur les épaules ; il a la barbe épaisse, mais courte et non frisée, il est vêtu d'une robe brodée, *candys*, et s'appuie des deux mains sur le pommeau de son épée renfermée dans un fourreau. De ses épaules partent deux bandelettes, analogues à celles qui font partie de sa couronne, mais plus grandes ; deux autres bandelettes encore plus grandes partent de son buste et flottent horizontalement à gauche ; ce sont les bouts du *kosti*. Des pieds du monarque partent encore deux ailes comme celles de la couronne.

Le bord extrême de la coupe ainsi que l'encadrement du grand médaillon central sont décorés de dés en verre coloré translucide, imitant le grenat dans des alvéoles réguliers. Les dés du bord extrême sont en hauteur : ceux de l'encadrement du médaillon central sont en largeur. Les médaillons des trois rangées circulaires dont j'ai parlé au commencement de cet article sont alternativement blancs et violets ; les blancs sont en cristal de roche ; au revers, ils portent un fleuron sculpté au revers comme le médaillon central ; les violets sont en verre coulé et portent le même fleuron. Les interstices entre ces médaillons sont remplis par des losanges de verre uni de couleur verte. Cette coupe de 28 cent. de DIAMÈTRE, a 35 cent. de PROFONDEUR; elle est portée sur un pied uni, de 14 millimètres de hauteur.

La *coupe de Chosroès I*er est un des plus remarquables monuments de l'archéologie orientale. Un précieux passage qu'on peut lire à la page 342 du t. I, de l'*Histoire de l'abbaye de Saint-Denys*, publiée en 1625, par *F.-J. Doublet, religieux de la dite abbaye,* nous apprend que cette coupe, connue sous le nom de *Tasse de Salomon,* a été conservée dans le *trésor* de l'abbaye pendant plus de dix siècles. Voici la naïve et inexacte description du bon bénédictin qui nous a conservé le nom traditionnel de cette coupe, que D. Félibien, le second annaliste de l'abbaye de Saint-Denis, comme on le verra plus loin, n'a pas cru devoir faire connaitre : « Une très-riche tasse « garnie de son pied d'or, qui est la tasse du sage Roy Salomon, enrichie sur « le bord de hyacintes, au dedans de très beaux grenats, et de très belles « esmeraudes, aussi au fond d'un très excellent et grand saphir blanc « entaillé, a enleveure par dehors, de la figure au naturel du dit Roy « séant en son throsne, avec un escalier orné de lyons de part et d'autre, à « la façon qu'on le voit représenté dedans la Saincte Bible. Cette tasse « donnée par l'Empereur et Roy de France Charles le Chauve. » Comment cette coupe vint-elle entre les mains de Charles le Chauve, c'est ce que l'on ignore et ce qui importe peu, mais il est intéressant de voir que le nom traditionnel donné à cette coupe quoique erroné, n'en perpétuait pas moins le souvenir de son origine asiatique. Chosroès I er fut, comme on le sait, battu par Justinien, général de Tibère Constantin, empereur d'Orient; il est donc permis d'admettre que notre coupe prise dans une bataille fut transportée à Constantinople d'où elle est venue dans l'Occident. Dom Félibien a parlé en termes malheureusement trop concis de ce précieux monument dont il a donné une figure extrêmement réduite, *lettre M, planche V,* de son excellente *Histoire de l'abbaye de Saint-Denys.* Le savant bénédictin s'exprime ainsi, page 543 : « Espèce de sous-couppe d'or ornée de crystaux « de différentes sortes de couleurs. Au milieu l'on y voit un Roy assis dans « son trosne. »

Il reste à justifier l'attribution de cette coupe au roi Chosroès I er. On sait qu'en examinant de près les couronnes des divers rois sassanides dont on possède des monnaies, on s'aperçoit que chacun de ces princes modifiait la forme et les attributs dont on décorait cette marque respectée du pouvoir suprême. Or la couronne de Chosroès I er sur les monnaies, et particulièrement sur la belle pièce d'or, du cabinet du duc de Blacas, publiée par M. de Longpérier, *Essai sur les monnaies des Rois Perses de la dynastie sassanide,* pl. x. 4. p. 72, est parfaitement semblable à celle de notre coupe; il ne manque sur la monnaie que les bandelettes flottantes signalées dans ma description de la couronne figurée sur la coupe, mais cet appendice doit avoir été omis à cause du défaut d'espace. J'ai donné le nom de *bouts du kosti* à ces bandelettes flottantes ou *ailes,* semblables aux *ailes* du surplis de nos prêtres : pour justifier cette dénomination, il suffit de renvoyer le lecteur à la définition que fait Anquetil Duperron du *kosti* (Zend-

Avesta, t. II, p. 530). C'est une *ceinture mystique* que portent encore les *Parsis*; ils prétendent, dit Anquetil Duperron, « que c'est Djem-
« schid, qui, instruit par *Hom*, a inventé le *kosti*. Avant Zoroastre
« quelques Parsis le portaient en écharpe, d'autres le mettaient autour de
« leur tête : maintenant, il leur sert de première ceinture. » Le savant orientaliste a donné le dessin du *kosti*, sous le n° 2, pl. ix du t. II de sa traduction du *Zend-Avesta*; ce qu'il dit, de l'usage ancien de mettre le *kosti* autour de la tête, autorise à le reconnaître dans les *ailes* qui décorent la couronne de Chosroès Ier; mais en tous cas, les bande-
lettes ou *ailes* qui partent du buste sont bien certainement cette ceinture mystique employée encore aujourd'hui par les Parsis. Le trône des rois de Perse modernes, et même celui du shah actuel ne sont pas sans analogie avec celui de Chosroès. Ce sont presque des *lits* à dossiers d'une forme moins sévère que celui de la coupe, mais de la même importance. V. dans les *Mines de l'Orient*, t. V, p. 108, la description par M. de Hammer, d'une peinture d'un coffre persan, représentant Feth-Ali Schah Katschar, roi de Perse, assis sur le *Tachti Taus*. Ce trône est muni d'un large dossier, comme on peut en juger en examinant la planche gravée jointe à ce mémoire. On peut voir aussi un trône persan analogue, dans la *Perse* de M. L. Du-
beux, dans l'*Univers pittoresque*. V. pl. 84 et 490. Le trône du shah actuel est également orné d'un large dossier qui rappelle celui de *Feth-Ali Shah*, et par conséquent ceux des trônes des rois plus anciens.

Le travail de la coupe se rapporte bien au siècle de Cosroès Ier; il est intéressant à étudier, non-seulement au point de vue de l'art proprement dit, mais aussi sous le rapport de l'histoire des procédés industriels. C'est un exemple très-curieux de l'emploi du *verre de couleur* en guise d'*émaux*, au vie siècle de notre ère. M. Jules Labarte, dans ses savantes *Recherches sur la peinture en émail*, a dit quelques mots du procédé par lequel les cristaux et le verre coloré ont été employés dans la décoration de cette coupe. (V. p. 44.) La *monture* ou *armature* en or de la coupe de Chosroès a été travaillée au marteau. Ce précieux monument de l'art oriental du vie siècle de notre ère a été déposé dans le Cabinet des Médailles et Antiques en 1792 en vertu d'un décret de l'Assemblée nationale avec les autres monuments du trésor de Saint-Denis qui échappèrent au creuset. On peut voir la figure du médaillon central, c'est-à-dire de l'effigie de Chosroès Ier, dans l'Encyclopédie méthodique. Antiquité. Planches. T. II, fig. 4 de la planche 304 et page 166 de la *Description des planches*. Cette figure maté-
riellement inexacte, car elle ne reproduit pas le *dossier* ou coussin carré que l'on voit à la droite du monarque, est également infidèle quant au caractère et au style du monument.

Vases chrétiens.

TRÉSOR DE GOURDON (VIᵉ SIÈCLE).

(2539 et 2540.)

2539. CALICE OU BURETTE d'or massif à deux anses et à pied. Le bord de la coupe est décoré de trois cœurs renversés en verre coloré imitant le grenat, et de trois feuilles de vigne en turquoises décomposées; ces cœurs et ces feuilles de vignes enchâssés dans des alvéoles en relief, maintenus par des *rabattus* en or, et entourés de rinceaux en filigrane, forment une ceinture encadrée par un chaînon aussi d'or retenu par seize petits anneaux dans lesquels il est passé. La partie inférieure est cannelée ainsi que le pied qui est réuni à la coupe par une ceinture de perles d'or. La cannelure de la coupe diffère de celle du pied en ce que la première va en diminuant, tandis que la seconde va en s'élargissant. Les *anses* ou *oreilles* se terminent en *têtes* d'aigle qui posent leur bec sur le bord de la coupe. Les yeux de l'aigle sont formés par de petits grenats. H. 74 mill. Diam. 44 mill. sans les anses. POIDS. 107 grammes.

V. au commentaire du nᵒ 2540.

2540. PLATEAU d'or massif, exhaussé sur une galerie découpée à jour. Les bords forment une plate-bande de 2 centimètres de largeur, ornée de verroteries analogues à celles qui décorent les monuments trouvés à Tournay, dans le tombeau de Childéric Iᵉʳ, et qu'on peut voir au *Musée des souverains* au Louvre, ainsi qu'à celles qui ornent le bord de la coupe de Chosroès Iᵉʳ. (Voyez nᵒ 2538.) Cette décoration consiste en une ran-

gée de losanges de verre rouge imitant le grenat, enchâssées dans des alvéoles d'or massif et placées
entre deux lignes de lentilles également de verre rouge
aussi enchâssées dans des alvéoles d'or massif. Aux
quatre coins, un trèfle; dans le fond du plateau, une
croix latine creusée dans la masse, et se détachant
sur l'or par des ornements carrés en verre rouge
semblables à ceux de la plate-bande et enchâssés par
par le même procédé. Les contours de la croix sont
dessinés par du filigrane, ainsi que ceux de quatre
cœurs en turquoises décomposées qui occupent les
quatre coins. La forme de ces cœurs est creusée dans
la masse comme la croix, les contours sont de même
encadrés par une bordure de filigrane. La croix et
les quatre cœurs se dessinent en relief au revers du
plateau. H. avec la galerie à jour qui forme le pied, 3
cent. Larg. 12 1/2 cent. Long. 20 cent. Poids. 431 gr.

La découverte du *Trésor de Gourdon* remonte aux dernières années du
règne de Louis-Philippe. Une lettre de M. C. Rossignol, membre de la
Société d'histoire et d'archéologie de Châlon-sur-Saône, etc., adressée le 28
décembre 1845 à M. de Salvandy, ministre de l'instruction publique, décrit
en grand détail le vase et le plateau qui font aujourd'hui partie de la collection de la Bibliothèque impériale, pour laquelle ils ont été acquis le 20
juillet 1846. M. Rossignol nous apprend dans cette intéressante brochure
que l'on a trouvé avec ces précieux objets des médailles d'or des empereurs Léon, Zénon, Anastase et Justin. Une tradition dont l'origine est
inconnue signalait l'existence d'un *trésor* caché dans le voisinage de l'église
de Gourdon, village de l'ancien Charolais, département de la Côte-d'Or.
« Plusieurs fois des fouilles avaient été faites dans l'emplacement désigné,
« mais toujours sans résultat, quand une jeune bergère a découvert fortui
« tement (M. Rossignol ne dit pas en quelle année) presque à fleur de
« terre, à l'ombre d'une pointe de rocher et sous une large brique romaine,
« le trésor qui était depuis si longtemps l'objet des rêves du village. » Si
la présence de monnaies d'empereurs dont le moins ancien, Justin, mourut
l'an 527, nous donne la date approximative de l'enfouissement du trésor,
l'examen du *vase et du plateau*, nous apprend avec peut-être encore plus
de certitude l'époque de la fabrication de ces intéressants monuments de
l'art chrétien des premiers âges; c'est au vie siècle que l'on peut la fixer;
il suffit pour cela de comparer le système de la décoration et le travail du
métal avec les monuments de Tournay, dont nous venons de parler.

Le vase de Gourdon est-il un *calice à anses* ou une *burette?* les deux suppositions sont également admissibles; la forme du vase ferait croire que c'est

un calice, car c'est celle du *calice* représenté au revers des *tiers de sol d'or*
frappés à Bannassac dans le Gévaudan aux VIe et VIIe siècles de notre ère
Mais sa dimension et cette circonstance qu'il a été trouvé à côté d'un plateau au fond duquel se trouvent de chaque côté de la croix, deux places
bien proportionnées pour deux burettes, me portent à croire que nous
avons ici un *plateau* avec une des *burettes* destinées à contenir l'eau et le
vin du saint sacrifice de la messe. Si cependant, on veut y voir un *calice*, il
faudrait supposer que c'est un des *calices* destinés à suivre un dignitaire de
l'Église dans ses voyages, et qu'on fabriquait à cet effet de dimensions réduites.
Quoi qu'il en soit, ces deux monuments sont du plus grand intérêt pour
l'archéologie chrétienne. Ils sont d'une époque qui ne se confond pas encore
avec le moyen âge, et dont les vestiges sont excessivement rares. La conservation est remarquable. Il ne manque à la décoration du calice qu'un grenat et un morceau de verre ; à celle du plateau que les morceaux de verre
qui décoraient les quatre trèfles du coin et quelques uns de ceux qui
ornaient la plate-bande et la croix. Le poids total de ces deux vases est de
538 grammes. L'or est à 23 carats. Ils ont été travaillés au marteau.

CALICE DE SAINT REMY (XIe SIÈCLE).

2541. Coupe d'or massif à pied. L'extérieur est décoré par
un système d'arceaux de plein cintre dessiné par un
cloisonnage en or avec filigrane d'or et émaux d'une
parfaite régularité, enrichi de pierreries en cabochon
et de perles. La *pomme* ou *nœud* qui unit le pied à la
coupe, est également chargée d'ornements en filigrane, d'émaux et de pierreries en cabochon. Un
système d'arceaux en sens inverse de ceux de la coupe
décore le pied ; parmi les pierreries du pied, on remarque quatre pierres antiques gravées : 1° une *cornaline* représentant le capricorne et un gouvernail ;
symbole bien connu des médailles d'Auguste, qui était
né sous le signe du capricorne. Le gouvernail, emblème de la fortune, est réuni au capricorne, pour
rappeler et les prospérités d'Auguste, et la sagesse
de son gouvernement. 2° Une *prase* représentant la
Fortune assise, tenant d'une main la corne d'abondance et de l'autre le globe du monde ; à ses pieds on
voit un gouvernail. 3° Un *grenat* fragmenté. On y voit
Apollon radié, debout, tenant une tête de cerf. 4° Un

Jaspe vert représentant Mercure debout, tenant son caducée de la main droite, et de la gauche un plat sur lequel on distingue un fruit rond; devant le dieu, une colonne et un arbre. L'inscription suivante, gravée en creux en belles lettres du xiiie siècle, occupe deux lignes sur le pied :

✝ QVICQ. HC. CALICE. INVADIAVERIT VEL. AB. HAC. ECCLESIA. REMESI. ALIQVO MODO. ALIENAVERIT. ANATHEMA. SIT. FIAT. AM.

H. 163 mill. Diam. de la coupe : 149 mill. Diam. du pied : 152 mill. Poids : 1 kilog. 308 grammes.

Le *calice de saint Remi* conservé dans le trésor de la cathédrale de Reims, jusqu'à l'époque de la révolution est un des plus importants monuments de l'orfèvrerie du moyen âge. La richesse des ornements dont il est décoré, les pierres gravées antiques qui s'y entremêlent aux pierreries, le style des arceaux, peuvent autoriser à le croire d'origine byzantine. Cependant il pourrait avoir été fabriqué en France d'après les traditions de Constantinople au xiie siècle. On en peut voir la figure dans les *Annales archéologiques*, t. II, p. 363. M. Jules Labarte le mentionne dans son savant écrit intitulé : *Recherches sur la peinture en émail.* Voyez, page 37. Dans l'édition française de l'*Histoire de la ville, cité et université de Reims, de Dom Marlot*, publiée en 1846, par l'académie de Reims, on lit au t. III, p. 527, cet extrait de l'inventaire du trésor de la cathédrale fait en 1669 : « Le calice de saint Remy, de fin or, et garni de pierres précieuses, tout à « l'entour d'iceluy, avec une platine aussi d'or, faite en l'année 1367, l'an- « cienne ayant été perdue; les dicts calice et platine pesant ensemble six « marcs, six onces et demie. Sur le pied du dict calice est l'inscription sui- « vante : *quicumque hunc calicem...,* etc. » Transporté à la monnaie pour y être fondu, il a été déposé à la Bibliothèque, le 29 frimaire an v, 1796, comme provenant du district de Franciade, Saint-Denis. C'est ainsi que ce précieux monument a été conservé à l'archéologie. Dans l'histoire originale de Dom Marlot, on lit à son sujet le passage suivant, au t. II, p. 474 : *Calix Sancti Remigii..... sacrificio destinatus in quo sculpta leguntur hæc verba : quicumque,* etc. Malgré la brièveté de cette mention, l'identité de ce calice est parfaitement constatée; mais nous n'en avons pas moins à regretter que le savant historien de la cathédrale ne nous ait pas transmis d'autres détails sur l'origine de cette merveille. On voit qu'une tradition erronée lui avait fait donner le nom de calice de Saint-Remi, bien qu'il fût d'une époque bien plus rapprochée de nous que celle de la vie de l'illustre prélat. L'inscription gravée sur le pied, est une preuve de l'importance attachée à ce calice, qu'on considéra longtemps comme une relique; avant d'en donner la traduction, il convient d'ajouter qu'après les mots : *aliquo modo*, le graveur par inadvertance avait écrit une seconde fois *invadiaverit*, que ce mot a été raturé, et que c'est au-dessus qu'il a écrit *alienaverit* ; le sens de

cette curieuse inscription est : *Quiconque s'emparerait de ce calice ou l'alié-
nerait de quelque maniere que ce soit de cette église de Reims, soit anatheme,
que cela advienne! Ainsi soit-il !*

La *platine* dont il est parlé dans l'*inventaire* cité plus haut, et qui datait
de 1367, n'est pas parvenue jusqu'à nous.

Statuettes égyptiennes.

2542. HARPOCRATE assis, avec le *schent* sur la tête, et
la *tresse* au-dessus de l'oreille droite. Le dieu fait
le geste caractéristique de mettre le doigt sur sa
bouche. H. 4 cent.

2543. Roi égyptien agenouillé, l'*arœus* sur la tête, tenant le *fouet* et le *crochet*. H. 22 mill. Voyez plus loin,
Section des antiquités égyptiennes.

Bijoux antiques.

2544. COLLIER étrusque formé de cinq pendants, garnis
de larges belières. Trois de ces pendants sont de
formes lenticulaire et semblent être de véritables
bulles. Les deux autres affectent la forme de vases
sans anses. Tous sont décorés d'ornements en filigrane. H. de la bulle du milieu, 3 1/2 c. Les quatre
autres pendants sont à peu près de la même dimension.

Il ne manque à ce collier, pour être complet, que la chaîne ou cordon qui
réunissait les cinq pendants; car il est certain que dans l'Étrurie, cette
forme et ce nombre de pendants étaient en quelque sorte consacrés; par
une heureuse circonstance, on peut voir un collier tout semblable au cou
d'une statuette étrusque d'Apollon lauré, conservée dans le Cabinet des
Médailles. Voyez plus loin, *Section des statuettes de bronze.*

2545. COLLIER étrusque composé de quinze plaques très-
minces, exécutées au repoussé, offrant alternativement deux sujets : l'un est l'*Enlèvement de Thétis*

par Pélée. La déesse lève les bras au ciel ; elle est nue, sauf un péplus qui flotte sur ses épaules. Le héros est représenté nu et imberbe ; un serpent s'enroule à ses pieds. Le second sujet représente une femme nue, ailée, tenant un poisson, et posant le pied sur un rocher.

Cette divinité ailée est Vénus selon M. de Witte. (V. Catalogue Durand, nº 2169.)

2546-7. Collier, ou plutôt deux sections d'un collier d'or creux. Aux extrémités, d'un côté, un anneau, de l'autre, une tête de lion. A l'une de ces têtes de lion, nº 2547, fragment de la chaînette qui réunissait les deux sections. Longueur de chacune des sections, 10 cent.

Ces bijoux, ainsi que ceux qui portent les numéros 2548, 49, 2568-9, 70, 71, 76, 77. 82, 83, 87 88 et 97, faisaient partie d'une collection formée à Athènes et acquise par la Bibliothèque en 1847.

2548. Collier formé d'une chaîne à laquelle sont suspendus à intervalles réguliers, huit pendants ornés de boutons d'asphodèle. L. 54 c.

Trouvé à Athènes. Acquis en 1847. V. nos 2546 et 2547.

2549. Pendant de collier, ou d'oreille. Figure de la Victoire, les ailes déployées, tenant une couronne de la main gauche. Une ample draperie jetée sur l'épaule enveloppe la partie postérieure du corps. H. 3 c.

Trouvé à Athènes. Acquis en 1847. V. nos 2546 et 2547.
L'élégance de la composition et la finesse du travail de ce joyau en font un objet digne de remarque. Il a été gravé à la suite d'un travail de M. Chabouillet, dans la *Revue archéologique*. VIe année. V. pl. 121, no 5, p. 347.

2550. Pendant de collier, formé d'un camée qui a conservé sa monture antique. Le camée d'agate blanche représente une *tête de Méduse* de face, légèrement inclinée à gauche. La monture d'or fin est garnie d'une belière ; un cercle de perles d'or, une bordure plate étroite, puis une torsade forment l'encadrement du camée; deux bouquets composés chacun de six perles sont placés l'un au-dessus, l'autre au-dessous de la tête de Méduse. Une plaque d'or sur laquelle se replie la bordure du camée protége le revers. H. avec la belière : 41 mill.

Acquis en 1855. Provenance, la Syrie.

Ce joyau offre un très-rare exemple de l'emploi des camées et de la manière dont on les montait dans l'antiquité. La monture de celui-ci pourrait être de l'époque de Septime Sévère. Le camée est de travail grec. (V. au n° 2558, deux camées qui font partie d'un collier.)

2551. Bulle d'or très-mince, avec belière, ayant servi de *pendant de collier*. Le sujet au repoussé est la *Naissance de Bacchus*. Minerve, reconnaissable à l'égide, tire l'enfant de la cuisse de Jupiter assis devant elle, et qui, en proie aux douleurs de l'enfantement, se serre fortement le genou. Une flamme ou peut-être un serpent s'élance de la tête de Minerve. Entre les deux divinités, une branche d'olivier. Diam. 50 mill.

Cassure à droite.

Acquis pour la Bibliothèque à la vente Durand. V. le savant catalogue de cette collection, par M. J. de Witte, n° 2166. V. aussi Ch. Lenormant, *Annales de l'Institut archéologique de Rome*, t. V, p. 215-216.

V. le numéro suivant.

2552. Bulle d'or très-mince, avec belière, ayant servi de *pendant de collier*. Même sujet qu'au n° précédent, avec cette variante, qu'ici la déesse paraît ailée. Diam. 50 mill.

Acquis pour la Bibliothèque à la vente Durand. Voyez le catalogue de cette collection par M. de Witte, n° 2165.

Voyez le numéro précédent.

2553. Bulle d'or très-mince, avec belière, ayant sans doute servi de *pendant de collier*. Le sujet au repoussé, est le *Jugement d'Oreste devant le tribunal de l'aréopage*. Deux juges sont assis devant un grand *cratère* qui sert d'urne pour le scrutin; l'un des juges dépose son suffrage sous l'influence favorable de Minerve qui s'appuie sur son épaule. La déesse est représentée debout, la tête nue et sans ses attributs guerriers. Diam. 47 mill.

La galerie *Pourtalès-Gorgier* renferme un vase sur lequel Oreste lui-même comparait devant l'aréopage. V. *Description des antiques des collections de M. le comte de Pourtales-Gorgier*, par J.-J. Dubois, p. 58, no 221. On peut comparer aussi à ce monument le *bas-relief* qui décore le célèbre vase Corsini. Voyez Winckelmann, *Monumenti antichi inediti*, no 151, t. II, p. 203.

2554. BULLE. Sur la partie supérieure, sujet exécuté au repoussé dans un cercle de filigrane. VÉNUS à demi nue, assise sur un lion en course; sur la croupe du lion, génie ou amour tenant des crotales. Sous le lion, SILÈNE agenouillé, les mains liées derrière le dos. Six imitations de grenats et d'émeraudes en pâte de verre, et six rosaces en filigrane encadrent cette composition. Diam. 4 c.

Trouvé en Syrie, et acquis en 1854.

2555. TÊTE DE TAUREAU au repoussé. Les traits de l'animal sont figurés par des filigranes. H. 3 1/2 c.

Ce joyau pourrait avoir servi de pendant à un collier.

2556. PENDANT de collier ou de couronné d'or trèsmince, en forme de bulle. Au centre, une rosace en relief, estampée, au milieu d'un cercle de perles. Diam. 4 1/2 c.

2557. PENDANT de collier en or mince, muni d'une belière. Le sujet est un dragon qui se dresse, exécuté par le procédé de l'estampage. Ce dragon a deux têtes, une à chacune des extrémités. Diam. 15 mill.

Acquis en 1852.

2558. COLLIER formé de cinq cylindres, ou plutôt de colonnettes heptagones qui alternent avec six belières auxquelles sont suspendus deux *camées* et quatre *pièces de monnaie* d'or romaines. Les sept faces des colonnettes dont les chapiteaux et les bases sont semblables, sont décorées d'un ornement courant en relief en forme d'*ondes*. Les camées sur AGATE ONYX en deux couches, représentent l'un MINERVE casquée, en buste, de profil; l'autre, JULIA DOMNA, également en buste et de profil, la tête nue. Ces deux camées sont placés dans une sorte de boîte d'or qui cache les revers, et dont les bords sont découpés en dentelles (V. n° 2550). LONGUEUR du collier, 27 cent.

Ce collier, l'un des plus importants joyaux qui nous soient restés de l'antiquité, a été acquis pour la Bibliothèque impériale, le 5 mai 1809, d'un particulier nommé Pierre Maulan, qui l'avait trouvé quelque temps auparavant dans sa propriété, à Naix, près Commercy, département de la Meuse. Naix est un bourg bâti sur l'emplacement de la ville antique de *Nasium*, capitale des *Leuci*. Cette ville eut dans l'antiquité une grande importance démontrée par la richesse et la fréquence des découvertes d'antiquités qui y ont été faites. La trouvaille de 1809, acquise pour la Bibliothèque impériale, comprenait non-seulement le collier n° 2558 qui vient d'être décrit, mais encore celui qui suit, n° 2559, le 'pendant de collier, n° 2560, et d'autres objets d'or et d'argent. D'après le style du travail et le choix des médailles suspendues au collier de Naix, on peut conjecturer que ce bijou a été exécuté au commencement du IIIe siècle de notre ère.

Voici la description des quatre médailles, qui toutes sont d'une grande rareté.

1° Hadrien; au revers, Trajan son père adoptif, et Plotine — HADRIANVS AVGVSTVS. *Hadrien Auguste.* Buste, la tête nue, de profil, à droite, avec draperie légèrement indiquée. ℞. DIVIS PARENTIBVS. *A ses divins parents.* Bustes conjugués de Trajan, la tête nue avec le paludamentum et de Plotine diadémée, tournés à droite. Au-dessus de la tête de Trajan, et devant celle de Plotine, un astre.

Cette pièce est signalée par Vaillant, comme de la plus grande rareté, *eximiæ raritatis est* (V. *Num Imp. Rom. præstantiora*, Ed. de Rome, 1743, p. 142). La bibliothèque impériale n'en possède pas un second exemplaire.

2° Septime Sévère; au revers, Caracalla et Géta ses

fils. — SEVERVS AVG PART. MAX. *Sévère, Auguste, Parthique le plus grand.* Buste lauré à droite de Septime Sévère. ℞. AETERNIT IMPERI. *Pour l'éternité de l'Empire.* Bustes en regard de Caracalla lauré et de Géta, la tête nue, tous deux revêtus du paludamentum.

Cette pièce est placée parmi les raretés par Vaillant, *inter rariores adscribendus. Op. cit.* p. 214. La collection impériale n'en possède en effet, que ce seul exemplaire.

3° Caracalla; au revers, Géta son frère. — ANTONINVS AVGVSTVS. *Antonin Auguste.* Buste lauré de Géta, à droite avec le paludamentum. ℞. P. SEPT. GETA. CAES. PONT. *Publius Septimius Geta, César, Pontife.* Buste lauré, à droite de Géta, la tête nue, avec le paludamentum.

Cette monnaie, qui est rare en argent, est encore bien plus rare en or, *aureus longe rarior,* dit Vaillant, *op. cit.,* p. 251. Cependant, la Bibliothèque impériale en possède un second exemplaire.

4° Géta des deux côtés. — P. SEPT GETA CAES PONT. Buste, la tête nue de profil de Géta, avec le paludamentum. ℞. Légende faisant suite à la première : SEVERI INVICTI AVG PII FIL. *Publius Septimius Géta, César, Pontife, fils de Sévère, Invincible, Auguste, Pieux.* Géta César, vu à mi-corps, tourné à gauche, la tête radiée, comme Dieu-Soleil, revêtu de sa cuirasse, sur laquelle on distingue la ceinture militaire, la main droite levée.

Cette pièce est fort rare; on sait par le témoignage d'Eckhel, qu'il en existe un exemplaire dans le cabinet de Vienne (V. *Doct. num. vet.,* t. VII, p. 229), mais la collection de France ne possède que l'exemplaire décrit ici.

2559. COLLIER formé par huit nœuds d'or massif, alternant avec sept cylindres d'émeraude d'Égypte, rattachés par de petits chaînons. L. 40 c.

L'élégance de ce collier dont les nœuds rappellent les *lacs d'amour* des temps modernes, n'a pas besoin d'être signalée. Trouvé à Naix en 1809. Voyez au n° 2558.

2560. Pendant de collier, composé d'une *pièce de monnaie d'or* d'Antonin le Pieux, dans un encadrement à jour, avec deux belières. Cet *aureus* est d'une bonne conservation. D'un côté, paraît le buste de profil lauré d'*Antonin*, avec cette légende : Antoninvs avg pivs p p tr p cos iii. *Antonin, Auguste, Pieux, Père de la patrie, investi de la puissance tribunitienne, trois fois consul.* Au revers : buste de profil de Marc-Aurèle jeune, la tête nue, imberbe, avec le paludamentum. Légende : avrelivs caesar avg pii f. cos. *Aurelius César, fils de l'empereur Pius, consul.* Diam. avec l'encadrement : 25 mill.

Trouvé à Naix en 1809. (Voyez sur cette trouvaille, le commentaire du n° 2558.)

2561, 2562, 2563. Trois pendants de colliers, composés de monnaies d'or, *aurei*, de l'empereur Postume. Chacune de ces monnaies est dans un encadrement découpé à jour et munie d'une belière. Les ornements des encadrements sont tous variés. L'un, n° 2563, porte le buste lauré de profil de l'empereur avec cette légende : postvmvs pivs avg. *Postume Pieux, Auguste.* Au revers, Rome assise, avec cette légende : romae aeternae. *A Rome éternelle.* Encadrement octogone. H. 37 mill. L. 32 mill. Les n°s 2561 et 2562, offrent tous deux la tête que nous venons de décrire, mais avec cet autre revers : Postume assis, tendant la main à un suppliant. Légende : indvlg pia. postvmi. avg. *Pieuse clémence de Postume Auguste.* Diam. avec l'encadrement : 35 mill.

Ces *pendants de collier* ont été trouvés à Rennes, avec la patère d'or décrite sous le n° 2537, la chaine d'or, n° 2564, et la fibule, n° 2687. Il y avait quatre pendants ; l'un des quatre a été volé en 1831.

2564. Chaîne d'or entière, avec agrafe et porte-agrafe. L. 76 c.

Trouvé à Rennes avec les pendants de collier, n°s 2561, 2562 et 2563, la fibule n° 2687, et la *patère de Rennes*. (V. plus haut, n° 2537.)

2565. Pendant de collier, composé d'une pièce de monnaie d'or de Néron dans un encadrement découpé à jour, et garni d'une belière : voici la description de l'*aureus*. D'un côté, buste de profil de l'empereur, lauré, avec la légende : NERO CAESAR. Aù revers, Néron debout, radié, tenant d'une main une statue de la Victoire, et de l'autre une branche de laurier, comme *Apollon-Nicéphore*. Diam. avec l'encadrement : 25 mill.

La conservation de la médaille est médiocre.

2566. Collier formé de trois chaînettes ; les fermoirs découpés à jour étaient ornés chacun de trois perles en pâte de verre; il n'en subsiste plus que deux. L. 32 cent.

2567. Torques gaulois ou collier d'or massif; *torsade* fermée par deux crochets. L. 1 mètre.

Depuis quelques années, on a trouvé en diverses contrées de la France des cercles d'or analogues à celui-ci. On croit voir dans ces cercles d'or, le célèbre *Torquis* ou *Torques* gaulois. Il en existe un au Musée des Thermes et de l'hôtel de Cluny, n° 2586, éd. de 1855 du *Catalogue*, qui se reple deux fois sur lui-même ; celui du Cabinet des Médailles et Antiques a été trouvé, disposé comme on peut le voir, c'est-à-dire en un seul cercle, à Saint-Leu d'Esserens près Creil, en 1843, par les ouvriers qui travaillaient au chemin de fer du Nord. Il pèse 339 grammes. On peut voir sur ces colliers, des observations de M. de Longpérier, dans le *Bulletin archéologique de l'Athenæum francais*, juin 1856.

2568, 2569. Une paire de pendants d'oreille. Le motif principal est une *tête de panthère*. Des boules de pâte de verre de diverses couleurs et des filigranes forment l'ornementation de ce joyau. H. 30 mill.

Acquis en 1847. V. n°s 2546-2547. V. *Rev. arch*. VIe année. Pl. 121, n° 3.

2570, 2571. Une paire de pendants d'oreille presque semblable aux n°s 2568, 2569, mais de moindre dimension. H. 20 mill.

Trouvé à Athènes. V. n°s 2546-7.

2572, 2573. Une paire de pendants d'oreille en or creux très-mince. Le motif est une *tête de panthère*. H. 20 mill.

2574, 2575. Une paire de pendants d'oreille. Le motif est un *sphinx* femelle ailé. Une pâte de verre imitant le grenat au-dessus de la tête du sphinx. H. 30 mill.

2576, 2577. Une paire de pendants d'oreille. Le motif est un *sphinx* accroupi, orné de deux grenats et de filigranes. H. 3 cent.

V. nos 2546 et 2547.

2578. Un pendant d'oreille. Éros, ou l'Amour tenant un papillon de la main gauche; le bras droit a disparu. H. 28 mill.

Figurine munie d'une belière; l'anneau manque.

2579. Un pendant d'oreille. A un anneau composé de trois torsades, est suspendu le groupe de l'aigle enlevant Ganymède. H. 22 mill.

2580, 2581. Une paire de pendants d'oreille. L'anneau auquel est suspendue une figurine d'*enfant* tenant une bandelette, est orné au fermoir d'une tête de *satyre*. H. 37 mill.

2582, 2583. Une paire de pendants d'oreille. Le motif est une colombe posée sur une base carrée et suspendue à un anneau, orné d'une pâte de verre imitant le grenat. Des filigranes décorent ce joyau. H. 30 mill.

V. nos 2546-2547.

2584. Un pendant d'oreille. Le motif est un couple de *colombes*, avec ornements en filigrane et pâte de verre. H. 4 cent.

2585, 2586. Une paire de pendants d'oreille, d'or creux

très-mince. Le motif est un petit *vase* à deux anses, *diota*, orné de guirlandes en filigrane, suspendu à une rosace décorée de filigrane. H. 6 cent.

2587, 2588. Une paire de pendants d'oreille, d'or creux, très-mince. Le motif est un petit *vase* à deux anses, *diota*, suspendu à une rosace ornée de filigranes. H. 5 1/2 cent.

Trouvé à Athènes. V. nos 2546 et 2547.

2589, 2590. Une paire de pendants d'oreille. A l'anneau, est suspendue une sorte de clochette hexagone, avec guirlande de pampres et ornements en filigrane. H. 5 cent.

2591, 2592. Une paire de pendants d'oreille. Anneau orné de filigranes. Diam. 25 mill.

2593, 2594. Une paire de pendants d'oreille. Le motif est un grenat entre deux espèces de S. — H. 32 mill.

2595. Bulle d'or, munie d'un anneau, ayant fait partie d'un pendant d'oreille. Diam. 16 mill.

2596. Face du soleil radieux. Bijou muni d'un anneau au revers. Diam. 4 cent.

Provenant soit d'un grand pendant d'oreilles, soit d'un collier.

2597. Tête de taureau de haut relief sortant d'une ro-sace. Des filigranes décorent ce joyau. Diam. de la rosace, 2 cent.

C'est peut-être un fragment de pendant d'oreille. V. nos 2546 et 2547.

2598. Rosace ornée de filigranes. Derrière un anneau. Diam. 3 cent.

C'est peut-être un fragment de pendant d'oreille.

2599. Bague d'or massif dont le chaton est une cornaline

sur laquelle est gravée en creux, une tête d'APOLLON, radié de profil, de travail antique. Ce chaton est encadré dans des cercles de filigrane et doublé d'une feuille d'or sur laquelle est représentée, au repoussé, la sainte Vierge tenant l'enfant Jésus; aux attaches de l'anneau, de chaque côté, deux perles. H. du chaton, 18 mill. L. 17 mill.

Cette bague paraît appartenir aux vie ou viie siècles de notre ère. L'ornementation de l'anneau a beaucoup de rapports avec celle des anneaux de l'époque mérovingienne, décrits plus loin, numéro 2638 et suivants.

2600. BAGUE d'or massif. Un NICOLO gravé en creux, forme le chaton; sujet : MERCURE debout, tenant la bourse et s'appuyant sur un *pedum*. H. du chaton, 11 mill. L. 8 mill.

2601. BAGUE d'or massif, dont le chaton est un JASPE sanguin gravé en creux, représentant une tête d'ADONIS de profil, à gauche. H. du chaton : 20 mill. L. 15 mill.

Trouvé en Syrie. Acquis en 1855.

2602. BAGUE d'or massif. Le chaton est une CORNALINE, représentant en creux une TÊTE DE L'OCÉAN à quatre faces. H. du chaton : 9 mill. L. 8 mill.

2603. BAGUE d'or massif. Le chaton est un JASPE noir, sur lequel est gravée en creux une TÊTE DE FEMME. Buste de profil, à gauche. H. du chaton : 10 mill. L. 7 mill.

Travail romain.

2604. BAGUE d'or massif. Une PRASE gravée en creux, forme le chaton; sujet : Isis debout, tenant d'une main le sistre, et de l'autre le *seau Isiaque*. A ses pieds, deux palmes et deux couronnes. H. du chaton : 11 mill. L. 7 mill.

Travail romain. Voyez le nᵒ 2632, *Commentaire*.

2605. BAGUE d'or; le chaton ovale, gravé en creux, fait corps avec l'anneau; sujet : Isis-Cérès debout avec le *schent*, s'appuyant de la main droite sur son sceptre, et de la gauche tenant des épis. H. du chaton : 20 mill. L. 13 mill.

Travail romain. Voyez le n° 2632, *Commentaire.*

2606. BAGUE d'or massif, à triple chaton, une PRASE entre deux SAPHIRS. H. 23 mill.

Travail romain.

2607. BAGUE d'or dont le chaton est un SCARABÉE de CORNALINE, sur le plat duquel est représenté en creux un éphèbe nu, soulevant des deux mains un vase sans anses. H. du chaton : 13 mill. L. 10 mill.

Voyez J. de Witte, *Catalogue Durand*, n° 2211.

2608. BAGUE dont le chaton est un SCARABÉE de CORNALINE, sur le plat duquel est représenté un jeune *chasseur* nu, en marche, portant sur ses épaules un oiseau suspendu à un bâton. H. du chaton. 14 mill. L. 10 mill.

Voyez *Catalogue Durand*, par J. de Witte, n° 2212 et *Bulletin de l'Instit. archéolog. de Rome,* 1834, p. 119.

2609. BAGUE d'or massif. Le chaton est une boîte décorée de filigranes sur les côtés, et découpée à jour sur la face supérieure. La forme de cette boîte indique qu'elle a dû contenir un scarabée. H. 25 cent.

2610. BAGUE d'or massif, avec chaton en or mince avec sujet en creux : *Sphinx* et *Pégase* affrontés. H. du chaton : 8 mill. L. 16 mill.

Trouvé en Étrurie. V. *Catalogue Durand*, par M. de Witte, n° 2130.

2611. BAGUE d'or massif, avec chaton en or mince à

sujet gravé en creux : SPHINX et PANTHÈRE ailée affrontés. H. du chaton : 8 mill. L. 18 mill.

Trouvé en Étrurie. *Catalogue Durand*, par M. de Witte, n° 2130.

2612. BAGUE d'or massif; sur le chaton en or mince, sujet en creux : SPHINX et CHIMÈRE affrontés, séparés par une palme surmontée d'une croisette. H. du chaton : 10 mill. L. 23 mill.

2613. BAGUE d'or massif avec chaton en or mince; sujet en creux : SPHINX et LION affrontés. Dans le champ, deux astres et deux palmes. H. du chaton : 9 mill. L. 2 cent.

L'anneau est brisé.

2614. BAGUE d'or massif, avec chaton en or mince, gravé en creux, sujet : APOLLON tuant à coups de flèche PHLÉGYAS. Le Dieu est debout sur son char, traîné par deux chevaux ailés; l'infortuné père de Coronis tourne la tête du côté d'Apollon, tout en cherchant à se soustraire à ses traits inévitables. Sous les chevaux, LELAPS, chien d'Apollon. Derrière le char, jeune guerrier, nu, armé d'une épée, et tenant une branche de laurier. Dans le champ, deux astres et deux globules. H. du chaton, 11 mill. L. 27 mill.

Voyez J. de Witte, *Catalogue Durand*, n° 2152.

2615. BAGUE d'or masssif, avec chaton d'or mince, gravé en creux; sujet : DIEU s'élançant dans son char, traîné par un *sphinx* et un *cerf*; un personnage nu s'avance à sa rencontre. Dans le champ, deux palmes. H. du chaton : 10 mill. L. 21 mill.

Acquis en 1854. Travail de l'Étrurie.

2616. BAGUE d'or massif, avec chaton en or mince gravé en creux. Le sujet est un homme montant dans son bige, dans lequel est déjà-placé l'aurige tenant le fouet et les rênes. Devant les chevaux, homme agenouillé portant une palme. H. du chaton : 9 mill. L. 22 mill.

Trouvé en Étrurie.

2617. Bague d'or massif, avec chaton d'or mince sur lequel sont représentés en creux, un *lion* et un *sphinx* affrontés, séparés par une ligne ponctuée. Sous le sphinx, un astre. H. du chaton : 8 mill. L. 16 mill.

Acquis en 1855. Provenant de la Syrie.

2618. Bague d'or massif, avec chaton en or mince dans un encadrement de filigrane et sujet en relief, exécuté par les procédés de l'estampage : dieu ailé combattant un *sphinx* et un *lion* qu'il saisit par les pattes. H. du chaton : 9 mill. L. 20 mill.

Travail de l'Étrurie.
Deux bagues offrant le même sujet se trouvaient dans la collection Durand. (*Catalogue* par J. de Witte, n° 2158.) Voyez aussi, *Bulletin dell' Instituto di corrispondenza archeologica. Anno* 1854. p. 120. *Impronte di Cades. Cent. III*, n° 59.

2619. Bague d'or très-mince. Sur le chaton en forme d'œil, au repoussé, Apollon ou le Soleil dans son char, traîné par quatre chevaux ailés, sortant de l'Océan, précédé par Phosphoros. L'Océan est figuré par un vieillard couché, tenant un roseau. H. du chaton : 25 mill. L. 31 mill.

Voyez Ch. Lenormant, *Annales de l'Instit. arch. de Rome*, t. v, p. 214, et J. de Witte, *Catalogue Durand*, n° 2148.
V. le n° suivant.

2620. Bague d'or très-mince. Sur le chaton en forme d'œil, au repoussé, Apollon ou le Soleil sur son quadrige, sortant de l'océan que figure un vieillard couché, tenant un roseau. H. 21 mill. L. 31 mill.

Voyez le n° précédent.

2621. Bague d'or très-mince; sur le chaton en forme d'œil, sujet au repoussé, le *corbeau* d'Apollon perché sur l'*omphalos* de Delphes, tenant un vase suspendu à son bec. H. du chaton : 13 mill. L. 25 mill.

Voyez Ch. Lenormant, *Annales de l'Institut archéologique de Rome*, t. V, p. 214, et J. de Witte, *Catalogue Durand*, nᵒ 2153.

2622. Bague d'or mince, avec chaton en forme d'*œil*, sans sujets. H. du chaton : 27 mill. L. 35 mill.

2623. Bague d'or mince, dont le chaton en forme d'*œil*, décoré de plaques d'or et de pâte de verre, a l'aspect d'écailles multicolores. Au milieu, trois de ces écailles affectent comme le chaton lui-même la forme d'œil. H. du chaton : 20 mill. L. 25 mill.

2624. Bague d'or massif. Le chaton en forme d'*œil* n'a pas été gravé. H. du chaton : 20 mill. L. 25 mill.

2625. Chaton d'une bague d'or. Sujet en creux : Minerve et Esculape sacrifiant devant un autel. Aux pieds du dieu, le bâton autour duquel s'enroule le serpent; aux pieds de la déesse, le bouclier. H. 10 mill. L. 13 mill.

Travail romain. L'anneau manque.

2626. Chaton d'une bague. En creux, tête virile barbue de profil. H. 9 mill.

L'anneau manque.

2627. Bague d'or massif avec chaton d'or gravé en creux. Le sujet est une vache allaitant son veau. H. du chaton : 5 mill. L. 10 mill.

Ce sujet se retrouve sur une autre bague d'or, décrite par M. de Witte. (*Catalogue Durand*, nᵒ 2119.) Celle-ci provient de la Syrie et a été acquise en 1855.

2628. Bague d'or massif, dont le chaton gravé en creux,

représente un *lion* dévorant un *cerf*. H. du chaton :
8 mill. L. 13 mill.

Provenant de la Syrie. Acquis en 1855.

2629. Bague d'or massif. Le chaton de forme ronde,
fait corps avec l'anneau; sujet gravé en creux : GÉNIE
ailé de Bacchus, debout, tenant un thyrse. Diam. du
chaton : 24 mill.

2630. Bague d'or massif, dont le chaton presque rond
gravé en creux, fait corps avec l'anneau; sujet : ÉROS
debout tenant une couronne de la main gauche, et
un flambeau de la droite. H. du chaton : 25 mill.
L. 22 mill.

2631. Bague d'or massif, sur laquelle paraît une tête de
génie ou de MERCURE gravée en creux à la place du
chaton. H. 17 mill.

Acquis en 1855.

2632. Bague d'or massif, décorée au lieu de chaton, de
trois bustes coulés et ciselés en bas-relief représentant selon M. Ch. Lenormant, la *Triade éleusinienne*,
avec les attributs des divinités égyptiennes, selon les
assimilations dont parle Hérodote (t. II, p. 156, éd.
Wesseling). Bustes de *Cérès* coiffée du *modius* comme
Isis et de *Proserpine* ou *Diane*, assimilée à *Bubastis*
diadémée et portant deux plumes sur la tête. Entre
ces deux bustes, figure drapée d'*Iacchus*, coiffé du
schent, comme *Horus* ou *Harpocrate*. Les bustes de
Proserpine et d'*Iacchus* sont portés par une même
fleur. H. 2 cent.

Pline semble avoir eu sous les yeux une bague semblable à celle-ci, lorsqu'il dit : *Jam vero etiam Harpocratem, statuas que Ægyptiorum numi-
num, in digitis viri quoque portare, incipiunt.* Hist. nat., XXXIII, § XII.
*Deja les hommes commencent à porter à leurs doigts, même Harpocrate,
et les statues des divinités égyptiennes.* C'est l'abbé Barthélemy qui a rap-

porté cette bague de Rome. Caylus l'a publiée au tome VI de son *Recueil d'antiquités*. V. pl. LXXXVIII, I et II, p. 288.

2633. BAGUE d'or massif qui figure un serpent aux mille replis. La tête du reptile dépasse le cercle de l'anneau. Au milieu du cercle, un grenat. H. du cercle : 5 mill. Diam. 17 mill.

Acquis en 1855. Provenance, la Syrie.

2634. BAGUE de bronze, dont le chaton est une *tête d'enfant* en or ou dorée, entre deux feuilles d'acanthe en argent. Diam. 15 mill.

2635. CHATON d'une bague. En creux, bustes en regard d'un homme et d'une femme; légende : ACHILLEVS. H. 10 mill. L. 13 mill.

Selon M. Ch. Lenormant, on peut voir ici Achillée, usurpateur qui fut revêtu de la pourpre en Égypte sous Dioclétien, et il serait possible que ce personnage fût l'empereur dont on connait des médailles avec les noms de *Domitius Domitianus.* V. *Trésor de numismatique et de glyptique. Iconog. rom*, p. 114.

2636. BAGUE d'or massif. Dans le chaton est encastré un rare *quinaire* d'or de l'empereur *Maximin* Ier. Aux attaches, l'anneau est découpé à jour.

Voici la description du quinaire qui, au revers, est maintenu par une croix en relief soudée au chaton : légende : MAXIMINVS PIVS AVG GERM. *Maximin, Pieux, Auguste, Germanique.* Buste lauré de Maximin avec le paludamentum. R̨. VICTORIA GERM. *Victoire germanique.* La Victoire debout, tenant une palme et une couronne; à ses pieds un captif.

H. de l'anneau : 21 mill.

Maximin Ier (Caius Julius Verus Maximinus), régna de l'an de J.-C. 235 à 238. Notre bague a sans doute été fabriquée pendant les trois années que ce prince occupa le trône impérial.

2637. BAGUE d'or massif. Une ANCRE, symbole du salut,

est sculptée en relief à la place du chaton. Diam.
17 mill.

Cette bague, qu'il faut attribuer aux premiers siècles du christianisme
été trouvée en Syrie, et acquise en 1855.

2638. Bague d'or massif. Sur le chaton, en creux, tête
barbue de profil, à longs cheveux, et les lettres, S. R.
Aux attaches de l'anneau, de chaque côté, deux
perles. Diam. du chaton : 11 mill.

Les lettres S. R. pourraient être l'abrégé des mots : *Sigibertus Rex*. Dans
cette hypothèse, cette bague serait le cachet d'un des deux rois de l'époque
mérovingienne qui ont porté le nom de Sigebert.

2639. Bague d'or massif dont le chaton est un *sol* d'or
d'un roi des Francs du nom de Clotaire, entouré d'un
cercle de perles d'or. Aux attaches de l'anneau, trois
perles d'or. Ce sol d'or offre d'un côté l'effigie impériale avec la légende : ichlotarivs rex. Au revers,
on lit de nouveau le nom du roi écrit ainsi : chlo-
tarivs rex. Dans le champ, une croix et les lettres
ar qui désignent l'atelier monétaire d'Arles. Diam.
du sol d'or : 20 mill.

2640. Bague d'or massif. Sur le chaton, en creux, tête
barbare de profil et le nom précédé d'une croix écrit
à rebours : racnethramnvs. Le chaton est rattaché à
l'anneau par trois perles et une cordelette. Diam. du
chaton : 15 mill.

Cachet d'un Gallo-Romain. Le nom est barbare avec terminaison latine.

2641. Bague d'or massif, avec deux chatons de forme
ovale. Sur l'un des chatons, on lit en creux : bavdvlfvs.
Sur l'autre haricvl. a. Une cassure a enlevé une lettre
qui était sans doute une f. Larg. de la bague : 25 mill.

Cet anneau de mariage des deux époux *Baudulfus et Hariculfa*, qui ont
dû vivre à l'époque mérovingienne, a été publié, dans la sixième année de
la *Revue archéologique*, par M. A. Laboullet. V. p. 350.

2642. Bague d'or massif, avec chaton carré, sur lequel est gravé en creux le nom du possesseur en monogramme ; on peut lire MARICVLFVS. H. du chaton 8 mill. L. 8 mill.

2643. Bague d'or massif. Anneau orné de filigranes avec chaton carré, sur lequel des filigranes figurent une rosace. H. du chaton : 14 mill. L. 15 mill.

Travail de l'époque mérovingienne. Acquis en 1853.

Bijoux d'or trouvés en Crimée, au Koul-Oba en 1831.

On va lire, sous les nos 2644 à 2652, la description de neuf bijoux d'or, trouvés en Crimée, près de Kertsch, l'ancienne Panticapée, en 1831. Ces bijoux ont été acquis pour la Bibliothèque, le 28 octobre 1831, par feu Raoul-Rochette, conservateur du Cabinet des médailles, qui les a fait connaître par un mémoire inséré au *Journal des Savants*, en janvier 1832, sous le titre de *Notice sur quelques objets en or*, etc. Ces objets avaient été achetés sur les lieux au moment même de la découverte, au dire du vendeur, lequel ne donna d'ailleurs pas d'autres détails. Bien que la date de la découverte du *Koul-Oba* (19 septembre 1831), soit très-rapprochée de la vente faite à Paris (28 octobre 1831), il est très-probable que ces précieux monuments provenaient de cette trouvaille, qui avec celle du *Tsarski-Kourgan*, est une des plus importantes qu'on ait faites dans ce pays. Quoiqu'on ne puisse démontrer ce fait, sa vraisemblance est très-grande ; premièrement, on retrouve dans le *Musée de l'Ermitage*, des bijoux identiques à ceux que nous allons décrire, chacun à plusieurs exemplaires ; secondement, on sait que beaucoup des objets d'or trouvés au *Koul-Oba* furent volés dès les premiers jours de l'ouverture du tombeau et dispersés en Europe. « S'il fallait s'en rapporter à la voix publique, dit « M. J. Sabatier, le pillage fut poussé si loin, que le gouvernement ne fut « mis en possession que d'une quinzaine de livres pesant d'objets en or, tan- « dis que le tombeau de *Koul-Oba* en renfermait, dit-on, plus de cent « vingt. » (*Souvenirs de Kertsch*. Saint-Pétersbourg, 1849. V. p. 105). En effet, en lisant l'excellente introduction du splendide ouvrage intitulé : *Antiquités du Bosphore cimmerien conservées au Musée impérial de l'Ermitage*, publié en 1854, par ordre de l'empereur de Russie, par son savant et zélé bibliothécaire, M. le conseiller d'État Gille, chef de la première section du Musée de l'Ermitage, on apprend que pendant les fouilles opérées dans le tombeau de la montagne nommée par les Tatares, *Koul-Oba* (tertre des cendres), non loin du *Fauteuil de Mithridate*, par M. le chevalier Paul

Dubrux, émigré français, des voleurs pénétrèrent dans les ruines, et au
risque de leur vie, enlevèrent une partie des bijoux d'or qui s'y trouvaient
en si grand nombre, que le *Musée de l'Ermitage* en possède encore plus de six
cents. M. de Gille donne les détails les plus intéressants sur cette belle découverte, due à un de nos compatriotes dont on lit le nom avec bonheur
dans son ouvrage, car c'est une preuve nouvelle après tant d'autres de tout
ce que la science doit à l'initiative française. Les bijoux parsemaient le sol
du caveau, le long de la muraille du midi, où étaient fixés les cinq clous
auxquels on suppose qu'avaient été suspendus les vêtements d'un roi et
d'une reine (V. *Introduction* de M. de Gille, p. xv et suivantes) Ces bijoux
doivent en effet avoir été cousus à des vêtements, et c'est ce que les trous
dont ils sont tous munis, indiquent très-clairement. « On sait, dit Raoul-
« Rochette dans la *Notice* citée plus haut, que des étoffes brodées avec de
« petites plaques d'or ou d'argent constituaient une branche d'industrie
« asiatique. » Les habits brodés ou plutôt semés de ces plaques d'or étaient
nommés par les Grecs, χρυσόπαστοι ἐσθῆτες, et par les Romains *vestes auratas*
ou *sigillatas*. La collection du prince de Canino contenait un grand nombre
de ces objets qui ont été cousus aux vêtements Lucien dans un de ses
écrits, fait allusion à ces sortes de vêtements; Nigrinus, qu'il met en
scène, raconte : « qu'un de ces hommes qui sont tout cousus d'or, vint jadis
« à Athènes, suivi d'une foule incommode de serviteurs, vêtu d'étoffes
« brodées et dorées. » Il semble bien qu'il s'agit là de ces vêtements
sur lesquels on cousait des plaques d'or, et le dernier traducteur français de Lucien, M. Talbot, me paraît avoir très-bien rendu les expressions
de Lucien : τῶν πολυχρύσων... καὶ ποικίλη ἐσθῆτι καὶ χρυσῷ (*Nigrinus*. § 13).
Le philosophe n'a-t-il pas en vue les riches costumes que la pauvreté des
Grecs reprochait aux Asiatiques.

2644. PLAQUE d'or estampée et découpée, représentant
une *divinité panthée*. Cette divinité est figurée sous
les traits d'une femme coiffée du modius, vêtue d'une
robe sans manches, serrée à la ceinture. De la main
droite, elle tient par les cornes une tête coupée de
PAN barbu ; de la gauche, le manche du glaive ou de
la harpé, dont elle s'est servie pour tuer Pan ; de ses
épaules, partent de chaque côté la partie antérieure
d'une panthère cornue, la *chimère* des monnaies de
Panticapée. Le corps de la déesse se termine par deux
griffons dont les têtes se redressent en haut; de la
ceinture partent de chaque côté la partie antérieure
d'un oiseau analogue au *cygne* dont les têtes sont disposées comme celles des griffons; entre les deux
griffons, une *gerbe de blé* dont les épis, comme tous

ces monstres, font corps avec la déesse. H. 31 mill. L. 25 mill.

La *Divinité panthée* représentée sur ce curieux monument peut prendre le nom de *Panticapœa*. Elle résume les divers symboles de la numismatique de la ville de Panticapée ; c'est-à-dire, la tête de *Pan*, la *chimere*, les *griffons* et les *épis de blé*.

On peut consulter sur cette curieuse plaque d'or, 1o la *Notice sur quelques-objets en or trouvés dans un tombeau de Kertsch en Crimée*, par M. Raoul-Rochette, *Journal des Savants*, janvier 1832. 2o La critique de cette notice par M. Th. Panofka, insérée dans le t. IV des *Annales de l'Institut archéologique*, p. 187, qui renferme des observations du plus grand intérêt ; l'auteur rapproche cette divinité panthée, de l'Aphrodite *Apaturos*, d'Amymone et de Demeter-Prosymna, toutes divinités meurtrières. 3° La description, par M. J. Sabatier, d'une plaque d'or identique à celle du Cabinet de France, conservée dans le cabinet de M. le comte Alexis Ouvaroff (V. *Souvenirs de Kertsch*, pl. v, n° 1, p. 118). 4° *Antiquités du Bosphore cimmérien*, de M. de Gille, pl. xx, no 8, t. I, p. 145. Les deux derniers écrivains ont, par mégarde, attribué à Raoul-Rochette le mémoire de M. Panofka.

2645. PLAQUE d'or mince, de forme ronde, estampée, percée de quatre trous, représentant un masque de BACCHUS couronné de lierre. H. 36 mill. L. 38 mill.

Raoul-Rochette, *Notice*, etc., nos 2 et 3, décrit ce masque et celui qui porte le no 2646. — Des *Masques bachiques* identiques sont décrits sous le nom de *Tête de Méduse*, par M. Sabatier ; pl. vi, no 3, p. 121, et par M. de Gille, pl. xx, p. 10, t. I, p. 151, dans les ouvrages cités plus haut.

2646. IDEM. Voyez le n° précédent.

Ce masque est semblable au précédent', mais quoique plus entier, car le visage de l'autre est écrasé, il est d'une moins bonne exécution.

2647. PLAQUE d'or mince, estampée, de forme ovale, percée de quatre trous. Sujet : JEUNE HOMME, un genou en terre, à demi nu, mais portant cependant un vêtement dont on distingue des plis sur l'épaule gauche, et la taille serrée par une ceinture ; il porte de sa main droite un objet indistinct à sa bouche ; sa main gauche fermée paraît serrer un objet qu'on ne voit pas. H. 25 mill. L. 20 mill.

M. Raoul-Rochette, qui a décrit ce bijou (voyez no 4 de la *Notice* citée plus haut), fait remarquer l'analogie de la pose de ce jeune homme avec l'Apollon des médailles de Tarente, que M. le duc de Luynes a nommé Hyacinthien, dans un mémoire inséré au t. II des *Annales de l'Institut archéologique*, p. 337-341, pl. M., nᵒˢ 1 et 2. Cette analogie est réelle, et on peut s'en convaincre en jetant les yeux sur les médailles nᵒ 34 de la planche CV de l'ouvrage de *Carelli, Numi Italiæ Veteris. Ed. Cavedoni*. Mais sur la plaque d'or le jeune homme n'a ni la *fleur*, ni la *lyre* qui caractérisent Apollon-Hyacinthien. M. Sabatier, *Souv. de Kertsch*, pl. VI, nᵒ 8, p. 121, a publié une plaque identique conservée dans le cabinet de M. le comte Alexis Ouvaroff. Il croit voir un poisson dans la main du jeune homme, ou peut-être deux écailles d'huître. Dans les *Antiquités du Bosphore Cimmérien*, M. de Gille a reproduit un des quatorze exemplaires de cette plaque, conservés au musée de l'Ermitage (V. pl. XX, nᵒ 1, t. I, p. 145). Peut-être, au moyen de ces divers exemplaires, le savant conservateur a-t-il vu plus distinctement que nous les objets tenus par le jeune homme ; il le décrit en ces termes : « Enfant, un genou en terre, tenant de chaque » main un fruit qu'il porte à sa bouche avec la droite. »

3648. PLAQUE d'or mince, de forme ronde, estampée et percée de trois trous, représentant : HERCULE combattant le lion de Némée. Diam. 22 mill.

Hercule est ici dans la même attitude que sur certaines médailles d'Héraclée de Lucanie. (V. *Carelli Numi Italiæ veteris*, pl. CLXII, nᵒˢ 36 et 37.) V. aussi R. Rochette, *Notice*, etc., nᵒ 5. M. Sabatier a reproduit, dans ses *Souvenirs de Kertsch*, V, pl. VI, nᵒ 9, une plaque du cabinet A. Ouvaroff qui est identique. On la trouvera aussi sous le nᵒ 3, pl. XX, dans les *Antiquités du Bosphore Cimm*. Voyez la description au t. Iᵉʳ p. 145. Le musée de l'Ermitage possède sept exemplaires de cette plaque.

2649. PLAQUE sur laquelle est représenté, par le procédé de l'estampage, un *lièvre* courant à gauche. Le sujet est au milieu d'un cadre de globules. Trous aux quatre coins. CARRÉ LONG. H. 16 mill. L. 22 mill.

Raoul-Rochette, *Notice* nᵒ 6, décrit cette plaque ; il a pris le lièvre pour un lapin. On trouvera ce monument figuré dans l'ouvrage de M. Sabatier, pl. VI, nᵒ 12, et pl. XX, nᵒ 15, dans celui de M. de Gille, dont le texte t. Iᵉʳ, p. 151, nous apprend qu'il en existe 18 semblables au musée de l'Ermitage.

2650. TÊTE DE MÉDUSE sur une plaque d'or très-mince, au repoussé. H. 22 mill. L. 20 mill.

Raoul-Rochette, *loc. cit.*, décrit cette plaque sous le nᵒ 1. On la trouvera figurée, pl. XXI, nᵒ 12, dans les *Antiquités du Bosphore*. Il y en a huit exemplaires au musée de l'Ermitage. C'est un type fréquent sur les médailles antiques d'Olbia. Voyez pl. XXII du bel ouvrage du comte A. Ouvaroff, intitulé : *Recherches sur les antiquités de la Russie méridionale*, e c.

2651. PLAQUE de forme presque ronde, percée de quatre trous, estampée, réprésentant la tête d'APOLLON, lauré, de profil, à droite, au milieu d'un cercle de globules. Diam. 12 mill.

Malgré la barbarie du travail, je crois pouvoir reconnaître sur cette plaque, la tête d'Apollon, qui se trouve fréquemment sur les monnaies d'Olbia. V. *Recherches sur les Antiquités de la Russie méridionale par le comte A. Ouvaroff.* Pl. XXII et XXIII. Texte, p. 105 et suivantes. Raoul-Rochette décrit cette plaque, *Tête d'homme tournée à droite.* (V. la *Notice* citée plus haut, n° 8.) Dans les *Antiquités du Bosphore,* ouvrage cité plus haut, pl. XXI, n° 22, on trouvera une figure de cette plaque, dont 12 exemplaires existent au musée de l'Ermitage. Dans le texte on lit : *Tête de vieille femme.* V. t. I, p 151.

2652. PLAQUE de forme carrée, d'or mince, avec sujet estampé et quatre trous aux coins : AIGLE enlevant un poisson. H. 27 mill. L. 31 mill.

Raoul-Rochette a vu ici un *Griffon* : il n'a pas remarqué le poisson et ne s'est pas aperçu que l'animal ailé qu'il a pris pour un griffon n'a que deux pattes. M. Ernest Vinet, dans un mémoire inséré dans les *Annales de l'Institut archéologique de Rome,* t XV, p. 203, a décrit ce monument qu'il a fait reproduire le premier. (V. pl. LII, n° 4 des *Monum.*). Ce savant y voit l'aigle de mer, l'ἁλιάετος des Grecs. C'est l'opinion suivie par M. Sabatier, V. p 121, et pl. VI, n° 11, ainsi que par M. de Gille, qui attribue à Raoul-Rochette le Mémoire de M. Vinet. (V. t I, p. 145, pl. XX, n° 12.) Ce type est emprunté aux médailles de la ville d'Olbia. (V. la pl. XXII du bel ouvrage du comte Alexis Ouvaroff, intitulé : *Recherches sur les antiquités de la Russie méridionale et des côtes de la mer Noire.* Paris, 1855.) Il existe sept exemplaires de cette plaque au musée de l'Ermitage. Notre cabinet en possède deux. (V. plus loin, n° 2653.)

Bijoux de provenances diverses.

2653. PLAQUE semblable à celle décrite sous le n° 2652. H. 27 mill. L. 31 mill.

Bien que cette plaque soit entrée dans la collection de la Bibliothèque longtemps après l'acquisition de 1831 que je viens de décrire, il est évident que cette plaque provient également de la découverte de *Koul-Oba.* (V. la note qui précède le n° 2644.)

2654, 2655. DEUX MÉDAILLONS semblables, de forme ovale,

à quatre bélières, dont le sujet est le GÉNIE DE BACCHUS debout, de face, tenant une grappe de raisin de la main gauche. H. 32 mill. L. 25 mill.

Ces médaillons ont dû être cousus sur des vêtements. V. plus haut à la fin de la note qui précède le n° 2644.

2656. PLAQUE d'or très-mince, hexagone, décorée de filets de perles aux bords et au milieu, exécutés par l'estampage. Trois trous de chaque côté. H. 50 mill. L. 60 mill.

Cette plaque, de mauvaise conservation, a dû être cousue sur des vêtements (V. plus haut à la fin de la note qui précède le no 2644).

2657. BRACELET d'or massif, élastique, sans fermoirs et sans autres ornements que de simples filets gravés en creux. Diam. 8 1/2 cent.

2658. BRACELET formé d'un simple fil d'or avec anneau et crochet pour fermoirs. Diam. 10 cent.

2659. BRACELET brisé, formé d'une petite cordelette. Longueur du fragment développé. 16 cent.

2660, 2661. DEUX BRACELETS formés de tresses de fils d'or massif. Diam. 10 cent.

Trouvés à Herculanum.

2662. BRACELET d'or massif figurant un serpent. L. 8 cent.

Fragment.

2663. BRACELET d'or massif découpé à jour. Une sorte de bandelette d'or plein court à travers les dentelles formées par cette découpure; dix feuilles également d'or plein, sont jetées régulièrement dans la décoration de ce bracelet. Les bordures sont guillochées. H. 4 1/2 cent. Diam. 8 1/2 cent.

Trouvé en 1821, au Landin (Eure) entre La Meilleraye et Pont-Audemer.

2664, 2665. Couronne d'olivier d'or excessivement mince. Deux fragments. L'un de 11 1/2 cent de longueur, sur 6 cent. de hauteur, l'autre, de 7 cent. sur 3 1/2 cent.

2666. Couronne de feuilles de lierre entremêlées de corymbes. H. 20 mill. L. 16 cent.

Fragment.

2667. Feuille d'or provenant d'une couronne. H. 17 mill. Larg. 26 mill.

2668. Bandeau d'or excessivement mince, sans sujets. H. 4 cent. L. 28 cent.

Trouvé dans un tombeau d'Athènes en 1837; rapporté de Grèce et donné au Cabinet des médailles et antiques, par feu Raoul-Rochette.
V. nos 2669, 2670.

2669. Bandeau d'or mince, décoré au milieu d'une tête de Méduse en relief, exécutée au moyen de l'estampage. H. 2 1/2 cent. L. 21 cent.

Ces bandeaux se trouvent dans des tombeaux grecs; on les plaçait sur le front des morts. V. n° 2668. Celui-ci a été trouvé en Syrie. Acquis en 1855.

2670. Bandeau d'or mince, découpé à jour, composé de branches de lierre et de corymbes, au milieu duquel est un masque de *Méduse*, la langue hors de la bouche. H. 6 cent. Long. 27 1/2 cent.

V. nos 2668, 2669.

2671, 2672. Deux bandeaux d'or uni, assez mince, se terminant aux quatre extrémités par un médaillon estampé, représentant ce même sujet : une danseuse tenant une lyre et posant la main droite sur l'épaule d'un Éphèbe. Ces bandeaux absolument semblables ont chacun 36 cent. de longueur sur 7 mill. de hauteur.

V. nos 2668 et suivants.

2673. — 2684. Douze fibules d'or très-mince, figurant un lion ailé accroupi. H. 10 mill. L. 20 mill.

Ces douze fibules ont été trouvées ensemble dans un tombeau étrusque; elles sont absolument semblables et ont été exécutées par le procédé de l'estampage.

2685. Fibule ou *agrafe* d'or très-mince, formée d'une feuille d'or en forme d'œil. H. 8 cent.

2686. Plaque ovale provenant d'une fibule. Sujet estampé. Les trois furies réunies en un seul personnage à trois têtes surmontées d'un *modius*, et à six bras tenant chacun un flambeau. Le corps est vêtu d'un péplum et d'une longue robe. On ne distingue que trois jambes. Un cercle de perles encadre le sujet. H. 18 mill. L. 13 mill.

Trouvé à Rome en 1760. Voyez *Caylus*, t. IV, p. 262, pl. lxxx. iii.

2687. Fibule d'or massif, sans autres ornements que trois cercles de perles dans la partie supérieure et cinq cordelettes d'or massif, qui s'enroulent vers la partie inferieure. H. 7 cent.

Trouvé à Rennes avec la patère d'or, décrite sous le no 2537, les pendants de collier, nos 2561, 2562, 2563, et la chaine d'or n° 2564.

2688. Fibule formée d'un simple anneau d'or massif, munie de son ardillon. Diam. 20 mill.

2689. Agrafe de ceinture, à charnière, munie de deux ardillons, décorée d'un sujet estampé : *buste* impérial, lauré, imberbe, tourné à droite (peut-être constance Chlore ou Constantin le Grand), entouré de feuilles d'acanthe et de deux dauphins. Au revers, on lit en relief : victorinvs m. Sur la tranche de la boucle, on lit au pointillé : p.... v. m b.

H. 4 1/2 c. L. 5 c.

L'inscription en relief a été placée au moyen d'un cachet analogue à ceux dont se servaient les potiers; elle indique sans doute le nom d'un possesseur. Les lettres au pointillé qui commencent par la lettre P doivent être une indication pondérale.

2690. Plaque ronde de fibule, décorée d'ornements en filigrane et en verre rouge. Diam. 30 mill.

Travail du iv⁰ ou v⁰ siècle de notre ère. Acquisition de l'année 1848.

2691. Cuiller celtique d'or massif, de forme grossière, avec filet au pointillé sur le manche. L. 17 mill.

Trouvé dans le département des Côtes-du-Nord. Acquisition de l'année 1856.

Amulètes en or.

2692. Plaque de forme carrée, sur laquelle on lit une inscription grecque gravée légèrement à la pointe comme les *graffiti* de Pompei, si bien expliqués par le P. Raphaël Garrucci, dans son ouvrage intitulé : *Inscriptions gravées au trait sur les murs de Pompéi. Bruxelles,* 1854. Cette inscription forme deux vers fort réguliers, reconstruits et parfaitement expliqués par ce pieux et savant antiquaire (V. *Mélanges d'archéologie* des PP. Martin et Cahier, t. IV, p. 292). Voici l'inscription telle qu'on la lit sur la plaque d'or:

ΠΑΝΧΟΥΧΙΘΑϹϹΟΥ

ΠΕΤΟΤΕϹΙΑ

ΕΝΕΦΕΡΩϹ

ΠΑΝΠΕΜΑΝ

ΨΑ

ΠΟϹΕΔΔΕΝ

Voici comment on doit la lire :

Παγχούχει θασσᾶυ Πετοτεσίᾳ ἐν νεφροῖς
Πᾶν πῆμα νίψα, Ποσειδάων.

Fixe-toi, ô Neptune, sous les reins de Petotesias, fils de Panchuchis, et enlèves-en tout mal.

Le P. Garrucci ajoute : « Le patient devait être ori-
« ginaire d'Égypte, à en juger par ces noms coptes;
« et l'*i* de πετοτεσίας a été allongé en vertu de l'accent
« par le rédacteur de l'invocation. » H. 17 mill. L.
18 mill.

Donné vers 1839 par feu Letronne, alors conservateur du Cabinet des
médailles et Antiques.
Voyez plus haut, nᵒˢ 2186 et 2189.

2693. AMULÈTE CHRÉTIEN. Feuille d'or mince trouvée rou-
lée dans un étui aussi en or, décrit sous le nᵒ 2694,
portant sur ses deux faces une inscription grecque,
légèrement gravée à la pointe, comme les *graffiti* de
Pompei. Ce monument a été parfaitement lu et expliqué par M. François Lenormant dans les *Mélanges
d'archéologie,* des PP. Martin et Cahier. V. t. III,
p. 150.

Voici les inscriptions telles qu'on les lit sur le monument :

Première face :

ΕΞΟΡΚΙΖΩ

ΣΕΩΣΑΤΑΝΝΑϹ

ΚΑΙϹΤΜΕΝΙΨΟ

ΙΝΑΜΗΠΟΤΕΚΑ

ΤΑΛΕΙΠΗϹΤΟΝΤΟ

ΠΟΝϹΟΥΕΠΙΤΩΟ

ΝΟΜΑΤΙΤΟΥΚΥ

ΡΙΟΥΘΕΟΥΖΩΝ

ΤΟϹΑΝΕΓΝΩϹ

ΜΕΝΟΝΕΠΙΤΩ

Deuxième face :

ΤΟΠΩΙΤΗϹ

ΤΗΝΕΠΕΚΕΧΡ

ΙΚΑ

M. François Lenormant rétablit ainsi ces treize
lignes en caractères courants :

Ἐξορκίζω σε, ὦ Σαταννᾶς, (καὶ Σταυρέ με νίψον) ἵνα μήποτε καταλείπης τὸν τοπόν σου, ἐπὶ τῷ ὀνόματι τοῦ κυρίου θεοῦ Ζῶντος. Ἀνεγνωσμένον ἐπὶ τῷ τόπῳ τῆς τήν ἐπικέχρικα.

Je t'exorcise Satan! (ó croix purifie-moi), afin que tu n'abandonnes jamais ta demeure, au nom du Seigneur Dieu vivant. — Prononcé dans la demeure de celle sur laquelle j'ai fait l'onction. H. 29 mill. L. 21 mill.

Acquis en 1852. Trouvé en Syrie près de Beirout. Il est à peine nécessaire de signaler l'importance de ce monument pour l'archéologie chrétienne. Les caractères de l'inscription appartiennent à l'écriture cursive du IIe siècle de notre ère. C'est donc un des plus anciens monuments épigraphiques du christianisme.

2694. Étui muni de trois belières. L. 30 mill. H. 14 mill.

Cet étui renfermait l'amulète décrit au n° 2693.

2695. Amulète. Feuille ou plaque d'or très-mince, sur laquelle est gravée légèrement à la pointe, comme les *graffiti* de Pompei, une inscription grecque en treize lignes. H. 50 mill. L. 32 mill.

Rapporté d'Athènes, et donné au Cabinet des médailles, par feu Raoul-Rochette en 1837. On n'a pas encore pu déchiffrer cette inscription, qui a résisté aux efforts de plusieurs antiquaires exercés. Cependant, on peut dire que comme celle décrite sous le n° 2693, elle paraît remonter au IIe siècle de notre ère.

2696. Étui carré en or. On lit en creux le nom propre antigonvs, écrit en deux lignes sur deux des faces. H. de chacune des faces : 2 mill. L. de l'étui : 22 mill.

Acquis en 1855.
Cet étui devait renfermer une feuille d'or semblable à celles décrites sous les n°s 2692, 2693 et 2695.

Monnaies bractéates en or.

2697. Pièce de monnaie bractéate. Masque de Méduse, la langue hors de la bouche. Diam. 11 mill.

On donne le nom de *bractéates* à des pièces de monnaie frappées ou plutôt estampées sur de minces feuilles d'or ou d'argent, et sur lesquelles le type paraît en relief d'un côté et en creux de l'autre Ce procédé a été surtout employé au moyen âge pour la monnaie d'argent, et particulièrement en Allemagne. Depuis quelques années on a reconnu que les Anciens avaient eu aussi des monnaies bractéates. On peut lire sur cette question le Mémoire de M. E. Beulé, sur les monnaies d'or d'Athènes, dans la *Revue numismatique*, année 1856. J'attribue à Olbia la bractéate au type de la tête de Méduse qui vient d'être décrite.

2698. Monnaie bractéate de l'île de Mélos, aujourd'hui Milo ; le type parlant de cette île est une pomme, en grec, μῆλον. Diam. 15 mill.

V. nᵒˢ suivants.

2699. Autre bractéate de Milo. Diam. 15 mill.

V. nᵒ 2698.

2700. Autre bractéate de Milo. Diam. 12 mill.

V. no 2698.

2701. Autre bractéate de Milo. Diam. 12 mill.

V. nᵒ 2698.

2702. Bractéate de l'île de Ténédos. Tête barbue et laurée de Tenès, accolée à celle d'Hémithéa. Diam. 12 mill.

Voyez l'explication des médailles de l'île de Ténédos, due à M. Charles Lenormant, dans le *Tresor de numismatique et de glyptique. Nouv. gal. mythol.* pl. ii, nᵒ 11, p. 7 et 9.

2703. Bractéate. Tête de Vénus de profil à droite, avec pendants d'oreille. Diam. 8 mill.

Le type de cette bractéate n'est pas assez caractérisé pour que l'on puisse lui donner une attribution certaine.

2704. Bractéate de l'empereur Septime-Sévère, avec cette légende : severvs pivs avg. *Sévère, pieux, Auguste.* Buste lauré de profil, tourné à droite. Diam. 13 mill.

2705, 2706, 2707. Trois bractéates semblables à l'effigie de Julie Mamée, mère d'Alexandre Sévère, avec cette légende : IVLIA MAMAEA AVG. *Julie Mamée Augusta*. Buste de profil, à d. Diam. 13 mill.

Ces bractéates et les trois suivantes ont été trouvées en Syrie. Acquisition de l'année 1855.

2708, 2709, 2710. Trois bractéates semblables de Caracalla, avec cette légende : ANTONINVS AUG. GERM. *Antonin Auguste Germanique*. Buste de profil lauré, à d. Diam. 13 mill.

On sait que Caracalla est seulement le surnom de cet empereur qui s'appelait *Marcus Aurelius Antoninus*. V. le commentaire précédent.

Monuments de l'époque mérovingienne.

2711. Plaque d'or massif, représentant la Sainte-Face et le Chrisme ou monogramme du Christ. Les traits du Christ sont gravés en bas-relief; les prunelles sont formées par des grenats ou peut-être par des morceaux de pâte de verre imitant le grenat. Suivant les traditions, l'A et l'Ω, symbole de celui qui est le commencement et la fin, sont suspendus à la barre transversale de la croix; ces lettres sont découpées à jour, ainsi que l'R latin qui remplace ici le P grec. La croix et le X sont formés par six compartiments découpés autour de la Sainte-Face qui occupe le centre de ce *médaillon* ou de cette *plaque*. Des ornements au milieu desquels on remarque des émaux cloisonnés décorent ce monument. Le revers n'a reçu aucune ornementation. Diam. 63 mill. Poids : 39 grammes.

On peut assigner une date très-reculée à ce précieux monument de l'art chrétien. Je le placerais vers les vie ou viie siècles, ainsi que le calice de Gourdon avec lequel son ornementation a tant d'analogie. (V. n° 2539.) Comme les deux objets de ce *Trésor*, cette *plaque d'or* est un monument de l'archéologie nationale, car elle a été trouvée en France il y a quelques années, à Limon, département du Puy-de-Dôme; la Bibliothèque Impériale en a fait l'acquisition en 1855. Trois trous pratiqués dans la bordure indiquent que ce médaillon a été appliqué sur une châsse, un reliquaire ou tout autre objet sacré.

2712. Bague de bronze doré. Sur le chaton qui est carré, en creux, le monogramme du possesseur. On y trouve les lettres N E O F I L. Sur l'anneau, rinceaux. Diam. de l'anneau 2 cent.

Donné par M. Louis Fould, en 1857. Travail de l'époque mérovingienne.

BAGUES, BIJOUX ET JOYAUX

DU MOYEN AGE ET DE LA RENAISSANCE

EN OR ET DIVERSES MATIÈRES.

2713. Plaque d'or émaillé de forme ronde. Le sujet exécuté en émaux cloisonnés de couleur est Jésus-Christ en croix entre la Vierge et saint Jean debout et tenant tous deux un livre. Au pied de la croix, écusson portant un *calice d'or* en *champ d'azur*. Une vigne remplit tout l'espace laissé libre par les figures : c'est la *vigne du Seigneur*. Au-dessus de la tête du Christ, les lettres consacrées I. N. R. I. (*Jésus de Nazareth, roi des Juifs*). Diam. 8 cent.

Précieux monument de l'art à la fin du xvie siècle.

2714. Fragment en or d'un reliquaire ou d'une châsse, décoré de bordures en perles d'or. Sur la partie supérieure, une croix patée en relief; sur la partie inférieure, une croix haussée sur trois degrés. H. 10 mill. L. 24 mill.

Le travail de ce fragment indique les ixe ou xe siècles. Voyez les nos 2715 2716.

2715. FRAGMENT en or du même genre mais d'une autre forme que le n° précédent. Les perles sont plus grosses ; il n'y a qu'une seule croix haussée sur trois degrés et ornée à ses extrémités de trois perles d'or. H. 15 mill. L. 24 mill.

Voyez le n° précédent et le n° suivant.

2716. FRAGMENT en or semblable au précédent pour la forme, mais de moindre dimension et décoré d'une rosace au lieu de la croix qui paraît sur l'autre. H. 13 mill. L. 18 mill.

Voyez les n°s 2714 et 2715.

2717. L'ADORATION DES MAGES. Ce sujet exécuté de ronde-bosse en émaux de couleurs sur or est placé au fond d'une sorte de boîte ronde. Diam. 6 cent.

Travail du XVIe siècle. La naïveté fait le principal caractère de ce précieux joyau.

2718. BAGUE d'or massif. Le chaton a servi de cachet. On y voit gravés en creux les armes et le nom du possesseur ; sur l'écusson on distingue un *griffon tenant une proie dans son bec.* Le casque orné de lambrequins a pour cimier un griffon semblable à celui du blason. On lit : MARIN PIXIAN. Sur l'anneau, inscription en relief formant deux lignes dont une seule est restée lisible ; elle est empruntée à l'Évangile selon saint LUC : JESUS AUTEM TRANSIENS PER MEDIUM ILLORUM IBAT. (IV. 30.) Les deux légendes sont en caractères gothiques. H. du chaton 14 mill.

Très-élégant bijou du XVe siècle. Donné en 1853 à la Bibliothèque Impériale par M. Alphonse de Cailleux, membre de l'Institut.

2719. BAGUE d'or massif. Le chaton ovale a servi de cachet ; on y voit les armes et le nom du possesseur. L'écusson timbré d'une tête de sauvage est chargé *d'un sautoir avec trois étoiles en chef.* Autour on lit en caractères gothiques : CERNAY PHILLEBERT. H. du chaton 10 mill.

Acquis en 1852 pour la Bibliothèque Impériale.

2720. CROIX et INITIALES du nom de Jésus, en or. Une belière indique la destination de ce joyau, qui a été porté. Sur l'une des faces, les lettres sont revêtues d'un émail blanc sur lequel sont représentés en incrustations d'or et en émaux de couleurs, les instruments de la Passion, ainsi que le coq de saint Pierre et l'épée de saint Paul. Sur l'autre face, les lettres sont revêtues de cristal de roche. H. 6 cent. L. 5 cent.

Travail du XVIe siècle.

2721. JOYAU ou MÉDAILLE d'or émaillé. Sur un fond vert. Bas-relief représentant une bataille. Cavaliers et fantassins vêtus à l'antique, se combattent avec acharnement; plusieurs sont renversés, un des cavaliers porte une bannière qui vole au vent. Le cadre est muni de quatre anneaux qui expliquent clairement l'usage de ce joyau. H. 45 mill. L. 50 mill.

On sait que pendant plusieurs siècles et jusqu'à l'époque de Henri IV, les seigneurs plaçaient souvent une médaille d'or au bonnet ou au chapeau en guise d'agrafe. La Bibliothèque Impériale possède une médaille de ce genre aux noms et armes de François de Bourbon, comte d'Enghien, le vainqueur de Cérisoles; le joyau que nous venons de décrire est plus précieux encore, ce n'est pas une médaille banale et dont on aurait pu rencontrer partout la pareille, c'est un bas-relief exécuté expressément pour celui qui l'a porté. On peut voir une figure de ce joyau qui date du XVIe siècle dans le t. VI de la *Revue Archeologique*. V. pl. 121, p. 341.

Legs de M. J.-H. Beck. 1846.

2722. JOYAU d'or émaillé et de cristal de roche. Buste de femme en cristal de roche, enchâssé dans un encadrement d'or émaillé. Cette femme dont la coiffure rappelle celles des règnes de Henri II et de François II a la tête surmontée d'une couronne royale fermée. Sur les épaules on lit : EPHESIORV ⊖EA MAGNA DIANA.

Diane, grande déesse d'Éphèse. H. avec la belière
4 cent. L. 3 cent.

> Il est difficile de s'expliquer le motif de ce bijou ; le costume et les traits
> de la femme pourraient faire songer à Diane de Poitiers, ce qui expliquerait
> la légende du revers ; mais pourquoi cette couronne royale ? Pourquoi aussi
> ce 0 grec au milieu de la légende latine ? Ce qu'on peut affirmer, c'est que
> le travail de ce joyau, qui a pu être un amulète, est du xvie siècle.

2723. Joyau figurant l'*autel de la Concorde.* Une table
d'émeraude en forme de carré long, représente l'autel
que caractérisent deux mains jointes en or émaillé
placées au-dessous. Dans le riche encadrement de
cette table figurent deux amours qui lui servent de
supports. Un triangle d'émeraude est placé au-dessus
de la table. H. 55 mill. L. 40 mill.

> Bon travail du xvie siècle.

2724. Joyau de grenat et d'or émaillé, représentant un
buste d'homme, imberbe, coiffé d'un casque représentant une tête de lion et revêtu d'une armure sur
laquelle est noué un manteau. La tête est en grenat,
le casque est en or, les vêtements sont en or émaillé.
Ce buste est placé sur une plaque d'argent percée de
six trous qui indiquent qu'il a été fixé à quelque
meuble. H. 4 cent.

> Ouvrage du xvie siècle.

2725. Dragon en Jaspe rouge et vert, portant au cou un
collier d'or enrichi de turquoises. Sur la croupe, fleuron en or émaillé avec une belière. H. 35 mill. L.
55 mill.

> Ce joyau a été suspendu à une chaîne de cheval.

2726. Bague de jaspe vert, ornée à la place du chaton,
d'un camée d'agate à 2 couches, représentant un
empereur romain lauré, vu en buste et de profil. Deux
autres camées et une intaille sur *nicolo* de très-petite

dimension accompagnent le camée du chaton; les sujets de ces trois pierres sont également des bustes virils de profil. Larg. 3 cent.

2727. Bague d'or émaillée dont le chaton est une tête de femme en grenat. H. du chaton 16 mill.

Travail du xvie siècle.

2728. Bague d'or émaillée dont le chaton est une tête de nègre de ronde bosse en Agate à 2 couches. H. du chaton 17 mill.

Excellent travail du xvie siècle.

2729. Manche de cachet en or formé d'un buste de négresse en agate à 2 c. H. 27 mill.

L'intaille sur laquelle devait être gravé le cachet manque.

2730. Bague de fer. Sur l'anneau, fleurons en argent. Sur le chaton est représenté en argent un Cerf aux abois de ronde bosse d'argent. Diam. de l'anneau 2 cent.

Travail du xvie siècle.

2731. Bague de corail sculpté. Deux chérubins opposés forment la décoration du chaton. Diam. de l'anneau 2 cent.

Travail du xvie siècle.

ANTIQUITÉS ÉGYPTIENNES

2732. Tablette funèbre. D'un côté est représenté, en relief, le corps d'Osiris couché sur le lit funèbre, et Anubis occupé à l'ensevelir; de l'autre côté, on lit :

ΔΙΔΥΜΗϹ ΔΙΟϹΚΟΥΡΙΑ ΕΒΙΩ ΛΜΒ

(*Sépulture*) *de Didymé fille de Dioscoride. Elle a vécu 42 ans.*

TERRE ÉMAILLÉE. Bleu nuancé de jaune. H. 50 mill. L. 83 mill.

2733-4. DEUX YEUX humains provenant probablement d'une statue polychrôme. BRONZE incrusté de pâte blanche imitant l'ivoire. H. 3 cent. L. 11 cent.

Les sourcils de bronze sont séparés des yeux et portent les nos 2735 et 2736.

2735-2736. SOURCILS de bronze. H. 7 mill. L. 12 mill.

V. no 2733.

2737. COURONNE d'olivier formée par un cercle de roseaux réunis par une enveloppe de toile et des fils qui maintiennent les feuilles, les baies et les tiges. Les feuilles sont en cuivre doré ; les baies en pâte ; les tiges en bois. Le tout a été doré, et avait reçu une teinture préparatoire de vermillon qui paraît où la dorure a disparu. DIAM. 33 c.

Cette couronne a été trouvée sur la tête de la momie de *Pétémenoph*, conservée à la Bibliothèque Impériale. V. nos 2738-39-40.

2738. PLAQUE d'or mince estampé en forme de langue. H. 39 mill. L. 32 mill.

Cette *langue* ainsi que les *yeux* décrits nos 2739-40, ont été trouvés dans la momie de Pétémenoph, conservée à la Bibliothèque Impériale. Les Égyptiens recouvraient avec ces plaques d'or les parties du corps de la momie, dont elles affectent la forme. V. numéros 2739, 40, 41, 42, 3, 4.

2739. PLAQUE d'or mince estampé représentant un *œil* humain. H. 25 mill. L. 38 mill.

V. no 2738.

2740. PENDANT du no précédent.

V. no 2738.

2741. BANDEAU d'or mince, découpé en feuilles comme une *couronne* et décoré au milieu d'une rosace. H. 9 mill. L. 14 1/2 cent.

On a trouvé ce *bandeau* ou cette *couronne* sur le front d'une momie de femme conservée au cabinet des Médailles dans un riche cercueil en carton peint en rouge et doré, orné du portrait peint de la jeune défunte et de sujets funéraires en relief dorés avec cette inscription :

ΔΙΟϹΚΟΡΟΥ
ΕΥΨΥΧΙ

(Fille) *de Dioscore, bon courage!*

J'ai trouvé dans la *Bibliothæca Græca* de Fabricius, t. VIII, p. 233, une lettre de Synésius, évêque de Ptolémaïs, à un prêtre de Sérapis à Alexandrie, nommé *Dioscore*. Il est permis de supposer que le père de la jeune fille ensevelie avec tant de soin, et le *Dioscore* auquel Synésius adressait l'an 412 de notre ère, une lettre sur un livre de Démocrite, ne sont qu'un seul et même personnage, car le travail du cercueil et la forme des lettres de l'inscription n'annoncent pas une haute antiquité et peuvent parfaitement être attribués au Ve siècle. On verra sous les nos 2742 à 2747 d'autres objets trouvés sur la même momie.

2742. PLAQUE d'or mince représentant le pubis d'une femme. H. 35 mill. L. 45 mill.

Trouvé sur la momie de la fille de Dioscore. (V. no 2741).

2743. PLAQUE d'or mince estampé représentant un *œil* humain. H. 15 mill. L. 25 mill.

Trouvé sur la momie de la fille de Dioscore. (V. no 2741.)

2744. PENDANT du no 2743.

(V. no 2741.)

2745. BAGUE formée d'une feuille d'or mince, découpée et estampée représentant un *serpent*. DIAM. 15 c.

Trouvé au doigt annulaire de la main gauche de la momie de la fille de Dioscore. (V. no 2741.)

2746. ANNEAU d'oreille formé d'une feuille d'or mince. Circonférence 5 cent.

Trouvé ainsi que le pendant no 2747 aux oreilles de la momie citée au no 2741.

2747. PENDANT du no précédeut.

V. no 2741.

2748. COLLIER funèbre dont les grains représentent les

fruits de l'asphodèle. Cornaline. H. 15 mill. L. 14 mill.

2749. Scarabée funéraire sur le corselet duquel sont gravés en creux le vase qui sert à exprimer l'idée de *cœur;* l'oiseau *Bennon,* emblème de la transmigration des âmes et la déesse *Tmé* ou la Justice personnifiée. Sur les élytres, figures accroupies et affrontées d'*Osiris* et du *Soleil.* Sur le plat est gravée en faveur d'un Égyptien appelé *Maisbascht* ou *Meri-Pacht,* un extrait du chapitre XXXI du *Rituel funéraire.* Serpentine noire. H. 66 mill. L. 46 mill.

2750. Scarabée égyptien, ou plutôt ailes éployées d'un scarabée. H. 3 cent. L. 15 1/2 cent.

> Feuille d'or mince, bractéate. Le corps de l'animal est à peine indiqué.

2751. Figure symbolique en forme d'œuf surmonté d'une tête humaine, symbole de la reproduction dans la mort. Par-dessus est écrit en caractères hiéroglyphiques, l'*osiris* (c'est-à-dire le défunt)..... *justifié,* et l'on a laissé en blanc le nom du mort. Terre émaillée, gris clair. H. 50 mill. L. 22 mill.

> Les lacunes du genre de celles signalées plus haut n'étaient souvent remplies qu'après l'acquisition consommée des objets destinés à être placés dans les tombeaux.

2752. Le dieu Nofré-Atmon à tête humaine, avec sa coiffure composée de deux feuilles de palmier sortant d'un calice de lotus. Terre émaillée, vert clair incrusté de bleu foncé. H. 10 mill.

> Statuette mutilée. Les jambes manquent.

2753. Thoth, dieu à tête d'*Ibis.* Tête émaillée, bleu clair. H. 10 1/2 cent.

> Statuette. Les pieds sont mutilés.

2754. Tête provenant d'une figure de Phthah enfant ou

Patèque avec un scarabée sur l'occiput et un épervier le long de l'oreille droite. TERRE ÉMAILLÉE vert clair. H. 26 mill. L. 31 mill.

Travail très-fin.

2755. BUSTE de PHTHAH enfant, ou de *Patèque*. TERRE ÉMAILLÉE, vert d'eau. H. 27 mill.

Fragment d'une grande finesse.

2756. BASCHT, PACHT ou *Bubastis*, la déesse à tête de lion, avec l'*uræus* au-dessus du front et le symbole de l'œil divin, *ouoti*, dans la main gauche contre la poitrine. TERRE ÉMAILLÉE, bleu lapis. H. 8 cent.

Statuette en deux morceaux.

2757. FIGURE panthée représentant la déesse à tête de lion *Bascht* ou *Bubastis*, avec le corps d'hippopotame de la déesse *Oph*, épouse de *Typhon*. TERRE ÉMAILLÉE vert clair. H. 8 cent.

Statuette de bon travail et de parfaite conservation, munie d'un anneau par derrière.

2758. HARPOCRATE debout, sur deux crocodiles, et tenant de chaque main deux gazelles et deux lions. SERPENTINE. H. 8 cent. L. 5 cent.

Les monuments de ce genre sont désignés sous le nom de *Cippe d'Horus*. C'est le symbole de la victoire du Soleil naissant sur les puissances typhoniennes. Celui-ci, qui est couvert d'hiéroglyphes, se distingue par sa petite dimension et la finesse de l'exécution.

2759. FRAGMENT d'un vase de verre orné de peintures exécutées à froid. On distingue *Anubis*, *Horus* ou la figure d'un mort, *Seb*, deux des quatre génies de l'*Amenti* et *Harpocrate*. H. 4 1/2 cent. L. 11 cent.

Fragment précieux pour l'histoire des arts. Raoul-Rochette a donné une représentation coloriée de ce monument dans son ouvrage intitulé : *Peintures antiques inédites précédées de recherches sur l'emploi de la peinture*, etc. V. au *frontispice*, et p. 387. On remarquera que sur notre fragment les traits sont dessinés en noir; les couleurs rouge et jaune sont appliquées à teintes plates.

2760. Vautour, symbole de la déesse *Mouth*, la grande mère divine, épouse d'Ammon. Lapis lazuli. H. 25 mill.

Figurine d'un bon travail.

2761. Chat, symbole de la déesse *Bascht* ou *Bubastis*. Bois. H. 9 cent.

Figure revêtue d'un enduit sur lequel les traits de l'animal sont tracés en noir.

2762. Le Poisson Latus. H. 9 cent. L. 15 cent.

Sculpture en pierre calcaire de bon travail.

2763. Vache. Symbole de la déesse *Háthôr*. Pate de verre bleu d'azur imitant le lapis-lazuli. H. 4 mill. L. 6 mill.

Figurine qui a subi quelques mutilations.

2764. Singe de l'espèce du *Cynocéphale* (symbole du dieu *Thoth*), accroupi sur un calice de lotus. Figure de Terre émaillée bleu clair. H. 8 1/2 cent.

2765. Tête et col de chouette. Au revers, en creux, le nœud, signe de la vie, appelée *Croix ansée*. Terre émaillée vert clair. H. 65 mill. L. 70.

Fragment d'une inscription incrustée de grande dimension.

2766. Scarabée sacré. Basalte vert. H. du plat., 41 mill. L. 31 mill.

Travail exquis.

2767. Scarabée sur lequel est gravé en creux, un roi, désigné à l'exergue sous le titre de *Seigneur de la terre*, terrassant et frappant de la harpé un ennemi qu'il tient par les cheveux, en présence du dieu *Phthah,* désigné par son nom hiéroglyphiqne. CORNALINE. H. 17 mill. L. 12 mill.

Les guerriers égyptiens portaient le scarabée au chaton de leurs bagues Voyez *Plutarque. De Iside et Osiride.* 10.

2768. SCARABÉE placé sur un *insecte ailé.* Sur le plat, en creux, un palmier et quatre cercopithèques. PIERRF calcaire. H. du plat. : 32 mill. L. 22 mill.

2769. SCARABÉOÏDE sur le plat duquel est gravée cette légende hiéroglyphique dans un cartouche : *Don de la belle déesse à son seigneur.* SARDOINE. H. du plat. : 15 mill. L. 11 mill.

Quoique la phrase égyptienne soit correcte, le monument semblerait plutôt exécuté en Asie : il provient de Beirout.

2770. DRESSOIR de potier, dit vulgairement *nilomètre.* CORNALINE. H. 2 1/2 c.

Le dressoir pour faire sécher les vases au sortir du four à potier, est l'attribut du dieu *Phthah* et le symbole de l'idée de stabilité.

2771. DRESSOIR de potier. TERRE ÉMAILLÉE BLEU CLAIR. H. 10 1/2 mill. L. 28 mill.

V. n° 2770.

2772. ŒIL symbolique, appelé *Ouoti,* symbole de l'activité et de la vie. Amulète de TERRE ÉMAILLÉE bleu clair. H. 18 mill. L. 17 mill.

2773. ŒIL SYMBOLIQUE, appelé *Ouoti,* gravé en creux sur une plaque d'or carrée avec belière. H. 12 mill. L. 10 mill.

V. n° 2772.

2774. ŒIL SYMBOLIQUE. TERRE ÉMAILLÉE, bleu clair, incrustée de noir. H. 45 mill. L. 55 mill.

V. n° 2782.

2775. NŒUD SACRÉ avec une inscription hiéroglyphique

indiquant que cet amulète doit servir à préserver le défunt *Pharéi* des attaques de *Typhon (Noubeï)*. Cornaline. H. 55 mill. L. 27 mill.

2776. Amulète égyptien en forme d'œuf surmonté d'une tête. Aigue marine très-claire. H. 17 mill.

Cet amulète a été monté au xvɪe siècle sur une gaîne en or niellé. H. avec cette monture : 43 mill.

2777. Tablette ou stèle munie d'une belière. Lapis-Lazuli. H. 18 mill. L. 9 mill.

Amulète.

2778. Amulète en forme de scarabée, avec une belière sous le corps de l'animal. Terre émaillée vert gris. H. 15 mill. L. 22 mill.

2779. Scarabée gravé sur un grand *amulète* en forme de cœur. Au revers, le texte du chapitre xxxɪ du *Rituel funéraire* est gravé en faveur d'un Égyptien appelé *Amenemhé*. Basalte vert. H. 7 cent. L. 5 cent.

D'après le texte du rituel, le *scarabée* sacré devait être placé sur le cœur du mort, et devenait pour lui un symbole de résurrection.

2780. Amulète de forme rhomboïde. Sur le plat, on lit : *Tous les biens innombrables pour Sa Majesté Amosis* ou *Amasis*. Serpentine. Diam. 7 mill.

L'inscription est un *vœu* pour un roi de la XVIIIe ou de la XXVIe dynastie selon qu'on doive lire Amosis ou Amasis.

2781. Barbe tressée à l'égyptienne. Bronze incrusté d'émail bleu. H. 14 mill.

Fragment d'une statue de grandeur naturelle.

2782. Amulète représentant une rouelle de fuseau. Terre émaillée (vert tendre). H. 15 mill. Diam. 45 mill.

2783. AMULÈTE semblable au n° précédent, sauf la couleur. TERRE ÉMAILLÉE bleue. H. 15 mill. Diam. 4 cent.

2784. SYMBOLE hiéroglyphique représentant une suite de collines et de vallées. PATE de verre imitant le jaspe rouge. H. 15 mill. L. 40 mill.

Ce symbole hiéroglyphique exprime l'idée de *terre* et de *contrée*.

2785. FRAGMENT D'UNE PRIÈRE en faveur de l'Égyptienne *Tachôï*. PATE DE VERRE (bleu clair incrusté de blanc). H. 8 mill. L. 38 mill.

2786. FRAGMENT contenant le commencement d'une inscription hiéroglyphique : *Paroles de Boutô.....* PATE DE VERRE (*bleu et blanc*). H. 3 1/2 cent. L. 37 mill.

Ce fragment est analogue pour la matière au célèbre vase Barberini ou Portland dont on voit les débris admirablement réunis au *British Museum*.

2787. CYLINDRE orné de figures symboliques disposées en deux bandes. 1° Registre supérieur : La croix ansée, symbole de la vie, surmontée de deux griffons accroupis, et du corps de laquelle semblent sortir deux taureaux. Le *dressoir à potier*, symbole de stabilité entre deux orycteropes (animal de Seth ou Typhon) accroupis avec des *Uræi* qui se dressent à leurs pieds, et de plus, un singe de l'espèce des *Cercopithèques*, marchant en travers de ces deux tableaux. 2° Registre inférieur : *Patèque* conduisant un *cynocéphale* au moyen d'une corde passée au col. L'*abeille*, symbole de la royauté, un lézard ou crocodile vu de dos, la figure d'un *cubiste* et une palme. Des ornements sont gravés des deux côtés sur le plat du cylindre. SERPENTINE BRUN ROUGEATRE. H. 36 mill.

Bien que les symboles égyptiens dominent dans cette double composition, l'origine en paraît plutôt asiatique qu'égyptienne.

2788. Cylindre orné du cartouche et bannière du roi Chephren de la IVᵉ dynastie, auteur de la 2ᵉ pyramide de Gizeh. On lit à 2 reprises : Horus, *qui gouverne le cœur*, Chafré, *dieu bienfaisant*. Serpentine. H. 22 mill.

2789. Cylindre orné d'inscriptions hiéroglyphiques gravées en creux, dans lesquels on trouve en cartouche et sur la bannière le nom du roi *Papei* (Phiops ou Apophis de la VIIIᵉ dynastie). Terre émaillée imitant un marbre veiné bleu et jaune. H. 77 mill.

2790. Cylindre. Double cartouche du roi *Amenemhé* : *Soleil qui dore les résidences (des hommes)* Amenemhé. — Terre émaillée blanche. H. 22 mill.

Plusieurs égyptologues placent dans la XIIᵉ dynastie, le roi *Amenemhé* qui doit appartenir à une époque un peu plus récente.

2791. Cylindre orné d'inscriptions hiéroglyphiques ; on lit en regard l'un de l'autre, les deux textes suivants : *Le fils du soleil*, Aménophis, *correcteur de la Thébaïde, le Dieu bienfaisant*, Soleil, *seigneur de* Justice, *qui donne la vie. La Royale épouse* Taïa, *la vivifiée*. Terre émaillée bleu vif. H. 31 mill.

Monument exécuté en l'honneur d'Aménophis Iᵉʳ, chef de la XVIIIᵉ dynastie et de la reine sa femme.

2792. Cylindre égyptien avec cette légende en caractères hieroglyphiques. *Le fils du soleil, Psammétichus.* Lapis-lazuli. H. 4 cent.

Fragment.

2793. Cylindre plein avec trois liens de sparterie à la base, mutilé par le haut. On lit en caractères hiéroglyphiques, d'un côté : *Le Seigneur des mondes, soleil qui captive le cœur, qu'il soit doué de la vie et de la puissance comme le soleil pour la durée du monde.* De l'autre côté, la même légende avec le nom du roi

Amasis, fils de *Neith*, de la XVIᵉ dynastie. PATE ver-dâtre. H. 10 cent.

Acquis en 1855.

2794. CYLINDRE plein auquel manque la partie supé-rieure. Le bas figure des liens en sparterie; la légende est complète; en voici le sens : *ô Dieu bienfaisant, Soleil qui attires les cœurs, que la ... te soit donnée, ô justifié! ô roi Amosis, fils du Soleil, que la joie te soit donnée, ô justifié!* TERRE ÉMAILLÉE, bleu clair. H. 9 cent.

Le roi en faveur duquel cette prière a été tracée après sa mort, est l'*Amosis* d'Hérodote, de la XXVIᵉ dynastie égyptienne.

2795. CYLINDRE. Cartouche, prénom d'un Pharaon : *L'auditeur Nofraï, aimant le* SOLEIL STABILITEUR DES MONDES. TERRE ÉMAILLÉE, vert clair. H. 25 mill.

2796. CYLINDRE. TERRE ÉMAILLÉE, vert foncé. H. 14 mill. H. 63 mill.

Les hiéroglyphes qui décorent ce cylindre semblent plutôt asiatiques qu'égyptiens.

2797. TÊTE de profil d'un *Pharaon*, probablement *Thoutmosis III*. PATE DE VERRE bleu imitant le lapis-lazuli.

Fragment d'un bas-relief polychrôme.

2798. BAGUE dont le chaton est orné d'une inscription hiéroglyphique en quatre lignes, qui expriment la prière suivante : *Echauffe, ô Phthah, dont la résidence est au midi, mon cœur pour la vie grande, souveraine, excellente, en m'ouvrant l'accès de la (demeure éternelle).* ÉLECTRUM. H. du chaton 21 mill. L. 12 mill.

2799. COLLIER composé de verroteries de diverses couleurs. Long. 10 cent.

2800. PALETTE d'un scribe égyptien, ornée d'une double inscription en caractères hiéroglyphiques. On lit à droite : « *Offrande royale à Osiris, dieu qui retient éternellement, pour qu'il donne toute la nourriture qui est sur sa table, la réunion des pains qui sont à la porte de sa demeure, pour le repos du prêtre qui paraît en face d'Horus-Hoti, le scribe du roi, Huï.* » On lit à gauche: « *Offrande royale à Osiris-Ouennofré, pour qu'il donne la nourriture abondante en pains, viande et volaille, et tous les autres biens purs en liquides et en végétaux, pour le repos de celui qui se tient le premier en présence de Horus-Hoti, Haï.* » BASALTE vert. H. 34 cent. L. 8 cent.

Cette inscription prouve que l'objet qui en est décoré avait été consacré dans le tombeau de celui qui en avait fait usage pendant sa vie, comme une offrande au dieu de l'*Amenti*.

MONUMENTS D'ARGENT

ANTIQUITÉ

Monuments d'argent trouvés en 1830, près de Bernay.

(2801 à 2869).

Le 21 mars 1830, un cultivateur normand nommé Prosper Taurin, labourait un champ qu'il avait acquis depuis peu, lorsqu'un obstacle vint arrêter sa charrue. Pareille chose était déjà arrivée au même endroit à plusieurs de ses devanciers; tous s'étaient contentés de tourner l'obstacle. M. Taurin qui labourait pour son compte, fut mieux inspiré; il voulut connaître la cause de cet accident, et empruntant une pioche à un ouvrier qui travaillait près de là, il s'en servit pour enlever ce qu'il prenait pour un caillou et qui était en réalité une tuile romaine. Il parvint à enlever cette tuile sans la briser, et trouva immédiatement à côté plus de cent objets en argent que cette tuile protégeait du côté du levant, et qui reposaient en bloc sur quelques morceaux de marne, à 6 pouces de profondeur. Qu'on juge de sa surprise et de sa joie; il avait sous les yeux plus de 25 kilogrammes pesant de statuettes, de vases, de plats, d'ustensiles de tous genres, dont un coup de pioche venait de le faire l'heureux possesseur.

Le champ, théâtre de cette aventure, est situé au hameau du Villeret, commune de Berthonville, arrondissement de Bernay, département de l'Eure; dans ce champ et dans ceux qui l'entourent, on trouve des vestiges de constructions qui avaient fait supposer l'existence sur ce point, d'un établissement de quelque importance dans l'antiquité.

La découverte d'une telle réunion d'objets d'art en métal précieux d'une parfaite conservation et d'un si grand intérêt, en un mot la découverte du *trésor d'un temple de Mercure*, car ce n'était rien moins comme on le verra plus loin, vint confirmer d'une manière éclatante les conjectures des antiquaires du pays, apporter après tant d'autres, une preuve nouvelle et palpable de la richesse et de l'état brillant de la civilisation de la Gaule pendant les premiers siècles de notre ère, et en même temps donner une nouvelle impulsion aux investigations archéologiques. M. Prosper Taurin ne songeait guère à des considérations de cet ordre; il était même tellement loin d'apprécier toute l'importance de sa découverte, qu'elle courut grand risque d'être dispersée. Heureusement, il écouta les avis éclairés de son parent, M. Liston, huissier à Bernay, chez qui toute la trouvaille fut mise en sûreté pour n'être vendue qu'en bloc. Deux personnes dévouées à la science et à l'intérêt public, M. A. Leprévost, aujourd'hui membre de l'Institut, et M. Delahaye, alors sous-préfet de Bernay, s'entremirent aussi très-utilement dans cette affaire, et enfin, grâce à ce concours d'heureuses circonstances, grâce aussi, il ne faut pas oublier de le dire, au désintéressement patriotique de M. P. Taurin, qui déclara ne vouloir traiter qu'avec un établissement public français, l'État devint propriétaire, pour une somme relativement modique, de la totalité de la découverte. C'est le 3 mai 1830 que feu Raoul-Rochette, alors conservateur du Cabinet des Médailles et Antiques, conclut cette importante acquisition.

Vingt-sept années se sont écoulées depuis ce jour mémorable pour la Bibliothèque, et pendant ce long espace de temps, malgré le zèle toujours croissant avec lequel on recherche de toutes parts les antiquités, aucun des musées de l'Europe n'a pu se féliciter d'une aussi éclatante bonne fortune. Le seul musée de Naples s'est enrichi en 1835 d'une collection de quatorze vases d'argent que l'on peut citer après celle de Bernay, mais on peut dire hardiment que la découverte de la rue de la Fortune, à Pompéi, au cœur du monde romain, ne peut rivaliser ni pour le nombre, ni pour l'importance des objets avec celle de notre humble champ de la Haute-Normandie.

La découverte de Pompéi a fourni à M. Bernardo Quaranta, le sujet d'un mémoire[1] dans lequel le savant italien qui, pour le dire en passant, paraît ignorer l'existence des vases de Bernay, n'a décrit en détail que quatre de ces quatorze vases, ce qui autorise à supposer que les dix autres ne sont pas d'une grande importance et qu'en tous cas, ils ne sont pas décorés de sujets. Deux de ces vases sont seuls figurés dans les planches qui accompagnent la dissertation. Pour la forme et les procédés de fabrication, ils sont

1. *Di quattordici vasi d'argento disotterrati in Pompei nel* MDCCCXXXV, etc., *Discorso del cavaliere B. Quaranta.* 2e ed. Napoli. 1837.

semblables à ceux de Bernay, nᵒˢ 2809 et 2810, et pour les sujets ils sont très-
analogues aux nᵒˢ 2807 et 2808 Autant qu'on en peut juger par les estampes,
ils paraissent aussi remarquables sous le rapport de l'art, et certainement
ils appartiennent à la même époque. c'est-à-dire qu'ils sont antérieurs
à l'empire romain, mais cette collection est celle d'un particulier, les
deux vases reproduits dans les planches sont les seuls qui soient véritablement remarquables aux yeux d'un antiquaire, tandis que les soixante-
neuf monuments de Bernay, c'est le _tresor_ d'un temple que les dévots
à *Mercure Auguste de Canetum* s'étaient plu à former et à enrichir. En-
foui à la hâte dans un moment d'alarme, et sans doute après avoir été
déjà exposé à la violence et aux outrages, comme le fait supposer l'état
dans lequel ont été trouvés plusieurs des objets qui le composent, le
trésor de Canetum a dû passer plus de seize à dix- ept cents ans sous la tuile
qui le protégeait, car des indices dont on parlera plus loin autorisent à
placer la date de l'enfouissement à la fin du ɪɪɪᵉ siècle de notre ère. Combien
faudra-t-il de siècles pour qu'on voie se renouveler un aussi extraor-
dinaire présent du hasard? Je viens de dire que c'était le trésor du
temple de *Mercure Auguste de Canetum*, qu'on a déterré près de Bernay; la
vérité de ce fait est démontrée jusqu'à l'évidence par les nombreuses inscriptions gravées sur nos vases que l'on trouvera rapportées plus loin, et
par cette circonstance signalée par M. A. Leprévost, c'est qu'on n'a
trouvé avec le trésor, ni monnaies ni quoi que ce soit qui ne fût en argent et consacré visiblement au culte de Mercure, le *grand dieu des Gaulois chez qui on en trouvait beaucoup de statues*, comme s'exprime Jules César
(*Comment. De bello Gallico*, ᴠɪ. 17). Le surnom d'*Auguste* donné à Mercure
sur nos vases n'a rien qui puisse surprendre un antiquaire; on le connaît par
plusieurs inscriptions; quant au second surnom, il nous apprend le nom de
la localité où s'élevait le temple. *Canetum* devait être une bourgade du pays
des *Eburovices ;* elle n'est mentionnée dans aucun des textes de l'antiquité.

Les vases de Bernay sont de diverses époques et d'un mérite inégal; les
plus anciens, qui sont aussi les plus beaux, sont certainement antérieurs à
l'empire romain; il en est même qu'on pourrait peut-être faire remonter à
un ou deux siècles avant J.-C.; ce sont ceux qui font penser à ces habiles
ciseleurs dont je parlerai plus loin d'après Pline. Les autres sont d'époques
bien postérieures; il en est même qui paraissent appartenir à la décadence,
c'est-à-dire au moment même de l'enfouissement, que l'on suppose avoir eu
lieu vers la fin du ɪɪɪᵉ siècle de notre ère, comme on l'a dit plus haut.

Je ne dois pas négliger de faire remarquer qu'il ne faut pas confondre
l'époque de la fabrication des vases, avec celle de leur dédicace dans le
temple de Mercure; cette époque nous est indiquée approximativement par
la forme des caractères des inscriptions; parmi celles-ci, il n'en est pas qui
remontent plus haut que le siècle d'Auguste, tandis que les plus récentes
descendent jusqu'à la fin du ɪɪɪᵉ siècle, et c'est là ce qui a fait fixer ce moment comme celui de l'enfouissement. On ne lira pas sans intérêt les noms
des *donateurs du trésor de Mercurius Canctus* ; on y remarquera des noms
de Romains et de Gaulois rapprochés dans une pensée religieuse commune,
comme ceux qui les portaient à ces époques de troubles se côtoyèrent pendant leur vie. C'est ainsi que sur sept des plus beaux objets de la trouvaille, on remarquera le nom patricien de *Quintus Domitius Tutus*, sur une

patère celui de *Q. Statilius Clarus*, tandis que sur d'autres, on lira les noms gaulois de *Camulognata*, de *Doctrix* et de *Combaromarus*.

Il y aurait d'intéressantes observations à faire sur tous ces noms. Raoul-Rochette a fait sur celui de *Domitius* une remarque qui ne paraît pas suffisamment établie ; le savant académicien veut placer la date de la dédicace des vases qui portent le nom de *Q. Domitius Tutus* sous le règne de Néron, *qui était de la famille Domitia*, parce que ce nom fut plus fréquemment porté alors qu'en aucun autre temps de l'empire romain. Outre que cette raison serait une bien faible présomption, Raoul-Rochette oubliait que Néron était entré par adoption dans la famille *Claudia* et que par conséquent, il serait peu probable qu'il eût donné le nom de *Domitius* aux personnes auxquelles il accordait le droit de cité.

La plupart des curieuses inscriptions des *vases de Bernay* sont tracées par des *points*, au *pointillé*, procédé qui permettait d'écrire sur une pièce d'orfévrerie sans en altérer la forme, sans nuire aux bas-reliefs et sans en diminuer comme sans en augmenter le poids ; quelques-unes sont tracées en creux au burin ; enfin, une ou deux sont incrustées en or. Les procédés de fabrication des *monuments* de Bernay méritent de fixer l'attention ; à l'exception de quelques anses, des ustensiles et d'accessoires, comme le *buste d'Hermaphrodite*, n° 2803, rien n'a été fondu ; tout a été fait au marteau et ciselé ensuite par le procédé du repoussé, que les Grecs nommaient *sphyrelaton*. Les statues sont formées de plaques d'argent battu admirablement soudées ; les vases sont exécutés de la même manière ; il en est plusieurs (n°s 2805, 6, 7, 8, 9, 10, 11 et 12) qui offrent une particularité intéressante, que l'on a remarquée également dans le *Vase Corsini* et dans les deux *vases de Pompei*, cités plus haut ; c'est qu'ils sont doublés d'une sorte de cuvette mobile d'argent massif, travaillée aussi au marteau, qui contenait le liquide et servait à donner du corps à la partie extérieure, laquelle consistait en une plaque d'argent très-mince, travaillée au repoussé et offrant par conséquent en relief les sujets dont l'artiste voulait décorer le vase. Quant aux *pateres* ou coupes plates, elles sont presque toutes décorées d'*emblemata* mobiles que l'on a trouvés détachés des patères auxquelles ils appartenaient et qu'on a replacés en exécutant d'indispensables et prudentes restaurations. Le retentissement des découvertes de monuments d'argent prouve leur excessive rareté ; l'espace me manque pour faire l'énumération des plus célèbres, mais je ne terminerai pas cette notice sans rappeler ce que nous dit Pline, de la passion des anciens pour les vases d'argent décorés de sculptures. L'encyclopédiste romain, qui nous a fait connaître les plus célèbres artistes qui s'adonnèrent à cette *spécialité*, il faut bien employer le mot, puisque la chose existait, s'étonnait que personne ne se fût illustré à ciseler sur or, tandis que tant d'artistes étaient devenus célèbres en ciselant l'argent. « Mirum in auro cœlando «inclaruisse neminem, argento multos. » (*Hist. nat.*, XXXIII. LV.) Parmi les artistes nommés par Pline, il en est deux, *Pytheas* et *Acragas*, auxquels il attribue des compositions que l'on retrouvera sur des vases de Bernay, ce sont l'*Enlèvement du Palladium* (V. n° 2804) par Pytheas, et les *Bacchantes et les Centaures*, par *Acragas* (V. n°s 2807 et 2808) On ne croit pas posséder pour cela précisément les vases exécutés par ces illustres artistes ; mais comme les monuments de Bernay en question sont d'un très-bon style, on peut supposer sans trop de hardiesse que nos vases, comme ceux de Pompei, publiés par M. Quaranta, sont des répétitions antiques des compositions de Pytheas et d'Acragas.

Avant de passer à la description détaillée des 69 objets (1) dont se compose la découverte de Bernay, il me reste à faire connaître les principaux écrits qu'elle a fait naître, et surtout ceux qui sont accompagnés de planches figurant les monuments. Au lendemain de la découverte, M. A. Lepiévost, que j'ai déjà nommé plus haut, décrivit succinctement ces monuments dans les numéros des 19 avril, 7, 17, 22 mai et 7 juin 1830 du *Journal de Rouen*. M. Pretextat Oursel dessina les principaux objets et en fit un recueil de 10 planches lithographiées avec une explication sommaire. La même année 1830, au mois de mai, M. Charles Lenormant écrivit sur les *Fouilles de Bernay*, une lettre à M. Panofka, insérée dans le *Bullettino dell' Instituto di corrispondenza archeologica*. Le *Journal des savants*, mois de juillet et d'août 1830, contient sur le même sujet un travail de Raoul-Rochette, intitulé : *Notice sur quelques vases antiques d'argent*, etc. Le même auteur compléta ce travail par une *Notice sur deux vases d'argent* (Nos 2811 et 2812) *provenant du dépôt de Bernay*, etc., insérée dans les *Nouvelles annales publiées par la section française de l'Institut archéologique*, Paris, 1838, avec quatre planches gravées au trait. Enfin dans l'intervalle qui sépare les deux publications de Raoul-Rochette, en 1832, M. A. Lepiévost reprit cette question qu'il avait à cœur, et écrivit pour le t. VI des *Mémoires de la Société des antiquaires de Normandie*, une intéressante dissertation intitulée : *Mémoire sur la collection de vases antiques, trouvée en mars 1830 à Berthouville*. Ce mémoire est accompagné de 15 planches lithographiées. Plus tard, dans son grand ouvrage intitulé : *Monuments d'antiquité figurée*, Raoul-Rochette a donné dans l'*Odysséide*, pag. 272 et suivantes, une description plus complète et mieux étudiée des deux *vases iliaques* qui portent les nos 2804 et 2805 dans le présent catalogue. Les deux planches lithographiées (nos LII et LIII) qui accompagnent le travail de R. Rochette ne sont pas signées ; mais on y reconnaît facilement la main exercée de M. Muret, dessinateur du Cabinet des Médailles. Ces planches se distinguent de toutes celles qui ont été faites d'après les monuments de Bernay, par une fidélité scrupuleuse et par un sentiment très-juste de l'art antique, comme tout ce que les archéologues doivent à cet artiste aussi habile que consciencieux.

J'aurai souvent à citer ces différents auteurs ; le soin que je viens de prendre de donner les indications précises de leurs écrits qui m'ont été si utiles me permettra de les rappeler brièvement dans le cours de cette description, qui, à défaut d'autre mérite, aura du moins celui d'être la première véritablement complète.

1. M. Lepiévost a dit que la découverte comprenait plus de 70 objets. M. R. Rochette a dit plus de cent ; en réalité, il y a 69 objets. Cette différence est facile à expliquer ; aujourd'hui je décris pour la première fois la totalité des objets après leur restauration ; tandis que les deux savants comptaient tous les fragments qui forment maintenant des monuments entiers La statue de Mercure (no 2802) à elle seule pourait fournir 15 ou 20 fragments avant sa restitution par M. Depaulis.

Statue de Mercure.

2801. Le dieu est représenté debout, entièrement nu, tenant de la main gauche un caducée; de la droite, étendue en avant, il devait tenir la bourse. L'occiput manque; des vestiges de soudure indiquent que la partie disparue était couverte d'un *pétasus* ailé semblable à ceux de la *statuette* nᵒ 2802 et du *buste* n° 2803. Le caducée d'une forme remarquable n'est pas muni d'ailes; les têtes des serpents qui le surmontent ont conservé des traces de dorure. H. 56 cent. Diam. de la base. 16 cent.

MONUMENT unique par sa dimension dans un métal aussi précieux et par sa parfaite conservation, le *grand Mercure* de Bernay ou plutôt de Canetum, est malheureusement peu remarquable sous le rapport de l'art. Si comme on le pense généralement, il date du premier siècle de l'empire romain, il faut supposer qu'on le doit à un artiste médiocre, vivant loin du foyer de la civilisation dans quelque ville reculée de la Gaule. Cependant, malgré des défauts faciles à signaler, cette figure n'est pas sans mérite; on a cherché à expliquer l'absence d'idéal des traits du Dieu en supposant qu'on avait voulu faire l'image d'un empereur ou d'un membre de sa famille avec les attributs de *Mercurius Augustus;* cette hypothèse émise par R. Rochette qui a cru reconnaître ici Germanicus, n'est pas inadmissible. Mais je me contente de la signaler en ajoutant qu'elle n'est pas nécessaire. Tous les artistes de l'Antiquité, surtout à l'époque romaine, n'étaient pas des Phidias, et la vulgarité des traits du Mercure de Canetum pourrait bien n'avoir d'autre raison d'être que le peu de talent de son auteur.

Les procédés d'exécution de cette statue sont intéressants à examiner; elle n'a pas été fondue, mais se compose de feuilles d'argent battu très-industrieusement soudées. La tête elle-même ainsi que les bras ont été également faits au repoussé.

Statuette de Mercure.

2802. Le dieu est debout, revêtu de la chlamyde et coiffé du pétase muni d'ailes; il tenait le caducée et la bourse, mais ces attributs ont disparu. H. 35 cent.

Il faut admirer ici non-seulement un monument de l'antiquité, mais encore l'œuvre d'un artiste contemporain. La tête, les membres et d'importants fragments du corps et de la chlamyde de ce Mercure furent trouvés dispersés, et dans les premiers temps de la découverte, on se doutait si peu qu'ils provinssent d'une figurine dont on avait presque tous les éléments, que la tête et les mains ont été décrits à part comme des *ex-voto* dans les divers écrits

sur la découverte de Bernay cités plus haut. C'est seulement en disposant
ces fragments dans le Cabinet des médailles et antiques, que les conservateurs reconnurent que c'étaient les vestiges d'une statuette qu'il était possible de restituer. M. Depaulis, l'un de nos premiers graveurs en médailles,
s'offrit avec un complet désintéressement pour exécuter cette délicate restauration. Avec une véritable science servie par une grande dextérité, et
guidé par un sentiment exquis de l'antique, M. Depaulis a réuni à la tête, le
corps et les membres éparpillés, et après avoir modelé en cire les morceaux
perdus, qu'on ne peut ainsi confondre avec les vestiges antiques, il est devenu,
on peut le dire, le second créateur de cette statuette, qu'il a retrouvée avec
une rare sagacité, et que son talent nous permet de contempler telle qu'elle
fut dans son intégrité.

Cette figurine dont la dimension est bien inférieure à celle du *grand Mercure* est d'un meilleur travail. La tête a plus de noblesse ; il est vrai que le
nu est plus difficile à traiter que les draperies qui cachent ici le corps du dieu,
mais on peut dire cependant qu'on la doit à une époque antérieure, ou du
moins à un artiste plus habile.

Les procédés d'exécution sont les mêmes que pour la grande statuette,
no 2801, à l'exception de la tête et des bras qui sont en argent massif, fondus et reciselés.

2803. HERMAPHRODITE. BUSTE en argent massif, avec aile-rons à la tête et chlamyde dorés; la coiffure est celle de Vénus; les seins sont proéminents. H. 35 mill.

Ce buste ne paraît pas provenir d'une statuette ; il devait orner l'ombilic
d'une patère comme il y en a un grand nombre dans la trouvaille. Le travail est plus fin que celui de la statue no 2801. C'est ce joli buste qui est désigné dans les premiers récits de la découverte comme ayant été volé dès
l'origine. M. Le Prévost nous apprend qu'il fut retrouvé dans un ruisseau,
après avoir beaucoup souffert ; en effet, le nez et le sourcil gauche sont
tres-mutilés.

Au no 2823 on trouvera les bustes de Mercure et de Vénus réunis sur une
patère ; ici les deux divinités se confondent dans le personnage d'Hermaphrodite.

2804 et 2805. DEUX ŒNOCHOES formant ce que les anciens appelaient comme nous une *paire de vases*; ils aimaient les pendants comme on les aime de nos jours; Pline parle de quatre *paires de vases d'argent* exécutés par Mentor, le célèbre ciseleur de vases, *cœlator* (*Hist. nat.* XXXVII. LV). Ces vases ne se faisaient pas pendant seulement par la forme; les sculptures dont on les décorait devaient aussi se correspondre parfaitement. La forme de ceux-ci est de la plus grande élégance; ils n'ont qu'une seule

anse qui dépasse leur col allongé et parfaitement disposé pour verser le liquide dans les coupes; il est séparé de la *panse* par une ligne d'oves et d'annelets ciselée dans la masse [1].

C'est du reste précisément la forme que les artistes de la Renaissance ont si souvent adoptée pour leurs belles aiguières qui ornent aujourd'hui nos musées. Les bas-reliefs qui décorent le *col*, là *panse* et l'*attache* des anses de ces deux vases sont exécutés au repoussé; l'*anse* rattachée à la *panse* par un masque tragique aussi au repoussé est décorée avec élégance, mais par des ornements ciselés dans la masse; à l'orifice, les extrémités de l'anse se terminent par deux têtes de Méduse. Le pied de chacun de ces vases est decoré de fleurons et d'ornements de fantaisie absolument semblables.

Le style de ces vases est large et sévère; si leur auteur n'appartient pas à la belle époque de l'art grec, on peut au moins dire qu'il s'est inspiré des grands maîtres. Raoul-Rochette plaçait la date de la fabrication de ces deux vases à l'aurore de l'empire romain et certains détails de l'exécution paraissent justifier cette opinion.

Les deux vases ont conservé de nombreuses traces de dorure; en les examinant de près, on remarque que l'or a été appliqué sur les vêtements et sur les accessoires, tandis que les figures restaient de la couleur naturelle de l'argent.

Les sujets sont empruntés à la *Guerre de Troie*; mais l'artiste ne s'est pas astreint aux données homériques; il a suivi en quelques points d'autres autorités, comme Quintus de Smyrne et sans doute d'autres auteurs qui ne sont pas arrivés jusqu'à nous. Sur le

---

1. On a donné quelquefois à tort à ces vases le nom du *præfericulum*, qui est une sorte de bassin.

premier de ces vases, on voit *Achille pleurant sur le corps de Patrocle*, le *Rachat du corps d'Hector* et l'*Enlèvement du Palladium*. On compte sur ce vase 24 figures, y compris les corps de Patrocle et d'Hector.

Le second vase nous offre la *Vengeance d'Achille* qui traîne le corps d'Hector sous les murs de Troie, la *Mort d'Achille* et *Ulysse et Dolon*. Il y a 21 figures ou demi-figures sur ce vase.

La hauteur de chacun de ces vases est de 30 cent. La circonférence de 44 cent.

Description du premier vase de la paire d'Œnochoés iliaques.

2804.

Première face du vase :

Achille pleurant sur le corps de Patrocle. Le fils de Pélée est assis sur un rocher à demi nu; la tête appuyée sur la main droite, il contemple avec douleur, le corps de *Patrocle* qui est couché sur un rocher et à moitié enveloppé d'un linceul. En face d'Achille, *Phénix* son vieil ami et son Mentor, également assis et se tenant les genoux avec les mains. Derrière Achille, *Ulysse* coiffé du *pilos*, debout, le pied droit sur un rocher dans une pose qui lui est commune avec Neptune. Près du roi d'Ithaque, *Antiloque* le fils de Nestor, l'ami le plus cher d'Achille après Patrocle, s'appuyant des deux mains sur sa lance. Les autres personnages sont *Nestor*, représenté debout, les deux mains jointes et avec l'expression d'une douleur profonde entre un *héraut* s'appuyant des deux mains sur un bâton, et un *guerrier* tenant sa lance. Derrière Phénix, un *vieillard* chauve, s'appuyant sur un grand bouclier, sans doute celui d'Achille, assis entre un second *guerrier* dans la même pose que le premier, et un second *héraut* qui clôt toute la composition.

Deuxième face :

Rachat du corps d'Hector. ACHILLE, assis sur un trône dont les pieds figurent des lions, les pieds posés sur un *subsellium*, la tête nue et vêtu seulement d'une chlamyde qu'il retient sur ses genoux de la main droite, chaussé de brodequins, l'épée suspendue à son côté par un baudrier, pose la main gauche sur son large bouclier et préside là pesée des trésors offerts par Priam pour la rançon du corps de son fils. Derrière Achille, *Phénix* debout, la chlamyde sur l'épaule, faisant un geste qui conseille la modération à son élève; auprès du précepteur d'Achille, *Diomède* casqué tenant sa lance; *Ulysse* coiffé du pilos et paraissant donner un avis, enfin *Antiloque*, la lance sur l'épaule, portant la main droite à ses yeux, et contemplant avec douleur cette scène cruelle. Près de ce dernier personnage, une grande *balance* posée sur trois pieds en triangle; le *masque bachique* qui rattache l'*anse* de l'œnochoé à la panse paraît en même temps servir de soutien au fléau de la balance dans les plateaux de laquelle sont placés d'une part le *corps d'Hector* et de l'autre un grand *cratère* ou vase à deux anses en or.

Le second groupe de cette composition placé de l'autre côté de la balance est celui des *Troyens suppliants;* à leur tête paraît *Priam* dont le geste indique le désespoir; le vieux roi porte le costume asiatique; il a la mitre phrygienne, ou bonnet phrygien, des anaxyrides ou larges pantalons et un grand manteau. *Quatre Troyens* l'accompagnent; deux seulement sont coiffés comme lui de la mitre; des deux autres qui ont la tête nue, l'un, celui qui suit immédiatement l'infortuné monarque, est un très-jeune homme et pourrait être un de ses nombreux enfants. On distingue des lances dans les mains de trois des suppliants.

Sur le col du vase, face antérieure, l'*Enlèvement du Palladium*. Diomède, nu, mais casqué et avec son baudrier au cou, dans l'attitude consacrée et qu'on retrouve sur tant de monuments divers, c'est-à-dire un genou replié sous lui, et paraissant prêt à quitter un tertre, porte le *Palladium* sur son bras gauche, et tient sa courte épée nue de la main droite avec un geste de menace; en face de Diomède, mais séparé de lui par un *autel* orné d'une guirlande, *Ulysse* marchant à pas précipités, coiffé du *pilos* ou bonnet nautique, nu, à l'exception d'une courte chlamyde qui vole au vent, tient de la main gauche son épée encore dans le fourreau, ce qui exprime sa prudence, et fait un geste qui conseille la modération à son fougueux compagnon. Sur la partie plate du col, sous l'anse, *temple* tétrastyle d'ordre dorique, élevé sur quatre degrés et décoré d'une guirlande qui embrasse les quatre colonnes.

Vers le haut de la *panse du vase*, on lit cette inscription dédicatoire circulaire, gravée au pointillé :

MERCVRIO AVGVSTO Q. DOMITIVS TVTVS EX VOTO.
A Mercure Auguste. Quintus Domitius Tutus, ex voto.

La même inscription est gravée sur le pendant de ce vase, n° 2805. On trouvera encore le nom de ce personnage sur cinq objets de la découverte; sur le *poculum* n° 2806, sur la paire de vases n°s 2807 et 2808, sur la phiale n° 2820 et sur le simpulum, n° 2851. Les sept objets, donnés par *Q. Domitius Tutus*, sont parmi les plus importants de la découverte. Sur un seul la formule *ex voto* est échangée pour celle-ci : V. S. L. M., qui exprime la reconnaissance pour l'accomplissement du vœu. V. n° 2806.

2805.

Description du second vase de la paire d'OEnochoés iliaques.

Première face du vase :

Achille traînant le corps d'Hector derrière son char. ACHILLE, debout dans son char, nu, le casque en tête, le javelot à la main, se couvrant de son grand bouclier rond, sous lequel il abrite aussi *Automédon*, vole dans la plaine traîné par deux chevaux. Le corps d'*Hector*, les mains liées, est attaché au char et sa tête balaie la poudre des champs de Troie. Achille est représenté d'une taille gigantesque; sa tête touche presque au sommet des plus hautes tours de la ville; Automédon au contraire qui se penche pour diriger les chevaux, est représenté de taille ordinaire, ce qui le fait paraître presque un enfant auprès du héros; trois guerriers grecs courent au combat sur les traces d'Achille; sous les pieds des chevaux du bige, un guerrier renversé. Sur les créneaux des murs de Troie qui entourent tout le vase, paraissent quatre personnages dont on ne voit guère que les têtes. Ce sont *Priam* et *Hécube* dont les gestes expriment la douleur et l'effroi, et *deux Troyens* qui casqués et abrités par leurs boucliers lancent leurs javelots sur Achille.

Deuxième face :

La mort d'Achille. Le fils de Pélée, le casque en tête, nu, comme tous les personnages de cette composition, blessé d'une flèche au talon droit, est tombé sur le genou gauche; son épée est dans le fourreau; il pose la main gauche sur son bouclier, dont il ne veut pas se dessaisir même en ce moment suprême, et en même temps, de la main droite, il cherche à arracher le trait fatal ; mais déjà cette main terrible pend inerte et sans force. La tête du héros est penchée ; il succombe et serait déjà étendu sur le sol s'il n'était soutenu par *Ajax* qui tout en l'étreignant de la main droite, de la gauche l'abrite sous son bouclier. Trois Troyens se pressent pour achever Achille et pour enlever son corps ; ce sont *Énée*, *Páris* et *Agénor*. Trois Grecs viennent en aide à Ajax pour sauver le corps d'Achille ; l'un d'eux est déjà blessé ; Raoul-Rochette le nomme *Nérée* ; d'après le même auteur, les deux autres seraient *Néoptolème* et *Ménélas*. Une *Victoire* ailée, portant une palme et une couronne qu'elle offre à Ménélas, paraît ici pour indiquer le dénouement du combat.

Sur le col du vase, l'artiste a représenté *Ulysse et Dolon*. Le roi d'Ithaque est reconnaissable à son *pilos* ; mais ce qui précise la scène, c'est la *peau de loup* dont est revêtu *Dolon* (Iliade, ch. x, v. 400). Diomède, qui accompagnait Ulysse dans l'expédition nocturne si fatale à Dolon, ne paraît pas ici ; sa présence détruirait l'harmonie de la composition qui doit faire pendant à l'*enlèvement du Palladium*, où ne figurent comme ici que deux personnages. Le moment choisi par l'artiste est celui où Ulysse interroge le malencontreux espion. Dolon tient un long javelot ; Ulysse est sans armes, ce n'est pas lui en effet qui tua Dolon, mais Diomède. Entre ces deux personnages, un arbre et un autel décoré de deux têtes de bélier. Au revers du col, sur la partie plate, un cippe décoré d'une guirlande sur lequel paraît un vase cinéraire à deux anses.

L'inscription dédicatoire est la même qu'au numéro précédent.

2806. Vase sans anses en forme de gobelet, appelé *poculum*, *poterium* ou *kotylé* par les auteurs qui l'ont décrit précédemment. Ce vase est orné de compositions au repoussé sur plaques d'argent mince et garni à l'intérieur d'une *doublure* ou cuvette en argent massif. Les figures se détachent en très-haut relief, sur un fond doré et moucheté de points noirs.

Bien qu'il n'y ait aucune séparation entre les figures et que toutes aient trait au même sujet, c'est-à-dire, à la *Victoire d'un athlète*, je crois qu'il faut voir ici trois scènes distinctes.

1° *Athlète vainqueur aux jeux Isthmiques*; il est représenté nu, debout, imberbe, avec des formes herculéennes, la tête ceinte d'une couronne de pin et tenant de la main gauche une palme; de la droite, il tenait un objet qu'une cassure empêche de distinguer; c'est peut-être l'extrémité de la draperie dont on voit quelques plis sur son épaule gauche. Devant lui, la *table des jeux*, sur laquelle est une couronne d'ache. Un *Herméracle* qui regarde dans un autre sens que l'athlète est placé près de cette table.

2° *Deux divinités assises* qui ont été nommées *Neptune* et *Amphitrite*, mais qui paraissent cependant être *Jupiter* et *Junon*. Le dieu est assis sur un trône; il est à demi nu; de la main gauche, il tient non pas le trident, mais un long sceptre; son trône est orné de compartiments semblables aux cases de l'échiquier, alternativement dorés et niellés. La déesse qui par la majesté de sa pose, par sa coiffure, par le caractère noble et élevé de ses traits, paraît être *Junon*, est représentée debout près de son époux; elle est diadémée, revêtue d'une tunique et d'un peplus et tient comme Jupiter un long sceptre de la main gauche.

3° *La nymphe de la fontaine Pirène et Pégase*. La nymphe presque entièrement nue, puisque ses jambes seules sont couvertes d'une draperie, est assise au bord de la fontaine ; elle tient d'une main un roseau et de l'autre elle flatte *Pégase* qui se baisse pour boire à la fontaine sacrée. Dans le fond, la montagne de l'Acro-Corinthe, au sommet de laquelle on voit, comme sur les médailles coloniales de cette ville, le temple tétrastyle de Vénus armée.

Sur le culot du vase, on lit au pointillé cette inscription circulaire :

MERCVRIO Q DOMITIVS TVTVS. V.S.L.M.

A Mercure, Quintus Domitius Tutus. Il s'est acquitté de son vœu avec joie et à juste titre.

H. 125 mill. Diam. 12 cent.

Les *Jeux isthmiques* se célébraient dans l'isthme de Corinthe en l'honneur de Neptune ; aussi est-il naturel que plusieurs aient vu ce dieu sur un vase consacré à la gloire d'un athlète vainqueur dans ces jeux, comme nous l'apprennent la couronne de pin, la fontaine Pirène et la citadelle de Corinthe. D'autres cependant ont cru reconnaître les grands dieux du Paganisme, précisément à cette absence même des attributs caractéristiques que l'artiste n'aurait pas manqué de donner à Neptune et à Amphitrite, s'il avait eu le dessein de les représenter. Les trois sujets peuvent s'expliquer ainsi ; l'*athlète* vainqueur, les *dieux* sous la protection desquels il avait combattu, enfin, l'*Isthme* personnifié.

Je ne voudrais pas allonger cette note en parlant du mérite de ce curieux vase ; il suffira de faire remarquer que si la figure de Jupiter participe peut-être trop de la nature *athlétique* donnée à si juste titre au jeune *vainqueur*, celles de Junon et de la nymphe prouvent une grande souplesse de talent. L'une brille par la grâce ; l'autre se fait admirer par la noblesse du style. On peut attribuer ce vase au siècle qui précéda l'établissement de l'empire romain.

Des sept objets consacrés à Mercure par Q. Domitius Tutus, ce vase est le seul qui porte la formule V.S.L.M.

2807-2808.

UNE PAIRE DE CANTHARES BACHIQUES qui se font pendant, non-seulement par la forme et les accessoires, mais aussi par les sujets qui les décorent. Ces bas-reliefs sont exécutés au repoussé sur des feuilles d'argent mince; l'intérieur des vases est doublé d'une cuvette d'argent massif. Les anses sont en deux parties, des anneaux et des oreilles ; celles-ci sont décorées d'ornements de fantaisie ciselés dans la masse; elles se rattachent au vase par des *becs de cygne*, et deux *panthères* découpées en forment l'ornement principal. Les sujets ont rapport au culte de *Bacchus* et rappellent beaucoup ceux de la *Coupe des Ptolémées* (V. plus haut, nᵒ 279), comme les vases eux-mêmes la rappellent par leur forme. Sur nos deux vases, les principaux personnages sont un *centaure* et une *centauresse*. Sur l'un des vases, le centaure est enfant; sur l'autre, il est barbu. Ces deux personnages sont entourés de génies, de vases et de divers attributs symboliques que j'essaierai d'énumérer en me contentant ici de rappeler que les sujets bachiques sont presque toujours en même temps funéraires. (Voyez numéros 2809 et 2810, 2821 et 2828.) Cette paire de vases fait partie de l'offrande de *Q. Domitius Tutus;* on lit sous chacun d'eux, au pointillé, la même inscription que sur les vases nᵒˢ 2804 et 2805. H. 11 cent. Diam. sans les oreilles, 16 cent. L. avec les oreilles, 26 cent.

2807.

Première face du vase :

E_N _{COMMENÇANT} près d'une des anses, nous voyons d'abord un jeune *faune* qui plonge ses deux mains dans un grand *cratère*, dans lequel se déverse le liquide d'une *hydrie* couchée et posée sur un cippe ; il opère sans doute le mélange de l'eau avec le vin. Sur le cratère, dont le couvercle se voit sur le sol, est représenté le sujet suivant : un *bacchant* accourt vers *Hercule* assis, et lui présente un *canthare*. Près du grand cratère, un *masque tragique* et une lyre sur laquelle est représenté en bas-relief *Apollon* assis s'appuyant sur sa lyre et un petit *génie*. — Plus loin, un petit génie ailé tire les cheveux d'un *centaure* barbu accroupi, qu'il fait mine de souffleter; le bon centaure baisse la tête avec résignation; de la main droite il tient une guirlande de laurier; une peau de lion est jetée sur sa croupe. Le bras gauche manque en partie. Un autre petit *génie* ailé apporte une corbeille remplie de fruits, trop lourde pour ses forces, sur une table ou *trapézophore* déjà chargée de *rhytons* à têtes de panthères et de vases divers. Trois *figures*, d'un mouvement très-élégant, servent de supports au trapézophore; ce sont un *bacchant* le thyrse à la main, une *bacchante* portant des fruits sur un plat, et *Pan Dadouchos* portant une torche d'une main et une amphore de l'autre; tous trois paraissent exécuter une danse. Un arbre desséché étend ses rameaux sur le trapezophore.

Deuxième face du vase :

Sur une colonne, une corbeille pleine de fruits et un *flambeau* passé dans une couronne. Un petit *génie* ailé, debout sur un grand *cratère* renversé, joue de la double flûte; une panthère sort de ce cratère, sur lequel est ciselée une *clochette*. Une jeune et belle *centauresse*, accroupie, les cheveux épars, avec une couronne de lierre sur la croupe, détourne la tête tout en présentant un *miroir* où se réfléchissent le *petit musicien* et la *colonne* dont on vient de parler. Aux pieds de la centauresse, *ciste* mystique d'où s'échappe le *serpent*; à sa droite, *colonne* sur laquelle sont posés un fruit et un vase; derrière *Hippa*, car on peut donner le nom de la nourrice de Bacchus à cette centauresse, un autre *génie* ailé, posté, un pied sur une fontaine, l'autre sur un grand vase à une seule anse, cueille des pavots qu'il destine à un *vase* sans anses posé sur un cippe déjà rempli de fleurs; près de ce vase, une *pomme de pin*. Le *vase* sur lequel pose le pied du petit génie est chargé d'un bas-relief représentant un *cavalier* lançant son javelot sur un ennemi qui fuit. Un arbre noueux et desséché étend ses rameaux jusqu'au-dessus de la centauresse. Une *clochette* est suspendue à cet arbre, derrière lequel est un *autel* ou pyrée sur lequel brûle un feu de *pommes de pin*; cet autel est d'une forme particulière : ce sont deux cônes renversés, dont l'un est superposé à l'autre et qui se réunissent par leurs pointes. On retrouvera un autel semblable sur le disque de *C. Propertius Secundus*, n° 2821, ainsi que sur la coupe n° 2879.

2808.

Première face du vase :

UN ARBRE desséché, étendant au loin ses rameaux, servira de point de départ; au-dessous un petit *génie* ailé monté sur un cippe verse à boire à un *serpent* ailé qui s'enroule autour de son bras gauche; derrière le génie, une petite colonne sur laquelle est jetée une draperie; devant lui, un grand *diota* ou vase à deux anses, décoré d'un bas-relief représentant *Castor* et *Pollux* enlevant *Hilaïra* et *Phébé*, filles de Leucippe. Plus loin, un *centaure* accroupi; il a la face enfantine et est couronné de lierre; le bras droit a disparu; ce que tenait le bras gauche est brisé. Derrière le jeune centaure, et presque entièrement cachée par lui, une *femme* tenant à la main gauche un bouquet de lotus et pressant son sein pour en faire jaillir le lait dans une coupe. Aux pieds du centaure, devant, une *panthère* et un petit *génie* ailé qui renverse une corbeille d'osier pleine de fruits. Plus loin, un *génie* ailé féminin, les cheveux relevés comme les Chinoises, est juché sur un grand vase à une seule anse, et joue avec un paon grimpé sur un mur; sur le vase, bas-relief représentant un *triton* dans les flots, portant des fruits sur un plat. Enfin une *colonne* sur le sommet de laquelle est posée une corbeille à deux anses pleine de fruits et un *flambeau* passé dans deux couronnes. Au pied de cette colonne, un *cymbalum*.

Deuxième face du vase :

ARBRE noueux et desséché étendant au loin ses rameaux; *trapézophore*, chargé de deux rhytons terminés par des panthères et d'autres vases, porté par trois figures : *bacchant* avec la nébride, portant un cratère sur l'épaule et le thyrse à la main ; autre *bacchant* nu, tenant un long javelot et une cuisse de chevreuil, et *bacchante* vêtue d'une longue robe, le thyrse à la main. Plus loin, une jeune et belle *centauresse* accroupie, les cheveux épars et dressés sur la tête, tenant une *outre* et une corbeille pleine de fruits; une guirlande de lierre décore sa poitrine et sa croupe. Elle détourne la tête pour regarder un petit *génie* ailé qui debout sur un cippe tient des raisins. Devant, un petit *génie* ailé, un pied posé sur une lyre, prend des fruits dans la corbeille de la centauresse. Derrière le génie, grand vase à deux anses sur lequel est ciselée une scène érotique ; un *bacchant* poursuit une femme dont il saisit la robe. Un vase plein de fruits est placé au-dessous de la corbeille tenue par la centauresse.

2809-2810.

UNE PAIRE DE CANTHARES bachiques, décorés de sujets exécutés au repoussé et par le même procédé que les vases nᵒˢ 2807 et 2808, garnis également à l'intérieur de cuvettes massives. La forme de ces vases n'est pas celle des vases nᵒˢ 2807 et 2808. Ceux-ci sont plus allongés ; évasés à l'orifice, ils vont jusqu'au pied en diminuant. Les bas-reliefs ont beaucoup de rapport avec ceux qui décorent les vases nᵒˢ 2807 et 2808, non-seulement par les sujets, mais aussi par le travail, qui indique sinon la même main, au moins le même atelier ; on peut les rapprocher aussi de la coupe des Ptolémées (V. nᵒ 279). On remarque une grande recherche de la symétrie dans la disposition des détails de l'ornementation. Le pied de chacun de ces vases est décoré d'une guirlande de feuilles d'acanthe entremêlées d'iris. Les anses, d'une grande élégance, sont formées de deux pattes de cerf, réunies au milieu par un coquillage et dans le haut par une palmette.

On ne lit pas d'inscription dédicatoire sur ces deux vases. H. 15 cent. Diam. 13 cent.

2809.

Première face du vase :

En commençant à l'une des anses, on trouve d'abord un grand *vase* à deux anses, orné de cannelures dans sa partie inférieure, surmonté d'un thyrse, placé entre deux grands *masques* de bacchantes dont l'un sort d'une corbeille. Sur le sol, près du vase, un plat ovale, sur lequel est ciselé un *serpent* qui se dresse devant un *oiseau*, peut-être un cygne. Plus loin, un *Hermès de Priape* élevant une *corne à boire*, κέρας, puis un grand *masque silénique* posé sur un *cratère* renversé. Un arbre desséché étend au loin ses rameaux, auxquels est suspendu un *cymbalum*.

Deuxième face du vase :

Colonne surmontée d'un *vase* à deux anses, au pied de laquelle est une *syrinx*. Dans une corbeille, masque de *bacchant* imberbe, exprimant la terreur ; un *trapézophore* sur lequel est placé un *double rhyton* se terminant par la partie antérieure d'une panthère. Ici, une brisure ; cependant, on voit un masque de *bacchant* barbu, à physionomie terrible, et le buste et le bras levé d'un jeune bacchant ; en pendant au masque, un autre *masque* de *bacchante*, à physionomie sévère, les cheveux longs, retenus sur le front par un bandeau ; enfin, comme sur l'autre face, un arbre au tronc duquel est lié un grand *flambeau*.

Ce vase est un de ceux qui ont le plus souffert ; la restauration qui en a été faite a laissé visibles les outrages du temps. Ainsi, l'on n'a pas cherché à rétablir le corps du jeune bacchant, dont on ne voit que le buste.

2810.

Première face du vase :

Commençons près de l'une des anses : *Arbre* desséché étendant au loin ses rameaux ; sous cet arbre, masque de *bacchante* posé sur un socle carré, *Hermès de Priape* faisant un geste dédaigneux, grand masque silénique et thyrse sortant d'un vase auprès duquel on voit une lyre ; plus loin, masque de *bacchante* sortant d'une corbeille d'osier en pendant à l'autre ; au pied de la corbeille, le couvercle. Derrière, colonne portant un vase à deux anses et un flambeau.

Deuxième face du vase :

ARBRE desséché étendant au loin ses rameaux. Au-dessous, masque de *Pan* sur une base carrée; sur le sol, *pedum, sac* et *cymbalum*. Plus loin, un grand vase sans anses, décoré de cannelures et sur lequel sont posés un *canthare* renversé, une *patère* ou une *coupe* et un *pedum;* vient ensuite un masque de *bacchante* couronné de lierre sortant d'une corbeille, puis un *Hermès de Priape* encapuchonné, tenant des deux mains un vase creux, *phiale, lanx* ou *magida*, rempli de fruits. Enfin, un masque de *satyre* à oreilles pointues, avec les cheveux dressés, sortant d'une corbeille près de laquelle gît sur le sol une *syrinx*. Au-dessus, *pedum* dans lequel sont passés un *sac* de voyageur et une *corne à boire*.

2811-2812.

UNE PAIRE DE CANTHARES. Les bas-reliefs qui décorent ces vases sont exécutés par les mêmes procédés matériels que ceux que l'on vient de décrire; leur forme est à peu près semblable, mais ils sont plus anciens, car on a cru pouvoir les attribuer à une époque assez rapprochée du siècle d'Alexandre. Le style est sévère, et, bien qu'on soit obligé de reconnaître une certaine incorrection dans le dessin de l'ensemble des figures, la noblesse et l'élévation du style dans les têtes et dans les poses, sans parler d'une plus sage entente du bas-relief, qui est très-doux et moins ambitieux que dans les vases plus récents, annoncent une bonne époque et la main d'un artiste original. Cette sagesse, qu'on admire toujours dans les monuments des époques les plus anciennes, se retrouve aussi dans les ornements, qui se font remarquer par une grande sobriété, exigée par la sévérité des compositions. Ces vases ont été décrits et expliqués en détail par Raoul-Rochette, dans une *Notice* spéciale insérée dans les *Annales* de l'Institut archéologique, citée plus haut, et je renvoie le lecteur à ce travail. Ici, je me bornerai à une description aussi complète que possible, l'interprétation que ce savant en a donnée, quoique très-ingénieuse, ne me paraissant pas appuyée de preuves concluantes. Auparavant, M. Ch. Lenormant les avait décrits brièvement; le savant académicien voit des scènes d'initiation où Raoul-Rochette a vu un *horoscope* et une sorte de représentation mystique de la vie et de la mort. Les cippes à surface polie comme un miroir qui reflète les personnages, le globe zodiacal, les vases probablement *cinéraires* qu'on voit sur les colonnes, tous ces symboles réunis ne peuvent en effet se rapporter qu'aux mystères de la vie ou de la destinée humaine ; mais on manque d'éléments suffisants pour expliquer complétement ces remarquables monuments.

J'ai dit que les ornements étaient d'une grande sobriété; en effet, les anses si riches sur les vases qui précèdent sont ici d'une grande simplicité; elles se rattachent à la coupe par des têtes de cygne, comme plusieurs des vases qui suivent ; à l'intérieur, elles sont décorées d'une palmette ciselée dans la masse.

La symétrie que je signalais dans les vases qui précèdent est devenue systématique dans cette paire de vases ; un parallélisme constant règne dans les quatre compositions ou scènes qui s'en partagent les faces. La description détaillée le fera ressortir sans qu'il nous soit nécessaire de le préciser ici. Il a bien fallu se décider à placer l'un de ces vases avant l'autre : j'ai suivi l'ordre adopté par Raoul-Rochette, qui avoue

lui-même n'avoir pas de raisons à donner de sa préfé-
rence. Ces *vases à anses* doivent-ils prendre comme
les précédents, dont ils diffèrent un peu par la
forme, le nom de *Canthares*, ou doit on les distinguer
par les noms de *Kotylé* ou de *Scyphus*? C'est une
question dont la solution peu importante ne me paraît
pas facile à trouver. Je pense qu'on s'expose à bien
des erreurs en prétendant assigner aux vases antiques
les noms qui leur étaient donnés dans l'antiquité. J'ai
pourtant dans ce travail donné à certains vases les
noms sous lesquels ils sont le plus communément désignés; mais, si j'ai pris quelquefois ce parti, c'est
uniquement pour me faire entendre et pas du tout
avec la conviction d'avoir rencontré la désignation
véritablement convenable.

La hauteur de ces vases est de 12 cent., sans les
anses, qui dépassent l'orifice de 2 cent. Leur circonférence est de 35 cent., et leur diamètre de 12 cent.

2811.

Première face du vase :

Une femme, aux traits nobles et sévères, et annonçant la vieillesse, est assise, vêtue d'un large péplus qui
couvre le haut de sa tête, laisse découverts le bras et
la partie supérieure du corps, voile ses cuisses et ses
jambes, et flotte au vent derrière le dos. Cette femme
tient de la main gauche un *manuscrit* roulé ou *volume* sur lequel elle appuie sa main droite et paraît
méditer profondément. A ses pieds, un *oiseau* dont
la tête a été détruite; c'est une oie ou un cygne. En
face de cette femme, un *homme barbu,* dans l'âge de
maturité, aux traits réguliers, se tient debout, la tête
nue et penchée, dans une attitude réfléchie, mais pres-

que nonchalante. Il est revêtu d'un ample manteau attaché sur l'épaule droite, et dont il retient les plis de la main gauche, tandis que de l'autre il tient un bâton recourbé dont, comme pour faire une démons-tration, il pose l'extrémité sur un *globe* traversé par une large bande et posé sur une base carrée. Ces deux personnages sont séparés par un grand cippe carré, un tombeau selon Raoul-Rochette, sur lequel sont posées une *lyre* et une petite colonne surmontée d'une *pomme de pin*. Raoul-Rochette dit que cette lyre est représentée brisée à dessein; elle est brisée parce que le vase est mutilé à cet endroit. Sur le cippe, dont la surface est polie comme un miroir, à l'aide de la loupe on distingue l'image reflétée de l'*homme debout*. Il faut avouer que, si l'on n'avait pas la certitude de trouver ici cette particularité remarquable, en raison du parallélisme et parce qu'on voit des images ana-logues au même endroit sur la deuxième face de ce vase comme sur les deux faces du vase n° 2812, on ne la découvrirait pas.

Deuxième face du vase :

Un *jeune homme*, imberbe, la tête et le buste nus, est assis sur un bloc de pierre sur lequel est étendue la draperie qui couvre la partie inférieure de son corps; il tient d'une main un *volume* tout semblable à celui que tient la femme dans la première scène et un bâton recourbé. En face de lui, une *femme*, aux traits sé-vères et annonçant l'âge mûr, est debout, revêtue d'une tunique et d'un péplus qui ne découvrent que son épaule droite; sa tête est nue et ses cheveux sont noués sur la nuque; tenant de la main gauche un *vo-lume roulé*, elle s'approche d'un air réfléchi d'un grand vase à anse sur lequel elle étend une branche de laurier, peut-être pour la tremper dans l'eau lustrale. Les deux personnages sont séparés par un grand *cippe* carré sur lequel est posé un *masque tragique*. Ici encore je crois distinguer sur le cippe des traces presque imperceptibles de l'image reflétée de l'*homme assis ;* mais je répéterai ce que j'ai dit plus haut, je n'aperçois ces vestiges que guidé par cette loi du parallélisme qui les fait supposer nécessairement.

2812.

Première face du vase.

Une Femme d'âge moyen, assise, tenant des deux mains un *volume* déployé dont elle paraît faire la lecture à un *vieillard* debout devant elle. Cette femme est d'une beauté noble et sévère ; le feu de l'intelligence anime son œil profond ; elle est vêtue d'un *péplus* semblable à celui de la femme de la première scène du vase précédent, et qui, ne la voilant de même qu'à demi, couvre la tête, et laisse son dos, ses bras et ses pieds nus. On voudrait bien connaître le sens des lignes tracées au pointillé sur le volume qu'elle tient déployé, car si c'était soit un passage des écrits d'un poëte ou d'un philosophe, soit encore les paroles d'un oracle ou une formule religieuse, on serait peut-être bien près de pénétrer le mystère de ces curieux monuments : mais personne n'a encore pu les déchiffrer, et après de vains efforts je suis arrivé à croire que ces lettres écrites au hasard figurent simplement l'idée de *page écrite*. Le *vieillard* debout en face de la femme assise est chauve, et porte une longue barbe ; courbé par le poids des ans, il s'appuie sur un long bâton et est enveloppé dans un grand manteau; ses pieds sont chaussés. De la main droite il fait un geste de suppliant. Entre ces deux personnages un grand *cippe* carré surmonté d'une colonne portant un vase à une seule anse, semblable à celui dans lequel la femme semble tremper une branche de laurier dans la deuxième face du n° 2811. Au pied de cette colonne, une *stèle* carrée, et auprès un *manuscrit* roulé. Un examen attentif permet de voir, sur la surface polie du grand cippe, l'image en relief peu accusé de la femme assise, comme si elle était reflétée dans un miroir. On ne sait si le *vieillard* est également reflété, parce que le vase est altéré à l'endroit où se trouverait son image.

Deuxième face du vase.

Un *homme* jeune, imberbe, aux traits réguliers, à la physionomie grave et douce, nu sauf les jambes qui sont couvertes par les plis de la draperie jetée sur le riche siége sur lequel il est assis, tient un *volume* entr'ouvert. En face de lui, une *femme* debout, la tête nue, comme celle de la 2ᵉ face du n° 2811, et vêtue comme elle d'une tunique et d'un péplus qui ne laissent nue que son épaule gauche; cette femme tient un long bâton recourbé et étend la main avec un geste suppliant qui rappelle celui du vieillard de l'autre face. Le bras qui tient le bâton est appuyé sur une petite colonne. La détérioration du vase ne permet pas de voir entièrement le *cippe* qui sépare ces deux personnages comme dans les trois autres scènes ; cependant on y distingue, comme sur l'autre face, l'image reflétée du personnage assis ; enfin, on voit un vase posé sur une colonne, au pied de laquelle est un cippe carré.

2813. Œnochoe, vase lisse à une seule anse, à la panse

plus large que les n°s 2801 et 2802, sur le devant de laquelle on lit au pointillé en grands et assez beaux caractères :

MERCVRIO
CAMVLOGNATA COIGI FILIA
V.S.L.M.

A Mercure, Camulognata, fille de Coigius. Elle s'est acquittée de son vœu avec joie et à juste titre.

Une palmette ciselée en relief décore l'attache de l'anse. H. 17 1/2 cent.

M. Leprévost a lu AVG après le mot MERCVRIO. (Voyez, *Mémoire cité*, p. 28, n° 29.) Je ne vois pas ces trois lettres. Ce vase était en plusieurs morceaux; il a été restauré.

2814. Tasse sans anses, à large panse, ornée de bosselures en creux à l'extérieur. Sur le col, on lit en caractères imparfaits :

MERCVRIO SACRVM MAXVMINVS CARANTINI FIVSI
(sic, pour *filius*).

Consacré à Mercure. Maximin, fils de Carantinus.

H. 11 cent. Diam. de l'orifice, 8 cent.

2815. Tasse ornée de bosselures du même genre qu'au numéro précédent, mais moins grandes. La forme du vase est plus allongée et est d'une grande élégance. Pas d'inscription. H. 15 cent. Diam. de l'orifice, 4 1/2 cent.

2816-2817. Une paire de gobelets, *pocula*, lisses et sans anses ni inscriptions. H. 102 mill. Diam. de l'orifice, 95 mill.

2818-2819. Une paire de coupes sans anses, lisses et sans inscriptions. H. 16 cent. Diam. 10 cent.

2820. GRANDE PATÈRE profonde, *lanx*, *magida* ou *phiale*, à godrons en creux à l'intérieur venant aboutir à l'ombilic, qui est décoré d'un *emblema* exécuté au repoussé. Le sujet est une *Bacchante* couronnée de lierre, nue, sauf la partie inférieure du corps, qui est enveloppée d'une draperie, endormie et couchée dans une pose pleine de charme et d'abandon sur la peau de lion d'Hercule, dont la massue lui sert d'oreiller. L'arc et le carquois du demi-dieu sont auprès d'elle, ainsi qu'un *canthare* bachique à deux anses, décoré d'une guirlande de lierre; ce canthare est presque de la même forme que les vases n°s 2807 et 2808. Trois petits *génies ailés* endormis sont groupés autour de la belle dormeuse; l'un est sur ses genoux, l'autre à ses pieds, le troisième derrière la tête. La ceinture de la Bacchante et la peau de lion ont conservé des traces de dorure.

Sur le bord, à l'extérieur, on lit en une seule ligne:

MERCVRIO AVGVSTO Q. DOMITIVS TVTVS. EX VOTO.

A Mercure Auguste, Quintus Domitius Tutus, ex-voto.

Diam. 28 cent. H. 8 cent. Diam. de l'*emblema*, 10 cent.

Cette belle *phiale* n'a pas été trouvée telle que je viens de la décrire. L'*emblema* avait été détaché. On y remarquera le nom de Q. Domitius Tutus, qui se trouve sur 7 des plus remarquables objets du *Trésor de Mercure Canetus*.

2821. DISQUE ou plateau. L'ombilic est décoré d'un médaillon autour duquel est gravé en creux, mais non au pointillé comme sur presque tous les vases de la découverte, cette inscription dédicatoire :

DEO. MERCVRIO. KANETONNESSI. C. PROPERT. SECVNDVS. V. S. L. M.

Au dieu Mercure Canetonnensis (ou de Canetum) Caius Propertius Secundus. Il s'est acquitté de son vœu avec joie et à juste titre.

Le sujet du médaillon, qui paraît fondu et ciselé dans

la masse, est *un cavalier échappant par la fuite à la poursuite de deux animaux féroces, une lionne et un loup, qui l'attaquent à la fois*. Le cavalier, à peine vêtu d'une draperie flottante, fait avec le bras droit un geste de terreur et dirige son cheval de la main gauche. Le bord, fort étroit, est chargé de sujets symboliques d'un relief assez peu saillant, disposés avec cette même recherche de la symétrie signalée précédemment sur d'autres vases de la même découverte. (V. nᵒˢ 2809, 2810, 2811 et 2812.) On peut diviser toute la composition en douze scènes ; six représentent invariablement un animal carnassier [: *lion, ours, loup*, poursuivant un herbivore, *taureau, cerf, antilope*. Les six autres, qui alternent avec les premiers en les séparant, représentent aussi régulièrement un masque de *Bacchante*, de *Silène* ou de *Pan*, et d'autres symboles bachiques et funéraires. L'animal poursuivi est toujours séparé de son ennemi ici par un *arbre*, là par une *porte crénelée* et un *arbre*, par un *arbre*, par un *temple* vu de face et un *thyrse*, par un *arbre*, enfin par un *temple* vu de profil et un *arbre*. Les *masques* ne sont pas les seuls objets symboliques qui occupent les six sections qui séparent les poursuites d'animaux ; il faut citer encore un *autel* rond ou *putealis*, six *cyprès*, une *lyre*, un *pedum*, un *tronc* d'arbre auquel est attaché un thyrse, un *autel* ou pyrée de la forme décrite à la deuxième face du nᵒ 2807, un *vase*, une *demi-colonne*, une *base de colonne*, une *corbeille*, près du masque *silénique* un *sanglier* accroupi, un *tympanum* ou *cymbalum*, deux *vases* et une *demi-colonne*.

Au revers du disque, on lit en creux, mais non au pointillé :

PII::.

Ces lettres et les signes qui les accompagnent sont l'indication du poids du disque. Diam. 35 cent.

On reconnaît, dans les compositions qui décorent le bord de ce disque, des symboles analogues ou même semblables à ceux signalés sur les vases numéros 2809, 2810, 2811 et 2812. Celui-ci se distingue pourtant de ces derniers par cette représentation de l'antagonisme qui rappelle les monuments de l'antiquité orientale. (V. plus haut la section des cylindres, p. 111 et suiv.) On trouvera encore de ces symboles bachiques et funéraires sur trois autres vases de la Bibliothèque impériale. (V. numéros 2876, 2878 et 2879.)

Ce plateau a été figuré dans l'ouvrage de M. Lajard, intitulé : *Recherches sur le culte du Cyprès pyramidal chez les peuples civilisés de l'antiquité*. (V. p. 334 et pl. XVII et XVIII, nᵒ 1.) Le savant académicien a rapproché judicieusement ce *disque* d'un autre disque du Cabinet des Médailles dont les sujets offrent une grande analogie avec celui de *Propertius*. (Voyez numéro 2876.) M. Lajard attribue aux objets qui décorent le bord du plateau un sens à la fois mystique et funèbre, mais dans le médaillon central il voit un remerciement à Mercure, non pas pour avoir sauvé C. Propertius de l'attaque de bêtes féroces, mais pour l'avoir fait sortir vainqueur d'une lutte qui, selon ce savant, fait une allusion mystique au combat perpétuel qu'ici-bas nous devons livrer à nos passions. Cette explication, inattaquable pour les sujets représentés sur le bord du disque, n'est pas aussi évidente pour le médaillon central; cependant, je crois devoir la citer, parce qu'elle est ingénieuse, plausible, et qu'elle émane d'un savant qui a déjà percé bien des mystères du symbolisme antique. Je ferai cependant observer qu'on ne sait trop si l'on peut appeler *lutte* la fuite désespérée de ce cavalier qui n'échappera pas à la mort par sa vaillance, mais bien grâce à l'agilité de son cheval. Il n'y a vraiment lutte que sur le plateau fourré décrit plus loin, numéro 2876.

Le disque de *C. Propertius Secundus* diffère en quelques points des autres objets trouvés à Bernay. Il n'a pas été fabriqué par les mêmes procédés que les autres vases de la découverte. Le sujet en relief qui décore l'ombilic, ainsi que les sculptures du bord, sont fondus et ciselés dans la masse, au lieu d'être exécutés au repoussé. Il faut remarquer aussi que les inscriptions ne sont pas gravées au pointillé. On peut placer la date de la fabrication de ce plat à la fin du Iᵉʳ siècle de notre ère ou au commencement du IIᵉ siècle.

2822. **PATÈRE** décorée d'un *emblema* et d'ornements gravés en creux à l'extérieur et qui paraissent en relief à l'intérieur, grâce au procédé de l'estampage. Ces ornements sont du genre que les modernes appellent arabesques ; on y distingue des oiseaux, des vases et des guirlandes. Le sujet de l'*emblema* est *Mercure* nu, assis sur un rocher, la tête munie d'ailerons, s'appuyant de la main gauche sur son caducée et posant la droite sur son genou. A sa droite, un *autel* allumé. A ses pieds, un *bouc* et une *tortue;* au-dessus

de l'autel, un *coq*. On lit, autour de la figure de
Mercure, au pointillé :

.M. C. DO. L. LVPVLA.

Lucia Lupula a donné ce vase à Mercure Canetus.

Diam. 20 cent. Profond. 3 cent.

2823. Patère d'argent, assez profonde, unie, mais décorée d'un *emblema*, sur lequel paraissent en forte
saillie deux bustes de ronde bosse fondus et ciselés.
Ces bustes, qui semblent sortir du calice d'une fleur,
sont ceux de *Mercure* et de *Vénus*. Le dieu est muni
d'ailerons à la tête; on distingue sa chlamyde sur
l'épaule gauche. Vénus est diadêmée et revêtue d'un
péplus. Le caducée est placé au-dessous des deux figures. On lit cette inscription au pointillé, sur la coupe,
autour de l'*emblema* :

MERCVRIO AVG. P. AELIVS. P. AELI. NVMITORIS.
LIBERTVS. EVTYCHVS. V. S. L. M.

*A Mercure Avguste Publius Aelius Eutychus, affranchi de P.
Aelius Numitor, s'est acquitté de son vœu avec joie et à juste
titre.*

Diam. 22 c. Prof. 4 cent.

Le travail des bustes est d'une bonne époque. On a vu au n° 2803 un
buste d'*Hermaphrodite*. Ici, les bustes distincts des deux divinités, *Hermes*
ou *Mercure*, et *Aphrodite* ou *Vénus*, sont réunis dans le même *emblema*, et
placés au-dessus d'un même caducée; c'est toujours *Hermaphrodite*. Voyez
aussi plus loin n° 2835.

2824. Patère unie, mais décorée d'un *emblema* dont le
sujet au repoussé est *Mercure* debout, nu, la chlamyde sur l'épaule, tenant d'une main son caducée et
de l'autre sa bourse; il s'avance vers une *colonne* ornée de guirlandes, sur laquelle est posé un *coq* et qu'a-
brite un arbre. Derrière le dieu, autre colonne sur

laquelle est une *tortue;* une *chèvre* grimpe sur une pierre placée au pied de cette colonne. Sur l'encadrement d'argent massif de cet *emblema* on lit, en lettres incrustées d'or :

DEO. MERC. IVL. SIBYLA. D. S. O.

Au dieu Mercure, Jvlia Sibyla a dédié ce vase de ses deniers.

Diam. 12 cent. Prof. 4 cent.

Le travail de cet *emblema* est du meilleur style.

2825. Patère unie, avec un *emblema* au repoussé représentant *Mercure* debout, nu, avec des ailerons à la tête, s'appuyant de la main gauche sur son caducée, et la droite posée sur la hanche. On distingue sa chlamyde sur l'épaule droite et sur le bras droit. Dans le champ, à gauche, la bourse. Au revers, on distingue une inscription votive au pointillé très-mal tracée et incomplète :

SOLLEMN
IS
VO...
... S.

Diam. 17 cent.; de l'*emblema,* 6 cent. Profond. 2 cent.

J'ai suivi la lecture de M. A. Leprevost, *Mémoire,* p. 24, n⁰ 18. Le travail de cet *emblema* est médiocre et annonce une époque de décadence, ce que confirme la negligence avec laquelle est tracée l'inscription L'*emblema* n'était pas encore réuni à la patère lorsque M. Leprévost écrivit sa description des monuments de Bernay; il le décrit à part, à la page 27.

2826 et 2827. Une paire de patères profondes, décorées d'ornements de fantaisie, gravés légèrement au burin, qui rappellent les caprices de nos calligraphes modernes. Des *ceps de vigne,* chargés de raisins, que becquètent des *oiseaux,* s'enroulent autour d'espèces de *pyramides.* Au revers, sur le pied, on lit au pointillé :

DEO MERC. CAN.   DECIR. LVPERCVS. EX. TEST. PLAC.
DOCTRIGIS. PII. SC...

*Au dieu Mercure de Canetum. Decir Lupercus, en exécution du tes-
tament de Placidius Doctrix.*

Diam. 24 cent. Profond. 5 cent.

L'une de ces deux patères, no 2826, est intacte; l'autre, no 2827, a souffert. Toutes
deux ont conservé des traces de dorure. Sur la dernière, le nom de DECIR
est écrit DIICIR, c'est-à-dire deux I pour l'E; c'est une forme bien connue
des épigraphistes; il est intéressant de la trouver sur deux objets faits au
même moment. Le dernier mot, PII, avec les signes qui le complètent, est
l'indication du poids.

2828. Patère profonde, unie, avec *emblema* au repoussé,
représentant le *génie ailé de Mercure*, debout, s'appuyant sur la *lyre* de ce dieu, qui est placée à sa
droite et tenant de la main gauche un *masque tragique diadémé* et coiffé d'une étoffe flottante. Devant
ce génie, un *autel* allumé. Sur la coupe, à l'intérieur,
au pointillé :

MER. M. LANNIUS. ASTIUS
V. S. L. M.

*A Mercure, Marcvs Lannius Astius s'est acquitté de son vœu avec
joie et à juste titre.*

Au revers, sur le fond, on lit au pointillé :

P. IS :: — X.

C'est l'indication du poids de la patère. A côte de cette
courte inscription, on la lit de nouveau tracée légèrement à la pointe, comme les *graffiti* de Pompéi.
Diam. 24 cent. Diam. de l'*emblema*, 11 1/2 c. Profond.
4 cent.

2829. Patère unie. Dans l'ombilic, cette inscription circulaire au pointillé :

Q. LVCANIVS. BLAESVS EX STIPE.

Quintus Lucanius Blæsus (a consacré ce vase) *au moyen d'une coti-*
sation.

Diam. 20 cent. Profond. 3 cent.

V. le nᵒ suivant.

2830. Plaque votive en forme de *tillet* ou *étiquelle*. On
y lit au pointillé :

Q   B

S V S

L   M

H. 5 cent. L. 8 cent.

On n'a pas songé, au moment de la découverte, à rapprocher cette *étiquelle*
de la patère de *Q. Lucanius Blæsus* (nᵒ précédent). Je crois qu'on ne
peut méconnaître dans les abréviations Q B S V S L M le nom en abrégé de
ce donateur. Je lis donc :
Quintus Blæsus Votum solvit Lubens Merito. Les lettres VS de la seconde ligne
servent à former la fin du nom de *Blasus* et sont en même temps les sigles
consacrés de la formule *Votum Solvit.* Cette étiquette était peut-être placée sur le piédestal d'une statue de Mercure.

2831. Patère très-plate. L'ombilic a pour décoration
un *oiseau* à longue queue becquetant des baies, incrusté en or. Dans le champ, au pointillé :

MERCVR. AVG. SACRVM.

GERMANISSA VISCARI V. S. L. M.

Consacré à Mercure Auguste. Germanissa, fille de Viscarius, s'est
acquittée de son vœu avec joie et à juste titre.

Diam. 28 cent.

V. le nº suivant.

2832. Vase très-profond ou *Patère* munie d'un manche
dont la forme ne peut être comparée qu'à celle de
nos vulgaires *casseroles*. Le vase est sans ornements,
mais le manche est chargé de sculptures prises dans
la masse et ciselées; en haut, buste d'une *divinité*

voilée, peut-être *Junon*, entre deux têtes d'épervier, posé sur une guirlande de fleurs et de fruits ; au-dessous, la *Fortune* debout , tenant d'une main le caducée de Mercure, et de l'autre une corne d'abondance. Des rosaces et des fantaisies décorent l'attache du manche qui finit sur le vase par deux têtes de cygne. Dans le fond du vase, on lit au pointillé :

MERC AVG GERMANISSA VISCAR V. S. L. M.

A Mercure Auguste, Germanissa, fille de Viscarius ; elle s'est acquittée de son vœu avec joie et à juste titre.

Profondeur du vase, 8 1|2 c. Diam. 14 1|2. Larg. avec le manche, 30 cent.

On vient de voir no 2831 une *patère* offerte à Mercure par cette même *Germanissa.*

2833 et 2834. Une paire de patères, forme du n° 2832 ; sur le manche du n° 2833, on lit au pointillé :

MERCVR AVG CRETICVS RV
NATIS D. S. O. V. S. L. M.

A Mercure Auguste, Creticus Runatis de ses deniers. Il s'est acquitté de son vœu avec joie et à juste titre.

Diam. 16 cent. Larg. avec le manche, 25 cent. Prof. 7 cent.

Les inscriptions sont les mêmes sur les deux patères ; seulement, sur celle qui porte le n° 2834, l'inscription est disposée ainsi :

MERCVR AVG CRETICVS
RVNATIS D. S. O. V. L. M.

2835. Patère profonde, dont le fond manque presque entièrement. Forme du n° 2832. Sur le manche, une coquille est ciselée dans la masse ; l'attache du manche est décorée de **deux** autres coquilles et de deux têtes de cygne; au-dessus, on lit en lettres incrustées d'or :

M
VENERI

A Mercure — Vénus.

Diam. 10 c. L. avec le manche, 17 cent. Profond. 4 cent.

L'analogie de la décoration de ce vase avec celui qui porte le nom de Germanissa, n° 2832, pourrait faire supposer qu'il faisait partie du même don. On n'aura inscrit le nom de la donatrice que sur les principales pièces du don. On retrouve ici Vénus et Mercure réunis dans une même invocation qu'on pourrait traduire : *A Hermaphrodite!* V. n°s 2803 et 2823.

2836. Patère profonde, de la forme du n° 2832, avec ornements très-simples gravés en creux; sur le revers du manche, on lit au pointillé :

AVE FILI P :. VII

Salut, mon fils!

Diam. 9 cent. L. 15. Profond. 5 cent.

Les lettres PVII et les signes qui séparent le P du VII sont l'indication du poids.

2837. Patère profonde, forme du n° 2832. Le manche est décoré d'ornements ciselés dans la masse; un *masque* barbu de face, les cheveux hérissés, et un *Hermès.* Les attaches sont des têtes de cygne comme aux n°s 2832, 2835 et 2838. Diam. 10 cent. Larg. avec le manche, 18 cent. Profond. 5 cent.

2838. Patère profonde, de la forme du n° 2832. Le manche est orné de ciselures prises dans la masse: *Tête de Méduse* de face; au-dessous, *masque de Pan* de profil et *bouc* accroupi au pied d'un arbre. Les attaches sont des têtes de cygne, comme aux n°s 2832, 2835 et 2837. Diam. 10 c. Profond. 6 cent.

La décoration de cette patère parait de la même main que celle du n⁰ 2832. L'absence d'inscriptions pourrait faire supposer que cette patère avait été offerte par la même donatrice, Germanissa. V. n⁰ˢ 2831, 2832 et 2835.

2839. **Patère** profonde, forme du n° 2832. Le manche est lisse; trois trous figurant un trèfle en font l'unique ornement. Diam. 16 c. Larg. avec le manche, 30 c. Profond. 7 cent.

2840. **Petite patère**, de la forme de nos *écuelles*; les *oreilles* sont ornées de feuillages et de têtes de serpents ciselés dans la masse. Au revers, sur le fond, on lit au pointillé :

MERIO CANETO EMTICCVS O.S.O.

A Mercure Canetus, Emticcus, de ses deniers.

Larg. avec les oreilles, 11 c. H. 3 c. Profond. 2 1/2 c.

2841. **Patère** ou **coupe** à pied, avec ombilic, fragmentée, sans ornements; sur le bord, cette inscription au pointillé :

DEO MERC. Q. STATILIVS. CLARVS. V.S.L.M.

Au dieu Mercure. Quintus Statilius Clarus s'est acquitté de son vœu avec joie et à juste titre

Diam. 14 c. H. Profond. 5 cent.

2842. **Patère** unie. Diam. 14 c. H. 5 cent.

2843. **Patère** unie. Diam. 15 c. H. 3 cent.

2844. **Patère** unie. Diam. 13 1/2 c. H. 4 cent.

2845. **Patère** unie, assez plate. Diam. 19 c. H. 3 cent.

2846. **Patère** unie. Diam. 8 c. H. 3 cent.

2847. **Patère** unie, plate. Diam. 15 c. H. 3 cent.

2848-49. **Une paire de patères** unies. Diam. 7 c. Profond. 3 cent.

2850. Patère unie. Diam. 13 c. Profond. 5 cent.

2851. Simpulum. Sur le manche sont ciselés, à l'extérieur, un *arbre* desséché, un *bouc* et une figure de *Mercure* debout, la bourse et le caducée à la main. Sur le bord extérieur du vase, on lit au pointillé :

MERCVRIO AVGVSTO Q. DOMITIVS TVTVS.

A Mercure Auguste Quintus Domitius Tutus.

H. 12 c.

On a vu plus haut les beaux vases nos 2804, 2805, 2806, 2807, 2808 et 2820 qui, avec ce *simpulum*, complètent l'offrande de Domitius Tutus. On sait que le *simpulum* servait à faire les libations.

Il faut encore remarquer que les formules EX-VOTO ou V.S.L.M. ont été omises ici.

2852. Si pulum. Sur le manche, à l'extérieur, on lit au pointillé :

MERCVRIO AVG

COMBAROMARVS BVOLMVI FIL.

V.S.L.M.

A Mercure Auguste. Combaromarus, fils de Buolmuus, s'est acquitté de son vœu avec joie et à juste titre.

H. 10 c.

Le second V du nom *Bvolmvi* est lié à l'M.

2853. Simpulum sans ornements. H. 10 c.

Au revers, sur le fond de la coupe, je crois reconnaître des caractères gravés légèrement à la pointe, comme les *graffiti* de Pompéi, publiés par le R. P. R. Garrucci, et aussi dans le genre des inscriptions analogues lues par M. Quaranta sur les vases de la découverte de 1835 dont il a été parlé plus haut dans la notice qui précède la description des objets trouvés à Bernay. Je crois lire :

LICIL

SACCONES

Après ces deux mots, je retrouve le commencement du dernier écrit d'un caractère plus grand et encore plus négligé : SACCO.

2854-5-6-7. Quatre petites coupes, en forme de *godets*, sans aucun ornement, et absolument semblables. Diam. 6 1/2 c. H. 18 mill.

2858. ANSE DE VASE. H. 8 c.

2859. IDEM. H. 5 1/2 c.

2860. IDEM. H. 6 1/2 c.

2861. SPATULE ou cuiller à encens. Longueur, 142 mill.
Fragmentée.

2862. AUTRE; le manche est orné d'un calice de fleur qui le sépare en deux parties. Long. 16 c.

2863. AUTRE; de forme tout à fait ronde. Long. 127 mill.

2864. AUTRE; semblable à la précédente. Long. 122 mill.
Fragmentée.

2865. MASQUE DE MÉDUSE de face. H. 2 1/2 cent.
Fragment estampé provenant d'un vase.

2866-2867. DEUX SERPENTS d'argent massif, fondus et ciselés, se réunissant à la queue par un crochet. Long. des deux serpents ouverts, 46 c.
On ne sait à quel usage pouvait servir cet ustensile. Il semblerait que ce sont les anses de quelque vase.

2868-2869. DEUX CERCLES d'argent mince, provenant de vases. Diam. 6 c.

Monuments d'argent de provenances diverses.

ANTIQUITÉ.

2870. SOPHOCLE. L'illustre poëte est représenté assis, lisant un *volume* qu'il tient déroulé des deux mains. Il est barbu, a la tête nue, et est revêtu d'un *pallium* qui, laissant nu le devant du corps et le bras droit, enveloppe tout le corps. Les pieds sont chaussés. Le siége est porté sur quatre pieds façonnés en griffes de lion.

Derrière le siége, une sorte d'S sur laquelle porte un crampon d'argent plein. La statuette est placée sur une base carrée. H. avec la base, 120 mill.

Trouvé à Bordeaux en 1813, près des ruines de l'édifice antique connu sous le nom de *Palais de Gallien* et acquis pour la Bibliothèque en 1837. Visconti a publié dans le *Museo Pio Clementino*, t. VI, pl. XXVII, et dans l'*Iconographie grecque*, pl. IV, nos 1 et 2, un buste de marbre de Sophocle, avec la fin du nom écrit en grec. Notre satuette offre des traits de ressemblance avec ce buste qui permettent d'y reconnaître le grand poete tragique. Si l'on admet cette hypothèse, il faut croire que l'artiste a voulu rappeler le triomphe de Sophocle lorsque, traduit devant les juges de la *phratria* à laquelle il appartenait, il lut, pour toute défense, des vers de son *OEdipe à Colonne*. La statuette est fondue en argent massif, mais elle n'est pas entièrement pleine. Le travail, sans être d'un très – grand style, est d'une bonne époque. On pourrait l'attribuer au Ier siècle de notre ere. Le nez paraît avoir été déprimé accidentellement, ce qui ôte du caractère à la figure et nuit un peu à la ressemblance. Voyez, plus loin, *Section des monuments de marbre.*

2871. FORTUNE assise sur un siége à dossier, ou *Mater augusta.* Elle est diadêmée, revêtue d'une longue tunique et d'un péplus, et tient d'une main une corne d'abondance, et de l'autre une patère. H. 23 mill.

Acquis en 1848. Voyez au Supplément une figure de Diane en argent.

2872. VICTOIRE ailée, debout sur un globe qu'un croissant caractérise. La palme et la couronne qu'elle portait dans ses mains n'existent plus. H. 5 cent.

Bon travail romain. Trouvé à Limoges et acquis pour le Cabinet des médailles et antiques en 1840.

2873. HYGIE debout, diadêmée, vêtue d'une tunique et d'un péplus, tenant de la main gauche une patère dans laquelle elle donne à manger à un serpent qu'elle tient de la main droite. H. 35 mill.

Acquis en 1848.

2874. PONTIFE voilé, revêtu d'une longue robe. H. 55 mill.

Le bras gauche est mutilé. De la main droite il tient un objet à demi détruit qui pourrait être le *lituus.*

2875. Grand **disqué** d'argent massif, décoré d'une composition en bas-relief, représentant *Briséis rendue à Achille par Agamemnon.*

Achille, imberbe, assis, les pieds posés sur un *subsellium,* nu, sauf une chlamyde qui ne couvre que les cuisses et les jambes, tient de la main gauche sa longue lance, et de l'autre fait un geste qui indique son assentiment au discours que lui adresse *Ulysse.* Le roi d'Ithaque est vêtu d'une tunique courte, qui laisse l'épaule nue; il est coiffé de son *pilos,* et tient de la main gauche son épée dans le fourreau, tandis qu'il met la droite sur sa poitrine comme pour ajouter de la force à sa harangue. A la droite du fils de Pélée s'avance *Briséis* conduite par un jeune guerrier, peut-être *Antiloque,* l'ami le plus cher à Achille après Patrocle. La belle captive est voilée et vêtue d'une tunique et d'une longue robe; elle porte des pendants d'oreille; ses traits, que laisse voir son voile rejeté derrière la tête, expriment la douleur qu'elle ressent de la mort de Patrocle. Antiloque est vêtu comme Ulysse d'une tunique courte; son épée, suspendue à un baudrier, pend à son côté; il tient la main gauche de Briséis. Les jambes nues d'Antiloque, dont les pieds ne sont pas chaussés, sont serrées au dessous du mollet par une étroite bande circulaire à oreilles que Millin suppose représenter l'attache des *cnémides* ou *jambières.* On voit une bande semblable aux jambes d'Ulysse. Derrière le siége d'Achille, qui n'est d'ailleurs indiqué que par la pose du héros et par le marchepied, deux rois grecs; le plus près d'Antiloque est *Nestor* son père, qui, courbé par les ans, s'appuie sur un bâton; le plus près d'Ulysse doit être *Diomède,* qu'Homère se plaît à réunir au fils de Laërte, allégorie de la nécessité d'allier la prudence au courage. A gauche d'Ulysse, deux guerriers grecs. Tous deux sont casqués et revêtus de leurs armures, tandis que les chefs ont tous la tête nue. Celui qui est le plus en vue a son épée suspendue à un baudrier et tient une longue *trompette ;* ce pourrait être un *héraut* d'Agamemnon ; en effet, derrière ce personnage on voit une table sur laquelle sont placés un *vase* et deux objets ronds qui doivent représenter les *talents* d'or nommés par Homère dans l'énumération des dons d'Agamemnon à Achille. A la gauche d'Achille, et au-dessous de ce dernier groupe, *Phénix,* son vieil ami et son mentor, assis sur une pierre, se tenant le genou à deux mains. Quoique entièrement nu, il n'en est pas moins muni de son épée, dont on ne voit pas le baudrier. Au pied du siége d'Achille, des armes répandues sur le sol ; on distingue deux casques, une cuirasse, deux épées, deux boucliers, un arc et un carquois, et deux cnémides. Ce sont les armes que Thétis vient d'apporter à Achille et que Vulcain a fabriquées pour remplacer celles enlevées à Patrocle par Hector ; ou bien ces armes font partie des présents du roi des rois, ainsi que le don dont on vient de parler. Le fond de la composition est occupé par un *édifice à trois portiques,* au milieu duquel paraît un personnage qui domine toute la scène ; c'est *Agamemnon* qui ordonne la remise de ses présents et la restitution de Briséis à Achille. On ne distingue que la tête du fils d'Atrée et son *sceptre,* mais cet attribut suffit à faire reconnaître le roi des rois, surtout si l'on considère la position à part qui lui est assignée dans la composition. L'architecture de cet édifice, que supportent six colonnes d'ordre corinthien, est lourde et massive. Le portique du milieu se termine par un fronton triangulaire sur le tympan duquel est sculpté un grand fleuron ; les arceaux des deux autres portiques sont cintrés comme les édifices byzantins ;

des *rideaux*, analogues à ceux que l'on voit aux *loges* des consuls ou des empereurs sur les diptyques, les ferment à demi. A droite et à gauche du fronton, une petite *rosace*, et, dans chacun des angles formés par les pointes du faîte, une figure de *divinité* marine ; à la droite du spectateur, c'est un *Triton* ou *Ichthyo-Centaure*, monstre, homme, cheval et poisson, tenant d'une main un aviron et de l'autre une trompette dont il sonne ; à gauche, c'est une *Tritonide* qui sonne également de la trompette, mais ne tient pas d'aviron.

La composition, qui comprend en tout 10 figures, non compris ces accessoires, est encadrée dans une bordure de perles. Le plat repose sur un pied très-peu élevé ; des traces de brisures ressoudées se voient sur les bords, mais heureusement elles altèrent à peine le dessin des figures. On distingue de nombreuses traces de dorures, mais on y cherche vainement la moindre trace d'inscription. Diam. 70 cent. Poids, 10 kilogr. 3 hectogr.

Les musées de l'Europe ne renferment qu'un très-petit nombre de *disques* ou *plats d'argent* analogues à celui que je viens de décrire. Après le disque du Cabinet de France, qui est le plus grand comme le plus remarquable de tous ceux que l'on connaisse, on peut citer le disque d'argent du musée de Madrid et celui du musée de Genève [1], qui offrent des sujets historiques ; mais qui sont à peu près contemporains du disque du Cabinet des médailles.

Notre disque, qui devrait être connu sous le nom de *Restitution de Briséis*, ou *Réconciliation d'Achille avec Agamemnon*, est célèbre depuis deux cents ans dans toute l'Europe sous la dénomination impropre à tous égards de *Bouclier de Scipion.* Elle est impropre, car, premièrement, ce n'est pas un bouclier, mais bien un bassin, un grand plat, ce que les Romains nommaient *lanx*, et, secondement, le sujet qui y est représenté n'est pas emprunté à l'histoire romaine, mais à la mythologie, ou, si l'on veut, à l'histoire héroïque. Au xviii⁰ siècle, on était très-porté à voir partout des faits de l'histoire ; l'anecdote si connue de Scipion. rendant à son mari une jeune femme que ses soldats lui avaient amenée, cadrait tant bien que mal avec le sujet dont notre plat est historié ; il n'en fallut pas davantage pour qu'on y vit la *Continence de Scipion*, et pour lui valoir à tout jamais le nom de *Bou-*

1. Voyez une curieuse énumération des principaux monuments d'argent connus, dans l'ouvrage de M. J. Arneth, intitulé : *Die Antiken Gold-und-Silber Monumente des k. K. Munz und Antiken Cabinettes in Wien.* — Wien, 1850, V, p. 16.

clier de Scipion. « L'histoire qu'il représente est, comme les antiquaires en
« tombent d'accord, celle de Scipion l'Africain, etc. » Tels sont les termes
de J. Spon, qui, dès 1673, fit le premier connaître ce précieux monument
dans un petit ouvrage intitulé : *Recherche des antiquités et curiosités de la
ville de Lyon*. (Voyez page 185.) Une figure très-réduite du *plat d'argent*
accompagnait la brève description qu'il en donna. Comme il arrive trop
souvent à l'erreur, celle-ci, adoptée et lancée dans le monde par un érudit
aussi justement célèbre, fit fortune, et c'est encore sous ce nom traditionnel
que les archéologues eux-mêmes désignent le plus souvent ce précieux monument, non pas sans doute qu'ils en ignorent la véritable interprétation,
mais parce que l'ancienne est plus brève, qu'elle est plus commode pour le
citer, et qu'elle s'est pour ainsi dire incrustée au *Grand Disque* du Cabinet de
France. On lit dans tous les auteurs qui ont traité de ce célèbre monument
qu'il a été trouvé dans le Rhône, par des pêcheurs, en 1656. Ce fait est
possible, mais il n'est rien moins que certain, car on peut demander pourquoi tout le monde a adopté ce dire de Spon dans ses *Recherches curieuses
d'antiquité*, publiées à Lyon en 1683, plutôt que la version du même Spon,
dans un ouvrage qui a précédé celui-ci de six années, celui-là même que
je citais tout à l'heure. Spon écrivait en 1673 : « On le treuva il y a quel-
« ques années du côté d'Arles, en creusant proche du Rhône [1]. » Le même
auteur, en 1683, s'exprime ainsi : « Ce fut en l'an 1656 que cette pièce fut
« trouvee dans le Rhône, proche d'Avignon, par des pêcheurs, qui ne s'at-
« tendaient pas à une si riche capture [2]. » On s'étonnera peut-être de
voir attacher de l'importance à ces différences dans le récit de Spon ;
qu'importe, après tout, que ce disque ait été trouvé dans le fleuve près
d'Avignon, ou dans les terres près d'Arles, pourvu que l'antiquité du monument demeure hors de toute contestation, comme de fait elle l'est ? On
répondra qu'il est toujours désirable de connaître avec certitude la provenance des monuments, car on a tiré de l'historique des découvertes, quand
on a pu le posséder, des inductions précieuses sur l'époque, l'usage, l'authenticité, etc., des objets trouvés. Ici, fort heureusement, l'authenticité du
monument est admise par tous les antiquaires comme hors d'atteinte, car
les indications que pourrait fournir la relation de la découverte font défaut
On ne peut dire formellement ni où ni quand il a été trouvé, puisque l'auteur qui en a parlé le premier n'est pas d'accord avec lui-même. Quoi qu'il
en soit, suivant Spon, auquel il faut bien recourir, puisqu'il est le seul qui
ait parlé de ce disque à cette époque, « ces pêcheurs, voyant cette pièce cou-
« verte d'un limon endurci, que le cours de la rivière y avait formé, en rom-
« pirent les bords, pour voir s'il n'y avait point d'argent dans son alliage Il
« est à présumer que, comme l'argent paraît moins blanc rompu que coupé,
« ils crurent qu'il y en avait peu, puisqu'ils la vendirent pour un prix
« très-médiocre à un orfèvre d'Avignon [3]. » De chez cet orfèvre, le disque
arriva dans le cabinet de M. Octave Mey, amateur lyonnais, chez qui Spon le
fit dessiner en 1673. C'est cet amateur qui fit rattacher les parties brisées par

---

1. *Recherche des antiquités et curiosités de la ville de Lyon*. Lyon, 1673.
Voyez p. 185.

2. *Recherches curieuses d'antiquité*. Lyon, 1683. Voyez page 2.

3. Même page du même ouvrage.

les pêcheurs ; les traces de cette opération sont parfaitement visibles des deux côtés ; mais heureusement les bords ont seuls souffert, et les figures sont à peine endommagées. Millin, qui a consacré un Mémoire à ce disque, et qui en a donné une figure, a cru devoir donner aussi le revers sur une planche, pour faire comprendre le travail de restauration [1]. A la mort de M. Mey, son gendre adressa ce disque au Père de La Chaise, qui le fit acheter par le roi pour le Cabinet des médailles et antiques en 1697. Je trouve cette date, mais non la mention du prix payé, dans l'*Histoire de l'Académie des Inscriptions et Belles-Lettres*, année 1736, t. IX, p. 154. L'article consacré à ce plat dans ce recueil, comme celui du *Journal des Savants* [2], répète le nom erroné que Spon avait popularisé ; le Père Montfaucon a également donné ce monument sous ce nom. V. *Ant. expliquée*, t IV, 1re part., p. 54, pl. xxiii. Il fallut attendre Winckelmann lui-même pour trouver la véritable explication, qui n'a pas encore entièrement détrôné la fausse, au moins dans l'usage habituel. C'est dans un écrit en allemand [3], publié à Dresde en 1766, que Winckelmann, tout en combattant la tendance alors dominante à voir sur les monuments de l'antiquité des faits de l'histoire réelle, au lieu d'y reconnaître ceux de la mythologie ou de l'histoire héroïque qui y sont figurés le plus souvent, donne en passant, en deux lignes, l'explication qu'il m'a fallu détailler ainsi longuement. « Pour ma part, dit le fondateur de « l'esthétique, je crois que c'est la réconciliation d'Achille avec Agamem- « non, qui lui rend Briséis. » Il revient encore sur ce sujet dans son *Histoire de l'Art*, ainsi que dans la *Préface* de ses *Monuments antiques inédits*. Depuis ce trait de lumière, personne parmi les antiquaires n'a persisté à voir sur notre disque la *Continence de Scipion* ; mais, comme Winckelmann n'a pas fait une description détaillée du monument, chacun s'est donné carrière et a fourni son explication. Quelques-uns même ont renversé la proposition, et au lieu de voir, comme l'illustre maître, *Briséis rendue à Achille*, on y a cru reconnaître le contraire, c'est-à-dire *Briséis enlevée à Achille par les hérauts d'Agamemnon*. Ce n'était pas ici le lieu de discuter ces diverses opinions ; je me suis donc contenté, après un examen approfondi, de présenter au public celle que j'ai cru devoir adopter. Partant de la donnée de Winckelmann, j'ai cherché les noms les plus vraisemblables pour chacun des personnages représentés, mais sans m'arrêter pour combattre, chemin faisant, telle ou telle interprétation antérieure. En suivant une autre marche, j'aurais grossi démesurément ce volume. On croit pouvoir placer l'époque de la fabrication de ce célèbre *disque* au ive siècle de notre ère.

2876. Disque ou plateau de bronze, fourré ou plaqué d'argent, plus profond, mais cependant très-analogue, par la forme et le choix des sujets qui le décorent, au disque de Bernay, no 2821.

Trois triples lignes concentriques gravées en creux ornent

---

1. *Monuments antiques inédits*, t. I, p. 69 et 70.
2. Voyez année 1681, no 14, p. 162, avec figure.
3. *Versuch einer Allegorie, besonders für die Kunst*, 1766, p. 11.

l'intérieur, dont le milieu ou ombilic est décoré d'un *emblema* estampé, dont le sujet est le *combat d'un cavalier avec une bête féroce*; mais ici, au lieu de fuir comme sur le *disque de Bernay*, l'homme combat et triomphe. Il est représenté au moment où il lance son javelot sur un sanglier. Une *Victoire* lui apporte une couronne. Sur le bord extérieur sont exécutés en relief des combats d'animaux, des masques et autres attributs bachiques et funéraires, disposés avec cette symétrie que nous retrouvons dans la plupart des monuments de ce genre. On ne compte que huit scènes principales : des *lions*, des *lionnes* et des *ours* poursuivent des *sangliers*, des *cerfs* et des *biches*. Il y a plus de variété dans les scènes que dans le disque de Bernay; ainsi les sangliers font tête aux ours, et même dans deux de ces représentations les timides frugivores semblent vouloir résister aux lions. Trois *masques* bachiques et un masque *silénique*, quatre *autels* carrés, trois *édicules* à toits aigus, un *temple* à deux colonnes, des *cyprès*, des *thyrses*, une *syrinx*, un *tympanum* occupent alternativement l'espace laissé entre chacune des scènes de combats. Diam. 35 c.

Ce plateau a été trouvé, assure-t-on, sur les bords du Rhin. Je renvoie le lecteur à ce qui a été dit plus haut (n° 2821) à l'occasion du *Disque de Bernay*, avec lequel celui-ci a tant d'analogie. J'ajouterai seulement qu'ici le personnage représenté sur l'*emblema* pourrait bien être un empereur, ce que semble indiquer la présence de la Victoire. On peut placer la date de la fabrication de ce plat au Ier ou au IIe siècle de notre ère; mais le travail de l'*emblema*, plus grossier que celui des bords, pourrait être d'une époque plus récente. On trouvera la figure de notre disque dans l'ouvrage de M. Lajard déjà cité : *Recherches sur le Cyprès pyramidal*, etc., p. 333, pl. XVI.

2877. PETIT VASE ou coupe sans anses, dont le culot est décoré d'une rangée de godrons et se termine par une rosace. Sous le pied, autre rosace. Sur le col, à l'extérieur, on lit une inscription du genre du *graffiti* de Pompéi, tracée très-légèrement à la pointe : ΠΑΤΡΟΚΛΕΟϹ. Diam. 10 çent. H. 6 cent.

Acquis en 1844, en morceaux détachés, à la vente Linck. L'inscription, qui parait antique, doit être le nom au génitif d'un possesseur nommé *Patrocle.*

2878. PATÈRE, tasse ou petite coupe sans pied ni anses, d'argent massif, décorée à l'extérieur d'un bas-relief de très-peu de saillie, ciselé dans la masse. Deux personnages principaux, *Pan* et une *Bacchante* dominent la composition, dont les quatre groupes exclusivement bachiques font penser aux vases de Bernay, n°s 2807, 2808, 2809, 2810 et 2821; comme sur ces vases, on remarque dans l'agencement des sujets et des accessoires une recherche constante de pendants symétriques.

Premier groupe. Près d'un arbre à demi desséché, *Pan* debout, ithyphallique, tenant d'une main un flambeau et portant un bouc sur l'épaule gauche, tourne la tête en arrière; il est placé entre un masque *silénique* de profil et un *pedum* et un masque de *bacchante* de face, les cheveux épars; au-dessous du premier de ces masques, un petit cippe et un flambeau; au-dessous du second, un bassin rempli de fruits et une syrinx. *Second groupe. Hermès* au-dessus d'un *bouc* accroupi entre deux masques de *bacchantes* de profil, dont l'une a les cheveux en désordre; au-dessous de l'autre masque, bassin rempli de fruits. *Troisième groupe,* faisant pendant à Pan, une *Bacchante* debout près d'un arbre mort; elle est vêtue d'une tunique serrée sur le corps et d'une longue robe, et tient d'une main un quartier de venaison et de l'autre un thyrse; elle est placée entre un masque *silénique* de profil et une tête de *bacchante* de face, les cheveux en désordre; au-dessous du premier de ces masques, un petit cippe et un *vase* à pied sans anse. *Quatrième groupe : Hermès de Priape* de profil, regardant du côté de la bacchante et placé au-dessus d'un bélier accroupi et entre deux masques de profil qui se regardent; l'un est un masque de *bacchante*, l'autre est un masque *silénique*; au-dessous de celui-ci, un *tympanum*; au-dessous de l'autre, une *corbeille* d'osier dans laquelle sont des provisions. Diam. 9 cent. 1/2. H. 4 cent.

Le travail de cette jolie coupe est fin et élégant; il doit être antérieur à l'empire romain, et rappelle non-seulement les motifs, mais aussi le faire des vases nos 2821 et 2876. Elle provient du célèbre-cabinet Foucault, et a été publiée par Montfaucon dans l'*Antiquité expliquée*, t. I, 2e partie, p. 259, pl. CLXVII.

2879. PETIT VASE d'argent massif, en forme de coupe, sans anses, dont la périphérie est décorée de bas-reliefs coulés et ciselés de peu de saillie, sauf quelques têtes d'animaux rapportées au moyen de soudures. La composition, dont on remarquera la symétrie, se divise en deux par chacune des faces du vase.

Première face : Un *pyrée* ou *autel* de la forme du sablier, c'est-à-dire composé de deux cônes dont l'un renversé est superposé à l'autre de telle manière qu'ils s'unissent par leur pointe; cet autel est placé entre deux *cyprès* et deux *groupes d'animaux;* à droite, une *lionne* dévorant un *sanglier;* à gauche, un *lion* dévorant un *taureau* endommagé par une cassure. Sur un second plan, à droite de l'autel, *colonne* surmontée d'une *urne cinéraire.*

Deuxième face : Une cassure de 7 cent. de longueur sur 3 cent. 1/2 de haut a cruellement endommagé cette partie de la composition; toutefois, on comprend qu'il y avait un pendant à l'autel de la première face, placé comme celui-ci entre deux cyprès, quoiqu'un seul des cyprès soit venu jusqu'à nous. On distingue un *bucrâne* près de cet arbre symbolique. Des deux groupes d'animaux, un seul est resté intact : c'est encore un *lion* dévorant un *taureau;* de l'autre groupe il ne reste que des vestiges peu distincts des pattes.

Les compositions des deux faces sont divisées, à droite de l'autel de la première face, par un *laurier* verdoyant; à gauche, par un *pin* chargé de feuilles et de fruits. Diam. 10 cent. Circonf. 29 cent. H. 6 cent. 1/2.

Le rare et intéressant monument dont on vient de lire la description a été acquis en 1846. On peut rapporter la date de sa fabrication au 1er siècle de l'ère chrétienne; peut-être même est-il antérieur. On y remarque l'alliance des symboles religieux de Rome avec ceux de l'Asie; les *luttes d'animaux*, *l'autel* formé de deux cônes que l'on voit sur les cylindres et sur les vases nos 2807 et 2821; les *cyprès* y sont rapprochés de *l'urne cinéraire* sur une colonne et du *bucrâne*, types si fréquents sur les monuments romains. On peut lire au sujet de ce vase les intéressantes observations que M. Félix Lajard a publiées dans ses *Recherches sur le culte du Cyprès pyramidal* Voyez p. 339 et pl. VI, nos 6 et 6 *a*. Selon le savant académicien, les symboles qui décorent ce vase sont funéraires, ainsi que ceux qui décorent les vases nos 2821 et 2876. Sans accepter toutes les ingénieuses hypothèses de M. Lajard, on peut dire qu'en effet ces divers monuments, ainsi que les vases à symboles bachiques nos 2807, 2808, 2809 et 2810, sont en rapport étroit avec les rites funèbres du paganisme.

2880. Vase d'argent massif, à une seule anse, d'une forme qui se rapproche de *l'œnochoe*, de travail persan et de l'époque de la dynastie des *sassanides*. La panse de ce vase est chargée de sujets symboliques au repoussé qui se détachent sur un fond doré. Sur chacune des deux faces, *groupe de deux lions qui se croisent pour s'élancer en sens contraire;* sur l'épaule de chacun de ces lions, un *astre* ou une *étoile*. Ces deux groupes semblables sont séparés d'un côté par la représentation de l'arbre sacré verdoyant nommé *Hom* (Voyez plus haut, section des cylindres), et, de l'autre, par *deux tiges desséchées* de cet arbre. *L'anse* de ce vase n'existe plus. H. 35 cent. Circonf. 45 cent.

La Bibliothèque impériale a acquis ce curieux monument de l'art oriental en 1846. On peut faire remonter l'époque de sa fabrication au IVe siècle de notre ère. C'est un rare et précieux échantillon de l'art de la Perse sous la dynastie sassanide. On peut lire sur ce vase le savant mémoire de M. Lenormant, intitulé : *Anciennes Etoffes*, dans le t. III. des *Mélanges d'Archeologie* des Pères Martin et Cahier. On rencontre souvent ce type des lions croisés sur les cylindres. Voyez plus haut, nos 885, 886 et 887.

2881. Coupe sassanide d'argent massif. Cette coupe, de la même forme que celle de Chosroès Ier, décrite au n° 2538, à laquelle il faut la comparer, est décorée d'une composition en bas-relief, fondue et ciselée. Les figures sont dorées et niellées. Le sujet est *Un roi de Perse chassant à cheval*. Le monarque est représenté sur un cheval lancé de toute sa vitesse, et décochant une flèche; devant lui fuient deux sangliers et leur marcassin, un axis, une antilope et un buffle. Deux autres sangliers, un buffle, un axis, une antilope, déjà atteints par les flèches du roi, sont renversés sur le sol. Dans le fond, à droite, des roseaux. Le roi est représenté avec une barbe courte; deux perles en forme de poire pendent à son oreille; sa couronne, très-compliquée, se compose d'une tiare entourée d'un cercle crénelé, décorée d'un petit croissant sur le devant; la tiare ronde est surmontée d'une paire d'ailes desquelles s'échappe une bandelette flottante, sans doute un *bout du kosti;* sur ces ailes, un grand croissant, au milieu duquel est placé un objet ovoïde (peut-être une pomme de pin). Le costume du roi est d'une grande richesse; outre un collier de pierreries auquel sont suspendues deux énormes perles en forme de poires, la tunique étroite du monarque est serrée par deux ceintures de pierreries qui supportent son épée, son poignard et son carquois; cette tunique et les *anaxyrides* ou pantalons sont richement brodés; le harnachement du cheval est également d'une grande richesse. On remarquera sur la housse un semis d'annelets ou points ronds disposés symétriquement qui paraissent aussi sur la tunique du roi et que l'on retrouvera sur les vêtements de deux des suivantes d'*Anaïtis* représentées sur la coupe n° 2883. La corde de l'arc royal est placée derrière la tête du roi; c'est une inexactitude volontaire de dessin dictée à l'artiste par la nécessité de ne pas cacher les traits sacrés du souverain. Cet arc est orné de deux nœuds flottants ou bouts du *kosti*, semblables à ceux qui partent de la couronne et des bras du roi, et qu'on voit figurer également dans le harnachement du cheval; cet attribut divin s'étendait de la personne royale jusqu'aux choses royales. Diam. 30 cent.

La coupe dont on vient de lire la description est un rare et précieux monument de l'art persan sous la dynastie des Sassanides. La Bibliothèque Impériale doit la possession de cette coupe royale à la libéralité de M. le duc de Luynes. Le noble académicien, avec une abnégation qu'on ne saurait trop louer, a dépouillé son cabinet de ce rare et précieux morceau, pour le donner généreusement [au Cabinet des médailles, et le réunir ainsi à la coupe de Chosroès, et aux autres monuments de l'art des Perses sous les rois sassanides, qui sont conservés dans cet établissement (V. particulièrement nos 2538, 2882 et 2883). L'année même où cette coupe fut donnée au Cabinet des médailles, en 1843, M. de Longpérier lui consacra un intéressant mémoire dans les *Annales de l'Institut archéologique* (t. XV, p. 98. Voyez aussi la figure au t. III des *Monuments* de cet ouvrage, pl. LI). Il l'attribue au roi Piruz ou Firouz, le Pérose des Grecs, qui regna de l'an 458 à l'an 488 de notre ère. C'est sur la comparaison entre la couronne représentée sur notre coupe et celle que l'on voit sur les drachmes de ce prince que se fonde le savant académicien; on reconnaît, en effet, une grande analogie entre les ornements symboliques de ces deux couronnes, mais tout en inclinant à partager l'opinion de M. de Longpérier, je dois faire remarquer que le travail des monnaies de Firouz est grossier et très-inférieur à celui de notre coupe, que les traits du Roi ne sont pas réguliers sur la drachme comme sur la coupe, et qu'enfin, si l'on s'en rapportait au style et à la ressemblance physique des traits des monarques sassanides, on serait tenté de faire remonter ce monument jusqu'au règne de Sapor II, dont les monnaies présentent une image dont la ressemblance avec le *Roi en chasse* est véritablement frappante.

2882. COUPE d'argent de travail persan.—Le fond est décoré d'un sujet en bas-relief doré et niellé; *un tigre marchant au milieu de lotus qui croissent au bord d'un fleuve*. Diam. 25 cent.

Le travail de cette coupe paraît appartenir au VIe siècle de notre ère; c'est encore un ouvrage exécuté pendant le règne des rois Sassanides. Acquis en 1843. V. nos 2538, 2581 et 2583.

2883. COUPE d'argent massif, de travail persan, de l'époque des rois sassanides. Le fond de cette coupe est doré et décoré d'un sujet en bas-relief fondu et ciselé. Le milieu ou *ombilic* est occupé par une figure de la *déesse Anaïtis assise sur un marticoras;* autour, sont disposées huit figures d'*adorantes* et deux bustes de profil d'*Ormuzd* sur le croissant, absolument semblables. Le dieu est coiffé de la tiare ronde, porte un pendant d'oreille, et est revêtu d'une tunique brodée de ces annelets disposés trois par trois dont il a été parlé au nᵒ 2881. L'un de ces bustes est placé entre deux adorantes; celle placée à la gauche du spectateur fléchit le genou devant la divinité que son geste semble implorer. Elle est richement vêtue; porte collier et pendants d'oreille; de sa coiffure s'échappent deux de ces bandelettes flottantes que nous croyons pouvoir nommer *bouts du kosti*. Sa tunique est brodée d'annelets disposés trois par trois. L'adorante de droite est vêtue comme sa compagne, mais sa tunique est décorée de bandes transversales; elle présente à Ormuzd une coupe pleine de fruits. Plus loin, autre couple d'adorantes affrontées; l'une tient un *épervier* et une fleur; l'autre un *vase à parfums*. Ces deux femmes n'ont pas les *bouts du kosti* qui distinguent celles qui approchent immédiatement Ormuzd. Le groupe suivant, qui se compose du second buste divin entre deux adorantes, est séparé de celui-ci par une *coupe* montée sur un pied; une seule de ces deux adorantes est munie de *bouts de kosti;* celle-ci tient un *seau à anse;* l'autre semble indiquer le buste d'Ormuzd à sa compagne. Vient le dernier groupe; il se compose de deux femmes affrontées; l'une tient une *coupe* et un *fruit*, l'autre s'appuie sur un long sceptre et tient un *pyrée* portatif allumé. Diam. 25 c.

La Bibliothèque Impériale a acquis cette coupe en 1843, en même temps que celle que je viens de décrire. C'est encore un curieux spécimen de l'art de l'époque des Sassanides. On croit pouvoir attribuer ce rare monument au VIᵉ siècle de notre ère (V. nᵒˢ 2538, 2881 et 2882). Des figures gravées légèrement à la pointe à une époque comparativement récente, se voient sur les deux faces de cette coupe. On peut rapprocher ces dessins barbares ou plutôt naifs de figures analogues gravées sur les murailles de Pompéi.

Vase de l'époque chrétienne.

2884. Vase à une seule anse, d'une forme qui se rapproche de celle des *œnochoés* n⁰ˢ 2804, 2805 et 2880. On lit sur le col en caractères niellés :

VIVAS IN CHRISTO QVINTA.

Le mot *Christo* n'est pas écrit en entier; il est figuré par le chrisme, c'est-à-dire le X et le P.

Vis dans le Christ, Quinta!

L'attache de l'anse et le couvercle sont chargés de rosaces et de palmettes ciselées. Tout le reste du vase est sans ornements. H. 36 cent. Circonf. 45 cent.

Ce rare monument de l'art chrétien du ive siècle de notre ère a été acquis par la Bibliothèque Impériale en 1856.

Monuments divers.

2885. Emblema d'une patère, offrant au repoussé un très-haut relief, le buste de *Diane Æginea* laurée entre deux boucs qui s'élancent. Derrière l'épaule droite de la déesse on distingue l'arc et le carquois. Diam. 8 1/2 c.

Trouvé en 1828 à Naples, ce curieux monument a été publié en 1830 par M. de Witte dans les *Annales de l'Institut de correspondance archéologique de Rome*, t. II, p. 176, et pl. xiv du tome I des planches de ce recueil. A cette époque, cet *emblema* appartenait à une collection d'Anvers; depuis, il passa dans le cabinet de M. de Witte, qui, non content d'avoir expliqué et savamment commenté cet intéressant monument, a voulu en faire jouir le public, et l'a généreusement donné à la Bibliothèque Impériale au mois d'octobre 1848.

2886. Tête de Vénus. La déesse est vue de face, les cheveux divisés en nombreuses tresses et formant une couronne sur le sommet de la tête ; elle porte un collier de perles. Diam. 3 cent.

Cette *tête de Vénus*, de haut-relief et travaillée au repoussé, doit avoir été l'*emblema* d'une patère. Les bords sont mutilés. On peut comparer cet *emblema* au buste d'*Hermaphrodite* décrit sous le n° 2802.

2887. BUSTE de Diane diadémée, exécuté au repoussé. H. 20 mill.

On voit des traces de dorure sur ce buste, qui provient de la décoration d'un vase.

2888. PLAQUE d'argent d'applique, avec un bas-relief exécuté par le procédé de l'estampage, représentant un *carpentum* ou char richement décoré, traîné par quatre chevaux. Sur les panneaux du carpentum sont sculptées des statues de divinités dorées que l'exiguïté du monument ne permet pas de déterminer. H. 22 m. Long. 25 mill.

CAYLUS a publié ce petit monument dans son *Recueil d'Antiquités*. V. t. IV, pl. LXXXV, n° 5, p. 280.

2889. DIADÈME orné de fleurons de perles. Longueur de l'arc : 10 cent.

Acquis en 1855. Trouvé près de Langres.

2890. BAGUE d'argent massif. Dans le chaton est enchâssée une pièce de monnaie à l'effigie d'*Elius César*, fils adoptif de l'empereur Hadrien, représenté de profil, barbu et la tête nue, avec cette légende : L. AELIVS CAESAR. *Lucius Elius César*. On ne pourrait connaître le revers de ce denier d'argent qu'en démontant la bague. Diam. du chaton : 17 mill.

2891. BAGUE d'argent massif. Sur le chaton de forme ovale est gravé en creux, entre deux étoiles, le nom du possesseur, en monogramme : LAVRENTIVS C. Haut. du chaton 8 mill. L. 12 mill.

On peut placer la fabrication de cette bague au VI ou VIIe siècle de notre ère. *Laurentius* a peut-être été honoré du titre de *Comes*, comte, dont le *C* paraît être l'initiale.

2892. Bague d'argent massif. Sur le chaton de forme ronde est gravé en creux un animal chimérique, ailé, à tête de bouc et à corps de panthère, une patte en l'air. Diam. du chaton : 21 mill.

> Acquis en 1855.
> Ce monument doit provenir de la Chersonèse Taurique (Crimée), car l'animal qui y est représenté est celui qu'on voit sur les médaille de Panticapée (Kertsch), où il symbolyse le dieu *Pan*.

2893. Bague d'argent massif formée par un serpent. Diam. 3 cent.

2894. Bague d'argent massif formée par un serpent à double tête. Diam. 25 mill.

2895. Fibule ou agrafe dont le motif est un *lion* accroupi. Long. 5 1/2.

> On remarque des traces de dorure sur ce bijou, qui est d'un bon travail et doit avoir été trouvé dans un tombeau. Argent mince. Le lion est creux.

2896. Patèque barbu monté sur deux crocodiles, avec un épervier sur chaque épaule. H. 14 mill.

> Cet amulète, trouvé en Syrie et acquis en 1854, était contenu dans l'étui décrit n° 2897.
> V. Sect. des monuments d'or, n°s 2693-4 et 2696.

2897. Étui carré, se terminant en pyramide, muni d'une bélière. H. 22 mill.

> Cet étui, dont le bas est brisé, contenait la figure n° 2896.

2898. Dieu accroupi, tenant le fouet et le crochet. Hauteur : 21 mill.

> Un anneau indique la destination de ce curieux amulète, qui a été trouvé en Syrie et acquis en 1854.

2899. Feuille d'argent très-mince sur laquelle sont gra-

vées des formules cabalistiques et sept lignes d'écriture carrée hébraïque. H. 12 1/2 cent. L. 4 1/2 c.

Amulète qui a dû être renfermé dans un étui analogue à ceux décrits
plus haut, n⁰ˢ 2694, 2696 et 2897. — Trouvé en Syrie et acquis en 1854.

2900. Anneau d'argent massif avec un *scarabée* d'émeraude d'Égypte gravé en creux sur le plat. Le sujet,
à demi effacé, représente *deux divinités*, séparées par
l'arbre sacré nommé *hom*, se donnant la main. Larg.
de l'anneau 4 1/2 cent.

Cet anneau, de travail oriental, a pu servir de pendant d'oreille; peut-
être est-ce un *ex-voto*. Il a été trouvé en Syrie et a été acquis pour la Bibliothèque Impériale en 1855.

MÉDAILLES

(2901 à 2912)

La collection de médailles de la Bibliothèque Impériale, qui est peut-être la première, mais qui est au moins
très-certainement l'une des plus importantes et des plus
nombreuses de l'Europe, se compose de plus de *deux
cent mille monnaies, médailles ou jetons*, en tous métaux et de tous les pays, depuis l'origine de la monnaie,
c'est-à-dire depuis 2,500 ans, jusqu'à nos jours.

Rangées dans les médailliers qui garnissent la salle
publique du cabinet, les médailles n'exigent pas un
espace très-considérable; mais l'esprit peut à peine ima-
giner la surface qu'elles occuperaient si l'on essayait de
les placer toutes sous les yeux du public. Aussi a-t-on
été contraint à n'en exposer qu'un choix restreint, mais
qui suffit cependant pour donner aux visiteurs une idée
de l'intérêt et de la variété des *suites* conservées dans le

troisième département de la Bibliothèque Impériale[1]. Ces médailles d'élite sont disposées dans dix-huit montres placées sur le meuble qui occupe le milieu du cabinet; elles y sont classées, comme dans les médailliers, d'après l'ordre géographique d'Eckhel et de Mionnet. Des étiquettes générales indiquent les régions auxquelles appartiennent ces médailles; en outre, au-dessous de chacune de ces pièces on lit le nom du roi, de la ville ou du peuple qui les ont fait frapper, ou enfin le nom du personnage qu'elles représentent. Ces indications suffiront aux visiteurs, et dispenseront de descriptions qui, pour avoir de l'intérêt, demanderaient des développements impossibles dans le présent ouvrage. On en pourra juger par l'espace rempli par les descriptions des remarquables médailles d'or et d'argent qui, n'ayant pu trouver place dans les dix-huit montres consacrées spécialement à la numismatique, ont dû être décrites ici sous les nos 2901 à 2912.

2901. MÉDAILLON DU TEMPS DE CHARLES VII, ROI DE FRANCE. Écusson aux armes de France, surmonté de la couronne royale et entouré d'une guirlande de roses; au-dessus, le *K*, lettre initiale du nom du roi *Karl* ou *Charles*. Les légendes du droit et des revers, écrites en langue vulgaire, chose rare à cette époque, forment deux quatrains naïfs; de plus, la légende du revers renferme un *chronogramme*, c'est-à-dire que les lettres numérales qu'elle contient, additionnées, donnent la date de la médaille; le premier quatrain, disposé en deux lignes concentriques, avertit de cette circonstance :

> DOR. FIN. SVIS. EXTRAIT. DE. DVCAS.
>
> ET. FV. FAIT. PESANT. VIII. CARAS.

1. On sait qu'en se conformant aux prescriptions du règlement, chacun peut examiner à loisir toutes les médailles aux jours réservés à l'étude.

EN. L'AN. QVE. VERRAS. MOI. TOVRNANT.
LES. LETTRES. DE. NOMBRE. PRENANT.

En obéissant à ces prescriptions, c'est-à-dire en prenant les lettres numérales du second quatrain, que nous imprimerons de plus grande dimension que les autres, et en exceptant les D, qui n'ont pas ici de valeur, quoiqu'on n'en soit pas averti par les vers, on trouvera la date de 1451; c'est l'année de l'expulsion des Anglais hors du sol de la France (sauf Calais), par suite de la conquête de la Normandie.

qVant Ie. FV. faIt. sans. dIferanCe.
aV. prVdent. roI. amI. de dIeV.
on. obeI soIt. par. toVt. en. franCe.
fors. a. CaLaIs. qVI. est. fort. LIeV.

Le revers de cette médaille représente une croix cantonnée de fleurs de lis couronnées et inscrites dans une rosace; autour de cette croix, quatre banderoles couronnées, sur chacune desquelles on lit cette devise qui doit se rapporter à la personne du roi dont le chiffre couronné K figure au commencement de la légende : DESIRE SVIS. Or de ducats. Poids 220 gr. Module 8 cent.

Le type de ce médaillon, à l'exception de la devise *désiré suis*, est absolument celui des *écus d'or* du XVe siècle, mais dans des proportions considérablement élargies. On peut considérer ce médaillon comme la plus ancienne médaille française; et peut-être doit-on le classer parmi les *pièces de plaisir* qui servaient au jeu du Roi.

2902. MÉDAILLE DE CHARLES VIII ET DE LA REINE ANNE DE BRETAGNE. Sur un champ fleurdelisé, buste de CHARLES VIII, la couronne en tête, avec le collier de l'ordre de Saint-Michel. Légende : + FELIX. FORTVNA. DIV. EXPLORATVM. ACTVLIT. 1493. *La fortune propice nous a amené celui que nous avons attendu si long-*

temps. 1493. Au revers, buste de la reine, Anne de Bretagne, la couronne en tête, revêtue d'une robe brodée d'hermines. Le champ de la médaille est semé à droite de fleurs de lis, à gauche d'hermines. Légende : R. P. LVGDVNEN. ANNA. REGNANTE. CONFLAVIT. *La commune de Lyon a fait fondre cette médaille sous le règne d'Anne.* Or. Module 4 cent.

On doit voir ici, selon toute probabilité, l'exemplaire même qui fut présenté au nom de la ville de Lyon à la Reine Anne à sa *joyeuse entrée* dans cette grande cité. (V. au n° 2905 des détails sur la médaille offerte à la même princesse en 1499.)

2903. Jeton de la reine Anne. Sur un champ mi-parti des armes de France et de Bretagne, une haquenée avec une selle de femme. La légende a été en partie effacée, mais les lettres qui restent : O. R. L. S. V. R-E. DE. suffisent pour faire comprendre qu'il faut lire : *Pour l'escurie de — la Reyne Anne, duchesse de Bretagne;* ces six derniers mots se lisent au revers, qui porte l'écusson de la Reine, parti de France et de Bretagne, surmonté de la couronne royale et entouré d'une cordelière. Or. Module 36 mill.

La cordelière, attribut des veuves, nous apprend que ce jeton a été fait après la mort de Charles VIII et avant le second mariage d'Anne avec Louis XII, c'est-à-dire, entre le 7 avril 1498 et le 7 janvier 1499.

2904. Médaille de Louis XII. Buste du Roi, avec un bonnet couronné et l'ordre de Saint-Michel, sur un champ fleurdelisé. Légende : une fleur de lis : LVDOVICVS. D. G. FRANCOR. CICILIE. IHRLM. REX. *Louis, par la grâce de Dieu, roi des Français, de Sicile et de Jérusalem.* Au revers, un porc-épic surmonté de la couronne royale, et cette légende, qui complète les titres du Roi : MEDIOLANI. DVX. ASTENSIS. Q. DOMINVS. *Duc de Milan et seigneur d'Asti.* Or. Module 4 cent.

Le porc-épic est le *corps* de la devise de Louis XII; l'*âme* de cette devise bien connue est : COMINVS ET EMINVS. *De près et de loin.*

2905. MÉDAILLÉ DE LOUIS XII ET D'ANNE DE BRETAGNE. D'un côté, le Roi, à mi-corps, vêtu d'une robe à longs plis flottants, coiffé d'un bonnet ceint de la couronne royale fleurdelisée, et portant le collier de l'ordre de Saint-Michel. Le champ est semé de fleurs de lis. Légende : FELICE LVDOVICO REGNATE. DVODECIMO. CESARE. ALTERO. GAVDET. OMNIS. NACIO. *Sous l'heureux règne de Louis XII* de ce nom, second César, le peuple tout entier se réjouit. Au revers, la Reine Anne, vue à mi-corps, la couronne en tête, avec de longues coiffes ; les cheveux tressés et portant au cou une chaîne d'or supportant un joyau. Le champ est semé de fleurs de lis et d'hermines. Légende : LVGDVN. RE. PVBLICA. GAVDETE. BIS. ANNA. REGNANTE. BENIGNE. SIC. FVI. CONFLATA. 1499. C'est la médaille qui parle : *Je fus ainsi fondue en 1499, comme la commune de Lyon se réjouissait sous le second règne de la bonne reine Anne.* Un lion, armes de la ville, est placé à l'exergue des deux côtés de la médaille. Argent. Module 11 cent.

Deux documents découverts dans les Archives de Montpellier par M. le comte G. de Soultrait et par lui publiés récemment dans la *Revue Numismatique* (année 1855, p. 46) nous apprennent les noms des artistes qui modelèrent cette médaille, ainsi que le nom de l'orfèvre qui la fondit. La ville de Lyon paya :

à Maistres Nicolas et Jean de St. Priest, pour la taille et façon des pourtraits de molles (moules pour *modelés*) *faiz por la médaille ordonnée pour le présent fait à la dite dame* (la Reine Anne) *quatre Escus d'or.*

A Jean Lepere, orfevre, pour la façon de la médaille d'or donnée et présentée de par la ville à la Reyne notre souveraine dame à sa joyeuse venue de son second regne, huit écus d'or.

Moyennant ce prix de huit écus d'or, l'orfèvre était tenu de *faire et bailler sur le patron de la dite médaille une autre médaille de cuivre brute pour la garder en la maison de ville.* L'exemplaire conservé au Cabinet de France est d'argent, mais il n'est pas *brute*, et a été reciselé sans doute par Nicolas et Jean de Saint-Priest eux-mêmes. Ces intéressants documents nous révèlent de curieux détails sur l'art du médailleur en France à la fin du XVᵉ siècle. On remarquera, du reste, que la ville de Lyon se montra plus libérale en 1499 qu'en 1493, car la médaille nº 2902 offerte à la reine Anne en pareille circonstance est d'un bien moindre module. Le luxe allait déjà en croissant.

2906.- MÉDAILLE RELATIVE A LA CONQUÊTE DU MARQUISAT DE SALUCES. Le roi HENRI IV, en Mars, vu à mi-corps, coiffé d'un casque orné d'un grand panache et d'un cimier représentant un sphinx, et portant l'écharpe blanche fleurdelisée sur son armure. Légende : HENRICVS. IIII. FRANC. ET. NAVAR. REX. CHRISTIANISS. *Henri IV, roi très-chrétien de France et de Navarre.* Exergue : 1601. Au revers, Mars nu (Henri IV), coiffé d'un casque sur lequel brille un astre, le bouclier au poing, l'épée haute, terrassant un centaure (le duc Charles-Emmanuel de Savoie), chargé d'étoiles, qui cherche à soustraire sa couronne aux coups du vainqueur. Légende : MARTIS CEDVNT HÆC SIGNA PLANETÆ. *Le sagittaire cède à Mars.* MÉDAILLE OVALE D'ARGENT. H. 93 mill. L. 74 mill.

Pour comprendre cette singulière médaille, il faut savoir qu'en 1588 le duc de Savoie, Charles-Emmanuel Ier, profitant de nos dissensions civiles, s'était emparé du marquisat de Saluces et avait fait frapper des médailles représentant le *Sagittaire* décochant une flèche avec cette légende : OPPORTVNE. *A propos.* Henri IV, devenu roi de France, ayant repris le marquisat de Saluces et battu les troupes du duc de Savoie en plusieurs rencontres, on fit en France diverses médailles en réponse à celles dont nous venons de parler. Le *Centaure*, ou plutôt le *Sagittaire* du Zodiaque y est représenté terrassé par le Mars français, ce qui signifiait que la constellation de Savoie était vaincue par l'Astre français. On y avait inscrit cette légende : OPPORTVNIVS. *Plus à-propos.* Sur la médaille exposée ici, sans inscrire le mot *opportvnivs*, on faisait une réponse aussi claire à la malencontreuse médaille savoisienne; le Duc s'était fait représenter en Sagittaire, c'est-à-dire, sous les traits d'un Centaure décochant une flèche, sur les flancs duquel on pouvait compter les étoiles de cette constellation; ici, le roi de France est représenté en Mars, et l'astre placé sur son casque achève d'éclaircir ce que la légende pourrait avoir d'obscur si on ne remarquait pas que les deux princes sont transformés l'un en signe du Zodiaque, l'autre en Planète.

2907. MÉDAILLE DE LA FONDATION DU VAL-DE-GRACE. La reine mère, ANNE D'AUTRICHE, et son fils, le jeune LOUIS XIV, vus à mi-corps. Légende : ANNA. D. G. FR. ET. NAV. REG. RE. R. MATER. LVD. XIV. D. G. FR. ET. NAV. REG. CHR.—*Anne, par la grâce de Dieu, reine-régente des royaumes de France et de Navarre, mère de*

Louis XIV, roi très-chrétien de France et de Navarre.
Au REVERS, la façade de l'église du Val-de-Grâce. Légende : OB. GRATIAM. DIV. DESIDERATI. REGII. ET. SECVNDI. PARTVS. *En actions de grâces pour l'heureux enfantement royal, si longtemps désiré.* A l'exergue : QVINTO. CAL. SEPT. 1638. *5 septembre* 1638. Or. Module 9 cent. 1/2.

> Cette date n'est point celle de la médaille, mais bien celle de la naissance de Louis XIV, événement auquel se rapporte la légende. — La construction de l'église du Val-de-Grâce ne fut commencée qu'en 1645; l'édifice ne fut terminé qu'en 1665.

2908. MÉDAILLE DE LA FONDATION DE LA COLONNADE DU LOUVRE. D'un côté, le buste de Louis XIV, la tête nue, avec un soleil sur la poitrine. Légende : LVDOVICO. XIV. REGNANTE. ET. ÆDIFICANTE. *Louis XIV régnant et édifiant.* Au revers, la colonnade du Louvre, d'après les dessins du Bernin qui ne furent point exécutés. Légende : MAIESTATI. AC. ÆTERNIT. GALL. IMPERII. SACRVM. *Consacré à la Majesté et à l'Éternité de l'Empire français.* A l'exergue : M. DC. LXV. Au-dessus de cette date, en creux, la signature du graveur : IOAN. VARIN. FECIT. Sur une seconde ligne, un B qui rappelle peut-être le nom du Bernin. Or. Module. 11 c.

> Il n'est pas nécessaire de faire longuement ressortir tout l'intérêt qu'offrent le sujet et l'exécution de cette médaille, modelée et reciselée par le célèbre Jean Warin ; mais il est impossible de ne pas remarquer que la légende: *A la majesté et à l'éternité de l'Empire français*, grâce à la forme poétique *imperium* substituée sous Louis XIV au mot *regnum*, pourrait, sans le moindre changement, être gravée sur un des pavillons du Nouveau-Louvre, cette œuvre nationale, aujourd'hui achevée.

2909. PIERRE SÉGUIER, GARDE DES SCEAUX DE FRANCE. Buste du chancelier Séguier, alors garde des sceaux. Légende : PETRVS SEGVIER EQVES FRANCIÆ NOMOPHYLAX. *Pierre Séguier, chevalier, garde des sceaux de France.* Au revers, la Justice et la Piété réunies devant un autel. Légende : CONVENIVNT CERTANT QVE SIMVL. *Elles se réunis-*

sent et rivalisent. Exergue : 1633. Or. Module 7 cent. 1/2.

La date de ce beau médaillon, fondu et reciselé, est celle de la nomination de Pierre Séguier à la dignité de garde des sceaux ; il ne fut chancelier qu'en 1635.

2910. DON PHILIPPE, INFANT D'ESPAGNE, ROI D'ANGLETERRE. Buste, la tête nue, avec une armure richement ciselée de l'infant don Philippe, plus tard Philippe II. Légende : PHILIPPVS. REX. PRINC. HISP. ÆT. S. AN. XXVIII. *Philippe roi, prince d'Espagne, dans la vingt-huitième année de son âge.* A l'exergue : IAC TREZZO F. 1555. *OEuvre de Jacques Trezzo.* 1555. Au revers : Apollon, sur son char, commençant sa carrière. Légende : IAM. ILLVSTRABIT. OMNIA. *Déjà il va tout éclairer.* Or. Module. 7 cent.

Magnifique médaillon, modelé et reciselé par Jacques Trezzo, de Milan, en 1555; l'année précédente, l'infant avait épousé Marie Tudor, reine d'Angleterre ; ce mariage lui donna le titre de roi deux ans avant l'abdication de Charles-Quint, son père.

2911. PHILIPPE II ET LE DUC D'ALBE. D'un côté, le Roi, vu à mi-corps, en costume civil, avec l'ordre de la Toison-d'Or. Légende : PHILIPPVS. II. HISPAN. ET. NOV. ORBIS. OCCIDVI. REX. *Philippe II, roi des Espagnes et des Indes.* Au revers, le duc d'Albe, vu à mi-corps, revêtu de son armure. Légende : FERDIN. TOLET. ALBÆ. DVX. BELG. PRÆF. *Ferdinand de Tolède, duc d'Albe, gouverneur des Pays-Bas.* A l'exergue : 1567. Au droit et au revers, on lit un monogramme en creux composé des lettres G. J. Ce sont peut-être les initiales de l'artiste, à nous inconnu, auquel on doit cette belle médaille. Médaillon ovale d'argent. H. 10 cent. L. 8 cent 1/2.

2912. HENRI VIII, ROI D'ANGLETERRE ET ÉRASME. Buste de face, du roi Henri VIII, coiffé d'un chapeau orné d'un panache, portant sur son pourpoint un manteau de fourrures ; une riche chaîne est placée sur le manteau ; à son cou, est suspendu un médaillou, représentant le Saint-Georges de l'ordre de la Jarretière. Légende: HENRICVS. VIII. DE. GRATIA. ANGLIA. (sic) REX. *Henri VIII, par la grâce de Dieu, roi d'Angleterre.* Au revers, buste de profil d'Érasme, coiffé d'un bonnet. Dans le champ, ER. ROT. *Erasme de Rotterdam.* Légendes en grec et en latin : THN KPEITTΩ TẠ ΣΥΓΓΡΑΜΜΑΤΑ ΔΕΙΞΕΙ. IMAGO AD VIVA EFFIGIE (sic) EXPRESSA. *Voici son image d'après nature ; ses écrits montreront la meilleure.* Exergue: 1519. Argent. Module 9 cent. 1/2.

Cette médaille, l'une des plus belles de la série moderne, pourrait bien avoir été modelée en cire par Holbein lui-même.

— — — —

SCEAUX OU BULLES

D'OR ET D'ARGENT

(2913 à 2916.)

Le mot *sceau* s'emploie à la fois pour désigner le *type* en creux ou *malrice* qui sert à sceller, ou l'empreinte même de ce sceau. Cependant, le plus généralement, on réserve le terme *Bulle* pour les empreintes ou sceaux de métal. Les empereurs, les rois et les papes ont en effet souvent appendu des empreintes d'or et d'argent à des actes dont on voulait ainsi rehausser l'importance par un signe matériel. Encore aujourd'hui, les papes font suspendre des bulles de plomb à divers actes de la chancellerie romaine. Il existe, dans les archives et autres collections publiques, un certain nombre de ces bulles d'or ou d'argent ; ainsi, aux archives de l'empire, on conserve la bulle d'or de Henri VIII, appendue à l'original du traité, conclu au camp du Drap-d'Or, entre ce prince et François Ier, en 1520. On trouvera sous les n°s 2913, 14, 15 et 16 de précieux *spécimens* de cette importante branche de l'archéologie du moyen âge et de la Renaissance. Voyez sur ce sujet les intéressantes observations de M. Natalis de Wailly, à la page 43 du tome II de son savant ouvrage, intitulé : *Éléments de paléographie.*

2913. BULLE D'OR DE LOUIS XII, ROI DE FRANCE. Du côté principal, ou *sceau,* est représenté le Roi, la couronne en tête, le sceptre et le globe en main, revêtu du manteau royal, assis sur son trône. Le champ est semé de fleurs de lis ; à droite, est un quartier aux armes de Jérusalem. Légende : LVDOVICVS. DEI. GRA. FRANCORVM. NEAPOLIS. ET. HIERVSALEM. REX. DVX. MEDIOLANI. *Louis, par la grâce de Dieu, roi des Français, de Naples et de Jérusalem, duc de Milan.* De l'autre côté, ou au *contre-sceau,* au milieu d'un cercle, deux écussons ; celui de gauche, aux armes de France, est surmonté de la couronne royale et entouré de l'ordre de Saint-Michel ; celui de droite est écartelé : aux 1er et 4e quartiers, d'Anjou-Sicile ; aux 2e et 3e, de Jérusalem. Cet écusson est surmonté comme le premier d'une couronne royale ; au bas, on lit, sur un croissant, la devise de l'ordre angevin du *Croissant* : LOS. EN. CROISS (ant). Or. Module 10 c.

On ignore à quel acte cette belle Bulle d'or a pu être appendue ; tout ce qu'on sait, c'est qu'elle vient d'Italie, et qu'avant d'entrer à la Bibliothèque, elle appartint à un prince de Monaco. La présence des armoiries de la maison d'Anjou, aux droits de laquelle Louis XII prétendait au trône de Naples, peut faire supposer que l'acte qui fut scellé par ce précieux monument de l'art du XVe siècle était relatif au traité de partage du royaume de Naples conclu en 1501 entre le roi de France et Ferdinand de Castille. En 1831, la Bulle d'or de Louis XII fut volée et cachée par les voleurs dans la Seine, avec d'autres objets qui furent retrouvés par la justice.

La Bulle d'or de Louis XII a été publiée dans le *Trésor de Numismatique et de Glyptique, sceaux des rois et reines de France*, p. 13, pl. xiv, nᵒ 2, ainsi que dans les *Éléments de paléographie* de M. N. de Wailly. V. t. II. p. 377, pl. κ, nᵒ 11. Le Cabinet des Médailles et Antiques en fit l'acquisition en 1803, par ordre du premier consul, pour une somme excessivement modique.

2914. BULLE D'OR DE CHARLES II. D'un côté, le roi de Naples et de Sicile, la couronne en tête, représenté en habits royaux, assis sur son trône, tenant d'une main un sceptre terminé par une fleur de lis, et de l'autre le globe. Légende : KAROLVS. DEI. GRACIA. SICILIE. REX. *Charles, par la grâce de Dieu, roi de Sicile*. Au revers : un écusson aux armes d'Anjou-Sicile, semé de France au lambel de gueules. Légende : + DVCATVS. APVLIE. PRICIPAT. CAPVE. *Duché de Pouille, principauté de Capoue*. Or. Module. 4 c.

On distingue encore les traces des lacs de soie rouge par lesquels cette belle Bulle fut suspendue à la charte qu'elle scellait. Charles II d'Anjou, roi de Naples et de Sicile, comte de Provence, régna de l'an 1285 à 1309.

2915. BULLE D'ARGENT D'ALPHONSE DE FRANCE, FRÈRE DE LOUIS IX. Du côté principal, le prince armé de toutes pièces, l'épée au poing, portant au cou son bouclier, mi-parti de France et de Castille, monté sur un cheval lancé au galop dont le caparaçon est brodé à ses armes. Légende : ALFONSVS. COMES. PICTOVIE. ET. THOL. Au revers, la croix de Toulouse et le complément des titres du frère de saint Louis : MARCHIO. PROVINCIE. *Alphonse, comte de Poitiers et de Toulouse, marquis de Provence*. Argent. Module 3 cent. 1/2.

2916. BULLE D'ARGENT D'EDMOND PLANTAGENET, ROI DE SICILE. Du côté principal, le roi de Sicile, assis sur son trône, la couronne en tête, le sceptre dans la main droite et le globe crucigère dans la gauche. Légende : EADMVNDVS. DEI. GRACIA. SICILIE. REX. *Edmond, par la grâce de Dieu, roi de Sicile*. De l'autre côté, ou contre-scel,

écusson aux trois léopards d'Angleterre, et la légende :
EADMVNDVS. NATVS. REGIS. ANGLIE. ILLVSTRIS. *Edmond,
fils de l'illustre roi d'Angleterre.* Argent. Module
3 cent. 1/2.

Cette bulle est un monument curieux de la royauté nominale d'Edmond
Plantagenet, auquel le pape Alexandre IV avait donné la Sicile par une
bulle de l'an 1255. Ce prince était le second fils de Henri III, roi d'Angleterre. et le neveu d'Isabelle Plantagenet, troisième femme de l'empereur
Frédéric II, roi de Sicile Henri III d'Angleterre avait espéré faire monter
son jeune fils sur le trône de Naples ; « *il le faisait paraître en public revêtu
de l'habit apulien et lui donnait le nom de roi.* » Ces détails, empruntés
à la chronique de Mathieu Pâris, sont cités par M. Huillard-Bréholles
dans son savant ouvrage intitulé : *Recherches sur les monuments et l'histoire des Normands et de la maison de Souabe.* V. p. 127. On trouvera la
figure du sceau d'Edmond Plantagenet à la planche XXI de ce splendide
ouvrage, dont l'Europe savante doit la publication à la libéralité de M. le
duc de Luynes.

MONUMENTS DE BRONZE

ANTIQUITÉ.

Bustes et Statuettes.

2917. CYBÈLE. Buste plus grand que nature. La déesse
est coiffée d'une muraille fortifiée, avec porte, em-
brasures, tours et créneaux ; les yeux sont sans prunelles ; les cheveux, élégamment disposés et séparés
sur le front, sont, par derrière, renfermés dans une
bande d'étoffe qui se rétrécit vers les oreilles. H. 59
cent.

Ce magnifique buste de bronze est un des plus célèbres monuments antiques parisiens, car il a été trouvé à Paris, vers 1675, près de l'église
Saint-Eustache, *parmi des gravois dans une tour ruinée,* située dans le jardin d'une maison appartenant à un particulier nommé l'abbé Berrier, qui
fit d'abord de ce buste l'ornement de sa bibliothèque, où le Père du Molinet
le vit avant qu'il fût passé dans le cabinet de Girardon le sculpteur. A la
mort de ce dernier, la Cybèle de Saint-Eustache fut achetée par le célèbre

amateur Crozat, et enfin, après lui, par le duc de Valentinois, qui la légua
au Roi pour le Cabinet des Médailles et Antiques. Ce monument, comme l'a
dit Caylus, « n'est donc jamais sorti de Paris, et s'y trouve fixé pour tou-
« jours. » Il y a déjà plus de cent ans que Caylus écrivait cette phrase, et
la Cybèle est encore à Paris ; espérons que nos neveux pourront constater
dans un autre siècle que, malgré l'instabilité des choses humaines, la Cybèle
de Paris n'a pas quitté cette grande ville, dont elle a peut-être été jadis
considérée comme la divinité tutélaire.

On a publié souvent ce buste ; le Père du Molinet paraît être le premier
qui s'en soit occupé, dans une feuille volante intitulée : *Nouvelle découverte
d'une des plus singulières et des plus curieuses antiquités de la ville de
Paris*. Dans cette dissertation, réimprimée au t. I, p. 56, des *Antiquités
de Paris* de Sauval, à la page 10 du *Cabinet de Sainte-Geneviève* du P. du
Molinet, ainsi que dans les *Recherches curieuses d'antiquité* de Spon, p. 297
et suiv., le bon Genovéfain s'évertue à démontrer que ce buste représente
non pas Cybèle, ou le génie d'une ville, mais bien Isis. Après lui, Montfaucon l'a donné dans la 1re partie du t. I de son *Antiquité expliquée*, p. 6,
pl. I, no 4. Caylus l'a également fait graver au t. II de son *Recueil*, V. p.
378, pl. cxiii.

2918. Buste de Cybèle. La déesse est vêtue d'une tu-
nique ; elle a la tête ceinte d'une couronne représentant les murs flanqués de six tours d'une ville. Ce
buste, sans bras, est posé sur une patère, entre deux
cornes d'abondance surmontées de pommes de pin.
La patère repose sur le piédestal antique. H., avec le
piédestal, 18 cent.

On peut considérer ce bronze, qui a été trouvé en France, vers 1750,
à Tours, village situé près d'Abbeville, comme un des plus remarquables de la collection. C'est, à la vérité, un ouvrage romain, mais
que l'excellence du travail doit faire placer au 1er siècle de l'Empire. L'expression de la tête donnée à la mère des Dieux est empreinte d'une mélan-
colie que l'on voit rarement à ce degré dans les têtes antiques. La conservation de ce buste ne laisse rien à désirer. Le comte de Caylus, qui l'a
publié dans le t. V de son *Recueil*, V. p. 312, pl. cxi, nous apprend qu'il
fut trouvé en faisant une route dans un bois. Le piédestal était détaché
du buste.

2919. Cybèle debout, avec la couronne de murailles
flanquée de cinq tours, revêtue d'une tunique et d'un
peplus. Les bras sont brisés au coude. H. 16 cent.

Beau bronze qui provient du cabinet Foucault. On le trouvera figuré dans
l'*Antiquité expliquée* de Montfaucon, t. I, 1re partie, p. 6, pl. I, no 1.

2920. Jupiter assis sur un trône à dossier orné de fleu-

rons. Le dieu est lauré; il tient de la main droite le foudre, et, de la gauche, il s'appuyait sur son long sceptre, qui a disparu, ainsi que le *subsellium* ou marche-pied sur lequel posaient les pieds. Les yeux sont incrustés d'argent. H. 12 cent.

Monument intéressant qui rappelle le célèbre Jupiter assis de la collection Denon. Travail romain. On le trouvera gravé dans le *Reeueil* de Caylus, t. VII, pl. LXXXII, n° 1, p. 286.

2921. JUPITER assis, à demi nu, couronné de laurier; il tient de la main droite une patère, et de la gauche s'appuyait sur le long sceptre qui manque. Les pieds reposent sur un *subsellium*. H. 9 cent. 1/2.

Il ne reste pas de vestiges du trône.

Caylus a publié ce joli bronze romain dans le t. III de son *Recueil*. V. p. 158, pl. XLI, n° 1.

2922. JUPITER lauré, debout, nu, sauf la chlamyde jetée sur l'épaule gauche; il tient de la main droite le foudre, et de la gauche s'appuyait sur son long sceptre. Les pieds sont chaussés de sandales. Les yeux sont incrustés d'argent. Il ne reste que des vestiges du foudre et du sceptre. H. 16 cent. 1/2.

En 1763, un paysan qui travaillait à sa vigne, aux environs de Châlon-sur-Saône, trouva, dit le comte de Caylus, presque à la surface de la terre, un coffre de bois de chêne qui renfermait 18 figures de bronze, dont dix sont gravées dans les planches LXXIX, LXXX et LXXXI du t. VII de son *Recueil d'antiquités*[1]. Le noble amateur suppose avec raison que cette réunion de statuettes antiques dans un coffre de bois, qui ne pouvait remonter à une haute antiquité, est due au zèle d'un antiquaire de l'époque de la Renaissance. C'était, en tous cas, un homme de goût que cet heureux collectionneur, car les figures de la trouvaille de Châlon sont aussi remarquables par leur mérite, comme objets d'art, que par leur surprenante conservation. (Voyez nos 2941, 2957, 2962, 2963, 2993, 3051 et 3078.) Toutes sont revêtues d'une belle patine verte qui les distingue et les fait reconnaître, et qu'on ne rencontre que bien rarement. On peut cependant citer à côté de ces statuettes le joli buste de Cybèle trouvé aussi en France, mais dans une autre contrée, et que nous avons décrit sous le n° 2918. Le Jupi-

---

1. Caylus, par mégarde, a écrit 17 figures et annonce en avoir fait reproduire 9. Je trouve 10 figures dans les trois planches qu'il a consacrées à la trouvaille de Châlon.

ter qui nous occupe est un des joyaux de la collection ; on le trouvera sous le n° 1, pl. LXXIX, p. 280 du t. VII du *Recueil* de Caylus.

2923. JUPITER nu, debout, la chlamyde jetée sur l'épaule gauche, tenant de la main droite le foudre brisé à demi ; il s'appuyait de la main gauche sur un long sceptre qui a disparu. Les yeux sont incrustés d'argent. H. 14 cent.

La disposition des cheveux, la barbe taillée régulièrement en pointe, donnent à cette figure un aspect oriental qu'elle doit à la recherche de l'archaïsme, car il ne paraît pas qu'il faille faire remonter sa fabrication à une époque très-reculée. C'est peut-être un ouvrage étrusque des derniers temps de la république romaine. On la trouvera fort mal figurée au t. IV du *Recueil* de Caylus, pl. XXXIV, n° 1, p. 101.

2924. JUPITER debout, nu, couronné de laurier, tenant le foudre de la main droite. Le bras gauche manque. H. 10 cent. 1/2.

Travail fin ; sauf la brisure du bras, la conservation est remarquable.

2925. JUPITER debout, entièrement nu, tenant de la main droite le foudre ; de la gauche, il s'appuyait sur un long sceptre, qui a disparu ainsi que la main. Les yeux sont incrustés d'argent. H. 29 cent.

Belle figure de travail romain. Si le corps est un peu lourd, la tête est d'une grande noblesse d'expression.

2926. JUPITER debout, nu, tenant le foudre de la main gauche ; l'avant-bras droit est brisé. Les yeux sont incrustés d'argent. H. 17 cent.

Inférieure à la précédente par le caractère de la tête, cette figure est remarquable par l'exécution et le mouvement du corps.

2927. JUPITER debout, la tête nue, vêtu d'une tunique sans manches et d'une chlamyde rejetée sur l'épaule gauche ; de la main droite il s'appuyait sur son sceptre, qui manque, ainsi que les jambes. De la main gauche, il tient un vase. H. 9 cent.

Caylus a publié ce fragment de statuette au t. VI de son *Recueil,* pl. LXXXIV, nᵒˢ 3 et 4, p. 271. Il croit que la figure n'a jamais été entière, ce qui n'est pas impossible.

2928. GANYMÈDE ou *Éphèbe*, nu, debout. Le mouvement du bras gauche et la disposition de la main indiquent que cette figure portait un vase par une anse. La main droite du jeune échanson est posée par derrière sur la hanche. H. 12 cent.

Si la conservation de ce bronze grec répondait à l'élégance du travail, il devrait prendre rang parmi les plus précieux du Cabinet. Il provient du cabinet Foucault.

2929. JUPITER gaulois debout, s'appuyant de la main gauche sur son sceptre qui a disparu, et tenant de la droite un vase. Il est vêtu du *sagum* ou *gausapa*, sorte de casaque serrée par une ceinture et fermée par une fibule sur la poitrine. Il a des chaussures de peau flexible. H. 14 cent.

Trouvé à Lyon au XVIIIᵉ siècle.
Publié par Caylus, t. I de son *Recueil*, p. 160, pl. LVIII, nᵒ 1.

2930. AUTRE presque semblable. Celui-ci ne diffère du précédent que par des détails; ainsi le *sagum* paraît orné d'une bordure, et on distingue une broderie figurant des X disposés régulièrement sur le vêtement. H. 12 cent.

Provient du cabinet Foucault.

2931. JUNON debout, diadémée, vêtue d'une tunique à manches courtes et d'une robe très-ample qui se replie sur le bras gauche. De la main droite elle tenait une patère. Les yeux sont incrustés d'argent. H. 25 c.

Beau bronze qui provient du cabinet Foucault. Montfaucon, *Antiquité expliquée*, t. I, 1ʳᵉ partie, pl. XXI, nᵒ 1.

2932. JUNON debout, diadémée, vêtue d'une tunique sans manches et d'une ample draperie qui lui sert de voile et dont les pans sont supportés par le bras droit. De la main droite elle tient une patère. Les pieds sont nus. H. 17 cent.

2933. Junon diadémée et voilée, debout, vêtue d'une tunique talaire, d'un peplus et d'une ample draperie qui couvre l'occiput et sert ainsi de voile et retombe sur le bras droit. Elle s'appuie de la main gauche sur son sceptre qui a disparu; le bras droit est de restauration. H. 13 cent.

Figurine de style romain qui provient du cabinet Foucault.

2934. Junon debout, diadémée, vêtue d'une tunique talaire, d'un peplus et d'une ample draperie. La tête est ressoudée; les avant-bras manquent. H. 19 cent.

2935. Junon debout, diadémée, revêtue d'une tunique talaire par-dessus laquelle elle porte une robe très-ample qui se replie sous le bras gauche qui est brisé. La main droite inclinée tenait peut-être une patère. H. 13 cent.

Figure de bon travail.

2936. Junon debout, diadémée; de la main droite elle s'appuyait sur un long sceptre disparu; elle est vêtue d'une tunique talaire qui laisse nu le sein gauche; le bras gauche, brisé vers le poignet, s'appuie sur une colonne ornée d'un chapiteau corinthien. H. 18 cent.

Figurine de bon style et dont la pose est pleine de dignité.

2937. Sérapis. Buste; sur la face antérieure du *modius*, disque du soleil; il est vêtu d'une tunique et d'un manteau jeté sur l'épaule gauche. H. 12 cent.

Travail romain.

2938. Isis. Buste; elle est vêtue d'une tunique par-dessus laquelle est nouée une sorte d'écharpe. H. 12 cent.

Travail romain. La partie supérieure de la coiffure est mutilée.

2939. Apollon couronné de laurier, imberbe, nu, debout, la main droite sur la hanche. Il porte un collier auquel sont suspendues cinq bulles, dont trois rondes et deux de forme plus allongée et presque ovoïde. A l'avant-bras gauche, qui est brisé avant le coude, un bracelet auquel sont suspendues cinq bulles rondes comme celles du collier. Sur le bras droit, fragment de la chlamyde. Les pieds sont chaussés de brodequins qui montent jusqu'à mi-jambe. Sur la cuisse gauche, une inscription en caractères étrusques formant deux lignes que l'on trouvera dans les divers ouvrages indiqués plus loin. H. 26 cent.

Conservée au XVIe siècle, dans la Bibliothèque des ducs de Ferrare, cette statuette étrusque fut portée, on ne sait pas au juste à quelle époque, en Hollande chez un Français de la maison de Neufville ; de là, elle vint dans le cabinet du comte de Thoms, et à la mort de ce célèbre amateur elle fut acquise pour la collection du roi de France vers 1750. L'inscription gravée sur cette statuette, la beauté du travail, les ornements caractéristiques dont elle est ornée, tout concourt à en faire un monument de premier ordre. Elle a été publiée plusieurs fois. Voyez : Montfaucon, *Antiq. expliquée*, t. III, IIe partie, p. 268, pl. 157. *Gori, Museum Etruscum*, pl. 32. *Musée du comte de Thoms*, 1743, pl. 3; enfin l'ouvrage de Lanzi, intitulé : *Saggio di Lingua Etrusca*, etc., t. II, p. 525 et pl. XI, nᵒ 3 du t. III. Lanzi a même donné une interprétation tout à fait hypothétique de l'inscription; il lit le nom d'une femme nommée *Fausta Rubria* qui aurait offert cette statuette à Apollon et à Diane. Par une heureuse coïncidence, on conserve dans le Cabinet des médailles, un collier d'or trouvé en Étrurie qui est absolument semblable à celui que l'on voit au cou de cette statuette d'Apollon. (V. nᵒ 2544).

2940. APOLLON debout, nu, les cheveux flottant sur le dos en une grosse tresse. L'inscription suivante est gravée en creux sur les cuisses et les jambes : A droite : ΑΙΣΧΛΑΠΗΟΙ. A gauche : ΚΑΦΙΣΟΔΩΡΟΣ. Haut. 14 1/2 cent.

Cet *ex-voto* d'ancien style grec est très-remarquable par l'inscription qu'on lit sur les jambes de la statuette. Le sens de cette inscription est : *Céphisodore à Esculape*. On trouvera cette figure gravée dans Montfaucon, t. III, IIe partie, p. 269, p. 158; dans le *Musée du comte de Thoms*, 1745, pl. 6, enfin dans les *Annales de l'Institut archéologique*, année 1834. Art. de feu Letronne, p. 198, 222 et suiv., et *Tav. d'aggiunta. E*.

2941. APOLLON radié, debout, nu, sauf la chlamyde attachée sur la poitrine, et tenant de la main gauche un fouet. La main droite élevée tenait sans doute un objet qui a disparu. H. 10 cent.

Trouvé à Châlon-sur-Saône en 1763 (V. n° 2922).

Excellent travail et belle patine comme toute cette remarquable trouvaille. Caylus. *Recueil*, t VII, p 281, et pl. LXXIX. II et III. L'objet que tient cet Apollon peut être le fouet que les anciens mettent souvent dans la main de ce dieu ; cependant Caylus y a vu le serpent enroulé autour d'un bâton, attribut d'Esculape fils d'Apollon.

2942. APOLLON debout, revêtu d'une chlamyde jetée sur l'épaule gauche qui laisse nus le bras et le sein droit. Les avant-bras et les pieds manquent. Haut. 46 cent.

Statuette importante par sa dimension, et qui, malgré une certaine lourdeur, parait dater d'une assez bonne époque romaine.

2943. APOLLON-DIDYMÉEN, nu et debout, les cheveux tombant en tresses sur les épaules. H. 16 cent.

Précieuse statuette d'ancien style grec, trouvée à Scala Nova, à 4 kilom. de Milet. Didyme, célèbre par son oracle d'Apollon, était située dans le territoire de Milet. La numismatique de cette dernière ville reproduit souvent le type d'*Apollon Didyméen*. Les bras et les jambes sont mutilés. Donné en 1843, par M. Clerget, architecte.

2944. APOLLON debout, nu, couronné de laurier, le carquois sur l'épaule, tenant de la main droite une flèche ; de la gauche qui manque, il tenait l'arc. H. 8 1/2 cent.

Travail romain.

2945. APOLLON nu, debout ; les deux avant-bras manquent. H. 19 cent.

Cette figure a dû servir de manche à un miroir étrusque, comme on le voit par les vestiges de l'attache sur l'occiput. Base antique.

2946. BUSTE D'APOLLON radié, ou du Soleil. La couronne est formée de cinq rayons. H. 5 cent.

On trouvera ce joli buste dans le *Recueil* de Caylus. T. I. pl. XLV. n° II.

2947. APOLLON-SOLEIL debout, radié, revêtu d'une longue

chlamyde attachée sur l'épaule droite. De la main droite, il tient son fouet à demi brisé. La main gauche est mutilée. H. 6 1/2 cent.

2948. Apollon-Soleil, debout, radié, nu, sauf la chlamyde attachée sur l'épaule droite et flottant sur le bras gauche, étendant la main droite. Les yeux sont incrustés d'argent. H. 18 1/2 cent.

Travail romain; bonne conservation.

2949. Génie d'Apollon, sans ailes, caractérisé par le cygne consacré à ce dieu, dont il tient la tête de la main droite. L'oiseau divin l'entoure de ses ailes comme l'aigle enlevant Ganymède. Ce groupe est adossé à une sorte de colonne creuse, et a dû faire partie de la décoration d'un meuble. H. 11 cent.

Provient du cabinet Foucault.

2950. Mithra debout, tournant la tête vers la gauche; il est revêtu du costume asiatique dans lequel on représente toujours ce dieu, et tenait de la main droite un objet qui a disparu. H. 20 cent.

V. n°. suivant.

2951. Figure semblable à la précédente, sauf que la tête est tournée à droite. H. 20 cent.

Cette *divinité* et celle décrite sous le n° précédent pourraient être *Mithra* et *Lunus*, ou le *jour* et la *nuit*; on y a vu aussi le *soleil levant* et le *soleil couchant*. Des vestiges d'*attache* qu'on remarque à toutes deux, à la hauteur des épaules, indiquent qu'elles faisaient partie d'un tout dans lequel elles se faisaient pendant. Travail de l'époque romaine.

Voyez n°s 2031 et 2032.

2952. Génie de Melpomène ou de la *Tragédie*. Jeune homme debout, en habits de femme, les cheveux bouclés avec le *cróbyle*, nœud de cheveux au-dessus du front qui distingue les figures de génies, revêtu d'une longue tunique et d'un peplus plissé par dessus; il porte une chlamyde sous laquelle on distingue une épée passée dans la ceinture, dont la poignée fait saillie au-dessus du sein gauche et dont la pointe est également cachée par derrière sous la chlamyde. Il tenait sans doute du bras droit, brisé à moitié, un masque tragique; la main gauche, qui manque ainsi que la moitié du bras, devait être appuyée sur la cuisse. Il porte la chaussure élevée destinée à grandir les acteurs. H. 25 cent.

L'interprétation incontestable du curieux monument que je viens de décrire appartient à M. Charles Lenormant, qui a consacré un judicieux et savant mémoire à cette figure, qui provient du cabinet Foucault. Voyez, *Annales de l'Institut Archéologique. Année 1845. T. II de la nouvelle série,* p. 216 et pl. xx. A. du t. IV. des *Monuments inédits* de cette intéressante publication, qui recèle tant de trésors d'érudition et de critique.

2953. GÉNIE de la Comédie, ailé, assis à terre, ôtant son masque. H. 5 1/2 cent.

Ce curieux bronze a été trouvé à Lyon dans l'enceinte du Temple d'Auguste. Le pied droit manque. Caylus, qui a publié ce monument dans le t. VII de son *Recueil*, v. p. 274, pl. LXXVII. nos 1 et 2, fait remarquer le contraste de l'air riant donné à ce génie aux traits enfantins avec son masque de vieillard.

2954. TÉLESPHORE debout. Le dieu ou génie de la *convalescence* est enveloppé d'un long manteau à capuchon, *pœnula cucullata*, qui ne laisse voir que ses traits enfantins. H. 5 1/2 cent.

Caylus a publié ce joli bronze, au t. I de son *Recueil*, p. 176. pl. LXVI, nº 1.

2955. DIANE diadémée. Buste. La déesse est vêtue d'une tunique qui laisse le sein droit découvert; elle prend une flèche dans son carquois; de la gauche, elle tenait son arc. H. 9 1/2 cent.

2956. DIANE LUCIFERA, diadémée, courant, avec la tunique courte, le carquois sur l'épaule, et tenant des deux mains un flambeau. H. 30 cent.

Les pieds sont de restauration. Provient, dit-on, du célèbre cabinet du maréchal d'Estrées, dont beaucoup de monuments ont été publiés dans les 5 volumes du Supplément de l'*Antiquité expliquée* du P. Montfaucon.

2957. DIANE chasseresse lançant son javelot. La déesse est vêtue d'une tunique qui ne descend qu'à mi-cuisses, et dont les manches, très-courtes, sont fermées par trois boutons incrustés d'argent. Par-dessus cette tunique de chasseresse, la déesse porte une chlamyde maintenue par une ceinture; elle est représentée gravissant des montagnes. Ses pieds sont chaussés de cothurnes. H. 18 cent.

Bronze remarquable par sa finesse et par sa patine, comme tous les monuments de la découverte de Châlon en 1763, dont cette Diane n'est pas le moindre. (V. n° 2922.) Caylus a publié la Diane de Châlon au t. VII de son *Recueil.* V. p. 283 et pl. LXXX, n° 3. Le javelot de la déesse manque. Le pied droit a été restitué.

2958. DIANE, les cheveux relevés derrière la tête, courant; le bras gauche étendu tenait soit un arc, soit un flambeau. Le bras droit manque. Elle est chaussée de cothurnes. H. 13 cent.

2959. DIANE en chasse, marchant à grands pas, court-vêtue, le sein droit nu; de la main gauche, elle tenait son arc disparu; de la droite, elle prend une flèche dans son carquois. Les pieds sont chaussés de co-thurnes. H. 14 cent.

2960. HÉCATÉE, ou colonne consacrée à Hécate, la triple Diane. Trois figures féminines représentant les trois formes de cette déesse, *Céleste, Terrestre* et *Infernale*, sont réunies autour d'une colonne surmontée du *Modius* de Sérapis; toutes trois sont revêtues de tuniques talaires et de péplus. H. 7 1/2 cent.

On sait par Aristophane et d'autres écrivains de l'antiquité que les Athéniens rendaient un grand culte à Hécate, et qu'on donnait le nom d'Eκα-τεῖον, Hécatée, à de petites *colonnes* ou statues d'Hécate, qui, comme les Hermès, étaient consacrées dans les carrefours, devant les maisons et dans l'intérieur des maisons. Le curieux bronze du cabinet est un de ces hécatées destiné à l'intérieur des habitations. La Bibliothéque Impériale en possède un plus grand et plus complet en maibre qui lui a été donné par le vicomte de Janzé. (V. plus loin *monuments de marbre.*) Celui que l'on vient de décrire a été publié par Caylus, au t. V, de son *Recueil* , V. p. 186. pl. LXV, nos 1, 2, 3 et 4.

2961. Lunus debout, s'appuyant de la main droite sur une lance ou long sceptre qui n'existe plus. Il porte le bonnet phrygien, une tunique courte et des cothurnes. L'avant-bras gauche manque. H. 13 cent.

V. nos 2033 et 2034.

2962. Minerve courant (*Minerva Fautrix*). La déesse est réprésentée le casque en tête ; elle est vêtue d'une tunique qui vole au vent, et porte sur la poitrine, au lieu de l'égide de peau de chèvre, une égide recouverte de plumes au milieu de laquelle paraît la tête de Méduse plaquée d'argent. H. 19 cent.

Trouvaille de Châlon - Sur - Saône de 1763. (V. no 2922.) On rencontre rarement des figures de *Minerve courant;* la *Minerve Promachos* ou combattant des médailles grecques est immobile ; notre figure court comme la *Minerve* des médailles de Commode à la légende MINERVA AVGVSTA, de Postume à la légende MINERVE ΓAVTRICI. La Minerve de Châlon parait voler au secours de ceux qu'elle veut *favoriser,* aussi peut-on la nommer à bon droit ΓAVTRIX. C'est d'ailleurs un bon ouvrage romain qui peut dater du IIe siècle de notre ère. Voyez : *Caylus, Recueil,* t. VII. p. 283, pl. LXXX, no 2.

2963. Minerve debout, casquée, vêtue d'une tunique talaire et d'un peplus sur lequel paraît l'égide. La déesse s'appuie de la main droite sur sa lance qui a disparu ; le bras gauche manque, ainsi que la crête du casque. H. 15 cent.

Voici encore une jolie figurine de la trouvaille de Châlon-Sur-Saône de 1763. (V. no 2922.) La main qui tient la lance parait avoir été forcée. Caylus a publié cette Minerve au t. VII de son *Recueil,* v. p. 283. pl. LXXX, no 1.

2964. Minerve assise, casquée, vêtue d'une tunique talaire et du peplus avec l'égide ; de la main droite, elle tenait une patère. H. 10 cent.

La crête du casque et la main gauche manquent.

2965. Minerve debout, casquée, vêtue d'une tunique
talaire et d'un peplus qui laisse le sein droit découvert. Elle s'appuyait de la main gauche sur sa lance,
qui manque. L'avant-bras droit manque, ainsi que la
crête du casque. H. 22 cent.

Caylus a publié cette Minerve dans le t. I. de son *Recueil*. V. p. 172. pl.
LXIII, n° 3.

2966. Minerve debout, coiffée du casque à aigrette, revêtue d'une tunique talaire et d'un peplus sur lequel
paraît l'égide ; une chlamyde, qui repose sur les deux
bras, complète le costume de la déesse, dont les pieds
sont nus. Elle tient de la main droite une patère, et
s'appuyait de la gauche sur sa lance qui a disparu.
H. 18 cent.

Provient du cabinet Foucault.

2967. Minerve debout, coiffée d'un casque à crête et à
crinière, vêtue d'une tunique et d'une ample chlamyde rejetée sur l'épaule gauche, qui laisse cependant voir l'égide. Elle s'appuyait de la main droite
sur sa lance, qui manque ainsi que l'avant-bras droit.
H. 12 1/2 cent.

2968. Minerve debout, coiffée d'un casque sans cimier,
orné d'une crinière ; elle est vêtue d'une double tunique et porte l'égide attachée sur l'épaule droite ; la
tête de Méduse est sur l'épaule gauche. Les pieds et
les mains manquent. H. 15 cent.

2969. Minerve casquée. H. 15 1/2 cent.

Fragment de haut-relief d'applique de très-bon travail. Le cimier du
casque est mutilé.

2970. Buste de Rome ou Minerve, coiffée d'un casque à
aigrette, portant une épée suspendue à un baudrier
qu'elle relève de la main droite, tandis qu'elle tient

la poignée de la main gauche. Une sorte de chlamyde laisse nu le sein droit. H. 13 1/2 cent.

Fragment de travail romain provenant d'un poids de balance ou de tout autre meuble. Acquis en 1850. V. Montfaucon, *Antiquité expliquée*, t I, 2ᵉ partie, pl. CXCIII, nº 1, p. 293.

2971. TÊTE de Méduse de face, se détachant en haut-relief sur un médaillon muni par derrière de deux crampons qui indiquent que c'est un fragment de quelque ustensile. Diam. 13 cent.

Fragment d'excellent travail romain publié par le comte de Caylus au t. I de son *Recueil*. V p. 185. pl. LXXII, nº 1.

2972. BUSTE DE MÉDUSE, les cheveux entrelacés de serpents qui se nouent sous le menton. H. 7 cent.

Masque de grand style, de travail grec. Acquis en 1837.

2973. TÊTE DE MÉDUSE. H. 62 mill.

2974. MARS Étrusque combattant. Ses armes offensives ont disparu, mais le mouvement des bras indique l'action du combat. Cette figure est nue, sauf les armes défensives, qui se composent d'un casque orné d'un cimier formé d'une tête et col de cygne surmontés d'une crête de grande dimension. Les géniastères du casque sont relevées. Le buste est protégé par une cuirasse chargée d'ornements gravés, et les jambes par des cnémides. H. 30 cent.

M. de Witte a publié, dans le *Bulletin archéologique* de l'*Athenæum* français, une curieuse figurine de bronze du cabinet de M. Louis Fould, représentant un guerrier dont le casque a, comme notre Mars Étrusque, un cimier représentant un col de cygne. Le savant antiquaire a donné le nom de *Cycnus*, l'une des victimes d'Hercule, à cette représentation. (V. IIᵉ année, nº 1, p. 1.) L'ingénieuse interprétation de M. de Witte devrait être rapprochée de la description de notre statuette, qui, sans offrir tous les caractères sur lesquels elle est fondée, offre pourtant cette particularité du col de cygne en cimier.

Caylus a publié ce bronze, qui a été trouvé en Toscane, au t. VI de son *Recueil*, pl. XXIV, nº 1, p. 78. Le cimier du casque était alors séparé de la figure, à laquelle il a été réuni récemment; les dimensions données par

Caylus ne sont pas exactes; mais il s'agit certainement de la même figure. Il s'est glissé de nombreuses erreurs de ce genre dans l'impression de son travail.

2975. Mars ou *Héros* debout, coiffé d'un casque plat, sans cimier ni geniastères; sa cuirasse, formée de six rangées de lames de métal, est suspendue à des courroies semblables à nos bretelles. De la main droite, il s'appuyait sur sa lance, qui a disparu. Le glaive qu'il devait tenir de la main droite manque également. H. 16 cent.

Statuette de style étrusque; Caylus, qui l'a publiée dans le t. I de son *Recueil*, p. 187. pl. LXXIII. nº 1, en fait un *cocher du cirque*.

2976. Mars barbu, debout, revêtu d'une cuirasse comme au Nº 2975. Il est coiffé d'un casque orné d'un cimier à aigrette, porte au bras gauche un bouclier rond, et de la droite tient son épée, dont on ne voit plus que la poignée. Les jambes sont nues. H. 12 1/2 cent.

Figure d'ancien style, mais de travail lourd et grossier. Caylus l'a publiée dans le t. V. de son *Recueil*, p. 168, pl. LX, nᵒˢ 1, 2 et 3. L'année même où il écrivait, en 1762, on venait de la trouver en Sicile, ce qui l'a conduit à y voir un *soldat carthaginois*.

2977. Mars ou Guerrier barbu, debout, coiffé d'un casque surmonté d'un cimier à haute crête, et dont les géniastères sont relevées; il tient de la main droite son épée, et de la gauche le fourreau suspendu à un baudrier. H. 10 cent. 1/2.

Style étrusque.

2978. Génie de Mars sans ailes, courant; il est armé de toutes pièces. Le cimier de son casque est un sphinx; il est mutilé. Sa cuirasse et ses cnémides sont chargées d'ornements ciselés en relief; les avant-bras sont nus; les armes qu'il tenait manquent. H. 24 cent.

Caylus a publié cette figure dans le t. 1 de son *Recueil*. V. p. 93 et pl, XXXI, nᵒˢ 1 et 2. Il veut y voir un danseur; la figure est certainement en course. Le style est remarquable; il semblerait qu'on a sous les yeux une figure de la fin du règne de Louis XIV, et cependant c'est certainement un bronze romain.

2979. GÉNIE DE MARS, sans ailes, portant le casque du dieu de la main gauche. Le bras droit est brisé. H. 6 cent.

Cette figure d'enfant est d'une grâce exquise. Bon travail romain.

2980. VÉNUS debout. La déesse est coiffée d'une sorte de mitre ou bonnet conique renversé en arrière. Quatre longues tresses de cheveux descendent sur sa poitrine ; par derrière , ses cheveux descendent en tresses serrées sur ses épaules ; elle est vêtue d'une longue tuniqūe serrée sur le corps, dont les manches laissent nus les avant-bras. De la main gauche, elle relève l'un des pans de sa tunique. Les bras sont d'ailleurs collés sur le corps avec la roideur des statues des âges primitifs. Des chaussures pointues et recourbées couvrent ses pieds. Des ornements gravés décorent la mitre, les manches et les chaussures. H. avec la base antique, 12 1|2 cent.

Cette statuette, d'une très-bonne conservation, est un des plus précieux *spécimens* de l'art étrusque. Caylus l'a publiée dans le t. I de son *Recueil*, p. 90, pl. XXIX, nº 2.

2981. VÉNUS debout, nue, diadémée ; la déesse est à sa toilette ; de la main droite elle dispose les nattes de ses cheveux qui flottent sur ses épaules. Le bras gauche manque. H. 28 c.

2982. VÉNUS pudique, diadémée , debout, entièrement nue. H. 11 cent.

Figurine qui reproduit la pose et les gestes de la Vénus de Médicis.

2983. VÉNUS Tritonia ou Marine, à demi nue, portée sur la croupe d'un *Hippocampe* ou centaure marin.

Elle laisse flotter au vent sa draperie en guise de voile. H. 4 cent.

Groupe mutilé à plusieurs endroits.

2984. Génie ailé de *Vénus Marine* ou Tritonia, monté sur un dauphin, et portant la main droite à ses cheveux. Sur le corps du dauphin, en creux, une M. H. 6 1/2 cent.

Groupe qui a dû être détaché d'un ustensile, comme l'indique un anneau adapté à la base sur laquelle est posé le dauphin.

2985. Génie ailé de *Vénus Tritonia* assis sur la queue d'un poisson, et tenant une lyre de la main gauche. H. 4 1/2 cent.

2986. Eros ou l'Amour ailé s'envolant. H. 22 cent.

Ce bronze est de l'époque romaine; mais la largeur du faire, le mouvement de la figure, l'expression des traits d'Eros, placent ce monument parmi les premiers de notre série de statuettes de bronze.

2987. Eros ou l'Amour captif; il est debout, les mains liées derrière le dos. H. 8 cent.

Les ailes paraissent à demi coupées; mais on ne peut distinguer si c'est avec intention ou si c'est le résultat d'une brisure accidentelle. Ce joli bronze, de travail grec, a été trouvé en Morée, et donné au Cabinet des médailles, en 1830. par feu Dubois, conservateur-adjoint du Musée du Louvre.

2988. Amour enfant, s'arrachant les cheveux et faisant un geste de désespoir. Il est nu et debout. H. 8 cent.

Figurine d'une expression et d'un mouvement pleins de charme et de naturel. Travail romain de bonne époque.

2989. Amour enfant, ailé, à cheveux longs, dans le geste de renvoyer une balle. H. 4 1/2 cent.

Acquis à la vente Durand en 1836 (n° 1925 du Catalogue), par M. J. de Witte.

2990. Eros enfant, ailé, assis, tenant une coquille. H. 3 cent. 1/2.

Les pieds de ce bronze sont mutilés. Malgré sa triste conservation, cette figurine est intéressante pour la grâce et le mouvement de la pose. Caylus l'a publiée au t. V de son *Recueil*, p. 191, pl. LXVII, n° 5.

2991. Buste dè Mercure, coiffé du pétase ailé, placé entre deux cornes d'abondance dont sortent, à droite, le buste de Minerve, à gauche, celui de Junon; sur la poitrine de Mercure, un 4ᵉ buste, celui de Jupiter. Le buste de Mercure paraît sortir d'un fleuron ou d'une guirlande qui dessine les contours de la poitrine et d'où partent 7 chaînettes soutenant autant de clochettes. H. avec les clochettes : 34 cent.

Curieux *ex-voto* acquis de M. Durand, le célèbre collectionneur.

2992. Mercure assis, entièrement nu, sauf le pétase ailé; il tient de la main droite une patère et devait porter son caducée de la gauche. Vestiges des talonières ailées. H. 13 c.

2993. Mercure debout, entièrement nu, tenant de la main droite la bourse; de la gauche il tenait le caducée. H. 12 cent.

Trouvé à Châlon-sur-Saône en 1763. (V. Caylus, *Recueil*, t. VII, pl. LXXI, nᵒˢ 1 et 2, et dans le présent Catalogue, au n° 2922.)

2994. Mercure debout, avec le *pétase* ailé et les *talonières*, vêtu d'une chlamyde attachée sur l'épaule droite, tenant la bourse de la main droite; la gauche tenait le caducée qui manque. Les pieds sont nus. H. 13 cent.

Cette statuette doit provenir de la trouvaille de Châlon de 1763. (V. n° 2922.) Caylus ne l'a pas fait graver, mais il décrit, page 286, t. VII, sous le n° 5, un Mercure haut de 5 *pouces*, qui doit être celui-ci dont la patine est tout à fait celle des monuments de cette belle découverte. La dimension se rapporte également à celle indiquée par Caylus.

2995. Mercure debout, nu, sauf la chlamyde jetée sur

l'épaule gauche. De la main droite, il tient la bourse; la gauche tenait le caducée. Les yeux sont incrustés d'argent. H. 22 cent. 1/2.

C'était une des plus belles figures romaines en bronze du cabinet Foucault, et c'est encore aujourd'hui l'un des ornements de la collection impériale.

2996. MERCURE nu, sauf le pétase ailé, debout, avec les talonières ailées, tenant la bourse de la main droite et son caducée de la gauche. H. avec la base antique, 27 cent.

Cette figurine, de la bonne époque romaine, remarquable par sa parfaite conservation, a été trouvée à Arles et a été acquise en 1847 pour la Bibliothèque Impériale.

2997. MERCURE debout, la tête nue; sa chlamyde rejetée sur l'épaule gauche était ornée d'incrustations en argent, dont il reste encore deux étoiles et quelques filets. Les yeux sont incrustés d'argent; la bourse et le caducée, qui étaient sans doute également incrustés, ont disparu. H. 26 cent. avec la base antique.

C'est une des plus belles figurines du Cabinet des Médailles.

2998. MERCURE debout, coiffé du pétase ailé, revêtu de la longue chlamyde attachée sur l'épaule droite; il tenait le caducée de la main gauche; l'avant-bras droit manque. Les pieds sont chaussés de sandales. H. 14 12 cent.

2999. MERCURE, coiffé du pétase ailé, avec les *talonières*, revêtu d'une ample chlamyde attachée sur l'épaule droite. De la main droite, il tient la bourse; de la gauche, il tenait le caducée qui a disparu. H. 9 cent.

3000. MERCURE debout, nu, sauf la chlamyde jetée sur l'épaule gauche, tenant de la main droite la bourse.

Le caducée qu'il portait de la gauche a disparu. Il est coiffé du pétase ailé dont une aile est brisée, et est muni des talonières. Les pieds sont nus. H. 13 1/2 cent.

3001. MERCURE-AUGUSTE, debout, lauré, la chlamyde attachée sur l'épaule droite. Il tenait la patère ou la bourse et le caducée. H. 10 1/2 cent.

Les traits sont ceux de Néron; aussi a-t-on conjecturé avec raison que c'était *Mercure-Auguste*, ou l'Empereur en Mercure. Voyez plus haut, p. 418 et suiv., les *Monuments trouvés à Bernay* avec dédicaces *à Mercure-Auguste*.

3002. HERM-APOLLON ou Apollon-Mercure. Figure debout d'une divinité réunissant les attributs d'Apollon et de Mercure; ainsi ce personnage nu, sauf une courte chlamyde attachée sur l'épaule droite et qui s'enroule autour du bras gauche, a la tête ceinte d'une couronne de laurier, munie d'ailes comme le pétase de Mercure, et de plus porte entre ces deux ailes une plume. De la main gauche il tenait un attribut qui a disparu, peut-être la bourse; de la main droite, il porte un caducée ailé. H. 14 cent.

Mercure, dieu de l'Éloquence, participe de la nature d'Apollon, avec lequel il se confond ici. On le voit réuni aux Muses dans le bas-relief d'un sarcophage publié par Millin dans la *Galerie mythologique*, t. I, pl. XXV, n° 78. Dans ce bas-relief, les Muses portent, comme ici Apollon-Mercure, une sorte d'aigrette formée des plumes arrachées aux Sirènes par les Muses. (V. Millin. *loc. cit.*, p. 126 et pl. XIX, n° 63.) Sauf quelques accessoires mutilés, cette figure est d'une bonne conservation. La tête est d'un très-beau style grec. V. n° 3003.

3003. HERM-APOLLON. H. 8 1/2 cent.

Cette figure reproduit exactement la précédente, n° 3002; mais le travail et le style sont très-inférieurs.

3004. BACCHUS couronné de pampres, debout, enveloppé dans une draperie qui laisse nue une partie du buste, tenant de la main gauche une boîte ronde, dont le couvercle, percé de trous, figure un astre; c'est

peut-être une boîte à parfums. La main droite est brisée. H. 17 1/2 cent.

Bon travail de l'époque romaine. On peut supposer que Bacchus est représenté ici sacrifiant. Il tenait sans doute une patère de la main droite.

3005. BACCHUS nu, debout; ses cheveux liés derrière la
tête retombent en boucles sur les épaules. Les deux
bras et la moitié des jambes manquent. H. 33 cent.

Si ce bronze était intact, il faudrait le placer parmi les monuments du
premier ordre. Tel qu'il est, on y reconnaît une œuvre de style grec.

3006. GÉNIE de Bacchus couronné de lierre, portant une
palme et un rhyton. H. 6 cent.

3007. PAN nu, imberbe, avec deux petites cornes au
front, debout, tenant la *syrinx* de la main droite. De
la main gauche, il tenait un objet disparu. Il ne reste
que des vestiges des yeux qui étaient d'argent. H.
31 cent.

Pan est représenté ici sous les traits d'un homme dans la force de l'âge;
il n'a ni les jambes de bouc, ni la queue que les anciens lui donnent souvent.
Il est figuré ainsi sur les médailles de l'Arcadie, berceau de son culte. Ce
magnifique bronze provient du cabinet Foucault.

3008. PAN accroupi, jouant de la syrinx. Il a des jambes
humaines, mais on distingue la petite queue. Une de
ses cornes est brisée. H. 4 cent.

Provient du cabinet du comte de Caylus. V. *Recueil*, t. III, p. 173
pl. XLVI, n° 2.

3009. PAN debout, barbu, avec cornes et jambes de
bouc, portant une amphore sur l'épaule gauche. La
main droite est mutilée. H. 7 cent.

Cette figurine provient du cabinet Foucault.

3010. SILÈNE. Buste, couronné de lierre, avec la nébride sur l'épaule droite. H. 9 1/2 cent.

3011. SILÈNE. Buste couronné de lierre et de corymbes,

avec la nébride sur l'épaule gauche. Les yeux et les poils de la poitrine sont incrustés d'argent. H. 9 1/2 cent.

Un anneau fixé sur le sommet de la tête de ce remarquable buste indique qu'il a servi de poids de romaine.

3012. Silène couronné de lierre et de corymbes, avec la nébride sur l'épaule gauche. Buste avec les yeux d'argent. H. 8 1/2 cent.

3013. Silène debout, tenant une grappe de raisin à la main droite; de la gauche, il tenait un thyrse ou un vase. Une pardalide ou peau de panthère est jetée sur son épaule gauche. H. 34 cent.

Figure remarquable par le style et l'exécution. Sa dimension et sa belle conservation font de ce bronze romain un des morceaux importants de la collection.

3014. Silène nu, assis sur un rocher; la main droite posée sur le genou; l'autre fait un geste de surprise. H. 43 mill.

3015. Silène barbu, debout, les deux bras levés derrière la tête. H. 5 1/2 cent.

Pied d'un vase. Caylus, *Recueil*, t. III, p. 173, pl. xlvi, n° II.

3016. Silène debout, portant une chèvre sur ses épaules. Il est enveloppé d'une vaste draperie, peut-être le *Crocoton*, κροκωτὸν. H. 6 cent.

3017. Satyre ou plutôt Silène barbu, debout, nu, tenant d'une main un *rhyton* en forme de tête de bélier, et élevant de l'autre une pomme qu'il va lancer. Il n'a pas le ventre rebondi de Silène vieux, et n'est caractérisé que par ses oreilles pointues et sa physionomie silénique. H. 13 cent.

Jolie figurine publiée dans le t. I de Caylus, pl. lxiv, n° 17.

3018. Satyre barbu, à genoux, nu, sauf la pardalide ou peau de panthère attachée sur la poitrine,
élevant la main gauche au-dessus de sa tête. H.
10 cent. 1/2.

Pied d'une lampe trouvé à Velleia, dans les célèbres fouilles exécutées
par les ordres du duc de Parme, qui fit don au comte de Caylus de ce *satyre* et d'autres objets publiés par le noble antiquaire dans les planches
LIV et LV du t. VII de son recueil. Le satyre dont nous nous occupons ici
est d'un travail étrusque très-fin. On le trouvera décrit par Caylus, au t.VII,
p. 205 et pl. LIV, nos 1, 2 et 3.

Ce satyre figure également dans un recueil de dessins originaux des
monuments trouvés à Velleia, conservé dans la Bibliothèque du Cabinet des
médailles. (V. les nos 3027, 3045 et 3112.)

3019. Satyre barbu, debout sur une seule jambe, s'appuyant, en guise de béquille, sur un thyrse. Sa
jambe droite est repliée, et le pied repose sur l'extrémité de sa forte queue de cheval. Il a des oreilles
de cheval et sa tête est ceinte d'une couronne; il
a la main gauche élevée au-dessus de sa tête. H.
11 cent.

Ce satyre d'ancien style exécute peut-être une danse, car il ne parait pas
se servir de sa béquille par nécessité.

3020. Faune barbu, dansant et jouant des crotales. Il a
des pieds humains, mais la queue, les petites cornes
et les oreilles pointues. H. 40 cent.

L'admirable conservation de ce bronze, la perfection du travail, sa dimension, en font une des principales figurines de la collection. On en ignore
la provenance. Il ne manque que les crotales dont on distingue des vestiges. On peut fixer la date de sa fabrication au Ier siècle de l'empire
romain.

3021. Jeune Faune suivant de Bacchus, debout, avec la
nébride, portant sur ses épaules une panthère qu'il
tient par les pattes. Le Faune n'a pas de queue; il
n'est caractérisé que par ses oreilles pointues et l'expression de ses traits. H. 17 1/2 cent.

Figure de bon travail romain qui a peut-être servi d'anse à un vase. Sur le dos, on voit encore un fragment de l'attache. Provient du cabinet Foucault.

3022. Jeune Faune debout, nu, sortant du calice d'une fleur dans lequel sont cachées partie de ses cuisses et ses jambes. Il tient d'une main un pedum, et porte une outre sur l'épaule gauche. H. 11 cent.

Cette figure doit provenir d'un flambeau ou d'un vase. On l'a trouvée à Châlon-sur-Saône en 1763. (V. n° 2922.) Le comte de Caylus, qui a fait connaître le premier cette belle trouvaille dont le Cabinet des médailles doit la possession à sa libéralité, a publié ce joli morceau dans le t. VII de son *Recueil.* V. p. 281, pl. LXXIX, n° 4.

3023. Faune couronné de lierre. Buste avec l'expression riante. Les yeux sont incrustés d'argent. Deux trous au front indiquent la place des deux cornes. H. 7 1/2 cent.

3024. Faune enfant, et couronné de lierre, à l'expression riante, tenant de chaque main une corne d'abondance. Buste avec la nébride sortant d'un fleuron; il a deux petites cornes au front, les oreilles pointues et deux verrues au cou. H. 7 1/2 cent.

Ce joli fragment qui provient d'un flambeau ou de tout autre ustensile a été publié dans le tome II du *Recueil* de Caylus. V. p. 297, pl. LXXXIV, n° 3

3025. Bacchante. Buste. Elle est couronnée de lierre et tourne la tête à droite; sa nébride, attachée sur l'épaule droite, laisse le sein gauche nu et permet de voir le collier dont elle est parée. H. 12 cent.

Bronze plus remarquable par l'expression et l'élégance que par la finesse du travail.

3026. Centaure représenté sous la figure d'un homme barbu, les cheveux liés par une couronne, avec les oreilles pointues et une queue comme les *Satyres*, mais avec des *pieds de cheval*. Ce Centaure est debout; il élève la main gauche comme pour supporter

un flambeau. Le bras gauche est brisé à moitié.
H. 8 cent.

Figurine qui a dû être le support d'un flambeau ou candélabre de style
étrusque. Caylus a publié cette figure dans le t. IV de son *Recueil*.V. p. 98,
pl. XXXIII, nº 1.

3027. NEPTUNE debout, nu, sauf la chlamyde jetée sur
l'épaule gauche, avec une longue barbe dont l'eau
semble ruisseler. Les bras manquent. Les pieds sont
chaussés de sandales. Haut. 11 1/2 cent.

Cette admirable figure a été trouvée dans la première moitié du siècle
dernier à Macinisso, lieu voisin de Plaisance, sur l'emplacement de la ville
antique de Velleia, et longtemps avant les fouilles ordonnées par l'infant
duc de Parme et de Plaisance, et qui ont fourni un si grand nombre
de monuments remarquables, entre autres le satyre décrit plus haut.
(V. nº 3018) C'est le comte de Caylus qui nous donne ces détails dans le
t. IV de son *Recueil*, où l'on trouvera ce Neptune qu'il nomme Jupiter.
V. p. 184, pl. LIX, nº 3. La patine verte de ce précieux bronze rappelle
celle de la découverte de Châlon. (V. nº 2922.)

3028. NEPTUNE. H. 9 1/2 cent.

Cette figurine est semblable à la précédente pour la pose et le costume.
Les bras sont brisés à moitié. Elle est d'un moins bon travail que le
nº 3027. Les pieds sont restaurés.

3029. L'OCÉAN représenté par une figure virile, barbue,
la tête ornée de pinces d'écrevisse ou de crâbe qui
figurent deux cornes; il est nu, sauf une chlamyde
jetée sur l'épaule et l'avant-bras gauches. Les mains,
qui tenaient des attributs, sont mutilées. Les pieds
sont restaurés. H. 33 cent.

Cette figure qui provient du cabinet de Moreau de Mautour a fait partie
du cabinet Foucault. Elle est gravée à la planche 190 de la IIe partie du
t. II, p. 425, de *l'Antiquité expliquée* de Montfaucon.

3030. TÊTE du fleuve *Acheloüs*, c'est-à-dire, face humaine barbue, avec cornes et cou de taureau. H.
22 mill.

Fragment d'un travail très-fin. Caylus a vu le Minotaure dans cette tête
de fleuve. Voyez *Recueil*, t. IV, p. 199, pl. LXIV, nº 4.

3031. Tritonesse nageant; elle est diadémée, et ses cheveux descendent en longues tresses sur ses épaules. H. 10 cent.; longueur de la base antique, 20 cent.

Beau bronze d'ancien style étrusque.

3032. Hercule enfant, étouffant les deux serpents envoyés par Junon. H. 7 cent.

Ce joli bronze, sur sa base antique, a été trouvé à Ripa-Transone, États de l'Église. Caylus l'a publié dans le t. IV de son *Recueil*, pl. LXIV, nos 1 et 2 et p. 198.]

3033. Hercule debout, imberbe, combattant, coiffé de la peau de lion nouée sur la poitrine. On distingue dans ses mains fermées des vestiges de sa massue et de son arc. H. 16 cent.

Travail romain un peu lourd; bonne conservation.

3034. Hercule étouffant le lion de Némée. H. 12 cent.

Groupe de style étrusque sur sa base antique. Trouvé en Toscane et conservé d'abord dans le cabinet du comte de Carpegna, puis dans celui du comte de Caylus, qui l'a publié au t. VI de son *Recueil*, p. 84, pl. XXVII, nos 1 et 2.

3035. Hercule imberbe, nu, debout, tenant dans la main gauche les pommes du jardin des Hespérides. La main droite manque. Les cheveux sont serrés par un lien. H. 22 cent.

Figure d'un grand style, mais qui a souffert en quelques endroits.

3036. Hercule nu, terrassant la biche Cérynitide, aux cornes d'or et aux pieds d'airain. Le dieu vainqueur pose le genou droit sur la croupe de l'animal, qu'il saisit par ses bois. La massue est sur le sol. H. 14 c., L. 16 cent.

Groupe sur sa base antique. Trouvé en Bourgogne dans le siècle dernier, ainsi que le *Sanglier* à trois cornes décrit plus loin, no 3108. Voyez Caylus, *Recueil*, t. V. p. 304, pl. CVIII, nos 1 et 2.

3037. Hercule étouffant Antée en le soulevant en l'air.
H. 4 1/2 cent.

La jambe droite d'Antée manque. Groupe de mauvaise conservation.

3038. Hercule debout, nu, barbu, couronné de lauriers, portant la peau de lion et la massue du bras
gauche. La main droite manque. H. 13 1/2 cent.

On distingue des traces de dorure.

3039. Hercule barbu, nu, assis sur un rocher, la tête
appuyée sur la main droite; de la gauche, il tient sa
massue détruite en partie ainsi que la jambe gauche. H. 6 cent.

Cet *Hercule au repos*, bien que de très-petite dimension et d'une mauvaise conservation, est remarquable par la noblesse et la vérité de l'attitude. Caylus l'a publié. Voyez t. V de son *Recueil*, p. 153, pl. LV, n°s 1
et 2.

3040. Hercule *bibax*, barbu, les cheveux retenus par un
lien, nu, sauf la peau de lion jetée sur ses épaules. Il
tient de la main gauche un canthare. Le bras droit
est brisé. H. 10 cent.

Très-bon travail romain. Le comte de Clarac a publié cette jolie statuette dans son *Musée de sculpture*. V. t. V, p. 31, pl. 801, no 2012.

3041. Hercule nu, barbu, ivre. Vaincu par le vin, le
vainqueur des monstres ne peut plus se soutenir
debout; il chancèle et cherche à reprendre l'équilibre.
H. 6 cent.

Figurine d'un mouvement plein de vérité. Les mains manquent.

3042. Génie funèbre ailé, nu, tenant de la main droite
son flambeau renversé; de la main gauche, qu'il porte
vers sa tête, il tenait un objet qui a disparu, peut-être
le papillon, ou Ψυχή, *Psyché*, l'âme. H. 12 1/2 cent.

3043. Victoire ailée. Buste. Le sein gauche est nu. H.
8 1/2 cent.

Caylus nomme cette figure *Vénus Victorieuse*. Voyez *Recueil*, t. VII, p. 185,
pl. XLVI, no 1.

3044. Victoire asiatique ou scythique. Elle est ailée et porte un costume moitié grec, moitié asiatique; coiffée d'un bonnet phrygien ou tiare à longs fanons et les jambes couvertes par les *anaxyrides* ou pantalons, elle porte néanmoins une courte tunique et un péplus serré par une ceinture. De la main droite, elle soulève un des pans de sa tiare; la gauche est appuyée sur la hanche. H. 10 cent.

Les pieds sont de restauration. Cette curieuse figure a été trouvée en Égypte. Caylus a publié ce bronze au t. IV de son *Recueil*, pl. XLV, nos 3 et 4, p. 203.

3045. Victoire volant, vêtue d'une tunique talaire et d'un péplus. Elle tient de la main droite une palme à demi brisée; la droite, qui manque, tenait une couronne. H. 13 cent. 3 mill.

L'une des ailes manque. On distingue un crampon qui avait dû fixer cette Victoire à un vase ou tout autre meuble. Le travail n'est pas très-fin, mais le mouvement de la figure, qui paraît s'élever dans les airs, est d'une grande vérité. Cette figure, publiée au t. IV du *Recueil* de Caylus, V. p. 182, et pl. LIX, nos 1 et 2, a été trouvée, en 1766, à *Macinisso*, près de Plaisance, sur l'emplacement de Velleia, et donnée au noble antiquaire par le duc régnant de Parme.

3046. Victoire courant, revêtue d'une tunique talaire et d'un péplus. H. 21 cent.

Les ailes ont été brisées. La palme et la couronne que devait tenir cette figure manquent. Travail romain.

3047. Victoire ailée, debout, adossée à une colonne dont le chapiteau est d'ordre corinthien, et posée sur une base ronde. Elle est vêtue d'une tunique entr'ouverte qui laisse voir la cuisse et la jambe droite; par-dessus elle porte un péplus serré par une ceinture. De la main droite, elle tient un objet à demi brisé, et de la gauche, une palme. H. 13 cent.

3048. Victoire ailée, à demi nue, terrassant un taureau

qu'elle saisit d'une main par une corne et que de
l'autre elle va immoler. H. 4 cent.

Le mouvement de ce groupe est d'une grande vérité. C'est un ouvrage
romain de bonne époque. Caylus a publié ce groupe dans le t. VI de son
Recueil (V. p. 231, pl. LXVIII, nº 5); il y voit une représentation Mithriaque, et, en effet, cette Victoire immolant le taureau doit être en rapport avec les scènes mithriaques des grands bas-reliefs du Louvre. On peut
aussi rapprocher notre bronze d'une belle pierre gravée du cabinet Maffei,
publiée dans l'*Antiquité expliquée* de Montfaucon, t. I, IIe partie, pl. CCIX,
nº 4, p. 344.

3049. L'Espérance , debout, la tête surmontée d'une
fleur à large calice, et relevant de la main gauche le
pan de sa tunique. Le bras droit, qui devait tenir une
fleur, est brisé au coude. Elle est vêtue d'une double
tunique et d'un péplus. H. 14 cent.

Les figures de l'Espérance sont souvent représentées, comme celle-ci,
avec une certaine affectation d'archaïsme. Le geste de relever le pan de la
tunique était consacré. (V. nº 94.)

3050. La Sécurité, représentée par une figure de femme
debout, s'appuyant sur une colonne carrée; elle est
revêtue d'une longue tunique par-dessus laquelle est
jetée une ample draperie. H. 9 1/2 cent., avec la base
antique.

Jolie figurine du temps des Empereurs.

3051. Génie ailé, courant : il est nu, sauf une ceinture
dans laquelle est passée une draperie dont les pans
flottent au vent en guise d'ailes et semblent contribuer
à accélérer sa course. H. 14 1/2 cent.

Trouvé à Châlon-sur-Saône en 1763. (V. nº 2922.) Feu du Mersan, *Histoire
du Cabinet des médailles,* p. 284, a donné à cette jolie figure le nom de
Génie du stade ; en effet, il semble bien qu'on ait voulu représenter le *Génie
de la course pédestre.* Ce bronze, d'un excellent travail et d'une belle patine
verte, comme tous les objets de cette trouvaille, a été figuré par Caylus,
t. VII de son *Recueil,* pl LXXX, nº 4. Il en fait un *Amour.* V p. 284.

La main droite et le pied qui pose sur le sol ont un peu souffert; mais,
malgré ces légères atteintes, la conservation de ce bronze est admirable.

3052. L'Espagne personnifiée, assise, tenant de la main

gauche l'*acerra* ou boîte à encens; la main droite tenait sans doute une patère. Aux pieds de cette figure, le *lapin* qui, sur les médailles, caractérise l'Espagne. H., avec la base antique, 10 cent.

3053. GÉNIE de ville, assis, couronné d'une muraille flanquée de tours, comme Cybèle, et tenant une corne d'abondance de la main gauche; une chlamyde, jetée sur l'épaule gauche, couvre les jambes et laisse le buste nu. Le bras droit est brisé au coude. H. 8 cent.

Trouvé à Autun en 1846. C'est sans doute la personnification de cette antique capitale des Éduens.

3054. CÉPHALE nu, assis sur un rocher, les cheveux liés par un bandeau; ses pieds sont chaussés de sandales. La main gauche est posée sur le rocher; de la droite, il tenait un javelot. Cette main est à moitié détruite. H. 19 1/2 cent.

On peut comparer cette figure avec la médaille des *Pallenses* de l'île de *Céphalénie*, sur laquelle un jeune chasseur est représenté dans la même attitude avec son nom ΚΕΦΑΛΟΣ. Précieux fragment d'un bas-relief de style grec. Le comte de Clarac a publié ce monument dans son *Musée de sculpture*. Il donne le nom de Narcisse à cet éphèbe, mais ne paraît pas attacher d'importance à son attribution que rien ne motive. V. t. IV, p. 68, pl. 690, no 1282.

3055. ACHILLE. Buste, la tête enveloppée d'un voile qui, laissant voir la figure et quelques touffes de cheveux sur le front, cache entièrement le cou. H. 66 mill.

Fragment provenant d'un vase ou d'un meuble. Le travail est de la bonne époque romaine. On peut reconnaître dans ce buste *Achille caché sous des habits de femme*, chez le roi Lycomède, à Scyros, mais cette attribution est fort douteuse.

3056. PHILOCTÈTE blessé, debout, dans l'attitude d'un homme qui décoche une flèche. L'arc manque, mais le mouvement des bras et des doigts indique très-clairement l'action de la figure. Le héros est barbu,

la tête nue; il est vêtu d'une tunique courte qui laisse
nus le bras et le sein gauche. Une bandelette qui entoure la jambe gauche rappelle la blessure de l'ami
d'Hercule. H. 9 1/2 cent.

Cette rare et curieuse représentation est d'un bon travail romain e᷎ d'une
excellente conservation.

3057. ULYSSE debout, coiffé du *pilos*. Il est barbu, revêtu d'une courte tunique et d'un petit manteau de
marin, et porte sur le bras gauche un des béliers de
Polyphème. La main droite, qui tenait sans doute le
bâton pointu qui lui servit à crever l'œil unique du
Cyclope, est mutilée. H. 8 1/2 cent.

3058. HÉROS imberbe, debout, nu, sauf son casque dont
le cimier et les geniastères sont mutilés. Le bras
droit et l'avant-bras gauche manquent. H. 19 cent.

Ancien style.

3059. PONTIFE ou prêtre romain, voilé, debout, sacrifiant : il porte l'*acerra* ou boîte à parfums ouverte
dans la main droite, et tient de la gauche une boule
d'encens qu'il vient d'y prendre et qu'il va poser sur
l'autel. Il est sans barbe, est vêtu d'une tunique à
manches courtes, et par-dessus porte la toge dont
il se voile la tête. Ses pieds sont chaussés de cothurnes. Les yeux sont incrustés d'argent. H. 22 c.

3060. JEUNE PRÊTRE romain, voilé, debout, sacrifiant :
de la main droite, il porte l'*acerra;* de la main gauche, ouverte, il tenait sans doute une patère. Il est
vêtu comme le précédent. Les yeux sont incrustés
d'argent. H. 19 cent.

3061. JEUNE PRÊTRE romain, debout, vêtu comme les
précédents (nᵒˢ 3059-3060), et tenant de la main

droite une patère, et de la gauche une corne d'abondance. H. 13 1/2 cent.

Bronze remarquable par sa conservation et sa belle patine verte, qui rappelle les monuments de la trouvaille de Châlon-sur-Saône. (V. nº 2922.)
Caylus l'a publié dans le t. VII de son *Recueil*, p. 254, pl. LXXIII, I.

3062. PONTIFE lauré et voilé, sacrifiant; il est vêtu comme
les précédents et porte, comme celui décrit sous le
nº 3059, l'*acerra* et une boule d'encens. H. 7 1/2 c.

3063. CAMILLE ou jeune servant des prêtres romains,
debout, la tête nue, revêtu d'une tunique à courtes
manches, par-dessus laquelle est jetée une sorte
d'écharpe qui sert en même temps de ceinture. Les
mains tenaient une patère et une corne d'abondance
qui n'existent plus. Il est chaussé de cothurnes. H.
12 1/2 cent.

3064. TIBICINE ou joueur de flûte, couronné de fleurs,
debout, jouant de la double flûte. Il est vêtu d'une
tunique sans manches, recouverte d'une ample draperie. H. 9. cent.

Figurine d'applique de bon travail romain. Caylus l'a publiée dans le
t. IV de son *Recueil*, p. 209, pl. LXVII, nº 1.

3065. TROMPETTE romain, le casque en tête, sonnant de
son instrument. Il est armé de toutes pièces et porte
une sorte de paladamentum. H. 75 mill.

Cette curieuse représentation a été donnée au Cabinet par M. W. H.
Waddington en 1853, avec des médailles et divers autres objets d'antiquité.
Les pieds sont restaurés.

3066. CANÉPHORE athénienne debout, revêtue d'une longue
tunique retenue par une ceinture, et d'un péplus. Les
bras, qui manquent, devaient être nus. Les cheveux
sont serrés par un bandeau et tressés derrière la tête
de manière à former une grosse natte qui descend
jusqu'à la hauteur des épaules. Les pieds sont chaus-

sés de sandales. On remarquera que non-seulement les yeux sont incrustés d'argent, mais que la ceinture, la bordure du péplus et les seins sont ornés d'incrustations d'argent. Sur le haut de la tête, qui est ouvert, devait être placée une corbeille κάνεον, d'où le nom de *canéphore*, porteuse de corbeille, donné à cette figure. H. 27 cent.

Conservée d'abord dans le musée Farnèse, puis dans le célèbre cabinet de Thoms, cette statuette, l'un des plus importants morceaux de style grec du Cabinet, a longtemps été prise pour la déesse *Angerona*, grâce à un appendice qu'on y remarquait déjà lorsqu'elle faisait partie du musée Farnèse. Cet appendice était une sorte de bandeau attaché derrière la tête, qui entourait le bas de la face et était percé d'un trou à l'endroit de la bouche. Il y a environ vingt ans, les conservateurs du Cabinet des médailles firent enlever cet appendice, qui était visiblement une maladroite restauration, et à la place on vit un *trou* qui défigurait la tête de cette statuette. La restitution de la bouche et du bas des joues fut exécutée en cire, avec son zèle et son désintéressement ordinaires, par M. Depaulis, le célèbre graveur en médailles, qui donna dans cette circonstance une preuve nouvelle de cette habileté qu'il avait déjà déployée en recomposant en entier une des statues de Mercure de Bernay. (V. plus haut, n° 2802, (p. 423.) Cette opération a été mentionnée par feu Letronne dans un Mémoire sur la *prétendue Vénus-Angérone*, inséré dans le t. IV de la *Revue archéologique*, V. p. 144.

On peut comparer cette jeune Canéphore aux *Jeunes Athéniennes des processions des Panathénées* qui décorent le Parthénon, ainsi qu'aux six statues découvertes en 1754 à Herculanum. (Voyez 1° *Trésor de numismatique et de glyptique, bas-reliefs du Parthénon*, 2e édit., pl. x, 4, et pl. xi, n° 1. — 2° *Della Antichità di Ercolano*, t. VI Cette Canéphore a été gravée d'abord pl. ii, dans les *Antiquités de M. le comte de Thoms*, 1745, puis dans l'ouvrage de Ch. Saxius, intitulé : *Diatribe de Dea Angerona*, publié à Utrecht en 1768.

3067. CANÉPHORE grecque, marchant dans une procession, la tête nue, regardant en arrière, tenant de la main droite un vase par l'anse. Le bras gauche, qui est brisé, tenait sans doute une corbeille. Elle est vêtue d'une tunique talaire et d'un péplus flottant à grands plis. H. 14 1/2 cent.

Figurine d'applique d'ancien style grec, provenant du cabinet Foucault. Caylus a publié cette figure avec le bras gauche restauré et tenant un second vase. V. t. IV de son *Recueil*, p. 214, pl. LXVIII, n° 2.

3068. Canéphore grecque, marchant dans une procession, le corps presque entièrement de profil, mais la tête tournée vers le spectateur; elle est vêtue d'une tunique talaire recouverte d'une ample draperie; de la main droite, elle tient un vase par l'anse, et de l'autre une coupe pleine de fruits. Sur sa tête, vestiges d'une corbeille, ou peut-être *modius*. H. 14 1/2 cent.

Figure d'applique de style grec. Les pieds sont restaurés. Provient du cabinet Foucault.

3069. Jeune fille athénienne debout; ses longs cheveux, liés sur le sommet de la tête, descendent sur ses épaules en longues tresses serrées. Elle est vêtue d'une tunique talaire à manches très-courtes, par-dessus laquelle elle porte un péplus et paraît contempler un objet qu'elle tenait de la main gauche. H. 20 cent.

Bronze d'ancien style grec, provenant du cabinet de l'abbé Fauvel, et publié dans *l'Antiquité expliquee*, de Montfaucon, t. III. Ire partie, p. 74, pl. XLII, n° 2.

3070. Jeune femme assise, revêtue d'une longue robe serrée par une ceinture qui dessine ses formes élégantes. Le bras droit manque; de la main gauche, elle tenait un objet qui a disparu. Les cheveux sont élégamment relevés sur le sommet de la tête. Les pieds sont nus. H. 17 1/2 cent.

Le comte de Caylus, qui a publié cette figurine dans son *Recueil*, suppose que cette figure est une liseuse et qu'elle tenait un *volumen*. L'attitude de cette femme, sa tête penchée et son air méditatif, autorisent cette hypothèse; mais on pourrait aussi la prendre pour une femme à sa toilette et contemplant dans un miroir. Cette statuette rappelle les jolies médailles d'argent de Larisse de Thessalie, dont le type est *Laïs* se contemplant dans un miroir. Nous apprenons par le comte de Caylus. auquel le Cabinet doit cette figure, qu'il légua au Roi avec son riche cabinet, qu'elle a été trouvée à Rome en 1763. (V. t. VII, p. 153, et pl. XXVI, n°s 1, 2 et 3.)

3071. Éphèbe debout, revêtu d'une chlamyde attachée

sur l'épaule droite et chaussé de brodequins. Le bras droit est caché sous la chlamyde ; l'avant-bras gauche manque. H. 13 cent.

Statuette d'ancien style grec, provenant du cabinet Foucault.

3072. Éphèbe nu, debout, tenant un canard dans la main droite. Les cheveux sont nattés et maintenus par un lien. H. 13 1/2 cent.

Figurine d'ancien style étrusque.

3073. Éphèbe nu, marchant sur la pointe des pieds. Les cheveux sont nattés. H. 13 1/2 cent.

M. de Witte, dans le *Catalogue Durand*, p. 411, n° 1937, suppose que cet Éphèbe est un jeune athlète qui vient de se frotter d'huile et qui marche ainsi pour ne pas glisser. Cette jolie figurine, d'ancien style étrusque, acquise en 1836 pour le Cabinet à la vente Durand, a conservé sa base antique.

3074. Enfant nu, assis, jouant avec un lapin. H. 4 c.

Les anciens traitaient ces sujets avec une grâce qui n'a guère été retrouvée, dans les temps modernes, que par François Flamand. Ce bronze est de la bonne époque romaine. Il a été trouvé à Bavay. V. Caylus, *Recueil*, t. II, p. 397, pl. CLXIV, n° 4.

On trouvera des sujets analogues sous les n⁰ˢ 2953, 2979, 2984 et suivants, ainsi que sous les n⁰ˢ 3075, 3076, etc.

3075. Enfant entièrement nu, assis ; il lève le bras gauche comme s'il voulait renvoyer une balle. H. 7 c.

Bronze d'un mouvement gracieux et d'une grande finesse.

3076. Enfant nu, assis, le doigt sur la bouche, comme les figures d'Harpocrate. H. 2 cent.

L'expression malicieuse de la physionomie de cette charmante figurine ne permet pas d'y voir Harpocrate ; c'est ou une parodie des représentations de ce dieu, ou une fantaisie d'artiste.

3077. Pygmée enfant, combattant ; il va frapper de son javelot et se couvre de son bouclier. Sa tête est protégée par un casque conique. Une sorte de *subligaculum* est son seul vêtement. H. 5 1/2 cent.

Le mouvement de cette petite figure est naivement exprimé, mais avec incorrection.

3078. NÈGRE debout, imberbe. L'attitude du corps, le mouvement des bras et l'expression de la physionomie de ce jeune nègre semblent indiquer qu'il jouait d'un instrument de musique qui n'existe plus. H. 20 cent.

Trouvaille de Châlon-sur-Saône en 1763. (V. nᵒ 2922.)
Cette figure de nègre est d'une vérité surprenante. La conservation est parfaite; la patine est merveilleuse. On voit peu de statuettes de bronze de l'époque romaine aussi remarquables à tous égards que celle-ci. On en trouvera la figure au t. VII du *Recueil d'antiquités* de Caylus. V. p. 285 et pl. LXXXI, nᵒˢ 1 et 2.

3079. NÈGRE debout, vêtu d'une courte tunique, la tête nue. Les bras manquent, mais l'attitude de cette statuette indique l'action de tirer un câble. H. 17 cent.

3080. GLADIATEUR, de la classe des *mirmillons* ou *secutores*, debout, tenant la *sica* ou épée courte de la main droite et portant au bras gauche un bouclier carré long. La visière de son casque est baissée; il porte l'épaulière, la cuirasse, le *subligaculum* à large ceinture, et des *cnémides*. H. 7 cent.

Curieuse figurine dont la conservation est malheureusement imparfaite. V. le nᵒ suivant. On trouvera ce gladiateur sous le nᵒ 5 de la pl. XXII du t. III du *Recueil* de Caylus. V. p. 99.

3081. GLADIATEUR, de la classe des *mirmillones* ou *secutores*, armé de toutes pièces, combattant. De la main droite, il tient la *sica* ou épée courte et recourbée, et de la main gauche se couvre d'un grand bouclier carré. Son casque, dont la visière est baissée, est surmonté d'un griffon qui en forme le cimier. Il paraît nu sous sa cuirasse, et porte le *subligaculum* ou caleçon court à large ceinture. Les jambes sont protégées par des *cnémides*. H. 9 cent.

Cette curieuse figurine pourrait être la caricature d'un *Mirmillon*. Le costume est exact; mais il y a une certaine exagération burlesque dans l'ensemble de la composition. (V. le nᵒ précédent.)

3082. Pédotribe ou instructeur du gymnase. Il est debout et enveloppé du *tribon*, et devait tenir la baguette à la main gauche. L'avant-bras droit et les pieds manquent. H. 10 cent.

Figurine d'ancien style. L'attribution reçue paraît douteuse.

3083. Discobole entièrement nu, debout, tenant son disque de la main droite. H. 10 1/2 cent.

Figurine de style étrusque.

3084. Discobole nu, avec une courte barbe, au moment de lancer son disque qu'il tient de la main droite. Le bras droit, à demi brisé, est levé. Les cheveux sont noués sur le sommet de la tête. H. 7 cent.

Les jambes sont à moitié brisées. Bon travail romain. Caylus a publié cette figure, *Recueil*, t. V, pl. l, nos 1 et 2, p. 133.

3085. Danseur étrusque, nu, frappant des mains. Ses cheveux descendent en nattes sur ses épaules et sur son dos. H. 24 1/2 cent.

Une tige de palmier qui part de la tête de cette figure nous apprend que c'est le pied d'un flambeau étrusque. Les jambes sont brisées inégalement. Le personnage applaudit ou bat la mesure avec ses mains.

3086. Danseur étrusque, nu. Il porte sa main gauche à son oreille; la droite est posée sur la hanche. H. 14 1/2 cent.

Les pieds manquent. Figure d'ancien style étrusque, publiée par Caylus. *Recueil*, etc., t. III, p. 72, pl. xviii, nu 1. Par suite d'une singulière inadvertance du noble antiquaire, on la retrouve une deuxième fois au t. V, pl xliv, no 3 et p 116. Dans le second article qu'il lui consacre, sans se souvenir qu'il en a déjà parlé au t III, Caylus nous apprend que cette statuette a été trouvée dans le *Picenum* ou Marche d'Ancône.

3087. Danseur comique, nu, debout sur la jambe gauche, se tenant le talon droit de la main droite et levant en même temps le bras gauche. Il a la bouche ouverte et semble pousser un cri; peut-être imitait-il le cri de douleur d'un homme piqué au pied. H. 8 1/2 c.

Très-bon travail romain.

3088. Cubiste ou *Sauteur* marchant sur les mains; il est nu, sauf une large ceinture semée de points qui ont dû être incrustés d'argent. Sa tête est protégée par une calotte nouée sous le menton. H. 9 cent.

Le comte de Caylus, qui a publié cette figure dans le t. III de son *Recueil*, p. 273, pl. LXXIV, n° 2, nous apprend qu'elle a été trouvée à Nîmes. Il fait remarquer l'analogie de cette ceinture avec le *tonnelet* des *sauteurs* de son temps; cette sorte de chausse ou de troussequin indispensable dans ces exercices, se retrouve dans le costume de nos clowns d'aujourd'hui. On trouvera sous le numéro suivant une figure de cubiste semblable à celle-ci. C'est peut-être celle dont Caylus parle, et qui en 1759 se trouvait dans le cabinet du collège romain, et qui a été publiée par le père Paciaudi en 1756? La seule différence que l'on puisse remarquer dans ces deux statuettes, c'est que la ceinture de la seconde n'est pas décorée uniquement de points comme la première, mais qu'on y a gravé des rinceaux. Les mains de ces deux figures sont brisées. On a figuré en cire celles du n° 3088. (V. une autre figure de cubiste dans le t. V de Caylus, pl. LXXXVI, 1, p. 240.)

3089. Cubiste. H. 9 cent.

V. au numéro précédent.

3090. Acteur romain jouant un rôle de captif; assis sur un cippe carré, les mains liées derrière le dos, il semble invoquer le ciel. Ses traits sont déguisés par le masque scénique. H. 4 1|2 cent.

Caylus a publié ce bronze dans son *Recueil*, t. V, p. 223, pl. LXXII, n°s 3 et 4.

3091. Acteur comique romain, à cheval sur une outre, les mains liées derrière le dos; il est vêtu d'une courte tunique et représente sans doute la punition d'un esclave ivrogne. H. 4 cent.

Ce bronze de travail grossier et de mauvaise conservation, est intéressant par le sujet. On le trouvera dans les *Maschere sceniche* de Ficoroni, pl. XXXVII et dans le t. III du *Recueil* de Caylus, p. 278, pl. LXXV, n° 4.

3092. Acteur tragique romain debout, ajustant son masque; il est enveloppé dans un ample manteau. La

main gauche tenait un objet qui a disparu. H. 7 cent.
2 mill.

3093. ACTEUR comique, ou peut-être *Caricature*. C'est
un personnage revêtu de la toge, de l'extérieur le
plus grave, mais avec une tête de *rat*, debout, tenant
un volume de la main gauche et relevant de l'autre
les plis de sa toge. H. 4 1|2 cent.

Curieuse petite figure qui, ainsi que plusieurs autres de cette série aurait
pu figurer dans la dissertation de M. Th. Panofka, intitulé : *Parodien und
harikaturen auf werken der klassischen kunst* Berlin, 1851. On la trouvera
dans le *Recueil* de Caylus, t. III, p. 280, pl. LXXVI, n° 1. Elle a été trouvée à
Rome.

3094. CARICATURE, ou acteur comique à masque en tête
de *rat*, debout, enveloppé dans un ample manteau
qui cache les deux mains. H. 5 cent.

V. n° précédent.

3095. ACTEUR debout, jouant un rôle de vieillard; il est
enveloppé dans un ample manteau qui, rejeté sur
l'épaule gauche, ne laisse à découvert que le bras
droit. H. 6 cent.

3096. MACCUS ou le *Polichinelle* antique. Masque avec
un nez énorme et de travers, coiffé d'une sorte de
calotte. H. 6 cent.

V. n° suivant. Caylus a publié ce curieux masque dans son *Recueil*. V.
t. VI, p 287, pl. XC, n° 2.

3097. MACCUS. Buste à gros nez tombant sur la bouche,
coiffé d'une calotte, et sortant d'un fleuron. H. 5 cent.

Ce buste et le précédent paraissent provenir de quelque vase ou autre
ustensile. Celui-ci a été publié par Caylus, t. III de son *Recueil*, p. 275,
pl LXXV, n° 1.

3098. CARICATURE. Tête de femme au nez énorme, avec
d'immenses pendants d'oreille. Les cheveux sont tres-

sés et noués sur le derrière de la tête. H. 6 cent.

Caylus voit un homme grotesque dans cette figurine qu'il a publiée au t. VI de son *Recueil*, p. 277, pl. LXXVII, n° 4.

3099. CARICATURE ou peut-être ACTEUR dont le masque figure une tête de *singe*, debout, vêtu d'une courte tunique à ceinture et à capuchon, tenant un vase de la main gauche. Deux bandelettes se croisent sur sa poitrine et sur son dos comme nos buffleteries. H. 9 1|2 cent.

3100. CARICATURE ou figurine représentant un *enfant* debout, drapé dans un ample manteau qui ne laisse que le bras droit découvert. Il porte la main droite à la poitrine dans un geste affirmatif. H. 6 cent.

On a trouvé ce joli bronze à Tarente ; le comte de Caylus l'a publié dans le t V de son *Recueil*, p. 228, pl. LXXXIII, nos 2 et 3. C'est peut-être un jeune mime.

3101. CARICATURE, ou figurine d'*enfant*, debout, coiffé d'une sorte de calotte, enveloppé dans un ample manteau, portant la main à son menton, avec une expression méditative. La main gauche est cachée sous le manteau. H. 5 cent. 6 mill.

3102. Bossu nu, accroupi; peut-être Ésope. Les bras et les jambes sont mutilés. H. 3 3|4 cent.

Animaux.

3103. SPHINX femelle assis. H. 7 1|2 cent.

Ce bronze publié par Caylus, t. III de son *Recueil*, p. 230, pl. LX, n° 3, a été trouvé à Rome.

3104. PANTHÈRE bachique femelle accroupie, posant la patte droite sur un canthare. Elle a le cou orné d'un collier. H. avec la base antique, 6 cent.

3105. PANTHÈRE mâle en marche, la gueule ouverte. H. avec la base de bronze antique, 12 cent.

Caylus a publié ce beau monument. Il y voit à tort une enseigne romaine V. t. III de son *Recueil*, p. 238 et pl. LXIV, n° 1.

3106. PANTHÈRE femelle, la patte droite levée et hurlant. H. 4 cent.

Les mouchetures de la robe de l'animal sont figurées par un pointillé Bon travail.

3107. PANTHÈRE femelle, marchant la patte droite levée. H. 3 cent.

Les mouchetures de la robe de l'animal sont figurées par des incrustations d'argent et de cuivre rouge. La patte levée est de restauration.

3108. SANGLIER à *trois cornes*, en marche, prêt à s'élancer. H. 10 1|2 cent.

Caylus nous apprend que ce singulier monument a été trouvé en Bourgogne, en même temps que le groupe d'*Hercule terrassant la biche* décrit sous le n° 3036; il ignorait en quel lieu précisément. Il rapproche cette découverte de deux autres faites dans le comté de Bourgogne, c'est-à-dire en Franche-Comté, l'une à Avrigney, l'autre à Saulieu, qui entre autres monuments curieux contenaient, la première, un taureau de bronze à trois cornes, haut d'un pied 5 pouces; l'autre, en 1757, un taureau également à trois cornes, haut de 2 pouces 7 lignes. Voyez *Recueil* de Caylus, t. V, pl. CVIII, nos 3 et 4, et p. 306. Le sanglier *a trois cornes* du Cabinet des Medailles figure sur cette planche à côté du taureau à *trois* cornes.

3109. TAUREAU marchant. H. 8 cent.

La queue est mutilée.

3110. TAUREAU marchant. H. 6 cent.

Les cornes, la queue et l'une des jambes sont mutilées.

3111. VACHE en marche, se battant les flancs de sa queue. H. 27 cent.

Ce monument, d'une conservation unique, est un des plus remarquables de la série des animaux en bronze du Cabinet. Il a été trouvé à Pompei. Le comte de Caylus l'a fait connaitre dans le t. II de son *Recueil*. V. p. 119 et pl. XL, n° 3.

3112. Tête de mulet couronné de pampres. H. 5 cent.

Fragment d'une figure de mulet bachique, trouvé à Velleia dans le siècle dernier, et donné au comte de Caylus par l'infant don Philippe, duc de Parme. V. le *Recueil* de Caylus, t. VII, p. 207, pl. LV. n° 1. V. plus haut, n°s 3018, 3027, 3045.

3113. Bouc marchant. H. 64 mill.

Caylus a publié ce bronze dans le t. I de son *Recueil*, p. 260, pl. xcv, n° 4.

3114. Chat accroupi. H. 6 cent. 5 mill.

Figurine de style égyptien, trouvée dans l'île de Chypre.

3115. Rat dévorant un gâteau. H. 28 mill.

Provient du cabinet Foucault. Publié par Caylus, t. IV de son *Recueil*, pl. LXXXVII, n° 5, p. 287.

3116. Aigle les ailes déployées. H. 8 cent.

Caylus, *Recueil*, t. IV, pl. LXXXV, n° 3, p. 279.

3117. Aigle posé sur une tête de bélier. H. 5 cent.

Groupe d'un très-bon travail romain. Caylus a publié ce monument, t. VII de son *Recueil;* il y voit une allégorie particulière à quelque légion. V. p. 192, pl. XLVI, n° 3.

Iconographie.

3118. Roi grec. Buste diadémé. H. 4 cent.

On a attribué ce bronze à Attale II, roi de Pergame. La tête me paraît offrir quelque ressemblance avec les médailles de Polémon II, roi du Pont et du Bosphore.

3119. Brutus (*Marcus Junius Brutus*). Buste de grandeur naturelle. H. 28 cent.

On ignore la provenance de ce curieux buste, qui fait partie du Cabinet depuis un temps immémorial. L'attribution n'est pas certaine.

3120. Lépide, le triumvir *Marcus-Æmilius Lepidus*. Buste la tête nue. H. 33 cent.

C'est encore au comte de Caylus que le Cabinet des médailles doit de pos-

séder ce buste de bronze qui, comme la Cybèle no 2917, a été trouvé sur le
sol parisien C'est à Montmartre, dans les ruines d'une fonderie antique que
l'on trouva ce buste en 1737. Acheté d'abord à un ouvrier pour le prix modique de 12 fr. par un médecin de Paris, nommé Genevrier, il passa depuis
dans le cabinet d'un particulier nommé Lainé, enfin le comte de Caylus
qui en avait conseillé l'emplette à un de ses amis, le retrouva chez celui-ci
lorsqu'il désira, dit-il, joindre cette antiquité à celles qu'il avait rassemblées
comme venant de Paris. Le docteur Genevrier avait attribué ce buste à C.
Cœlius Caldus ; adoptée par Caylus (V. t III de son *Recueil*, p 394, pl.
cviii, n° 1), cette dénomination fit fortune et a été mentionnée, quoique avec
une certaine réserve par du Mersan qui, dans l'histoire du Cabinet des médailles, ne dit pas que ce soit la tête de C. Cœlius Caldus, mais seulement
que cette tête est attribuée à Caldus (V. p. 11.) Enfin, il y a quelques années, le 28 février 1851, feu Duchalais, de regrettable mémoire, lut à la société des Antiquaires de France, une dissertation insérée au t. XXI des mémoires de cette savante compagnie, et démontra que le prétendu Cœlius
Caldus n'était autre que Lépide. Aujourd'hui l'attribution de Duchalais est
adoptée généralement ; il ne reste donc qu'à l'enregistrer, et à renvoyer
le lecteur à son travail ou aux médailles de Lépide et de Caldus, éléments
irréfutables de la démonstration de cette véritable découverte.

3121. TIBÈRE, la tête nue. Buste de grandeur naturelle. Les yeux sont d'argent. H. 37 cent.

Le comte de Caylus, qui a publié ce précieux monument dans le t. VII de
son *Recueil* (p. 230, pl. LXV, nos I et II), nous apprend qu'il fut trouvé en
1759 dans une fouille faite à Mahon. Le marquis de Lannion qui comman-
dait alors pour la France dans l'île de Minorque, l'envoya à Paris, et c'est
à la mort de cet officier général, que M de Caylus en fit l'acquisition. A la
mort du comte de Caylus, le Tibère de Mahon entra au Cabinet par suite du
legs du célèbre amateur avec toute sa riche collection.

3122. JEUNE ROMAIN inconnu, dont les cheveux, coupés fort ras du côté gauche, sont épais et abondants de l'autre. Buste imberbe. H. 29 cent.

Une grande obscurité règne sur le nom à donner à ce buste ; on n'a
même pas toujours été d'accord sur le sexe du personnage. Caylus qui l'a-
vait acheté à la vente du comte de Pontchartrain, et qui l'a publié dans le
t. I de son *Recueil*, V. p 299 et pl. LXXI, no 1, le décrit ainsi : « C'est le
« portrait fidèle d'une jeune fille qui n'était assurément pas belle, et dont
« l'artiste a traité la laideur avec une vérité trop scrupuleuse pour le plai-
« sir de la postérité. » Depuis on a reconnu que c'était un jeune homme ;
quelques-uns lui trouvent de la ressemblance avec Élagabale, d'autres
avec l'un des petits-fils d'Auguste. Le bronze n'est pas d'un très-bon travail
et la conservation est défectueuse.

3123. Dame romaine voilée. Buste. H. 5 cent.

On trouve quelque ressemblance entre ce joli buste et les portraits authentiques de Domitia, femme de Domitien.

Miroirs étrusques.

3124. Les sujets gravés de ce magnifique miroir forment deux compositions; un troisième sujet occupe le petit espace qui touche à l'attache du manche.

1° *Apothéose d'Hercule.* Hercule apporte *l'Amour* enfant, ailé, qu'il tient assis sur son bras gauche à Jupiter, qui est assis sur un trône richement décoré, le foudre à la main. Le nom du père des dieux est écrit en langue et caractères étrusques TINIA; celui d'Hercule qui se rapproche plus de la forme grecque est écrit : HERCLE. Le nom de l'Amour, *Eros*, est écrit : EPIVR. Derrière le trône de Jupiter, une déesse assise, à demi nue, ayant auprès d'elle un oiseau qui a le col de l'oie ou du cygne; cette déesse, dont le nom est écrit THALNA, se soulève sur les mains et paraît considérer avec intérêt l'action d'Hercule. Derrière ce dernier, autre déesse assise, à demi nue, avec le nom TVRAN; celle-ci tient un sceptre, et l'on serait tenté d'y voir la Junon étrusque, *Héra* en grec, si l'on ne connaissait des monuments où ce même nom est écrit à côté d'une déesse assise près d'Adonis. (Voyez plus loin, au n° 3128.) Elle tourne la tête vers Hercule, et semble, comme l'autre, regarder la présentation d'Eros à Jupiter.

2° *Agamemnon reçu dans l'île de Leucé.*

Hélène, revêtue d'un riche costume phrygien, assise sur un trône, tend la main à Agamemnon, qu'elle accueille dans l'île de Leucé, dont elle est la reine; le roi des rois est enveloppé du linceul funèbre. Entre Hélène et lui, Ménélas, imberbe, vêtu d'une simple

chlamyde et tenant une lance et une phyale. Paris,
vêtu comme Ménélas, et tenant aussi une lance, est
de l'autre côté d'Hélène, à laquelle il tourne le dos ;
il reçoit une couronne des mains d'une divinité ailée,
nommée, sur le miroir, MEAN ; c'est la *Victoire;*
elle est entièrement nue, et a près d'elle une biche.
Derrière cette *Lasa* (comme les Étrusques nommaient
ces divinités secondaires), Ajax, à demi nu, coiffé
d'une tiare phrygienne à laquelle il porte la main
gauche. De l'autre côté, derrière Agamemnon, une
Lasa tenant un *lécythus* et un instrument pointu, en
forme de stylet. On-lit le nom et la qualité de cette
divinité sur le miroir : LASA THIMRAE.

A la naissance du manche, une troisième *Lasa*,
nommée LASA RACVNETA, tenant aussi un vase et
une sorte de stylet ; elle est couronnée et paraît sortir
du calice d'une fleur. Je transcris ici les noms des
autres personnages d'après le miroir : ELANAE, Hélène, ACHMEMRVM, Agamemnon ; MENLE, Ménélas ; ELCHSNTRE, Alexandre (l'un des noms de Pâris), AEFAS, Ajax. — Diam. 20 c. H. avec le manche,
qui n'est pas entier : 29 cent.

Ce miroir, qui est l'un des plus importants que l'on connaisse dans les divers musées de l'Europe, a été acquis pour la Bibliothèque Impériale à la
vente Durand, en 1836. Voyez le catalogue de cette célèbre collection par
M. de Witte, no 1972, p. 420. Voyez encore une dissertation du même auteur sur le même sujet, insérée dans les *Annales de l'Institut archéologique*,
année 1834, p. 241, et la planche vi du t. II des *Monum. ined* de ce Recueil ; il faut lire aussi la dissertation de M. Orioli sur le même sujet, dans
le même volume, p. 183 et suivantes. M. Gerhard, le savant professeur de
Berlin, a publié ce beau monument dans ses *Etruskische Spiegel*, t. II,
pl. clxxxi.

On trouvera de grandes divergences d'opinion dans ces divers écrits.
M. Gerhard explique ainsi les deux sujets principaux : *Hercule présentant
un enfant à Jupiter. — Hélène entourée de ses amants* M. Orioli voit dans
ce dernier sujet la réconciliation d'Hélène avec Ménélas, par l'entremise
d'Agamemnon. Il donne le nom de Memnon au personnage nommé AEFAS
sur le miroir, et que nous appelons Ajax.

3125. Minerve casquée et armée, debout entre Achille

et PATROCLE. Le fils de Pélée est assis à gauche. Patrocle est debout en face de lui et s'appuie sur sa lance; la déesse adresse la parole à Achille. Les deux héros sont imberbes; Achille tient de la main gauche sa lance et son bouclier.

Sur l'attache du manche, un enfant paré de bracelets aux bras et aux jambes, accroupi, tenant une bandelette. Derrière lui, oiseau perché sur une branche de myrte. Diam. 15 1/2. H., avec ce qui reste du manche, 25 cent.

Acquis pour la Bibliothèque en 1836, à la vente Durand. Voyez le *Catalogue*, par M. de Witte, nº 1976, p. 423. Voyez aussi *Etruskische Spiegel* de Gerhard, t. II, pl. CCXXVII.

3126. MIROIR avec *sujet en relief*. HERCULE, *accompagné d'*IOLAS, *recevant les avis de* MINERVE. — HERCULE, la tête nue, revêtu d'une cuirasse, circonstance rare, s'appuie d'une main sur sa massue et pose l'autre sur le genou. Devant lui est son arc; entre ses jambes le carquois. MINERVE, non pas casquée, mais la tête ceinte d'un diadème d'or, et le cou orné d'un collier également d'or, la poitrine couverte de l'égide, tient sa lance de la main gauche, et de la droite paraît indiquer à Hercule le jeune IOLAS, qui s'appuie sur l'épaule de la déesse; il est nu, sauf une chlamyde attachée sur la poitrine, et s'appuie sur un carquois ou sur son glaive enfermé dans le fourreau. Aux pieds de Minerve, une *panthère*. Diam. 18 cent.

Monument d'une grande rareté, et que l'importance de son ornementation rend très-remarquable; bien qu'il ait souffert de l'oxidation il a conservé beaucoup de vestiges de dorure, ainsi que d'incrustations en argent et en cuivre rouge. La dorure du diadème et du collier de Minerve est parfaitement conservée, ainsi que les ornements en argent de l'égide et de la robe de la déesse; la cuirasse d'Hercule, son carquois, la chlamyde d'Iolas, la panthère bachique portent également des traces nombreuses d'incrustations en argent et de cuivre rouge. Le sujet est encadré d'une bordure qui a conservé elle-même des traces d'argenture. Le style de ce miroir est très-différent de celui des miroirs ornés de sujets gravés en creux; il paraît moins ancien. Il a été acquis pour la Bibliothèque en 1837. V. J. de Witte, *Description d'une collection de vases peints, et bronzes antiques provenant des fouilles de l'Étrurie*. Paris, 1837. Notre miroir est décrit dans cet ouvrage sous le nº 294 à la page 131.

3127. MASQUE DE MÉDUSE de face, entouré de flots au milieu desquels nagent des dauphins. Diam. 15 cent. H. avec ce qui reste du manche, 24 cent.

3128. VÉNUS ET ADONIS assis à côté l'un de l'autre. Adonis, nu jusqu'à la ceinture, presse de la main gauche l'épaule de Vénus; de la main droite, il paraît tenir un fruit. La déesse est diadémée, et vêtue d'une tunique talaire qui laisse les seins nus; près de ces deux figures, on voit des branches de myrte; derrière Adonis, la colombe de Vénus. Entre les deux personnages, on lit : TVRAN ATVNIS, *Vénus*, *Adonis*. (V. nº 3124). Une branche de lierre encadre cette composition. Diam., 13 cent. H. avec le fragment du manche, 17 1/2 cent.

Acquis pour la Bibliothèque en 1836, à la vente Durand. Voyez le *Catalogue*, par M. de Witte, nº 1943, p. 412 Voyez aussi du même auteur, un mémoire sur ce miroir dans le t. I, des *Nouvelles Annales de l'Institut archéologique*, p. 510; enfin, la planche CXIV du t. I, des *Etruskische Spiegel* de M. Gerhard.

3129. MIROIR sans sujet gravé. Le manche représente une *Victoire marine* ailée, assise sur un dauphin. Diam., 19 cent. H. avec le manche, 35 cent.

3130. MANCHE DE MIROIR représentant une VÉNUS, revêtue d'une tunique talaire et d'un péplus. Elle tient une colombe de la main droite et soulève un pan de sa robe de la main gauche. H. 14 cent.

L'attache du miroir est décorée de fleurons gravés.

3131. L'AURORE, dans son char à quatre chevaux, tenant un flambeau allumé. Derrière, l'*Etoile* du matin. Un *Génie* ailé et *androgyne* lui apporte une couronne.

Sous les pieds des chevaux, le casque de Hadès, emblème des ténèbres. A l'attache du manche, un petit chien. Une couronne de laurier entoure ce sujet; au revers, à l'attache de l'anse, un fleuron gravé en creux. Diam. 16 1/2 cent.; haut., avec le manche qui est entier, 31 cent.

Ce beau monument, qui provient de la célèbre collection du chevalier Bronsted, a été plusieurs fois publié. Voyez Gerhard. *Etruskische Spiegel*, t I, pl LXXIII.

3132. LES DIOSCURES combattant IDAS. *Castor* nu, sauf une chlamyde qui vole au vent, menace de son épée *Idas*, que Pollux étouffe entre ses bras, et qui semble vouloir lancer une pierre contre Castor. Idas et Pollux sont nus. On lit les noms des Dioscures : CASTVR PVLTVCE ; celui d'Idas n'est pas inscrit. Une bordure de pampres et de grappes de raisin encadre le sujet. Diam. 15 cent.; haut., avec le manche, 18 cent. 1/2.

Acquis en 1836, à la vente Durand Voyez le savant *Catalogue* de M. de Witte, p 415, nº 1960. Voyez la planche LVIII du t. I, des *Etruskische Spiegel* de M. Gerhard.

3133. THÉTIS revêtant ACHILLE, représenté imberbe, de sa chlamyde en présence de NÉOPTOLÈME. Le fils de Pélée est nu, sauf la cuirasse; son jeune fils n'est vêtu que d'une légère chlamyde. La déesse est ailée et nue, car son péplus, qui retombe à terre par derrière, ne couvre que ses jambes au-dessous des genoux; elle est parée d'un diadème, de pendants d'oreille et d'un collier. Ces trois personnages sont debout, et près de leurs têtes on lit leurs noms en lettres étrusques : ACHLE, THETIS, NEVTLANE, NETHPLANE ou NEPHTLANE. A la gauche, un quatrième personnage; c'est une jeune femme à demi

nue, vêtue comme Thétis, mais non ailée. Celle-ci
est assise, et son nom n'est pas gravé sur le miroir.
On y reconnaît DEIDAMIE, mère de Néoptolème. Diam.
18 cent.

Acquis pour la Bibliothèque en 1836, à la vente Durand. Voyez nº 1975
du catalogue de M. de Witte. Voyez aussi Gerhard, *Etruskische Spiegel*,
t. II, pl ccxxxi.

3134. VULCAIN et EPÉUS fabriquant le cheval de Troie.
A gauche, Vulcain imberbe, nu, sauf la chlamyde attachée sur la poitrine, travaille à river des entraves au
pied du cheval; à droite, et séparé de Vulcain par le
cheval lui-même, Epéus, vêtu d'une tunique à manches et coiffé d'un casque en forme de bonnet phrygien, lève son marteau dont il va frapper le cheval.
On remarque au pied droit du cheval les entraves que
rive Vulcain, ruse naïve destinée à tromper les
Troyens. Le sujet est encadré par une couronne de
laurier; en bas, à l'attache du manche, une *Lasa*
étrusque ailée, les poings sur les hanches. On lit les
noms des personnages en langue et caractères étrusques. Près de Vulcain : PÉKSE SETHLANS; peut-
être : *Vulcain a fait*. Près d'Epéus : ETVLE. Près
du cheval, sur une tablette, son nom HVINS. Au
revers du miroir, on lit, en grands caractères :
SVTHINA. Diam. 12 1/2 cent.; haut., avec le
manche qui est entier, 25 cent.

Si l'interprétation du sujet de ce curieux monument est claire, l'explication des légendes est encore entourée de nuages. Raoul-Rochette dans ses
Monuments inedits, Achilleide, p. 82, note 3, a cité les différents auteurs
qui ont publié ce miroir; il pense que l'inscription placée près de Vulcain,
signifie *Vulcain a fait* Il voit dans ce mot PECHSE, une forme étrusque du
mot grec τηξις; telle n'est pas l'opinion de M. Gerhard, qui a donné une
bonne planche de ce monument dans ses *Etruskische Spiegel*, nº ccxxv. Le
savant professeur prussien croit que le mot PECHSE se rapporte au cheval
et que c'est son nom qu'il croit être Pegasus.

3135. TÉLÈPHE, l'épée à la main, poursuivant AUGÉ, sa
mère. Un serpent survient qui lui fait reconnaître sa

mère. Ce sujet, gravé au revers, est peu visible, à cause des boursouflures du bronze. Le manche, au contraire est bien conservé; c'est une figurine représentant une Vénus ailée, à demi nue, drapée d'un manteau et tenant de la main gauche une colombe. De la main droite, elle paraît se placer une couronne sur la tête. Une tête de bélier lui sert de base. Diam. du miroir, 16 1/2 cent.; haut., avec le manche, 32 c.

Acquis à la vente Durand en 1836. (Voyez nᵒ 1974, du savant *Catalogue* de M. de Witte, p 422.)

3136. Courtisane diadémée et les cheveux serrés dans un réseau, couchée sur un lit avec un très-jeune homme endormi qu'elle presse contre son sein de la main gauche, tandis que de la droite elle tient une fleur qu'elle semble montrer à une autre courtisane debout au pied du lit et qui elle-même tient une fleur semblable. Devant, ou, si l'on veut, sous le lit, table basse dont le support est un sphinx, et sur laquelle est déposé un vase. Une double guirlande nattée encadre le sujet. Au revers, à la naissance du manche, un fleuron gravé en creux. Diam. 16 cent.; haut., avec le manche, 24 cent.

Le comte de Caylus, qui a publié ce curieux miroir dans le t. VI de son *Recueil*, p. 97, pl XXXII, nous apprend qu'il a été trouvé à Pérouse M Gerhard, qui en a donné un dessin plus exact que celui de Caylus, y voit la *Naissance d'Hercule*. (V. *Etruskische Spiegel*, t. II, pl. cxxv.)

3137. Miroir blanchi à l'étain, sans sujets gravés, avec son manche. Diam. 7 1/2 cent.; haut., avec le manche, 15 cent.

3138. Miroir blanchi à l'étain, sans sujets gravés. Le manche n'existe plus. Diam. 9 cent.

3139. Boite a miroir en bronze. La décoration de cette boîte est formée d'une *médaille* de Néron dont la face

est encastrée sur couvercle, tandis que le revers orne
la partie inférieure. Cette médaille représente, d'un
côté, le *buste lauré* de Néron, de profil, avec cette
légende : IMP NERO CAESAR AVG PONT
MAX TRPOT PP. *L'Empereur Néron, César-
Auguste, souverain Pontife, investi de la puissance
tribunicieune, père de la patrie.* Au revers : *la déesse
Rome*, assise, avec son nom inscrit à l'exergue :
ROMA. Dans le champ : S. C., abréviations consacrés pour *Senatus Consulto, en vertu du Senatus-
Consulte*. Diam. 7 cent.

3140. Le médaillon que je décris sous ce numéro, et
à la suite des miroirs étrusques, paraît être une imitation grossière, non pas des sujets, mais de la forme
et des procédés de gravure de ces intéressants monuments. On croit pouvoir attribuer la gravure de ce
médaillon au IIe siècle de notre ère.

Deux sujets :

1º L'AIGLE romaine tenant la foudre dans ses serres,
planant entre deux troupes de soldats romains, gui-
dées chacune par une *enseigne*. Au-dessous de celle
de gauche, on lit : LEG. XV. *Quinzième légion*. Au-
dessous de celle de droite, on lit : LEG. SECVNDA.
Deuxième légion. Entre les deux troupes, on lit :
AVREIVS (pour *Aurélius*) CERVIANVS; au-dessous
de cette inscription, un disque.

2º Divers animaux, un lion, un chien, deux paons,
puis une plante et ces mots : VTERE FELIX, qu'on
trouve si souvent sur les monuments des premiers
siècles de notre ère. Diam. 14 cent.

Le manche n'appartenait pas originairement à ce médaillon; il y a été
soudé à une époque comparativement moderne, et c'est surtout cette addition qui fait ressembler cet objet à un miroir étrusque avec lequel il a
du reste cette analogie que le revers est poli, et a pu en effet servir à
usage de miroir.

Vases, armes, et objets divers.

3141. **Coupe** ou patère profonde, à manche, de la forme de nos *casseroles*. L'intérieur a été argenté ou plutôt étamé. Le manche est décoré de ciselures en relief; l'attache et l'extrémité sont décorées de têtes d'oiseaux à long bec semblables à celles que l'on voit sur les vases d'argent de Bernay, nᵒˢ 2836, 2837, etc., auxquels ce vase peut être comparé. Sur le manche, 1° un bouc, un autre animal détruit par le temps, et un coq; 2° un casque et un bouclier rond, sur lesquels est posée une chouette; 3° un bélier, sur la croupe duquel est posé un pic. Ces trois divisions de symboles se rapportent aux trois divinités auxquelles ce vase était consacré, *Mercure*, *Minerve* et *Mars*. Près du bélier, à l'extrémité de l'anse, sur un petit cartouche, on lit en relief la signature du fabricant: IANVARIS F. Diam. 11 cent. Long. avec le manche : 19 cent.

Acquis pour la Bibliothèque impériale en 1840 à la vente de M. le vicomte Beugnot. V. la *Description* de cette collection par M. de Witte, p. 112, nᵒ 308.

3142. **Vase** à une seule anse, au col court, à la panse large; l'orifice est en forme de trèfle. Sur le col, une guirlande de pampres incrustée en argent. L'anse, qui a été ressoudée, est formée d'un fleuron d'où sort un lion; elle se rattache à la panse par un masque bachique juvénile. H. 22 cent.

2143. **Vase** de la même forme que le précédent, sans incrustation d'argent au col. L'anse, d'un style plus sévère que la précédente, se rattache à la panse par une sorte d'écusson sur lequel est sculpté en relief un *Bacchant* enfant, nu, dansant, tenant d'une main son thyrse, et de l'autre l'extrémité de sa nébride. La nébride et le thyrse ont conservé des traces d'incrustations d'argent. H. 22 cent.

Ce vase a fait jadis partie du *Cabinet de Sainte-Geneviève*. V. la description de ce cabinet, par le père du Molinet, pl. x, n° 6, et *l'Antiquité expliquée* de Montfaucon, t. II, 1re partie, p. 141, pl. LVI.

3144. Vase ou *tasse* sans anses, de forme ronde; l'orifice est comparativement étroit. Sur la panse sont représentés en relief des *Combats entre des génies et des animaux féroces*. Un *génie* ailé, enfant, vient de lâcher un chien contre un sanglier; il tient encore à la main la laisse. Plus loin, un autre génie ailé se couvre d'un *cymbalum* en guise de bouclier pour échapper aux morsures d'une panthère qui s'élance sur lui; un autre génie armé d'un glaive accourt à sa défense; un génie sans ailes, avec une chlamyde qui vole au vent, flatte un chien qu'il va lancer au combat; enfin, un dernier génie se prépare à frapper de son glaive le sanglier qui est aux prises avec le chien du premier génie ailé mentionné plus haut. Des arbres séparent ces différents groupes. H. 9 cent. Circonf. 33 cent.

Les bas-reliefs qui décorent ce vase sont fondus et ciselés dans la masse. Le travail est de l'époque romaine; les figures sont pleines de mouvement et de vie, mais le bronze n'est pas très-bien conservé.

3145. Vase de la même forme que le précédent, décoré de même de sujets en relief. Un sanglier est aux prises avec une panthère, une autre panthère dévore une proie; enfin une troisième panthère va surprendre deux antilopes accroupies sur un tertre plus élevé. Deux arbres séparent ces groupes. H. 5 1/2 cent. Circonf. 29.

3146. Casque grec, avec nasal et ouverture pour les yeux découpée dans les côtés qui protégent les joues, de manière à figurer l'aspect de la tête humaine. Une bordure légèrement ciselée en relief court le long des contours. H. 21 cent.

Ce casque, d'une forme noble et sévère, a été trouvé en 1828, sur les bords de l'Alphée en Élide, et acheté d'un paysan par un officier de l'expédition française de Morée. Il a été donné, en 1834, au Cabinet des Médailles par M. Prosper Dupré, le doyen des numismatistes français, l'auteur de divers écrits très-estimés, et tout récemment d'un intéressant mémoire intitulé : *Inductions sur l'âge des vases grecs siciliens déduites des médailles de l'île de Naxos.* V. *Revue numismatique*, année 1857, p. 1 et suivantes.

3147. Casque grec à peu près semblable au précédent, mais sans bordure ; des trous espacés régulièrement suivent les contours du casque. H. 21 cent.

Ce casque, donné comme le précédent par M. Prosper Dupré, a été trouvé près de Canosa, dans le royaume de Naples, en 1822.

3148. Casque de la même forme que les précédents. Au-dessus du nasal, un large fleuron ciselé en relief. H. 20 cent.

Acquis pour la bibliothèque de M. le chevalier Bronsted.

3149. Casque sans visière ni nasal, en forme de calotte, surmonté d'un petit fleuron. Le bord était décoré d'ornements à demi dévorés par la rouille. H. 20 cent.

Ce casque, très-détérioré par le temps, a subi des restaurations. Caylus l'a publié dans le t. I de son *Recueil.* V p. 262, pl. XCVI, n° 4.

3150, 3151, 3152, 3153, 3154, 3155. Trophée d'armes étrusques, composé d'une *cuirasse* en deux plaques, d'un *casque* conique, en forme de pileus, avec deux attaches d'aigrettes et deux trous qui indiquent la place des geniastères ; d'une *ceinture* ou balteum ; d'une *chaîne* qui réunit les deux plaques de la cuirasse, et de deux *fers* de lance ou de javelot. H. de la cuirasse : 34 c.; du casque : 20 c.; de la ceinture : 10 c.; des fers de lance : 27 c.

Ces armes ont été trouvées dans un tombeau de l'Étrurie en même temps que deux beaux vases peints décrits dans le catalogue de la collection Durand sous les nos 381 et 627. Vendues à un particulier à la vente Durand en 1836, elles furent acquises en 1840 à une autre vente pour la Bibliothèque. On les trouvera décrites dans le catalogue de la collection Durand par M. de Witte, sous le n° 1914. V. p. 408. (V. le n° suivant.)

3156, 3157. DEUX FERS de lance ajoutés au trophée provenant de la collection Durand. (V. nᵒˢ 3150 à 3155). H. 21 cent.

3158. CANDÉLABRE. Le fût, rond et taillé à huit pans, est porté sur trois griffes de panthère. Il est muni en haut de quatre branches de forme élégante, terminées en fleurons. Au sommet, figurine d'*Hercule* debout, portant la peau de lion en guise de ceinture, frappant de sa massue et tenant son arc de la main gauche. H. 1 m. 3 cent.

On a trouvé en Italie, dans des tombeaux, des meubles semblables à ceux que l'on nomme généralement *candelabres*, portant encore à leurs branches, au lieu de *lampes*, plusieurs de ces vases nommés *simpula*. (V. n° 2851.) Aussi certains antiquaires italiens contestent-ils l'ancienne dénomination. On peut croire que si certains de ces meubles furent destinés à porter des *simpula*, il y en avait aussi qui portaient des lampes.

3159. CANDÉLABRE. Le fût, cannelé, est porté sur trois griffes de panthère. Il est muni en haut de quatre branches, et au sommet d'une sorte de coupe. H. 85 cent.

3160. LAMPADAIRE, ou petit *trépied*, supporté par trois griffes de lion surmontées d'autant de têtes de cygne. Trois élégantes palmettes séparent les trois pieds. H. 9 cent.

3161. LAMPADAIRE, ou petit *trépied*, supporté par trois griffes de lion. H. 8 cent.

Ce petit meuble provient du cabinet Foucault. On en trouvera la figure dans *l'Antiquité expliquée* de Montfaucon. V. t. II, 1re partie, p. 137. pl. LII.

3162. JUPITER, JUNON et MINERVE. Les trois grandes divinités du Capitole sont représentées assises, avec leurs attributs. H. 18 mill. L. 20 mill.

Plaque d'applique très-mince.

3163. Masque de Méduse. Applique. Diam. 5 1/2 cent.

3164. Masque de Méduse, de face; objet d'applique. H. 6 cent. L. 6 cent.

3165. Masque de Silène. H. 6 cent. L. 2 1/2 cent.

3166. Silène, buste de 3/4, couronné de pampres. Applique. Diam. 5 cent.

3167. Masque de Bacchant couronné de lierre et de corymbes. H. 6 cent. L. 5 1/2 cent.

Provient du cabinet de l'abbé Fauvel. V. Montfaucon, *Antiquité expliquée,* t. I, 1re partie, pl. CLXII, n° 4, p. 249.

3168. Tête de Bacchante, de face. Diam. 5 1/2 cent.

3169. Hellé montée sur le bélier marin, traversant les mers. Diam. 9 1/2 cent.

Médaillon qui a dû décorer le couvercle d'une boîte.

3170. Une famille romaine; le père, la mère et le jeune enfant. Bustes de profil. H. 4 cent. L. 6 cent.

Plaque très-mince d'applique; les sujets sont exécutés au moyen de l'estampage. Les traits du père offrent une véritable ressemblance avec ceux d'Agrippa, le gendre d'Auguste.

3171. Tessère de forme quadrilatère, munie d'une belière. On lit sur les quatre faces :

D. IVNIVS

HERMETVS

SPECT. K. MAR

M. LEPID. Q. CAT.

D. Junius Hermetus parut aux calendes de Mars.

sous le consulat de Marcus Lepidus et de Quintus Ca-tulus. H. 57 mill.

On conserve dans les cabinets plusieurs tessères du genre de celle-ci. Ces tessères étaient de véritables *certificats* de victoire dont se glorifiaient les gladiateurs. Ils les portaient suspendues au cou; la plupart sont en ivoire et on en trouvera plusieurs de cette matière dans la *section des monuments d'ivoire.* Celle-ci, qui est de bronze, a pu être moulée à une époque ancienne sur une tessère d'ivoire. Les consuls Marcus Emilius Lepidus et Quintus Lutatius Catulus, dont les noms nous donnent la date de ce monument, furent en charge l'an de Rome 676, avant J.-C. 78. V. Theod. Janson, *Fastorum consularium libri duo,* p. 98, 243 et 323. On ne peut affirmer que les trois noms *D. Junius Hermetus* soient ceux du gladiateur; les deux premiers *D. Junius* pourraient être ceux de l'entrepreneur; les gladiateurs n'avaient ordinairement qu'un seul nom. Martial a consacré une de ses épigrammes à un gladiateur dont le nom se rapproche beaucoup de celui-ci; il s'agit d'un certain *Hermes divitiæ locariorum; Hermes, trésor des loueurs de places.* Voyez lib. V, epig 25

On trouvera plus loin un certain nombre de *Tessères de Gladiateurs* en ivoire. Voyez numéros 3247 et suivants.

Monument gnostique.

3172. **Amulète** sur lequel sont gravés des deux côtés, en creux, divers symboles gnostiques; on y voit, entre autres, deux *Eons*, le serpent Chnouphis deux fois répété, un lion et un lézard; puis des inscriptions en caractères arabes, coptes, grecs et éthiopiens. H. 9 1/2. cent. L. 5 cent.

Donné par M. Prisse en 1845. Cet amulète en forme de tablette, dont l'extrémité supérieure est en pointe, parait avoir été destiné à préserver de la morsure des scorpions. C'est du moins ce que semble dire l'inscription en langue arabe. (V. plus haut, p. 282, sur les *Monuments gnostiques.*)

Coins de monnaies impériales romaines.

3173. **Coin** d'un denier d'*Auguste.* On lit autour du buste lauré : caesar avgvstvs divi f. pater patriae. *César Auguste, fils du divin César, père de la patrie.* Diam. 24 mill.

3174. **Idem,** mais sans légende. Diam. 27 mill.

3175. Coin d'un denier de *Tibère*. On lit autour du buste lauré de cet empereur : TI CAESAR DIVI AVG F AVGVSTVS. *Tibère César, fils du divin Auguste, Auguste.* Diam. 22 mill.

3176. Coin du revers d'un denier de Tibère. C'est un revers très-fréquent sous ce règne; *Rome* assise, tenant une palme et la haste; la légende, PONT MAXIM. *Souverain pontife*, termine les titres de l'Empereur qu'on lisait du côté de la tête. Diam. 21 mill.

3177. Coin d'un denier de Néron ; autour du buste lauré de cet Empereur, on lit : NERO CAESAR AVGVSTVS. *Néron César Auguste.* Diam. 25 mill.

3178. Coin d'un denier de Néron; autour d'un buste imberbe, la tête nue, on lit : NERO CAESAR AVG IMP. *Néron César Auguste Empereur*. Diam. 20 mill.

La tête du personnage auquel la légende de ce coin donne le nom de Néron n'a pas la moindre ressemblance avec le type bien connu des traits du petit-fils de Germanicus. Ce coin est peut-être l'œuvre de faussaires du temps antiques, comme aussi plusieurs des coins décrits dans la présente section.

3179. UNE PAIRE DE COINS en fer de la monnaie d'Antioche du IVe siècle de notre ère. Ce sont les coins d'un *aureus* de Constant Ier, fils de Constantin le Grand; on distingue, sur l'un des côtés, l'effigie de cet Empereur, et on lit encore, malgré les ravages de la rouille, le nom CONSTANS. Sur le revers, on voit le type de la Victoire en marche avec une palme et un trophée. La légende, qui devait être *Victoria d. d. n. n.*, *Victoire de nos Seigneurs*, n'est plus lisible; mais on distingue l'exergue : S M AN. *Sacra moneta Antiochena. Monnaie sacrée d'Antioche.* Ce curieux *ustensile* déployé a 25 cent. de longueur.

3180. Coin dont le type est entièrement détruit. Diam. 21 mill.

Poids antiques de bronze et de plomb[1].

3181. Double mine de Chio. *Sphinx* femelle accroupi
sur une amphore. Légende : ΔYO MNAA. *Deux mines.*
Devant le sphinx, traces effacées d'autres lettres.
Plomb. H. 7 cent. L. 67 mill. Poids : kilogr. 1,24
grammes.

> Le type de ce poids est celui des monnaies de Chio. On peut lire au sujet
> de ce poids et de ceux qui suivent un intéressant mémoire de M. A. de
> Longpérier, inséré en 1847 dans les *Annales de l'Institut archéologique*,
> t XIX, p. 333 à 347; la double mine de Chio est figurée sous le n° 2, pl. XLV
> du t. IV des *monuments* de ce recueil.

3182. Mine d'Antioche de Syrie. Le type de chacune des
faces de ce poids de *plomb* est un *éléphant* en marche,
la trompe levée, portant au cou une clochette. D'un
côté, l'animal marche vers la droite ; de l'autre, il se
dirige vers la gauche. De chaque côté, la légende
occupe une bordure qui encadre le type et forme
encore quatre lignes disposées au-dessus et au-dessous
de l'animal. Commençons par le côté sur lequel l'é-
léphant est représenté marchant vers la droite :

ANTIOXEΩN THΣ MHT (POΠO cassure) ΛEΩΣ KAI IEPAΣ
KAI AΣYΛOY KAI AYTONOMOY.

Au centre : AΓOPANOMO NTΩN ANTIOXOY KAI
ΠOΠΛIOY. *Antiochus et Publius étant Agoranomes
d'Antioche, Métropole, Sainte, Asile et Autonome.*

2ᵉ face; dans le cadre : ETOYΣ EBΔOMOY ΔHMOΣIA
MNAA.

Au centre : AΓOPANOMOYNTΩN ΠOΠΛIOY KAI AN-
TIOXOY. *Mine du peuple de l'an* VII. *Etant Agoranomes Publius et Antiochus.* Plomb. H. 12 cent. L. 12
cent. Poids. Kilog. 1,68 gr.

> Le Cabinet des Médailles et Antiques doit la possession de ce précieux

---

[1]. On a réuni dans la division des *monuments de bronze* les poids de *plomb*
à ceux de bronze pour ne pas séparer ces rares et curieux monuments.

monument, ainsi que celle du suivant, à la libéralité de M. Prosper Dupré, qui en a fait don en 1847. J'ai déjà eu l'occasion de parler de cet amateur distingué. (Voyez, plus haut, n⁰ˢ 3146-3147.) On trouvera la figure de ce poids sous les n⁰ˢ 11 et 11 *b*, pl. xlv, du mémoire de M. de Longpérier, cité précédemment.

3183. Demi-mine d'Antioche de Syrie. D'un côté, le type est la *Fortune* debout, tenant une corne d'abondance, et s'appuyant sur une ancre. On lit dans le champ : ΕΤΟΥΣ Β. Plus bas, à gauche, le monogramme d'*Apollonidos*, l'un des magistrats nommés dans la légende de l'encadrement; à droite, celui de *Nicanor*. Sur l'encadrement en biseau, on lit, moitié d'un côté, moitié de l'autre : ΑΓΟΡΑΝΟΜΟΫΝΤΩΝ ΝΙΚΑΝΟΡΟΣ ΤΟΥ ΑΡΤΕΜΙΔΩΡΟΥ ΚΑΙ ΑΠΟΛΛΩΝΙΔΟΥ ΤΟΥ ΑΜΦΑΙΝΕΤΟΥ.

Le type du revers est un *bélier surmonté d'un astre;* on lit au-dessus et au-dessous de ce signe astronomique : ΔΗΜΟΣΙΟΝ ΗΜΙ ΜΝΑΙΟΝ.

Le sens de ces inscriptions est celui-ci : *Demi-mine du peuple de l'an* iie, *étant Agoranomes (d'Antioche) Nicanor, fils d'Artémidore et Apollonidos, fils d'Amphénèle.* Bronze : H. 9 1/2 cent. L. 9 1/2 cent. Poids : 535 grammes.

Comme le monument qui vient d'être décrit, ce poids de bronze d'Antioche de Syrie a été donné en 1847 à la Bibliothèque par M. P. Dupré On trouvera la figure de ce curieux monument sous les n⁰ˢ 12 et 12 *b*, pl. xlv, article de M. de Longpérier déjà cité.

3184. Quart de mine d'Antioche de Carie. Type : *Bœuf bossu* marchant vers la droite. Légende : ΑΝΤΙΟΧΕΙΟΝ ΤΕΤΑΡΤΟΝ. *Quart de mine d'Antioche.*

Au revers, un treillis régulier ou *quadrillé* destiné à empêcher de diminuer l'épaisseur du métal. Bronze. H. 6 cent. L. 6 c. Poids : 122 grammes.

Le type de ce poids est celui des monnaies d'Antioche de Carie : on est donc autorisé à supposer qu'il émane de cette ville. M. de Longpérier a publié ce poids dans le mémoire cité. V. pl. xlv, n⁰ˢ 10 et 10 *b*.

3185. Étalon du double statère de Cyzique. Type : *Pé-*

lamide, sorte de thon. Légende : KYEI AIC, pour KYEI-KHNΩN AICTATHPON. *Double statère de Cyzique.* Le revers est lisse. BRONZE. H. 28 mill. L. 30 mill. Poids : 29 gr. 90 centig.

Caylus a fait connaître, le premier, ce curieux monument dans le t. VI de son *Recueil*, pl. XXXIX, n° 4, et page 132. C'est de son cabinet qu'il est arrivé dans celui du Roi, grâce à la libéralité du noble antiquaire. Depuis, M. de Longpérier en a reparlé dans le mémoire sur les poids cité plus haut, et a fait à ce sujet d'utiles observations; mais c'est à M. Lenormant qu'on en doit l'explication complète. Le célèbre académicien a fait voir par de curieux rapprochements le rapport qui existe entre les *Cyzicènes*, ou *statères* d'or de Cyzique et les deux poids de cette ville possédés par la Bibliothèque. (Voyez au n° 3186 le second de ces poids.) La dissertation de M. Lenormant est insérée dans la *Revue numismatique*, année 1856, p. 9 et suivantes; elle est intitulée : *Essai sur les statères de Cyzique.* On trouvera une figure de notre poids sous le n° 2 de la planche I, qui accompagne cet intéressant travail.

3186. ÉTALON du statère de Cyzique. Type : *Torche* allumée. Légende : KYEI CTA pour KYEIKHNΩN CTATHPON. *Statère de Cyzique.* (Les lettres CTA sont retrogrades.) PLOMB. H. 2 cent. L. 2 cent. Poids : 18 gr. 80 centig.

Voyez le mémoire de M. Ch. Lenormant déjà cité, p. 8 et n° 1 de la planche I qui l'accompagne.

3187. POIDS de la ville de *Berytus*. (1/4 de mine?).. Type : *Dauphin* enlacé autour d'un *trident*. Légende : LAΞPMZ. Plus bas : ΔΙΟΝΥΣΙΟΥ ΑΓΟΡΑΝΟ. *Dionysios étant agoranome, le 7ᵉ mois de l'an 161.* PLOMB. H. 44 mill. L. 58 mill. Poids : 268 gr.

Alher de Hauteroche, qui a légué ce poids au Cabinet des Médailles, en 1827, l'avait publié en 1820 dans une dissertation intitulée : *Essai sur l'explication d'une tessère antique.* Ce travail n'était pas digne de la réputation du célèbre numismatiste; M. de Longpérier et l'abbé Cavedoni ont donné simultanément chacun de leur côté l'explication dont on vient de lire le résumé. Voyez, dans les *Annales de l'Institut archéologique*, t. XIX, le mémoire déjà cité de M. de Longpérier et la figure 13, pl. XLV, ainsi que les *Annotazioni au Corpus inscriptionum græcarum* dans le même volume.

3188. TIERS DE MINE. Type : *Diota,* vase à deux anses.

Légende : TPITHΣ. *du tiers.* Le revers est lisse. Plomb. H. 45 mill. L. 45 mill. Poids : 284 gr.

La Bibliothèque impériale a acquis ce poids en 1840 à la vente de la collection de M. le vicomte Beugnot. Voyez le n° 420, p. 139 du catalogue rédigé par M. de Witte. M. de Longpérier, dans le mémoire déjà cité (voyez pl. XLV, n° 3), propose d'attribuer ce poids à Téos, dont en effet le type monétaire est le *vase* à deux anses; mais comme ce type n'est pas particulier à cette ville et que son nom n'est pas plus inscrit sur ce *tiers de mine* que sur le *sixième* de mine qui suit, il est prudent de ne donner, ainsi que lui-même, cette attribution que comme une conjecture. Quoi qu'il en soit, ce poids et le suivant sont évidemment de la même localité. M. de Longpérier fait judicieusement remarquer que le *vase* est coupé par la *moitié* sur le sixième de mine ; c'était pour indiquer au peuple, qui ne lisait guère, les subdivisions des poids. Le vase entier indiquait le tiers de mine ; le demi-vase, le demi-tiers ou sixième. Voyez sur le fractionnement des types comme indication de subdivisions monétaires, un intéressant mémoire de M. le duc de Luynes sur les *médailles de Syracuse,* inséré dans la *Revue numismatique,* année 1840, p. 21.

3189. Demi-tiers ou *sixième* de mine. Type : *Moitié* d'un vase à deux anses; le vase est coupé vers le milieu de la panse. Légende : HMITPITON. *Demi-tiers.* Le revers est lisse. Plomb. H. 32 mill. L. 4 cent. Poids : 156 gr.

Voyez le commentaire du n° précédent. Voyez aussi le mémoire de M. de Longpérier cité plus haut, n° 5, pl. XLV.

3190. Poids d'une demi-livre. Il n'y a pas de type; on lit seulement : ΛITPAC, puis au-dessus l'indication consacrée de la moitié, ⅃.

Au revers, un *quadrillé* analogue à celui du poids d'Antioche de Carie. (V. n° 3184.) Ce poids est muni d'une bélière. H. 65 mill. L. 45 mill. Poids : 157 gr. 51 centig.

On a trouvé à Beirout ce poids, qui a été acquis pour la Bibliothèque impériale en 1855. On en trouvera la figure sur la planche II de l'année 1855 de la *Revue numismatique,* article de M. François Lenormant sur le classement de la monnaie d'argent des Lagides. V. p. 93, note 1. On ignore le nom de la ville qui a émis ce poids. Le symbole du revers ne peut autoriser à le rapprocher du poids d'Antioche de Carie.

3191. Poids incertain. Type : Un vase à boire en forme

de corne, ou *ceras*. Autour, légende confuse et disposée irrégulièrement, dans laquelle je crois distinguer cependant les lettres grecques : ΝΗΥΠΤ. PLOMB.
H. 23 mill. L. 23 mill. POIDS : 59 gr. 9 décigr.

Acquis par la Bibliothèque en 1840 à la vente de M. le vicomte Beugnot
et décrit dans le catalogue de M. de Witte, sous le no 421, p. 140.

Vases orientaux.

3192. COUPE ARABE en métal de cloche, couverte d'*incrustations d'or et d'argent*, dont le sujet est la *chasse*
et toutes ses variétés usitées dans l'Orient.

Le calice de la coupe est divisé, à l'extérieur, en
trois zones de hauteur inégale.

La *première zone* ou *frise* contient dans six sections séparées par six rosaces damasquinées en or,
des scènes variées de la chasse à pied et de la chasse
aux oiseaux de proie. Les figures d'hommes et d'animaux de cette frise sont dessinées et combinées de telle
sorte qu'elles forment des caractères et donnent ainsi
une légende qui contient des vœux en faveur du possesseur de la coupe.

La *seconde zone*, entre six rosaces damasquinées
en or, semblables à celles de la frise, contient six
médaillons déterminés par six cintres et deux ogives
où sont reproduites les diverses scènes de la chasse
à cheval : cavalier tirant de l'arc; autre frappant de
sa masse une antilope; autre le faucon sur le poing;
autre frappant un lion de son poignard; enfin, un
dernier cavalier lançant une once sur sa proie. Le
sixième médaillon est emporté par une brisure.

La *dernière zone* comprend, dans six groupes divisés par six rosaces, les chasses des animaux entre
eux : 1º panthère poursuivant une antilope; 2º lion
poursuivant un sphinx ailé; 3º chacal chassé par un

léopard ; 4° bœuf bossu fuyant devant un lion ; 5° tigre attaquant un éléphant ; 6° léopard poursuivant un renard.

Sur le pied de la coupe court une frise circulaire dans laquelle se répète quatre fois un médaillon portant la légende : *El Malek El Aschraf* et quatre cartouches reproduisant les épithètes de *Pieux* et *Elevé* qui se rapportent au roi. On lit également *le Pieux, l'Excellent* sur le fût de la coupe. H. 18 cent. Diam. de l'orifice : 16 cent.

La belle coupe qui vient d'être décrite a été trouvée en 1838 à Fano, dans le duché d'Urbin, et acquise en 1839 pour la bibliothèque impépériale, par M. Charles Lenormant. On doit l'explication de ce curieux monument de l'art arabe à M. A. de Longpérier, qui l'a publié dans le T. I de la *Revue archéologique* (V. p. 538 et pl. XVI). Le savant académicien fixe l'époque de sa fabrication à la première moitié du XIIIe siècle. On ne saurait dire à quel prince elle a appartenu, car pendant cette période deux sultans, l'oncle et le neveu, portèrent le nom de El-Malek-el-Aschraf, qui est répété quatre fois sur le pied.

3193. COUPE PERSANE en laiton, à pied, chargée de damasquinures d'argent. Sur le bord, à l'extérieur, zone séparée en quatre sections par quatre petites rosaces, contenant des vers du poëte persan Hafiz dont les caractères sont formés par des incrustations d'argent. La panse est ornée d'oiseaux, d'arabesques et de feuillages au milieu desquels on distingue quatre médaillons offrant le sujet quatre fois répété de *deux paons enlacés* de diverses façons. Le pied, chargé d'ornements damasquinés analogues à ceux de la coupe, contient, sur une bande circulaire quatre petites rosaces et quatre cartouches dans lesquels se lisent encore des vers d'Hafiz. H. 13 1/2 cent. Diam. 11 1/2.

Cette jolie coupe paraît dater du XVe siècle de notre ère.

3194. COUPE, sans pied ni anses, à large orifice, sans inscriptions, mais enrichie de sujets damasquinés en argent. Sur le plat du rebord, douze poissons damasquinés d'argent. Sur la panse, zone damasquinée d'argent, composée de trois écussons chargés d'un même blason, et de trois cartouches oblongs remplis d'oiseaux et de feuillages au milieu desquels se trouve la *croix.* H. 9 cent. Diam. de l'orifice : 17 cent.

Les armoiries représentées sur les écussons qui décorent cette coupe nous apprennent à la fois le nom de son possesseur et l'époque ainsi que probablement le lieu de sa fabrication. Ces armoiries, une bande accostée de deux roses, sont celles de *Frère Paul*, Romain, *Paulus de Urbe* (voyez Ughelli, *Italia Sacra*, t. VI, p. 502; Pirri, *Sicilia Sacra*, t. I, p 465), d'abord évêque d'Isernia, puis archevêque de Montréal en Sicile en 1379. C'est probablement dans cette dernière ville que notre coupe a été exécutée par quelque membre de cette lignée d'artistes arabes qui, malgré la conquête normande, persista si longtemps à prolonger dans la Sicile l'influence du goût arabe dans l'architecture et dans les arts industriels. Le Cabinet des médailles a acquis cette coupe en 1850.

ARMES MODERNES

(*Occident et Orient.*)

3195-3196. CASQUE et BOUCLIER de fer appelés, sans fondement, *armure de François Ier*. Ces armes sont chargées d'ornements de fantaisie damasquinés en or, au milieu desquels revient à plusieurs reprises la figure d'un *crabe* qui doit avoir été le *corps* de l'*impresa* du prince ou seigneur pour lequel elles ont été fabriquées. Le casque est orné en outre d'une figure de haut-relief de femme nue ailée, une sorte de fée Mélusine, qui s'adosse à la crête et dont le corps se perd sous une gaîne de feuilles d'acanthe. Sur la crête, s'élève un dragon, ou guivre, la gueule béante, aux larges ailes éployées. C'est ce dragon qui, pris à tort pour la *salamandre*, qui est toujours représentée *sans ailes*, a valu à ces armes d'être attribuées à François Ier. M. André Pottier, conservateur de la Bibliothèque de la ville de Rouen, qui a décrit ces armes en détail dans l'excellent texte dont il a enrichi l'ouvrage de Willemin dans lequel elles sont gravées, range ce *casque* dans la classe des *bourguignotes* et le bouclier dans celle des *rouelles*, *rondelles* ou *rondaches*[1]. H. du casque : 51 cent.

Diam. du bouclier : 68 cent.

Ces armes magnifiques ont été trouvées en Hollande et déposées dans le Cabinet des médailles en vertu d'un arrêté du comité de l'instruction publique du 28 messidor an III (16 juillet 1795). On ne peut trop admirer le goût qui a présidé à la décoration de ces armes, qui ont été certainement fabriquées en Italie. Leur conservation est parfaite; rien n'y manque, on peut même y remarquer la doublure en velours vert brodé de filigrane d'or.

3197. CASQUE de fer, avec ornements gravés. H. 29 cent.

3198. BOUCLIER en fer avec ornements dorés, exécuté pour une armure de parade, offerte par les états de Bourgogne au jeune duc de Bourgogne, petit-fils de Louis XIV, père de Louis XV. Diam. : 46 cent.

3199. CASQUE oriental, en fer, damasquiné en or, avec nasal et garniture en mailles. H. 22 cent.

3200. BOUCLIER oriental, en osier avec ombilic en fer, damasquiné en or, et inscriptions arabes peintes. Diam. : 49 cent.

3201. BOUCLIER oriental, en osier, avec ombilic en fer, damasquiné en or. Diam. : 62 cent.

3202. CASQUE chinois ou tartare. Diam. : 41 cent.

MONUMENTS D'IVOIRE

ANTIQUITÉ

3203. DIANE, tenant son arc de la main gauche et de la droite prenant une flèche dans son carquois. H. 6 1/2.

1. Voyez *Monuments français inédits*, t II, p 53, et pl. CCLVII et CCLVIII.

Fragment d'une statuette qu'on ne peut dire *d'applique*, car elle est travaillée des deux côtés, mais qui cependant est sans épaisseur.

3204. DIANE. Tête de haut-relief sur un médaillon de 5 cent. de diam.

Fragment de la décoration d'un coffret.

3205. VÉNUS debout, nue, se parant de son collier. A ses pieds, l'AMOUR les bras liés derrière le dos. H. 8 1/2 cent.

3206. DIVINITÉ féminine (Vénus orientale?) tenant deux fleurs de lotus. H. 8 cent.

Manche en os d'un ustensile de travail phénicien, trouvé en Syrie et acquis en 1855 pour la Bibliothèque impériale.

3207. MINÉRVE casquée, debout, la lance à la main; fragment de statuette appliqué sur une plaque d'ivoire provenant d'un coffret. H. de la plaque : 10 cent. L. 3 cent.

3208. TÊTE DE MÉDUSE de face. H. 17 mill. L. 13 mill.

L'ivoire a été teinte en rose, les yeux sont en or. On croit que ce fragment provient d'une couronne.

3209. CÉRÈS. Buste de face. H. 32 mill. L. 26 mill.

Bas-relief. Fragment de la décoration d'un coffret.

3210. BACCHUS debout, tenant un canthare de la main droite. Le bras gauche manque. H. 63 mill.

Figurine d'applique provenant d'Italie et acquise en 1854 avec le n° 3211, dont elle est le pendant.

3211. ARIADNE debout, vêtue d'une longue robe. Les bras manquent. H. 63 mill.

Pendant du n° 3210. Cette statuette devait décorer le même coffret.

3212. PAN, ithyphallique, le pédum à la main. H. 5 cent.

Fragment d'une figurine. Le bras droit et les jambes manquent.

3213. Groupe, *symplegma,* provenant d'une épingle à cheveux ou de quelque ustensile analogue. H. 32 mill.

3214. Génie ailé, vêtu d'une longue robe, tenant une lyre de la main gauche H. 12 cent.

Fragment d'une figurine d'applique. La tête et les pieds manquent.

3215. Terpsychore debout, jouant de la lyre. H. 10 1/2 cent.

Figurine d'applique.

3216. Génie de l'automne debout, portant des fruits dans sa chlamyde. H. 9 cent. L. 4 cent.

Fragment provenant d'une colonnette de quelque meuble ou d'un manche d'ustensile.

3217. Génie ailé de l'automne, avec un collier de fruits. Diam. 22 mill.

Pendant de collier. Monture en argent.

3218. Autre avec bélière. Diam. 20 mill.

3219. Génie funèbre s'emparant d'un papillon. (L'âme, ψυχή). H. 4 cent. L. 25 mill.

Fragment d'une boîte ronde.

3220. Aurige ou *cocher du cirque.* Il est vêtu d'une tunique courte, serrée par une large ceinture. H. 6 c.

Fragment d'une statuette Il ne reste guère que le torse.

3221-2-3-4-5. Femme vêtue d'une longue robe richement brodée, avec les cheveux disposés en longues tresses. H. 7 cent. L. 16 mill.

Ces cinq figurines d'applique, absolument semblables, trouvées à Sienne dans un vase cinéraire, ont été rapportées d'Italie par M. Charles de Ferrol, qui en a fait don à la Bibliothèque en 1847. Ces curieux monuments, qui sont d'ancien style étrusque, ont conservé des traces de peinture.

3226. Nymphe entièrement nue, assise sur un rocher,

tenant de la main gauche une draperie qui vole au vent au-dessus de sa tête. H. 8 1/2 cent. L. 7 cent.

Cette plaque, sur laquelle le sujet est gravé en relief très-doux, devait faire partie de la décoration d'un coffret auquel appartenaient aussi les plaques 3227-8-9-30-31-32-33.

3227. IDEM. H. 83 mill. L. 70 mill. Voyez n° 3226.

3228. GÉNIE bachique debout, portant une outre sur l'épaule. H. 8 cent. L. 5 cent. Voyez n° 3226.

3229. NYMPHE debout, avec une draperie flottante. H. 7 cent. L. 4 cent. Voyez n° 3226.

3230. NYMPHE couchée, avec une draperie flottante. H. 6 1/2 cent. L. 3 cent. Voyez n° 3226.

3231. IDEM. H. 6 1/2 cent. L. 4 1/2 cent. Voyez n° 3226.

3232. IDEM. H. 6 1|2 cent. L. 5 cent. Voyez n° 3226.

3233. GÉNIE bachique debout, portant une outre des deux mains. H. 8 cent. L. 4 1|2 cent. Voyez n° 3226.

3234. SPHINX femelle, accroupi entre deux fleurs de lotus. H. 3 cent. L. 84 mill.

Bas-relief d'applique d'ancien style. Trouvé en Étrurie et acquis en 1854, ainsi que le n° 3235.

3235. LION accroupi. Bas-relief d'applique. Fragment. H. 16 mill. L. 35 mill. Voyez n° 3234.

3236. DEUX BICHES couchées et endormies, en sens inverse. H. 2 cent. L. 11 1|2 cent.

Bas-relief d'applique brisé en deux morceaux, de travail étrusque Acquis en 1854.

3237. TÊTE de mulet. H. 10 mill. L. 35 mill.

Fragment d'un manche d'ustensile.

3238. CRAPAUD. Figurine de ronde-bosse, mutilée. H. 16 mill.

3239. AUTRE semblable, mutilée.

3240. Griffe de lion. Pied d'un coffret. H. 2 cent.

3241. Sphinx femelle. Pied de coffret. H. 37 mill.

3242. Pied de meuble. Fragment avec traces de dorure. H. 62 mill. Diam. 27.

3243. Autre. H. 66 mill. Diam. 35.

3244. Manche d'un ustensile. H. 9 1|2 cent.

3245. Manche d'ustensile, façonné en *buste de femme* avec une haute coiffure. H. 5 cent.

3246. Peigne. H. 5 1|2 cent. L. 6 1|2.

Rapporté de la Cyrénaïque et donné en 1850 par feu Vattier de Bourville, consul de France.

Tessères de gladiateurs.

3247. Tessère quadrilatère, avec belière ; sur les quatre faces on lit en creux :

AESCINVS

AXSI

SP. A. D. VII. K. AP.

Q. HOR. Q. MET

Aescinus (esclave) d'Axsius a paru, le VII des calendes d'avril, sous le consulat de Quintus Hortensius et de Quintus Metellus Creticus.

H. 4 cent. 1|2.

Comme on l'a dit plus haut (n° 3171), ces *tessères* étaient de véritables certificats, des *memento* de victoire que les gladiateurs portaient suspendus au cou. Cette opinion, qui est celle de beaucoup d'antiquaires, a été émise par Labus, auquel on doit un excellent traité sur la question. Le même auteur explique les abréviations SP., qu'on lit habituellement sur ces curieux petits monuments, par SPECTAVIT, mais dans le sens de *spectatus est, a été vu ;* c'est un *latinisme* dont il cite beaucoup d'exemples recueillis dans Caton, Suétone, Pline, etc. La tessère du gladiateur *Aescinus* remonte au dernier siècle de la république romaine, c'est-à-dire à 1926 ans. On y lit avec intérêt le nom du célèbre orateur *Hortensius,* qui fut consul avec *Quintus Cæcilius Metellus Creticus* l'an de Rome 685, 69 av. J.-C.

Le traité de Labus, dont il a été question plus haut, se compose de
21 *annotations* jointes à un opuscule de Morcelli sur le même sujet. Ce recueil est intitulé : *Delle tessere degli spettacoli romani, dissertazione inedita
dell' abate S. A. Morcelli pubblicata con alcune annotazioni per le faustis-
sime nozze Allemagna–Lumi dal Dottor G Labus*. Milano, 1827. On peut
lire aussi sur ce sujet divers articles insérés dans le *Bulletino dell' Instituto di corrispondenza archeologica*, années 1834, p. 231 ; 1835, p. 107, et
1842, p. 31, 32 et 167.

3248. AUTRE avec cette inscription :

MARCELLINVS. Q. MAX.

TASVCIO.

A. D. X. KAL. NOV.

M. SIL. L. NO. B. COS.

Marcellinus et Quintus Maximus (entrepreneurs?)
*Tasucio parut le X des calendes de novembre, sous le
consulat de M. Silanus et de Lucius Norbanus Balbus.*
H. 52 mill.

CAYLUS a fait connaître le premier cette *tessère* dans le t. III de son *Recueil*, p. 290, pl. LXXIX, nᵒ 1. Il nous apprend qu'on la trouva dans les environs de Rome. Caylus lit TASVCIO ou ASVCIO le nom du gladiateur,
et croit voir ensuite un *v*, qui serait le commencement du mot *vicit*. ORELLI,
qui n'a pas vu l'original, et qui a rapporté, d'après Caylus, cette inscription dans son livre intitulé : *Inscriptionum latinarum amplissima collec-
tio*, sous le nᵒ 2560, a adopté cette lecture Je dois dire que je ne distingue
pas la lettre V, et quant au nom du gladiateur, il est gravé en caractères
si menus et si effacés, qu'on peut lire TASVCIO ou FASVLIO. D'après les
Fastes consulaires, cette tessère remonte à l'an 19 de J.-C., de Rome 772 ;
Marcus Julius Silanus et Lucius Norbanus Balbus ayant été en charge
cette année-là. Voyez *Fastorum consularium libri duo, Theodori Janssonii*,
Amsterdam, 1740.

Voyez au nᵒ suivant une tessère gravée sous le même consulat.

3249. AUTRE du même consulat que la précédente :

FRVCTVS

SEXTI

SP. K. FEB.

M. SIL. L. NORB. COS.

Fructus (esclave) de Sextus a paru, aux calendes de

février, sous le consulat de Marcus Silanus et de Lucius Norbanus.

H. 52 mill.

On trouvera un *fac-simile* de cette tessère qui a été trouvée à Vérone, à la fin des *Annotations* de Labus citées plus haut; mais il n'en parle pas dans son texte.

3250. Autre sans noms de consuls. On lit en creux sur deux des faces :

BENIGNVS

XX AL.

L'a est lié à l'l. H. 53 mill.

Ce monument n'appartient peut-être pas à la série des *tessères de gladiateurs*, car bien qu'on puisse y voir le *memento* de 20 victoires d'un gladiateur nommé *Bénignus*, il se pourrait que les initiales AL fussent l'indication d'une distribution d'*aliments*.

Tessères des jeux ou des théâtres.

On a réuni sous ce titre des *tessères rondes* qui portent des lettres et des chiffres qui paraissent indiquer des places dans le cirque ou au théâtre. On en trouvera même sur lesquelles on reconnaît les titres de comédies ainsi que les noms de jeux célèbres.

3251. Astres des Dioscures, sculptés en relief et séparés par une palme gravée en creux. Au revers, on lit :

X

ΑΔΕΛΦΟ

Ι

Diam. 3 cent.

On suppose que cette tessère indique une représentation des *Adelphes* de Térence.

3252. Hercule. Buste en bas-relief, de profil, la tête nue. Au revers, on lit en creux :

II
ΝΑVΙϹ
B

Diam. 27 mill.

On peut supposer que les lettres *navic* sont le commencement du mot NAVICVLARIA, qui pourrait être le titre d'une comédie perdue. On trouvera des titres de comédies analogues dans les *Fragmenta comicorum* recueillis par F H. Bothe. Voyez t. VI de son recueil intitulé : *Poetarum Latii scenicorum fragmenta.* Cette tessère a été rapportée de Rome par l'abbé Barthélemy, ainsi que celles qui portent les nos 3256 et 3261. Caylus les a fait connaître dans son *Recueil.* Voyez t. III, p. 283, pl. LXXVII, nos 1, 2 et 3; je ne sais comment le noble antiquaire a pu voir la tête de Néron sur le monument qui nous occupe.

3253. TEMPLE tétrastyle, sculpté en relief. Au revers, en creux, vestiges d'une inscription dont les premières lettres ont été enlevées par une cassure :

III
ΝϹΟϹ
Γ

Diam. 30 mill.

3254. COURONNE en relief, au milieu de laquelle on lit en creux :

ΠΥΘ
ΙΑ

Au revers, en creux :

II
B

Diam. 3 cent.

L'inscription ΠΥΘΙΑ fait supposer que cette tessère ronde est relative à des jeux pythiens. On sait qu'un grand nombre de villes grecques de l'Asie célébrèrent des jeux pythiens à l'époque impériale. C'est sans doute dans une de ces villes qu'a été faite la tessère qui vient d'être décrite.

3255. DEUX COLOMBES en relief. Au revers on lit :

II
B

Diam. 3 cent.

3256. MASQUE COMIQUE, de profil, en relief. Au revers :

Γ

III

Diam. 25 mill.

Caylus a publié cette tessère dans le t. III de son *Recueil* ; voyez p. 283, pl. LXXVII, n° 2. C'est l'abbé Barthélemy qui avait rapporté ce monument avec les deux autres décrits ici sous les n°s 3252 et 3261.

3257. AUTRE tessère ronde ; sur le côté convexe on ne distingue aucun sujet ; au revers, qui est plat, on lit en creux :

AB. XII.

Diam. 32 mill.

3258. AUTRE : d'un côté, en relief, vue de l'extérieur d'un cirque ou d'un théâtre. Au revers, en creux :

XIII

IΓ

Diam. 32 mill.

Cette tessère a été trouvée à Vérone. On aurait peine à y reconnaître un théâtre, si l'on n'avait sur d'autres monuments de ce genre des représentations analogues, mais beaucoup mieux caractérisées. Voyez, par exemple, les tessères gravées au *frontispice* et page 7 de l'opuscule de Morcelli, publié par Labus, et cité au n° 3247.

3259. TÊTE DE MORT avec le cou, en relief. Au revers, en creux :

A

ΩΓΟϹ

Diam. 28 mill.

Une large cassure a emporté une partie de l'inscription de cette tessère qui a été publiée par Caylus, au t. III de son *Recueil*. Voyez p. 288, pl. LXXVIII, n° 1.

3260. TESSÈRE façonnée en forme de *hure de sanglier*. Au revers, en creux :

XV.

H. 20 mill. L. 25 mill.

3261. CAVALIER au galop (en relief). Diam. 20 mill.

Cette tessère a été publiée par Caylus, au t. III de son *Recueil*, p. 284, pl. LXXVII, nº 3. Voyez au nº 3252.

DIPTYQUES.

Diptyques consulaires.

Les *diptyques consulaires* étaient de doubles tablettes d'ivoire que les consuls distribuaient aux sénateurs en entrant en charge. Une loi du Code Théodosien interdit à tout autre qu'aux consuls ordinaires de donner la *sportule* d'or et les *diptyques d'ivoire* (Leg. XI, tit. XI). Les inscriptions des diptyques eux-mêmes nous apprennent que c'était aux sénateurs que ces présents honorifiques étaient offerts par les consuls. Voyez numéros 3263 et 3266. On suppose que ces tablettes renfermaient le registre des fastes consulaires depuis L. J. Brutus jusqu'au consul qui en faisait le présent. Il y était figuré avec ses noms et ses titres, et le plus souvent, en outre, avec une représentation des jeux célébrés à ses dépens, ainsi que de ses largesses au peuple: ces munificences, auxquelles on ne pouvait se soustraire, avec l'honneur de donner leurs noms à l'année et d'autres vaines distinctions, étaient les seuls priviléges que les empereurs eussent laissés aux successeurs des Scipion et des Paul-Émile. Ces circonstances donnent un intérêt tout particulier à ces monuments qui fournissent une foule de renseignements curieux et authentiques sur une période de l'histoire romaine qui s'étend depuis l'an 428, date du plus ancien diptyque à date certaine, c'est-à-dire de celui qui va être décrit sous le nº 3262, jusqu'à l'année 545, date du diptyque du consul Anicius Basilius conservé à Florence. L'ouvrage d'*Ant Francesco Gori*, intitulé *Thesaurus veterum diptychorum*, en 3 vol. in-folio avec planches, est le plus important à consulter sur cette matière. Cet ouvrage a été publié à Florence, après la mort de l'auteur, par Passeri, en 1759. On trouvera une liste des principaux diptyques connus et les noms des auteurs qui ont traité ce sujet dans une courte mais substantielle dissertation de *M. Francis Pulszky*, intitulée : *Catalogue of the Fejérvári Ivories in the museum of Joseph Mayer, Esq., preceeded by an Essay on antique ivories. Liverpool*, 1856.

Diptyque de Saint-Junien de Limoges.

3262. LE CONSUL FLAVIUS FELIX, debout, dans sa loge des jeux, dont les rideaux entr'ouverts sont relevés sur les côtés; il est barbu, a la tête nue, et porte la tunique de dessous sans ornements (*subarmalis profundus*), la tunique de dessus richement brodée, *tunica palmata* et la *trabea*, ancienne robe prétexte,

rétrécie jusqu'à devenir une sorte d'écharpe. Il porte les chaussures patriciennes, *calcei aurati*. De la main gauche, il tient un long sceptre surmonté d'un globe sur lequel sont placés les bustes des empereurs régnants, Valentinien III et Théodose II. La main droite est placée sur la poitrine. On lit sur la frise de la loge, en creux :

FL. FELICIS. V. C. COM. AC. MAG.

H. 29 cent. L. 14 cent.

Les deux feuilles de ce diptyque ont longtemps été conservées dans l'abbaye de Saint-Junien de Limoges. La première feuille seule a été déposée à la Bibliothèque impériale, le 26 janvier 1808, par ordre du ministre de l'intérieur (voyez MARION DU MERSAN, *Histoire du Cabinet des médailles*, etc. Paris, 1838, p. 19). On ignore ce qu'est devenue la seconde feuille que l'on ne connaît que par les publications de Mabillon, de Banduri et de Gori, qui nous fournissent les moyens de donner en entier les titres du consul. On lit donc sur la seconde feuille :

VTRQ. MIL. PATR. ET. COS. ORD.

Traduction des deux légendes réunies :

De Flavius Felix, homme très-illustre, comte et maître des deux milices, patrice et consul ordinaire.

Sur cette seconde partie, le consul est représenté de même debout dans sa loge ; son costume n'est pas aussi compliqué : on ne distingue qu'un long manteau agrafé sur l'épaule gauche par une fibule ; la main droite est cachée sous le manteau ; de la gauche, il tient un *volume* roulé, ou plutôt la *Mappa circensis*. Cette feuille de diptyque est un monument de premier ordre ; c'est probablement le plus ancien que l'on connaisse avec une date certaine. Flavius Félix n'est connu que par l'inscription de son nom dans les *Fastes consulaires ;* il fut consul pour l'Occident, et eut pour collègue Flavius Taurus, consul pour l'Orient, l'an de Rome 1181, de J.-C. 428.

On peut voir la figure du diptyque complet, c'est-à-dire les deux feuilles, dans les publications suivantes : 1º MABILLON, *Annales ordinis Benedictini*, t. III, lib. XXXVII, p. 203, nº XCIV, la planche à la page 222 ; 2º BANDURI, *Imperium orientale*, t. II, p. 492, avec planche ; 3º GORI, *Thesaurus veterum diptychorum*, t. I, p. 129, tav. II. Il y a quelques années, la première feuille du diptyque de Limoges a été publiée de nouveau, par M. C. Lenormant dans le *Trésor de numismatique et de glyptique*. Voyez, *Recueil général de bas.-reliefs et d'ornements*, IIᵉ partie, p. 6, pl. XII.

Diptyque d'Autun.

3263. La décoration de ce diptyque est moins riche que celle du précédent et de celui qui suit; on n'y voit pas l'image du consul, mais seulement des ornements, ses noms et titres et les vers d'*envoi;* on verra cependant que ce n'en est pas moins un monument très-important.

Au centre, au milieu d'un encadrement rond de palmettes en relief, on lit cette inscription, gravée en creux, précédée et suivie d'une croix :

+

MVNERA PAR

VA QVIDEM PRE

TIO SED HONO

RIB. ALMA.

+

Aux quatre coins, une *tête de lion* au milieu d'une *rose* épanouie; enfin, tout en haut, sur un cartouche, on lit en creux :

FL. PETR. SABBAT. IVSTINIAN. V. I.

La suite de cette légende n'est connue que par la seconde feuille d'autres diptyques du même consul, absolument semblables, qui, par un hasard singulier, existent complets, l'un à Milan, l'autre au Puy-en-Vélay. On la trouvera dans le commentaire qui suit : H. 38 cent. L. 13 cent.

Le Père Allegranza, savant dominicain, a publié le diptyque complet du consul *Fl. Petrus* qui, conservé d'abord dans la famille patricienne Settala, passa depuis chez le marquis Trivulzi, à Milan. Un autre exemplaire complet aussi existe dans la collection d'un archéologue distingué, M. Aymard, au Puy-en-Vélay.

Légende du cartouche sur la feuille qui manque à la Bibliothèque impériale :

COM. MAG. EQ. ET. P PRAESES. ET. C. ORD.

Légende du médaillon rond :

PATRIBVS ISTA MEIS OFFERO CONS. EGO.

Ces quatre inscriptions avec les abréviations complétées doivent être lues et traduites ainsi :

FLAVIVS PETRVS SABBATVS IVSTINIANVS, VIR ILLVSTRIS, COMES, MAGISTER EQVITVM ET PEDITVM, PRÆSES ET CONSVL ORDINARIVS.

Flavius Petrus Sabbatus Justinianus, homme *illustre*, comte, maître de la cavalerie et de l'infanterie, président et consul ordinaire.

Voici maintenant le distique entier :

MVNERA PARVA QUIDEM PRETIO SED HONORIBUS ALMA,
PATRIBUS ISTA MEIS OFFERO CONSUL EGO.

Moi, consul, r'offre à mes pères (les sénateurs, patres conscripti) ces présents, à la vérité de peu de valeur, mais hautement honorifiques.

Je n'ai pu me procurer la dissertation du Père Allegranza, auquel M. Pulszky paraît avoir emprunté ce qu'il dit de ce diptyque (V p. 12 du Catalogue cité plus haut); mais il est probable qu'il y a une erreur de lecture : M. Pulszky lit *ampla* au lieu de *alma* qui est fort distinctement écrit sur la moitié de ce diptyque conservé au Cabinet des médailles, ainsi que sur le diptyque complet en la possession de M. Aymard, au Puy-en-Vélay; quant aux titres du consul, M. Pulszky ne les interprète pas comme moi; au lieu de MAG. EQ (uitum) ET. PE (ditum) PRÆS (es), il lit : *magister equitum et præfectus præsidii;* je crois que c'est une erreur : ce titre de *magister equitum et peditum* et celui de *præses* se rencontrent fréquemment dans la *Notitia dignitatum*, tandis qu'on y chercherait vainement ceux de *præfectus præsidii* Flavius Petrus, avant d'être consul, avait reçu le titre de comte, avait été maître de la cavalerie et de l'infanterie, et avait été *præses*, c'est-à-dire *président d'une province.* Sur cette dignité, voyez la savante édition de la *Notitia dignitatum Imp. Romani*, de Ed. Bocking, Bonn. 1853

MILLIN a fait connaître notre moitié de diptyque dans son *Voyage dans le midi de la France* (V. t I, p. 339 et atlas, pl. XIX, no 2). Il la vit à Autun, ainsi qu'un diptyque complet (V. no suivant), entre les mains d'un ancien chanoine de cette ville, M. Le Goux, qui en 1805 se décida à vendre, à la Bibliothèque impériale, ces précieux monuments qu'il avait heureusement sauvés au moment où on devastait les églises. Ces trois feuilles d'ivoire avaient été conservées, de temps immémorial, dans le Trésor de la cathédrale d'Autun. Par une singulière distraction, Millin, qui a très-bien reconnu que cette moitié de diptyque est du IVe siècle, dit en parlant de *Flavius Petrus Sabbatus Justinianus* que « le nom de ce magistrat, qu'on ne doit pas « confondre avec l'empereur Justinien, ne se trouve pas dans les *Fastes*

« *consulaires* »; cependant ce consul figure dans les *Fastes,* non pas à la vérité avec tous ses noms, mais ainsi mentionné à l'année de Rome 1269, de J. C. 516 : *Fl. Petrus. Occid. sine collega.* — *Flavius Petrus, consul pour l'Occident. Sans collègue.* Voyez *Fasti consulaires,* Éd. Janson.

Le *revers* de notre plaque d'ivoire n'est guère moins intéressant que le côté principal, car il est rempli par des litanies écrites à l'encre avec notation musicale en neumes, dans lesquelles on remarque, comme on devait s'y attendre, les saints particulièrement révérés à Autun, comme saint Andoche, saint Symphorien, etc. M. Léopold Delisle, mon collègue du département des manuscrits, fixe la date de cette écriture du IXe au Xe siècle; il a bien voulu m'indiquer des litanies carlovingiennes dans plusieurs manuscrits : 1o des litanies composées entre les années 772 et 795, que Mabillon a publiées dans ses *Analecta,* éd. in-folio, p. 170, et qui sont souvent citées comme l'un des premiers morceaux dans lesquels paraît la langue vulgaire; 2o des litanies écrites à la fin d'un *Psautier* de la Bibliothèque impériale; fonds Harlay. n° 370; celles-ci commencent, comme la page de notre ivoire, par le *Christus vincit, Christus regnat, Christus imperat.* La formule finale sur notre plaque d'ivoire est *Tempora bona habens* trois fois répétée.

Autre diptyque d'Autun.

3264. CE DIPTYQUE a sur celui qui précède l'avantage d'être complet; les deux feuilles sont entières; mais il est moins intéressant, car il ne porte pas d'inscriptions; au milieu, on voit un médaillon octogone destiné à recevoir une légende comme le médaillon rond du précédent. Le médaillon est placé au milieu d'un losange fleuronné d'un goût très-simple, mais très-finement sculpté. H. de chacune des tablettes : 35 cent. L. 13 cent.

Le revers de chacune des tablettes de ce diptyque est, comme celui du précédent, occupé par des chants sacrés avec notation musicale, écrits à l'encre à la même époque, c'est-à-dire vers le IXe siècle de notre ère. D'un côté, c'est le *Kirie eleison;* de l'autre, le *Gloria in excelcis Deo.* Il a été acquis en 1805 pour la Bibliothèque impériale. Voyez, à ce sujet, le commentaire du n° précédent.

Diptyque consulaire de Hollande.

(PREMIÈRE FEUILLE.)

3265. LE CONSUL MAGNUS, la tête nue, imberbe, assis sur un trône supporté par deux lions, et décoré d'un *subsellium* ou *marchepied* à deux degrés. Une couronne est suspendue au-dessus de la tête du consul; de chaque côté de son trône, on voit debout les figures de *Rome* et de *Constantinople* personnifiées. Rome tient une lance et une patère; Constantinople s'appuie sur un bouclier. Sur chacun des bras du siége, une petite statuette de la Victoire. Dans la partie inférieure, on a représenté les *libéralités* faites au peuple par le consul; deux esclaves vident des sacs pleins de pièces de monnaie dans des mesures. Dans le champ de cette partie de la plaque, on voit deux palmes, une coupe et deux tessères. Les sept noms du consul sont gravés en creux sur un cartouche qui occupe la partie supérieure de la plaque d'ivoire :

H. ANASTASIVS. PAVL. PROB.

MOSCHIAN PROB. MAGNVS.

H. 38 cent. L. 13 cent.

Gori a publié dans son *Thesaurus veterum diptychorum*, une moitié de diptyque connue par la publication qu'en avait faite le célèbre marquis Scip. Maffei, dans son *Muscum Veronense*, p. cxi. Le savant florentin soupçonnait, non sans raison, que la plaque de Maffei complétait une autre plaque, précisément celle que nous venons de décrire et qui, de son temps, trouvait à Utrecht en la possession du professeur Christophe Saxe ou Saxius. Gori raconte toutes les peines qu'il a prises pour suivre les traces de cette moitié de diptyque, qui avait fait partie successivement des collections du savant Havercamp, du comte de Thoms et du comte de Wassenaer. Enfin il apprend qu'il a été acquis par Christophe Saxe; lui écrit, et le supplie de lui permettre de faire prendre un dessin de cette moitié de diptyque; Saxe refuse. Gori ne se rebute pas, il récrit et fait à l'intraitable *propriétaire* les promesses les mieux calculées pour le fléchir. Vains efforts, Saxe déclara qu'il se réservait le droit de publier lui-même *son* diptyque. Il faut lire la touchante résignation, la douceur évangélique avec lesquelles le bon chanoine raconte sa déconvenue; on voit combien il lui coûtait d'écrire à la table des planches de son t. II le mot *deest* à côté du chiffre xiv; mais il ne lui échappe pas une plainte, pas un mot amer. La seconde moitié de ce diptyque publiée par Gori, t. II, pl. xiii, p. l, représente un *consul* assis sur un trône à peu près semblable à celui que je viens de décrire; dans la partie inférieure, sont représentées des scènes du cirque. En haut, sur un cartouche, sont gravés en creux les titres du consul : *v.* (ir) *inl.* (ustrissimus) *com.* (es) *domestic.* (orum) *eqvil.* (um) *et cons* (ul) :

ord. (inarius). Reste à savoir si les soupçons sont fondés et si la plaque
du marquis Maffei forme bien la seconde partie de celle de l'inflexible
Christophe Saxe? Je suis très-disposé à le croire, mais bien que les dimensions soient identiques et que le style paraisse le même, autant qu'on en
peut juger par d'assez médiocres gravures, je dois avouer qu'il faudrait
voir ensemble les deux *originaux* pour prononcer. Quel est ce consul aux
sept noms? on peut hésiter. Les noms commencent sur la plaque d'ivoire,
que j'ai sous les yeux, par une H parfaitement formée et non par les lettres
FL qu'ont cru voir les divers correspondants de Gori ; cette lettre est-
elle l'initiale d'un nom comme *Honorius*, ou est-ce une faute du graveur qui aura écrit H pour FL; c'est ce qu'on ne peut décider, car dans les
Fastes consulaires, on ne trouve pas l'énumération de tous les noms des consuls,
mais seulement le *prénom* et le *nom*. Toutefois j'incline à voir une faute sur
notre ivoire, parce qu'à l'année 1271 de Rome, de J.-C. 518, date qui convient fort bien au travail de notre monument, on trouve la mention d'un
consul nommé *Fl Magnus*. Si donc la plaque de Maffei est bien le revers
de celle qui du cabinet de Christophe Saxe est arrivée à la Bibliothèque impériale au commencement du siècle, le consul auquel a appartenu ce diptyque
s'appelait: *Flavius Anastasius Paulus Probus Moschianus Probus Magnus*; et
ses titres étaient : *Homme très-illustre, comte de la cavalerie du palais et consul
ordinaire*. Il fut en charge pour l'Orient l'an 518 de notre ère. On trouve dans
Fastes à l'année de R. 1265, de J.-C. 512, un consul nommé *Fl. Muschianus ;*
ce Muschianus ou Moschianus était sans doute un parent du consul Magnus qui avait placé ce nom parmi ceux dont il se parait.

Diptyque de Compiègne.

3266. LES DEUX FEUILLES de ce remarquable diptyque ne
diffèrent l'une de l'autre que par les inscriptions qui
commencent sur l'une et se terminent sur l'autre; la dé·
coration est absolument identique et semblerait sortir
d'un moule; elle se compose, des deux côtés, de trois
médaillons superposés et liés par une bandelette; dans
le médaillon supérieur est représenté à mi-corps le
consul Flavius Théodore Philoxène, la tête nue, avec un
costume très-analogue à celui du consul Fl. Félix qui
vient d'être décrit (n° 3262); il tient de la main droite
la *mappa circensis*, et de la gauche un sceptre surmonté
du buste de *Justin*, l'empereur d'Orient régnant. Dans
le médaillon inférieur, *buste de femme*, richement vêtue, avec collier et pendants d'oreilles, et tenant des
deux mains une enseigne sur laquelle paraît une

couronne de laurier. Cette femme doit personnifier la ville de Constantinople. Sur les médaillons du milieu sont gravés en creux les titres du consul ; une inscription grecque sculptée en relief remplit de chaque côté les intervalles laissés libres par les trois médaillons. Inscription latine sur la première feuille :

FL. THEODORVS

FILOXENVS

SOTERICVS

FILOXENVS

VIR ILLVSTR

Deuxième feuille :

COM DOMEST

EX MAGISTRO M

PER THRACIA

ET CONSVL

ORDINAR

Flavius Theodorus Philoxenus Sotericus Philoxenus, homme illustre, comte du palais, ex-maître de la milice dans la Thrace et consul ordinaire.

Inscription grecque de la première feuille :

ΤΟΥΤΙ ΤΟ

ΔΩΡΟΝ

ΤΗ ϹΟΦΗ

ΓΕΡΟΥϹΙΑ

Deuxième feuille :

ΥΠΑΤΟϹ

ΥΠΑΡΧΩΝ

ΠΡΟϹΦΕΡΩ

ΦΙΛΟΞΕΝΟϹ

Ces huit lignes forment deux vers iambiques dont le sens est :

Moi, Philoxène, créé consul, j'offre ce présent au sage sénat.

Les deux feuilles de ce diptyque sont encore réunies dans l'ancien encadrement en bois plaqué d'argent dont elles étaient ornées dans le Trésor de l'abbaye de Saint-Corneille de Compiègne. H. 38 cent. L. 14 c. Avec l'encadrement : H. 41 cent. L. 17 cent.

Mabillon a fait connaître ce précieux monument dans ses *Annales* de l'ordre de Saint-Benoît. Le savant bénédictin nous apprend qu'il avait été donné à l'abbaye de Saint-Corneille de Compiègne par Charles le Chauve ; c'est en effet du Trésor de cet antique monastère que ce précieux monument est venu à la Bibliothèque, à l'époque de la suppression des ordres religieux. Il est inutile d'insister sur son importance ; si l'on ne savait d'ailleurs que les consuls faisaient fabriquer des diptyques à leur entrée en charge pour les distribuer, à leurs amis et aux églises, mais particulièrement aux sénateurs, les vers grecs inscrits sur celui-ci nous l'apprendraient ; mais c'est un fait acquis depuis longtemps à la science (V. Gori, t. II, p. 19) et que l'on vient de voir consigné dans les vers latins d'une feuille de diptyque du Cabinet décrite plus haut (n° 3263). Le consul Flavius Theodorus Philoxenus Sotericus Philoxenus fut en charge pour l'Orient l'an de Rome 1278, de J. C. 525, avec Anicius Probus Junior, consul pour l'Occident. Notre diptyque a été publié plusieurs fois : 1° dans le *Sidoine Apollinaire* de Sirmond, lib. I, ep. 6 ; 2° dans les *Annales Ord. Sancti-Benedicti* de Mabillon, t. III, p. 202 et pl. p. 222 ; 3° dans l'*Imperium orientale* de Banduri, t. II, p. 492 ; 4° dans le *Thesaurus veterum diptychorum* de Gori, t. II, p. 19, tav. xv.

Diptyque (dit) *du roi de France.*

(FRAGMENT.)

3267. Il manque à ce monument, qui provient de l'*ancien fonds du roi*, non-seulement une plaque entière, mais encore les parties supérieure, où sont inscrits les noms du consul, et inférieure, où sont représentées d'ordinaire des scènes de jeux. Le sujet, *un consul assis sur son trône*, est absolument semblable à celui qui vient d'être décrit, n° 3265. H. 26 cent. L. 13 cent.

Gori a publié ce *fragment* de diptyque dans son *Thesaurus*. V. t. II, p. 169, pl. II. Il faisait alors déjà partie du Cabinet du Roi très-chrétien. Ducange l'a publié également, ainsi que M. Lenormant. V. *Trésor de*

Numismatique et de glyptique. Recueil général de bas-reliefs et d'ornements
IIe partie, pl. LII, p. 25.

TRIPTYQUES.

Couverture de l'Évangéliaire de Saint-Jean de Besançon.

3268. TABLETTE D'IVOIRE, ou milieu d'un *triptyque*, sur laquelle sont sculptés en haut relief *le Christ, un Empereur d'Orient et sa femme.* JÉSUS-CHRIST, la tête ceinte du nimbe crucigère, vêtu d'une longue tunique, les pieds chaussés de sandales, debout sur un piédestal élevé sur une base sur laquelle sont placés, à droite du Christ, l'empereur ROMAIN IV, à gauche EUDOCIE, sa femme. Le Seigneur place la couronne impériale sur la tête de chacun des deux époux, qui sont revêtus des habits impériaux et nimbés. Les noms des trois figures sont gravés en creux, en grec, sur l'ivoire, à côté de chacune d'elles. Le nom du Sauveur est écrit en abrégé par les signes ordinaires : IC XP — *Jésus-Christ.* Au-dessus de la tête de l'empereur RoMAIN IV, on lit :

POMANOC
BACIΛEΥC
POMAIΩN

Romain, roi des Romains.

Au-dessus de la tête de l'impératrice :

EΥΔOKIA
BACIΛIC
POMAIΩN

Eudocie, reine des Romains.

H. 24 cent. L. 15 cent.

Ou a souvent publié cette précieuse tablette qui, dans l'origine, a dû

posséder deux volets, comme l'*agiothyride*, n° 3269. Chifflet et Ducange la
firent connaître les premiers, l'un dans l'ouvrage intitulé *De linteis sepul-
cralibus Christi*, cap. 10; l'autre dans ses *Familiæ Augustæ Byzantinæ*,
§ *De fam. Ducarium*, § XXVI, p. 162, ed. Paris, 1680. Gori la publia de
nouveau dans son *Thesaurus Vet. Diptych.*, t III, p. 9, pl. 1 Cette magnifique relique de l'art byzantin du XIe siècle servait alors de couverture à un
évangéliaire conservé dans l'église métropolitaine de Saint-Jean de Besançon, et était encadrée dans une splendide monture en or, enrichie de
pierreries, qui a dû être détruite à l'époque de la Révolution, mais dont on
peut voir la figure dans la planche de l'ouvrage de Gori. M. Ch. Lenormant a
publié, il y a quelques années, cette tablette d'ivoire dans le *Tresor de
numismatique et de glyptique*. V. *Recueil général de bas-reliefs et d'ornements*, pl. LII, p. 25.

Est-il nécessaire de faire remarquer toute l'importance de ce monument
dont la date, fixée par les inscriptions d'une manière précise, est si précieuse pour l'histoire de l'art. Cette date est le commencement du XIe siècle,
car ce tableau en relief fut évidemment exécuté pour le couronnement de
l'empereur Romain IV, (*Flavius Romanus Diogenes Augustus*) et de sa femme
l'impératrice Eudocie, le 1er janvier 1068. Gori soupçonne que le *scabellum*
du *Christ* sur notre ivoire représente le dôme de Sainte-Sophie; il est certain que la ceinture d'arcades qui forme l'étage inférieur de ce piédestal
fait penser à un monument et n'est pas sans analogie avec le dôme de
Sainte-Sophie. L'évangéliaire auquel notre ivoire servait de reliure était en
grande vénération à Besançon, où il était conservé de temps immémorial;
il était connu sous le nom de *Saphir*, et l'un des chanoines le portait res-
pectueusement sur sa poitrine à certaines processions. Sauvée plus heureu-
reusement que sa monture, grâce à ce qu'on ne pouvait rien gagner à sa
destruction, la *Couverture de l'Evangéliaire de Besançon*, fut acquise pour
la Bibliothèque impériale, en 1805.

Triptyque ou Agiothyride en ivoire.

3269. LE TABLEAU principal, ou partie du milieu, représente *Constantin le Grand et sainte-Hélène, sa mère,
en prières au pied du Christ en croix*. Notre Seigneur
est représenté à demi nu, avec le nimbe crucigère, la
tête penchée à gauche, entre la SAINTE VIERGE et SAINT
JEAN, debout, en prières. Au-dessus de la tête du
Christ, le SOLEIL et la LUNE, et les archanges MICHEL
et GABRIEL vus à mi-corps. Tous les personnages sont
nimbés; l'empereur et sa mère sont revêtus des habits impériaux et ont la couronne en tête. Des inscriptions grecques, gravées en creux, donnent les noms

de tous les personnages et expliquent le sens de cette
pieuse composition; sur la partie antérieure de la
croix, on lit :

IC. XP O BACIΛEYC THC ΔOΞHC.

Jésus-Christ, roi de gloire.

A droite, ΓABPIΠΛ, *Gabriel*;
A gauche, MIXAHΛ, *Michel.*

Au-dessus de la tête de la Vierge :

IΔEOYCC8. ‾

Voici ton fils.

Au-dessus de la tête de saint Jean

IΔ8HMPC8.

Voici ta mère.

Au-dessus de la tête de l'empereur :

O A KΩNCTANTINOC. *Saint Constantin.*

Au-dessus de la tête de sa mère :

H AΓIA EΛENI. *Sainte Hélène.*

Sur la partie inférieure de la croix :

ΩC CAPΞ ΠEΠONΘAC ΩC ΘΣ ΠAΘΩN ΛYEIC.

*Comme homme tu as souffert, comme Dieu tu dé-
livres par les souffrances.*

Sur les volets, les bustes de cinq saints nimbés,
avec leurs noms, dans des médaillons ronds liés par
un système d'ornements d'une grande élégance. Ces
médaillons sont disposés de manière à former des
pendants; ainsi, les premiers de chaque volet sont, à
droite, *Elie;* à gauche, *saint Jean le Précurseur;*

c'est-à-dire des personnages de l'ancienne loi. *Saint Pierre* fait pendant à *saint Paul; saint Pantaléon* à *saint Etienne; saint Nicolas* à *saint Jean-Chrysostóme; saint Damien* à *saint Cóme.* Les noms de chacun de ces saints sont gravés en grec, en creux, sur le médaillon. Au revers de chacun des volets est sculptée une croix avec cette inscription :

IC. XP. NIKA.

Jésus-Christ est vainqueur. Sur le revers de la plaque du milieu, on distingue quelques lignes écrites à l'encre, au XVIe siècle. La première ligne est seule lisible ; c'est le premier verset des psaumes VI et XXXVII, *Domine ne in furore tuo arguas me.* H. 25 cent. Larg. de la plaque du milieu : 14 cent. L. avec les volets ouverts : 29 cent.

Ce magnifique tableau d'ivoire, dont on ignore la provenance, était resté inédit lorsque M. Ch. Lenormant le publia dans le *Trésor de numismatique et de glyptique* en 1839. Voyez *Recueil général de bas-reliefs et d'ornements*, pl. LVII, p. 28. Le savant académicien fixe la date de cet *Agiothyride* au XIe siècle. Le travail est en effet parfaitement analogue à celui du monument qui précéde; et pour celui-là, on a une date certaine par les noms de l'empereur Romain IV et d'Eudocie, sa femme.

MOYEN AGE

Moitié d'un diptyque.

3270. CETTE FEUILLE de diptyque est divisée en trois compartiments :

1° LE CHRIST sur son trône, entre la VIERGE et SAINT JEAN, debout, jugeant les vivants et les morts, qu'on voit à ses pieds, représentés nus, sous une sorte de voûte qui sert de *scabellum* au sauveur.

2° CINQ PERSONNAGES debout, tenant chacun un livre ; peut-être *Jésus* et les quatre *Évangélistes.*

3° L'Adoration des Mages. Les trois Rois apportent les présents au Sauveur ; l'un d'eux s'agenouille et a déposé sa couronne ; derrière eux, un serviteur tenant les chevaux. H. 28 cent. L. 11 cent.

On croit pouvoir attribuer cette plaque d'ivoire, dont le travail est remarquable, au xiiie siècle. Elle porte des traces de peinture et de dorure. Si l'on connaissait la 2e feuille on pourrait donner une interprétation plus certaine des deux premiers sujets représentés ici.

Pièces de jeux d'échecs.

3271. Éléphant portant sur son dos une tour crénelée ; sur la plate-forme de cette tour, un Roi hindou assis à la mode orientale ; il est nu, porte une couronne ornée de pierreries, un collier et des bracelets. Sur un rebord extérieur de la plate-forme sont rangés huit guerriers à pied de la garde du Roi, l'épée à la main, le bouclier au bras. Sur la tête de l'éléphant, on distingue des vestiges de la figure du Kornac qui sans doute le dirigeait de ce poste élevé. Un *homme* que l'éléphant a lancé en l'air s'accroche à ses défenses, tandis que l'animal, au moyen de sa trompe, enlève un *cheval avec le cavalier*. En bas, sur le socle qui porte l'éléphant, sont rangés *quatre guerriers* à cheval, armés d'épées et de haches ; ils sont tous couronnés ; peut-être ce sont des vassaux du grand-roi. Sous la base est gravée en creux une inscription arabe, en caractères coufiques, en partie détruite. H. 16 cent.

Selon une tradition rapportée par *J. Doublet*, dans son *Histoire de l'abbaye de St-Denis*, p. 342, on conservait dans le Trésor de ce monastère un jeu d'échecs, ou du moins un certain nombre de pièces d'un jeu d'échecs donné par Charlemagne. Voici les paroles de Doublet : « L'empereur et roi « de France sainct Charlemagne a donné au thrésor de Sainct-Denys un « jeu d'eschets avec le tablier, le tout d'yvoire : iceux eschets hauts d'une « paulme fort estimés, le dit tablier et une partie des eschets ont été per- « dus par succession de temps, et est bien vraysemblable qu'ils ont été « apportés d'Orient, et sous les gros eschets il y a des caractères arabes- « ques. » Plus loin, p. 1213, Doublet revient sur ce sujet : « Le devotieux

« Roy et Empereur a donné encore..., avec un très-beau jeu d'eschais
« d'yvoire, dont les personnages sont grands. »

Cette tradition est mentionnée également dans l'*État manuscrit* conservé
à la Bibliothèque impériale de l'envoi fait à cet établissement, le 19 décembre 1793 (29 nivôse, an II), de seize pièces d'ivoire provenant de
Franciade, Saint-Denis. Elles sont ainsi désignées : « que l'on appelait
« anciennement les échecs de Charlemagne, parce que l'on supposait
« qu'elles faisaient partie des présents que le calife Aaron-Raschid envoya
« à cet Empereur. » De ces seize pièces une seule, celle que nous venons
de décrire, porte sous sa base ces *caracteres arabesques* dont parle J. Doublet: et celle-là seule peut passer, sans trop d'invraisemblance, pour avoir
fait partie des présents faits à Charlemagne par le calife Haroun-Al-
Raschid; mais, comme le fait observer M. Frédéric Madden, dans une
savante dissertation sur les origines des échecs, il ne faut pas oublier que
les historiens, qui ont minutieusement détaillé ces présents, ne mention-
nent pas de jeux d'échecs (voyez *Archœologia*, t. XXIV, p. 209). Quoi
qu'il en soit, la remarquable pièce dont nous nous occupons est certainement d'origine asiatique; elle a été fabriquée, comme nous l'apprend
la forme des caractères, du temps d'Haroun-Al-Raschid, par un ouvrier
arabe; car l'inscription a été traduite ainsi : *Ouvrage de Joussouf-Al-
Nahali*, ou de *Joussouf de la tribu de Bahaïly*. Si l'on doit s'en rapporter
à Doublet, cette pièce n'était pas la seule qui portât des *caracteres arabesques;* mais en 1793, *par la succession des temps*, toutes les autres
pièces du jeu fait par ce Joussouf avaient été perdues, et celle-ci était
confondue avec quinze autres pièces d'un ou de plusieurs jeux d'échecs
déposés en même temps à la Bibliothèque impériale. Ces quinze pièces
sont d'une époque moins reculée et n'ont certainement pas fait partie
du même jeu; elles accusent plutôt une origine byzantine et paraissent
remonter au XIe siècle, tandis que la pièce du jeu dit de Charlemagne
doit-avoir été exécutée en Asie, à la fin du IIe siècle de l'hégyre. Cet éléphant représente-t-il la *Tour*, le *Roi* ou le *Fou?* je laisse cette question à
décider aux personnes versées dans le noble jeu des échecs qui m'est tout à
fait étranger; ce que je puis dire en finissant, c'est que cette pièce d'ivoire,
qui remonte au IXe siècle de notre ère, est un des plus intéressant morceaux de cette classe de monuments.

3272. ROI D'ÉCHECS. *Un Roi* assis sous un édifice demi-
circulaire crénelé, la couronne en tête, revêtu du
manteau royal, le sceptre à la main. Deux pages entr'ouvrent des rideaux, qui donnent à cette sorte de
pavillon l'aspect de la loge des consuls sur les diptyques (V. plus haut, n° 3262.) Cinq arceaux de style
byzantin, supportés par des colonnes doubles, forment
une sorte de portique à la partie postérieure de l'édifice. H. 15 1/2 cent.

Ce *Roi d'échecs* est l'une des seize pièces envoyées de Saint-Denis à la

Bibliothèque, en 1793 (V. n° 3271, Commentaire). L'origine byzantine de cette pièce est évidente : le costume du Roi n'est pas sans rapport avec celui des empereurs d'Orient, et l'architecture est certainement byzantine. On peut fixer la date de notre monument au xie siècle. On trouvera la figure de cette pièce, ainsi que de la suivante, dans l'ouvrage de Willemin déjà cité. V. t. I, pl. xviii et p. 11 et 12 du texte de M. Pottier. La Reine décrite ci-après sous le n° 3273 faisait évidemment partie du même jeu que ce Roi.

3273. Reine d'échecs. *Une Reine* assise sous un édifice à peu près semblable à celui sous lequel est placé le *Roi* décrit au numéro précédent ; elle tient à la main un objet ovale, peut-être le globe du monde. Les rideaux sont entièrement ouverts et laissent voir l'arc de plein cintre sous lequel la reine est assise ; deux femmes debout maintiennent les rideaux ouverts. Quatre arceaux de style byzantin, supportés par des colonnes doubles, forment une sorte de portique à la partie postérieure de l'édifice. H. 13 cent.

Voir le commentaire du n° précédent et celui du n° 3271.

3274. Roi d'échecs. *Un Roi* assis sur son trône, tenant de la main droite son épée nue, et de la gauche retenant sa jambe droite posée sur son genou ; il est vêtu d'une cotte de mailles, recouverte d'une tunique. Un page est debout près du trône, s'appuyant sur une épée nue. La partis postérieure de la pièce est décorée de rinceaux et de fleurons. La partie supérieure de cette pièce est mutilée ; la tête du roi et son épée sont brisées. H. 7 1/2 cent.

On croit pouvoir attribuer ce *Roi d'échecs* au xiiie siècle. Il a été donné au Cabinet des médailles, en février 1837, par M. Charles Sauvageot, aujourd'hui conservateur honoraire du Musée Impérial du Louvre. C'est un rare et précieux spécimen de la sculpture en ivoire au siècle de saint Louis.

MONUMENTS DE MARBRE,

BASALTE, PIERRE, ETC.

ANTIQUITÉ.

Bustes et figures.

3275. Buste colossal de femme, avec les cheveux relevés et noués sur le haut de la tête, et traces de pendants d'oreille. Le derrière de la tête n'est pas terminé. **Marbre** pentélique. H. 50 cent.

On doit la découverte de ce magnifique fragment d'une statue de Phidias à M. Charles Lenormant, conservateur du Cabinet des Médailles et Antiques. En 1846, M. Naudet, administrateur général de la Bibliothèque, ayant fait retirer des caves des fragments de marbre qui s'y trouvaient entassssés sous plusieurs pieds de poussière, M. Lenormant en apercevant cette *tête de femme* de marbre pentélique, n'hésita pas à y reconnaitre la plus grande analogie avec ce qui reste de sculptures du Parthénon et par conséquent à l'attribuer à Phidias Frappé également de la ressemblance qu'il trouvait dans le travail de ce fragment avec la célèbre *tête de la Victoire Aptère*, découverte et acquise à Venise en 1845 par M le comte de Laborde, M. Lenormant a recherché au Cabinet des Estampes, dans les dessins originaux de Carey, la place que devait occuper la statue dont il venait de retrouver la tête et il l'a ingénieusement déterminée. La tête de la Victoire de M de Laborde devait occuper le côté gauche du fronton occidental; la tête de femme qui nous occupe faisait partie du groupe de droite dans le même fronton. On sait que les dessins de Carey, malheureusement de simples croquis sur une fort petite échelle, ont été exécutés en 1674, treize ans avant le bombardement du Parthénon par Morosini. Ils sont donc aujourd'hui, malgré leur imperfection, les plus anciens et les plus curieux documents qu'on puisse recueillir sur ce célèbre édifice. M. Lenormant n'a pas cru devoir donner de nom à cette femme qui devait être d'une importance secondaire, puisqu'elle était au dernier plan; nous imiterons cette sage réserve. Le derrière de la tête manque absolument; cette circonstance s'explique par la place qu'elle occupait dans la décoration du fronton. Voyez pour de plus ample détails sur ce fragment d'un des chefs-d'œuvre de l'art grec, le mémoire lu par M. Lenormant à l'Académie des inscriptions et belles-lettres , séance du 11 juillet 1846. Ce mémoire, accompagné d'une planche lithographiée représentant notre tête de face, a été inséré dans le *Moniteur des arts*, T. IV, année 1847, pages 1 et 25. On peut lire sur le même sujet dans la *Revue archéologique* une *note* accompagnée d'un dessin représentant cette tête de profil. Voyez troisième année 1846, p. 335.

3276. Têtes de Jupiter et de Minerve réunies. Marbre H. 17 cent.

Travail romain.

2377. Têtes de Mutinus ou Mutunus Titinus et de Faunus réunies. La tête de Mutunus est ailée et diadémée; celle de Faunus est couronnée de lierre. Marbre. H. 16 cent.

On peut lire sur le dieu *Mutunus* un article de M. Ch. Lenormant dans la *Revue numismatique*, année 1838. p. 11. Mutunus est un surnom de Priape. Ce double Hermès est, comme le précédent, de travail romain.

3278. Esculape. Buste de marbre grec. H. 80 cent.

3279. Hécatée, ou colonne consacrée à Hécate. Trois têtes semblables figurant Hécate , surmontées d'un unique *modius*, surmontent une colonne autour de laquelle sont groupées quatre statues : 1° *Cérès* coiffée d'un *modius* et tenant un grand flambeau; 2° *Proserpine* également coiffée d'un *modius*; 3° *Diane*; la tête de cette dernière figure est détruite ; 4° *Satyre* tenant une corbeille de fruits. La base de ce curieux monument manque. Marbre. H. 37 cent.

Donné par M. le vicomte Hippolyte de Janzé en 1843. V. plus haut, n° 2960

3280. Hercule. Buste colossal d'une statue d'*Hercule au repos*. Marbre. H. 38 cent.

3281. Atys, coiffé du bonnet phrygien. Buste de marbre de Paros. H. 34 cent.

On trouvera dans le *Recueil* de Caylus, t III, pl. xxxi, ce remarquable monument de l'art grec dessiné sous trois aspects. V. p. 121. Ce buste, celui attribué à Néron enfant, no 3298, celui du médecin grec, ainsi que la tête de Phidias, no 3275, doivent être considérés comme les quatre plus importants morceaux de grande sculpture conservés au Cabinet des Medailles et Antiques.

3282. SILÈNE couronné de lierre. La face de ce buste est tout à fait socratique. Travail grec. H. 24 cent. Marbre.

3283. JEUNE SATYRE couronné de pin. Buste de marbre de Paros, de travail grec. H. 27 cent.

3284. JEUNE FAUNE jouant de la flûte. La flûte est à demi brisée. Buste d'une statue de marbre italien; travail romain. H. 26 cent.

3285. NIOBIDE. Tête provenant d'une statue. Le dèrrière de la tête manque. Marbre pentélique. H. 23 cent.

Cette tête d'une des filles de Niobé est un fragment du meilleur style grec.

3286. HÉROS grec barbu, casqué. Buste de marbre. H. 19 cent.

3287. SAPHO. Buste de marbre. H. 25 cent.

Le nez est de restauration. Sur la coiffure caractéristique de la célèbre Lesbienne, on lit ces initiales romaines gravées en creux : S. M. — *Sapho de Mitylène.*

3288. ARSINOÉ, sœur et femme de Ptolémée IV, Philopator, roi d'Égypte. Buste diadémé. Marbre. H. 38 cent.

3289. ANTIOCHUS VI, Dionysius, roi de Syrie. Buste diadémé. Marbre grec, dur. H. 22 cent.

3290. SCIPION L'AFRICAIN, l'ancien. Buste. Le nez est brisé. Basalte vert. H. 24 cent.

On remarque sur ce buste deux cicatrices, l'une au milieu du front, l'autre en forme d'X au-dessus de la tempe droite. Ces marques honorables des nombreuses blessures qu'avait reçues le vainqueur d'Annibal ont été signalées pour la première fois par Winckelmann cité par

Visconti dans l'*Iconographie Romaine*. V. t. I, p. 50. Servius, le commentateur de Virgile, cite jusqu'à vingt-sept blessures reçues par Scipion *Ad Æn X*. 800. Ce précieux monument fut découvert il y a quelques années par M. Moutié dans une auberge de Rambouillet où il servait de contrepoids à un tourne-broche On ne s'étonnera donc pas de voir les cruelles mutilations qu'il a subies dans cette place si mal choisie. Le Cabinet des Médailles et Antiques doit la possession de ce buste à M. Moutié, qui con sentit à le céder en 1840, en échange de quelques médailles doubles de peu de valeur.

3291. SCIPION L'AFRICAIN , l'ancien. Buste de marbre. H. 19 cent.

On remarquera sur ce joli buste les mêmes cicatrices que sur celui qui vient d'être décrit.

3292. MARCUS CLAUDIUS MARCELLUS , le conquérant de la Sicile. Buste, la tête nue, imberbe. Marbre. H. 17 cent.

Voyez Visconti, Iconographie Romaine, pl. IV, n° 1, et t. I, p. 56.

3293. TITUS QUINCTIUS FLAMININUS. Buste, la tête nue, avec de la barbe. Marbre. H. 15 cent.

C'est M. Charles Lenormant qui a signalé la ressemblance de ce buste avec la médaille d'or à l'effigie de Flamininus, publiée par Visconti, *Iconographie Romaine*, et par Mionnet, supplément , t III, p 250, n° 706 avec planche gravée. On peut lire à ce sujet un mémoire de M. François Lenormant dans la *Revue numismatique*, T. I, p. 59, pl IV, n° 2, année 1852 V. p 200. Le buste est gravé sous le n° 7 de la planche VII, qui accompagne ce mémoire.

3294. CICÉRON. Buste de marbre de Paros. H. 22 cent.

Voyez VISCONTI, *Iconographie Romaine*, pl, XII et t. I, p. 241.

3295. SÉNÈQUE. Lucius Anneus Seneca, le philosophe. Buste de marbre. H. 32 cent.

Voyez VISCONTI, *Iconographie Romaine*, t. I, p. 294, pl. XIV, n° 1.

3296. AUGUSTE. Buste la tête nue. Marbre. H. 34 cent.

3297. MESSALINE, femme de l'empereur Claude. Buste de marbre de Paros. H. 31 cent.

3298. Néron enfant. Buste de marbre de Paros. H. 23 cent.

Il existe une figure très-imparfaite de ce remarquable buste dans la *Notice des mouvements exposés dans le Cabinet des médailles et antiques*, etc., par *T. M DuMersan*, Paris 1819. V. pl. x, nᵒ 1 et p. 51. J'ignore la provenance de ce monument qui est mentionné de nouveau par M Du Mersan dans l'*Histoire du Cabinet des médailles*, p 11. L'auteur l'attribue à Néron et ajoute : « M. Visconti avait adopté cette idée. » C'est sans doute à une conversation avec l'illustre archéologue que Du Mersan fait allusion, car je ne crois pas que Visconti ait rien laissé sur ce buste dans ses écrits Il ne le mentionne pas dans le paragraphe consacré à Néron dans l'*Iconographie Romaine*, t. I, p. 240.

3299. Julie, fille de l'empereur Titus. Buste de marbre de Paros. H. 34 cent.

Voyez plus haut, nᵒˢ 2089 et 2090 et 3508

3300. Julia Cornelia Paula, première femme de l'empereur Élagabale. Buste de marbre. H. 36 cent.

3301. Annia Faustina, troisième femme de l'empereur Élagabale, représentée en Vénus, couchée, à demi nue. Figurine de marbre. H. 30 cent. Larg. 65 cent.

3302. Diaduménien, *Diadumenianus Cæsar*, fils de l'empereur Macrin. Buste de marbre commun. H. 26 cent.

3303. Ælia Flaccilla, femme de Théodose le Grand, avec un diadème de perles, debout. Figurine de marbre blanc; l'avant-bras droit manque. H. 77 cent.

Cette précieuse statue a été trouvée dans l'île de Chypre par M. de Mas-Latrie et donnée par lui au Cabinet des Médailles et Antiques en 1846, avec d'autres curieux monuments de l'antiquité, recueillis en même temps par ce savant L'attribution à l'Impératrice *Ælia Flaccilla* est due à M. Charles Lenormant, qui a comparé les traits et le costume de cette princesse avec les têtes de ses monnaies.

3304. Marcus Modius Asiaticus. Buste célèbre sous le nom du *médecin grec;* Asiaticus est représenté la tête nue, sans barbe. Sur la poitrine, on lit un distique grec, gravé en creux, et sur le piédouche, les noms et qualités du personnage représenté, *Marcus Modius Asiaticus, médecin méthodique.*

M. ΜΟΔΙΟC ΑCΙΑΤΙΚΟC. ΙΑΤΡΟC ΜΕΘΟΔΙΚΟC.

Voici maintenant le distique :

ΙΗΤΗΡ ΜΕΘΟΔΟΥ ΑΣΙΑΤΙΚΕ ΠΡΟΣΤΑΤΑ
ΧΑΙΡΕ
ΠΟΛΛΑ ΜΕΝ ΕΣΘΛΑ ΠΑΘΩΝ
ΦΡΕΣΙ ΠΟΛΛΑ ΔΕ ΛΥΓΡΑ

Adieu, Asiaticus, médecin méthodique, mon patron! Toi qui as éprouvé dans ton cœur bien des satisfactions et bien des amertumes. Marbre de Paros. H. 51 cent.

Trouvé à Smyrne dans le siècle dernier, ce magnifique monument de l'art grec des premiers temps de l'Empire romain, a été légué au Cabinet du Roi par le duc de Valentinois, ainsi que le buste de bronze de Cybele, décrit plus haut nᵒ 2917. Caylus a publié le premier ce buste dans le t. VI de son recueil. Voyez pl. XLII, nᵒˢ 2 et 3 et p. 139. Visconti l'a publié de nouveau dans le t. I de son *Iconographie grecque,* v. pl. XXXIII, nᵒˢ 2 et 3 J'ai emprunté au savant antiquaire la traduction des vers gravés sur la poitrine Le premier de ces vers est un hexamètre; le second, imité d'Homère (*Odyssée,* IVᵉ livre, v. 230), est une portion d'hexamètre. Visconti suppose que ce buste avait été exécuté pour être placé sur le tombeau d'Asiaticus par un de ses clients ou de ses affranchis. On ne connaît ce médecin de la *secte méthodique* que par cet admirable monument de sculpture. Montfaucon en a donné une figure d'après une copie en bronze dans le *Supplément* de *l'Antiquité expliquée,* t. III, pl. VIII. Les inscriptions ont été recueillies par Fr. Th Welcker dans son *Sylloge Epigram. græcor.* V. p. 47.

3305. Jᴇᴜɴᴇ barbare. Buste, la tête nue. Marbre. H. 20 cent.

Vases.

3306. Uʀɴᴇ cinéraire à deux anses, avec son couvercle. Les anses sont formées par les extrémités de deux branches de laurier, qui soutiennent une coquille attachée à la panse du vase qu'elles décorent en s'entremêlant à des guirlandes de lierre. L'ornementation du couvercle figure des écailles. Marbre blanc. 41 cent. Circonf. 96 cent.

CAYLUS a publié ce vase au t. II de son *Recueil.* V. p. 334, pl. XCV, n°s 1 et 2.

3307. URNE cinéraire à deux anses avec son couvercle. Albâtre oriental rubané. H. 40 cent. Circonférence. 104 cent.

Cette urne provient du Cabinet de l'abbaye de Sainte-Geneviève de Paris.

Figurine d'applique.

3308. SOPHOCLE assis, tenant des deux mains un volume qu'il paraît lire. L'illustre poëte la tête nue, les cheveux serrés par un bandeau, barbu, est à demi vêtu d'un *pallium* qui, laissant nu le devant du buste et le bras, enveloppe tout le corps. On distingue une partie du siége. Les pieds manquent. H. 12 cent.

Figurine d'applique de beau travail grec, acquise en 1840 pour la Bibliothèque à la vente de M. le vicomte Beugnot. V. le catalogue par M. de Witte n° 293, p. 109. Le savant archéologue ne s'est pas prononcé sur le nom à donner à ce personnage ; il dit seulement que c'est peut-être *Chrysippe* Nous donnons à cette figure le nom de Sophocle, ainsi qu'à la statuette d'argent décrite plus haut n° 2870, avec laquelle elle offre une grande analogie sans oser donner cette attribution comme certaine.

ANTIQUITÉS ASSYRIENNES ET PERSANES.

Objets divers.

3309. TÊTE virile imberbe, de profil. Marbre. H. 10 cent. 1/2.

Ce fragment de bas-relief détaché d'un monument de Ninive, a été rapporté en France par M. Botta, consul de France à Mossoul. Il a été déposé au Cabinet des Médailles et Antiques en 1843 par ordre du Ministre de l'Instruction Publique.

3310. Tête virile barbue, de profil, de bas-relief. Pierre. H. 13 cent.

Fragment d'un bas-relief détaché des rochers de Persépolis provenant de la collection de feu le marquis de Fortia d'Urban; acquis en 1846 de M. le marquis de Pazzis, ainsi que le *Pied* décrit ci-après, no 3311.

3311. Pied chaussé; fragment d'un bas-relief. Pierre. H. 8 cent.

V. le no 3310 commentaire.

3312. Écritoire ou Étui à couleurs, à trois trous, de forme carrée. Sur l'une des faces, deux sphinx accroupis; sur l'autre, en haut deux *mouflons* affrontés séparés par un arbre; en bas, un mouflon accroupi. Sur chacun des côtés, une figure humaine : sans doute, adorant et adorante. Serpentine. H. 7 cent 1/2. L. 6 cent.

Cet objet trouvé à Ninive par M. Botta a été acquis en 1846.

3313. Chapiteau de colonne, offrant deux têtes et cols de mouflons, mutilés. Lapis-lazuli. H. 32 mill. L. 35 mill.

Rapporté de Ninive et donné par M. Botta en 1846.

3314. Roi ou Dieu frappant un lion de son glaive. Sceau en terre cuite, de forme ovale. H. 4 cent 1/2.

Nous avons ici l'empreinte antique d'un de ces cônes ou sceaux annulaires en pierres dures, comme on en a décrit un grand nombre plus haut Voyez nos 975 et suivants. Cette empreinte et les deux suivantes ont été rapportées d'Afrique par M Botta, qui les a données à la Bibliothèque en 1846.

3315. Idem. (V. no 3314.)

3316. Idem. (V. no 3314.)

3317. Partie antérieure d'un cheval, avec les courroies qui devaient attacher les fardeaux sur son dos. Fragment de terre cuite. H. 6 cent.

Le travail de ce fragment est trop barbare pour qu'on puisse affirmer que c'est la partie antérieure d'un cheval; c'est un animal de charge. Rapporté d'Assyrie et donné au Cabinet des Médailles et Antiques par M. Lottin de Laval en 1850.

Fragments de tables iliaques.

On donne le nom de *Tables iliaques*, à certains bas-reliefs de stuc ou de marbre, de petite dimension, qu'on n'a encore trouvés qu'à l'état de *fragments*, et qui représentent des scènes de la *Guerre de Troie*, avec inscriptions grecques explicatives. L'*Iliade* et l'*Odyssée* d'Homère ne sont pas les seuls poëmes qui aient été illustrés par les *tables iliaques;* on y rencontre des faits empruntés aux poëtes qui ont complété Homère soit en le continuant, soit en chantant des événements antérieurs à ceux du début de l'*Iliade*. Arctinus, Stésichore, Leschès, sont nommés sur la *Table iliaque* du Capitole, celle qu'on nomme par excellence la *Table iliaque*. L'opinion la plus accréditée, sur la destination de ces *tableaux* en relief a été émise, il y a aujourd'hui précisément un siècle, par l'abbé Barthélemy dans un mémoire lu à l'Académie des Inscriptions et Belles-Lettres, le 15 novembre 1757. L'illustre garde des médailles du Roi, pensait que les *Tables iliaques* servaient dans les écoles à l'éducation de la jeunesse; l'examen attentif de ces intéressants monuments a démontré la justesse de cette explication présentée en quelques mots à l'occasion d'un fragment analogue, représentant Ulysse dans l'île de Circé, qu'il avait eu occasion de voir à Rome chez le marquis Rondanini, et dont il soumit une figure alors inédite à la docte assemblée. (V. *Mém. de l'Acad. des Inscr.*, t. XXVIII, p. 579 et p. 596.) Un distique grec gravé sur la *Table iliaque* du Capitole, restitué et expliqué par Lehrs, grâce à une inscription de la *Table iliaque* de la Bibliothèque impériale (n° 3318), démontre jusqu'à l'évidence la justesse de l'hypothèse de Barthélemy, qui a été adoptée par Tychsen et Boettiger, comme par MM. Boeckh, Franz et Curtius, auteurs du *Corpus inscriptionum græcarum*, qui citent le travail de Lehrs, à la page 849 du t. III de leur grand ouvrage.

Voici l'inscription de la *Table iliaque :*

ΩΡΗΟΝ ΜΑΘΕ ΤΑΞΙΝ ΟΜΗΡΟΥ
ΟΦΡΑ ΘΛΕΙΣ ΠΑΣΙΙΣ ΜΕΤΡΟΝ ΕΧΙΙΣ ΣΟΦΙΑΣ.

Voici maintenant le distique rétabli par Lehrs; le nom de *Théodore*, le mot le plus important, a été donné avec certitude par l'inscription de la *Table iliaque* de la Bibliothèque, n° 3318; quant aux trois premiers mots, ils sont seulement possibles et probables :

Ὦ φίλε παῖ, θεοδ) ὤρηον μάθε τάξιν Ὁμήρου
Ὄφρα θαεὶς πάσης μέτρον ἔχῃς σοφίας.

Cher enfant, étudie l'ordre d'Homère selon Théodore, afin qu'étant instruit, tu aies la mesure de toute science.

Cet *ordre d'Homère* était évidemment celui qu'avait adopté le peintre Théodore dont Pline parle en ces termes : « *Théodore* peignit, ... « et la guerre de Troie en plusieurs tableaux qui se « voient dans les portiques de Philippe. » Ces tableaux étaient célèbres, et il semble d'après ces mots: *ceci est l'arrangement de Théodore*, que l'on lit au revers de la *Table iliaque* (n° 3318) que ces monuments en étaient des copies en relief. Je n'insisterai pas ici sur l'importance de ces *illustrations* de tant de poëmes qui ont raconté la chute d'Ilion, et qui ne nous sont guères connus que par leurs titres ou

par des fragments ; il suffira de faire remarquer
que les *Tables iliaques* sont d'une excessive rareté.
On n'en compte que neuf dans le *Corpus inscriptionum græcarum* déjà cité, où on a cherché à les
rassembler toutes. Dans ces neuf, figurent les quatre
fragments conservés à la Bibliothèque impériale.
Maffei, dans le *Museum veronense*, p. CCCCLVIII, en
cite deux autres en mauvais état qu'il possédait, et
qu'il avait fait graver, mais dont les cuivres périrent
accidentellement au moment où il allait faire paraître
son volume. Le plus important de ces monuments, la
Table iliaque par excellence, est celle du Musée du
Capitole, qui a été publiée d'abord par Fabretti, à la
suite de son livre sur la colonne Trajane en 1683 et
qui après avoir été reproduite plus exactement dans
le *Museum Capitolinum*, t. IV, pl. LXVIII, a été depuis
très-souvent publiée. On trouvera dans le *Corpus inscriptionum græcarum*, déjà cité, une nouvelle figure
de ce précieux monument, ainsi que l'énumération
des auteurs qui l'ont publiée. Il faut lire aussi un savant *Mémoire* de Welcker sur la *Table iliaque*, inséré
au t. I des *Annales de l'Institut archéologique de
Rome*, p. 227 et suivantes.

3318. FRAGMENT d'une *Table iliaque.*

Face principale : Cinq bas-reliefs, avec les noms
des personnages gravés en creux en grec : 1° *Achille
et Diomède, Agamemnon et Chrysès;* 2° *Nestor, Agamemnon et Chrysès;* 3° *Priam, Vénus, Páris, Ménélas;* 4° *Pallas, Pandarus et Ménélas*, et deux *hommes*
immolant une *victime*; 5° *Pallas* excitant *Diomède*
contre *Vénus*, et un *Grec* tuant un *Troyen.*

A droite, dans un compartiment distinct, une vue
de *Troie* et de ses remparts. En titre, en haut, on
lit : ΙΑΙΑΣ Ο ... *Iliade d'Homère.* Sur l'encadrement,

à gauche, inscriptions perpendiculaires : A, puis ΜΗΝΙΣ, c'est-à-dire *Chant I, la Colère* (d'Achille). Au-dessous, les lettres et titres des quatre chants suivants : B. Γ. Δ et E.

Deuxième face, ou revers : On y voit une sorte de damier dans les cases duquel sont gravées des lettres grecques plusieurs fois répétées et distribuées de façon à ce qu'elles forment, de quelque côté qu'on commence, la phrase suivante : Θεοδώρηος ἡ τέχνη. *Ceci est l'arrangement de Théodore.* On est averti de cette singularité, qui paraît être une plaisanterie destinée à amuser les enfants, et qui a pu servir à quelque jeu d'esprit analogue à nos jeux de patience, par ces vestiges d'une phrase gravée au-dessus du damier et dont on doit la restitution à M. Lehrs, que j'ai déjà nommé dans l'avis qui précède cette description : On lit sur notre *Table iliaque :*

.... ΝΕΟΥΠΟΤΕ ΒΟΥΛΕΙ : M. Lehrs propose de lire ainsi cette phrase, qui d'ailleurs a pu être plus longue:

Τὴν ἀρχὴν λάμβανε εὖ ποτε βούλει.

Prends le commencement où tu voudras.

Marbre blanc. H. 10 cent. L. 10 cent.

F. Bianchini fut le premier possesseur de ce fragment, ainsi que de celui qui suit. Montfaucon les fit graver tous deux dans le *Supplément* de son *Antiquité expliquée.* V. t. IV, pl. xxxviii, p. 84. Il croyait à tort que ces deux fragments provenaient de la Table iliaque du Capitole; on trouvera la face principale de celui-ci et le suivant dans le *Museum Veronense* de Maffei Voyez pl. ccccLxviii; mais il suffit de savoir qu'ils ont été dernièrement publiés avec toutes leurs inscriptions dans le *Corpus insc. grœc.* que j'ai suivi dans ma description. V. t. III, p. 850, no 6126. *Fragmentum A.*

3319. Fragment d'une *Table iliaque. Face principale :* Les sujets du bas-relief sont empruntés à l'*Éthiopide* d'Arctinus et à Leschès; ils sont séparés par deux colonnes d'inscriptions grecques explicatives : *Penthési-*

lée amazone arrive. Achille tue Penthésilée. Memnon tue Penthésilée. Achille tue Memnon. Achille est tué aux portes Scées. Néoptolème tue Priam et Agénor. Polypœtès tue Echios. Thrasymède tue Nicénète. Philoctète tue Diopithée.

Revers : Inscription grecque en creux, de 16 lignes, contenant une généalogie mythologique d'après les fables thébaines commençant ainsi : *Cadmus eut d'Harmonie, fille de Mars et de Vénus, quatre filles, Ino, Agaure, Autonoé, Sémélé et un fils nommé Polydore,* etc. Marbre blanc. H. 5 cent. 1/2. L. 5 c. 1/2.

Ce fragment fit partie, comme le précédent, des collections de Bianchini. On le trouvera dans le *Museum Veronense* de Maffei, pl. ccccLxviii. Voyez surtout le *Corpus_inscrip*. *græcarum* déjà cité, t. III, p. 852, n° 6126. *Fragmentum* B.

3320. FRAGMENT d'une *Table iliaque.* Le sujet est le *Rachat du corps d'Hector.* Au premier plan, on distingue *Achille* assis devant sa tente; devant lui est *Priam* agenouillé, suppliant. *Mercure* est debout entre les deux personnages. Derrière le vieux roi, deux serviteurs retirant des chars les présents destinés à Achille. Sous la tente, deux compagnons d'Achille portant le corps d'Hector qu'ils vont rendre aux Troyens. Sur le second plan, la ville de Troie, avec ses tours et ses remparts. Les noms de ces personnages sont écrits en grec à côté de chacun d'eux. Le nom de Troie est écrit *Ilion;* mais il ne reste que les deux dernières lettres. Au-dessous du bas–relief, on lit une ligne qui fait suite au mot ΛΥΤΡΑ, *rachat,* qu'on aperçoit à demi effacé au-dessous du char qui porte les présents. Au-dessous du bas–relief, on lit cette inscription gravée en creux-en caractères très-menus, et à laquelle manquent le commencement du premier mot et la fin du dernier :

ΡΑ ΝΕΚΡΟΥ ΚΑΊ ΠΕΡΑΣ ΕΣΤΙΝ ΤΑΦΟΣ ΕΚΤΟΡΟΣ ΙΠΠ.

Il faut lire :

Λύτρα νεκροῦ καὶ πέρας ἐστὶν τάφος Ἕκτορος ἱπποδάμοιο.

La fin de cette inscription est imitée du dernier vers de l'Iliade d'Homère. Le sens est : *Rançon du mort et tombeau d'Hector, le dompteur de chevaux*. Ce second sujet, le *tombeau d'Hector*, ne paraît pas sur notre fragment. Marbre jaune. H. 5 cent. L. 7 cent.

RAOUL-ROCHETTE a fait connaître le premier ce curieux fragment d'une *table iliaque* qui a été acquis pour la Bibliothèque, en 1827, de M. Durand, le célèbre connaisseur, lequel l'avait trouvé dans une collection particulière de Rome. On ne sait pas précisément si c'est le *fragment* signalé par Gerhardt dans une note en italien signée O. G. au t. I, p. 228 des *Annales de l'Institut archéologique de Rome*, lequel aurait été trouvé près de *Saint-Paul-hors-les-Murs*. Les auteurs du *Corpus inscr. græc.* déjà cité plus haut n'ont pas négligé cet intéressant monument; il porte le n° 6127 dans leur ouvrage. V. t. III, p. 852. Leur restitution de l'inscription placée au-dessous du bas-relief diffère très-peu de celle de R. Rochette que j'ai cru devoir adopter après mûr examen. Ils proposent de lire Ἐκφορρὰ au lieu de λύτρα; c'est-à-dire *convoi* au lieu de *rançon*; mais il y a bien λύτρα, car on aperçoit des vestiges du P et même du T. C'est dans ses *Monuments inédits d'antiquité figurée* que Raoul-Rochette a publié notre fragment. Voyez, *Achilleide*, la figure p. 49 et son commentaire, p. 89, note 3, col. 2.

3321. FRAGMENT d'une *Table iliaque*. Les bas-reliefs représentent comme sur les trois fragments précédents, *Troie et ses monuments*, des *combats entre Grecs et Troyens*, et le *sac de la ville*. A gauche, une inscription grecque en caractères excessivement menus, de 64 lignes; c'est un abrégé de l'Iliade, entremêlé de quelques vers d'Homère. Marbre jaune. H. 8 cent. L. 11 cent.

La Bibliothèque impériale a acquis ce fragment en 1844; il paraît avoir été trouvé dans les environs de Lyon. C'est M. Adrien de Longpérier qui a le premier déchiffré la longue inscription que nous venons de citer. Voyez son excellente dissertation intitulée : *Fragment inédit de table iliaque*, dans la *Revue de philologie, de littérature et d'histoire anciennes*, t. I, p. 438. Paris, 1845. Ce monument a été mentionné depuis dans divers ouvrages et notamment dans le *Corpus inscript. græc.*, t. III, p. 855 où il porte le n° 6129 *b*.

MONUMENTS DE TERRE CUITE

ANTIQUITÉ

Vases.

3322. Vase à deux anses, d'ancien style. Fabrique de Vulci; une seule des faces est décorée. Sujet : *Noces d'Hercule et d'Hébé.* Peintures : noir pâle, rehaussé de violet et de blanc. H. 37 cent.

M. de Witte a décrit ce vase, acquis pour la Bibliothèque en 1836, dans son excellent *Catalogue du Cabinet Durand.* V. p. 117 no 332.

3323. Vase à deux anses. Fabrique de Vulci. Le sujet se continue sur les deux faces. *Cavaliers se préparant à une course, et course de cavaliers.* Peintures : noir et violet. H. 41 cent.

Voyez J. de Witte, *Catalogue Durand*, p. 143, no 394.

3324. Vase à une seule anse. Sujet: *Sapho debout, jouant de la lyre.* Fabrique d'Athènes? Peintures : rouge sur fond noir. H. 22 cent.

3325. Vase à deux anses. Fabrique de Nola. Deux sujets : 1o Hébé ailée marchant à pas précipités, le caducée à la main. 2o Héros barbu, debout, enveloppé dans son manteau, s'appuyant sur un long bâton. Dans le champ, le casque du héros. Peintures : rouge sur fond noir. H. 15 cent.

3326. Vase à deux anses. Fabrique de Vulci. Deux sujets : 1o *Hercule combattant un centaure ;* 2o *Centaure* armé de branches d'arbre. Sur le col du vase, deux sphinx accroupis en regard. Au-dessous d'une

bordure de lierre qui entoure la panse, bande de peintures offrant divers animaux; deux lions, une panthère,
deux sphinx et un griffon. PEINTURES : noir, blanc et
violet sur fond jaune. H. 33 cent.

Voyez le *Catalogue Durand* par M. de Witte, p. 90, n° 273.

3327. VASE à deux anses. Fabrique de Vulci. Deux sujets : 1° *Thésée combattant le Minotaure; Mercure et
un vieillard assistent à cette scène ; 2 deux guerriers s'arment en présence de deux femmes voilées.*
Sur le col du vase, de chaque côté, trois perdrix.
Près du pied du vase, une bordure offrant divers animaux, un taureau, une panthère, un sanglier, une perdrix, un cerf, un bouc, un loup et une sirène. PEIN-
TURES : noir, blanc et rouge. H. 31 cent.

Voyez *Catalogue Durand* par M. de Witte, p. 119, n° 339.

3328. VASE à deux anses. Fabrique de Nola. Deux sujets : 1° *Jupiter* en marche, le sceptre et le foudre en
main; 2° *Ganymède* debout, tenant un vase. PEINTURES :
rouge sur fond noir. H. 31 cent.

Acquis en juin 1850 pour la Bibliothèque impériale

3329. VASE à deux anses. Fabrique de Nola. Deux sujets : 1° *Neptune* debout, le trident à la main; 2° *Amymone* debout, tournant la tête vers Neptune. PEIN-
TURES : rouge sur fond noir. H. 31 cent.

Voyez J. de Witte, *Catalogue Durand*, p. 64, n° 207.

3330. VASE à trois anses. Hydrie de Nola. Un seul sujet : *Jupiter et Egine.* PEINTURES : rouge sur fond noir.
H. 50 cent.

3331. CANTHARE à une seule anse, sur pied élevé. Un
mufle de lion en relief décore l'attache de l'anse à
l'intérieur de la coupe. Une *Scène de funérailles* décore la panse. Le corps du défunt, enveloppé d'un

linceul qui laisse voir sa tête barbue, est étendu sur
un char traîné par deux mulets. Sur un étage inférieur
du char funèbre, sont assises deux femmes qui paraissent s'arracher les cheveux. Une autre femme
marche à côté du char; sa tête touche presque celle
du mort. Deux autres femmes en proie à la douleur,
marchent près des mulets; l'une d'elles est tournée
vers le défunt. Derrière le char, marche un homme
barbu qui porte la main à ses cheveux, en signe de
désespoir; il est suivi par un joueur de flûte, et par
cinq *hoplites*, guerriers couverts de leurs armes,
marchant à la file, et baissant leurs lances en signe
de deuil. Une colonne funèbre termine le tableau.
A l'autre extrémité, un grand cippe carré près
duquel s'élèvent deux arbustes contre lesquels on
croit voir nn hérisson. On peut rapprocher ce cippe
carré de celui qui se voit sur les vases de Bernay, décrits plus haut, n⁰ˢ 2811, 2812. Peintures : noir, rehaussé de blanc. H. 19 cent., avec l'anse, 26 cent.

Micali a publié cet intéressant vase dans les *Monumenti per servire alla
Storia degli Antichi popoli Italiani* V. p XCVI, et t. III, p. 166, édition de
Florence 1832 Il provient en effet des fouilles de l'Étrurie et a été acquis
pour la Bibliothèque impériale en 1843 à la vente d'une partie de la collection du prince de Canino. M. de Witte auquel on doit le catalogue de cette
collection, l'a décrit sous le n⁰ 161, p. 43. Le vase suivant (n⁰ 3334) fait
pendant à celui-ci et a été acquis en même temps. Il porte le n⁰ 137 dans
le catalogue de M de Witte, v. p. 38. Malgré l'autorité de Micali et en
dépit de la provenance, on croit pouvoir assigner une origine attique à ces
deux vases

3332. Canthare à une seule anse de la même forme que
le précédent auquel il fait pendant; sur la panse,
sont représentés des *jeux funèbres*. On remarque
un joueur de flûte, quatre coureurs à pied, un discobole, divers autres personnages et une colonne
funèbre semblable à celle du numéro précédent. H.
19 cent.; avec l'anse, 26 cent.

Voyez au commentaire du numéro précédent

3333. Vase noir à deux anses, tressées comme des cordes. Fabrique de la Cyrénaïque. Sur la panse cannelée, quatre médaillons en relief semblables représentant un *génie ailé*, tenant une corne d'abondance. Sur le col, guirlandes de lierre. Aux attaches des anses à l'extérieur, masque de Méduse en relief. H. 40 cent.

Acquis en 1847 de feu M. Vattier de Bourville, consul de France à Bengary.

3334. Vase noir à deux anses. Fabrique de la Cyrénaïque. Ce vase offre la plus grande analogie avec celui qui précède; les anses sont décorées de même; mais il n'y a pas de masques sur la panse. H. 40 cent.

Acquis en 1847 de feu M. Vattier de Bourville, consul de France à Bengazy.

3335. Amphore de la Cyrénaïque, à panse cannelée, peinte en noir, avec son couvercle. H. 63 cent. Avec le couvercle 78 cent.

Acquis en 1847 de feu M. Vattier de Bourville, consul de France à Bengazy.

3336 et 3337. — Une paire de vases.

3336. Vase à deux anses, forme campane. Fabrique athénienne. Sur la face principale, *Combat des Amazones avec les Athéniens*. La reine des Amazones y prend part dans un char attelé de quatre chevaux. Sur la seconde face, sont représentées un *Satyre et deux Ménades dansant*. Peintures : rouge sur fond noir. H 43 cent.

Millin a décrit plusieurs fois ce vase; d'abord dans ses *Monuments antiques inédits*, où par une singulière inadvertance il a donné les deux faces comme provenant de deux vases distincts. (V t I, p. 157 et t. II, p. 69. Voyez surtout, p. 83, ligne 8.) Plus tard, il le décrivit plus exactement dans ses *Peintures de vases antiques*, etc., *avec explications par A. L. Millin, publiées par Dubois-Maisonneuve. Paris* 1808. V. T. I, pl. LVI et LVII et p. 104. Voyez aussi *Galerie mythologique* du même auteur. T. II, p. 49, n° 497, pl CXXXIV. Ce beau vase forme une paire avec le suivant n° 3337.

Cette paire de vases paraît avoir été répétée dans l'antiquité, car Passeri
a publié un vase semblable au n° 3336 comme se trouvant dans le cabinet
du marquis Peralta, et un vase semblable au n° 3337 comme faisant partie
du musée du Vatican, tandis que les deux vases que je décris ici étaient
réunis tous deux dans le cabinet de l'abbaye de sainte-Geneviève de Paris,
d'où en 1793 ils ont été apportés à la Bibliothèque. Voyez PASSERI, *Picturæ
in Vasculis, etc* , t. II, p. 51, pl CLXVIII et t. III, p. 43, pl. CCLIX.

3337. VASE à deux anses. Pendant du n° 3336. Sur la
face principale, *combat des Amazones contre les Griffons*. Le sujet de la seconde face, celle qui devait
être placée contre le mur, est une *Victoire ailée*, debout entre un *pédotribe* qui s'appuie sur un bâton,
et un jeune *athlète*. H. 43 cent.

Voyez ce qui a été dit dans le commentaire du n° 3336 sur ce vase qui
forme une paire avec le n° 3336. Millin a publié ce vase dans ses *Monuments
antiques inédits*. V t II, p. 69. 2 planches numérotées toutes deux pl VIII.

3338. VASE à deux anses. Fabrique de Nola. *Première
face*: Jeune guerrier nu, tenant d'une main son casque, et de l'autre une phiale qu'il présente à une
femme qui debout devant lui s'appuie sur sa lance et
s'apprête à verser dans la *phiale* la liqueur contenue
dans un vase qu'elle tient de la main gauche. Le
bouclier du guerrier est entre ces deux personnages.
Seconde face : Le même *guerrier* revêtu de sa chlamyde et tenant ses deux javelots, semble faire ses
adieux à la même *jeune femme*, debout devant lui.
PEINTURES : rouge sur fond noir. H. 41 cent.

Acquis en 1843 pour la Bibliothèque impériale, à l'une des ventes de la
collection du prince de Canino. Voyez p. 41, n° 150 du *catalogue* par M. de
Witte

3339. VASE à deux anses. Fabrique de Nola. Pendant
du n° 3338. *Première face : Bacchus agrafant sa
cuirasse.* Devant lui, *Silène* tenant le thyrse et le casque
du dieu. *Seconde face : Bacchus tenant un canthare
que remplit une Ménade*. PEINTURES : rouge sur fond
noir. H. 36 cent.

Acquis en 1843 en même temps que le n° 3338. Voyez le *catalogue* d'une

des ventes de la collection du prince de Canino, par M. de Witte, p. 5,
no 17

Monuments divers de terre cuite.

3340. ANTÉFIXE. *Tête de Silène,* barbu et diadémé, se
détachant en haut-relief au milieu d'une sorte de coquille. Peinturès en bleu et rouge. H. 28 cent. L.
30 cent.

Ce monument de très-beau style grec a été trouvé en Sicile; il a été acquis pour la Bibliothèque en 1840 à la vente de M. le vicomte Beugnot
Voyez le *Catalogue* par M de Witte, p. 97, no 231.

3341. ANTÉFIXE. *Tête de Vénus* diadémée, se détachant
en relief, au milieu d'une coquille. Peintures en blanc,
rouge et noir. H. 28 cent. L. 26 cent.

Ce curieux monument d'ancien style a été acquis pour la Bibliothèque en
1840 à la vente de M. le vicomte Beugnot. Voyez le *Catalogue* par M. de
Witte, p. 98, no 232.

3342. FRAGMENT. APOLLON ET MARSYAS. L'infortuné satyre
implore en vain la pitié du dieu. A droite, on distingue un génie ailé tenant un flambeau allumé; au-
dessous, on distingue des vestiges du bras du scythe
qui va écorcher le satyre. Terre rouge. H. 10 cent. L.
7 cent.

Bas-relief de très-bon style qui a dû décorer le fond d'un vase

3343, 3344, 3345, 3346. FRAGMENTS en bas-relief d'applique, avec traces de peinture et de dorure, provenant d'un tombeau trouvé à Armento, au royaume de
Naples.

Acquis pour la Bibliothèque impériale, en 1855, à la vente du cabinet de
feu Raoul-Rochette.

3343. TÉTHYS, vêtue d'une longue tunique, voguant sur
les flots, montée sur un hippocampe; elle porte de la
main droite le casque qu'elle destine à Achille. La

tête et le bras gauche manquent; il ne reste que des vestiges de l'animal. H. 7 cent. L. 12 cent.

Voyez plus haut, no 3343, 4, 5 et 6. (No 248 du catalogue de la vente de feu Raoul Rochette)

3344. HERCULE combattant un centaure. On ne voit plus que le torse d'Hercule. H. 7 cent. L. 7 cent.

Voyez plus haut no 3343 — 4, 5 et 6. (No 250 du catalogue de la vente de feu Raoul Rochette.)

3345. AMAZONE combattant; elle est vêtue d'une tunique serrée par une ceinture ; elle lève la main droite pour frapper son ennemi. Les jambes et le bras gauche manquent. H. 6 1/2 cent.

Voyez plus haut, no 3343 — 4, 5 et 6. (No 249 du catalogue de la vente de feu Raoul Rochette.)

3346. AMAZONE combattant. Les bras et les jambes sont presque entièrement détruits. H. 6 cent.

Voyez plus haut, no 3343 — 4, 5 et 6. (No 249 du catalogue de la vente de feu Raoul Rochette.)

MONUMENTS DE VERRE

ANTIQUITÉ.

Figurines.

3347. CYBÈLE assise sur son trône soutenue par deux lions. Figurine de verre blanc irisé, munie d'une bélière placée sur le dossier du trône. H. 22 mill.

3348. BAUBO accroupie. Figurine de verre vert irisé. H. 21. mill.

Acquis en 1854.

Scarabées.

3349. SCARABÉE. Sur le plat, deux sphinx barbus affrontés. Imitation de l'améthyste. H. 8 mill. L. 13 mill.

Style assyrien. Acquis en 1854 avec le nº 3350.

3350. SCARABÉE, sur le-plat, cerf. Imitation de l'améthyste. H. 8 mill. L. 19 mill.

V. nº 3449.

Imitations de camées.

3351. JUPITER enfant nourri par la chèvre *Amalthée*. Sujet se détachant en blanc sur fond violet. Imitation de camée. H. 16 mill. L. 20 mill.

3352. GANYMÈDE enlevé par l'aigle. H. 35 mill. L. 28 mill.

Imitation de camée en pâte de verre brun, acquise à la vente Linck en 1844.

3353. MINERVE-SCYLLA casquée; tête de profil. Sur le devant du casque, les quatre chevaux d'un quadrige en course; au-dessus, Pégase. Sur l'une des géniastères, tête de Méduse de face. Derrière, homme nu tenant un *acrostolium*. Pâte imitant le camée à deux couches, blanche et brune. H. 27 mill. L. 40 mill.

Cette imitation est tellement bien réussie que Caylus, qui a publié le premier ce monument dans son *Recueil*, commence en ces termes l'article qu'il lui consacre : « Ce fragment, de la plus belle agate-onyx et d'une gravure « grecque, etc. » (Voyez t. V, p. 137, pl. LI, nºs 1 et 2.) On rencontre dans les cabinets un grand nombre de ces imitations, mais il est rare d'en trouver d'aussi belle à tous égards que celle-ci qui est en effet de style grec comme l a très-bien remarqué Caylus, lequel, s'il s'est trompé sur la question de *matière*, n'a pas erré du moins sur un point plus important, c'est-à-dire l'appréciation du mérite et de l'origine du monument.

M Lenormant a publié de nouveau cette tête de Minerve a laquelle il donne la qualification de *Minerve-Scylla*. Voyez, *Nouvelle galerie mythologique*, pl. XXII, nº 1, et p 111, dans le *Trésor de Numismatique et de Glyptique*.

3354. Tête de Méduse de profil. Imitation de sardonyx à 3 couches. H. 26 mill. L. 18 mill.

3355. Ariadne. Buste de 3/4, la tête inclinée en signe de douleur. Imitation de sardonyx à 2 c. H. 16 mill. L. 12 mill.

3356. Trois Bacchantes dansant, se tenant par la main. Fragment d'une imitation de camée de sardoine. H. 17 mill. L. 20 mill.

3357. Masque de satyre cornu. Pâte de verre bleu. H. 24 mill. L. 12 mill.

3358. Victoire. Buste de profil. Fragment d'une imitation de camée de sardonyx à 3 c. Monture du xvie siècle en argent. H. 30 mill. L. 20 mill.

3359. Omphale portant la massue et la peau de lion. Imitation de sardonyx à 2 c. H. 20 mill. L. 15 mill.
Monture d'or émaillé.

3360. Deux génies funèbres, ailés, se disputant un papillon qu'ils déchirent. Le papillon est le symbole de l'âme. Fragment d'une imitation de sardonyx à 2 c. H. 14 mill. L. 10 mill.
Acquis en 1850.

3361. Buste de profil d'un homme, la tête nue; peut-être *César*. Imitation d'un camée de sardonyx à 3 c. H. 23 mill. L. 17 mill.

3362. Auguste et Julie, sa fille. Bustes superposés de profil. Imitation de sardonyx à 3 couches. H. 26 mill. L. 22 mill.

3363. Buste d'un jeune homme lauré; peut-être *Salonin*, fils de Gallien. Pâte blanche sur fond violet. H. 16 mill. L. 13 mill.

3364. Roi achéménide. Buste de profil. Verre bleu. H. 13 mill. L. 10 mill.

3365. Roi inconnu. Buste diadémé de profil, avec une longue barbe. H. 11 mill. L. 8 mill.

> Imitation de camée en pâte blanche sur fond noir, avec monture du moyen âge qui indique que ce petit objet a fait partie de la décoration d'un reliquaire, où il figurait peut-être le roi David. Acquis en 1855 avec le nº 3482, qui a une monture semblable et a fait partie de la décoration du même meuble. Toutefois de ces deux objets, l'un, le premier, paraît appartenir à l'antiquité païenne, car on croit y reconnaître un roi d'Édesse ; le second, au contraire, peut être attribué au xve siècle de notre ère.

3366. Buste d'homme, imberbe, les cheveux crépus, de profil. A gauche, un ☉ puis deux symboles ou lettres. Pâte vert d'eau. H. 15 mill. L. 12 mill.

3367. Buste de trois quarts d'une jeune femme; les cheveux flottants sur les épaules. Bleu clair. H. 15 mill.

3368. Mufle de lion. Pâte bleue. Diam. 16 mill.

3369. Vase à deux anses, avec couvercle se dessinant en blanc sur un fond violet. H. 35 mill. L. 30 mill.

3370. Imitation d'une sardonyx à trois couches sans gravure. H. 30 mill. L. 26 mill.

Imitation de camée.

Époque contemporaine.

3371. Cambacérès. Buste de profil, avec l'habit de consul de la république. On lit sous le bras, la signature de l'artiste : LELIÈVRE. Pâte blanche sur fond violet. H. 32 mill. L. 25 mill.

> Cette empreinte en pâte de verre d'un *camée* de l'archi-chancelier de l'empire a été donnée au Cabinet des médailles et antiques en 1807, par l'auteur M. Lelièvre.

Imitations d'intailles.

3372. Trois DIVINITÉS debout. L'exiguïté du monument et la barbarie du travail ne permettent pas de discerner distinctement les attributs de ces divinités, dans lesquelles je crois pourtant reconnaître *Jupiter*, *Junon* et une *Isis-Fortune*. Pâte noire. H. 10 mill. L. 12 mill.

3373. LÉDA et JUPITER en cygne. Pâte verte. H. 11 mill. L. 8 mill.

Cette *pâte de verre* a été donnée au Cabinet des médailles et antiques en 1856 par M. Girles, ainsi que celles décrites ici sous les nos 3376, 3382, 3384, 3385, 3386, 3389, 3392.

3374. APOLLON debout, s'appuyant sur une colonne, et tenant une branche de laurier. Un laurier derrière la colonne. Imitation d'une intaille sur *nicolo*. H. 15 mill. L. 10 mill.

3375. APOLLON nu, debout, l'arc à la main. Verre jaune. H. 21 mill. L. 12 mill.

3376. MINERVE assise. Pâte bleue. H. 10 mill. L. 8 mill.
V. no 3373.

3377. MARS-VICTOR debout, portant un trophée. Verre violet. H. 35 mill. L. 25 mill.

3378. VÉNUS assise. Pâte jaune. H. 10 mill. L. 7 mill.
V. no 3373.

3379. BACCHANTE dansant, le cymbalum à la main. Imitation d'agate rubanée. H. 18 mill. L. 11 mill.

3380. BACCHANT dansant, le thyrse à la main. Verre bleu. H. 35 mill. L. 25 mill.

3381. Hercule nu, debout, tenant un vase. Imitation d'une pierre rubanée; verre vert avec bandes bleu et blanc. H. 15 mill. L. 10 mill.

V. no 3373

3382. Hercule terrassé par l'amour. Pâte violette. H. 12 mill. L. 10 mill.

3383. Ajax relevant le corps d'Achille. Pâte imitant le rubis. H. 10 mill. L. 8 mill.

V le camée no 1818.

3384 Dioméde nu, debout, l'épée suspendue par un baudrier. Pâte violette. Diam. 12 mill.

V. au no 3373

3385. Ulysse et son chien. Pâte jaune. H. 11 mill. L. 8 mill.

V. au no 3373.

3386. Ulysse debout. Pâte imitant l'améthyste. H. 15 mill. L. 10 mill.

V. au no 3373.

3387. Héros blessé, à demi couché sur le sol, s'appuyant sur son bouclier. Devant lui, deux boucliers, sans doute ceux des ennemis qu'il a tués. Pâte bleue. H. 10 mill. L. 11 mill.

3388. Héros blessé. Pâte jaune. H. 10 mill.

3389. Héros nu, debout. Pâte jaune. H. 13 mill. L. 9 mill.

V. au no 3373.

3390. Homme sacrifiant. Imitation de *nicolo*. H. 13 mill. L. 10 mill.

3391. Chasseur accompagné de son chien portant une

pièce de gibier sur l'épaule. Mêmes couleurs que le
n° 3384. H. 13 mill. L. 9 mill.

3392. Captif accroupi, les mains liées derrière le dos.
Pâte violette. Diam. 12 mill.

V. au n° 3373

3393. Femme assise entre deux épis. Pâte jaune. H. 10
mill. L. 8 mill.

3394. Enfant. Buste de face; portrait. Pâte jaune. H. 10
mill. L. 8 mill.

3395. Tête juvénile de profil. Pâte rosée. H. 9 mill. L.
7 mill.

V. au n° 3373.

3396. Aigle combattant un loup. Pâte jaune. H. 10 mill.
L. 11 mill.

3397. Colombe. Pâte jaune. Diam. 10 mill.

V. au n° 3373.

3398. Faustulus, le berger, découvrant la louve qui
allaite *Romulus* et *Rémus*. Dans le champ, à gauche
buste de Rome casquée. Pâte jaune. H. 10 mill. L. 9
mill.

3399. Auguste. Buste lauré de profil. On lit : ΔΙΟCΚΟΡΙ-
ΔΟΥ. *OEuvre de Dioscoride*. Verre noir. H. 35 mill.
L. 29 mill.

Fragments de vases.

3400. Persée délivrant *Andromède,* qu'il saisit par le
bras, tandis qu'il cache derrière lui la terrible tête
de Méduse qu'il tient de la main gauche. Fragment

d'un vase en pâte de verre. On ne voit que le bras d'Andromède, et la figure de Persée elle-même n'est pas entière. H. 4 cent. L. 4 cent.

Le travail de ce fragment est exquis; si l'on possédait le vase entier ce serait un digne pendant pour le célèbre *vase Barberini* ou *Portland* du *British Museum* qui est décoré comme notre fragment de bas-reliefs se détachant en blanc sur fond bleu. (Voyez CAYLUS, dans les *Mémoires de l'Académie des Inscriptions et Belles-Lettres*, t. XXIII, p 366.)

3401. BACCHANT nu, sauf une large ceinture nouée au-dessous du nombril; de la main gauche, il entraîne par les cornes un bouc qui résiste ;- de la droite, il tient un vase dont il répand la liqueur. Derrière ce groupe, un SATYRE. H. 23 mill. L. 50 mill.

Fragment d'un vase du même genre que ceux dont il vient d'être parlé au n° 3400, c'est-à-dire orné de bas-reliefs se détachant en blanc sur fond bleu Celui-ci, sans être aussi remarquable au point de vue de l'art que le précédent, est d'un très-bon travail; malheureusement il est encore plus incomplet comme conservation. Il ne reste que le milieu du corps des deux principales figures. Caylus, qui a publié ce fragment dans son Recueil, V. t. III, pl. LXXXIX, n° 11, p. 330, nous apprend qu'on l'a trouvé à Arles sur le bord du Rhône.

3402. SERPENT devant un autel. Fragment d'un vase avec bas-relief de pâte blanche sur fond bleu. H. 50 mill. L. 60 mill.

V. nos 3400 et 3401.

3403. JEUNE FEMME vue à mi-corps, tenant de deux doigts l'extrémité supérieure de son peplus. Médaillon ovale de pâte de verre irisée. H. 50 mill. L. 32 mill.

Médaillon qui doit avoir fait partie de la décoration d'un vase du même genre que ceux qui précèdent. L'irisation a changé les couleurs.

3404. TÊTE DE MÉDUSE de face. Verre bleu. H. 60 mill. L. 60 mill.

3405. TÊTE DE MÉDUSE de face. Fragment en pâte bleue. H. 30 mill. L. 30 mill.

3406. TÊTE DE MÉDUSE de face, la langue hors de la bouche. Verre blanc irisé. Diam. 28 mill.

3407. Idem. Diam. 25 mill.

3408. Tête de Méduse de face, la langue hors de a bouche. Fragment. Verre vert. H. 30 mill. L. 20 mill.

3409. Masque de Méduse. Imitation de camée. Fragment de pâte brune. Diam. 28 mill.

3410. Fragment d'un grand médaillon d'ornement, représentant un *Masque de Méduse* de face. H. 11 cent. L. 10 1/2.

> Le comte de Caylus a publié ce beau fragment, qui a été trouvé à Rome. Voyez son *Recueil*. T. III, p. 298, pl. lxxi, n° 1.

3411. Masque de Méduse de face. Fragment de pâte bleue irisée. H. 30 mill. L. 42 mill.

> Acquis en 1850 à la vente de M. Préaux.

3412. L'Amour debout, armé de son arc. Fragment d'un vase de verre blanc. H. 25 mill. L. 20 mill.

3413. Idem. Diam. 20 mill.

3414. Omphale coiffée de la peau du lion. Tête de face de haut relief. Provenant d'un vase de verre vert. Diam. 35 mill.

3415. Centaure courant, armé de deux branches d'arbre. Fragment de la décoration d'un vase de verre blanc. Diam. 21 mill.

3416. Masque de Satyre. Fragment d'un vase de verre blanc. H. 35 mill. L. 20 mill.

3417. Idem. H. 36 mill. L. 27 mill.

3418. Tête de Ménade de haut-relief. Fragment de la décoration d'un vase de verre blanc. Irisations. H. 26 mill. L. 25 mill.

3419. Fragment d'un vase. Il ne reste que la tête d'une *bacchante* qui paraît élever un tympanum. Pâte bleue. H. 20 mill. L. 40 mill.

3420. Masque bachique. Fragment d'un vase. Le masque est en pâte blanche sur fond bleu. H. 30 mill. L. 25 mill.

Excellent style.

3421. Masque de la Tragédie de face en relief des deux côtés d'un fragment de verrre bleu, imitant le lapis-lazuli. H. 22 mill. L. 11 mill.

Ce petit objet, qui a peut-être servi de tête d'épingle, est du plus beau style.

3422. Idem. H. 17 mill. L. 15 mill.

V. le no 3421.

3423. Masque tragique. Fragment de haut-relief, d'un très-beau style. Couverte rouge sur verre jaunâtre. H. 40 mill. L. 30 mill.

3424. Masque d'acteur comique. Fragment d'un vase de verre blanc. Diam. 35 mill.

3425. Fragment d'un vase. Masque d'acteur comique. Verre bleu. Diam. 30 mill.

3426. Masque de Maccus. Fragment de la décoration d'un vase, en verre bleu et blanc. Diam. 25 mill.

3427. Buste viril de profil. Fragment provenant d'un vase de verre blanc. H. 24 mill. L. 24 mill.

3428. Idem. Verre blanc irisé. Diam. 22 mill.

3429. Idem. Diam. 22 mill.

3430. Idem. Diam. 22 mill.

3431. IDEM. Diam. 20 mill.

3432. FRAGMENT d'un vase de verre blanc. Jeune femme diadémée, vue de profil. H. 35 mill. L. 40 mill.

3433. BUSTE de femme de profil, sur un médaillon rond. Diam. 20 mill.

3434. FRAGMENT d'un vase. Tête de nègre. Verre bleu. H. 40 mill. L. 30 mill.

> Beau fragment acquis en 1844 à la vente Linck.

3435. LION ailé et cornu, en marche. Pâte de verre bleu. H. 32. mill. L. 40 mill.

> Ce beau fragment a été acquis en 1850 à la vente de M. Préaux.

3436. MUFLE de lion. Verre blanc. Fragment de la décoration d'un vase. H. 20 mill.

3437. FRAGMENT concave d'un vase. *Paon* faisant la roue. Diam. 24 mill.

3438. FRAGMENT en forme de *spatule*. Verre bleu. Diam. 27 mill. sans l'anse.

3439, 3440. ANSE de vase en verre bleu. Deux fragments semblables. On lit d'un côté en grec : ΑΡΤΑCCΙΔΩ; le même nom en latin au revers : ARTASSIDON. H. 23 mill. L. 20 mill.

3441. ANSE de vase en verre bleu. Fragment. On voit d'un côté, en relief, le buste de profil d'un empereur lauré. De l'autre côté, une inscription en trois lignes dont on ne lit distinctement que ΠΟΙΗCΕΝ. H. 30 mill. L. 16 mill.

> L'inscription contenait une marque d'artiste ou de fabricant comme l'indique le mot ἐποήσεν, *fecit*.

3442. Cachet d'un vase de verre, avec ces lettres en monogramme : LANB. Diam. 20 mill.

3443. Autres ; le monogramme donne les lettres : TO-LAS VNB. Diam. 25 mill.

3444. Pied d'un vase. Sous le culot, en relief, une Victoire ailée, debout, avec palme et couronne, et ces mots en creux : VICTORIAE AVGVSTI. *A la victoire de l'Empereur.* Diam.

Le comte de Caylus a publié ce fragment dans le t III de son *recueil.* V pl. LXXXIII, nº 4 et p. 306. Il en place la fabrication vers le temps de Posthume.

3445. Fragment d'un vase, imitation de pierre dure. H. 42 mill. L. 55 mill.

3446. Idem. H. 40 mill. L. 30 mill.

Pendants de collier et bague.

3447. Pendant de collier. L'*Amour* sur un lion courant. Verre jaune. H. avec la bélière, 20 mill.

3448. Pendant de collier. Tête de *bacchante* de face. Pâte de verre vert, avec monture moderne en argent. Diam. 15 mill.

3449. Pendant de collier. *Génie* de l'automne. Buste de face avec un collier de fruits. Diam. 22 mill.

3450. Pendant de collier avec sa bélière. Ulysse debout attaché au mât de son vaisseau, pour échapper aux séductions des sirènes. Deux de ses compagnons assis font la manœuvre. Verre vert. Diam. 20 mill.

Acquis en 1853.

3451. Pendant de collier avec sa bélière. Bustes affrontés d'un homme et d'une femme. Au-dessus, un oiseau. Verre jaune. Diam. 20 mill.

Acquis en 1854. Travail du temps de Septime-Sévère.

3452. PENDANT de collier représentant une tête de bélier multicolore. H. 11 mill.

3453. PENDANT de collier. Une grenouille. H. avec la bélière : 21 mill.

On pourrait ranger ce pendant de collier parmi les monuments chrétiens des premiers siècles. La grenouille était quelquefois employée comme symbole de la Résurrection. M. Muret, du Cabinet des Medailles, me communique le dessin d'une lampe chrétienne qui porte l'image d'une grenouille, avec la croix et cette inscription :

ΕΓΩ ΕΙΜΙ ΑΝΑСΤΑСΙС.

Je suis la résurrection.

Cette lampe faisait partie de la collection de l'abbé Greppo.

3454. PENDANT de collier de verre multicolore, en forme de cœur. H. 11 mill.

3455. AUTRE à peu près de la même forme. Rayé de noir et de blanc. H. 20 mill.

3456. PENDANT de collier en forme de vase, de couleur verte; la panse ornée d'incrustations représente des masques et des losanges. H. 15 mill.

3457. BAGUE en pâte de verre bleu foncé, avec chaton en verre jaune, représentant un masque de *Méduse*. H. du chaton, 10 mill.

Fragments divers de pâte de verre.

3458. Sous ce numéro, et sous les numéros 3459 à 3470, sont rangés des fragments de pâte de verre, de diverses formes, qui ont dû être employés soit à revêtir des murs, soit à tout autre usage domestique;

ces fragments sont multicolores; les couleurs pénè-
trent toute l'épaisseur du verre qui, scié en lames
minces, offre toujours les mêmes couleurs et les
mêmes ornements. On trouvera la figure de plusieurs
de ces fragments dans le t. I du *Recueil de Caylus.*
V. pl. cvii et p. 293 et suivantes. La hauteur du fragment 3458 est de 25 mill. La largeur de 28 mill.
Comme à l'exception du n° 3461, sur lequel est figuré
un *canard,* ces fragments ne représentent pas de sujets, mais de simples ornements, je me suis contenté
d'indiquer leurs dimensions.

3459. Diamètre, 20 mill.

V. n° 3458.

3460. H. 19 mill. L. 53 mill.

V n° 3458

3461. CANARD. H. 21 mill. L. 20 mill.

V. n° 3458.

3462. H. 20 mill. L. 20 mill.

V. n° 3458.

3463. H. 23 mill. L. 18 mill.

V. n° 3458.

3464. H. 25 mill. L. 23 mill.

V n° 3458.

3465. H. 25 mill. L. 40 mill.

V. n° 3458.

3466. FRAGMENT carré. H. 15 mill.

V. n° 3458.

3467. FRAGMENT convexe. H. 35 mill. L. 25 mill.

V. n° 3458.

3468. H. 20. L. 22.

> V. nᵒ 3458.

3469. FRAGMENT carré. H. 20 mill.

> V. uᵒ 3458.

3470. Entier, ce fragment irisé aurait 15 mill. de diamètre.

Monuments des premiers siècles du christianisme.

(Fragments provenant de vase.)

3471. DEUX PERSONNAGES jeunes, l'époux et l'épouse, vus a mi-corps, de face, vêtus à la romaine. Au-dessus d'eux, N. S. debout, tenant de chaque main une couronnè au-dessus de la tête de ces deux pieux époux. Légende : IVCVNDE CVRACE ZECES. *Vis en joie, Cyriaque!* **Diam. 8 1/2 cent.**

Il est à peine nécessaire de faire remarquer que les joies dont il est question sont les joies célestes, et qu'il ne s'agit pas ici des joies de ce monde. Les couronnes sont également des symboles du royaume des cieux qui est promis à Curiace et à sa pieuse épouse

Les *fragments de vases de verre chrétiens* décrits sous les nᵒˢ 3471, 3472 et 3473 sont d'intéressants monuments des premiers âges du christianisme. Les sujets pieux qui les décorent sont dessinés ou gravés à la pointe sur une mince feuille d'or appliquée sur une plaque de verre et recouverte d'une seconde plaque, soudée au feu avec l'autre. Ce procédé protégeait si bien cette sorte de peinture que celles qui n'ont pas été brisées sont parvenues jusqu'à nous sans avoir perdu cette mince décoration. Cette série n'est pas nombreuse dans le cabinet de France, c'est en Italie et surtout à Rome qu'on rencontre ces précieux vestiges des origines du christianisme. Le père Raph Garrucci prépare en ce moment un ouvrage sur les *verres chrétiens*, et il a déjà réuni plus de 300 morceaux du genre de ceux décrits dans la présente section. Ceux du cabinet de France trouveront leur place dans le livre du docte et pieux antiquaire.

3472. FRAGMENT. Il ne reste que la tête d'un personnage et ces lettres : AVIVIA... H. 25 mill. L. 47 mill.

Voyez le commentaire au numéro précédent.

Il serait téméraire ici, et avant la publication de la masse de monuments dont il a été parlé plus haut, nᵒ 3471, de chercher à compléter une légende

aussi défectueuse. Il suffit de dire que ce fragment faisait évidemment partie
d'un médaillon à deux personnages comme celui décrit plus haut, no 3471.

3473. PERSONNAGE barbu, vu à mi-corps. On lit : CAL-
LISTVS. Diam. 40 mill.

C'est probablement le pape saint Calixte qui est représenté ici; il fut mar-
tyrisé dans le IIIe siècle Cette commémoration du saint pontife doit dater
du Ve siècle de notre ère. Voyez le commentaire du no 3471.

Pendants de collier des premiers siècles du christianisme.

3474. PENDANT de collier. LE SERPENT D'AIRAIN. Deux
Israélites le contemplent. Verre vert. H. 20 mill.

Trouvé en Syrie et acquis en 1853.

3475. PENDANT de collier. JÉSUS–CHRIST assis, la main
droite élevée, comme pour bénir; devant lui, ses
douze disciples. Verre rouge. H. avec la bélière 20
mill.

Trouvé en Syrie et acquis en 1853. Voyez un pendant de collier qui
paraît être chrétien, plus haut, no 3453.

Monuments chrétiens de l'époque byzantine.

3476. TESSÈRE ronde, sur laquelle paraît un buste viril
de face, avec cette légende : ΕΠΙ ΘΕΟΔΩΡΟΥ ΕΠΑΡ.
Sous Théodore, Éparque (Préfet). Verre vert. Diam.
20 mill.

3477. SAINT nimbé, vu à mi-corps. Pâte de verre rouge
foncé. H. 17 mill. L. 15 mill.

Selon l'usage de l'Église grecque, le nom est inscrit par des lettres posées
perpendiculairement; mais à la fusion ces lettres sont mal venues.

Monuments chrétiens du moyen âge et de la renaissance.

3478. FRAGMENT de pâte de verre forme lenticulaire;

portant au centre une *rosace* et cette inscription dont une partie est irisée, mais qui cependant se lit facilement :

BENEDICAT NOS D̄S̄.

Que le Seigneur nous bénisse!

La rosace est noire sur fond vert d'eau ; les lettres sont blanches sur fond noir. Diam. 21 mill.

Curieux spécimen qui peut remonter à l'époque des rois carlovingiens. Acquis en 1850.

3479. Tessère sur laquelle paraît la croix avec ces lettres aux quatre branches : K. B.   en monogramme, et . *Seigneur aies pitié de N.* Diam. 15 mill.

Cette tessère doit avoir été fabriquée dans quelqu'un des États soumis aux princes croisés.

3480. La Vierge debout, portant l'enfant Jésus , entre saint Jean-Baptiste et saint Marc. Deux chérubins soutiennent une couronne au-dessus de la tête de Notre-Dame. On lit au-dessus de la Vierge : GLORIOSA DE LASARĒ. (*Vierge*) *Glorieuse de* .... Près de saint Jean et de saint Marc leurs noms en latin S. IohS. BAPTISTA. S. MARCVS. H. 65 mill. L. 55 mill.

Médaillon ovale en pâte de verre de couleur brune, qui a été donné à la Bibliothèque, en 1838, par feu Dubois, conservateur adjoint du musée du Louvre. Ce curieux monument paraît remonter au xive siècle. Il faut peut-être lire NASARE, Nazareth, au lieu de *Lasare.*

3481. La Vierge assise, tenant l'enfant Jésus. H. 35 mill. L. 30 mill.

Imitation de camée. Le sujet se détache en pâte blanche sur fond brun.

3482. Saint Jean vu à mi-corps, dans une piscine, les mains croisées sur la poitrine. Pâte de verre bleu. H. 11 mill. L. 8 mill.

V. le n° 3365 *Commentaire.*

3483. LA NATIVITÉ de N. S. Revers, la *Descente de Croix*. Pâte de verre noir, de mauvaise conservation. Diam. 20 mill.

Monuments gnostiques.

3484. IMITATION d'une intaille sur émeraude. On lit en creux :

ΗΡΩΔΟΥΤ

ΡΑΡΧΟΥΤ ΥΒΕΡΥ

ΑϹ

En bas, un poisson ou reptile fantastique. H. 25 mill. L. 32 mill.

> Imitation en verre vert d'une intaille gnostique. On peut traduire la légende, malgré son incorrection, *Hérodote, Éparque ou Archonte de l'Ibéric.* V. *sur les Pierres gnostiques*, ci-dessus, p. 282.

3485. LÉZARD. H. 10 mill. L. 15 mill.

> Imitation d'intaille en jaspe fleuri, qui doit appartenir à la série des *monuments gnostiques.* V. plus haut, p. 282.

Monnaies arabes de verre.

3486. BON DE DENRÉES. On lit en caractères coufiques : *Vingt-cinq felous de charubeh.* Diam. 28 mill.

> On trouvera des descriptions de monnaies de verre et des *bons de denrees.* analogues à celui-ci dans divers écrits : Voyez entre autres: ASSEMANI. *Musco Cufico Naniano*, 2e partie, p. 121, pl. VIII.—ADLER *Museum Borgianum Velitris* p. 77, pl. VI , nos 57 et suiv.— PIETRASZEWSKI, *Numi Mohamedeni*, p. 97 et suiv. L'espèce d'assignat qui nous occupe paraît avoir été fabriqué en Égypte, sous le Fatimites, vers le xe siècle de notre ère.

3487. MONNAIE du *Calife Al-Moazz.* On lit en caractères coufiques : *Al-Moazz.* Diam. 15 mill.

> Le calife fatimite Al-Mouzz-*ledin-illah* régna de 952 de notre ère à l'an 97 V. au commentaire du no précédent.

MATIÈRES DIVERSES

Antiquité.

3488. TIBÈRE. Buste, la tête nue. PORCELAINE bleue d'Égypte. H. 9 cent.

Rare et précieux spécimen de la sculpture en porcelaine dans l'antiquité. Le nez est de restauration.

3489. SAPHO assise, jouant de la lyre avec un plectrum, en compagnie d'un petit amour ailé, qui se tient debout près d'elle. SUCCIN. H. 72 mill.

Groupe de travail grossier, mais curieux à cause de la rareté des monuments de cette matière. (Voyez no 3505.)

3490. FIGURINE grotesque, peut-être Silène debout; de la main gauche qui manque, il tenait peut-être un thyrse. CORAIL. H. 4 cent.

Donné par M. le baron de Witte, en 1849.

3491. TABLETTES antiques, en bois de sycomore, ou *polyptique*, formant un cahier de cinq feuillets, y compris le recouvrement. Ces tablettes sont enduites de cire, et portent gravées à la pointe les notes d'un entrepreneur égyptien nommé *Paphnuthius*. H. 11 cent. Larg. de chacune de ces tablettes, 42 mill.

Ces tablettes trouvées à Memphis sur une momie, ont été rapportées en France par M. Louis Bâtissier, vice-consul de France a Suez, auteur de divers bons écrits sur l'archéologie. La Bibliothèque Impériale en a fait l'acquisition en 1851. Voyez sur ce curieux monument, une lettre de M. François Lenormant à M. Hase, insérée dans la *Revue archéologique*, année 1852 p. 461, et la réponse du savant professeur dans le même recueil, p. 471 Le caractère de ces notes conçues en grec, semble indiquer l'âge des Ptolemées.

3492, 3493. Bordure d'oves en bois peint en rouge et doré. H. du nº 3492, 4 cent. L. 17 1/2 cent. H. du nº 3493, 21 mill. L. 8 cent.

Le célèbre voyageur Hommaire de Helle a fait don en 1843, à la Bibliothèque Impériale, de ces deux fragments, ainsi que de celui qui porte le nº 3494. Ces bordures proviennent de la décoration d'un sarcophage en bois, trouvé près de Kertsch en Crimée en 1830. On peut voir un sarcophage orné de bordures absolument semblables, figuré dans les *Antiquités du Bosphore Cimmérien,* cf. pl. LXXXI, nº 6. Texte, t. II, p. 147.

3494. Médaillon de bois offrant en bas-relief, un *lion ailé dévorant une antilope*. Diam. 12 cent.

Donné en 1843 par M Hommaire de Helle, en même temps que les nºs 3492 et 3493. Ce *bas-relief* a été trouvé en 1840, près de Kertsch en Crimée. (V. le Commentaire des nºs 3492 et 3493.)

SUPPLÉMENT

CAMÉES ANTIQUES[1].

(Iconographie grecque.)

3495. Laïs nue, accroupie, sortant du bain; elle tient des deux mains la tunique dont elle va s'envelopper. Devant elle, à ses pieds, un vase sur lequel on lit en grec le nom de la célèbre courtisane : ΛΑΙϹ. Ce mot est gravé en creux. Sardonyx à deux couches. H. 15 mill. L. 11 mill.

La Bibliothèque Impériale a acquis ce charmant camée grec en 1856. La beauté du travail, la grâce de la composition, sans parler de cette circonstance si rare de l'inscription du nom du personnage, font de cette pierre un monument de premier ordre.

CAMÉES DU MOYEN AGE.

3496. Noé buvant le vin dans une coupe, devant un cep de vigne dont il cueille en même temps une grappe. Le patriarche est représenté debout, la tête nue, barbu, revêtu d'une longue robe; sa démarche est chancelante; il ressent déjà les effets du nouveau breuvage dont il ignore encore la puissance. Sardonyx à trois couches. (Admirable matière.) H. 50 mill. L. 23 mill.

Voici encore un monument des plus remarquables, bien qu'il appartienne à une époque et à un art bien éloignés de celui qui vient d'être décrit. Il s'agit ici d'un camée dont la date est fort difficile à préciser. Les avis sont partagés; quelques-uns le font remonter aux premiers siècles de l'ère chrétienne; pour moi, j'ai été assez heureux pour le faire connaître avant qu'il

---

1. On trouvera décrits dans ce *supplément* ou *appendice* , les monuments acquis pendant l'impression, ou omis pour divers motifs.

fit partie de la Collection Impériale, grâce à la bienveillance d'un amateur éclairé, M. Aug. Lhérie qui le possédait alors. J'ai cru pouvoir l'attribuer au xiii° siècle [1]. Quoi qu'il en soit, et que ce camée doive être considéré comme un produit de l'aurore de la Renaissance, ou comme le résultat des derniers efforts de l'art antique, c'est un des joyaux du cabinet de France, comme il fut peut-être jadis l'un de ceux de la couronne au temps du roi Charles V. En effet, on trouve la description d'un camée qui pourrait être celui-là même qui nous occupe dans l'*Inventaire original des joyaux* de ce prince qui est conservé à la Bibliothèque Impériale, et que M. de Laborde cite dans l'excellent *Glossaire* qu'il a joint à la *Notice des émaux du Louvre*. V. p. 188, lettres F B.

Voici les termes de l'*inventaire* :

« Item ung camahieu sur champ blanc, qui pend à double chesnette et « y a un hermite qui boit à une coupe sous un arbre »

L'identité du sujet est évidente; l'ermite qui boit sous un arbre, c'est bien Noé; reste une difficulté, c'est que ce que nous appelons le champ d'un camée, est brun foncé et non blanc sur le camée du cabinet de France; mais il peut y avoir une erreur dans cette description naïve, et d'ailleurs peut-être la monture cachait-elle en partie le champ aux rédacteurs de l'inventaire qui ont pu vouloir désigner les chairs qui sont en effet de couleur blanche, tandis que la robe est d'un brun tirant sur le jaune. L'inventaire de Gilles Mallet et de Hennequin du Vivier est de l'année 1380; ainsi on peut affirmer qu'à cette époque, ce sujet de Noé avait déjà été traité sur pierre dure. C'est au commencement de la présente année 1857, que la Bibliothèque Impériale a fait l'acquisition de ce précieux camée.

INTAILLES ANTIQUES.

(Mythologie.)

3497. MARS casqué; buste de profil. PRASE. H. 12 mill. L. 10 mill.

3498. CÉRÈS voilée. Buste de profil. CORNALINE. H. 10 mill. L. 8 mill.

3499. BACCHUS debout. Ébauche. CORNALINE. H. 7 mill. L. 5 mill.

3500. NYMPHE. Buste de profil. CORNALINE. H. 12 mill. L. 10 mill.

Charmante intaille de travail grec. Donné au Cabinet des médailles et antiques en 1857 par M. Auguste Lhérie.

1. Voyez *La Glyptyque au moyen âge, Lettre à M. le comte de Laborde,* insérée dans la onzième année de la *Revue archéologique.*

3501. Othryade blessé, rassemblant ses forces pour élever, avant d'expirer, le trophée qui doit assurer la victoire à sa patrie. On distingue le trophée à droite. Cornaline. H. 8 mill. L. 10 mill.

Pierre d'excellent travail grec, mais malheureusement brisée en deux endroits.

3502. Héros à demi nu, assis, tenant d'une main un casque et de l'autre une palme. Devant lui, à ses pieds, un bouclier. Serpentine. H. 14 mill. L. 12 mill.

(Jeux et usages.)

3503. Cavalier en course. Lapis-lazuli. H. 20 mill. L. 15 mill.

Travail grossier. V. no 3504

3504. Athlète nu, agenouillé, tenant une palme. Lapis-lazuli. Diam. 20 mill.

Travail analogue à celui de la pierre no 3503.

3505. Symplegma. L'attitude des personnages rappelle les sujets des médailles *spintriennes*. Succin. H. 15 mill. L. 10 mill.

On connaît peu d'intailles sur cette matière. (Voyez no 3489.)

(Iconographie grecque.)

3506. Amastris, reine de Paphlagonie. Buste de profil avec la tiare orientale. Cornaline blonde. H. 10 mill. L. 9 mill.

V. plus haut, p. 268, no 2051

3507. Reine d'Égypte, peut-être Arsinoé, femme de Ptolémée IV Philopator. Buste de profil, avec la coiffure symbolique d'Isis. Cornaline. H. 11 mill. L. 9 mill.

(Iconographie romaine.)

3508. Julie, fille de l'empereur Titus. Buste de profil.
Nicolo. H. 28 mill. L. 16 mill.

La Bibliothèque Impériale a acquis cette belle intaille en 1857. (V. plus
haut, nos 2089 et 2090.)

3509. Lucilla, femme de l'empereur Lucius Verus.
On lit dans le champ, ΠΡΟΚΛ. Jaspe rouge. H. 12 mill.
L. 8 mill.

La Bibliothèque Impériale a acquis cette intaille en 1848 Elle provient
du Levant. Le nom *Proclus* qui se lit en abregé sur cette pierre peut être
celui d'un possesseur ou de l'auteur de la pierre.

5510. Marcia, concubine de Commode. Buste de profil,
la tête couverte d'un voile. Améthyste. H. 18 mill.
L. 14 mill.

La belle intaille qui vient d'être décrite, est de l'ancien fonds du cabinet
de France. Mariette l'a publié sous le nom de Sapho (V. t. II Têtes, nᵒ 97),
et elle figure sous le même nom dans l'*Histoire du Cabinet des médailles* de
feu Marion du Marsan. (V. p. 104, nᵒ 881.) C'est M Charles Lenormant
qui a rendu à ce monument son véritable nom. Voyez sur ce sujet l'intéressant mémoire, publié par le savant académicien dans la *Revue numismatique*, année 1857, p. 212 et suivantes.

3511. Sceptre et *épi* séparés par cette inscription :

L V C C O N I A E
F E L I C V L A E.

Cornaline. H. 8 mill. L. 13 mill.

L'inscription qui paraît sur ce cachet nous donne les noms de son possesseur, qui fut une femme nommée *Lucconia Felicula*. Felicula signifie
petite chatte. Le travail annonce une époque assez basse.

INTAILLES MODERNES.

3512. Éphèbe. Buste de profil, tourné à droite, la tête
nue, les cheveux bouclés. Cornaline. H. 17 mill. L.
12 mill.

Excellente imitation de l'antique, exécutée au xvie siècle. Acquisition de
l'année 1854.

3513. Cupidon nu, debout, tenant la faux du Temps. **Cornaline.** H. 14 mill. L. 11 mill.

Travail du xviiie siècle. L'allégorie est bien dans le goût de cette époque.

MONUMENTS D'OR

Bijoux antiques.

3514. Collier formé par une chaînette et vingt-trois perles creuses dodécagones. Le crochet du fermoir manque. Longueur, 30 cent.

Trouvaille de Naix en 1809. (Voyez plus haut, p. 375, no 2558, au *Commentaire*)

3515. Collier formé par deux chaînettes fixées à des fermoirs en filigrane. Longueur, 43 cent.

MONUMENTS D'ARGENT

Antiquité.

3516. Diane debout, le carquois sur l'épaule; tenant de la main droite une flèche ou un javelot à demi détruit. De la main gauche, elle tenait sans doute son arc, mais la main n'existe plus. H. 45 mill.

Travail romain. Cette jolie figurine a été acquise en 1848.

MONUMENTS D'IVOÍRE

Antiquité.

3517. Main mutilée. H. 8 cent.

Ce fragment d'une statue de jeune fille de grandeur naturelle a été donné au Cabinet des médailles et antiques, en 1857, par M. Eugène Piot.

VASES ÉTRUSQUES

Terre cuite.

3518. GRAND vase sans anses, appelé par les antiquaires italiens *Bottina*, petit tonneau. Le col est sans ornements; la panse est cannelée et décorée vers la partie supérieure d'une bande d'ornements en relief et d'une seconde bande de sphinx. Vers le pied du vase, une bande étroite de méandres en relief, puis une seconde bande plus large d'ornements également en relief. TERRE rouge, grossière. H. 1 mètre 8 cent. Diam. de l'orifice, 44 cent. Circonf. 1 mètre 37 cent.

Ce vase, ainsi que celui qui suit, a été donné au Cabinet des médailles et antiques en 1845, par M. le prince Torlonia. Ils ont été trouvés, ainsi que dix-huit autres vases donnés en même temps par ce célèbre amateur, dans son duché de Céri, l'antique Cœre, d'Étrurie. Les deux vases qui nous occupent sont de la plus grande rareté. La bande de sphinx qui paraît sur celui qui porte le n⁰ 3517 a été obtenue au moyen d'un seul et même moule

3519. AUTRE semblable au numéro précédent, sauf qu'on n'y voit pas la bande de sphinx. MÊMES dimensions qu'au n⁰ 3517.

V. le numéro précédent.

MONUMENTS DE VERRE

3520. CORBULON. Buste de profil. Imitation d'intaille. PATE jaune. H. 15 mill. L. 13 mill.

Ce petit monument, malheureusement brisé, a été donné au Cabinet des médailles en 1856 par M. le commandant Brongniart.

ADDITIONS ET CORRECTIONS

Page 4, n° 16. Ajoutez au commentaire :

Voyez le *Recueil* de Caylus, t. I, p. 144, pl. LIII, n° 4.

Page 8, n° 39 Ajoutez au commentaire :

On peut voir dans *Le Antichità di Ercolano* de Piroli, une peinture dont le sujet a beaucoup d'analogie avec ce camée. V. t. II, pl. XII.

Page 12, n° 63. Ajoutez au commentaire :

Acquis à la vente Luck en 1844.

Page 14, n° 78. Ajoutez au commentaire :

On peut voir dans le *Museum veronense* de Maffei, pl. LXXIII, n° 5, un bas-relief de marbre qui offre la même composition.

Page 15, n° 85. Ajoutez :

Ce camée a été acquis en 1794.

Page 15, n° 86. Ajoutez au commentaire :

Voyez Millin, *Galerie mythologique*, t. I, p 41, pl. XLII, n° 177.

Page 17, n° 101.

On peut voir la même composition sur un bas-relief du *Museum veronense* de Maffei. V. pl. LXXV, n° 4.

Page 19, n° 109. Ajoutez :

Publié par Millin. *Galerie mythologique*, t. II, p. 7, n° 389, pl. XCVI.

Page 27 :

Au commencement de la subdivision des Camées antiques, intitulée *Iconographie romaine*, et qui comprend les n°s 184 à 257, on a omis d'inscrire ce titre : CAMÉES ANTIQUES.

De plus, dans toute cette section, de la page 27 à la page 45, on a également omis ces mêmes mots : CAMÉES ANTIQUES, qui devraient être placés en titre courant au haut des pages avec le sous-titre : ICONOGRAPHIE-ROMAINE.

Page 28, no 185. Ajoutez au commentaire .

Acquis en 1855

Page 33, no 199. Ajoutez au commentaire :

Voyez, *Revue archéologique*, article de M. A. Chabouillet, sixième année, p. 338, pl. cxxi, no 2.

Page 38, no 227. Ajoutez au commentaire :

On lit au sujet de ce camée dans les *Mémoires de l'Académie des inscriptions* que cette pierre « avait passé dans des temps d'ignorance pour le Triomphe « de Joseph en Égypte. » V. t I, p. 278. V. aussi Montfaucon, *Antiquité expliquée, supplément,* t. III, p. 27, pl. vii, no 3.

Page 40, nº 238. Ajoutez au commentaire :

Voyez le *Recueil* de Caylus, t. I, p. 214, pl. lxxxvi, no 2..

Page 43, no 253. Ajoutez au commentaire :

Acquis en 1841.

Page 42, no 249. Ajoutez au commentaire :

Millin a publié ce camée dans ses *Monuments inédits,* t. I, p. 178, pl. xix.

Page 61, no 318.

Le prototype de cette composition, dont l'auteur m'est inconnu, paraît avoir été exécuté pour illustrer des Bibles protestantes. En effet, je trouve ce sujet dans une Bible luthérienne in-fol., imprimée à Lubeck, par L Dietz en 1533, que me communique M. Guenebault. On peut le voir également avec plus de détails sur une estampe gravée sur bois de la Bibliothèque Impériale, attribuée à Geoffroy Tory, par M. A. Bernard dans le livre qu'il-a consacré au premier imprimeur royal. (V. p. 186.) Cette composition a dû jouir d'une grande vogue au xvie siècle, car ce sujet a été reproduit sur émail. Dans l'ouvrage que je viens d'indiquer, M. Bernard cite un plat de Pierre Raymond de Limoges, aujourd'hui dans la collection de M. le duc de Cambacérès, sur lequel on voit le sujet de notre camée, et il en existe un second dans celle de M. Strauss qui a été mentionné dans le feuilleton du *Constitutionnel* du 20 juillet 1857; enfin, j'en ai vu dans le Musée de Genève , un troisième exemplaire sur lequel on peut remarquer que l'émailleur a copié d'après l'estampe jusqu'aux chiffres de renvoi qui devaient se rapporter à un texte explicatif. On peut voir la figure d'un de ces plats dans l'ouvrage intitulé : *Meubles et armes du moyen âge,* Hauser. V. no 127.

Page 67, no 350. Ajoutez au commentaire :

Voici sur ce camée la *note manuscrite* de Guay, copiée dans l'exemplaire annoté par cet artiste, cité p. 343, avant-dernière ligne.

No 1. *Louis XV.*

« Cette pierre est du Cabinet du Roy. Elle est des plus considérables par a « grandeur et les belles couleurs. Les chairs sont blanches, la coiffure et les

« ajustements sont d'un rous tanét. Ce qui forme le front et le socle, est noir.
« La bordure qui entoure la tête a les deux couleurs supérieures et litée (*sic*)
« orizontalement. Le graveur a eu la vantage de tra vailer dapre le Roy et de
« graver la Pierre en bas-relief par son ordre. »

Voici maintenant la rédaction qui devait être imprimée :

« Il est gravé (le Roi) d'après la belle camée qui captiva l'admiration de
« tous les spectateurs à l'exposition de l'académie Royalle en 1755. . . . .
« l'Estampe est de même grandeur que la pierre, à la couronne de laurier près,
« qui fait icy une seconde bordure. »

En voyant ce beau camée, celui du Dauphin et de la Dauphine (no 356), celui de Marie-Antoinette, alors dauphine, conservé dans le riche cabinet de
M. le baron Octave Roger à Paris, on se prend à regretter que Mme de Pompadour ait trop souvent employé le talent de Guay à graver tant de badinages
qui, tout ingénieux qu'ils soient parfois, n'étaient pas dignes d'un artiste qui
pouvait traiter si excellemment le portrait historique.

Page 68, no 358. Ajoutez au commentaire :

On lit cette note de Guay, au no 40 du *Recueil* cité p. 343, avant-dernière
ligne, au sujet de ce camée, qui porte la signature de Mme de Pompadour :
« Madame de Pompadour a beaucoup travaillé à cette pierre. » Cette petite
note nous explique peut-être comment Mme de Pompadour a fait les estampes
signées de son nom. L'aimable femme y travaillait *beaucoup* ; un habile artiste
les retouchait *un peu*. Quant à notre camée, il est certain aujourd'hui que nous
le devons à la collaboration de Guay et de la marquise de Pompadour.

Page 68, n° 354. Ajoutez au commentaire :

On lit dans les notes M S. de Guay, au no 5, dans le *Recueil* cité p. 343,
avant-dernière ligne : « Madame de Pompadour a fait faire cette pierre. »

Page 104, nos 673 et 674. Ajoutez au commentaire :

J'ai eu le tort d'ignorer une très-bonne explication du sens des *S* barrés
proposée par M. de Longpérier dans un article inséré dans la *Revue numismatique*, année 1856, p. 268. Le savant académicien cite avec beaucoup d'à-propos,
un passage des *Bigarrures* d'Étienne Tabourot, sieur des Accords, dans lequel
le bizarre écrivain dit que l'S *fermé d'un trait*, était un rébus signifiant *fermesse* dans le sens de *fermeté*. Aujourd'hui cette explication reçoit une confir-
mation définitive d'un *sixain* que me communique M. Charles Lenormant. On
trouvera ce sixain dans les *OEuvres du chanoine Loys Papon, s. de Marcily,
poete foresien du XVIe siecle, publiées pour la première fois sur les MS originaux par les soins et aux frais de M. Yemeniz ; à Lyon; de l'imprimerie de Louis
Perrin*, 1857.

Ce sixain précédé d'une figure où paraît l'S fermé d'un trait, au milieu d'un
emis de nœuds ou lacs d'amour, est intitulé :

La Fermesse d'amour.

Fermesse dont l'amour peint un chiffre d'honneur,
Commune en l'escriture et rare dans le cœur,

Tes liens en vertus, les fidèles asseurent
Mais ainsi que ta forme est d'un arc mis en deux,
Le désir inconstant froisse et brise tes nœuds
Cependant que les mains ta fermesse figurent

Ces mots *commune en l'escriture*, nous expliquent la fréquence de ce symbole à côté des signatures de tant de personnages divers. On sait qu'il figure souvent sur les lettres de Henri IV. Ce *rebus de Picardie* était devenu du domaine public ; tout le monde l'employait. *Fermesse* pour *fermeté* est un italianisme, comme *bellesse* de *bellezza*, qu'on trouve dans les poetes de la Pléiade et dans Loys Papon.

Page 198, no 1384. Ajoutez au commentaire :

Cette pierre était déjà dans le Cabinet en 1756, lorsque le comte de Caylus la publia dans le t. II de son *Recueil*. V. p. 124, pl. XLII, no 2.

Page 209, no 1484. Ajoutez à la description :

Sur la tranche, on lit ΙΠΠΑΡ. Les deux inscriptions sont en creux.

Ajoutez ce commentaire :

Le comte de Caylus a publié cette pierre dans son *Recueil*, t. IV, p. 170, pl. LV, nos 3 et 4. Il est à peine nécessaire de dire que cette pierre n'est pas du temps d'Hipparque, mais c'est très-probablement en souvenir de ce célèbre astronome que l'on a inscrit deux fois son nom à côté du Soleil, dont il étudia les révolutions. C'est peut-être un amulète astrologique. On peut le classer vers le second siècle de notre ère.

Page 224, no 1637. Ajoutez au commentaire :

Une répétition de cette pierre, sur cornaline, avec variantes, mais avec la même signature, existe dans le cabinet royal de La Haye. Toutefois elle est classée dans une section intitulée *Intailles antiques ou douteuses*, dans la *Notice sur le Cabinet des médailles et des pierres gravées de S. M. le roi des Pays-Bas*, par *J.-C. de Jonge, directeur*. V. p. 157, no 13. L'auteur de cette notice après avoir dit que cette pierre « a beaucoup de rapport avec le fameux Taureau du cabinet « de France, » ajoute qu'il croit que la pierre de La Haye « porte les marques indubitables de l'antiquité. »

Page 229, no 1681 :

Plusieurs de ces scarabées ont été publiés par Caylus V. le t. IV de son *Recueil*, p. 84, pl. XXVIII et suivantes.

Page 236, no 1760. Ajoutez au commentaire :

Voyez Caylus, t. IV de son *Recueil*, p. 103, pl. XXXIV, no 5.

Page 236. no 1762. Ajoutez ce commentaire :

Voyez au no 2367.

Page 237, n° 1762. Ajouter ce commentaire :

La pierre elle-même pourrait être attribuée aux Gnostiques. Voyez plus loin, p 625, l'*addition* pour le n° 2367.

Page 243, n° 1815. Commentaire, 4e alinéa, ligne 5 :

PAMΦIAOV, *lisez* : ΠAMΦIAOΥ.

Page 245, n° 1828. Ajoutez au commentaire :

Voyez dans le *Recueil* de Caylus, t VII, p. 142, pl. xxiii, n° 2, un scarabée qui offre une composition semblable à celle-ci avec le nom de Pélée, ΠΕΛΕ.

Page 250, n° 1876. Ajoutez au commentaire :

Caylus a publié cette pierre dans son *Recueil*, t. III, p. 249, pl. lvii, n° 4, mais il n'y a pas reconnu un gladiateur ; elle est signalée dans les *Observations sur une statuette représentant un rétiaire ainsi que sur divers monuments relatifs à cette classe de gladiateurs, par* M. CHABOUILLET. V. *Revue archéologique,* huitième année, p. 397, note 3.

Page 260, n° 1992 :

Caylus a publié ce scarabée au t. IV de son *Recueil*, p. 104, pl. xxxiv, n° 6. Il y voit un coq et une poule.

Page 272, n° 2096. Ajoutez au commentaire :

On la trouvera gravée dans la IIe partie du t. III de l'*Antiquité expliquée* de Montfaucon, p. 327, pl. clxxxi. Cette pierre se trouve également dans le *Thesaurus Brandenburgicus*, de Beger. V. t. I, p. 125. Cet auteur croyait à tort que le camée du revers était antique comme l'intaille.

Page 282, n° 2165 :

Caylus a publié ce fragment dans son *Recueil*, mais il n'a pas vu que c'était un monument des premiers siècles du christianisme. V. t. III, p. 305 pl. lxxxii, n° 1.

Page 307, n° 2244 :

Ce talisman ne peut pas remonter plus haut que le xvie siècle ; il en est de même de ceux qui portent les nos 2240, 2241, 2243, 2246 et 2247. Sur ce sujet, il faut consulter un savant mémoire de feu Letronne, inséré dans la *Revue archéologique.* Troisième année. V. p. 252 et surtout les p. 258 et suivantes.

Page 313, n° 2274. Ajoutez la traduction :

Si ton désir est de me témoigner de la rigueur et des dédains, c'en est assez, mon sultan !

Page 315, ligne 34 :

La personne désignée n'est pas la marquise de Pompadour comme je le croyais. C'est le comte de Caylus. V. pl. VIII de l'*Eloge historique de M. le comte de Caylus*, par M. Lebeau, inséré en tête du t. VII ou *Supplément du Recueil d'antiquités* de Caylus.

Page 326, n° 2367 :

Cette pierre, ainsi que celle qui porte le n° 1762, pourrait être rangée parmi les *gnostiques*. J'ai vu une troisième pierre semblable, également sur jaspe rouge, portant au revers trois K, semblables aux 4 K de la pierre n° 1762.

Page 372, n° 2544. Ajoutez au commentaire :

Acquis en 1834.

Page 380, n° 2579. Ajoutez au commentaire :

Caylus a publié ce bijou dans son *Recueil*, t. II, p. 140, pl. XLVII, n° 3. Il a été trouvé, dit-il, à Herculanum.

Page 388, n° 2636. Ajoutez au commentaire :

Trouvée en 1760 dans le faubourg de Hen, aux portes d'Amiens, cette bague fit partie de la collection de Pellerin, le célèbre numismatiste, qui la confia au comte de Caylus, par qui elle fut publiée dans le t. V de son *Recueil*. V. p. 313, pl. CXII, n°s 1 et 2.

Page 395, n° 2663. Ajoutez au commentaire :

Travail du temps de Postume.

Page 407, n° 2732. Ajoutez au commentaire :

Ce monument a été publié par Montfaucon, *Antiquité expliquée*, t. V, 2e partie, pl. CXXXIV.

Page 424, n° 2803. Ajoutez au commentaire :

M. Ch. Lenormant a publié ce buste dans les *Annales de l'institut archéologique*, année 1834, dans un article intitulé, *Collier étrusque de M. Rougemont de Lowemberg*. V. p. 243 et surtout p. 240, où se trouve une figure.

FIN DES ADDITIONS ET CORRECTIONS

EXPLICATION

ES

PEINTURES QUI DÉCORENT LE CABINET DES MÉDAILLES

ET ANTIQUES

La salle publique du département des Médailles et Antiques a été construite et décorée sous le règne de Louis XV. Aux places d'honneur figuraient, dans l'origine, le portrait du roi régnant, Louis XV, et celui de Louis XIV, son prédécesseur et son bisaïeul. Ces toiles disparurent en 1793. En 1846, elles furent remplacées par les deux portraits qu'on voit encore aujourd'hui, ceux, de Louis XVIII par M. Ary Scheffer, et de Louis XIV par M. Pellier, d'après H. Rigaud.

Dix autres tableaux, représentant Apollon et les neuf Muses, complètent la décoration de cette belle salle dont les savantes proportions font l'admiration des architectes. Ces dix tableaux sont : quatre *dessus de portes*, par Boucher, et six *trumeaux*, par Vanloo et Natoire.

DESSUS DE PORTES PAR BOUCHER.

1° Au-dessus de la porte d'entrée du public : *Clio*.

2° Au-dessus d'une fausse porte, à gauche, sur le même côté que le premier tableau : *Erato*.

3° En face du second : *Uranie*.

4° En face du premier : *Melpomène*.

TRUMEAUX PAR VANLOO.

A gauche, du côté de la rue de Richelieu, en entrant par la porte du public qui donne sur la galerie des livres imprimés :

1° *Polymnie;*

2° *Apollon* entre *Mercure* et *Hercule;*

3° *Euterpe.*

TRUMEAUX PAR NATOIRE.

A droite, du côté de la rue Colbert, en entrant par la même porte :

1° *Thalie;*

2° *Terpsichore;*

3° *Calliope.*

FIN.

TABLE

FIN DE LA TABLE.

PARIS — IMPRIMERIE DE J. CLAYE, RUE SAINT-BENOÎT, 7.